도해 금강경

그림과 도표로 읽는 견고하고 단단한 반야 지혜의 총체

원역 구마라집 ― 편저 시칭시 ― 역 김진무·류화송

진정한 보살의 길로 안내해 일체 고통을 끊어내는 위대한 불경의 모든 것

도해 금강경

그림과 도표로 읽는 견고하고 단단한 반야 지혜의 총체

원역 구마라집 ― 편저 시칭시 ― 역 김진무·류화송

불광출판사

세계 최초로 인쇄·출판된 『금강경』

당(唐) 의종(懿宗) 함통(咸通) 9년(868)에 인쇄·출판된 『금강경』. 1900년 감숙성(甘肅省) 돈황(敦煌)에서
발견된 출판물로, 년·월·일이 명확하게 기재된 가장 오래된 판본이다. 종이 일곱 장을 붙여 한 권으로
만들었으며, 전체 길이는 16척(532.8센티미터)이고, 높이는 1척(33.3센티미터)이다. 아래 사진의 오른쪽
그림은 책머리에 인쇄되어 있는 불교고사도(佛敎故事圖)로 석가모니가 연화좌(蓮花座)에 앉아 수보리
장로에게 설법을 하는 광경이다. 왼편은 경전 부분으로 끝에 "함통 9년 4월 15일 왕이 부모님을 위하여

천인(天人)
"비천(飛天)"이라고도 한다.
보통 부처님이 육도(六道)에 있는 중생에게
설법할 때 출현하는 악사(樂師)이다.

호법(護法)
부처님 옆에 서 있는 호법은 아마도 싸움을
잘하는 사나운 아수라(阿修羅)일 것이다.

비구 청중(比丘聽衆)
『금강경』에 의하면 부처님이 설법할 때 비구
1,250명이 설법 도량에 있었다고 한다.

부처님의 제자 수보리(須菩提)
수보리는 부처님의 뛰어난 제자 열 명 가운데
하나이다. 부처님이 『금강경』을 설한 것은
수보리가 무상지혜(無上智慧)를 얻는 방법을
물은 것에 기인한다. 수보리는 한쪽 어깨를
드러낸 승복을 입고 오른쪽 무릎은 땅에 꿇어
부처님에 대해 최대의 경의를 표시하였다.

보시(普施)를 삼가 짓는다."라는 글귀가 한 줄 쓰여 있다. 누군가 부모의 복을 기원하고 화를 소멸하기 위해 경전을 조판하고 인쇄한 것임을 알 수 있다. 이 경전은 원래 돈황 제17호 석굴에 소장되어 있던 것이었으나 1907년 영국인 스타인에 의해 절도되어 영국 런던 대영박물관에 소장되어 왔고, 현재는 대영도서관에 소장되어 있다.

부처님[佛陀]
부처님이 연화좌 위에 앉아『금강경』을 설하고 있다. 오른손의 수결(手結)은 법인(法印)을 말하고, 왼손의 손동작은 선정(禪定)을 대표한다.

두 보살
보살은 부처님에 버금가는 자로서 대자대비의 마음으로 중생 제도의 서원을 낸 자이다.『금강경』에서 주로 설하는 것은 보살의 수행이다.

길상(吉祥)
부처님의 가슴 앞에 "卍(만)"자는 인도에서 상서로움을 상징하는 전통적인 부호이며, 보통 불상의 손바닥이나 발밑에 나타난다.

경건하게 참배하는 재가 무리
경건하게 참배하는 재가 무리는 하인들을 수행하고 부처님의 설법을 듣고 있는데, 그들은 중국 고관대작의 복장을 하고 있다.

무상지혜(無上智慧)로 통하는
방편(方便)의 문

『금강경』의 온전한 책명은 『금강반야바라밀경(金剛般若波羅蜜經)』이다. 『금강경』은 중국에 대량으로 전파된 불교경전 가운데 초기에 번역되어 소개되었고, 가장 널리 전해졌으며, 가장 깊게 영향을 미친 경전의 하나이다. 이 경전은 중국인에게 특별한 인연이 있는데, 독경하는 사람은 『금강경』을 즐겨 염송하고, 경전을 설법하는 사람은 『금강경』을 즐겨 강설하며, 수많은 사람들이 『금강경』을 즐겨 주석하였다. 401년 구마라집(鳩摩羅什) 법사가 경전을 한자로 번역한 이래 각 왕조를 거치며 『금강경』에서 파생되어 나온 각종 문화현상은 이미 중국문명에 있어서 뗄 수 없는 중요한 요소가 되었다. 사람들은 『금강경』과 유가의 『논어(論語)』, 도가의 『도덕경(道德經)』을 나란히 유불도(儒佛道) 3가의 중요한 경전으로 꼽는다.

중국역사에 있어서 불교의 각 종파는 모두 『금강경』을 대단히 존중하였고 본 경전의 주소(注疏) 작업을 해 왔다. 당송(唐宋) 이래 선종(禪宗)이 융성하자 『금강경』과 더욱 깊은 인연을 맺게 되었다. 선종 대덕인 육조 혜능(六祖慧能) 선사는 길가에서 어떤 사람이 『금강경』을 염송하는 가운데 "마땅히 머무름 없이 그 마음을 내라[應無所住 而生其心]"라는 한 구절을 들었을 때, 불성(佛性)이 격발되어 곧바로 멀리 천 리 밖에 있는 오조 홍인(五祖弘忍)을 찾아가 가르침을 청하였다. 홍인이 오로지 그를 위해 『금강반야바라밀경』을 강설하였으며, 그로 인해 활연대오(豁然大悟)하였다. 본래 선종은 『능가경(楞伽經)』을 의지하여 수행하였으나, 혜능 대사 이후 『금강경』을 의지하게 되었다.

『금강경』이 중시되는 까닭은 중국불교 자체의 다음과 같은 특징 때문이다. 첫째는 실행을 중시한다는 점이다. 천태(天台), 화엄(華嚴), 선종, 정토(淨土) 등과 같은 각 종파들이 모두 실행을 중시하였는데, 특히 고요한 선정(禪定)으로부터 지혜가 발생하는 깨달음을 중시하였다. 둘째는 간단하고 쉬운 것을 좋아한다는 점이다. 중국인은 간결한 것을 좋아하는 면이 있어 분량이 방대하고 복잡한 경론(經論)은 보편적으로 널리 유통되기가 대단히 어려웠다. 『금강경』은 반야의 오증(悟證)을 중시하는데, 이는 대단히 강력한 활용성이 있을 뿐만 아니라 번잡하고 난삽하지 않아 중국인의 구미에 완전히 부합되어 특히 널리 유행하였다.

『금강경』은 대승불교의 모든 이론적 기초로 생명의 미혹으로부터 해탈하는 대지혜를 탐구함으로서 '불문(佛門)'에 있어 지혜의 어머니'로 받들어진다. 동시에 불교를 배우지 않은 사람도 그 안에서 인생의 중요한 깨우침을 얻을 수 있기 때문에 일반적인 의미에서 이 경전은 하나의 인생철학을 가르치는 서적이라 할 수 있다.

『금강경』에서는 불법이 마음[心]의 문제를 해결한다고 주장한다. 먼저 '성불'하려는 마음을 내기 시작하면 허망(虛妄)한 마음이 내려앉고, 다시 청정한 마음이 되어 열반에 증득해 들어가기를 기다린 다음, 마음은 다시 미혹되지 않으며 계속 줄줄이 이어지던 번뇌도 모두 사라지게 된다.

사람들이 괴로움과 어려움으로부터 벗어나는 것을 도와 번뇌가 생기지 않게 하는 것이 바로 『금강경』이 달성하고자 하는 목적이다. 또한 이것은 불법의 목적이기도 하다.

　『금강경』이 그 마음을 항복(降伏)시킬 것을 제기한 것은 바로 우리 마음 속에 있는 불안정한 번뇌의 요소를 항복시키고자 한 것이다.

　'마음'의 건강은 사람의 행복과 직접 관계가 있다. 현대 정신과 의사가 해결하는 것은 단지 개별적인 사람의 문제일 수 있다. 그러나 천년의 역사가 있는 일종의 철학사상은 수천수만 명의 사람에게 영향을 줄 수 있다. 식견이 있는 사람들은 그들의 안목을 이미 이러한 경전으로 돌려, 예를 들어 『논어』와 인생의 지혜, 『노자』와 인생의 행복 등을 탐구하고 연구하였다. 그런데 사실상 가장 직접적으로 번뇌와 욕망을 겨눈 '마음을 치유해 주는 이야기'는 바로 역대로 필적할 바가 없는 경전인 『금강경』이라고 하겠다.

　『금강경』은 비록 5천여 자 정도이고, 읽기에도 아주 쉬워 거침없이 읽히지만 깊이 깨닫기가 매우 어렵고 심지어 입문하기조차 쉽지 않다. 그 때문에 1천여 년 동안 무수한 고승대덕과 뛰어난 학자들이 모두 전심전력을 다하여 주소를 지어 자세히 해석해 세상 사람들이 인생의 무상지혜로 통하는 이 '금강(金剛)의 문'을 열 수 있길 기도하였다. 그러나 상세히 해석한 것이 너무 많고 이해도 서로 달랐기 때문에 동일한 개념에 대하여 수많은 판본의 해석이 나오게 되었다. 이것이 『금강경』을 처음 익히는 수많은 사람들을 더 큰 혼란에 빠지게 하고, 『금강경』을 '읽기 어려운 경전'으로 만들었다.

우리가 이 책을 편집하여 출판하는 목적은 대중적으로 알기 쉬운 현대식 도해 방식으로 이 경전의 요지를 낱낱이 알리기 위함이다. 장황한 서술을 도표 방식으로 간결하게 설명하고, 추상 개념을 형상화하여 가시적인 그림으로 전개했다. 아울러 불교 사물과 관련된 세밀하고 정확한 그림을 배치하는 동시에 상관된 많은 지식을 제공하여 이 불경을 읽는 데 생동감과 흥미를 느끼게 하였으며, 지혜와 깨달음의 탐색을 풍부하게 하였다. 여러분의 손에 들린 이 책이 인생의 무상지혜로 통하는 방편의 문이 될 수 있기를 우리는 진심으로 바란다. 여러분이 이 책을 읽으면서 문득 정신적인 체득을 하게 되면 복잡하고 시끄러운 세상에서 한 가닥의 평온을 얻을 수 있기에 충분할 것이다!

6

커다란 얻음[大得]은 얻은 바가 없음[無所得]이다
반야의 성품은 본래 빈 것[空]

대승불교는 인아(人我)를 부정할 뿐만 아니라 법아(法我)도 부정한다. 오온(五蘊)의 제법(諸法)은 다만 가리킨 바의 이름만 있고 실재적인 것이 없다. 반야의 본체(本體)는 형체도, 소리도 없는 '대공(大空)'으로, 아공(我空), 법공(法空), 공공(空空)을 이루어야 비로소 진정한 여래를 만날 수 있다. 한순간 맑고 깨끗한 신심을 일으킬 수 있는 사람은 삼상(三相)이 모두 고요할 수 있어 저절로 진리의 보호를 받을 수 있고, 상응한 결과로 복덕이 무량하다.

선근이 심후한, 계율을 지키고 복을 짓는 사람이나 한순간 맑고 깨끗한 신심이 생긴 사람 등, 이들은 무엇 때문에 무량한 복덕을 얻을 수 있을까? 부처님께서는 당신의 말에 이어 자답한다. 그런 중생은 불법에 대한 깨달음이 상당히 높은 수준에 달하고, 이미 아상·인상·중생상·수자상이 없으며, 더욱이 법상(法相)과 비법상(非法相)도 없기 때문이다. 아(我), 인(人) 등의 사상(四相)은 합하여 "아상(我相)"이라고 부르기도 하는데, 이 '아상'이 없으면 바로 그것에 대한 집착으로부터 떠나 '아공(我空)'을 얻을 것이다. 법상(法相)이 없으면 바로 자성으로부터 떠나 '법공(法空)'을 얻을 것이며, 비법상(非法相)이 없으면 바로 아(我)·법(法)의 두 공을 떠나 '공공(空空)'을 얻을 것이다.

아공

아공은 "인공(人空)"이라 부르기도 한다. 아집(我執)을 없앨 수 있으면 바로 '아공'이다. '아집'은 생명 가운데 항상 변하지 않는 '나', 즉 '아(我)'가 있다고 생각하는데, '아'를 생명의 주재(主宰)라 여기고, 이에 집착하면 여러 헤아릴 수 없는 번뇌가 생길 것이다. 사실 '아'의 개념은 색(色)·수(受)·상(想)·행(行)·식(識)을 빌어 합해 형성된 허상인데, 자성이 없고 본체도 없다. 이 문제를

도해 표제
본문 토론의 중점 사항을 거누어
도해를 분석해 가며 독자가 깊이
이해하도록 도왔다.

만물은 '본래 공함[本空]'의 지혜

반야의 '얻은 바 없음[無所得]'

불법은 우주, 모든 일, 만물이 모두 인연이 모여 합해 생긴 것이라고 파악하는데, 이것이 바로
'유연이생(由緣而生; 연(緣)으로부터 생함)'이다. 모든 사물은 연이 생겨나면 발생하고, 연이 사라지면
사라진다[緣生卽生, 緣闕卽闕]는 것이다. 바로 어떤 사물을 형성한 조건[緣]이 갖추어지면 이 사물이
나타나 존재하고, 조건이 갖추어지지 않으면 이 사물이 나타날 수 없고, 존재할 수도 없다. 모든 만물의
근원을 진여(眞如)라고 하는데, 바로 우주에 널리 퍼져 있는 진실한 본체를 가리킨다.

도표
의미가 불분명하고 어색한 서술을
분명한 도표 방식으로 나타냈다.
이러한 방식은 이 책 구성의
포인트이다.

오온가합(五蘊假合)

온(蘊)은 모인다는 뜻으로, 오온(五蘊)은 바로 색온(色蘊), 수온(受蘊), 상온(想蘊), 행온(行蘊),
식온(識蘊)이다. 이 오온 가운데 앞 한 가지는 물질에 속하고, 나머지 넷은 정신에 속하며, 이것은 모두
사람의 몸을 구성하는 다섯 요소이다.

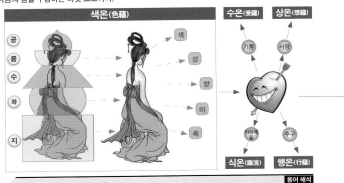

삽화
비교적 이해하기 어려운 추상 개념을
구체적인 그림으로 표현하여 독자가
본뜻을 최대한 이해할 수 있도록 했다.

용어 해석

색온(色蘊): 색은 일반적으로 물질을 가리키고
　　　　　지수화풍(地水火風)의 사대(四大)로 구성된 것이다.
수온(受蘊): 수(受)는 바로 감각이고, 그 가운데
　　　　　고(苦), 락(樂), 사(捨)를 포함한다.
상온(想蘊): 상온은 바로 상상(想像)이다. 선과 악, 증오와
　　　　　사랑 등의 경계 가운데 여러 가지의
　　　　　상(相)을 취하여 여러 가지로 상(想)을 짓는 것이다.

식온(識蘊): 식(識)은 바로 요별
　　　　　(了別: 서로 다름을 명확하게 판단함)하는 뜻으로,
　　　　　소연(所緣)과 소대(所對)의 경계를 분별한다.
행온(行蘊): 행(行)은 곧 행위나 조작(造作)으로,
　　　　　생각으로부터 행동하여 여러 선함과
　　　　　악함을 조작하는 것이다.

명사 해석
본서의 명사와 개념에 대한
해설이다.

차례

일러두기

이 책에 실린 『금강경』과 『금강반야바라밀경미륵보살게송』, 『양조부대사송금강경』은 원서인
『图说金剛经』에 실린 바를 기준으로 하되, CBETA 중화전자불전협회 홈페이지(www.cbeta.org)에 탑재된
대정신수대장경 본과 대조하여 필요한 경우 수정하였다.

『금강경』은 매우 뛰어난 경전이다. 이 경전이 위대한 까닭은 모든 종교성을 초월하면서도 모든 종교성을 포함하기 때문이다. 1천여 년 동안 얼마나 많은 사람들이 『금강경』을 연구하고 염송하였으며, 아울러 『금강경』을 통해 인생의 진제(眞諦)를 깨달았는지 모른다. 중국에서 『금강경』은 이미 전통문화를 조성하는 중요한 요소가 되었다.

제1장   서론
—

『금강경』의 문을 두드리다

1

『금강반야바라밀경(金剛般若波羅蜜經)』

모든 불경은 명칭을 정하는 원칙에 있어 다음과 같은 일곱 가지 방법에서 벗어나지 않는다. 인물(부처님, 보살)로 명칭을 삼고, 법으로 명칭을 삼으며, 경전의 의미를 비유한 대상 등으로 명칭을 삼는다. 다음에 인물과 법, 비유 등을 둘씩 조합해 세 종류를 만들고, 가장 나중에 인물, 법과 비유 세 가지를 하나로 결합시킨다. 본 경전은 법과 법을 비유한 대상을 서로 더하여 명칭을 삼은 것이다.

본 경전은 불법과 비유를 중첩하여 명칭을 삼은 전형적인 경우로, 금강은 비유이고, 반야바라밀은 불법이다.

금강(金剛) - 가장 단단하고, 가장 밝으며, 가장 예리한 법보(法寶)

금강은 금속 가운데 정수로 가장 단단하고 가장 예리하여 일반적으로 불가의 법보로 일컬어진다. 금강보(金剛寶), 금강저(金剛杵)와 같은 것은 세간의 금강석보다 더 치명적인 보석으로, 이것은 모든 것을 부술 수 있으나 또한 모든 것을 부서지지 않게도 한다. 세간의 금강석은 다음의 세 가지 뚜렷한 특징이 있다. 첫째, 구조가 안정적이다. 물리적인 힘에 의해서 쉽게 깨지지 않으며, 화학적 반응도 쉽게 일어나지 않아 견고하고 변함없는 속성이 있다. 둘째, 맑고 깨끗해 찬란히 빛난다. 전체가 투명해 광선이 굴절되어 반짝반짝 밝게 빛을 내며, 표면이 깨끗하여 외부 사물에 오염되기가 매우 어렵다. 셋째, 견고하고 예리하다. 강도가 대단히 강하여 금속이나 석재 등의 모든 고형물을 자를 수 있으나 철이나 돌 등으로도 이것을 깨뜨릴 수는 없다.

본 경전 가운데 설하는 '금강'은 바로 가장 견고하고, 가장 맑고 투명하며, 가장 예리한 속성으로 이 경전에서 설법한 도리를 비유한 것이다.

첫째 속성으로 이 불법이 특별히 견고하여 쉽게 부서지지 않음을 비유하였다.

둘째 속성으로 불법의 지혜의 빛과 도를 깨우쳐 물들지 않는 순수하고 밝은 진심을 비유하였다.

셋째 속성으로 불법의 작용이 비할 바 없이 예리하여 갖가지 번뇌를 깨뜨릴 수 있음을 비유하였다.

반야(般若) - 정밀하고, 깊으며, 미묘한 큰 지혜

반야는 범어로 '묘한 지혜'라는 의미이다.

불경에서 반야지혜라고 하는 것은 보통의 총명함과 같은 것이 결코 아니다. 이는 도를 알고, 도를 증득해 깨닫고, 생사번뇌를 해탈하고, 득도하여 성불하는 지혜를 가리키며, 도의 본체(本體)에 있어서의 근본적인 지혜에 속한다. 근본적인 지혜란 바로 일반적인 총명함과 보통의 지혜를 초월하여 생명의 본원과 본성을 이해하는 것이다. 이러한 지혜가 반야이다. 따라서 "지혜"라는 두 글자는 결코 반야가 내포하고 있는 완전한 의미를 나타내지 못한다.

대승 불법은 반야를 문자반야(文字般若), 관조반야(觀照般若), 실상반야(實相般若)의 세 가지로 분류하였다.

대체로 언어문자를 가지고 설명한 반야의 이치를 문자반야라고 칭한다. 본질적으로 말하면 반야는 문자의 상(相)을 떠난 것으로 곧 문자가 있을 수 없다. 그러나 만약 언어문자를 가지고 설명하지 않으면 근기(根器)가 다소 부족한 일반 수행자는 부처님께서 말씀하신 도리를 이해하기 매우 어렵다. 따라서 문자반야는 부처님과 범부를 연결하는 매개이다.

문자반야로 깨달은 지혜에 따라서 선정(禪定) 가운데 감지(感知)하고 관찰해 가는 것을 관조반야라고 일컫는다. 관조반야는 진리를 관찰하는 지혜로, 선정 가운데 이러한 관찰을 십 몇 년 혹은 몇십 년 동안 지속하다가 마지막에 결국 성취될 것이다.

관조반야를 오랜 기간 동안 수행하면 홀연히 불법의 실상을 증득해 깨닫게 되기 때문에 실상반야라고 칭한다. 실상반야를 얻게 되면 상당한 성취

경전 명칭에 담긴 불법(1)

경전 명칭 설명

① 금강(金剛)
금속 가운데 으뜸

② 반야(般若)
무상지혜

금강반야바라밀경

③ 바라밀(波羅蜜)
피안에 이름

④ 경(經)
꿰뚫어 연결함

① 금강, 금강윤보(金剛輪寶) 등. 견고하고 날카로운 성질을 갖고 있는 것으로, 금강삼매(金剛三昧), 금강역사(金剛力士), 금강신(金剛身), 금강망(金剛網) 등과 같이 보살이나 불법을 비유한다.

② 반야는 "묘지혜(妙智慧)"라고 번역하며, 대비(大悲)의 마음과 합쳐져 철저하게 해탈할 수 있는 보살의 지혜이다.

③ 바라밀의 본래 뜻은 '피안(彼岸)에 도달한다'이다. 이것은 삶과 죽음의 차안(此岸)을 떠나 번뇌의 강을 건너 해탈의 피안에 도달하는 것을 비유한다.

④ 경은 꿰뚫어 연결한다는 의미로 한편으로 불법이 세상에 오래 머물 수 있게 하는 것이며, 다른 한편으로 모든 중생을 널리 이롭게 하는 것이다.

반야의 3단계

불법을 배우는 길은 문자반야에서부터 시작하여 관조반야를 거친 다음에 실상반야를 얻는다.

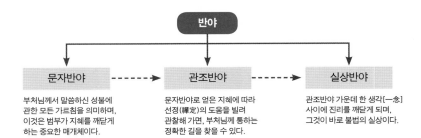

반야

문자반야

부처님께서 말씀하신 성불에 관한 모든 가르침을 의미하며, 이것은 범부가 지혜를 깨닫게 하는 중요한 매개체이다.

관조반야

문자반야로 얻은 지혜에 따라 선정(禪定)의 도움을 빌려 관찰해 가면, 부처님께 통하는 정확한 길을 찾을 수 있다.

실상반야

관조반야 가운데 한 생각[一念] 사이에 진리를 깨닫게 되며, 그것이 바로 불법의 실상이다.

가 있게 된다.

여기에서 불법을 배우는 과정은 불법을 듣는 것에서 시작하여 문자반야와 관조반야를 거친 후에 실상반야를 얻게 됨을 알 수 있다.

바라밀(波羅蜜) - 고해(苦海)를 벗어나 피안(彼岸)에 이르다

바라밀은 '피안에 이르다'라는 의미이다. 불법에 따라 해석하면 범부의 경계는 차안(此岸)이고, 성인의 경계는 피안이다. 강은 곧 번뇌로 탐욕[貪], 분노[瞋], 어리석음[癡], 애욕[愛], 원한[恨], 근심[愁] 등 각양각색의 파도를 포함하며, 배[船]는 바로 불법이니, 불법에 비추어 수행하면 배를 타고 강을 건너 차안에서 피안으로 이르게 되는 것이다.

피안에 이르는 방법은 보시(布施), 지계(持戒), 인욕(忍辱), 정진(精進), 선정(禪定), 반야(般若)의 여섯 가지로 귀결되며, 이것을 "육바라밀(六波羅蜜)"이라 하고 간단히 "육도(六度)"라고도 한다.

반야바라밀은 피안으로 가는 길 안내자이다. 그런데 반야바라밀은 결코 독자적인 것이 아니라 반드시 앞의 다섯 바라밀과 함께 단단히 연결되어 있다. 만약 앞의 다섯 바라밀 수행에 반야바라밀이 없다면 단지 일반적인 공덕일 뿐이다. 비록 수행자가 보시하고 계율을 지키며 부처님 앞에 향을 피워 공양하는 것을 계속 지키더라도 반야바라밀이 없으면 무상보리(無上菩提)를 증득할 수가 없어 피안에 도달하지 못하기 때문이다. 반면 만약 앞의 다섯 바라밀의 수행을 쌓지 않고 단지 반야바라밀만 있다면, 이 수행자의 복덕(福德)은 충분치 않아 한갓 대단히 고매한 지혜만 있어 아라한(阿羅漢)의 지위만을 얻게 될 뿐이다. 부처님이나 보살의 입장에서 보면 그는 여전히 피안에 도달하지 못한 것이다. 앞의 다섯 바라밀 수행이 없다면 이 사람은 자비심 또한 없어서 단지 자기만을 돌아보며 조용히 반야지혜를 수행해 결국 자신도 모르는 사이 개인, '작은 나[小我]'의 사리(私利)에 집착하게 되어 번뇌를 철저히 해탈할 수 없게 되는 것이다. 따라서 단지 반야만 말하고 앞의 다섯 바라밀 수행을 이야기하지 않고는 "금강반야바라밀"이라고 부를 수 없다.

경(經) - 중생과 불법을 관통함

경은 범어로 "수다라(修多羅; Sutra)"이다. 직역하면 '줄로 관통하다', '결집하다'라는 의미가 있다. 최초의 불법 기록은 종려나무 잎을 사용했다. 그것을 장정할 때 가는 줄을 가지고 하나씩 하나씩 꿰었기 때문에 이러한 종류의 서적은 줄을 가지고 책명을 삼았다. '경'은 줄이란 뜻이 있을 뿐만 아니라 사람들이 줄로 성인의 저술을 연결시킬 수 있기 때문에 부처님의 가르침을 모두 '경'으로 번역하게 되었다. 마음을 내어 보살도(菩薩道)를 수행한 사람은 금강반야와 같은 오묘한 지혜로 세상 만물의 본질을 꿰뚫어 깨닫고, 아울러 보살이 수행한 육바라밀에 따라 남을 이롭게 하는 사업을 널리 행하여 마침내 피안─성불(成佛)에 도달하게 되어 관통하게 되니 『금강반야바라밀경』이라고 하였다.

경전 명칭에 담긴 불법(2)

육도(육바라밀)를 타고 피안에 이르다

삶과 죽음은 차안이고, 열반은 피안이며, 범부는 차안이고, 모든 부처[諸佛]는 피안이다. 반야가
가리키는 방향에 따라 속된 세속의 번뇌 바다 속에서 육도만행(六度萬行)을 부지런히 닦는 것이
피안에 도달하는 기본적인 방법이다.

성불의 경계
피안이 바로 성불의 경계이며,
여기는 번뇌·고통이 없는 극락세계이다.

번뇌
강물은 번뇌를 상징하며,
성불하기 위해 번뇌를
극복하여야 비로소
피안에 도달할 수 있다.

반야
방향키는 반야를 비유하며,
지혜가 수행의 방향을
인도하는 것을 나타낸다.

보시(布施)·지계(持戒)·인욕(忍辱)·정진(精進)·선정(禪定)
배의 노는 오도(五度)를 비유하며, 이것들은 수행하는 가운데 동력으로서 반야와 뗄 수 없는
밀접한 관계에 있다.

 특별 힌트

❶ 불경 속의 금강법보(金剛法寶)는 금강역사만 사용할 수 있는데, 『금강경』을
닦아 지니는 것은 바로 깊고 두터운 대승의 근성(根性)이 필요한 것과 같다.

❷ 경전의 이름은 통칭과 별칭의 구분이 있다. '경'은 모든 불경이 공유하므로 통칭이다.
그런데 '금강반야바라밀'은 본 경전의 고유한 것이며, 다른 불경과는 다르다.
그러므로 별칭이라고 한다.

❸ 문자반야의 '문자'는 부처님께서 말씀하신 모든 가르침을 의미한다. 책에 쓰인 문자뿐만
아니라 입으로 말한 문자도 포함되고, 심지어 손짓하는 것, 주먹을 드는 것 모두 문자라
할 수 있다.

❹ 육바라밀은 상호 통섭하며, 각각의 바라밀마다 모두 특정한 측면에서 나머지 오도를
이끈다. 그러므로 이들 사이에는 높고 낮음이 귀하고 천한 구분이 결코 없다.

2

『금강경』은 주로 무엇을 설하는가

중생에게 아뇩다라삼먁삼보리심을 내라고 권하다

『금강경』은 '묘한 뜻이 무궁하여' 역대로 그 속에 심취해 해독하는 사람이 있어 왔다. 문화적인 환경, 역사적 조건 및 각 개인의 경험, 나이, 성별 등의 다름으로 인해서 개인마다 『금강경』에 대한 견해는 다를 수 있다. 사람의 견해에 따라 보는 시각이 다른 것은 매우 자연스러운 일이라고 할 수 있다.

　『금강경』은 주로 무엇을 설한 것인가?

　문구로부터 보면 『금강경』은 석가모니와 수보리의 깊고 깊은 대화로, 주로 '아뇩다라삼먁삼보리심(阿耨多羅三藐三菩提心; 무상보리(無上菩提)라고도 함)'을 어떻게 낼 것인가, 즉 어떻게 닦아 증득하여 성불할 것인가를 토론한 것이다. "아뇩다라삼먁삼보리"는 범어를 음역(音譯)한 것으로 '무상정등정각(無上正等正覺)'이란 뜻이다. 이것은 부처님이 깨달은 최고의 지혜로서, 자아를 초월하고 일체의 모든 것을 초월하는, 일반적으로 말하는 '궁극적 가치'의 지혜이다. 이것은 모든 사물의 진정한 본질을 인식할 수 있게 하고, 이러한 깨달음을 얻게 되면 성불하게 된다. "아뇩다라삼먁삼보리심을 낸다"고 하는 것은 무상지혜, 무상대도(無上大道)를 성취하여 성불하고자 발원하는 것이다. 이것은 또한 대승보살도 수행의 전체 내용이자 목적이다.

　성불하고자 발원하는 것을 현대 심리학 개념으로 이해하면 곧 궁극적인 가치를 추구하는 것이다. 인류는 원시사회부터 이미 이러한 것을 추구하기 시작하였으며, 현대에 이르기까지 "우리는 어디에서 왔고, 어디로 가는가?"라는 물음을 여전히 가지고 있다. 대과학자 아인슈타인은 종교적 경험의 고급 단계를 사람들에게 "인류가 지향하는 목표는 마땅히 무엇인가?"에 대한

『금강경』의 요지

『금강경』의 주제

『금강경』이 제창하는 궁극적인 의의는 사람의 생리적 욕구, 안전 욕구, 사교적 욕구,
존중받고자 하는 욕구와 자아실현의 욕구를 초월하면 저절로 그러한 욕구로 인하여 발생하는
모든 번뇌를 깨뜨려 없앨 수 있다는 것이다.

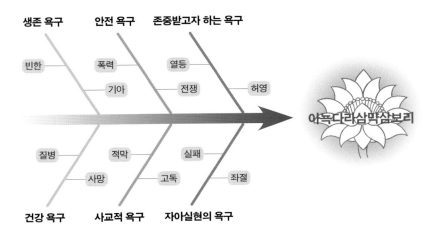

『금강경』 구조 분석

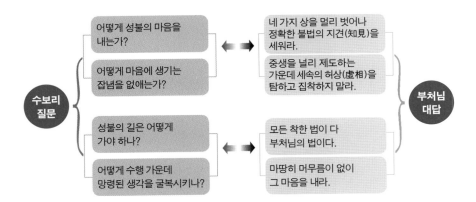

답을 제시하여 인류가 경험 세계에서 드러내는 내재적 화해와 질서에 대한 확고한 신앙과 숭배라고 생각했다. 이러한 확고한 신앙을 현대 심리학의 관점에서 보면 인류 생존의 정신적 지주이며 막대한 동력이다.

부처님이 『금강경』을 설한 목적은 우리 모두가 궁극의 가치를 추구함으로써 정신적인 버팀목과 동력을 얻어 일체의 번뇌를 해탈하도록 가르치기 위해서이다.

구조적으로 보면 『금강경』은 수보리의 문제를 중심에 놓고 있는데, 불타는 무상보리심을 내고자 하는 사람은 먼저 "그 마음을 항복시키고[降伏其心]", "상을 떠나 마음을 굽히는[離相伏心]" 도(道)로써 정확한 불법(佛法)에 대한 지견(知見)이 수립되도록 사상(四相; 아(我)·인(人)·중생(衆生)·수자(壽者)의 네 가지)의 오염된 생각을 깨끗이 씻어야 한다고 자세히 논술하였다. 그런 다음 보살이 육도(六度)를 널리 행할 때 "마음에 머무는 것이 없게 된다[無所住心]"고 설명하였으며, 마지막으로 "아뇩다라삼먁삼보리법"의 평등성, 즉 사람마다 성불할 수 있다는 점을 상세히 서술하였다. 이러한 구조의 논리는 곧 부처가 설법한 문자반야에 비추어 불법의 실상반야를 깨닫게 하고, 다시 깨달은 실상반야에 비추어 중생이 내심을 관조하도록 인도하며, 마지막으로 관조한 결과로써 실상반야를 증득하게 하는 것이다.

이러한 구조는 보살이 세속에 들어가 사람들을 제도하는 정신을 배우는 방편의 문을 보여줌으로써 중생들이 아뇩다라삼먁삼보리심을 내도록 권하는 데 그 목적이 있다.

3

수행하여 성불하기 위한 출발점

'마음[心]'의 문제를 해결하다

불법을 배우려면 우선 그것이 어떤 문제를 해결할 수 있는가를 알아야 한다. 보리심을 내는 것은 보살도를 숙련하기 위한 근본이다. 그리고 "그 마음을 항복받는 것[降伏其心]"은 보리심을 내어 이루고자 하는 목적이다. 그렇기 때문에 "그 마음을 항복받는 것"은 『금강경』이 해결해야 할 우선 과제이며, 또한 대승불법 수행의 전체 목적이기도 하다.

『금강경』의 주제에서 보면, 이 불법은 '마음'의 문제를 해결하려는 것이다.

마음은 모든 쾌락을 잉태한 모체(母體)이며, 일체의 번뇌를 낳는 근원이기도 하다. 마음에 문제가 생기면 끝없는 고통이 꼬리에 꼬리를 이어 나온다. 석가모니가 처음 사문(四門)을 유람하며 생로병사(生老病死)를 보았을 때, 그 원인이 어디에 있는지 모름으로 인하여 마음속에 무한한 고통과 연민이 가득했었다. 따라서 그가 출가해 수행하여 직접 도를 깨우친 근본적인 목적은 바로 이 '마음'의 문제를 해결하는 데 있었다. 결국 그는 '마음의 응어리[心結]'를 푸는 비결을 발견하고 보리수 아래에서 돈오(頓悟)하여 성도(成道)하게 되었다. 부처님께서 여러 해 동안 경험을 반복하며 마침내 '마음의 응어리'를 해결한 경험을 총괄해 내고, 적절한 시기를 골라 대중들에게 전수한 것이 바로 이 『금강경』이다.

이 경전에서 "그 마음을 항복받는 것"이라 함은 바로 우리 마음속에 조성된 불안한 번뇌의 요소를 항복시켜야 한다는 말이다. "그 마음을 항복받는 것"은 말로는 매우 간단하고 쉬운 것 같다. 그러나 궁극적으로 중생의 마음은 실제 굴복시키기 매우 어려운 것이다. 무슨 까닭인가? 사람의 '마음'에 늘 욕망, 의망, 이익 혹은 추구함이 있고, 언제나 사고와 해결을 필요로 하는 문제가 있기 때문이다. 특히 빠르게 변화하는 현대 사회에서 정보가 폭발적으로 쏟아지고 지식이 팽창하면서 욕망도 덩달아 강렬해지고 사람의 마음도 갈수록 굴복시키기 어려워졌다. 욕망은 중생의 본능이며, 욕망이 없으면 생명이 있다고 말할 수 없다. 중생의 마음을 항복시키기 어려운 것은 바로 각종 욕망이 꿈틀대며 일어나고자 함으로 인해 야기되는 것이기 때문이다.

그러나 "그 마음을 항복받는 것"은 강제로 금욕(禁慾)하는 것이 결코 아니며, 완고하게 세뇌하는 것은 더더욱 아니다. 그것은 안내하는 교육의 힘을 빌려 일체의 욕망을 초월하는 지혜의 비약을 완성하는 것이다. 어떻게 항복시킬 것인가? 문자반야는 '마음'을 열어 우주 전체와 막힘없이 통해야 하며, 아상(我相), 인상(人相), 중생상(衆生相), 수자상(壽者相) 등 상대적으로 편협한 시공 관념에 집착해서는 안 된다는 것을 보여준다. 사람에게 여러 가지 많은 번뇌가 생기는 까닭은 사람의 감각기관이 마음속에서 만들어 낸 다수의 허망한 표상(表象)이 사람의 견해, 행위를 지배하기 때문이다. 만약 모든 것을 초월하는 대지혜로 허상[假相]을 간파하고 무아(無我)를 통달하면 '마음'은 자연스럽게 항복된다.

이러한 욕망은 일상생활에서 보고, 듣고, 들리고, 느끼는 것 가운데 존재하기 때문에 흔히 그 존재가 가장 쉽게 등한시되지만, 최고의 방편으로서 수행의 시작점이기도 하다. 부처님의 '반야'의 묘한 법도 바로 이러한 문제를 해결하는 것부터 시작하여 경전을 듣는 중생들로 하여금 몸소 체득해 깨닫게 하고, 또 모두로 하여금 체득해 깨달은 불법을 일상생활에서 실천하는 가운데 쉽게 운용하도록 하는 것이다.

수행의 출발점

마음의 문제

우리는 모두 생활하는 가운데 여러 가지 수많은 번뇌가 있고, 이로 인해 크거나 작은 심리적 문제가 발생한다. 예컨대 가정, 학업, 일, 감정, 명예와 이익, 국가나 세계적인 재난 때문에 불안을 느낀다. 따라서 부처를 배우려면 우선 "마음을 닦는 것[修心]"으로부터 시작해야 한다.

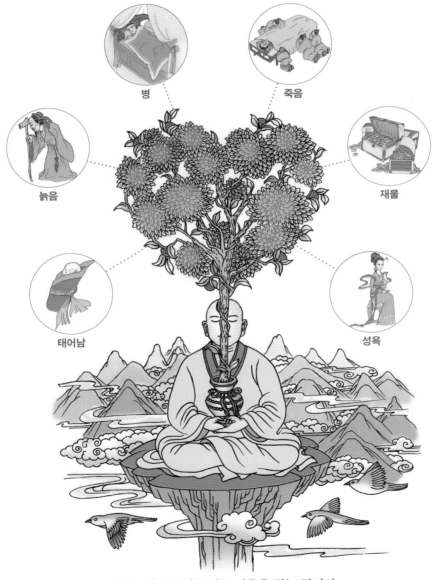

병

죽음

늙음

재물

태어남

성욕

불법을 배우는 것은 바로 마음을 닦는 것이다.

4

수행과 원만(圓滿)

『금강경』에 나타난 인생관

『금강경』의 시작은 다음의 한 마디 질문에서 비롯된다. "만약 어떤 사람이 무상보리를 수행하기로 결심했다면 마땅히 어떻게 수행해야 할 것인가?" 불법을 수행하지 않은 사람은 아마도 다음과 같이 물을 것이다. "무엇 때문에 수행을 해야 하고, 또한 무엇 때문에 무상보리를 수행해야 하며, 더욱이 얼마나 큰 서원(誓願)을 세워야 하는가?" 이것이 바로 『금강경』에 언급된 '인생관'에 관한 문제이다.

석가모니가 속세의 왕자로 귀한 신분이었을 때는 매일매일이 행복하고 즐거웠을 것이다. 그런데 어째서 출가하여 수행했을까? 이는 행복의 기준과 관련된 문제이다. 행복의 여부는 마치 물을 마신 자만이 그것이 차가운지 뜨거운지 알 수 있다는 점과 같다. 개개인의 행복 기준은 각각의 '인생관'에 의해서 결정된다. 석가모니는 비록 귀한 신분의 왕자였으나 생로병사를 보고, 탄식하며 슬피 울부짖는 소리를 듣고, 그 문제를 완전히 해결할 방법이 곧바로 생각나지 않아 고통스런 감정이 저절로 솟구쳐 올라왔다. 석가모니의 출가, 수행은 바로 자신뿐만 아니라 생명을 가진 천하의 모든 존재를 위해 고통에서 영원히 해탈하는 방법을 찾고자 함이었다.

불경에서 항상 언급되는 잠언(箴言)이 바로 '인생은 괴로움이다'라는 구절이다. 불교에서 고통은 소극적이고 염세적인 대상이 아니다. 괴로움[苦]을 즐거움[樂]으로 전환시켜 벗어나야 할 대상인 것이다. 따라서 불법 수행의 본질은 괴로움을 어떻게 다루고, 괴로움을 일으키는 근원을 어떻게 없앨 것인가 하는 것이다. 이 하나의 목적으로 석가모니가 고난의 수행을 통해 마침내 보리수 아래에서 깨달음을 실현한 것이다. 이러한 대지혜의 경계를 "무상보리"라고 칭하며, 이것은 편협하고 한정된 대상을 초월해 개체로서의 생명과

인생과 행복

① '자아'를 버리고 타인을 이롭게 할수록 쌓이는 복덕은 많아진다.
② '자아'를 하나도 남김없이 베풀어 만물과 통달했을 때,
　아주 묵직한 복덕이 그를 행복의 한끝으로 밀어 놓는다.

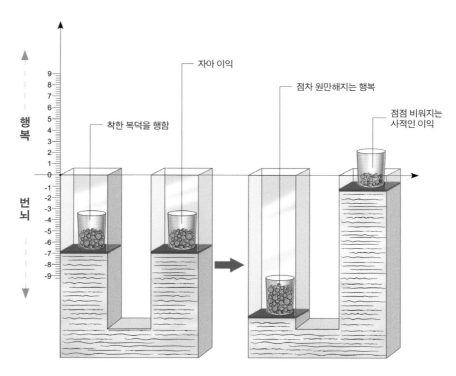

자아 이익

점차 원만해지는 행복

점점 비워지는
사적인 이익

착한 복덕을 행함

행복

번뇌

'나[我]'의 두 가지 상태

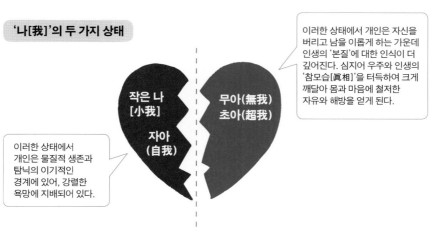

이러한 상태에서 개인은 자신을
버리고 남을 이롭게 하는 가운데
인생의 '본질'에 대한 인식이 더
깊어진다. 심지어 우주와 인생의
'참모습[眞相]'을 터득하여 크게
깨달아 몸과 마음에 철저한
자유와 해방을 얻게 된다.

작은 나
[小我]

무아(無我)
초아(超我)

자아
(自我)

이러한 상태에서
개인은 물질적 생존과
탐닉의 이기적인
경계에 있어, 강렬한
욕망에 지배되어 있다.

무한한 우주를 서로 융화시켜 번뇌와 괴로움의 근원을 뿌리째 뽑아 버린다. 『금강경』은 바로 부처님께서 무상보리를 수행해 마음으로 깨달은 것을 중생들에게 소개하신 것이다.

최고의 목표를 확정하고 구체적으로 수행해야 실천 원칙이 생기게 되며, 부처님의 경계에 도달하기 위해 『금강경』은 중생들에게 보살의 정신을 배워 세상에 나가 널리 중생을 제도할 것을 권하고 있다. 널리 중생을 제도하는 것은 타인을 이롭게 할 뿐만 아니라 자기 자신도 이롭게 한다. 타인을 이롭게 할수록 '자아(自我)'와 '소아(小我)'를 부정하게 되고, 동시에 '무아(無我)'와 '초아(超我; 초월적인 자아)'에 대하여 차츰차츰 긍정적이게 된다. 이러한 선행(善行)이 끊임없이 쌓여야만 더욱더 원만함에 다다를 수 있게 된다. '자아'와 '소아'는 사욕이 넘치는 불안한 심리 상태이며, 이것은 항상 영문을 모를 정도로 빠르게 번뇌를 발생시킨다. 그런가 하면 '무아'와 '초아'는 "변함없는 것[不變]으로 온갖 변화에 대응하는" 일종의 안정된 심리 상태이며, 이것은 "사물 때문에 기뻐하지 않으며, 자신 때문에 슬퍼하지 않는 것[不以物喜, 不以己悲]"에 이를 수 있게 한다.

비록 진정으로 성불하는 경우가 결코 많지는 않지만, 무상보리를 수행하기로 발원하는 것은 인생을 바꿀 수 있는 기회가 될 수 있다. 예컨대 하는 일에 점점 전념하게 되고, 사람과 사물을 대하는 데 있어 마음이 평화로워지게 되며, 더욱이 인생으로 하여금 두 번 다시 물결치는 대로 휩쓸리지 않게 할 수 있어서 세속적인 명예와 이익을 추구하는 가운데 자신을 주도할 수 있고, 만족을 알며 늘 즐거울 수 있게 된다.

요컨대 『금강경』은 사람들이 행복을 추구하는 데 뜻을 세우지만 '자아'에 대하여 집착해서는 안 된다고 가르친다. 가장 간단한 인생 법칙이 바로 "모든 악을 짓지 말고, 온갖 선을 받들어 행하는 것[諸惡莫作, 衆善奉行]"이다.

5

부처님 안목으로 본 세간
『금강경』과 세속 세계

불법을 언급하면 많은 사람들은 "깊은 산 시골 절에서 등잔불 켜고 옛날 책을 보는[深山野刹, 古卷靑燈]" 장면을 떠올린다. 그러나 사실상 불법은 세속으로 내려와 번뇌가 가득한 세상 속으로 들어가는 것으로, 현실 세계와 뗄 수 없는 밀접한 것이다. 설사 승려들이 모두 깊은 산 속의 오래된 사찰에서 생활하여 세상일에 관심이 없는 것처럼 보인다 할지라도 불법은 또한 시공을 초월하여 속세인들의 정신세계, 심지어는 생활 태도에까지 깊은 영향을 미치고 있다.

불교에서는 "세상일에 달관하는 것[看破紅塵; 인간 세상의 무상함을 깨닫는 것]"을 중히 여기지만 세상과 인연을 끊고 현실 세계에서 멀리 떨어지라는 것은 결코 아니다. 석가모니가 번뇌 가득한 세속의 무상함을 깨닫지 못했을 때는 마음속에 번뇌를 견디지 못했으나, 그가 세상일에 달관하게 되었을 때는 이미 성불을 하였다. 불법은 당연히 성불하는 법이다. 즉 세상일에 달관하는 법이지만 만약 속진 세상을 떠나 불법을 수행한다면 "달관했다"거나 "달관하지 못했다"라고 말할 것이 없다. 이러한 점에서 보면 『금강경』은 부처님이 중생에게 남겨 준, 번뇌가 가득한 세상에서의 수행을 위한 '완전한 공략법'이다.

수행의 길에 있어서 부처님은 경험자이며, "한번 쭉 둘러보아 뭇 산들이 작아 보일 수 있는" 정상에 올라 있기 때문에 어디에 함정이 있고, 어디에 계략이 있고, 어느 부분이 납득시키기 가장 어려운 곳인지, 어디가 빨리 올라갈 수 있는 길인지를 모두 분명하게 볼 수 있다. 하지만 현실에서 도피해 고통에서 벗어나려는 이들에게 있어 속진 세상은 홍수나 맹수 같은 존재이기에 접근할 수가 없다. 그러나 부처님께서 몸소 겪으신바 번뇌가 가득한 세상은 도피할 수 있는 것이 아니기 때문에 세상을 피해 단절된 상황에서 전향하여 세속으로 나가 깨달음을 구해 상당히 빠르게 진리를 깨달았음을 분명히 보여준다. 그러므로 부처님의 눈에는 속진 세상이 최고의 방편인 수행 도량인 것이다. 특히 『금강경』은 의식주 생활이 모두 수행하기에 좋은 도량이며, 각종 욕망이 비록 사람의 마음을 쉽게 오염시키지만, 일단 그 욕망들을 깊이 깨닫게 되면 다시는 그것에 집착하지 않아 생각지 못했던 행복과 좋은 점이 자연스럽게 생기게 된다는 것을 강조하였다.

글자마다 참된 말씀인 『금강경』은 부처님께서 번뇌가 가득한 세상에 들어가 수행하여 마음으로 깨달은 것이며, 세속에서 걸행하신 데 기인한 지혜이기에 당연히 세속에서 나온 것이라고 할 수 있다.

『금강경』은 또한 번뇌가 가득한 세속에 들어갈 것을 장려하고, 그 가운데의 불법도 주로 세속 안에서 수행하는 것에 맞추어져 불법을 배우는 중생이 '치우친 집착'의 잘못된 길로 빠지는 것을 방지하였다. 따라서 『금강경』은 세속 수행의 실천 수칙이기도 하다.

세속의 번뇌 속에서 불법을 배우는 거사 가운데 많은 사람들이 『금강경』을 받듦으로써 도를 깨달았다. 사실 불법을 배우지 않은 사람이 만약 『금강경』 속의 도리를 이해하면 그 안에서 계시를 받을 수도 있다. 사람들은 현실 속에서 저마다 슬픔과 기쁨, 만남과 이별을 경험한다. 특히 오랜 가뭄 끝에 단비를 만나거나, 타향에서 옛 친구를 만나고, 신혼 첫날 밤 화촉을 밝히고, 과거 시험에 급제했을 때와 같은 기쁜 감정은 때로 사람들 마음속 깊이 새겨져 간직된다. 이러한 것은 아름다운 것이나 또한 사람들로 하여금 쉽게 연연하게 만들어 과분하게 탐내도록 하며, 심지어 그 속에 사로잡혀 정신을 못 차리게 만들기도 한다. 불법을 배우는 것은 금욕하는 것이 아니다. 따라서 『금강경』은 중생들의 즐거움과 기쁨을 부인하는 것이 아니다. 그것이 모두에게 알리고자 하는 것은, 지나친 집착은 바라던 것과 정반대의 결과를 가져오게 할 수 있고, 깊은 사랑은 순식간에 큰 원한으로 변할 수 있으며, 최고의 절정은 다시 한 걸음 나가면 천 길 나락의 깊은 바다가 될 수 있다는 것이다.

불법과 번뇌가 가득한 세계

부처님의 안목으로 본 세계

부처님의 안목에 인간 세상은 번뇌의 땅일 뿐만 아니라, 성불의 과정에서 꼭 거쳐야 하는 수행 도량이다. 부처님께서는 중생이 세속에 미혹되지 않도록 지도하시지만, 또한 세속의 덧없음을 깨닫는 가장 좋은 방법은 그것과 용감하게 마주하는 것임을 제시하셨다.

감각기관에서 느끼는 세속은 하나의 번잡한 세계로서, 애정, 사업, 공명(功名) 등의 상황은 계속 쏟아져 나오는 다채로운 연극에 지나지 않는다. 그러나 생사의 큰 관문을 완전히 돌파하면 모든 것이 다 꿈, 환상과 같음을 발견하게 된다. 이러한 좋은 시절에 아름다운 경치에 너무 집착하면 도리어 끝없는 번뇌를 야기할 수 있다.

부처님께서는 세속의 번뇌를 초월하여 크게 깨달으신 분이며, 가장 높은 곳에서 위없는 지혜로 세상의 만물을 꿰뚫어 보시고 속세의 옳고 그름을 분명하게 판단하신다.

6

중국에서 번역된『금강경』

불교문화의 중요한 변천

불법이 동쪽으로 전해지는 데 기여한 첫 공로는 불경의 번역에 있다. 그런데 불교경전의 번역은 문자의 간단한 대응으로 이루어지는 것이 아니다.『금강경』이 한역 판본으로 유통되었을 때 이는 더 이상 인도문화에 속한 것이 되지 않는다. 우리는『금강경』의 근원을 고대 인도로 소급할 수 있지만, 그것의 변천은 중국문화권 안에서 이루어졌음이 증명되었다.

부처님께서 설법하신 순서에 비추어 보면,『금강경』은 부처님께서 하신 '반야'에 관한 아홉 번째 강설이다. 부처님께서는 다양한 지역에서 설법하셨는데, 그 가운데 '반야'에 관한 강설을 열여섯 차례 하셨고, 후세에 6백 권의 경전으로 정리하였다. 그러나 이러한 경전이 한문(漢文)으로 번역된 시기는 서로 상당한 차이가 있다.『금강경』과 같은 경우, 일찍이 당나라 현장(玄奘)이 『대반야경(大般若經)』 전체를 번역하기 전에 이미 한자문화권에서 유통되어 왔다.

『금강경』은 대승불교 반야 학설의 정수인 반야 '성공(性空)' 사상을 포함하고 있다. 이 사상은 인도 대승불교가 세워진 이론적 토대이다.『금강경』이 처음 출판되자 인도에서 광범위하게 중시되었고, 무착(無著), 세친(世親) 등과 같은 저명한 고승대덕들이 이 책에 대하여 주소(注疏)를 지었다. 안타까운 것은 인도에서 불교가 쇠락함에 따라 원본 경전을 포함해 진귀한 자료가 각지로 흩어져 그 행방을 모른다는 점이다. 이 때문에『금강경』의 유통과 변천에 대한 연구는 체계가 완전한 중국불교에서 진행될 수밖에 없었다. 이러한 관점에 대하여 남회근(南懷瑾) 선생도 다음과 같이 논하였다.

"우리가 인도의 문화와 역사를 연구하다 보면 인도인들이 시간에 대하여 그다지 중시하지 않는데, 그것은 인도사람들이 역사 관념이 없기 때문이라는 것을 알게 된다. 17세기 이후, 영국 및 동서양의 일부 학자들이 정리한 것을 참고하여 겨우 인도사(印度史)가 나오게 되었다. 중국의 역사와 달리 인도의 역사는 오랜 옛날부터 시작해서 줄곧 5,000년을 내려왔다. 따라서 어떤 사람들은 범문(梵文)을 배워 불학을 연구해야 한다고 하는데, 그것은 대단히 우스꽝스러운 일이다. 특히 현대의 범문은 17세기 이후의 범문으로 당송(唐宋) 이전의 범문은 한 권의 원전조차도 찾아볼 수 없다. 게다가 당송 이후의 범문은 남인도, 북인도, 동인도, 서인도, 중인도 다섯 지역의 범문이 각각 다르다. 우리가 당시 번역해 낸 범문도 다르고 주문(呪文)을 읽는 발음도 다른데, 이러한 옛날 범문은 현재 그림자조차도 찾아볼 수가 없다. 그러므로 보통 범문을 연구하는 불교학자들은 17세기 이후 유럽인들이 정리해 놓은 범문을 가지고 소수 남겨져 내려오는 남방언어로 정착된 남전불교(南傳佛敎) 책들을 규명하면서 불법 전체를 연구했다고 생각한다. 이것은 맹자가 말한 한 구절을 인용하여 표현하면 "나무에 올라 물고기를 구하는[緣木而求魚]" 격이다"(남회근, 『남회근선집(南懷瑾選集)』 제8권, 19쪽, 푸단대학출판사(复旦大学出版社), 2006).

불법이 동쪽으로 전해지면서 중국문화에 최종적으로 수용된 것은 대승불교이다. 대승의 근본인 『금강경』은 자연스럽게 주목받게 됨으로써 비교적 일찍 중국 땅에 들어오게 되었다. 비록 『금강경』에 대한 번역이 더욱 이전으로 거슬러 올라갈 수 있으나, 후대 사람들은 보편적으로 402년, 즉 동진 16국 시대 유명한 번역가인 구마라집(鳩摩羅什, 344~413)이 번역한 『금강경』을 제일 처음 한문으로 번역된 판본으로 본다. 이후 남북조 각 시대를 지나 수·당에 이르기까지 약 300년의 짧은 기간 동안 적어도 여섯 종의 한역본이 새로 출간되었다. 이 경전이 당시 중국 대륙에 유통된 정도를 가히 짐작할 수 있다. 특히 『금강경』이 중국 땅에 들어온 시기가 매우 좋았는데, 당시는 위진남북조 시대로서 현학(玄學)을 논하는 풍조가 왕성하던 시기였다.

중국의 사대부들은 반야사상의 '성공(性空)'이론을 보고, 현학의 '유무(有無)'를 논하는 사변(思辨)과 서로 통한다고 여겨 현학사상을 보충하기 위해

끌어 왔다. 여기에 더하여 구마라집의 뛰어난 번역은 중국적 특색이 짙었기 때문에 『금강경』이 중국 땅에 들어오자 곧 주류 사상에 들어섰다. 『금강경』은 문인 사대부들의 청담(淸談) 대상이었을 뿐만 아니라 많은 통치자들이 배후에서 지지하고 있었기 때문에 중국 사회에서는 인도와 비교도 안 될 만큼 중요시되었다.

가장 늦게 한문으로 번역된 판본은 702년 측천무후 때 승려 의정(義淨)에 의해 번역된 『불설능단금강반야바라밀다경(佛說能斷金剛般若波羅蜜多經)』이며, 이후 다시 한어로 번역되지 않았다. 그러나 『금강경』은 계속해서 유통되었다.

수·당 시기에 중국불교 내부에서 종파가 형성되기 시작하였으나 각 종파 모두 『금강경』을 더욱 존숭하였다. 천태(天台)·화엄(華嚴)·삼론종(三論宗) 등의 종파에서는 『금강경』을 모두 앞다투어 암송하고, 아울러 각 종파의 의리(義理)에 따라 명확히 밝혀 서술하기 시작했다. 예를 들면 천태종은 불성론(佛性論)을 가지고 『금강경』 주소를 지었고, 화엄종은 진여연기론(眞如緣起論)을 가지고 『금강경』을 해석하였으며, 선종(禪宗)은 육조 이후에 이르러 『금강경』을 전법심인(傳法心印)으로 더욱 삼았다. 당 개원(開元) 24년(736) 현종(玄宗) 이융기(李隆基)는 『어주금강반야경(御注金剛般若經)』을 『시경(詩經)』, 『도덕경(道德經)』과 함께 세상에 반포·시행하였다. 이로써 『금강경』은 자연스럽게 중국 불교문화의 대표적인 경전이 되었다.

이후 유불도 삼가(三家)의 사상은 서로 영향을 받아 점차 융합하였으며, 『금강경』도 종교성을 초월해 중국 전통문화 전체를 대표하는 뛰어난 전적이 되었다. 『금강경』 주소의 내용도 순수한 불교이론에서 중국 전통사상의 대결합체로 변하여, 자주 석가, 가섭(迦葉)에서부터 당요(唐堯), 우순(虞舜), 공자(孔子), 안회(顔回)로 넘나든다. 명 영락(永樂) 25년(1423) 성조(成祖) 주체(朱棣)가 『어제금강경집주(御製金剛經集注)』를 편찬함에 이르러서는 『금강경』에 대한 각 가(家)의 주소가 적어도 1백 종은 되었다. 따라서 중국 지식인이 국학(國學)을 논할 때, 불교의 상식을 이해하지 못하고 『금강경』을 읽지 않았다면 학문이 있다고 여기지 않았다. 이러한 사정은 줄곧 청 말에서부터 중화민국

(中華民國) 시기에까지 지속되었다.

　　20세기 1950년대 이래 여러 가지 원인에 의해서 전통문화에 대한 계승에 일단의 공백기가 생겼고('대약진운동', '문화대혁명' 등의 정치적 상황), 그로 인하여 『금강경』도 점차 사람들과 매우 깊은 간격이 생기게 되었다. 다행히 시대가 바뀌어 전통 경전에 대해 다시 논할 수 있게 되었고, 갈수록 많은 저술들이 나오게 되면서 비로소 『금강경』과 현대 지식인들이 소통할 수 있게 되었다.

『금강경』 대사기(大事記)

불교가 동쪽으로 전해짐에 따라 『금강경』도 중국에 전래되었다. 1,600여 년을 지나는 동안 이 경전은 이미 중국인의 정신에 매우 깊숙이 각인되었다.

⑤ 566년, 진제(眞諦)가 남진(南陳) 양안(梁安)에서 『금강경』을 번역하였으며, 처음 번역본의 이름은 『기타수림(祇陀樹林)』이다.

④ 양무제 때(502~549) 부대사(傅大士)가 『금강경』을 송(頌)하였으며, 소명태자(昭明太子)가 『금강경』을 32품으로 나누었다.

③ 535년, 보리유지(菩提流支)가 낙양에서 『금강경』을 번역하였고, 처음 번역본의 이름은 『바가바(婆伽婆)』이다. 동시에 『금강선기(金剛仙記)』 열 권을 번역하였다.

⑥ 590년, 달마급다(達摩笈多)가 『금강경』을 번역하였으며, 처음 번역본의 이름은 『강단할(剛斷割)』이다.

⑦ 고승 길장(吉藏, 540~623)은 『금강반야소(金剛般若疏)』를 저술하였는데, 집대성하는 방식으로 『금강경』을 전방위적으로 주해(注解)하였다.

⑧ 629년, 당 현장(玄奘)이 천축에 가서 경전을 가지고 왔다. 정관(貞觀)연간 후기에 『금강경』을 번역하였으며, 처음 번역본의 이름은 『능단금강야바라밀다경(能斷金剛般若波羅蜜多經)』

⑪ 736년, 당 현종이 『어주금강반야율(御注金剛般若律)』을 『시경』, 『도덕경』과 함께 세상에 반포하여 시행하였다.

● 국가가 통일되고 오랫동안 안정된 환경에서 수·당대 불교는 획기적인 발전을 하게 되었으며, 또한 점차 중국문화에 융합되면서 많은 학파들이 분화되어 나왔다.

300	600		900
진(晉) · 16국	남북조(南北朝)	수(隋) · 당(唐)	오
300	600		900

● 현학(玄學)이 일어나고, 현학의 주제들에 대한 담론이 사대부 계층에서 유행하였다. 『금강경』은 이것을 계기로 중국의 주류 문화에 편입되었다.

● 남북조 시기, 통치 이념으로 채택된 불교는 남방과 북방에서 모두 급격히 발전하였고, 불교는 사회의 모든 방면에 영향을 미쳤다.

⑩ 699년, 의정법사(義淨法師)가 낙양 불수사(佛授寺)에서 『금강경』을 번역하였으며 처음 번역본의 이름은 『불설능단금강반야바라밀다경 (佛說能斷金剛般若波羅蜜多經)』이다.

⑨ 667년, 혜능(慧能)이 조계보림사(曹溪寶林寺)에 머물면서 선종의 돈오법문(頓悟法門)을 설하였다.

① 401년, 구마라집은 장안의 초당사(草堂寺)에서 『금강경』을 번역하였으며, 이 첫 번역본의 이름은 『사위국(舍衛國)』이었다.

② 그 후 승조가 찬술한 『금강반야바라밀경주(金剛般若波羅蜜經注)』가 첫 번째 중국식 『금강경』 주소이다.

⑬ 1423년, 명 성조(成祖) 주체(朱棣)가 친히
주관하여 『어제금강경집주(御製金剛經集注)』를
편찬하여 오대·송·원 이래의 역대 『금강경』 주소
백여 종을 모두 모아 합쳤다.

● 오대 이후 선종은 크게
성행하였고, 『금강경』도
『단경(壇經)』이 보급됨에 따라
대중들의 귀에 너무나 익숙한
경전이 되었다.

● 송이 시작되면서 불교와
유교가 점차 합류되어,
유불도 3가의 장점을 흡수한
이학(理學)이 중국문화의 주류가
되었다. 『금강경』도 유생들의
연구하고 탐구하는 대상이
되었다.

⑭ 1580년, 임조은(林兆恩)이 저술한
『금강경통론(金剛經統論)』은
불유도의 주지(主旨)를 하나로
융합하였다.

1992년, 남회근(南懷瑾)
거사가 출판한 『금강경은 무엇을
설하는가?[金剛經說什么?]』는
지금까지 스테디셀러이며,
『금강경』에 대한 현대인들의
새로운 열정을 불러일으켰다.

1200	1500	1800
) · 요(遼)	원(元) · 명(明)	청(淸) · 중화민국(中華民國)
1200	1500	1800

⑯ 1944년, 강미농(江味農)
거사가 저술한
『금강경강의(金剛經講義)』는
근대 이래 『금강경』을
가장 완벽하게 연구한 주소이다.

⑮ 청대 서발(徐發)의
『금강반야바라밀경영설(金剛般若波羅蜜經郢說)』은
공자, 맹자, 장자, 노자, 묵자 등 백가의 말과 논(論)을
들어 『금강경』이 이미 중국문화에
철저하게 스며들었음을 분명하게 보여주고 있다.

⑫ 1242년, 송대의 종경(宗鏡) 선사가 저술한
『소석금강과의회요주해(銷釋金剛科儀會要注解)』는
『금강경』이 후세에 민간에서 '보권(寶卷)'
문학의 중요한 내용이 될 수 있게 만들었다.

7

최초의 역경(譯經)가
삼장법사(三藏法師) 구마라집

1,600년 전, 일찍이 어느 청년 사문은 단지 진정한 불법을 동토에 전할 수만 있다면 펄펄 끓는 뜨거운 물과 활활 타오르는 불에 뛰어드는 것도 결코 마다하지 않겠다며 서원을 세웠다. 이 서원을 위하여 그는 모욕을 참고 견디며 일생동안 전란과 왕권 사이에서 좌절과 고난을 겪었다. 그가 바로 중국불교사에서 가장 유명한 역경가로 인정받고 있는 삼장법사 구마라집이다.

『금강경』을 말할 때 사람들은 보통 16국 시기 구마라집이 번역한 판본을 말한다.

구마라집은 고대 서역의 구자국(龜玆國; 지금의 新疆 疏勒) 사람이다. 그의 아버지 구마라염(鳩摩羅炎)은 본래 인도에서 온 승려인데, 나중에 핍박을 받아 환속하여 구자왕(龜玆王)의 여동생 집파(什婆)에게 장가들었다. 사랑하는 남편을 얻은 집파는 결혼한 뒤 도리어 한 마음으로 부처님을 향하여 둘째 아들을 낳은 뒤에 7살 난 구마라집을 데리고 함께 출가하여 수행하였다. 나이 어린 구마라집은 천성이 총명하고 매우 지혜로운 근기가 있어 6만여 자가 되는 『법화경(法華經)』을 이틀 만에 암송하고 도리를 이해하였다. 불법에 전심하기 위하여 모친을 따라 인도의 여러 나라에 유학하며 널리 유명한 스승을 찾아가 심오한 뜻을 깊이 연구하였다. 12세 때, 소승의 수행을 버리고 전향하여 대승의 불법을 수행하였다. 이후 구자국에 돌아와서도 계속해서 주변의 각지에서 참학(參學)하고 법을 논하여 빠르게 진보해 30세가 안 되어 서역에 이름이 났으며, 그 명성이 중원에 빠르게 전해졌다.

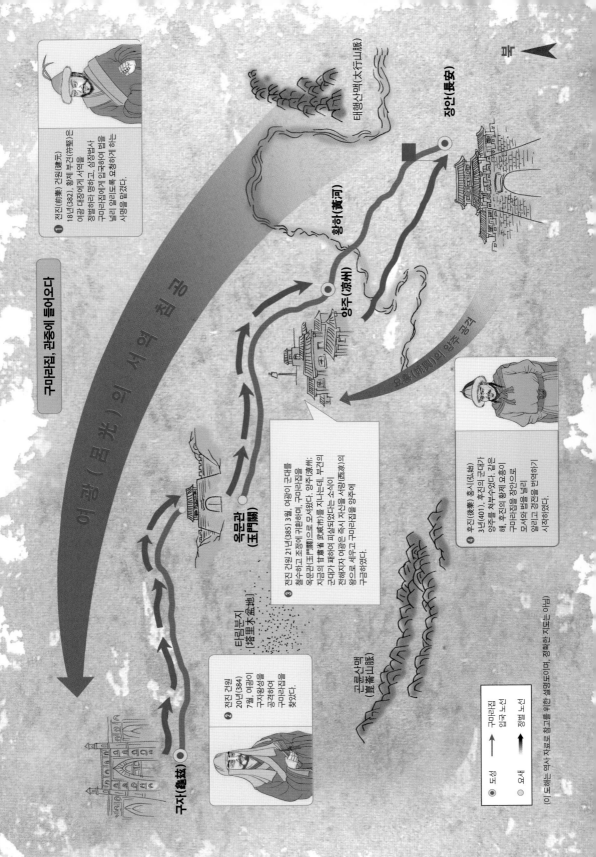

구마라집, 관중에 들어오다

① 전진(前秦) 건원(建元) 18년(382), 황제 부견(苻堅)은 여광 대장에게 서역을 정벌하라 명하고 구마라집에게 입국하여 법을 널리 알리도록 요청하게 하는 서명을 얻었다.

이광(呂光)의 서역 침공

장안(長安)

태행산맥(太行山脈)

황하(黃河)

양주(凉州)

후연(後燕)의 양주 공격

옥문관(玉門關)

타림분지 (塔里木盆地)

③ 전진 건원 21년(385) 3월, 여광이 군대를 접수하고 조정에 귀환하며, 구마라집을 옥문관(玉門關)을 지나 양주(凉州), 부견의 근대가 甘肅省 武威市를 지나는데, 지금의 전해지자 여광은 즉시 자신을 서량(西凉)의 왕으로 세우고 구마라집을 양주에 구금하였다.

근륜산맥(崑崙山脈)

④ 후진(後秦) 홍시(弘始) 3년(401), 후진의 군대가 양주를 쳐부수었다. 감은 해, 후진의 황제 요흥이 구마라집을 장안으로 모셔와 범불 널리 알리고 경전을 번역하기 시작하였다.

② 전진 건원 20년(384) 7월, 여광이 구자왕성을 공격하여 구마라집을 찾았다.

구자(龜玆)

도성
● 구마라집 입국 노선

요새
○ 정벌 노선

(이 도해는 역사 자료로 참고를 위한 설명도이며, 정확한 지도는 아님)

구마라집이 관중(關中)으로 들어오다

비록 불교가 이미 오래전에 중국 땅에 들어왔으나 교의(敎義)와 불법은 산만하고 체계가 이루어지지 않았으며, 번역된 글도 난삽하여 이해하기 어렵고 모호한 의미가 많이 있었다. 구마라집은 일찍이 진정한 불법을 동토에 전할 수만 있다면 펄펄 끓는 뜨거운 물과 활활 타오르는 불에 뛰어드는 것도 마다하지 않겠다는 서원을 세웠다. 그러나 하늘은 이 젊은 법사를 단련시키고자 하였는지, 384년에 전진(前秦)의 부견(符堅)이 병사를 일으키고 구마라집에게 산해관(山海關) 안으로 들어와 법을 전해달라고 요청한 때로부터 401년에 후진(後秦)의 요흥(姚興)이 재차 병사를 일으키고 서로 요청했을 때까지 17년간의 전란을 겪고서야 구마라집은 겨우 장안(長安)으로 들어올 수 있었다. 이때 그는 이미 58세였다. 20년 가까이 전란에 몸이 묶였었는데, 그 사이 겪은 시련과 굴욕은 일반 사람들이 상상하기 어려운 것이었다.

구마라집의 번역

요흥은 구마라집을 매우 존경하여 소요원(逍遙圓) 서명각(西明閣) 주지로 맞이해 경전 번역을 청하였다. 아울러 혜공(慧恭), 승천(僧遷), 승예(僧睿) 등 각지의 고승 800여 명을 선발해 구마라집을 돕게 하였다. 구마라집이 원적(圓寂)할 때까지 총 35부 297권(74부 384권이라고도 함)의 경서를 번역해 냈다.

구마라집은 최초로 대승 반야의 '성공(性空)'이론을 체계화하여 한문으로 번역하였고, 또한 독창적으로 의역(意譯)을 하여 경문을 쉽게 읽고 이해할 수 있게 했다. 그가 번역한 『금강경』, 『법화경』, 『아미타경(阿彌陀經)』, 『유마경(維摩經)』은 모두 중국인이 즐겨 암송하는 것들이다. 비록 이들 불경의 다른 판본들이 후세에도 나왔으나 모두 구마라집의 번역본과 비교되지 않는다.

구마라집은 "만약 내가 번역한 경전이 불법의 본의(本意)를 곡해하지 않았다면, 내가 열반(다비(茶毘)하는 것을 말함)한 뒤에 혀는 여전히 훼손되지 않을 것이다."라는 서원을 세웠다고 전해진다. 지금 감숙성(甘肅省) 무위현(武威縣)에 설탑(舌塔)이 하나 있는데, 전설에 따르면 역경대사(譯經大師)의 그 훼손되지 않은 혀를 모셨다고 한다.

8

제왕(帝王)과 『금강경』

불교가 중국문화 속에서 여러 차례 부침을 겪는 가운데, 그 운명은 통치 계층과 서로 긴밀한 관계에 있었다. '삼무일종(三武一宗)의 법난'●이 불교에 있어 재난이었음은 두말할 필요가 없으나 통치 계층의 지지로 하여금 불법을 왕성하게 규명할 수 있었던 것도 사실이다. 『금강경』이 지금까지 전해지고 여전히 관심 받을 수 있는 것은 역대 제왕의 보호·유지와 역경 사업 추진이 크게 공헌하였다고 할 수 있다.

『금강경』이 중국에 널리 전해지게 된 것은 정교하게 번역되고 적절하게 강론되었던 점 외에 역대 제왕이 보호·유지하며 역경사업을 추진했던 것도 큰 공이 아닐 수 없다. 후세에 유통이 묵인되었던 여섯 종의 『금강경』 역본은 지방 장관이 불법을 옹호해서 나온 한 종을 제외하고 나머지 다섯 종은 모두 제왕의 직접적인 보호 아래 번역되어 나왔다. 이것은 중국 불교사상 유일무이한 인연이다.

구마라집의 역본과 부견·요흥

구마라집이 살았던 때는 바로 중원의 전란을 만났던 시기로, 동진(東晉)과 북방 16국은 온통 분쟁이 난무했다. 구마라집의 명성이 중국 땅에 전해졌을 때가 바로 전진이 북방을 하나로 통일하여 강성했던 시기였다. 황제 부견은 현인을 간절히 찾던 차에 서역에 이러한 고승이 있다는 소식을 듣고 대장 여광(呂光)을 파견하여 병사를 이끌고 서쪽의 구자를 정벌하게 했다. 그 이유는

● 중국에 불교가 전래된 이후 국가권력에 의해 네 차례에 걸쳐 일어난 불교 탄압 사건을 말한다. 북위(北魏) 태무제(太武帝) 태평진군(太平眞君) 7년(446), 북주(北周) 무제(武帝) 건덕(建德) 3년(574), 당(唐) 무종(武宗) 회창(會昌) 2년(842), 후주(後周) 세종(世宗) 현덕(賢德) 2년(955) 때의 일이다. (편집자 주)

단지 구마라집을 중원에 초청하여 경전을 전하고 법을 강설하도록 하기 위한 것이었다. 그러나 운명의 장난인 듯 부견은 구마라집을 만나지도 못한 채 비수(淝水)전쟁에 패하여 죽임을 당하게 되었다. 나중에 요흥이 중원을 점령하고 병사를 일으켜 양주(凉州)를 공격해 결국 구마라집을 장안으로 데려 왔다. 요흥의 적극적인 지지 아래 구마라집은 경전 번역의 거대한 사업을 시작하게 되었다.

보리유지(菩提流支) 번역본과 북위(北魏) 선무제(宣武帝)

북위 선무제 원각(元恪) 시기에 온 나라가 불교를 신앙하게 되었다. 선무제 본인은 교리를 통달하고 불법을 선양하는 것에 온 힘을 더욱 쏟아부었다. 그는 널리 사찰을 세우고 이름난 승려를 불러들여 또 다른 삼장대법사인 보리유지와 『금강경』의 인연을 만들게 되었다. 보리유지는 북인도 사람으로 대승 유가(瑜伽) 계열의 불교학자이다. 경(經)·율(律)·론(論) 삼장에 두루 통하였고, 신흥 종파인 밀종(密宗)의 교법도 상세히 알고 있었다. 그는 북위 영평(永平) 원년(508)에 서역을 지나 낙양(洛陽)에 도착하여 선무제의 예우를 받는다. 선무제는 먼저 그에게 황궁의 태극전(太極殿)에서 역경을 주관하게 하고, 나중에 다시 영녕사(永寧寺) 주지를 맡겨 1천여 명의 고승대덕을 이끌고 역경 사업에 종사하게 하였다. 이 기간에 선무제는 번역장에 친히 나와서 필록(筆錄)을 맡았으며 보리유지 등의 사람들에게 최대의 편의를 제공해 주었다. 보리유지는 선무제의 지지 아래 『십지경론(十地經論)』, 『금강경』을 포함한 경서 101권을 번역해 냈고, 아울러 지론(地論)의 한 계통을 개척하여 일대(一代)의 종사(宗師)가 되었다.

진제(眞諦) 번역본과 진(陳)의 양안태수(梁安太守) 왕방사(王方奢)

남진(南陳)의 양안태수는 비록 제왕은 아니었으나 왕권을 가졌던 인물로 간주된다. 진제 삼장(三藏)은 서인도 우선니국(優禪尼國) 사람으로, 해상으로 광주(廣州)를 경유하여 중국 남방에 도달하였는데, 마침 남조의 양(梁)과 진(陳)이 바뀌던 무렵으로 비록 양무제(梁武帝)의 경건한 예우를 받았으나 곧 병란

『금강경』 번역본과 황권(1)

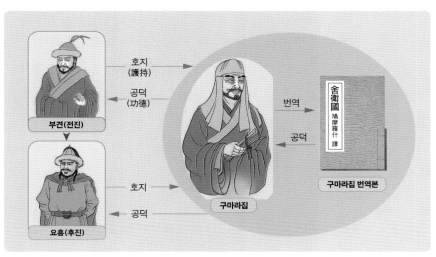

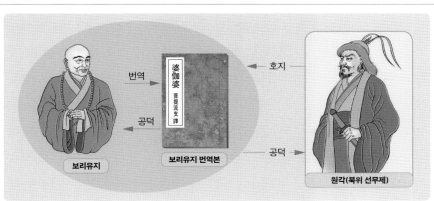

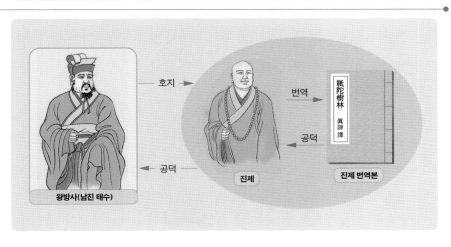

을 만나 핍박당하며 고생스럽게 여러 지방을 떠돌았다. 양에서 진에 이르기까지 진제 삼장은 중국 남방에서 일이십 년 동안을 유랑하며 언제나 법을 마음 편히 펼칠 방법이 없었다.

그렇게 절망하고 귀국하려던 때, 남진의 양안태수 왕방사가 때마침 그를 만류하고 아울러 사찰을 건립해 번역 도량을 마련해 주면서 진제 대사의 역경사업이 시작되었다. 왕방사의 요청에 응해서 진제는 4개월 남짓의 시간을 들여 『금강경』을 다시 번역하였으며, 이 경전은 또 하나의 중요한 판본이 되었다. 발기인으로서 양안태수 왕방사의 지지와 추진이 크게 공헌을 하였다고 할 수 있다.

달마급다(達摩笈多)의 번역본과 수(隋) 문제(文帝)·양제(煬帝) 부자

선대를 계승·발전시킨 수 왕조는 통치 기간이 비록 짧지만 불법을 홍성시킴에 있어서 매우 큰 공을 세웠다. 582년 수 문제는 대홍선사(大興善寺)를 재건하고 각지의 이름난 승려를 널리 불러들여 번역 도량을 설치하였으며, 아울러 태묘(太廟)의 예제(禮制) 격식에 맞게 하였다. 606년 양제는 낙양의 상림원(上林園)에 번역 도량을 개설하고 마찬가지로 지극히 높게 중요시하였다. 이 양대 번역 도량은 수천 명의 종사대덕(宗師大德)을 끌어들였다. 이 가운데 당시 명성이 자자했던 남인도의 삼장법사 달마급다가 포함되어 있는데, 역사에서는 "급다(笈多)"라고 일컫기도 한다. 급다가 중국에 와서 중국불교가 발전하는 황금기를 만나게 되고, 각 종파는 서로 앞다투어 널리 불법을 펼쳤으며, 역경사업도 왕성하게 발전하였다. 두 제왕이 진심으로 불법을 수호함에 따라 급다는 19년의 짧은 시간 동안 경전 40여 부를 번역하였으며, 『금강경』은 그 가운데 하나이다.

현장(玄奘)의 번역본과 당 태종

아마 오늘날의 독자들은 『서유기』로 인해 당 태종이 현장의 역경사업을 지지했다는 사실을 익숙하게 알고 있을 것이다. 당 태종은 한평생 전장에서 생활했으며 그의 무공(武功)은 인도의 아육왕(阿育王) 못지않았다. 만년에 몸

『금강경』 번역본과 황권(2)

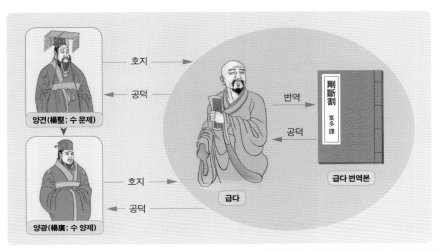

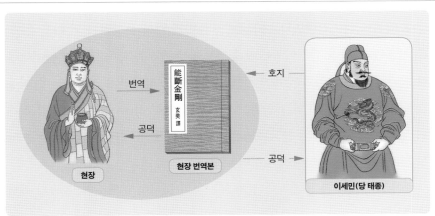

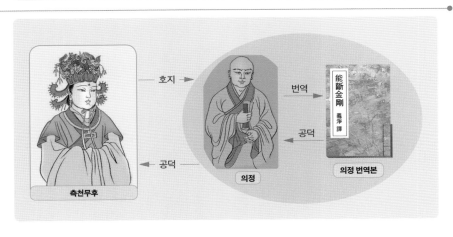

이 늙고 쇠약해져서야 생명의 무상함을 깨달았다. 그에 따라 평생 전쟁에서 살생했던 죄과를 깨달아 뉘우치기 시작하여 전향해 불법을 추존하고 현장의 역경사업을 진심으로 지지하였다. 현장의 『금강경』 번역본은 태종 황제가 친히 감독하고 재촉하여 완성된 것이다. 삼장법사는 하룻밤 사이에 『금강경』을 번역하였다고 하는데, 오늘날 전해지는 현장의 번역본은 그가 번역한 총 6백 권의 『대반야경』에서 뽑아낸 것이다. 이것 역시 의식이 깨어 있던 황제 이세민(李世民)이 쌓은 무량한 복덕이라고 하겠다.

의정(義淨)의 번역본과 여황제 측천무후(則天武后)

측천무후는 불교와 인연이 있어, 황후였을 때 일찍이 용문석굴(龍門石窟)을 건설하는 데 자신의 사비 2만 전(錢)을 후원하였다. 그 가운데 노사나대불(盧舍那大佛)은 그녀의 모습을 따라 형상화한 것이라고 한다. 제위에 등극한 뒤, 당대 필적할 바가 없었던 이 여황제는 불법을 널리 선양하는 데 더욱 온 힘을 기울였다. 의정 삼장이 695년에 인도에서 경전을 가득히 싣고 돌아왔을 때, 측천무후는 낙양의 각계 인사들을 거느리고 성대하게 영접했으며, 아울러 이러한 '진경(眞經)'의 안치와 역경사업에 친히 간여하였다. 이처럼 황제의 호위 아래 여섯 번째 한역판본 경전인 『금강경』이 기타의 삼장경서 총 56부 230여 권과 함께 잇따라 세상에 나왔다.

　이후 중국의 불법 경전이 점차 구비됨과 동시에 인도 본토 불교의 쇠락함에 따라 『금강경』도 새로운 한문 번역본이 나오지 않게 되었다.

9

민간 주소의 역량

중국문화에 깊이 들어가다

당대(唐代) 이후 불경의 번역사업은 거의 중지되었다. 그러나 『금강경』은 주소와 석론(釋論) 의 형식으로 중국문화에 지속적으로 영향을 미쳤다. 어느새 『금강경』은 다소 번잡하고 자 질구레한 인도문화의 허물을 벗게 되었고, 심지어 종교의 신비함과 아득함을 넘어 중국문 화 속에서 마음을 편안히 하고, 천명(天命)을 따르는 데 필요한 인생의 지침서가 되었다.

고대 인도문화는 본질을 세밀하고 깊이 파악하는 사변(思辨)을 숭상하 였으며, 이것은 불법의 정밀하고 심오함의 근원이기도 하다. 그러나 세밀함 이 지나치면 번거로워지게 되고, 그 번거로움을 이기지 못한 인도 사람들은 결국 지극히 복잡한 불법을 역사의 먼지 속으로 내던져 버리고 말았다. 하지 만 불법이 중국에 전해지면서 뿌리를 내리기 시작하고 뿌리에서 싹이 나더 니 결국 가지에 잎이 무성하게 되었다.

만약 불법의 '주된 뿌리[主根]'가 중국문화의 토양에 박히게 된 것이 장 렬하게 수행되어 왔던 역경사업과 뗄 수 없다고 한다면, '수염뿌리[根須]'가 한층 더 깊이 들어가게 된 것은 천여 년 동안 진행되었던 주소와 석론에 의한 것이라고 할 수 있다. 특히 『금강경』에 대한 주해(注解)는 그 번역본이 세상에 출간된 이래로 멈춘 적이 없으며, 현재까지도 줄곧 지속되고 있다. 이 때문에 『금강경』은 중국의 기저에 이미 상당히 깊이 뿌리박혀 있다.

경전을 주석하는 것이 외래의 문화는 아니지만, 초기 불경 주소는 인도 에서 경전을 주석한 것에 깊은 영향을 받아 몹시 복잡하고 앞뒤가 중첩되었 다. 이러한 상황은 계속되다가 승조(僧肇)가 쓴 『금강반야바라밀경주(金剛般 若波羅蜜經注)』가 나오고서야 변화되었다. 승조는 구마라집의 제자이며, 또한 구마라집이 장안에 오기 전 이미 중국에서 저명한 법사였기 때문에 최초의 중국식 『금강경』 주소를 쓸 수 있었던 것은 매우 자연스러운 일이었다. 그는 다음과 같은 두 가지 점에서 선대의 주소를 타파하고 중국의 풍모를 갖춘 새로운 형식의 주소를 개척하였다.

첫째, 중국의 전통적인 주석 방식에 따라 독립적인 문장으로 된 인도식 경론(經論)을 경문(經文) 사이에 두 줄의 주(注)로 삽입하도록 바꾸었다. 이것은 독자가 어느 것이 경문이고 어느 것이 경전을 주석한 사람의 설명인가를 단번에 분명히 구분할 수 있게 한 것이다. 이전의 주소에는 경론이 경문에 뒤섞여 있어 어느 것이 불법이고 어느 것이 주석한 사람의 해설인지 판단하기 매우 어려웠다. 결국 사람들에게 해설적 관점을 불법으로 신봉하게 했다. 불법 전파의 측면에서 이는 하나의 커다란 개선이었다.

둘째, 중국인들이 이해하기에 복잡하고 심오한 명상(名相)에 관한 용어를 간략하게 하여 불경을 대중적으로 이해하기 쉬운 인생 격언으로 만들었다. 예를 들면, "보살마하살(菩薩摩訶薩)"에 대한 주해로 "마음을 비우고 도를 실천하는 것을 보살이라고 하며, 널리 만물을 구제하는 것이 마하살이다[虛心履道, 謂之菩薩, 曠濟萬物, 摩訶薩也]."라 하였다. 간결하고 핵심을 찌르는 주해는 독자와 불법 사이를 통하게 하는데, 이것이 바로 주소가 갖는 '소통'의 목적이다.

당 이후, 역경사업이 다시 진행되지 않았으나, 주소를 내는 추세는 날로 번성하여 고승대덕뿐만 아니라 박학한 유생(儒生)까지도 참여하기 시작하였다. 명조(明朝)의 영락(永樂) 연간에 이르러 성조(成祖) 주체(朱棣)가 편찬한 『어제금강경집주(御製金剛經集注)』는 이미 수많은 주소에서 내용을 신중히 뽑아 집대성한 것이라 할 수 있다.

중국식 주해와 소통을 기반으로 금강반야의 지혜는 중국인의 마음속에 파고들어 모든 근심 걱정을 타파하는 인생의 법보(法寶)가 되었다.

중국식 『금강경』 주(注)

중국의 전통적인 경전 주석

중국의 전통적인 경전 주석 방식은
두 줄로 주를 기입한다. 즉 본문
부분은 굵은 검정색의 큰 글씨
형식으로 줄 안에 쓰고, 줄 사이의
흰 부분에 작은 글씨로 촘촘히 설명과
해석 및 평론 등의 주소를 단다.
이것이 중국인이 상용하는 경전의
주석 방식이다.

『금강경』 본문 내용 ●

경전 주석은 경전에 대한
견해와 평가 등의 주관적인
글이다.

중국 역대 『금강경』 주소 개요

서명	작자	연대	서명	작자	연대
『금강반야바라밀경주 (金剛般若波羅蜜經注)』	승조 (僧肇)	진 (晉)	『금강경통론(金剛經統論)』	임조은 (林兆恩)	명 (明)
『금강반야경소(金剛般若經疏)』	지욱 (智旭)	수 (隋)	『금강반야바라밀경(金剛般若波羅蜜經) 심인(心印)소(疏)』	부원 (溥畹)	청 (淸)
『금강반야소(金剛般若疏)』	길장 (吉藏)	수 (隋)	『금강반야바라밀경영설 (金剛般若波羅蜜經郢說)』	서발 (徐發)	청 (淸)
『금강반야바라밀경구결 (金剛般若波羅蜜經口訣)』	혜능 (慧能)	당 (唐)	『금강반야바라밀경강의 (金剛般若波羅蜜經講義)』	강미농 (江味農)	민국 (民國)
『금강경백가집주대성 (金剛經百家集注大成)』	영락제 (永樂帝)	명 (明)	『금강경은 무엇을 설하는가? (金剛經說什么?)』	남회근 (南懷瑾)	1992

10

『금강경』과 선종
혜능에게서 『단경(壇經)』의 현세를 깨닫다

선종에서 『금강경』은 사조 도신 때부터 『능가경(楞伽經)』의 지위를 점차 대신하였다. 그러다 육조 혜능에 이르러서는 선종에 근본적인 변화가 발생하였다. 혜능은 금강반야사상에 의거 해 선종의 수증(修證)에 완전한 체계를 세워, 승려가 계율을 지키며 수행하던 것을 현실 생 활에서 실천하는 것으로 전환하였다.

달마 조사 이래 이조 혜가(慧可), 삼조 승찬(僧璨), 사조 도신(道信)을 거치 면서 선종은 한 종파로 내려오며 『능가경』을 전교(傳教)의 법보로 삼았었다. 오조 홍인에 와서 상황에 변화가 일었는데, 그는 '동산법문(東山法門)'을 창립 하여 승계와 속계의 신도 대중에게 『금강경』을 암송하게 하였다. 선종은 이 로부터 번창하기 시작하여 여황제 측천무후는 "만약 수도(修道)에 대하여 논 한다면, 동산법문을 다시 넘을 만한 것이 없다[若論修道, 更不過東山法門]."라고 극찬하기에 이르렀다. 홍인이 혜능에게 의발(衣鉢)을 전수하였을 때, 『금강 경』에 더욱 정진하였던 혜능이 대철대오하면서 선종에 새로운 국면이 열리 게 되었다. 『금강경』은 선종을 번성하게 한 사상적 근원이며, 이 사상을 바탕 으로 불교는 중국의 실제 상황과 더욱더 밀접하게 결합되었다고 할 수 있다.

육조 혜능의 깨달음은 『금강경』 덕분이다
육조 혜능은 원래 영남(嶺南)의 나무꾼이었다. 교육 수준이 낮았기 때문에 땔 나무를 팔러 큰길을 건너다녔다. 그러다 어느 집에서 한 사람이 "마땅히 머 무는 바 없이 마음을 내어라[應無所住, 而生其心]."라고 염송하는 소리를 듣고 마음이 탁 트이는 것을 느꼈다. 그래서 그에게 가 "이것은 무엇을 암송하신

『금강경』과 선종 (1)

선종사상의 변천 가운데 『금강경』의 영향

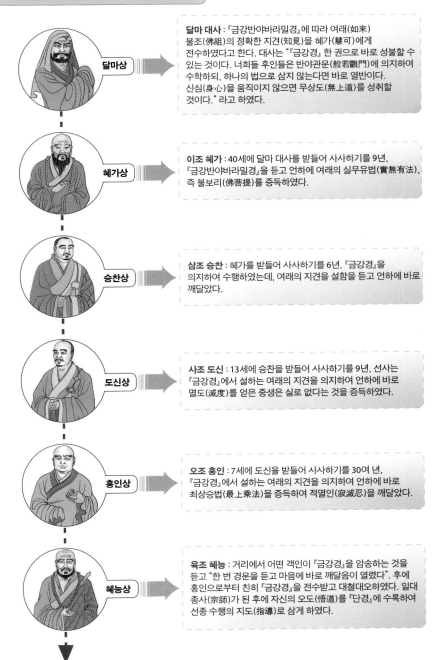

달마상

달마 대사 : 『금강반야바라밀경』에 따라 여래(如來) 불조(佛祖)의 정확한 지견(知見)을 혜가(慧可)에게 전수하였다고 한다. 대사는 "『금강경』 한 권으로 바로 성불할 수 있는 것이다. 너희들 후인들은 반야관문(般若觀門)에 의지하여 수학하되, 하나의 법으로 삼지 않는다면 바로 열반이다. 신심(身心)을 움직이지 않으면 무상도(無上道)를 성취할 것이다." 라고 하였다.

혜가상

이조 혜가 : 40세에 달마 대사를 받들어 사사하기를 9년, 『금강반야바라밀경』을 듣고 언하에 여래의 실무유법(實無有法), 즉 불보리(佛菩提)를 증득하였다.

승찬상

삼조 승찬 : 혜가를 받들어 사사하기를 6년, 『금강경』을 의지하여 수행하였는데, 여래의 지견을 설함을 듣고 언하에 바로 깨달았다.

도신상

사조 도신 : 13세에 승찬을 받들어 사사하기를 9년, 선사는 『금강경』에서 설하는 여래의 지견을 의지하여 언하에 바로 멸도(滅度)를 얻은 중생은 실로 없다는 것을 증득하였다.

홍인상

오조 홍인 : 7세에 도신을 받들어 사사하기를 30여 년, 『금강경』에서 설하는 여래의 지견을 의지하여 언하에 바로 최상승법(最上乘法)을 증득하여 적멸인(寂滅忍)을 깨달았다.

혜능상

육조 혜능 : 거리에서 어떤 객인이 『금강경』을 암송하는 것을 듣고 "한 번 경문을 듣고 마음에 바로 깨달음이 열렸다". 후에 홍인으로부터 친히 『금강경』을 전수받고 대철대오하였다. 일대 종사(宗師)가 된 후에 자신의 오도(悟道)를 『단경』에 수록하여 선종 수행의 지도(指導)로 삼게 하였다.

것입니까?" 하고 물었다. 그 사람이 "『금강경』입니다."라고 대답하자, 혜능은 또 "경전은 어디에서 얻었습니까?" 하고 물었다. 불경을 암송하던 사람이 "호북(湖北)에 홍인 법사라는 분이 계신데, 불법을 배우는 대중들에게 『금강경』을 염송하도록 지도하셨습니다. 당신도 배우고 싶으면 그분을 찾아가 보십시오."라고 대답하였다. 곧바로 혜능은 먼 길을 마다하지 않고 기주(蘄州) 황매현(黃梅縣) 동선사(東禪寺)에 가서 홍인을 만나게 되었다.

홍인은 그를 만나자마자 "그대는 어디에서 왔는가?"라고 물었다.

"저는 영남에서 왔습니다." 혜능이 대답하였다.

"영남은 오랑캐[獦獠]가 사는 곳인데, 오랑캐는 불성이 없다."

"사람은 남과 북이 있지만, 불성도 남과 북이 있습니까?" 혜능이 대답하였다.

이 대화를 보면 그는 처음 『금강경』을 들었을 때 이미 지혜가 열렸으나 단지 철저하고 큰 깨달음이 없었을 뿐이었다는 점을 알 수 있다. 혜능의 근기(根基; 밑바탕)는 매우 깊고 두터웠다. 혜능이 길거리에서 도를 깨달은 일은 경전을 듣고 갑자기 깨닫게 된 돈오의 실례로서 대중들에게 깊은 추앙을 받았다. 혜능이 홍인 곁에서 장작을 패고, 쌀을 찧은 지 8개월 만에 홍인이 법을 전수하고 물러나려고 하면서 뭇 제자들에게 각자 게송 하나를 지어 수증(修證)에 있어서 자신의 견해를 밝히게 하였다. 혜능이 지은 게송이 최종적으로 홍인의 인가를 얻어 그는 선종의 제6대 조사가 되었다. 법을 전수할 때 홍인은 또 혜능을 위해 『금강경』을 자세히 설명하였는데, "마땅히 머무는 바 없이 마음을 내어라[應無所住, 而生其心]."라는 구절을 강설하게 되자 혜능은 철저한 큰 깨달음을 얻게 되었다(『단경』 행유품(行由品) 참고).

법을 구하려는 마음을 내어 법을 얻는 데 이르기까지 혜능의 깨달음은 모두 『금강경』 덕분이었다.

나중에 혜능은 불법을 널리 선양할 때 『금강경』을 늘 마음에 두고 한시도 잊지 않았으며, 항상 대중들에게 『금강경』을 암송하면 그 공덕이 무량하며, 견성성불(見性成佛)할 수 있다고 설하였다. 이러한 말씀은 모두 『단경』 안에 수록되었다.

『금강경』을 대중에게 널리 퍼뜨린 『단경』

선종은 중국적 특색이 매우 짙은 불교이다. 그러나 결코 인도불교의 이론에서 완전히 벗어나는 것은 아니다. 다만 형식에 있어서 중국의 일반 사람들에게 전파하기에 더욱 적합한 것일 뿐이었다. 선종은 혜능 이후에 의발을 더 이상 전하지 않고 『단경』을 전하는 것으로 바꾸었으며, 한 명이 계승받던 것도 여러 명이 받게 되었다. 후세 사람들은 『단경』을 『금강경』 수행의 구결(口訣)이라고 말하는데, 비록 약간 독단적이긴 하지만 『단경』은 확실히 『금강경』과 일맥상통한다. 『금강경』은 비록 문체가 뛰어나 중국인의 입맛에 매우 맞았으나 이는 지식인만을 대상으로 했을 뿐, 혜능과 같이 지혜를 갖추지 못한 나무꾼이나 어민과 같은 대중들은 반야의 은혜를 받기가 매우 어려웠다. 그런데 『단경』은 직접 대중을 대상으로 하여 언어와 법리(法理)에 일상생활과 세속적인 것을 보태어 이해하기 어려운 전문 용어가 거의 없다. 이것이 『단경』과 『금강경』의 다른 점이다. 예를 들면 『단경』에서 "선지식들아! 범부가 부처로 나아감이고, 번뇌가 보리(菩提)로 나아감이다. 전념(前念)이 미혹되면 바로 중생이요, 후념(後念)이 깨달으면 곧 보리이다. 전념에서 경계에 집착하면 번뇌로 나아가고, 후념에서 경계를 떠나면 보리로 나아간다[善知識! 凡夫卽佛, 煩惱卽菩提. 前念迷卽凡夫, 後念悟卽佛. 前念著境卽煩惱, 後念離境卽菩提]."라고 하였다 (『단경』 반야품(般若品) 참고). 이것은 당시의 아주 통속적인 구어(口語)로 오늘날 지식이 조금만 있는 사람도 이해할 수 있다.

혜능이 이처럼 대담하게 불법을 해석할 수 있었던 것도 『금강경』에 근거했기 때문이다. 부처님께서는 『금강경』 속에서 명확한 시범을 보이고, 일상의 먹고, 입고, 걷고, 머무는 것을 가지고 대중들을 깨우쳤다. 그리고 모두의 생활이 바로 수행이며, 형식에 집착하지 말라고 알려 주었다. 때문에 혜능은 "불법은 세간에 있으며, 세간을 떠난 깨달음은 없다[佛法在世間, 不離世間覺]."라고 말했다. 『단경』의 세속적 특징은, 불법은 세속의 중생을 복되고 이롭게 하는 방편이라 하는 데 있으며, 이는 『금강경』의 정신과도 일치한다. 『단경』은 선종의 수행 실천에 직접 영향을 끼쳐 장작을 패고, 물을 긷고, 밥하고, 청소하는 것도 다 도를 깨닫는 수단이 되었다. 심지어는 몽둥이로 한

대 맞고, 욕 한마디 먹는 것도 모두 불성이 발현되도록 자극하는 것이었다. 개인의 수준에 맞게 교육하는 것도 대중들을 성불할 수 있게 인도하는데, 그들이 편리한 곳에서부터 시작하여 깨우쳐 가게 하는 것으로『금강경』의 이 도리가『단경』에 들어가 모두 다 성불할 수 있도록 구성한 것이다. 이는 "일체의 법이 모두 불법이다[一切法, 皆是佛法]."라는『금강경』의 한 구절로 요약된다.

『단경』은 불법과 중국적 실천이 서로 결합된 전범(典範)이라고 할 수 있다. 그러나 대중 수준의 한계로 인해서 이치를 설명하는 데 구체적이고 명확하게 해 주기를 원하여 "모든 상에 집착하지 않는"『금강경』의 정밀한 사유 양식과 서로 충돌되는 것을 면치 못했다. 그러나 역으로 말하면『금강경』은 '구체성과 명확성'을 결코 반대하지 않았으며, 다만 모두에게 본말이 전도되어 강을 건너는 배를 건너편 언덕으로 여기지 말 것을 일깨워 주는 것이다.

요컨대『금강경』은 선종의 각 방면에 매우 깊은 영향을 미쳤으며, 또한 선종도『금강경』의 보급에 있어서 중요한 작용을 했다고 할 수 있다.

『금강경』과 선종 (2)

『금강경』의 보급

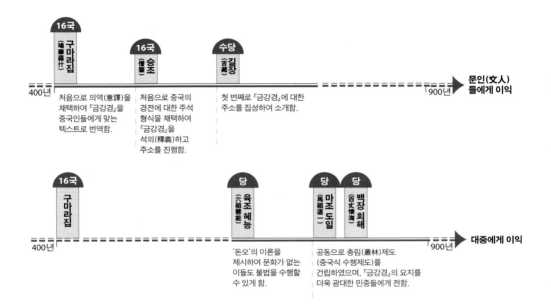

16국 구마라집(鳩摩羅什) — 처음으로 의역(意譯)을 채택하여 『금강경』을 중국인들에게 맞는 텍스트로 번역함.

16국 승조(僧肇) — 처음으로 중국의 경전에 대한 주석 형식을 채택하여 『금강경』을 석의(釋義)하고 주소를 진행함.

수당 길장(吉藏) — 첫 번째로 『금강경』에 대한 주소를 집성하여 소개함.

400년 ┄┄┄┄┄┄┄┄┄┄┄┄┄┄→ 문인(文人)들에게 이익 900년

16국 구마라집

당 육조 혜능(六祖慧能) — '돈오'의 이론을 제시하여 문화가 없는 이들도 불법을 수행할 수 있게 함.

당 마조 도일(馬祖道一)

당 백장 회해(百丈懷海) — 공동으로 총림(叢林)제도 (중국식 수행제도)를 건립하였으며, 『금강경』의 요지를 더욱 광대한 민중들에게 전함.

400년 ┄┄┄┄┄┄┄┄┄┄┄┄┄┄→ 대중에게 이익 900년

구마라집 이후, 승조와 길장 등이 노력하여 『금강경』을 중국문화의 내부로 깊게 삼투시켰다. 그러나 이 노선은 비교적 문화 수준이 높은 문인, 학자, 고승 들을 대상으로 하였다. 그렇지만 혜능으로부터 『금강경』은 일반인들에게 문을 열어 나무꾼, 물장수 등 누구나 "마땅히 머무는 바 없이 마음을 내어라[應無所住, 而生其心]."라는 경계를 체오(體悟)하도록 하였다. 마조 도일, 백장 회해 두 선사들은 일상생활이 수행의 수단이 되도록 제도를 건립하였고, 『금강경』의 진리를 광범위한 대중들에게 전파하였다.

명언·경구

- 전념에서 경계에 집착하면 번뇌로 나아가고, 후념에서 경계를 떠나면 보리로 나아간다[前念著境卽煩惱, 後念離境卽菩提].
- 깨닫지 못하면 부처는 중생이고, 한 생각에 깨달을 때 중생이 부처이다 [不悟佛是衆生, 一念悟时衆生是佛].
- 부처는 깨달음이요, 법은 바름이며, 승려는 깨끗함이다[佛者覺也, 法者正也, 僧者淨也].
- 불법은 세간에 있으며, 세간을 떠나지 않고 깨닫는다[佛法在世間, 不離世間覺]. 세간을 떠나 깨닫는다면, 마치 토끼의 뿔을 구하는 것과 같다[離世覓菩提, 恰如求兎角].
- 입에 쓴 것은 양약이며, 귀에 거슬리는 말은 반드시 충언이다[苦口定是良藥, 逆耳必是忠言].
- 살아서 앉아 눕지 못하고, 죽어서 누워 앉지 못하네[生來坐不臥, 死去臥不坐]. 하나의 냄새나는 뼈다귀에서, 무엇 때문에 공과를 세우려 하는가[一具臭骨頭, 何爲立功過]!

　　　　　　　　　　　　　　　　　　　　　　　　　　　　　　　　 – 『단경』

석가모니 부처님의 일거수일투족, 먹고, 입고, 머

물고, 걷고, 나가고, 들어오고, 앉고, 눕는 것은 물

론이고 모든 것이 다 자연스럽게 위엄이 있었으

며, 이것은 뭇 비구와 부처님을 배우는 모든 중생

들이 본받기에 편리한 좋은 본보기였다. 마당을

쓸다가 불법을 깨닫기도 하고, 밥을 먹거나 옷을

입다가도 진제(眞諦)를 깨달을 수 있으니, 진리는

앉고, 눕고, 머물고, 걷는 사이에 있다고 할 수 있

다. 이처럼 먹고 입는 일상 속에서 참마음[眞心]에

편안히 머물고, 허망한 것을 항복시킬 수 있어야

참된 노력인 것이다.

제2장

개막

—

설법이
시작되다

본 장의 경전 풀이

—

如是我聞,
여 시 아 문

나는 부처님께서 이와 같이 말하는 것을 들었다.

一時, 佛在舍衛國祇樹給孤獨園,
일 시 불 재 사 위 국 기 수 급 고 독 원

한때, 석가모니 부처님께서 사위국(舍衛國)의 기타 태자(祇陀太子)가 건립하고, 급고독장자(給孤獨長者)가 보시한 정원에서

與大比丘衆千二百五十人俱.
여 대 비 구 중 천 이 백 오 십 인 구

큰 비구들 1,250분과 함께 계셨다.

爾時, 世尊食時, 著衣持鉢, 入舍衛大城乞食.
이 시 세 존 식 시 착 의 지 발 입 사 위 대 성 걸 식

점심식사 때가 되자 부처님께서 가사를 입으시고 용모를 정리하신 후, 엄숙하고 침착하게 발우를 지니시고 걸식하러 사위성으로 천천히 걸어 들어가셨다.

於其城中, 次第乞已, 還至本處.
어 기 성 중 차 제 걸 이 환 지 본 처

그 성안에서 차례로 걸식하기를 마치고는 본래 계시던 곳으로 돌아오셨다.

飯食訖, 收衣鉢, 洗足已, 敷座而坐.
반 사 흘   수 의 발   세 족 이   부 좌 이 좌

식사를 마치고 나서 가사와 발우를 거두시고, 두 발을 깨끗이 씻으시고는 방석을 깔고 좌선을 시작하셨다.

당대(唐代)『금강경』두루마리 책자

구마라집의『금강경』역문이 세상에 나오고부터 아주 빠르게 널리 전해졌으며, 당대에 이르러서는 황실(皇室)로부터 천하에 유통되었다.『금강경』으로 말미암아 인쇄 시대로 진입하게 되었다.

경문 염송의
규의(規儀)

수보리가, 시기가
성숙했음을 보고 부처님께
법을 청하는 삽화

경문의 시작

이 그림은 868년 당대 조판하여 인쇄된『금강경』두루마리 책자로서, 20세기 돈황 막고굴에서 발견되어 해외로 반출되었고, 영국 런던 대영박물관에 보관되어 있다가 현재 대영도서관에 소장되어 있다. 이는 현존하는 가장 빠른『금강경』의 인쇄본이다.

1

증신(證信)으로부터 도입을 시작하다

부처님 설법의 연기(緣起)를
알 수 있는 단서

모든 불경은 각 경전이 참다운 불법임을 확실히 밝히기 위하여 앞부분에 이것은 부처님께서 친히 말씀하신 것이고, 언제, 어디에서 말씀하신 것이며, 어떤 사람이 보았다는 증거가 있어서 대중들의 신임을 받는다고 주(注)로 밝히고 있다. 이러한 상황에 대한 설명을 후세에 "증신"이라고 칭하였다.

불경의 첫머리에는 모두 '증신'이 있고, 또한 내용도 대동소이하다. 그러나 그것을 본문과 연관시켜 보면 아주 짧은 몇 줄의 내용이 강렬하게 지시하는 의미를 발견할 수 있다.

『금강경』은 가장 정밀하고 심오한 경전의 하나이며, 많은 사상적 이론이 모두 부처님의 초기 설법을 뛰어넘는다고 할 수 있다. 『금강경』의 증신은 간략하고 내용이 없어 보이지만, 이 경전의 심오한 전체 내용과 연결되어 설법 연기의 열쇠가 된다.

첫째, 시간을 말한다. 경전에는 대부분 정확한 시간에 대한 표현이 없어서 구마라집, 현장 등 대법사들은 모두 "한때[一時]"로 번역하였으며, 『금강경』을 연구하고 주해한 많은 대사(大師)들도 인도인은 시간 개념이 없다고만 할 뿐 하나의 경위도 고증해 가지 않았다. 그러나 바로 이 "한때"라는 것은 경제(經題; 경전 제목)에 가장 부합된다. 불교의 시간관념에 관한 표현 중 "찰나에서 영원을 본다[刹那見終古]"라고 하는 것은 한순간 특정한 시간에 백만 년이 증폭될 수 있어서 고개를 돌리자 백만 년이 이미 순간처럼 재가 돼 연기처럼 사라져 버린다는 말이다. 『금강경』의 본문에서도 "과거의 마음을 얻을 수 없고, 현재의 마음을 얻을 수 없으며, 미래의 마음도 얻을 수 없다[過去心不可得,

부처님 설법의 유적 탐구

부처님께서는 일생동안 갠지스강[恒河] 양안을 유행하며 설법하셨고, 지금도 그 유적들이 남아 있다. 녹야원(鹿野苑)에서 죽림정사(竹林精舍)에 이르기까지 부처님에게는 많은 제자들이 있었고, 설법을 위한 장소가 있었다. 죽림정사부터 기원정사에 이르기까지 불·법·승이 모두 성숙되어 갔다.

기원정사의 수행

사찰의 승려들

오비구(五比丘)를 위한 부처님의 설법

부처님께서는 왕사성(王舍城)으로 가는 도중에 배화교(拜火敎) 외도(外道)들, 즉 우루빈라(優樓頻螺) 가섭 삼형제 및 그들의 제자 1천 명의 항복을 받았다.

(이 도해는 역사 자료로 참고하는 설명도이며, 정확한 지도는 아님)

❶ 녹야원
부처님께서 첫 번째로 설법한 곳으로 최초의 오비구의 귀의를 받으셨다. 부처님께서는 야사(耶舍)를 제도하였으며, 또한 5백 명의 비구를 얻으셨고, 최초로 거사와 청신녀들의 귀의를 받으셨다.

❷ 죽림정사
왕사성 죽림정사는 불교사 최초의 불교 전용 건축물이다. 안으로 16개의 대원(大院)이 있고, 각 원에는 60개의 방(房)이 있으며, 다시 5백 개의 누각이 있고, 72개의 강당이 있어 사찰의 전신(前身)이라고 하겠다. 이는 부처님께서 법을 설하신 중요한 장소 가운데 하나이다.

❸ 기원정사(祇園精舍)
서북방 코살라국[拘薩羅國] 사위성 급고독장자가 기타 태자의 정원을 구매하여 부처님을 위해 '기수급고독원(祇樹給孤獨園)'을 세웠는데, 이를 기원정사라고도 칭한다. 안에는 72개의 강당을 세웠고,

3천 6백 개의 방과 5백 개의 누각을 건립하여 부처님 재세 시에 가장 커다란 사원이었다.

❹ 가비라위국(迦毘羅衛國; Kapila)
가비라위국은 석가모니 부처님의 고향이다. 후에 부처님께서는 고향으로 돌아가 부친을 위하여 설법을 하였다. 또한 아나율(阿那律; 天眼第一), 아난(阿難; 多聞第一), 제바달다(提婆達多) 등을 출가하도록 권하였다. 또한 "지계제일(持戒第一)"로 칭해지는 이발사 우바리(優婆離)의 귀의를 받았다.

❺ 구시나라(拘尸那羅; Kuśinagara)
80세, 쿠시나가라성 밖의 숲속에서 모든 제자들에게 가르침을 남기시고 열반에 드셨다.

❻ 영축산(靈鷲山)
부처님께서 열반에 드신 3개월 후에 대가섭이 주도하여 영축산(왕사성 옆)의 칠엽굴(七葉窟)에 비구들이 모여 다문제일인 아난이 경장(經藏)을 암송하고, 지계제일인 우바리가 율장을 암송하여 제자들의 인가를 거쳐 불전이 결집되었다.

現在心不可得, 未來心不可得]"라고 한 것은 시간은 앞을 향해 흘러가는 것임을 의미한다. 따라서 "한때"란 개념은 중생이 구체적인 시간에 집착하지 않고 곧바로 "머물지 않는다[不住]"는 『금강경』의 주제를 집어내길 바란 것이다.

둘째, 장소를 본다. 장소는 정확히 사위국(舍衛國) 기수급고독원(祇樹給孤獨園; 기원정사(祇園精舍))이다. 부처님이 49년 간 설법하는 동안, 이곳에서만 25년을 설법하였다. 이곳은 부처님의 설법이 두 번째로 이루어진 특별한 장소로, 초기의 죽림정사(竹林精舍)보다 사찰의 기능을 더 갖추고 있었다. 여기에서 설하신 불법으로 바라문교(婆羅門敎)의 도전에 승리했을 뿐만 아니라 국왕을 포함하여 국내의 많은 신도들을 귀의하게 하였다. 이 점을 감안하여 시간을 다시 추산해 보면, 부처님과 많은 비구들이 죽림정사에서 기원정사로 옮겨와 사위대성(舍衛大城)을 출입하며 걸식해 탁발을 하던 것은 적어도 부처님께서 도를 깨우쳐 설법하신 지 20년 후이다. 기원정사에서 설법하신 20여 년 동안 불법은 점차 성숙해 갔다.

셋째, 인물을 결합한다. 이때 부처님의 주위에 1,250명의 비구들이 모여들었고, 그들은 모두 '대비구'로 존중받고 있었다. 이들 승려 집단은 이미 기원정사에서 상당한 경지에 올랐으며, 불법의 수행도 큰 폭으로 정진해 있었다. 따라서 불·법·승 어느 하나도 말할 것 없이 모두 어느 정도의 규모를 갖추고 있었으나, 다만 이때 부처님께서만이 이처럼 심오한 『금강경』을 논할 수 있는 조건을 갖추고 계셨고, 수보리도 부처님의 말없는 가운데 겨우 가르침을 깨달을 수 있었을 뿐이었다.

이상을 종합해 보면 『금강경』에 나오는 '증신'은 신빙성이 있는 것이다. 이것은 『금강경』이 부처님께서 후기에 설하신 것으로 기수급고독원에서 천여 명의 대비구들을 앞에 두고 심오한 법리를 공개적으로 설법하신 것임을 분명히 밝히고 있다. 증신은 시간, 장소와 인물 등 기본적인 상황 요소를 포함하고 있다.

2

『금강경』 서곡(序曲)

부처님의 일상의 평범함과 장엄함

교향악의 서곡처럼 『금강경』도 정식으로 설법이 전개되기 전에 '전주(前奏)'가 흐른다. 이러한 형식은 불경의 주소에서도 "서막(序幕)"이라 한다. 대다수의 불경과 달리 『금강경』의 서막은 평범한 일상생활에서 시작한다.

부처님과 1,250명의 대비구는 기타 태자가 지어서 급고독장자가 보시한 정원(기수급고독원)에 함께 머물며 좌선 수행을 하였다. 본래 평범한 일상의 모습이지만 부처님께서 설하신 『금강경』 앞에 나오고 있기 때문에 각별히 심오한 의미가 있는 것처럼 보인다.

프롤로그[引子; 도입]: 식사 시간이 되다

출가인의 식사 시간은 날이 밝은 후부터 정오가 되기 전까지이다. 부처님의 계율은 매일 정오에 점심 한 끼만 먹게 되어 있다. 불교에선 중생들 각자의 식사 시간이 있는데, 아침은 천인(天人)의 식사 시간이고, 점심은 인간[人道], 오후는 축생(畜生), 저녁은 귀신[鬼道]의 식사 시간이라고 말한다. 부처님께서 채용한 제도는 인간을 중심으로 삼아서 정오에 점심 한 끼만 먹는다. 불교이론에 따르면 부처님께서는 본래 음식을 먹지 않아도 괜찮았으나, 이미 세상에 육신으로 나타나셨으니 솔선수범하여 중생들처럼 때에 맞춰 음식을 먹음으로써 모두에게 모범이 되었다.

출가인의 음식은 중생들에게 걸식해 온 것으로, 이 행위를 속어(俗語)로는 "탁발하다[化緣]"라고 한다. 따라서 이 '서막'이 생기게 된 원인은 식사 시간이 되어 모두 같이 탁발하러 갈 준비를 하는 데서 나온 것이다.

　　부처님도 물론 예외가 아니었다. 그는 승가리(僧伽梨; 가사)를 입고, 자신의 발우(鉢盂; 음식을 담는 그릇)를 들어, 모두 함께 맨발로 탁발할 장소인 사위대성으로 갔다.

주제(主題): 탁발하다[化緣]

재세 시 석가모니 부처님께서는 『금강경』을 설법하실 때 이미 신도들이 셀 수 없었으며, 그중에는 기타 태자와 급고독장자와 같은 권문세가, 재력가도 적지 않았기 때문에 설령 부처님께서 탁발하러 가지 않아도 공양할 사람이 있었다. 그러나 부처님께서는 공양을 받지 않고 여러 비구들과 함께 기꺼이 탁발하셨다. 이를 통해 대중들에게 전달하고 싶었던 것은 바로 성인과 범인이 평등하여 차별이 없다는 사상이었다.

　　부처님께서 맨발로 오륙십 리를 걸어야 사위대성에 도착한다. 부처님께서는 마주치는 순서에 따라 집집마다 탁발해 갔다. 가난함과 부유함을 구분하지 않았으며, 귀함과 천함도 논하지 않고 줄곧 자신의 발우가 가득 찰 때까지 탁발하다가 뚜껑을 덮고 더 이상 하지 않으셨다. 여기에도 계율이 있었다.

　　첫째, 탁발은 인연 따라 해야 한다. 만나는 순서에 따라 한 사람 한 사람씩, 가난한 집만 가거나 부유한 집만 갈 수 없다. 이것 역시 평등을 의미한다. 빈곤함과 부유함은 본래 인과(因果)의 조화이지 인연이 깊고 얕은 차별은 없다. 본래 이것은 계율이 아니었으나 제자 가운데 가난한 사람, 혹은 부유한 사람만 골라 탁발하는 극단적인 상황이 발생하여 부처님께서 이를 계율로 정하셨다.

　　둘째, 욕심을 부려 탁발해선 안 된다. 개인의 발우는 모두 자신의 식사량에 따라 선택하는 것이다. 그 발우에 음식이 충분하면 더 이상 탁발하지 않는다. 이는 또한 한 집에서 공양이 다 차면 더 이상 탁발하지 않고, 한 집에서 공양이 다 차지 않으면 다시 두 번째 집, 혹은 세 번째 집에서 탁발해 발우가 가득 찰 때까지 하여 탁발을 마친다는 것을 말한다. 일반적으로 하루에 많게는 일곱 집을 간다.

부처님의 평범한 하루-일상생활 속의 불법

제 1 막

식사 때가 되면 부처님께서는 승가리를 걸치고, 단정하게 일어나 발우를 들어 대중들과 함께 사위대성으로 탁발을 간다.

걸식은 출가인들이 생명을 유지하기 위한 주요한 수단이다. 그러나 거지들이 구걸하는 것과는 다르다. 그들은 복식을 갖추고 나아가 걸식의 전체적인 과정이 위의(威儀)와 규범에 맞도록 하여야 한다.

제 2 막

사위대성 안에서 인연에 따라 순서대로 걸식을 한다.

사위대성은 기수급고독원의 서북방에 있으며, 거리가 오륙십 리 떨어져 있다. 부처님 재세 시 사위(舍衛)는 커다란 도시였다. 주해(注解)에 따르면 사위대성은 사위국(또한 구살라국(拘薩羅國)으로도 칭함)의 수도였으며, 인구가 9십만 명이었다고 한다.

제 3 막

강당으로 돌아와 식사를 마친 후, 바로 승가리와 발우를 수습한다.

중국 승려들의 수행은 제도가 변하여 더 이상 탁발을 하지 않는다. 식사 시간도 또한 바뀌었고, 보다 편리한 그릇을 사용하며, 식사 후에 자신이 그릇을 씻지 않고, 전문적으로 그릇을 씻는 "행당사(行堂師)"가 씻는다.

제 4 막

마지막으로 부처님께서는 발을 깨끗하게 씻은 후, 방석을 펼치고 결가부좌(結跏趺坐)를 한다(반퇴좌(盤腿坐)).

가부좌(跏趺坐): 부처님의 좌법(坐法)으로, 책상다리를 하고 앉는 것이다. 자세에는 두 종류가 있는데, 먼저 오른쪽 발을 왼쪽 넓적다리 위에 놓고, 다시 왼쪽 발을 오른쪽 넓적다리 위에 놓는 것을 항마좌(降魔坐)라고 한다. 또한 왼쪽 발을 오른쪽 넓적다리 위에 놓고, 다시 오른쪽 발을 왼쪽 넓적다리 위에 놓는 것을 길상좌(吉祥坐)라고 한다.

이렇게 매일 탁발하는 것은 매일의 계율을 지키는 것과 같은 것이다.

거지(舉止): 위의(威儀)

출가인의 탁발은 거지가 구걸하는 것과는 완전히 다르다. 출가인들은 위의를 매우 중요시한다. 발우는 스스로 가지고 오며, 음식이 발우에 가득차면 뚜껑을 덮고 강당으로 가지고 돌아와 먹는다. 위생적인 것은 말할 것도 없고, 인격에 있어서도 독립적이며, 행동거지에 있어서도 예의를 잃지 않는다.

출가인들의 엄숙한 태도는 탁발 나간 이들이 모두 돌아온 뒤 식사를 할 때 또 나타난다. 세속의 사람들은 식사를 할 때 모두 평상복을 입는다. 또 설사 귀족일지라도 외투를 벗는데, 웃통을 벗고 등을 드러낸 채 거리에서 먹고 마시는 그러한 시장이나 시골 사람들은 더 말할 필요가 없다. 그런데 부처님과 뭇 비구들은 늘 승가리를 갖추어 입고 식사를 하니 자연스럽게 편한 옷차림보다 위엄이 있다.

식사를 마치고 나서 승가리와 발우를 정성스레 정리한다. 이때가 되어서야 대가사(大袈裟)를 벗어 규정에 따라 가지런히 접고 옷장에 걸어 넣어둔다. 그런 다음 부처님께서는 발을 깨끗이 닦는데, 십여 리 길을 걸은 탓에 두 발에 진흙이 잔뜩 묻어 좌선하고 불경을 염불하는 것 모두 편안한 마음으로 할 수 없었기 때문이었다. 따라서 부처님도 식사 후엔 발을 씻어야 하는 엄격한 규칙을 만들었다.

이러한 절차가 모두 계율이다. 이는 부처님께서 앞장서서 엄격하게 집행하였으며, 전담해 감독하는 소임도 있었다. 설령 위엄을 가장 중시하는 오늘날의 군대라도 이 정도는 아닐 것이다.

평등을 중시하며 엄격하고 자율적이어서 부처님의 형상도 자연히 장엄해질 수 있게 되었다. 많은 비구들이 이를 눈여겨보고 깨닫는 바가 있을 수밖에 없었을 것이다. 당시의 비구들은 각자 그 밑바탕이 달랐기 때문에 깨닫는 능력도 같지 않았다. 그러나 부처님의 언행은 결국 여러 비구들의 대지혜를 촉발시켰고, 그들은 적극적으로 문제를 사유해 나가 부처님께서 몸으로 직접 가르치신 것을 깨달아 갔다.

부처님의 옷차림과 발우-평범함 속의 참다운 앎

발우(鉢盂)

"발(鉢)"은 인도에서 온 것으로 범어로는 발다라(鉢多羅; pātra)라고 한다. 출가인이 걸식할 때 사용하는 그릇으로 입구는 좁고 밑 부분은 넓게 되어 있다. 또한 "응량기(應量器)"라고도 번역하는데, 몸체와 빛깔, 크기 등을 규정에 맞게 하여야 하기 때문이다. 몸체는 금속 혹은 도자기로 만들고, 목재는 사용하지 않는다. 청결을 유지해야 하기 때문이다. 빛깔은 소박한 색을 요구하며, 붉은 색이나 흑색, 무늬가 새겨진 것들은 사용하지 않는다. 크기는 충분히 먹을 수 있는 양의 음식이 담길 용량으로 지나치게 큰 것은 안 된다.

삼의(三衣)

출가인은 오의(五衣), 칠의(七衣), 대의(大衣)의 세 종류의 복장이 있다.

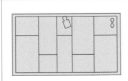

오의(五衣)

범어로는 "안타회(安陀會; antarvāsa)"라고 하며, 다섯 조각을 서로 연결하여 만든 것으로 각 조각에 한편은 길고, 한편은 짧게 한다. "작무의(作務衣)"라고도 칭하며, 일상적인 일이나 잠잘 때에 입는다.

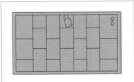

칠의(七衣)

범어로는 "욱다라승(郁多羅僧; uttarāsaṅga)"이라고 하며, 일곱 조각을 서로 연결하여 만든 것으로, 각 조각에 두 편은 길고, 한 편은 짧게 한다. "입중의(入衆衣)"라고도 칭하는데, 대중들과 함께 송경(誦經)하거나 좌선할 때 착용한다.

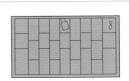

대의(大衣)

범어로 "승가리(saṅghāṭi)"라고 하며, "구의(九衣)", "복전의(福田衣)"라고도 칭한다. 이 가사는 하삼(下三), 중삼(中三), 상삼(上三) 등 모두 9품(品)으로 구분된다. 하의 3품은 칠의와 마찬가지로 두 편은 길고, 한 편은 짧게 하며, 중의 3품은 세 편은 길고, 한 편은 짧게, 상의 3품은 네 편은 길고, 한 편은 짧게 한다. 이 가사는 걸식이나 설법, 국왕 등을 만날 때 착용하는 대례복(大禮服)이다.

에필로그[尾聲]: 곧 휴식하러 가다

부처님께서는 모든 것을 말끔히 정리하고 방석을 깔고서 좌선할 준비를 하셨다.

부처님과 비구 대중은 하루 중 식사 후에만 잠깐의 휴식을 취한다. 탁발하여 식사를 하고, 경전을 강설하거나 설법하는 것 외에 나머지 시간은 포단(蒲團; 부들방석) 위에서 가부좌를 틀고 선정에 든다. 이 방석은 침구이기도 하며, 중국에 전해진 뒤 그 위에서 무릎을 꿇고 절을 하기 위한 도구로 더 많이 쓰였다. 여기에서 주의할 점은 이 휴식 시간에 부처님께선 드러눕거나 어딘가에 기대어 누운 것이 아니라 좌선 자세를 취하셨다는 것이다. 이때부터 선정을 수행할 준비를 시작한 것이라고 할 수 있다.

이전의 일상적 상황은 모두 끝났고, 어쩌면 모두 앉은 자세로 휴식을 취했을 것이다. 그런데 군이 이때에 뛰어나와 가르침을 청하는 이가 있었으니, 강당 전체 분위기도 그들의 문답에 의해서 변하게 되었다. 그리하여 『금강반야바라밀경』이 나오게 되었다.

3

부처님 주변의 승려 집단
1,250명 대비구들의 단체 수행

대비구 1,250명의 승려 단체는 부처님의 제자들이다. 그들이 세간의 아내, 부모, 가정을 떠난 것은 결코 중생들에게 물질적으로 구걸하기 위해서가 아니다. 정신적으로 다시 태어나지도 않고 죽지도 않는[不生不滅] 가르침을 구하여 철저한 해탈을 얻는 것을 더욱 중요하게 여기기 때문에 그들은 성불한 비구라고 일컬어진다.

부처님과 함께 기원정사에서 수행한 대비구 1,250명이 있었다. 그들은 『금강경』의 서곡에 나오는 '엑스트라'이며, 이 설법의 주요 청중이기도 하다. 이러한 비구들의 출신 구성은 복잡하다. 부처님을 추종하며 수행하다가 녹야원에서 교화된 다섯 비구가 있으며, 바라나사성(波羅奈斯城; Bārāṇasi)에 사는 부호의 자제인 야사(耶舍)와 그의 친한 친구 50여 명이 있고, 또 배화교의 우루빈라가섭(優樓頻螺迦葉), 가야가섭(伽耶迦葉), 나제가섭(那提迦葉)과 그들의 제자 1천 명 및 이미 세상에 명성을 떨친 수행자 사리불(舍利弗), 목건련(目犍連)과 그들 각각의 제자 1백 명이 있었다. 이러한 경력과 근기(根器)가 있는 제자, 그리고 개별적으로 귀의한 고승대덕들이 더해져 개괄적으로 1,250명의 대비구라고 말한다.

배경이 다른 이 대비구들은 함께 수행하며 마찰과 의견 대립 및 모순적인 충돌을 피하기 어려웠으나, 공통적으로 추구하고 수증하는 불법 진리를 위하여 점차 피차의 은혜와 원망을 버리고 화합하여 다투지 않고 융화되는 양상을 이루게 되었다. 또한 마하가섭(摩訶迦葉), 아난(阿難; 阿難陀), 사리불, 수보리(須菩提), 부루나(富樓那), 목건련, 가전연(迦旃延), 아나율(阿那律), 우바리(優婆離), 라후라(羅睺羅) 등과 같은 걸출한 십대 제자들이 한꺼번에 배출되었다.

수많은 비구 단체가 화합하며 싸우지 않고 수행하는 방법은 다음의 여섯 가지 방면에서 주로 나타난다.

(1) 조화롭게 행동하고 휴식한다. 즉 앉고, 눕고, 머무르고, 걷는 것 모두 동일한 규칙을 준수해야 한다. 모두 같이 일어나고, 같이 아침 일과를 수행하고, 같이 식사하고, 같이 휴식한다. 요컨대 신체의 행동은 일치됨을 유지해야 하며, 충돌이 발생하지 않게 해야 한다.

(2) 겸손하고 온화한 말투와 태도로 말한다. 즉 출가인이 말할 때는 불법의 도리를 따라야 하며, 논란거리가 있는 것은 서로 토론할 수 있으나 자기 의견을 고집하여 말다툼을 일으켜서는 안 된다.

(3) 친밀하고 화목하게 왕래하는 마음의 태도를 갖는다. 서로 왕래할 때 평온하고 다정해야 하며, 서로 시기하고 원한을 품어서는 안 된다.

(4) 평등한 계율을 수행해 지킨다. 즉 계율 앞에서는 누구나 평등하다.

(5) 일치된 불법의 견해를 갖는다. 경전에 따라 불교의 이치를 연구하여 서로 일치된 불법의 지견을 세우고, 사람들에게 불법을 해설함에 있어서도 서로 위배되어서는 안 된다.

(6) 이익이 되는 공양은 균등하게 나눈다. 부처님께서는 출가 제자가 생산이나 경영에 기대어 생계를 도모해서는 안 되며, 음식은 재가 제자에게 탁발해야 한다고 규정하였다. 출가 제자가 이익이 남는 공양을 받으면 모두 똑같이 분배해야 한다.

이러한 단체 생활도 부처님의 교육 수단이었다. 단체 생활의 불편함을 해결하고, 대인 관계에서 발생하는 번뇌로부터 벗어나는 것은 모든 비구에게 있어 훨씬 직접적인 수행인 것이다. 다른 한편으로 부처님께서 깨달은 무상(無上)의 법은 일상적인 단체 생활 속에서도 구체적으로 운용될 수 있었다.

집단 수행하는 승려 단체

부처님의 십대 제자

단체 수행 가운데
두드러진
십대 대비구

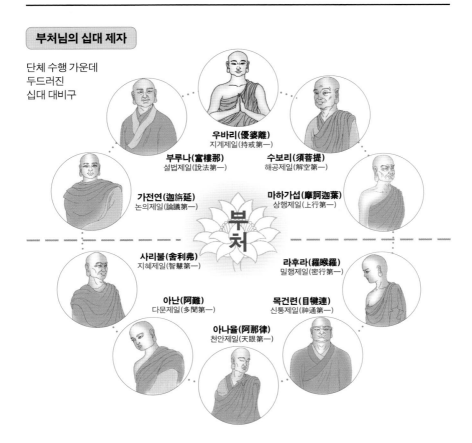

우바리(優婆離)
지계제일(持戒第一)

부루나(富樓那)
설법제일(說法第一)

수보리(須菩提)
해공제일(解空第一)

가전연(迦旃延)
논의제일(論議第一)

마하가섭(摩訶迦葉)
상행제일(上行第一)

부처

사리불(舍利弗)
지혜제일(智慧第一)

라후라(羅睺羅)
밀행제일(密行第一)

아난(阿難)
다문제일(多聞第一)

목건련(目犍連)
신통제일(神通第一)

아나율(阿那律)
천안제일(天眼第一)

승려 대중의 화합도(和合圖)

사상의 일치, 계율의 준수, 같은 생활 양식의 향수, 특권 없음, 분쟁 없음, 장유(長幼)에 질서가 있음, 서로 돕고 양보함, 서로 격려함, 서로 경책하고 검토함, 만약 과오가 있으면 신속하게 개정함, …… 사실상 단체 수행으로부터 얻은 지혜로 인간 생활에서의 번뇌를 해결할 수 있다.

함께 일하고, 함께 쉼

겸손하고 예의를 갖춤

화합하여 친목함

4

걸식과 구걸

불가의 걸식(乞食)제도

출가인이 음식을 걸식하는 것을 "탁발하다"라고 한다. 이를 표현한 "화연(化緣)"은 본래 인연(因緣)을 교화(敎化)한다는 뜻이다. 따라서 많은 비구들이 가사를 차려입고 탁발하여 걸식하는 것은 단지 배를 채우기 위한 음식을 얻기 위한 것이 아니었다.

걸식은 불교 승려가 규정한 생계 수단이다. 이것은 자기 신체에 기본적으로 필요한 것을 만족시키기 위하여 남에게 걸식하는 제도화된 행동이다. 이것의 원래 의미도 매우 간단하다. 첫째, 자기 수행을 위한 방편으로, 생계를 위하여 생산에 종사하고 경영 활동을 하는 것에 마음이 분산될 필요가 없다. 둘째, 중생들에게 복을 짓기 위한 방편으로, 출가인이 스스로 찾아가면 재가 신도는 고생스럽게 사찰에 와서 보시할 필요가 없게 된다. 불가의 걸식과 거지의 구걸은 다르기 때문에 그들은 음식을 얻는 동시에 인연을 교화하기도 한다. 이러한 까닭에 나중에 "화연(化緣: 인연을 교화하다, 탁발하다)"이라는 말이 생기게 되었다.

인연을 교화하는 과정 가운데 불교의 걸식은 또 다른 기능이 발전되어 나왔다. 우선 걸식하는 사람은 교만한 마음을 깨뜨릴 수 있으며, 부유함과 귀함, 가난함과 천함을 선택할 여지가 없다.

둘째, 걸식하는 사람의 맛있는 음식에 대한 미련을 없앨 수 있다. 탁발해서 얻은 음식물은 좋은 것과 나쁜 것 모두 있으며, 맛도 다르기 때문에 음식물에 대하여 다시 더 많은 것을 요구할 수가 없다.

셋째, 귀천의 구분이 없는 걸식을 통해서 중생들의 높고 낮음의 불평등한 관념을 없앤다. 이것은 인도역사에 있어서 매우 비범한 최초의 시도이며,

걸식과 불법

복전(福田)을 심다

사람들이 만약 보시나 선행을 한다면,
마치 농부가 밭에 씨를 뿌리는 것과
같아서 장차 복되고 지혜로운 결과를
가져오게 된다. 따라서 재가의 중생이
승려들에게 음식을 공양하거나 선행을
쌓는 것은 복전을 심는 것과 같다.

승려들이 때를 맞추어 걸식하는 것은
중생으로 하여금 눈앞에서 복전에 씨를
뿌리는 기회를 주는 것으로, 이 또한
보시와 선행이며, 복전을 심는 것이다.

차례대로 걸식하다

가난한 집을 지나쳐 오직 부유한 집에서 걸식할 수 없다는 것은 바로 비천한
사람들에게 복전을 심을 기회를 빼앗고 다만 귀족들만 교화하여 제도한다는
것이다. 중생은 모두 평등하며, 개인의 좋고 싫음에 따라 선택할 수 없는
것이다. 단지 길을 따라 순서대로 걸식해야 하므로 까다롭게 고를 수 없으니,
이렇게 해야 비로소 번뇌가 제거되고, 걸식 수행이 원만하게 완성된다.

하나의 매듭은 하나의 알 수 없는 시련으로, 다만
선택함이 없이 순서대로 풀어야만 최종적으로
걸식의 목적에 도달할 수 있다.

◀ – – – – 차례에 따라 걸식

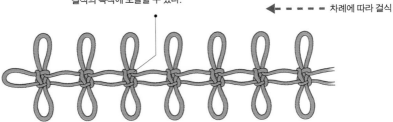

주 : 일곱 개의 매듭은 걸식에 있어서 일곱 집을 넘지 못함을 나타낸다.

불교가 세상을 세우는 근본이기도 하다.

여기에서 "순서대로 걸식하는" 계율 하나가 파생되었다. 가섭 존자는 가난한 사람이 다음 생에 더 이상 빈곤의 고통을 받지 않도록 하기 위하여 가난한 자에게 걸식하고, 부유한 자에게는 걸식하지 않게 하였다. 즉 오로지 가난한 사람에게 탁발하고 돈 있는 사람이 지나가도 탁발하지 않게 하였다. 그런데 수보리는 부유한 사람의 다음 생에 인연과 과보를 공고히 하기 위하여 오로지 부유한 사람에게 탁발하고, 가난한 사람에게 탁발하지 못하게 하였다. 부처님께서 이것을 아시고는 두 사람의 마음이 평등하지 못해 마음에 높고 낮음과 귀하고 천한 차별이 있어서 중생을 차별 없이 대할 수 없게 되었다고 말씀하셨다. 이후 부처님께서는 비구들이 성에 들어가 빈부와 귀천을 구분하지 않고 집집마다 가서 걸식하게 하였으며, 이 집의 공양이 충분하지 못하면 다음 집에 가서 공양하게 하는 규정을 만드셨으니, 이것을 "차례대로 걸식함[次第乞]"이라고 한다. 이 계율을 지키는 것은 불가의 중생은 평등하다는 사상을 현저히 나타내기 위한 것이다.

걸식은 수행의 일부분으로 불가에서는 걸식을 행할 때 위의를 매우 중요시한다. 성에 들어가 탁발을 행할 때 가장 성대한 가사를 입고, 왼손에는 발우를 들어 순서에 따라 차례로 걸식한다. 걸식해 온 음식물은 생명을 유지할 수 있을 만큼으로 제한하여 마음에 탐욕스런 생각이 들 수 없었기 때문에, 음식물을 얻었을 때 기뻐할 필요도 없고, 얻지 못했어도 풀이 죽거나 낙심할 필요가 없다. 음식물을 얻어 온 다음에 다시 재분배하였다. 먼저 일 인분을 덜어 정사(精舍)와 사찰의 관리를 맡아 탁발을 나가지 못한 다른 비구에게 나누어 주어야 하고, 다시 일 인분을 덜어 거지와 가난한 사람에게 나누어 주며, 또 일 인분을 덜어 다른 중생에게 공양해 올려야 하고, 마지막 일 인분이 되어서야 자기 배를 채울 차례가 된다.

이러한 걸식 행위 자체는 불법의 지도 아래 진행된다. 구체적인 실천 과정은 모두 시시각각 불법을 깨우치게 할 수 있으며, 많은 비구들의 수행에 긍정적인 영향을 미친다. 따라서 걸식이라는 주요한 사건이 『금강경』의 도입부에 나타나며, 이것은 부처님께서 세심하게 안배한 것이라고 하겠다.

5

말 없는 반야

부처님의 교육 수단을 해부하다

제불(諸佛)의 설법은 일정한 양식의 규범이 없다. 불법 자체가 공허한 교조주의 이론이 아니고 일상생활과 긴밀하게 연계되어 있기 때문이다. 마당을 쓸다가 불법을 깨우칠 수도 있고, 밥을 먹거나 옷을 입을 때도 진제(眞諦)를 증득해 깨달을 수 있다. 그러므로 진리는 앉거나 눕거나 머물거나 걷는 사이에 존재하는 것이라고 말할 수 있다.

설법의 도입은 평범한 곳에서부터 시작한다. 부처님의 교육 수단은 이미 매우 높은 단계에 이르러, 먹고 입고 머물고 걷는 모든 것이 설법임을 보여준다. 탁발하러 갈 준비를 하는 것에서부터 부처님께서 좌선을 하는 데 이르기까지 사소한 행동마다 모두 불법의 지혜가 가득하며, 진리의 빛이 찬란하게 빛나고 있다. 구체적으로 말하면 이러한 모든 과정이 보살도를 수행하는 육바라밀을 몸소 가르치는 '부처님'인 것이다.

걸식은 보시를 가르친다. 중생들이 보시하여 복을 쌓도록 가르칠 뿐만 아니라, 복전(福田)을 집 문 앞까지 보내주는 것은 중생에 대한 큰 보시이기도 하다. 부처님께서 고생을 마다하지 않고, 몸소 대중을 거느려 걸식하는 것은 바로 그들에게 항상 보시하는 마음을 잊지 않게 하고자 하는 것이었다.

의복을 차려입고 발우를 들게 한 것은 비구 대중에게 계율을 수지할 것을 가르친 것이었다. 걸식할 때 승가리를 입는 것, 자기 스스로 자신의 발우를 잘 챙기는 것, 또한 발우의 규범도 모두 계율이다. 부처님께서 몸에 가사를 차려입고 규격에 걸맞은 그릇을 들어 걸식하러 가는 것은 어떻게 계율을 준수하는가를 시범 보이고자 한 것이었다. 그밖에 차례로 걸식하고, 일상 업무를 정리하는 등의 행동 가운데에서도 계율 지도의 뜻이 있었다.

차례대로 걸식함은 모욕에 대해 인내함을 비구 대중에게 가르친 것이다. 귀하고 천함, 부유하고 가난함을 가리지 않고 한 집 한 집 걸식하는 것은 곧 가지각색의 눈치를 보고, 갖가지 대우를 받고, 각양각색의 음식물을 먹는 것을 의미하며, 이러한 상황에서도 위엄을 유지하고, 분노하지 않으며, 앙심을 품지 않고, 원수지지 않아야 하는 것이 바로 모욕을 참는 수행인 것이다.

식사 후 조금의 소홀함 없이 가사와 발우를 정리하고 발을 씻는 것은 주로 대중에게 정진하도록 가르치는 것이다. 정리하고 청결하게 하는 것은 모두 한 마음으로 선(善)을 지향하고 부지런히 노력하는 일상의 수행이다. 부처님께서는 여기에서 작은 것을 쌓아 큰 것을 이루고 선을 쌓아 덕을 이루며 수행하여야 도약할 수 있다는 것을 모든 비구에게 암시하고 있다.

또 포단 위에서 가부좌를 틀고 좌선을 하면 모든 이들이 자연히 선정에 든다고 가르쳤다. 인간의 생리(生理)에 가장 적합한 것이 좌선이다. 인간의 체형 특징을 보면 좌선은 선정을 수행하는 가장 좋은 방식이다. 인간의 몸은 사지가 굽어 있기 때문에 온몸의 기가 자연스레 단전(丹田) 주위로 모인다. 이것은 선정에 들어 명상하는 데 도움이 된다. 이 단계에 이르러 중생에게 선정에 들어 고요히 생각하는 것을 가르치며 마무리한다. 음식물의 소화를 돕고 또 대중에게 부처님의 행동과 언행에 대하여 가라앉히고 정리하게 하는 과정이다.

이상 이야기한 바와 같이 부처님께선 다섯 바라밀(보시, 지계, 인욕, 정진, 선정)을 말이 아닌 몸으로 가르친다. 부처님께서는 일거수일투족을 다 자유자재로 하고, 반야의 빛이 무의식중에 나타난다. 그의 목적도 바로 모두에게 이 육도(六度; 육바라밀) 수행을 시험하여 누가 근기를 보고 깨닫는지, 누가 해공제일(解空第一)인지를 보는 데 있다.

매우 안타까운 것은 이와 같이 빛이 사방에 환하게 비치는 부처님의 말 없는 법을 단 한 사람, 바로 근기를 보고 곧 법을 청한 수보리만 깨달았다는 것이다. 기연(機緣)이 닿아 다시 무상반야(無上般若)의 법을 한차례 말로 강설하여 모든 사람들에게 어디서나 불법의 분위기 속에서 깨닫게 하는 것은 부처님과 수보리 두 스승의 묵계(默契)이다.

일상 행위 가운데 육바라밀

부처님께서는 비록 말씀을 하지 않으셨지만, 행동으로 대중들에게 신교(身敎)를 베푸셨다. 육바라밀 수행의 법문이 일상의 입고, 먹고, 머물고, 걷는 가운데 담겨져 있는 것이다. 이러한 틀에 구애받지 않는 교육 수단은 그 자체가 빛나는 불법이며, 그것은 중생들에게 "말 없음이 말 있음을 능가한다."는 지혜의 교육을 분명하게 보여준 것이다. 이 또한 참다운 반야 수행의 주제이다.

행동거지의 분석

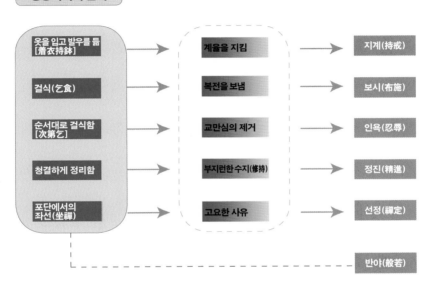

몸으로 가르침[身敎]의 순서와 불법의 논리

좌선하여 입정하는 것은 매우 중요한 한 걸음으로, 걸식 전후와 선정 자체를 포괄하여 분산된 깨달음이 모두 여기에 모여 응집되고, 마지막에 반야광명으로 승화된다.

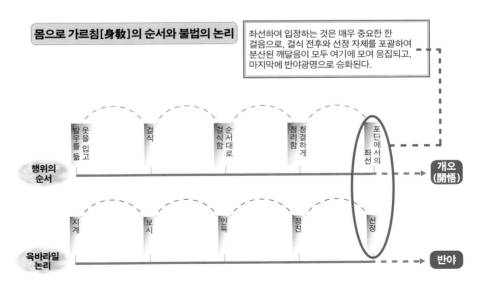

6

부처님의 일거수일투족은 좋은 귀감이다

가장 평범한 곳에서부터 시작하다

부처님의 일거수일투족, 즉 먹고, 입고, 머물고, 걸으며, 나가고, 들어오고, 앉고, 눕는 것은 물론, 모든 것이 다 저절로 위의가 있다. 이것은 비구 대중은 물론 부처님을 따르는 모든 중생들이 본받기 쉬운 좋은 귀감이 된다. 이러한 먹고 입는 일상 가운데 참마음에 편안히 머무르고, 허망함을 굴복시킬 수 있어야 참된 능력이다.

부처님께서는 아직 말을 하지 않았지만 그 가르침은 이미 『금강경』에 언급되어 있다. 이것은 언어를 통하여 설명한 것이 아니라 실제 행동으로 대중에게 어떻게 수행해야 하는지를 알려준 것이다. 식사 때가 되면 부처님께서는 가사 예복을 입으시고 발우를 들고서 사위대성으로 가 탁발을 하셨다. 처음부터 끝까지 위의를 갖추면서 자연스럽게 불법을 실천해 가사를 걸치며, 발우를 들고 사위대성으로 가, 탁발하고, 돌아와서 식사를 하고, 정리하고, 청결하게 하고, 좌선함에 한 곳도 집착하는 형상이 없다. 감각기관에 따른 의식적인 표상에 집착하지 않는 것도 허망함이 일어나지 못하게 하는 것이다. 이것이 바로 진심(眞心)에 편안히 머물기 위한 첩경이다. 말로 가르치는 것은 사람이 언어의 겉에 드러나는 표상에 빠져들 수 있기 때문에 부처님의 이러한 방식은 말로 가르치는 구체적인 방법과 요령에 비하여 훨씬 신뢰할 수 있다. 그래서 석가모니 부처님이 하나의 방법을 말씀하시면서도 그것을 스스로 '부정'하신 것은 그 방법이 틀렸다는 게 결코 아니라 중생들이 그것에 집착할까 염려하신 것이다. 석가모니 부처님께서는 일상생활을 하는 가운데 중생들에게 불법을 수행하는 바른 길을 시범 보이신 것이다. 그 본뜻은 비구 대중들에게 불법대로 실천하도록 가르치신 것인데, 실천하는 가운

부처님의 진심 시범

부처님께서는 옷을 입고 식사를 하는 등의 일상 행위 가운데 자연스럽게 임운(任運)하되, 결코 눈, 귀, 코, 혀, 몸 등 감관의 지각에 유혹되지 않으시고, 본질적인 진심에 편안히 머물러 계셨다. 비구 대중과 제자들이 만약 부처님의 행위 가운데 빛깔, 소리, 냄새, 맛, 촉감 등의 모두가 허상임을 깨닫는다면, 바로 이러한 감관의 유혹에 집착하지 않을 것이며, 그에 따라 허망함을 항복받아 진심에 편안히 머무를 것이다.

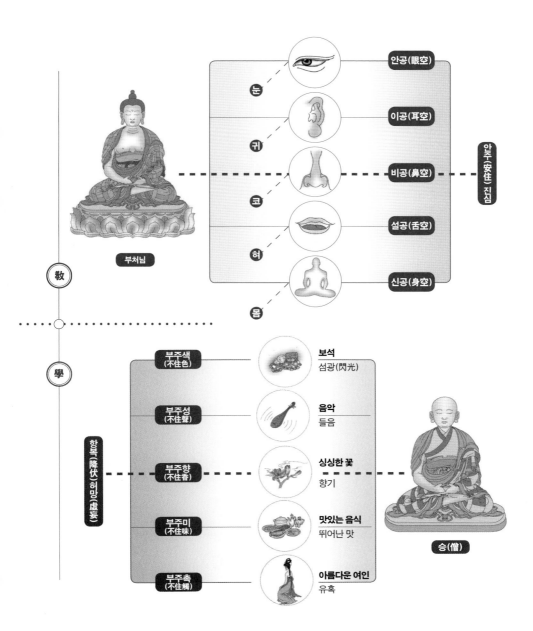

데 검증을 받아야만 진정으로 불법을 깨닫게 된다는 것이다.

부처님이 시범 보이신 것은 하나의 본받을 만한 귀감을 찾을 수 있게 한 것이다. 따라서 처음 시작을 옷 입고 식사를 하는 가장 평범한 일상적인 일에서부터 하신 것이다. 그러나 평범할수록 종종 사람이 쉽게 경계심을 늦추게 되어 사람의 마음을 가장 오염시키는 일이되기도 한다. 음식이 입맛에 맞으면 쉽게 식욕을 일으켜 약간 많이 먹게 되고, 반대로 음식이 맛이 없으면 목으로 삼키기 어렵고, 마음이 불쾌할 수 있으며, 심지어 음식을 만든 사람을 증오하기도 한다. 옷을 입는 것도 마찬가지이다. 고급스럽고 멋있는 옷을 입은 사람은 자기도 모르게 허영심이 생길 수 있으며, 반대로 그런 옷을 입지 않은 사람은 초라한 행색을 스스로 부끄러워할 수 있다. 제공(濟公)*처럼 찢어진 신발을 신고 닳아빠진 모자를 쓴 채 유유자적하는 일은 쉽지 않다.

부처님은 이러한 것에서 시작하여 중생들에게 식사하고 옷 입는 일로 하여금 마음에 아무런 지장을 받지 않아야 한다고 가르쳤다. 가장 성대한 예복은 여기저기 덕지덕지 꿰맨 '복전의(福田衣)'이다. 음식은 차례대로 얻어야 하며, 무슨 맛인지 생각하지 말고 입에 풀칠할 수 있는 정도면 된다. 부처님께서 이러한 일을 행하실 때 조금도 빈틈이 없으셨지만, 의복이 산뜻한지, 음식이 입에 맞는지 고려하지 않으셨다. 이렇듯 자연스럽게 허망한 마음을 없애셨다. 따라서 출가인에겐 식사하고 옷 입는 것도 큰 수행인 것이다.

이러한 본보기의 역량은 무궁하다. 허망함을 굴복시키고 진심에 편안히 머물고 싶다면 부처님의 모습을 따라 행하면 된다. 옷 입을 때 옷이 눈을 호강시키는가에 집착하지 않고, 식사 때 음식이 맛있는가에 집착하지 않으며, 나가고 들어오고, 가고 오며, 청결하고, 좌선하는 데 이르기까지 모든 것에 다 침착하고 자연스러운 게 수행을 위한 참된 능력이다. 이렇게 실천해 나가야 무상반야의 대지혜도 신속히 계발될 수 있다.

• 1148~1209. 남송 시대 고승(高僧), 절강성 천태(天台)에서 나고 자라 처음에는 국청사(国清寺)로 출가했다가 영은사(靈隱寺)에 주석한 선승이다. 계율에 얽매이지 않고 파립(破笠)에 찢어진 부채, 낡은 신발, 헤어진 승복을 걸친 몰골이 마치 거지나 다름없었으나 언제나 환한 웃음으로 병들고 힘든 이를 구명하기에 앞장섰다. 또한 권선징악을 수행의 덕목으로 삼아 세상에 숱한 온정의 미덕을 전하고 떠나니 후세 사람들이 그를 기려 활불(活佛)이라 하였다.

7

수행과 입세(入世)
불법은 세간을 떠나지 않는다

수행은 '출세'와 '입세'를 구별할 필요가 전혀 없다. 세속의 모든 인과는 회피할 수 없는 것이며, 벗어나고 싶다면 눈앞에서부터 시작할 수 있다. 옷 입고, 식사하고, 앉고, 눕고, 머물고, 걸으며, 가난하든 부유하든, 귀하든 천하든 이 모든 세속의 일상적인 면이 수행하기 좋은 도량이 되어야 한다.

처음 불법을 배우는 사람은 『금강경』에서 옷을 입고 식사를 하는 등 일상의 사소한 일들이 끊임없이 본보기로 나타나는 것을 보고 의심을 피하기 어려울 것이다. 사실 부처님께서 『금강경』 전체에서 말씀하신 것은 보살도를 수행할 때 '출세'와 '입세'의 모순적인 부분을 어떻게 통일시켜 가는가 하는 것이다. 착한 마음을 내어 중생을 널리 제도하는 것을 "입세"라고 말씀하셨다. 사실 '입세'하지 않고 어떻게 중생을 제도하겠는가? 다만 중생을 제도하는 데 반드시 '세속을 떠난 마음'을 가지고 있어야 한다는 것은 '입세'하더라도 '출세'의 마음 상태를 유지해야 함을 말하는 것이다. 그렇게 하지 않으면 결국 삼계(三界) 육도의 윤회를 벗어나지 못한다. 나무뿌리는 온 힘을 다해 아래로 뻗어 내려가고 나뭇잎은 위로 향하려고 애쓰는 것처럼 입세와 출세는 서로 연관되어 있는 양면이다.

수행하려면 우선 출세해야 하지만 입세에서부터 시작해야만 한다. 많은 사람들이 수행을 시작하면서 단지 자기 해탈을 위한다. 타인의 복을 도모할 것을 생각하며 시작하는 이는 소수이다. 그러나 불법이 가리키는 큰 도에서 자아 해탈을 완성하고 싶다면 반드시 먼저 이기적인 생각을 내려놓고 '소아'를 버려야 한다. 보살도를 수행하는 데 "자신을 제도하는 것[自度]"과 "남을 제도하는 것[度人]"은 한 가지 일이다. 중생을 이롭게 할수록 '무아'가 되고, 또 깨닫고 행함이 원만한 부처님의 경계에 가까워진다. '입세'는 성색(聲色)에 타락하여 방종하려는 상태가 아니라 사람들에게 "모든 악을 짓지 말고, 모든 선을 받들어 행하도록" 가르쳐 어떠한 세속의 유혹이든 모두 불법을 실천하는 대상이 되게 하는 것이다. '입세'가 없으면 '출세'를 말할 수 없다. 모든 것을 초월하는 큰 해탈은 우선 눈앞의 것에서부터 시작해야 한다. 식사하고 옷 입는 것에서조차도 번뇌를 떨쳐 버릴 수 없다면 생사를 달관하는 큰일을 더욱 논할 수가 없다.

수행으로서 입세는 결국 출세하기 위함이다. 출세는 결코 소극적으로, 세상에서 도피하거나 현실을 회피하는 것이 아니다. 진심으로 위없는 불법[無上佛法]을 증득하고자 육도의 윤회를 초월하여 철저한 해탈을 얻는 것을 가리킨다. 이것이 불법 수행의 큰 원칙이다. 만약 한 사람이 기존의 세계와 생활에 집착하여 아직 수행에 대한 진정한 믿음의 마음[信心]이 생기지 않았다면 그는 여전히 육도윤회의 괴로움을 벗어나지 못한다. 세속은 타락의 온상이다. 누군가 여기에서 벗어나고자 하는 마음이 없으면 끝없는 번뇌에 파묻힐 뿐이며, 부처님께서 몸소 오셔도 그를 제도하지 못한다. 따라서 '출세'의 마음을 유지한 채 '입세'에서 수행하여 남을 이롭게 하고, 또 자기를 이롭게 하는 것은 철저히 해탈하고 수행해 깨달아 성불하는 탄탄대로인 것이다.

결론적으로 수행은 '입세'를 떠나지 못하는 것이며, 또한 '출세'와 '입세'를 구분할 필요도 없다. 세속은 수행을 위한 커다란 도량이다. 만약 이것을 잘 이용하면 번뇌도 보살로 변할 수 있고, 수행하여 정과(正果)를 얻을 수 있다. 따라서 부처님께서는 중생에게 눈앞의 옷 입고 음식 먹는 것, 즉 '입세'로부터 수행을 시작하여 '출세'의 해탈한 마음에 편안히 머물도록 가르치셨다.

수행의 출세와 입세

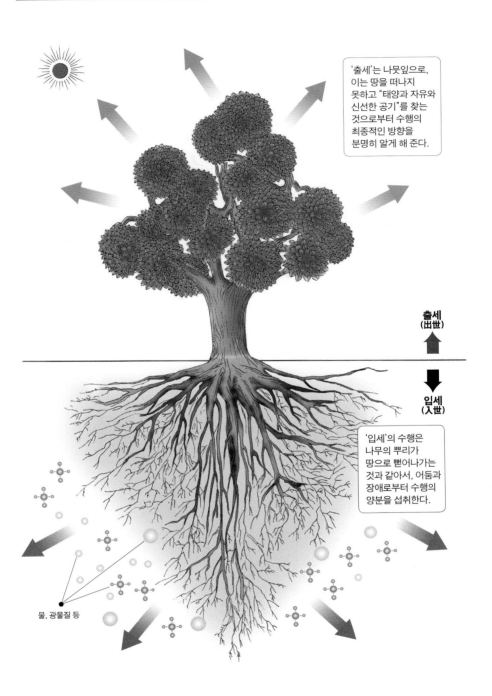

'출세'는 나뭇잎으로, 이는 땅을 떠나지 못하고 "태양과 자유와 신선한 공기"를 찾는 것으로부터 수행의 최종적인 방향을 분명히 알게 해 준다.

출세
(出世)

입세
(入世)

'입세'의 수행은 나무의 뿌리가 땅으로 뻗어나가는 것과 같아서, 어둠과 장애로부터 수행의 양분을 섭취한다.

물, 광물질 등

8

선정의 묘한 작용
일념(一念)으로 선정에 드는 반야의 삶

선정으로 반드시 도를 깨닫고 해탈하는 것은 아니지만 도를 깨닫고 해탈함은 절대로 선정에서 벗어날 수 없다. 겉으로 보면 불교의 선정과 다른 종교의 수행 방식은 매우 비슷하다. 그러나 불법에서의 선정은, 위로는 수행으로 얻은 지혜에 통하고, 아래로는 계율을 지키는 것으로 이어져 불법의 거의 모든 방면을 포괄할 수 있다.

부처님께서 보이신 가장 마지막 수행이 선정이다. 그는 대중에게 마음을 가라앉히고, 옷 입고, 발우를 들고, 걸식하고, 옷과 발우를 정리하고, 발을 씻는 등의 여러 수행이 각자에게 어떤 수확을 가져다주었는지 깊이 생각해 보도록 가르쳤다. 선정은 불법 수행의 중요한 수단으로 휴식과 본질적인 차이가 있다는 점을 주의해야 한다.

선정의 본질은 무엇인가? 선정은 정좌(靜坐)와 명상(冥想)의 방법을 통하여 산만한 생각을 안정시켜 순수하고 맑은 경계에 집중하는 것이다. 오랫동안 끊임없이 선정을 수행하면 마음이 순수하고 깨끗하게 변하여 허망함이 생기지 않으며, 더 나아가 위없는 반야의 본체를 체험할 수 있다.

선정을 이해하는 데 두 가지 관건이 있다. 첫째는 집중이고, 둘째는 깨끗함과 맑음이다. 집중은 사유를 오직 순수하고 깨끗한 경계에 집중시켜 산만하지 않고, 허망함이 생겨나지 않게 하는 것이며, 진심에 편안히 머무는 것이라고도 할 수 있다. 깨끗함과 맑음은 집중한 경계가 서로 맑고 분명하여, 혼탁하지 않고, 희미하지 않은 것이다. 다시 말해서 선정은 세속에 구애받지 않고 초연하며 맑고 평온한 '출세'의 품성이 있어야 한다. 그렇기 때문에 장작 패기에 전념하는 것은 선정이 아니고, 넋을 놓고 멍하니 있는 것도 선정이 아니며, 몽롱하여 조는 것은 더더욱 선정이 아니다.

　선정을 수행하는 것은 좋은 점이 많으나 『금강경』의 도입부에서 보면 주로 귀납하고 정리하는 등의 총괄적인 역할을 한다. 식사하고, 옷 입고, 길을 가고, 좌선을 하는 것 등 일련의 수행이 나열되었기 때문에 사유가 상대적으로 산만해지고 통일된 견해[知見]가 형성되기 어렵다. 더욱이 무상(無常)하고, 무아(無我)이며, 태어나지도 않고 소멸하지도 않는[不生不滅] 반야의 실상(實相)을 증명하여 말할 수가 없다. 마지막 단계인 선정은 바로 이러한 것을 겨누어 총괄한다. 소소한 것을 수행하는 가운데 산만하던 이해가 쌓이고 정리되어 순수하게 통달된, '바르게 알고 바르게 생각함[正知正念]'을 통하여 반야의 실상을 체험하기 위한 이상적인 사유 공간을 제공한다.

　선정은 법문을 터득하기 위한 빠른 길이 아니다. 그것은 네 단계의 정진이 필요하며, 수행하는 사람이 꾸준히 끈기 있게 참선하여야 점점 반야의 광명에 가까워질 수 있다. 북종의 참선대사 신수(神秀)가 "항상 부지런히 닦아서 먼지 끼지 않게 하라[時時勤拂拭, 勿使惹塵埃]."라고 설한 것처럼 선정은 점수(漸修)의 방법이다. 계율을 지키며 수행하는 것이 "여덟 가지 바람이 불어와도 흔들림이 없음[八風吹不動]"에 이르렀을 때 원만해졌다고 할 만하다. 이 "여덟 가지 바람"은 행운·불운·비방·명예·추대·조롱·고난·쾌락의 여덟 가지의 번뇌이다. 만약 이러한 번뇌 앞에서도 우뚝 서서 끄떡도 하지 않을 수 있다면 범부도 성불할 수 있다.

　선정은 도를 깨닫는 데 반드시 거쳐야 하는 길이다. 석가모니가 성불할 때조차도 이 길에서 벗어날 수 없었다. 그래서 마지막에 대중에게 선정을 가르치시며, 대중들이 마음을 차분히 가라앉히고 평범함 속에 수행한 것을 깨달아 가길 바랐던 것이다. 그러나 내막을 잘 모르고 맹목적으로 모방하면 선정의 근본적인 목적에 도달할 수 없다. 따라서 이어지는 『금강경』은 바로 부처님께서 행하신 수행의 지도(指導)이다.

선정과 수행

집중[專注]과 안심(安心)

집중은 선정의 중요한 속성이다. 이 과정은 사유와 관찰이 필요치 않다. 집중과 안심은 과거, 미래, 현재 혹은 법의(法義)의 영향, 심지어 각종 각양의 추리, 생각, 감각, 정서와 충동 등이 필요한 것으로, 모두 마음으로부터 자연스럽게 흘러나오는 것이다.

반연(攀緣)의 마음이
안정되면

잡념은 점점 적어진다.

**여덟 가지 바람이
불어도 움직임이 없음**

선정을 관통하는 과정은 세속적인 번뇌를 싫어하고 떠나려는 마음이다. 행운·불운·비방·명예·추대·조롱·고난·쾌락 등은 모두 허환(虛幻)되고 무상(無常)하며 해롭고 도움이 되지 않는 것들이다. 따라서 싫어하고 떠나려는 마음을 내야 하며, 다시는 그러한 것들을 기대하거나 의존하지 않아야 한다. 선정에 있어서 고요한 희열 가운데 몸과 마음이 편안히 머물게 되며, 자연스럽게 욕심을 떠나 청정한 경지에 도달하게 된다.

행운

추대

불운

조롱

비방

고난

명예

쾌락

9

돈오와 점수
불법 수행의 양 날개

선정은 비록 점수이지만 또한 돈오와 떨어질 수 없다. 만약 그렇지 않으면 질적인 도약을 이루기 매우 어렵다. 따라서 석가모니는 여러 해 동안 점수를 한 후에 보리수 아래에서 순간 돈오하고서야 성불하였다. 점수와 돈오는 불법 수행의 양 날개이다. 어느 한 쪽이라도 부족하면 날아오를 수가 없다.

후대 사람이 점수와 돈오를 말할 때 종종 단편적으로 양자의 대립을 과장하여 이 둘을 물과 불처럼 병존할 수 없는 것으로 여기고, 심지어 양자에 높고 낮은 구별이 있다고 독단적으로 생각하기도 한다. 사실 이 둘은 불법에 있어서 결코 높고 낮음이 없다. 단지 수행 단계와 도달하는 경계가 다른 것뿐이다. 수행의 초급 단계에서는 차츰차츰 수행해 차례로 나아가는 것이 비교적 실용적이며, 이것은 지식을 축적하고 역량을 높이는 과정이다. 수행이 어느 정도 이루어진 다음 선정의 힘과 지혜가 충분한 역량을 갖추고서야 돈오를 통하여 질적인 도약을 실현할 수 있다.

지극히 적지만 점수를 통하지 않고 직접 돈오하는 사람이 있을 수 있다. 하지만 석가모니 부처님조차도 먼저 점수한 다음 돈오하였으니 일반 초학자는 더욱 말할 필요가 없다. 점수는 돈오의 기초라고 할 수 있다. 점수는 양적 변화이다. 등산할 때 한 걸음 한 걸음 위로 올라가며, 마지막 한 걸음을 산꼭대기에 내딛어야 "한번 둘러보고 뭇 산들이 작은 것"을 깨닫게 되는데 이때 그 마지막 한 걸음이 바로 돈오이다. 부처님, 보살, 고승, 대덕이 득도하여 깨달음을 증득한 것도 다 점수의 관문을 거쳤기 때문이다. 세상 사람들 대부분이 고생하는 것을 원치 않는다. 때문에 다만 돈오만 말할 뿐 점수는 말하지 않고, 특히 선종 육조 혜능이 길가에서 도를 깨달은 일을 추숭한다. 그러나 혜능은 길에서 다만 도리를 이해하였을 뿐, 진정한 불법에 대해서는 여전히 피부로 느낄 수 없었다. 오조 홍인을 참알한 다음 처음부터 쌀 찧는 일에 맡겨져 대중들과 같이 경전을 들었다. 그는 이렇게 3년 동안 "마음과 뜻을 고통스럽게 하고, 근육과 뼈를 수고롭게 한[苦其心志, 勞其筋骨]" 다음에야 진정한 득도를 하였다. 이처럼 점수는 기초이며, 돈오는 점수의 축적과 지지를 필요로 한다.

불교학은 매우 공을 들여야 하는 학문이다. 설사 돈오했다 하더라도 꾸준히 지속적으로 점수해야 한다. 설사 불교의 이치[佛理]를 통달했다 하더라도 실천을 거친 검증이 없으면 진정한 득도를 했다고 할 수 없다. 선종 육조 혜능은 돈오한 다음 다시 12년 동안 치욕을 참고 구차하게 살고서 겨우 나와 단(壇)을 세우고 법을 널리 알렸다. 불법 수행은 간단한 것이 아니며, 그것은 처음부터 끝까지 순서에 따라 점진하고 수행하며 증득하는 과정을 뗄 수 없다.

물론 돈오도 불법에서 뗄 수 없다. 돈오는 수행의 결과이다. 만약 돈오가 없으면 설사 성불에서 겨우 한 발자국 거리에 있더라도 부처님과 10만 8천 리 떨어진 경계와 마찬가지이다. 다시 등산에 비유하면, 돈오에 문이 없는 것은 마치 산봉우리가 빙 둘러싸여 있어 꼭대기에 오르는 길이 없는 것과 같다. 남회근(南懷瑾) 대사가 다음과 같이 말한 것이 더욱 의미가 있다. "어떤 사람이 나에게 무엇이 돈오냐고 물었다. 매우 간단하게 말했다. 당신이 대변이 급한데 화장실을 찾지 못하면 온몸에 식은땀이 난다. 그런 다음에 갑자기 화장실을 찾으면 화장실에 들어가자마자 '풍덩' 하고 볼일을 본다. 하! 너무 상쾌하다!"(남회근이 1975년 1월 27일 대만의 까오슝[高雄]에서 "선칠(禪七)"법회의 강좌에 보임)

엄밀하게 말하면 돈오는 일종의 직감적인 체험이지만, 정신 질환자가 겪는 의식의 혼란같은 것은 결코 아니다. 이는 예술가에게 갑자기 영감이 일어나는 것처럼 찰나의 순간에 유한(有限)과 상대(相對)를 뛰어넘어 무한(無限)과 영원(永恒)을 체험하는 일종의 이성적인 직감이다. 따라서 구체적인 형식에서 돈오는 당연한 이치를 따르지 않고, 말 한 마디, 몽둥이 한 대, 물방울 하나가 모두 그 계기가 될 수 있다. 이것은 뉴턴이 사과가 땅에 떨어지는 것을 보고 갑자기 깨달은 것과 같은 이치이다.

점수와 돈오(1)

점수는 돈오의 과정

돈오는 찰나에 촉발되어 승급하는 것이고, 점수는 끊임없이 축적하여 양적인 변화를 이루는 것이다. 점수의 그 길고 힘든 오름이 없었다면 "한번 둘러보고 뭇 산들이 작은 것"을 아는 돈오의 경계는 있을 수 없는 것이다.

돈오는 최후 1미터의 비약이다.

1m

8,843m

에베레스트산에 비유하면 점수는 8,843미터의 어렵고 힘든 과정이다.

에베레스트산

돈오는 점수의 결과

점수는 하나의 과정이고, 돈오는 하나의 현상으로, 두 가지는 동일한 하나의 두 상태이다.

점수는 바로 하나의 시간으로부터 다음 시간으로 움직이기 시작한 것으로, 평범하고 적막한 과정을 거친다.

돈오는 도달로서, 시간이 도달하여 밝게 빛남이 나타난다.

하지만 모든 사람이 돈오할 수 있는 것은 결코 아니다. 보통 사람은 사과로 여러 차례 얻어맞을지라도 중력이 당기는 힘을 발견하지 못할 것이다. 육조 혜능이 "나의 이 법문은 바로 상상근기의 사람을 인도하기 위한 것[我此法門, 乃接引上上根人]"이라고 말한 것도 돈오는 충분한 지혜를 갖춘 사람만이 적합하다고 한 것이다. 봉황의 털과 기린의 뿔처럼 드물고 희귀하게 보살이 환생하는 경우 외에, 이러한 조건을 갖추는 데 가장 주요한 것은 뉴턴의 경우와 같은 끈질긴 노력이다. 이를 통해 그는 거인의 어깨 위에 오르게 된 것이다.

실제 경험은 불법을 수행하는 중에 점수와 돈오가 상부상조하여 서로 겉과 속을 이루게 한다. 점수하는 가운데 돈오가 있고, 돈오하는 가운데 점수가 있다. 곧 돈오하려는 사람은 분명히 점수하며 수많은 시련을 겪고, 진리의 문에 도달해 마지막에 가서 가볍게 한번 밀면 갑자기 확 트인다. 충분한 수행을 거치지 않으면 설사 진리의 문 앞을 지나가도 보고도 보지 못할 수 있다. 결국 점수는 수행의 과정이고, 돈오는 '득도'하는 그 한순간의 현상이다. 이 이치는 자명종에서 가장 분명하다. 다음 시간을 알리는 소리를 들으려면 반드시 세 개의 시계 침이 한 칸 한 칸씩 움직여야 한다. 만약 정상적으로 움직여 일정한 수준이 되면 저절로 "댕, 댕" 시간을 알려줄 것이다.

그러나 점수이든 돈오이든 모두 겉모습에 집착해서는 안 된다. 점수의 경우, 만약 신중하고 근면함에 일방적으로 집착하게 되면 결국 불문(佛門)의 충실한 노예에 지나지 않는다. 만약 순결하고 깨끗한 감성적 체험에 깊이 빠지게 되면, 그것은 성불하여 도를 깨닫는 종점선 앞에서 넘어지는 것과 같다. 돈오도 마찬가지이다. "한 번 돈오하면 천 가지 근심이 풀릴 것"이라 생각하지 말아야 한다. 그렇지 않으면 '각주구검(刻舟求劍)'의 고사처럼 어리석고 미련하며 융통성 없어 불법의 진리와 갈수록 멀어지게 된다.

부처님은 『금강경』을 설하기 전에 앞서 몸소 행동으로 가르치셨다. 비록 표면상으로는 전부 점수의 세부 사항이지만 뉴턴의 머리 위에 떨어진 사과처럼 계속 머리를 찧어도, 즉시 돈오했던 수보리가 부처님께 자세히 말해 달라고 청하지 않았다면 아마도 이렇게 훌륭한 『금강경』은 세존(世尊)의 뱃속에서 썩어 버렸을 것이다.

점수와 돈오(2)

돈오의 계기 결코 사과나 몽둥이에 어떤 마력이 있는 것이 아니라
수행자의 자질이 다른 것이다.

근기(根器)가 떨어지는 사람은
아픔과 분노에만 집착하여, 조금도
'오성(悟性)'이 있다고 할 수 없다.

근기가 뛰어난 사람은
사과가 떨어짐으로부터
세계를 꿰뚫어보는 지혜를
격발한다.

'돈점'과 관련된 유명한 게송

몸은 보리수요,
身是菩提樹,
마음은 명경대와 같으니,
心如明鏡臺,
때때로 부지런히 털고 닦아서
時時勤拂拭,
진애가 끼지 않게 하라.
莫使有塵埃.

보리는 본래 나무가 없으며,
菩提本無樹,
밝은 거울도 그 받침이 없는 것,
明鏡亦非臺.
본래 한 물건도 없는데,
本來無一物,
어디에 진애가 끼겠는가?
何處惹塵埃?

– 신수의 '점수' 게송

– 혜능의 '돈오' 게송

불법을 배우려면 커다란 포부가 있어야 모든 중생
들을 고통이 없는 절대 쾌락인 청정한 '무여열반
(無餘涅槃)'의 경계에 들어가도록 인도할 수 있다.
범부와 속인이 번뇌를 끊지 못하는 것은 속된 세
상 속의 각종 유혹을 지나치게 탐하여 집착하고
미련을 두기 때문이며, 집착하지 않아야만 커다란
지혜를 이룰 수 있다.

제3장

성불하기
위해
반드시
거쳐야 할 길

—

바른 앎[正知]
바른 견해[正見]
바른 믿음[正信]

본 장의 경전 풀이

—

時, 長老須菩提在大衆中卽從座起, 偏袒右肩, 右膝著地, 合掌恭敬而白佛
시   장로수보리재대중중즉종좌기 편단우견 우슬착지 합장공경이백불

言: 希有! 世尊! 如來善護念諸菩薩, 善付囑諸菩薩.
언 희유 세존 여래선호념제보살 선부촉제보살

이때, 장로 수보리가 대중 속에 있다가 일어나서 오른쪽 어깨를 드러내고 왼
쪽 어깨에 가사를 걸쳤다. 오른쪽 무릎을 땅에 꿇고, 합장하며 공경히 부처님
께 청해 아뢰었다. "희유하십니다! 세존이시여! 여래께서는 여러 보살들을
잘 교화하셔서 그들로 하여금 매우 심오한 불도에 깊이 들어가게 하시고, 또
여러 보살들을 아주 교묘하게 신신당부하며 계율을 가르치시니, 이것은 매
우 희유하십니다!"

世尊! 善男子·善女人, 發阿耨多羅三藐三菩提心, 應云何住, 云何降伏其心?
세존 선남자 선여인 발아녹다라삼막삼보리심 응운하주 운하항복기심

그런 다음에 수보리가 또 여쭈었다. "세존이시여! 그러면 세간에 아뇩다라삼
막삼보리의 마음을 낸 수천만이나 되는 선남자와 선여인은 어떻게 그 마음
에 편안히 머물러야 합니까? 어떻게 그 마음을 항복시켜야 합니까?"

佛言: 善哉, 善哉! 須菩提! 如汝所說, 如來善護念諸菩薩, 善付囑諸菩薩.
불언 선재 선재 수보리 여여소설 여래선호념제보살 선부촉제보살

부처님께서 수보리의 찬탄과 질문을 듣고 설법의 기회와 인연[機緣]이 성숙
한 것을 보시고 매우 기뻐하시며 대답하셨다. "훌륭하고, 훌륭하구나! 수보
리여! 바로 그대가 말한 것처럼 여래는 확실히 여러 보살들을 잘 염려하여
보호하고, 여러 보살들을 뛰어나게 부촉해 준다."

汝今諦聽! 當爲汝說: 善男子·善女人, 發阿耨多羅三藐三菩提心, 應如是
여금제청 당위여설 선남자 선여인 발아뇩다라삼먁삼보리심 응여시

住, 如是降伏其心.
주 여시항복기심

"그대는 지금 자세히 들어라. 내가 그대에게 말해 주리라. 선남자와 선여인
이 대보리의 마음을 내고는 마땅히 이와 같이 머물러야 하며, 마땅히 이와 같
이 그 마음을 항복시켜야 하느니라."

唯然, 世尊! 願樂欲聞.
유연 세존 원락욕문

수보리가 여래의 승낙을 받고 기뻐하며 대답하였다. "네, 세존이시여! 우리
는 모두 당신의 가르침을 듣길 원합니다!"

佛告須菩提: 諸菩薩摩訶薩應如是降伏其心! 所有一切衆生之類: 若卵生,
불고수보리 제보살마하살응여시항복기심 소유일체중생지류 약난생

若胎生, 若濕生, 若化生, 若有色, 若無色, 若有想, 若無想, 若非有想非無
약태생 약습생 약화생 약유색 약무색 약유상 약무상 약비유상비무

想, 我皆令入無餘涅槃而減度之.
상 아개영입무여열반이멸도지

세존께서 수보리에게 말씀하셨다. "무릇 대승에 들어가 보리의 마음을 낼 생
각(마음)이 있는 사람은 마땅히 이렇게 마음을 내어 계율을 지키고 수행해 자
신의 마음을 항복시킬 수 있어야 되느니라. 모든 중생들을 통틀어, 즉 알에서
태어나고[卵生], 모태(母胎)에서 태어나며[胎生], 습기에서 태어나고[濕生], 변
화하여 태어난[化生] 중생들과 혹은 유색(有色), 무색계(無色界)에 포섭되는 중
생들과 유상천(有想天), 무상천(無想天), 비비상천(非非想天)의 중생에 이르기
까지 온갖 삼계를 윤회한 모든 중생들을 포함하여, 내가 그들을 모두 무여열

반(無餘涅槃)으로 제도하여 그들이 윤회의 고통에서 벗어나게 하였도다."

如是滅度無量無數無邊衆生, 實無衆生得滅度者. 何以故? 須菩提! 若菩
여시멸도무량무수무변중생 실무중생득멸도자 하이고 수보리 약보

薩有我相·人相·衆生相·壽者相, 卽非菩薩.
살유아상 인상 중생상 수자상 즉비보살

"비록 보살이 이렇게 한량없고, 셀 수 없고, 끝없는 중생을 멸도(滅度)시켰으
나, 보살의 보리심에는 멸도를 얻은 중생이 하나도 보이지 않느니라. 무슨 까
닭이겠느냐? 수보리여! 만약 보살이 어느 중생 쪽으로든 집착하게 되면, 아
상(我相)·인상(人相)·중생상(衆生相)·수자상(壽者相)을 갖게 되어, 그는 진정
한 보살이 아니기 때문이니라."

復次, 須菩提! 菩薩於法, 應無所住, 行於布施, 所謂不住色布施, 不住聲香
부차 수보리 보살어법 응무소주 행어보시 소위부주색보시 부주성향

味觸法布施. 須菩提! 菩薩應如是布施, 不住於相. 何以故? 若菩薩不住相
미촉법보시 수보리 보살응여시보시 부주어상 하이고 약보살부주상

布施, 其福德不可思量.
보시 기복덕불가사량

부처님께서 수보리에게 말씀하셨다. "수보리여! 보살은 모든 법에 대하여 마
땅히 집착함을 없앤 다음 보시해야 하느니라. 곧 형색(形色)에 집착하지 않고
보시해야 하고, 또한 성음(聲音)·후각·미각·촉각·법상(法相)에도 집착하지
않고 보시해야 하느니라. 보살은 마땅히 상에 집착하지 않고 보시해야 하느
니라. 어떤 까닭이겠는가? 만약 보살이 상에 머물지 않고 보시하면, 그 얻는
복덕은 넓고 커서 헤아릴 수 없느니라."

須菩提! 於意云何? 東方虛空可思量不? 不也, 世尊! 須菩提! 南西北方四
수보리 어의운하 동방허공가사량부 불야 세존 수보리 남서북방사

維上下虛空可思量不? 不也, 世尊!
유상하허공가사량부 불야 세존

"수보리여! 그대는 어떻게 생각하는가? 동쪽의 허공을 생각하여 헤아릴 수
있겠느냐?" 수보리가 대답했다. "헤아리지 못합니다, 세존이시여!" "남방·서
방·북방의 허공과 사유(四維)와 위·아래의 허공을 생각하여 헤아릴 수 있겠
느냐?" 수보리는 변함없이 대답했다. "헤아리지 못합니다, 세존이시여!"

須菩提! 菩薩無住相布施, 福德亦復如是不可思量. 須菩提! 菩薩但應如
수보리 보살무주상보시 복덕역부여시불가사량 수보리 보살단응여

所教住.
소 교 주

부처님께서 말씀하셨다. "수보리여! 보살이 상에 머무르지 않고 보시하는 공
덕도 허공과 같아서 생각하여 헤아릴 수 없느니라. 수보리여! 보살은 마땅히
가르쳐 준대로 상에 머물지 않고 보시해야 하느니라."

須菩提! 於意云何? 可以身相, 見如來不? 不也, 世尊! 不可以身相得見如
수보리 어의운하 가이신상 견여래부 불야 세존 불가이신상득견여

來. 何以故? 如來所說身相, 卽非身相.
래 하이고 여래소설신상 즉비신상

부처님께서 물으셨다. "수보리여! 그대의 생각에 따른 32상(相)·나가고 들어
오며 오고 가는 상·옷 입고 음식 먹는 상·좌선하고 설법하는 상으로 진정한
여래를 볼 수 있겠느냐?" 수보리가 대답하였다. "못합니다, 세존이시여! 신
상(身相)으로써 여래를 볼 수는 없습니다. 무엇 때문이겠습니까? 이러한 신
상은 모두 가짜 이름[假名]의 환영과 같은 허망한 상[妄相]에 지나지 않으며,

결코 진실로 존재하는 신상이 아니기 때문입니다. 부처님의 끝없는 장엄함
도 마찬가지로 배우고 얻을만한 조금의 법도 전혀 없습니다."

佛告須菩提: 凡所有相, 皆是虛妄. 若見諸相非相, 則見如來.
불 고 수 보 리 범 소 유 상 개 시 허 망 약 견 제 상 비 상 즉 견 여 래

부처님께서 수보리에게 말씀하셨다. "무릇 온갖 상은 허망한 분별로 생기는
것이다(법성(法性)은 바로 모든 법의 자성(自性)으로, 얻을 수는 없으나 없는 곳이 없다. 따
라서 망상(妄相) 밖에서 따로 법신(法身)을 찾을 필요가 없다). 만약 모든 상이 상 아닌
줄 알면, 바로 여래를 볼 수 있으리라."

1

'해공(解空)'한 사람은 현묘한 이치를 간파한다
수보리의 청법

석가모니 부처님의 나가고 들어오며, 가고 오고, 옷 입고 식사하는 '말 없는 가르침'을 보고, 근기가 깊고 두터운 어떤 대비구는 깨달음을 열었다. 그런데 그 외의 선남자와 선여인은 여전히 안갯속에 있는 것 같이 부처님의 심의(心意)를 깨달을 방법이 없었다. 바로 그때, 먼저 도를 깨달은 사람은 바로 당기자(當機者; 신심과 복덕을 갖추고 불법에 뛰어난 이해를 갖추고 있어 부처님의 설법을 듣기에 적합한 사람)였다. 그는 자신이 깨달은 것을 남에게 말하지 않을 수 없어 일어나 부처님께 나아가서 법을 묻고, 모두에게 분명히 잘 알게 하였다.

부처님께서 이제 막 차분히 앉아 선정에 들 준비를 하고 있을 때, 어떤 나이 많은 대비구가 갑자기 일어나 나와서 오른쪽 무릎을 땅에 꿇고 부처님을 향해 합장하고 예를 올렸다. 보아하니 이 장로는 부처님께 법을 물으려는 듯했다.

이 장로는 그 대단한 수보리이다. 부처님을 참배하기 전에 이미 세상에 이름을 떨친 외도(外道)의 지도자였으며, 나이도 석가모니보다 조금 많았다. 수보리는 이해력이 매우 높아서 "해공제일(解空第一)"이라고 불렸으며, 석가모니의 뛰어난 십대 제자 가운데 한 명이다. 오승은(吳承恩)의 『서유기』에 나오는 삼장법사의 본래 모델이 바로 이 수보리라고 전한다. 그는 '해공(解空)'에 능하여 그의 많은 제자들이 그를 "오공(悟空)"이라 불렀다고 한다. 이해력이 뛰어났기 때문에 현묘한 이치[玄機]를 매우 빨리, 그리고 깊이 깨달아 부처님의 의도를 이해할 수 있었다. 따라서 많은 기회와 인연[機緣]이 성숙해진 그때 수보리는 항상 첫 번째로 뛰어나와 부처님의 암시(暗示)를 응대하여 법을 여쭈었다. 이번에도 예외가 아니었다. 수보리는 부처님께서 이와 같이 몸소 행한 시범을 보고도 그 진지한 마음을 깨닫는 사람이 뜻밖에 아무도 없자, 참지 못하고 "희유합니다! 세존이시여!"라고 아뢰었던 것이다.

근기(根機)에 따라 법을 구하다

석가모니
부처님
❷

❸
수보리

❶ 비구 대중

여기에서 "기(機)"는 기연(機緣)을 의미한다.
부처님의 설법은 서로 다른 시기에 근거하여 설하신 것인데, 이때가 마침 대단히 좋은 시기였다.
❶ 비구 대중: 소승을 닦은 성과가 이미 있어서 대승을 닦을 조건을 이미 갖추고 있었다.
❷ 석가모니 부처님: 친히 모범을 보이시어 『금강경』의 지혜의 빛을 이미 이끌어 내셨다.
❸ 수보리: 마침 이때 부처님께 마음을 편안히 하는 법[安心之法]의 가르침을 청하여,
　　　　　 바로 이 기회와 인연을 촉발시키는 관건이 되었다.

수보리는 절대로 아첨하여 떠받들지 않았다. 석가모니 부처님의 자비로운 마음은 확실히 세상에 드문 것이었다. 그가 도를 깨달은 날부터 천하의 백성이 모두 도를 깨닫고 성불하여 윤회의 끝없는 고통에서 벗어나기를 희망하였다. 이전에 12년 동안 먼저 소승을 설법하여 중생들에게 자아 해탈법을 배우게 하였다. 그런 다음 점차 대승으로 전환하여 또 8년이 지나서야 반야의 수행을 설법해 중생들에게 보리의 마음을 내어 널리 중생을 제도하도록 권하였다. 이것은 단순한 것에서 복잡한 것으로, 쉬운 것에서 어려운 것으로 교화하는 과정이다. '반야'는 자기를 버리고 나를 잊고 중생을 이롭게 하는 것을 중요시하기 때문에 근성이 모자라는 수행자는 이 점을 깨닫지 못하고 그 가운데 몇몇은 수행에서 물러난다. 이 점을 고려하면 석가모니 부처님께서 노파심에 입이 닳도록 말로 전하고, 몸으로 가르치며, 반복해서 중생들을 깨우쳤으나 끝내 깨달을 수 있는 사람이 아무도 없었다. 해공제일인 수보리만이 부처님께서 먹고, 입고, 걷고, 머무는 등의 일상생활 속에서 반짝반짝 빛나는 '반야' 대법을 보고 부처님의 '말 없는 가르침'인 '본래 성불은 한 생각[一念] 사이에 있다'는 것을 깨달았다. 그래서 그는 부처님께서 희귀하심을 다음과 같이 찬미하였다. "당신은 마음을 내어 불법을 닦는 모든 분들을 이와 같이 관심을 갖고 아껴 보호하며, 이와 같이 번거로움을 귀찮아 하지 않고 중생들을 가르쳐 이끄시니, 참으로 마음 쓰심이 매우 깊으십니다!" 이어서 부처님께 다음과 같이 여쭈었다. "마음을 내어 무상보리를 수행하는 선남자와 선여인은 마땅히 어떻게 신념을 지켜야 그것이 쇠퇴해 없어지지 않게 할 수 있습니까? 만약 마음에 물러나려는 생각이 생기면 마땅히 어떤 방법으로 그것을 항복시켜야 합니까?"

2

성불의 마음
아뇩다라삼먁삼보리의 마음을 내다

대승보살도를 닦으려면 반드시 먼저 아뇩다라삼먁삼보리의 마음을 내어야 위로는 모든 위없는 지혜를 모색하고, 아래로는 중생을 제도하는 막중한 책임을 맡을 수 있다. 이 위대한 신념을 보호하고 지키며 항상 정진하여 허망함이 생기지 않게 하여야 부처님과 같은 위없이 뛰어난 경계를 얻을 수 있다.

아뇩다라삼먁삼보리의 마음을 내는 것은 간단히 말해서 성불하겠다는 서원을 세우는 것이다.

아뇩다라삼먁삼보리는 범어를 음역한 것이다. 아뇩다라(阿耨多羅)는 지극히 높아 위가 없는[無上] 것을 가리킨다. 삼먁(三藐)은 바로 정등(正等)으로 중생은 평등하다는 뜻이다. 삼보리(三菩提)는 정각(正覺)으로 모든 허망한 오류를 초월한 진실한 깨달음을 가리킨다. 이를 종합하면 지극히 높아 위없고 평등하여 둘이 아니며, 일체를 초월한 진실된 깨달음이 되며, 이 세상에 오직 부처님만이 이러한 대지혜가 있으시다는 의미가 된다. 수행하여 나한(羅漢)이 되는 것이 소승의 최종 결과이다. 단지 자신을 깨달아 알고 다른 사람을 제도하지 못한다면 평등을 이룰 수 없어 삼먁에 오르지 못한다. 그래서 보살이 비록 정등정각하더라도 공덕이 아직 원만하지 못하기 때문에 성불의 초급 단계인 것이다. 오직 부처님의 깨달음과 행함이 원만해야 위에 올랐다고 할 수 있고, 이것이 바로 '아뇩다라삼먁삼보리'인 것이다.

따라서 성불의 서원을 세우는 것은 간단한 일이 아니다. 이것은 진지한 결심과 무한한 용기가 있어야 한다. 후세의 불교에서는 아뇩다라삼먁삼보리의 마음을 내고 매우 장엄한 의식을 진행하는데, 대덕장로와 함께 수행하는 동료들을 증인으로 세우고서 자신이 성불하겠다는 결심을 확고하게 표명한다.

성불하겠다는 마음을 낸 선남자와 선여인을 "보살"이라고 하며, 이는 부처님의 그들에 대한 격려이자 요구이기도 하다. 보살은 위로 불법을 구하고, 아래로 중생을 제도하는데, 비록 아직은 공덕이 원만하지 않더라도 갈수록 부처님께 가까워진다. 따라서 부처님께서는 여기에서 여러 선남자와 선여인이 진정한 보살을 배우고, 신념을 굳게 다지며, 용기를 북돋우고, 온몸과 마음을 다해 성불하여 도를 깨닫는 고된 수행에 몰두하도록 타이르신다. 일단 성불하겠다는 서원을 세우면 마음속에 지금 보살이 되겠다는 것을 언제나 깊이 새겨야 하며, 널리 중생을 제도하는 것은 마땅히 짊어져야 할 책임이므로 육도만행(六度萬行)을 조금도 소홀히 해서는 안 된다. 이것은 쉬운 일이 아니다. 만약 불법이 흥성하면 수행자는 그러한 환경에 큰 영향을 받아 신념을 굳게 지켜 나갈 수 있을 것이다. 반면 불법이 내리막길을 걷게 되면 많은 사람들의 신념은 흔들릴 수 있고, 세웠던 서원도 소용이 없게 될 것이다. 따라서 성불하겠다는 서원을 함부로 세워선 안 되며, 반드시 진정으로 신심(信心)을 갖고 각성한 채 행해야 한다.

이 위대한 서원은 실천하기에 상당한 난이도가 있기 때문에 수보리만이 부처님께 가르침을 청한 것이다. 그러한 서원을 세웠으면 마땅히 어떻게 지켜갈 것인가? 또한 방해를 받게 되면 어떻게 제거할 것인가? 이러한 질문이 바로 대승 불법의 핵심이자 난점이다.

발심(發心)과 성불

수행의 논리

> 첫째, 발심의 문을 엶[開],   셋째, 보리를 깨닫는 문[悟] ,
> 둘째, 수행을 보여주는 문[示],   넷째, 열반에 드는 문[入]

북

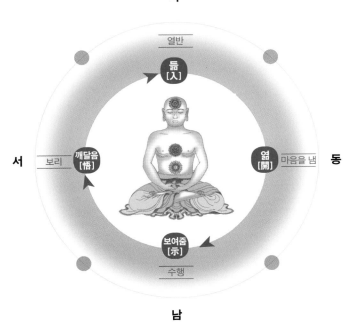

서   동

남

수행 단계 설명

나한

● 정각(正覺)   ⟶

나한은 소승 불법의 최고
경지를 추구하나, 자기 자신의
수양에만 힘써, 자기만
번뇌에서 벗어나기를 원한다.

보살

● 정등정각(正等正覺)   ⟶

보살은 자비의 마음이 있어서
중생을 교화하여 요청하지
않아도 친구가 된다.

불

● 무상정등정각(無上正等正覺)

부처님께서는 아뇩다라삼먁삼보리의
커다란 깨달음을 지니고 계서서
심성(心性)에서 무명의 번뇌를
철저하게 끊어 없애셨다.

111

3

소승(小乘)과 대승(大乘)

중생 제도와 자기 제도

채식을 하고 계를 지키며 염불하는 것만 아는 사람은 여전히 범부이다. 삶과 죽음을 깨달은 사람은 나한과(羅漢果)를 성취하였으나, 그들은 자신이 불법을 타고 건너가 고해에서 벗어날 것만을 돌아보고, 다른 중생을 구제하길 원하지 않기 때문에 "소승"이라고 한다. 한편 보살이 자신을 버리고 나를 잊은 가운데 중생과 함께 배를 타고 건너가 함께 해탈하여 피안에 이르기 때문에 "대승"이라고 한다.

부처님의 설법은 제자의 근기(根器)와 시기를 보고 정한 것이다. 따라서 수보리가 정확한 시기를 알아 법을 청함이 있었던 것이다.

중생을 이롭게 하기 위해 강설하는 이러한 불법은 두 가지 단계, 즉 소승 (小乘: Hinayana)과 대승(大乘: Mahayana)이 있다.

인생은 모두 괴로움이다. 범부는 태어나고, 늙고, 병들고, 죽는 것에 직면하면 아무것도 할 수 없는 것처럼 보인다. 따라서 불법을 배우는 중생은 우선 철저한 방법 하나를 얻어 육도윤회의 고통으로부터 영원히 벗어나고자 한다.

부처님께서는 이러한 요구를 겨냥하여 중생을 위해 사성제(四聖諦), 십선업(十善業), 계학(戒學), 정학(定學) 및 혜학(慧學) 등의 법의(法義)를 강설하시고, 그들이 목적으로 하는 개인적인 해탈을 이루도록 도와주셨다. 이러한 불법을 "소승"이라고 한다.

한편 많은 수행자들은 자신의 깨달음만을 구하여 소승의 불법을 수행해 가면 목적에 도달하게 된다. 그러나 그 밖에 약간의 사람들은 자기가 고해를 벗어나고자 할 뿐만 아니라, 자신의 깨달음으로부터 모든 중생들을 이끌어 모두 행복한 피안으로 데려가 그들의 궁극적인 목표인 성불을 하길 더 희망

불법 경계의 차별

소승과 대승

소승

❶ 소승은 자기만을 제도하여 교화할 수 있어서, 돛단배에 홀로 타고 있는 것과 같다.
❷ 소승 현법(顯法)의 핵심은 계율과 선정, 지혜이다.
❸ 소승 현법을 어느 정도 성취하면, 대승의 수행에 들어갈 수 있다.

대승

❶ 대승은 널리 중생을 제도하여 큰 배에 사람을 태우는 것과 같다.
❷ 대승의 토대는 '보리(菩提)의 마음'이며, 크고 넓은 사랑과 자비의 마음이 곧 기본 동력이다.

중국 본토 불교 종파(宗派)의 전래

중국 본토에 주로 전래된 것은 대승 불법이다. 비록 소승 종파가 있었으나 중국인이 수행하기에 적합하지 않아서 점차 쇠퇴했다.

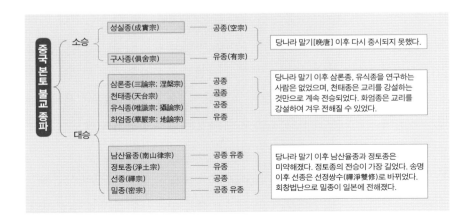

한다. 부처님께서 성불에 뜻을 세운 이러한 사람에게 강설하신 법은 한층 더 깊으며, 자신을 버리고 남을 이롭게 하는 육도 등의 법문을 포함하여, 이러한 불법을 통틀어 "대승"이라고 한다.

소승과 대승은 비록 경계상의 차이가 있으나, 이 두 가지는 결코 충돌되지 않는다.

부처님이 도를 이룬 다음 최초로 설법한 내용은 "고(苦)·집(集)·멸(滅)·도(道)" 사성제(四聖諦)이다. 그때는 불법이 처음 일어나 중생에게 기초가 없어 부처님은 직접 대승 반야를 설명해야 했고, 제자들은 그것에 대해 아는 사람이 아무도 없어 자연히 받아드릴 수 없었기 때문에 설법 초기에는 소승 교법을 위주로 설하셨다.

소승에서 말하는 것은 육도윤회의 고난을 간파할 것과 이러한 고난을 초월하고 벗어나는 방법이다. 이것이 급선무이다.

약한 불로 천천히 끓이는 물속의 개구리는 상황을 똑똑히 분간할 수 없고, 천천히 따뜻해지는 물을 극락세계로 생각할 것이다. 일단 위험을 알아차리게 되면 재빨리 뛰어나올 방법을 생각해야 한다. 이것이 소승에서 해결하려는 것이다.

한편 소승의 토대에서 스스로 뛰어나오려고 보니 많은 동료들이 유유자적하며 고통의 바다에서 뱃가죽을 말리고 있는 모습을 목격한다. 그래서 자신의 고난을 돌볼 겨를 없이 다시 뛰어 들어가 그들을 구제하러 간다. 이는 대승이다.

자신이 벗어나는 것과 중생을 데리고 함께 벗어나는 것은 다르다. 따라서 대승 불법에서 말하는 많은 것은 자신을 버리고 남을 위하는 방법이다. 그러나 자기 스스로도 아직 깨닫지 못하고 여전히 목숨을 건지는 방법을 찾지 못했을 때는 모두를 구제할 수 없다. 그러므로 대승 불법을 닦는 데 전제되는 것은 소승의 능력과 토대이다. 따라서 두 가지는 결코 충돌하지 않으며 그 수준만 다른 것이다.

대승과 소승에서의 설법은 기본적으로 상통한다. 다만 약간의 사람들이 소승의 수행에 그치고, 계속해서 더 높은 목표를 향해 나아가지 않을 뿐이다.

부처님께서는 12년 동안 설법하신 다음에서야 소승에서 대승으로 전향하셨고, 또한 고급 단계의 규율도 생각하게 되셨다.

불법의 전래

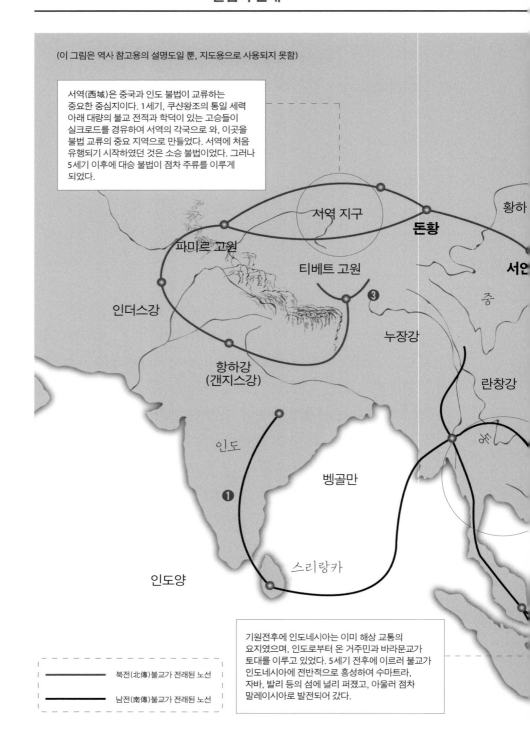

(이 그림은 역사 참고용의 설명도일 뿐, 지도용으로 사용되지 못함)

서역(西域)은 중국과 인도 불법이 교류하는 중요한 중심지이다. 1세기, 쿠샨왕조의 통일 세력 아래 대량의 불교 전적과 학덕이 있는 고승들이 실크로드를 경유하여 서역의 각국으로 와, 이곳을 불법 교류의 중요 지역으로 만들었다. 서역에 처음 유행되기 시작하였던 것은 소승 불법이었다. 그러나 5세기 이후에 대승 불법이 점차 주류를 이루게 되었다.

서역 지구

돈황

황하

파미르 고원

티베트 고원

❸

서안

인더스강

누장강

중

항하강
(갠지스강)

란창강

인도

벵골만

❶

스리랑카

인도양

기원전후에 인도네시아는 이미 해상 교통의 요지였으며, 인도로부터 온 거주민과 바라문교가 토대를 이루고 있었다. 5세기 전후에 이르러 불교가 인도네시아에 전반적으로 흥성하여 수마트라, 자바, 발리 등의 섬에 널리 퍼졌고, 아울러 점차 말레이시아로 발전되어 갔다.

북전(北傳)불교가 전래된 노선

남전(南傳)불교가 전래된 노선

동해

불법이 중국에서 흥성하고, 또
중국문화의 강세에 편승하여 한국과
일본에 수출되었다. 한국은 4세기부터
불교를 받아들이기 시작하였다. 그
후 흥성하게 되자 한동안 중국과 일본
사이에서 전법 교량의 역할을 했다.
두 나라의 불법은 모두 중국화된
불법이었고, 그 후에 현지 문화와
융합되어 양국의 불법은 각자의 특색을
띄게 되었다.

남중국해

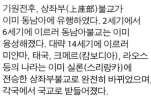

기원전후, 상좌부(上座部)불교가
이미 동남아에 유행하였다. 2세기에서
6세기에 이르러 동남아불교는 이미
융성해졌다. 대략 14세기에 이르러
미얀마, 태국, 크메르(캄보디아), 라오스
등의 나라는 이미 실론(스리랑카)에
전승한 상좌부불교로 완전히 바뀌었으며,
각국에서 국교로 받들어졌다.

● **남전불교 – 소승 불법의 전래**

남으로 전해진 불교는 주로 소승 불법으로, "소승불교"
혹은 "상좌부불교"라고도 한다. 빨리어 계통으로
인도에서 남으로 스리랑카, 미얀마, 태국, 라오스,
캄보디아, 인도네시아, 자바 등의 나라 및 중국
운남(雲南)의 일부 지역에 전해졌다(빨리어는 인도 지방
방언이며, 통속적이고 간단하며 쉽다).

● **북전불교 – 대승 불법의 전래**

북전불교가 주로 전파한 것은 대승 불법이다. 대승
불법은 범어 계통으로 인도에서 북으로 중앙아시아를
거쳐 중국 한나라 땅에 전해졌고, 다시 중국에서 한국,
일본, 월남 등의 나라로 전해졌다. 여기에는 인도에서
직접 서장(西藏)으로 전해진 장전불교(藏傳佛敎)도
포함된다(옛 인도 사람은 자기가 말하는 언어는
대범천왕(大梵天王)이 말하는 것을 삼가 받들어 계승한
것으로 여겼기 때문에 범어(梵語)라고 했다).

❶ 남전불교의 형식 – 인도에서 스리랑카까지

기원전 3세기 중엽, 아육왕(阿育王)의 아들 마신타 장로가
사자국(스리랑카)에 가서 전교하여 불교가 신속히 발전하였으며,
2백 년이 지나며 대사(大寺)가 교단을 통일하는 중심이 되었다.
기원전 1세기가 되어 대사파(大寺派)와 무외산파(無畏山派)로
분열되었다. 전자는 전통적인 상좌부불교를 굳건히 고수하였고,
후자는 대승불교를 용납하였으며, 두 계파의 대립은 천 년 동안
지속되었다. 동시에 대사파 장로는 상좌부불교 결집을 4차에 걸쳐
거행하였으며, 첫 번째로 빨리어로 상좌부불교 삼장(三藏)을
기록해 책으로 만들었다. 5세기에 붓다고사[佛音] 논사(論師)가
대사(大寺)에서 삼장을 주석하여 대사파의 기초를 다지고,
남전불교를 형성하였다.

❷ 대승 불법의 흥성 – 중국 본토의 불교 전래

중국은 서한(西漢)의 애제(哀帝) 원수(元壽) 원년(기원전 2년)부터
불법이 서역에서 중원(中原)에 전해졌고, 장안(長安), 낙양(洛陽)
등지에 몇 군데 커다란 불법 교류 센터가 형성되었으며, 양자강 남북
및 해외까지 불법 교의가 전파되었다. 천 년을 지나면서 불법은 점차
중국의 전통사상·문화와 서로 결합하여 수·당(隋·唐)에 이르러
전성기가 되어 천태, 화엄, 법상, 율(律), 정토, 선(禪) 등의 종파가
형성되었다. 송대(宋代) 이후 또 차츰 유(儒)·도(道)와 융합되어
대승 불법은 이 땅에서 역사상 유례없는 높은 경지에 오르게 되었다.

❸ 독특한 특색을 지닌 장전불교(藏傳佛敎) – 서장(西藏; 티베트)의 불교 전래

당의 영향을 받아 서장 지역은 7세기 중기부터 불교를 숭배하기
시작되었다. 8세기 중엽에 이르러 서장불교는 직접 인도로부터
전해지기 시작하였으며, 전해진 다음에 점차 서장 지역의 특색을
띄는 장전불교(속칭 라마교라고도 함)가 형성되었다. 13세기에
장전불교는 몽고 지역에 전해졌다. 장어(藏語; 티베트어)로 번역된
불전 대부분은 범어 원전을 직역하여 범어로 쉽게 환원하기
쉬웠다. 따라서 "준범어불전(準梵語佛典)"이라고 불린다.

4

마음으로 깨달음[意會]과 말로 전함[言傳]

문답 사이의 미묘함

마음으로 깨닫는 것이 말로 전하는 것보다 불법의 본질을 더 정확하게 표현할 수 있지만, 결코 모든 사람에게 다 적용되는 것은 아니다. 지혜가 상등(上等)인 사람은 가르칠 필요 없이 한번 보면 이해한다. 지혜가 중등(中等)인 사람은 지적을 해 주어야 비로소 "할(喝)" 한 마디를 겨우 깨달을 수 있다. 그러나 몇몇의 중생들은 언어로 분명하게 설명을 해 주어도 불법의 깊은 뜻을 깨닫게 할 수 없다.

부처님께서는 평생의 설법을 순서에 따라 점진적으로 하셨다. 초급 단계에서는 조심스럽게 신중히 하지 않을 수 없었으며, 오직 모두가 높고 깊은 불법에 대하여 받아들이지 못할까 걱정하셨다. 그런데 수보리의 한마디는 수문을 열어 놓은 셈이며, 부처님 마음속에 담겨 있던 높고 깊은 불법은 마침내 꺼내어져 모두와 함께 나누게 되었다. 따라서 부처님께서는 기쁨과 위안을 느껴 연거푸 "훌륭하다! 훌륭하다!"라고 하셨다. 부처님께서는 마침내 그의 마음을 이해한 사람이 있다는 것을 매우 기뻐하셨는데, 이는 마치 연주자가 "고산(高山)", "유수(流水)"와 같은 뛰어난 곡도 '지음(知音)'을 만나지 못한다면 전심전력으로 연주할 마음이 나지 않는 것과 같은 것이라 하겠다.

이어서 부처님께서 말씀하셨다. "만약 모두 진심으로 듣고 싶어 한다면, 내가 곧 가서 너희들을 위하여 말해 주겠다." 이 말 저변의 뜻은 만약 너희들이 필요로 하지 않거나 혹은 마음속에서 듣지 못하면 내가 말해도 소용이 없다는 것이다.

부처님께서 입을 열어 설법하셨다. "여러 선남자와 선여인아. 너희들은 이미 성불하려는 서원을 세웠으니 마땅히 '이와 같이' 가서 그것을 지켜 머무르고, '이와 같이' 가서 방해하는 것을 없애야 한다." 이 대답은 답이지만 답이 아니고, 깨달음의 지혜를 검증한 것이다. "이와 같이"란 무엇인가? 가장 믿을 만한 해석은 부처님께서 방금 하신 '음식 먹고, 옷 입는 것'이며, 대단히 뛰어난 시범을 보여 그대로 따라하게 해 이 두 문제를 모두 해결하신 것이다. 이외에 또 다른 함의가 있다. 부처님께서 거듭 "이와 같이"라고 말씀하시고 다음 말씀을 더 하지 않으신 것은, 청중들이 겸허히 기다리며 한순간 마음이 비게 되는데, 이때의 상태가 바로 "이와 같이"라는 것이다.

수보리의 이해력으로 마땅히 "이와 같이"에 내포된 의미를 깨달을 수 있었다. 그러나 수보리가 지나치게 감격하여 부처님의 깊은 뜻에 주의를 기울이지 않았을지도 모른다. 아니면 그는 이미 깨달았지만 모르는 체하고 계속해서 정말 모르는 사람을 위해 질문했을지도 모른다. 어쨌든 수보리가 이어서 말했다. "맞습니다, 세존이시여! 저는 매우 듣고 싶습니다!" 이 말도 매우 진실성이 있다. 이 말의 의도에 대한 첫 번째 가능성은, 수보리가 일부분은 깨달았으나 아직 분명하지 않아서 자세히 설명해 주기를 희망한 것이다. 두 번째 가능성은, 수보리는 자신을 버리고 나를 잊었지만 대중들의 경우 그렇지 못한 데다 잘 이해하지도 못해서 그들을 위해 부처님께 법을 청함이 필요했을 것이다. 세 번째 가능성은, 부처님과 수보리가 '공모'하여 한 걸음 한 걸음 깨우쳐 가는 과정을 의도적으로 계획, 설법의 효과를 높이고자 함이다.

말로 전하는 것보다 마음으로 깨닫는 것이 불법의 진실에 훨씬 가까운 것임은 자명하다. 하지만 부처님께서도 마음으로 깨닫는 것은 기초가 좋은 학생에게만 효용이 있을 뿐, 보통 수행자에게는 말로 가르치는 문자반야를 벗어날 수 없다고 하셨다. 그래서 일깨운 다음에는 대개 문자반야의 지혜만 가득 있다.

반야와 오성(悟性)

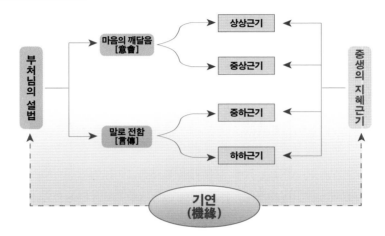

① 설법 방식은 서로 다른 대상을 겨냥하여야 한다. 근기가 상위인 중생을 가르치면, 마음의 깨달음이 말로 전하는 것보다 더 효과가 있으며, 깨달음과 해탈의 과정을 더 쉽게 파악한다.

② 근기가 하위인 중생의 입장에서 말하면, 마음의 깨달음은 현실에 부합되지 않는다고 생각되어 말로 전하는 것보다 확실하지 않다. 그러나 마음의 깨달음과 말로 전하는 것은 융통성 없는 규정이 될 수 없으며, 모든 것은 다 중생의 지혜근기와 부처님 설법의 기연에 의존해야 한다.

근기의 비유

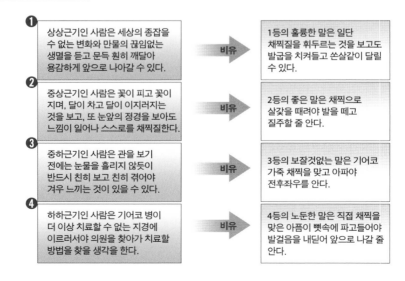

① 상상근기인 사람은 세상의 종잡을 수 없는 변화와 만물의 끊임없는 생멸을 듣고 문득 훤히 깨달아 용감하게 앞으로 나아갈 수 있다.
　비유 → 1등의 훌륭한 말은 일단 채찍질을 휘두르는 것을 보고도 발굽을 치켜들고 쏜살같이 달릴 수 있다.

② 중상근기인 사람은 꽃이 피고 꽃이 지며, 달이 차고 달이 이지러지는 것을 보고, 또 눈앞의 정경을 보아도 느낌이 일어나 스스로를 채찍질한다.
　비유 → 2등의 좋은 말은 채찍으로 살갗을 때려야 발을 떼고 질주할 줄 안다.

③ 중하근기인 사람은 관을 보기 전에는 눈물을 흘리지 않듯이 반드시 친히 보고 친히 겪어야 겨우 느끼는 것이 있을 수 있다.
　비유 → 3등의 보잘것없는 말은 기어코 가죽 채찍을 맞고 아파야 전후좌우를 안다.

④ 하하근기인 사람은 기어코 병이 더 이상 치료할 수 없는 지경에 이르러서야 의원을 찾아가 치료할 방법을 찾을 생각을 한다.
　비유 → 4등의 노둔한 말은 직접 채찍을 맞은 아픔이 뼛속에 파고들어야 발걸음을 내딛어 앞으로 나갈 줄 안다.

5

진심(眞心)을 보호하고 머무는 첫걸음

중생을 제도하여 사상(四相)에서 벗어나다

중생을 제도하는 것이 자기가 해탈하는 것임은 말할 필요가 없다. 그런데 만약 태양이 인간에게 온기를 보내야 한다고 늘 마음에 두고 염려한다면, 너무 오래지 않아 추락하고 말 것이다. 따라서 착한 마음을 내는 대보살들은 반드시 사상에 마음을 써서는 안 된다.

부처님께서는 성불하겠다고 서원을 세운 선남자와 선여인에게 소개하여 말씀하시기를, 착한 마음을 내는 모든 대보살들은 마땅히 이와 같이 자기의 마음에 편안히 머물러야 한다고 하셨다.

이번에는 부처님께서 다시 뜸을 들이지 않고 직접 말씀해 나가셨다.

일단 모든 중생을 멸도에 들게 하고, 그들이 고통스런 번뇌를 완전히 해탈하도록 도우려는 큰 서원을 내면, "내가 중생을 제도한다."라고 집착해선 안 된다는 것을 부디 명심해야 한다. 만약 이러한 생각을 갖고 있으면 중생을 제도할 수가 없다. 난생(卵生)·태생(胎生)·습생(濕生)·화생(化生), 아니면 유형(有形)·무형(無形), 혹은 사유의식이 있는 것·사유의식이 없는 것에 상관없이 모든 생명체가 전부 열반하여 성불하고, 그들이 불생불멸하는 극락세계로 들어가길 바라는 소원을 내야 한다. 그러나 얼마나 많은 중생을 제도하였든 간에 털끝만큼도 "내가 중생을 제도해야 한다."라는 생각을 해서는 안 된다.

이러한 말은 사람을 매우 당혹스럽게 한다. 대승보살도가 추구하는 바는 중생이 해탈하여 성불할 수 있게 하는 것인데, 어째서 중생을 제도하려는 소원을 내면 도리어 중생을 제도할 수 없다는 것일까?

"무엇 때문인가?" 부처님께서도 이렇게 물으셨다. 그에 대한 답안은 바짝 뒤따라온다.

"수보리여! 만약 대승보살도를 배우는 사람의 마음속에 너, 나, 그의 분별이 있으면 이것은 보살의 마음씨가 아니다." 먼저 "수보리"라고 부른 것은 모두에게 중요한 점을 주의하도록 상기시키는 신호이다. 곧이어 부처님께서 말씀하셨다. 만약 보살에게 나, 다른 사람, 중생과 삶·죽음에 대한 생각이 있고, 또 이 네 가지 상에 집착하면 그것은 보살이 아니다. 마찬가지로 만약 보살도를 수행하는 사람이 이 사상(四相)을 떠나지 못하면 그 또한 보살도를 닦을 수 없다. '나'는 중생을 제도할 수 있는 사람이라고 여기는 것이 "아상(我相)"이다. 상대방인 중생은 나에게 제도될 사람이라고 여기는 것은 "인상(人相)"이다. 중생은 근기가 다르기 때문에 설법하는 데 있어서 여러 가지 차이가 있을 수 있으며, 또한 제도하는 주체[能度]와 제도되는 대상[所度]에 차별되는 상이 생길 수 있다는 것을 "중생상(衆生相)"이라고 한다. 삶과 죽음[生死], 수명에 집착하여, 남을 제도하고 해탈을 구하겠다는 생각에 연연해 하는 것을 "수자상(壽者相)"이라고 한다. 만약 보살이 이 네 가지 상을 가지고 있으면 보살이 아니며, 이것은 매우 엄중한 결과를 가져온다는 것을 명시하였다. 다시 말하면 만약 이 네 가지 상을 떨쳐 내지 못하고 중생을 제도하고자 하면 이룰 수 없을 뿐만 아니라 자기조차도 결국 아뇩다라삼먁삼보리를 깨달을 수 없으며, 성불할 수도 없다.

부처님의 사고의 맥을 따라가면 사실 매우 간단하다. 망령된 마음을 굴복시키려면 네 가지 상을 떠나야 한다. 마음속에서 네 가지 상의 생각이 생기지 않아야 겨우 보리의 진심에 편안히 머물 수 있다.

보리의 진심을 지니다 – 네 가지 상을 떠나 중생을 제도하다

마음을 내어 네 가지 상을 떠남

보살은 널리 중생을 제도할 때 마음속에 네 가지 상에 대한 집착이 없어서 자연스럽게 어떠한 번뇌도 일어나지 않는다. 만약 네 가지 상이 마음에 걸려 있으면 해탈을 할 수 없고, 삼계의 중생을 널리 제도할 수도 없으며, 더욱이 보살이라 칭할 수도 없다.

'나[我]'의 개념에 집착하면 구별이 생기게 된다.

마음에 중생의 높고 낮음, 귀함과 천함의 분별이 있으면, 낮고 천한 중생에 대하여 자비와 연민의 정이 일어 마음에 오만함이 생길 수 있다.

'아상'에 상대되는 '타인(他人)'의 개념은 내외(內外)의 차별이 있게 된다.

자기의 수명에 대한 공명과 이익에 대한 생각을 하면, 중생의 제도를 통해서 자기 생사의 한계를 벗어나기를 바란다.

보살은 우선 집착하는 모든 상을 없애고 마음에 아무런 장애가 없어야 중생을 널리 제도할 수 있다.

평등한 네 가지 태어남[四生]

중생을 평등하게 구분하는 네 가지 종류

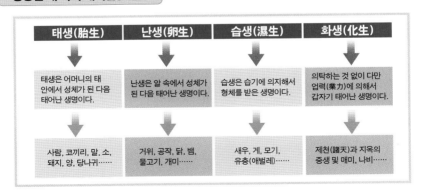

태생(胎生)	난생(卵生)	습생(濕生)	화생(化生)
태생은 어머니의 태 안에서 성체가 된 다음 태어난 생명이다.	난생은 알 속에서 성체가 된 다음 태어난 생명이다.	습생은 습기에 의지해서 형체를 받은 생명이다.	의탁하는 것 없이 다만 업력(業力)에 의해서 갑자기 태어난 생명이다.
사람, 코끼리, 말, 소, 돼지, 양, 당나귀……	거위, 공작, 닭, 뱀, 물고기, 개미……	새우, 게, 모기, 유충(애벌레)……	제천(諸天)과 지옥의 중생 및 매미, 나비……

6

중생 해탈의 서로 다른 경계

무여열반(無餘涅槃)과 유여열반(有餘涅槃)

소승에서 최종적으로 도달하는 해탈의 경계는 아직 철저하지 못하기 때문에 "유여열반"이라
고 한다. 그러나 대승은 성불하고자 하며, 이때 완전히 해탈해 장애되는 것이 없으므로 이 경
계를 "무여열반"이라고 한다. 불법을 배우기 위해서는 커다란 의지가 있어야 하며, 모든 중
생을 이끌어 고통이 없는, 절대적으로 즐겁고 청정한 무여열반의 경계로 들어가야 한다.

　　삼계 중생은 모두 열 개의 부류로 나누어진다. 출생의 다름에 따라 태생
·난생·습생·화생의 네 종류이며, 신체의 유색(有色)·무색(無色)에 따라 또
두 종류로 나누어진다. 또 마음에 유상(有想)·무상(無想)에 따라 나뉘고, 두
개를 중첩하여 네 종류로 해 총 열 개의 부류로 나누어진다. 이러한 중생은
육도 안에서 윤회하고 변하여 지금 생에는 인간이었다가 다음 생에는 개미
로 환생할 수 있는데, 이 모든 것은 전부 중생에게 마음이 일어 생각이 움직
일 수 있기 때문이다. 착한 생각이 움직이면 삼선도(三善道)에서 태어나고, 나
쁜 생각이 움직이면 삼악도(三惡道)에서 태어난다. 마음과 생각이 움직여 끊
임없이 육도 안에서 윤회한다. 그러나 어느 길이든 모두 고통 받을 운명에서
벗어날 수는 없다. 따라서 불법을 배우는 중생의 근본 목적은 이 육도윤회를
벗어나는 것이다.

　　불가에서는 이 육도윤회를 벗어나는 가장 확실한 방법을 "열반"이라고
한다. "열반"은 범어로, 한문으로 번역하면 "원적(圓寂)", 즉 '원만한 적멸[圓滿
寂滅]'이다. 다시 말하면 모든 공덕이 원만하게 갖추어지고, 모든 번뇌·장애
가 완전히 끊어지는 것이다. 이것은 대승 불법에서 말하는 '열반'에 대한 정
의이다. 소승은 '열반'을 "멸도(滅度)"라고 한다. 그러나 어쨌든 열반은 모두

수행하여 도달하고자 하는 피안이다.

　수행하는 정도가 다르기 때문에 열반의 경계도 차이가 난다. 개괄적으로 말하면 열반은 무여(無餘)와 유여(有餘)의 두 가지 경계, 즉 완전한 것과 불완전한 것으로 나누어진다.

유여열반과 무여열반

이것은 상대적인 말이다. 현재 전해오는 불법에 근거하여 다음과 같은 세 종류의 상황으로 분류된다.

　(1) 소승의 교의에 근거하면, 아라한은 혹업(惑業)이 이미 다하고, 생사도 끝났으나 신체는 아직 존재하는데 이것을 "유여열반" 혹은 "유여의열반(有餘依涅槃)"이라고 한다. 구체적으로 말해서 아라한은 생사의 인연이 비록 다했으나 의존하던 육신은 삼계 안에 아직 남아 있는데, 이 의존하던 몸이 저절로 재가 되어 완전히 사라지면 "무여열반" 혹은 "무여의열반(無餘依涅槃)"이라고 한다.

　(2) 대승 불법에 근거하면 보살도 유여열반이다. 보살은 생사를 깨달았으나 아직 성불하지는 못했는데 이 단계를 "유여열반"이라고 한다. 보살이 생사의 과보를 다하고 변하여 부처님의 몸을 얻을 때까지 기다린 다음에야 "무여열반"이라고 한다.

　(3) 대승과 소승의 상대적인 입장에서 말하면 소승의 무여열반은 아직 혹업의 고통이 남아 있고 불완전하기 때문에 "유여"라고 한다. 대승의 무여열반에 대해서는 완전히 해탈하여 남은 것이 없기 때문에 "무여"라고 한다.

　대승 불법은 보살이 성불하지 않았을 때를 여전히 '유여열반'으로 본다. 그는 아직 생사를 몇 번 더 거쳐야 하고 끊임없이 육도 가운데 뛰어들어 사람을 구제하고 중생을 제도해야 되기 때문이다. 그러나 그의 임무는 모든 인연 있는 중생을 다 무여열반의 경계로 제도하는 것이다. 다시 말해서 모든 중생을 제도하여 성불하게 하는 것이다. 이 임무만 완성하면 보살 자신도 무여열반을 증득하여 들 수 있다. 따라서 보살은 다음과 같은 서원을 세운다. "위로는 지혜로써 불도를 구하고, 아래로는 자비로써 중생을 교화하겠노라. 자신

해탈 경계

열반은 범어로 "Nirvana"이다. 이것은 "NI"와 "VANA" 두 단어로 이루어진 합성어이다. "NI"는 부정 접두사이고, "VANA"는 물결 혹은 탐욕의 뜻으로, 여기에서 탐욕은 금생과 후세를 연결하는 연결 고리이다. 열반의 가장 일차적인 해석은 탐욕과 욕망에서 '멀리 떨어진다(NI)'는 것이다.

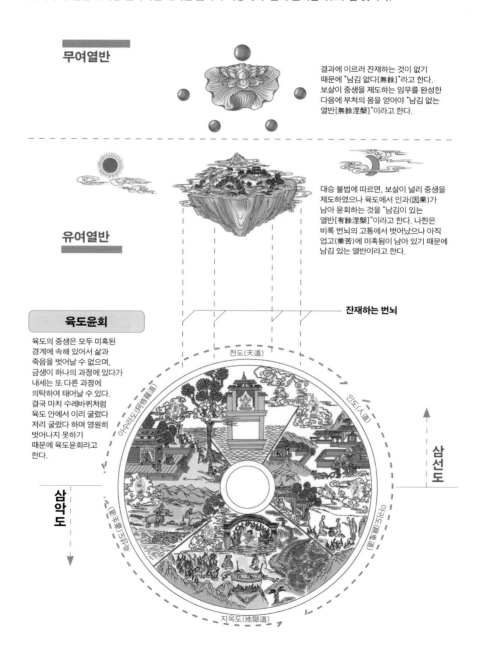

무여열반

결과에 이르러 잔재하는 것이 없기 때문에 "남김 없다[無餘]"라고 한다. 보살이 중생을 제도하는 임무를 완성한 다음에 부처의 몸을 얻어야 "남김 없는 열반[無餘涅槃]"이라고 한다.

유여열반

대승 불법에 따르면, 보살이 널리 중생을 제도하였으나 육도에서 인과(因果)가 남아 윤회하는 것을 "남김이 있는 열반[有餘涅槃]"이라고 한다. 나한은 비록 번뇌의 고통에서 벗어났으나 아직 업고(業苦)에 미혹됨이 남아 있기 때문에 남김 있는 열반이라고 한다.

잔재하는 번뇌

육도윤회

육도의 중생은 모두 미혹된 경계에 속해 있어서 삶과 죽음을 벗어날 수 없으며, 금생이 하나의 과정에 있다가 내세는 또 다른 과정에 의탁하여 태어날 수 있다. 결국 마치 수레바퀴처럼 육도 안에서 이리 굴렀다 저리 굴렀다 하며 영원히 벗어나지 못하기 때문에 육도윤회라고 한다.

천도(天道)

아수라도[阿修羅道]

인도(人道)

삼선도

삼악도

축생도[畜生道]

아귀도[餓鬼道]

지옥도(地獄道)

을 위해 안락을 구하지 않고 다만 중생이 고통에서 벗어날 수 있기를 바라노라." 보살은 중생의 고난을 구제하기 위하여 자아를 헌납하는 정신으로 인간 세상에 머무르고, 더욱이 갖가지 다르게 변한 몸으로 민중 사이에 나타나 그들을 언제 어디서나 위험에서 구제한다. 따라서 보살의 대자대비한 정신은 세상 사람들의 마음에 깊이 스며든다. 그 가운데 가장 영향력이 있는 두 분의 대보살은 관음보살(觀音菩薩)과 지장보살(地藏菩薩)이다.

관음보살

관음보살은 "관세음보살"이라고도 한다. 그 호칭에 담겨진 의미는 대자대비하여 소리를 쫓아 고난을 구하는 데 몸을 나타내지 않는 곳이 없다는 뜻이다. 경전에서 말하기를 세상의 모든 남녀노소는 무릇 위험이 닥치면 정성껏 "관세음보살"이란 성호(聖號)를 부르며 구조를 청해야 관세음보살이 듣고 보아 두려움 없는 큰 정신으로써 적당한 몸으로 변해 위험에서 구하고 고난에서 벗어나게 한다고 하였다. 관음보살은 일찍이 다음과 같은 서원을 세웠다. "중생이 성불하지 못하면, 나는 서원하기를 성불하지 않겠다!"

지장보살

지장보살의 범어 이름은 "걸차저벽파(乞叉底蘗婆; Kṣitigarbha)"이다. 『지장십륜경(地藏十輪經)』 등의 기록에 의하면, "흔들림 없이 편안히 인내하심이 대지(大地)와 같다[安忍不動如大地]."고 하였기 때문에 "지장(地藏)"이라고 하였다 한다. 전하는 말에 지장보살은 부처님의 부탁을 받아 석가모니가 이미 입멸하고 미륵불이 아직 태어나지 않은 이 기간에 중생을 제도하고 교화하는 역할을 한다. 지장보살의 중생 제도의 특징은 어딘가 가장 괴로운 곳이면 바로 그곳으로 간다는 것이다. 일반인의 마음속에서 가장 괴로운 곳은 당연히 지옥이다. 따라서 지장보살은 다음과 같은 서원을 냈다. "지옥이 비지 않으면 성불하지 않겠다고 맹세한다! 중생을 다 제도하고 보리를 증득하겠다."

여기에서 핵심은 경전을 들은 1천여 명의 제자이다. 그들은 부처님을 따라 수도하고 이미 아라한과(阿羅漢果)를 얻었기 때문에, 유여열반이 그들에게는 그다지 큰 의미가 없었다. 부처님께서는 여기에서 대보살은 모든 중생을 제도하여 성불하게 한다고 강설하셨다. 이것은 성불하려는 마음을 낸 중생들을 교육하고, 보살의 큰 결심과 용기를 배워 감히 전 세계를 구원하는 막중한 책임을 맡아 자신을 완전히 버릴 수 있어야 성불해 무여열반의 길에 들어갈 수 있다는 것이다.

4대 보살

보살의 전체 명칭은 보리살타(菩提薩埵; Bodhisattva)로, 커다란 마음으로 서원을 낸 사람을 의미한다. 불교사에 있어서 가장 영향력 있는 4대 보살은 문수(文殊), 보현(普賢), 관음(觀音), 지장(地藏)이다.

● 문수보살 (文殊菩薩)

오대산(五臺山)
문수보살

대지(大智)를
대표한다.

문수의 뜻은 '묘한 덕[妙德]', '묘한 상서로움[妙吉祥]'이다. 불교의 여러 보살 가운데 지혜가 뛰어나 대승불교에서 지혜의 화신으로 여겨진다. 문수는 여래 곁에서 '지혜를 담당하는' 보살이며, 이 장점으로 석가모니 부처님께서 교화하는 것을 보좌하여 대지문수(大智文殊)라는 명성을 얻었다.

● 보현보살 (普賢菩薩)

아미산(峨嵋山)
보현보살

대행(大行)을
대표한다.

"보(普)"는 보편이란 뜻이고, "현(賢)"은 '묘한 착함[妙善]'이란 뜻이다. 보현의 뜻은 '묘한 착함, 묘한 덕[妙德], 묘한 은혜[妙惠]를 모든 중생에게 베푼다'는 것이다. 묘하다는 것은 아주 적절하다는 뜻이다. 어진 덕[賢德]으로 유명한 보현보살은 여래의 곁에서 '이덕(理德; 덕을 다스림)' 보살이었으며, 이 장점으로 석가모니 부처님께서 교화하는 것을 보좌하였다.

● 관세음보살 (觀世音菩薩)

보타산(普陀山)
관세음보살

대비(大悲)를
대표한다.

"관(觀)"은 자세히 살펴보는 것[觀照]이고, "세(世)"는 대천세계이며, "음(音)"은 중생이 관음의 명칭을 부르며 구조해 주기를 요청하는 소리이다. 관음은 자비로 유명하며, '소리 나는 곳을 찾아가 고통을 구원하는 것'으로 법문을 삼는다. 중생이 그 명칭을 부른다면 보살은 상황에 따라 몸을 변화하여 나타나 구원한다.

● 지장보살 (地藏菩薩)

구화산(九華山)
지장보살

대원(大願)을
대표한다.

그는 "편안히 인내하며 흔들림이 없어 마치 대지와 같고, 차분히 생각하며 깊고 세밀히 하여 마치 은밀하게 숨기는 것 같아" 지장보살이란 명칭을 얻었다. 지장보살은 지옥의 중생들을 잘 제도하여 길을 잃은 고통으로부터 구제해 사람들에게 존경과 신봉을 깊이 받는다.

7

보살이 되는 비결
상에 머물지 않고 보시하다

범부와 속인이 번뇌에서 벗어나지 못하는 까닭은 속된 세상 속의 각종 유혹에 지나치게 집착하고 미련을 갖기 때문이다. 만약 집착하지 않을 수 있다면 그것은 커다란 지혜[大智慧]이다. 한편 보시하여 남을 구제하는 것은 자비의 마음을 바탕으로 하여 나온다. 자비의 마음이 없으면 세상에 나아가 중생을 제도하려는 큰 서원을 낼 수 없다. 그리고 대지혜가 없으면 설사 서원을 냈더라도 중생을 구제하지 못하며, 심지어는 자기를 번잡한 속된 세상 속에 파묻어 버릴 수 있다. 대비(大悲)와 대지(大智)를 겸비하여야 진정한 대보살이다.

부처님께서 또 "수보리여!"라고 부른 것은 모두를 각성시키고, 또한 중요한 가르침을 전하고자 함이다.

부처님께서 말씀하셨다. 모두 보살을 배우려면 보살처럼 '상에 머물지 않고' 보시해야 하고, 보시할 때 색(色)·소리[聲]·냄새[香]·맛[味]·촉감[觸]·법(法)에 미혹되지 않아야 하며, '자아'의 생각에 치우쳐 집착하지 않아야 한다.

보살의 수행은 모두 육도(六度; 육바라밀)가 있는데, 이 중 반야를 성불의 길잡이로 삼지만 피차간에 또 다른 차원에서 서로 통섭한다. 보살을 배우고 성불하려는 서원을 세운 것은 어떻게 '자아'를 버리고 중생을 널리 제도할 것인가를 배우는 것이다. 본질적으로 이것은 하나의 거대한 보시 행위이다. 즉 자기의 모든 것을 중생에게 줌으로써 상대가 고해로부터 벗어나게 하는 것이다. 따라서 여기에서 보시는 바로 육도 중 나머지를 통섭하는 중요한 열쇠이다.

보시는 재시(財施), 법시(法施), 무외시(無畏施) 등으로 구분된다. 예를 들어 돈이 있으면 다른 사람에게 돈을 보시하고, 돈이 없으면 다른 사람을 격려해 주며, 만약 생계를 도모할 손재주가 있으면 그 손재주를 다른 사람에게 가르쳐 주는 것이다. 보살은 물질적인 자산을 보시하지 않는다. 한 사람에게 몇

마리 물고기를 주어 목숨을 살려 주는 것이 고기 잡는 기술을 가르쳐 주는 것만 못한 것처럼, 보살이 중생에게 보시하는 것은 운명을 마주하는 용기와 번뇌, 고통을 없애는 묘법이다. 그러나 무엇을 보시하든 먼저 자신이 가지고 있어야 다른 사람에게 줄 수 있다. 그리고 보시에 의해 통섭된 나머지 오도(五度: 반야·지계·인욕·정진·선정)는 보살이 점차 성숙하도록 도와주어 어느 정도의 경계에 도달하면 중생을 제도하고 교화할 능력이 있게 한다. 즉 나머지 오도는 보시를 후원해 준다. 그렇지만 보시는 오도가 쌓아 놓은 성과를 감소시키지 않는다. 그것을 꺼내어 모두와 함께 누리고 복리를 받는 사람이 많을수록 스스로 진보하는 속도는 빨라진다.

하지만 이러한 장점이 있다 하더라도 보시할 때 이를 생각해선 안 된다. 더욱이 장사꾼의 모습으로 투자와 수익의 비례를 계산하면서 한 모든 노력은 다 허사로 돌아가고 만다. 이른바 "온갖 꽃이 만발한 정원을 지났으나, 꽃잎 하나도 몸에 붙지 않았다[百花叢裏過, 片葉不沾身]."는 것이다. 일단 이러한 생각이 있으면 너와 나의 분별이 생기게 되고, 동시에 '자아'의 사욕이 피어올라 오며, 이어서 '색·소리·냄새·맛·촉감·법'에 연연하게 되고, 번뇌와 고통도 짝이 되어 나오게 된다. "물을 거슬러 배를 저으면, 나가지 못하고 뒤로 물러나기만 하는 것[逆水行船, 不進則退]"과 같다. 따라서 보살이 되려면 충분한 경계가 필요하며, 자기가 가지고 있는 모든 것을 태연히 꺼내어 중생을 구제해야 한다. 그렇지 않으면 보살이라 할 수 없다.

진정한 보살은 보시할 때 '상에 머무르지 않는 것'을 해낼 수 있으나, 보살이 되려고 준비하는 이러한 선남자와 선여인은 색·소리·냄새·맛·촉감·법의 유혹을 견뎌 낼 수 있을까? 보시의 상에 집착하지 않을 수 있을까? 따라서 부처님께서 말씀하신 이 문제는 그 자리에 있는 모든 이들에게 하나의 예방주사를 놓으신 것과 같다고 하겠다.

육도를 통섭하는 보시

육바라밀은 보시에서 통섭되며, 보살이 중생을 제도하는 근본이 된다. 중생을 구제하려면 자신을 희생하여 남을 이롭게 하지 않을 수 없으니, 이것이 곧 보시이다. 보살은 계율과 인내의 정신으로 중생을 제도하여 사람과 사람 사이를 조화와 평온에 이르게 한다. 또한 계율·선정·지혜의 교화로 중생의 사상과 의지를 혁신하여 그들이 중도(中道)에 들어오게 한다. 보시의 이러한 내용이 바로 나머지 다섯 종류의 바라밀이다.

보시는 육도를 통섭한다

보살의 상에 머무르지 않는 보시

- ● 색 안근(眼根)으로 보이는 것
- ● 성 이근(耳根)으로 들리는 것
- ● 향 비근(鼻根)으로 맡는 것
- ● 미 설근(舌根)으로 맛보는 것
- ● 촉 신근(身根)으로 닿는 것
- ● 법 의근(意根)으로 앞의
  오진(五塵)에 대하여 일어난
  좋고 나쁨의 분별

보살의 보시는
색·소리·냄새·맛·촉감·법의
육진경계(六塵境界)에 집착하지
않는다. 보시를 행하는 데
육진에 머무르지 않아서
"바라밀(波羅蜜)"이라고 칭하였다.

8

한없이 넓고 큰 보시의 복덕

"동쪽의 허공"처럼 헤아릴 수 없다

상에 머무르지 않는 보시가 얻는 복덕은 넓고 커서 헤아릴 수가 없다. 상에 머무르는 보시는 얻는 공덕이 한계가 있어 얼마나 크든 간에 결국 유한하다. 그러나 상에 머무르지 않는 대지 혜로 보시를 베풀어 모든 중생이 다 같이 성불하는 대사업에 기여하면 그 복은 장차 무한하여 헤아릴 수 없을 것이다.

부처님께서는 '준보살(準菩薩)'이 '상에 머무르지 않고' 보시하는 것을 배워야 한다고 교육하였다. 하지만 결코 모든 사람들에게 보살의 대지혜가 있는 것은 아니다. 인상을 가진 사람이 있을 수 있으며, '보시는 복덕을 얻기 위해 하는 것 아닌가?', '당신이 내게 '상에 머무르지 말라'고 하면 어떤 것도 얻을 수 없는 것 아니지 않는가?'와 같은 의문이 있을 것을 짐작한 부처님께서는 중생들에게 인과에 따른 복보(福報)를 넌지시 드러내어 모두의 염려를 불식시켰다.

어째서 보살의 보시는 '상에 머무르지 않아야' 하는 것인가? 그래야 훨씬 큰 복덕의 보상이 있기 때문이다. 비록 부처님께서 이렇게 말씀하신 것은 '상에 머물지 말라'는 것에 위배된다는 의심이 있을 수 있으나, 대보살이 아닌 선남자와 선여인의 입장에서 보면 이는 아름다운 장래와 믿음[信心]의 원천인 것이다. 부처님의 부연 설명이 '상에 머묾[住相]'에 대한 의심을 풀어 주었다. 부처님께서는 이러한 복덕은 매우 커서, 그 크기가 생각할 수 없는 지경에 이른다고 말씀하셨다. 보시는 상에 머무르지 않아 은혜를 받은 사람도 이러한 은혜를 다시 전달해 나가 한 명이 열 명에게 전하고, 열 명이 백 명에게 전하고, 백 명이 천 명에게 전하고, 천 명이 만 명에게 전하고…… 한없이 밖으로 전달하기 때문에 복덕도 따라서 한없이 커지는 것이다. 만약 열 사람을 제도하는 데 집착하면 그 복덕은 많아야 열 개 정도에 불과하다. 이와 달리 집착하지 않는다면 그 태도가 더 많은 대중에게 영향을 줄 수 있으며, 유한함은 즉시 무한하게 초월될 수 있을 것이다. 따라서 만약 이 말에 따라 보시하면 모두의 복덕은 물거품이 되지 않으며, 셀 수 없을 만큼 많아질 수 있기 때문에 유한한 이익을 따질 필요가 없다는 것이다.

집착해서는 안 된다는 것을 더 구체적으로 설명하기 위해 부처님께서는 "동쪽의 허공"이라는 예를 들었다. 부처님께서 수보리에게 물었다. "그대는 '동쪽의 허공'이 어떤 모양인지 상상할 수 있느냐?" 수보리가 말했다. "못합니다. '허공'은 유한한 색, 소리, 냄새, 맛, 촉각 등의 감각으로 형상화하여 이해할 수 없는 것이며, 얼마나 긴가, 얼마나 넓은가, 얼마나 가벼운가, 얼마나 무거운가를 수량으로 헤아릴 수 없으나 그것은 결코 가진 게 아무것도 없는 것이 아니고 경계선 없이 넓고 크기 때문입니다. 다만 동쪽의 '허공' 뿐만 아니라, 남쪽, 서쪽, 북쪽 및 위쪽, 아래쪽의 '허공'도 마찬가지로 상상할 수 없습니다. 만약 당신이 구체적인 모양을 상상해 보라고 한다면 그것은 '상에 머묾[住相]'입니다. 같은 이치로 보시가 상에 머무르지 않아서 얻는 복보는 유한한 '상'으로 측정될 수 없는 것입니다. 당신은 이러한 쓸모없는 '상'을 깨끗이 비워 마음을 비우고, 가장 참되고 가장 큰 복덕을 받아 곧 삼계 육도(六道)를 초월한 부처가 될 수 있었던 것입니다."

부처님께서 "동쪽의 허공"으로 상에 머무르지 않고 하는 보시의 복덕을 비유한 것은 다음과 같은 이유가 있다. 첫째, 중생이 성불하는 이 길을 결연하게 감으로써 그 끝에 상상을 뛰어넘는 과보가 있을 수 있게 그들을 유도한 것이다. 둘째, 눈앞에 있는 이익의 득실로 상에 머무르지 않는 보시의 좋은 점을 따지지 말아야 최후의 복덕이 "동쪽의 허공"처럼 헤아릴 수 없음을 중생에게 가르친 것이다.

헤아릴 수 없는 동쪽 허공

보시와 복덕

대승보살도는 상에 머무르지 않고 보시하며, 베풀어 구제하고 제도한 것이 제곱의 규모로 증가하여, 보살이 된 사람에 상응하는 만큼 모두 한없이 열려 있는 큰 복덕을 지닐 수 있다.

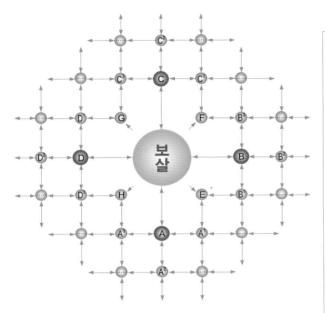

❶ 보살 및 주위의 작은 원들은 보시가 인연에 따라 나오는데 일률적으로 평등하게 나오며, 또한 무궁한 가능성이 있음을 나타낸다.

❷ A, B, C, D, E, F, G, H는 보살의 보시를 직접 받은 중생을 나타내며, A^1, A^2, A^3, B^1, B^2, B^3, C^1, C^2, C^3, D^1, D^2, D^3 등은 보살의 보시를 간접적으로 받은 중생을 나타낸다. 하나에서 둘이 생기고, 둘에서 셋이 생기고, 셋에서 만물이 생겨 보시의 복덕이 무한히 전달될 수 있다.

❸ 양쪽에 화살표가 있는 것은 보시의 복덕이 양쪽 모두에 있음을 나타내며, 타인을 이롭게 하는 동시에 자기도 모르는 사이 자신도 복보를 받는다.

헤아릴 수 없이 넓고 큰 복덕

허공에 대한 비유는 한계가 있는 지각으로 측정할 방법이 없음에 치중한 것이다. 세상 밖에 또 세상이 있어 드넓은 우주는 삼천대천세계 속의 먼지에 불과할 뿐이며, 눈꺼풀 아래에 있는 이익의 득실에 집착하면 참된 앎을 얻을 대단히 좋은 기회를 잃게 될 수 있다.

$$\frac{복덕}{(\text{상에 머무르지 않음})} = \infty$$

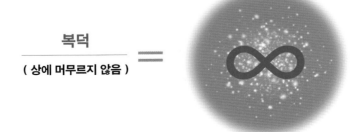

9

불법을 구하는 것과 우상을 숭배하는 것

진불(眞佛)은 상에 머무르지 않는다

불교는 처음 우상을 숭배하지 않았다. 하지만 기연의 변화 때문에 우상이 일종의 선교 수단
이 되었다. 불법 강의가 고급 단계에 들어가자 이러한 수단은 더 이상 필요하지 않게 되었
다. 만약 그들의 말에 집착하면 도리어 앞선 진전에 방해가 된다.

부처님께서는 보살 수행과 보시가 어떻게 색·소리·냄새·맛·촉감·법
의 제반 허상에 빠지지 않을 수 있는가에 대하여 설명하시고, 이어 '사람을
놀라게 하는' 문제 하나를 더 제시하셨다. 신상(身相)에 의지해 여래를 볼 수
있을까? 이 문제를 제시한 것은 상에 머무르지 않고, 마음을 편안하게 하는
수단으로 매우 바르고 평등하여 둘이 아닌 불법의 본질을 승화시키려고 한
것이다. 중생에게 보시할 때 중생상에 머무르지 않아야 한다는 것을 이미 나
한의 과위(果位)를 증득한 대비구들 입장에서 말한 것은 이해할 수 있다. 그
러나 부처님께 공양하는 것 또한 보시이다. 따라서 위에 서술한 논리에 따르
면 부처님께 보시함에 있어서 마땅히 부처님의 상에 머무르지 않아야 한다.
구체적으로 말해 진신여래(眞身如來)에 대한 추구가 색신허상(色身虛像)에 대
한 숭배로 변해서는 안 된다는 것이다.

부처님의 세 가지 몸

대승 불법에서는 부처님께서 세 가지 몸을 가지고 있다고 말하는데, 이것은
법신불(法身佛)·보신불(報身佛)·응신불(應身佛; 化身佛)이다. 이는 다수의 신
도들에게 불법을 쉽게 이해시키기 위한 일종의 방편법문(方便法門)이다. 응

신불은 인연이 있는 중생을 제도하기 위하여 여래의 본체에서 모습을 나타낸 형색신상(形色身相)이다. 일반적으로 불경에서 말하는 부처님의 32상(相) 80종호(種好)는 응신불의 신상이 장엄함을 가리키는 것이다. 우리가 처해 있는 세상의 석가모니는 곧 응신불이다. 보신불은 대보살들의 기연에 응하기 위하여 법신불의 본체에서 모습을 나타낸 것이며, 만덕(萬德)의 장엄함을 갖춘 신상이다. 예를 들어 서방 극락세계의 아미타불이 바로 보신불이다. 법신불은 부처님의 본체 혹은 본성을 가리키며, 곧 본 경전에서 말하는 여래이다. 법신불은 시작도 없고 끝도 없으며[無始無終], 태어나지도 않고 죽지도 않으며[不生不滅], 위아래 시방세계에 계시지 않은 곳이 없으며[上下十方無處不在], 구체적인 형상이 없는 일종의 영원한 존재로 자연히 신상이 없다. 따라서 보신불, 응신불은 모두 신상이 있으나, 법신여래는 결코 신상이 없다.

따라서 여래는 일종의 영원하고 무한한 것이며, 번뇌를 벗어나 증득한 앎이 없는 일종의 티 없이 맑고 깨끗한 경계이다. 인간이 언어로 표현할 수 있는 범위를 벗어나 구체적으로 형용할 수 있는 대상이 없기 때문에 그것을 알고 파악할 방법이 없다.

부처님을 배우며 부처님의 상[佛相]에 머무르지 않을 수 있기란 쉬운 일이 아니다. 부처님께서 여러 대비구에게 말한 것은 가장 존경하고 신뢰할 가치가 있는 것이다. 늘 함께 지내며, 말로 전하고 몸으로 가르쳐, 부처님께서 장엄하고 엄숙한 때를 마음에 새겨 간직할 뿐만 아니라, 부처님의 일거수일투족이 모두 모범적인 본보기로서 여러 비구에게 지극히 생동적인 신상인 것이다. 때문에 응신불로서 석가모니는 사람들에게 머리 조아려 예배 받는 우상이 될 수 있었다. 그러나 석가모니 부처님께서는 살아 있는 동안 이러한 상황을 한사코 피했기 때문에 수보리에게 물었다. "수보리여! 그대는 너희들의 눈으로 본 부처님의 신상이 불생불멸하고 모든 곳에 두루 미치는 부처님의 본성인 법신여래라고 생각하느냐?"

영감을 받은 수보리는 신상이란 순간 모아 놓은 허상에 불과하며, 인연[緣]이 모이면 태어나고, 다하면 죽어서 당연히 법신여래가 아니라는 것을 즉시 깨달았다.

부처님의 세 가지 몸

모든 여래는 첫째 응신, 둘째 보신, 셋째 법신의 세 종류의 몸이 있다. 세 가지 몸이 갖추어져야 아뇩다라삼막삼보리를 깨달을 수 있다.

● **법신불(法身佛)**
이것은 우리의 본래면목이고, 본래 가지고 있는 것이며, 여래이며, 청정한 자성신(自性身)이다.

● **보신불(報身佛)**
이것은 법신으로 인연이 되어 수행을 통해 불과(佛果)의 자리를 얻은 몸이다. 보신불은 절대 진리를 깨달아 불과를 얻어 부처님의 지혜를 과시하는 부처님 몸을 나타낸다. 보신은 또 스스로 수용한 보신[自受用報身]과 타인에 의해 수용된 보신[他受用報身]으로 나누어진다. 자수용보신은 상이 없어 대보살도 보지 못하며, 타수용보신은 대보살이 볼 수 있으나 실제 보이는 것은 각기 다르다.

● **응신불(應身佛)**
"응신"이라고도 하며, 부처님께서 모든 중생을 구제하기 위해 삼계의 다른 상황과 수요에 따라 변신하여 나타나는 몸을 가리킨다. 즉 인연에 따라 교화하는 것으로 석가모니 부처님께서는 곧 응신불이며, 또한 "화신불"이라고도 한다. 응신은 승응신(勝應身)과 열응신(劣應身)으로 나누어진다. 승응신은 대보살들의 근기에 응하여 나타나는 화신으로, "대화신(大化身)"이라고도 한다. 열응신은 작은 세계의 중생에 응하여 나타나는 화신으로 "소화신(小化身)"이라고도 한다.

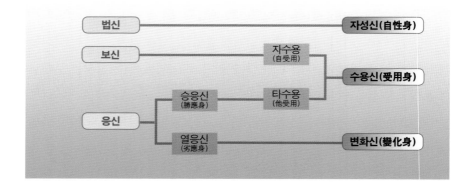

부처님께서는 삼계에서 벗어난 최고의 지혜를 지닌 대각오자(大覺悟者)이시기 때문에 그가 말하는 신상은 도를 깨우친 보통의 나한, 깨달은 자가 이해하는 경우와 다소 차이가 있다. 산속에서 보이는 산은 단순히 오르막의 언덕이지만 위치를 달리하여 보면 우뚝 선 하나의 봉우리로 보이는 것처럼 우리가 인식하는 '산'의 모습은 단편적인 것에 불과하다. 그러나 부처님께서 보신 산은 전체적이고 분명하게 인식한 것이다. 결국 부처님께서 설하는 산과 우리가 인식하는 산은 대단히 큰 차이가 있는 것이다. 때문에 부처님은 이어서 이 두 가지를 보충 설명하신다.

무릇 모든 상은 다 허망한 것이다

신상은 하나의 이름에 지나지 않으며 인연으로 인하여 생긴 허상이다. 신상뿐만 아니라 세상의 모든 상이 다 그러하다. 태어나고 죽는 것마다 모두 인연으로 인하여 정해지고, 모두 유동적이며 변하는 허상이다. 부처님께서 말씀하신 이 이치는 다른 불법에서도 검증된 것이 있다. 예를 들면 불법에서 항상 말하는 사대가 모두 비었다[四大皆空]는 것은 세상 만물은 지(地)·수(水)·화(火)·풍(風)이란 네 종류의 원소가 모여서 이루어진 것에 지나지 않음을 말한다. 장전불교(藏傳佛敎)에서는 더 발전하여 만물은 지·수·화·풍·공(空: 허공)의 5대 원소로 이루어지며, 부처님의 신상도 이러한 원소들이 모여서 이루어진 상이다. 이러한 인식은 오늘날 과학에서 말하는 양자이론에 매우 가깝다.

만약 모든 상이 상 아님을 본다면, 바로 여래를 본다

다른 관점에서 보면 신상이 법신여래가 아니라고 하는 것은 또 완전히 맞는게 아니다. 중생들이 본 부처님의 신상은 여래법신에서 중생과 상응한 인연으로 모습을 나타낸 상이기 때문에, 만약 모든 상이 다 허망한 진리임을 알고 어떠한 상에도 집착하지 않는다면 중생이 본 부처님의 몸은 곧 법신여래인 것이다. 예컨대 물결을 보면 물을 알게 되고, 물 분자를 알게 되고, 원자를 알게 되고, 세상을 구성하는 진리를 알게 된다. 부처님의 신상도 이러할 뿐만 아니라 다른 모든 일체의 상이 모두 이와 같아, 만약 모든 상을 통하여 본질을 깨달을 수 있다면 그것은 바로 법신여래를 본 것이다.

　신상에 관하여 파생되어 나온 매우 심오한 명제를 수보리도 완전히 이해한 것은 아니지만 나머지 중생들은 더 말할 것도 없다. 하지만 이것이 바로 불법의 심오한 일면으로 평범한 곳에서 오묘함을 체득해 깨닫게 하여, 소리가 없는 곳에서 놀라운 우레 소리를 듣게 한다. 수행자의 입장에서 말하면 이것은 세상의 모든 일과 사물의 대지혜를 대하는 것이다.

부처님의 색신상(色身相)

부처님의 색신은 각종 속성의 원소가 임시로 합해져서 이루어진 모습[相]이다. 이 점은 중생 및 만물과 일치된 것이다. 그러나 부처님의 색신은 또 기연에 응하여 변해서 다른 여러 특징으로 나타난다. 이러한 특징은 모두 교화를 위해서 봉사하는 수단이다.

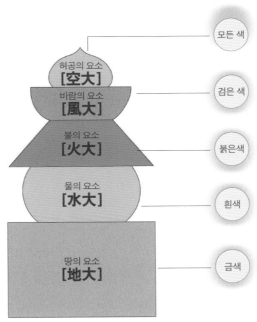

모든 색신은 다 다섯 가지 기능이 모아져서 이루어진 것으로, 속성이 다름에 따라 허공의 요소, 바람의 요소, 불의 요소, 물의 요소, 땅의 요소로 구분된다. 부처님의 몸도 다섯 가지 요소[五大]를 갖추고 있으며, 겉으로 나타나는 색은 모든 색[一切色], 검은색[黑色], 붉은색[赤色], 흰색[白色], 금색(金色)으로 구분된다.

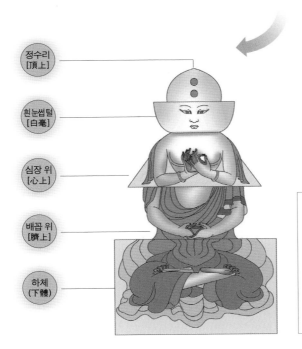

대일여래(大日如來)의 법신으로 예를 들면 하체는 대금강륜(大金剛輪)이고, 배꼽에서 심장은 수륜(水輪)이며, 가슴은 화륜(火輪)이고, 머리는 풍륜(風輪), 정수리는 공륜(空輪)으로, 지·수·화·풍·공의 다섯 가지 속성으로 구별해 갖추어져서 오륜탑(五輪塔)을 형성한다.

10

성불의 자량(資糧)
복혜쌍수(福慧雙修)를 하나로 하여 깨닫다

복과 지혜를 함께 닦는 것[福慧雙修]은 보살도를 수행하는 바른 길이다. 나한이 된 대비구들은 아직 복과 지혜[福慧]를 아울러 수행하지 않고 있다. 비록 나한이 지혜를 닦았더라도 자아를 버리지 못한 지혜는 결국 작은 지혜이며 끝내 복덕을 얻지 못한다. 그러므로 부처님께서 성불하려는 마음을 내면 네 가지 상에서 벗어나야 한다고 하신 것에서부터 줄곧 보시는 상에 머무르지 말아야 한다고 말씀하신 것에 이르기까지 그 근본적인 목적은 제자들에게 복과 지혜를 함께 닦는 것만이 성불을 위한 대도(大道)라는 점을 표명하기 위해서이다.

보살이 상에 머무르지 않고 보시하는 게 복과 지혜를 함께 닦는 것이다. 여기에서 '상에 머무르지 않는 것'은 지혜를 닦는 것[修慧]이고, '보시'는 곧 복을 닦는 것[修福]이다. 때문에 부처님께서 보살의 보시는 상에 머무르지 않아야 한다고 강조하신 것은 반드시 복과 지혜를 함께 닦아야 성불할 수 있음을 강조하신 것이다. 장사를 하려면 자본을 축적해야 하는 것처럼 복과 지혜는 성불을 위한 자량이다.

보시가 바로 복을 닦는 것이다

무엇이 복을 닦는 것인가? 복을 닦는 것은 착한 일을 함으로써 다른 사람에게 이익 되게 하고 상응하는 복과(福果)를 얻는 것을 가리킨다. 육도(六度) 안에서 하는 보시는 타인을 이롭게 하는 '선구자'로서, 계율을 지키고, 모욕을 참고, 정진하고, 선정에 드는 것도 다 보시를 통해서 중생을 이롭게 해야 한다. 따라서 보시는 보살에게 있어 가장 대표적인 복 닦기[修福]이다. 즉 자기가 수행한 성과로써 천하의 중생을 제도해 성불하게 하는 것이다.

중생을 이롭게 함으로써 자신의 사사로움과 자신의 이익에 대한 생각이 적어지고, 이러한 생각이 없어지게 되면 번뇌도 많지 않게 된다. 불법의 근본은 모두가 다시 번뇌하지 않게 하는 것 아닌가? 따라서 보시는 곧 복덕을 쌓는 것이다.

상에 머무르지 않는 것이 지혜를 닦는 것이다

복을 닦는 것이 물론 성불을 위한 자량이지만 지혜의 보시가 있어야 무궁한 역량을 발휘할 수 있고, 더 많이 더 널리 중생을 이롭게 할 수 있다. 예를 들어 머리를 싸매고 작은 장사를 하면 자본을 한 푼 한 푼 모을 수 있으나, 지혜로 자금을 굴려 일정한 투자를 하면 그 보답은 수백 배, 심지어는 그보다 더 많이 늘어날 수 있다. 보살의 지혜 수행은 곧 반야 수행이며 또한 본 경전의 핵심이다. 어떻게 해야 지혜가 있다고 할 수 있을까? 번잡한 속된 세상 속에서 중생을 제도해 구하여 헤매지 않게 할 수 있으면 그것이 곧 대지혜이다. 상에 머무르지 않는 것도 바로 이러한 의미이다. 보살의 보시는 중생을 제도하기 위하여 상에 머무르지 않고 할 수 있어야 진실되고 광범위하게 중생들을 구제하여 이롭게 할 수 있다. 그와 달리 나는 대시주이고, 그는 동정을 받는 사람이라고 생각하여, 내가 어찌어찌 시주한 것을 그는 마땅히 어떻게 보답해야 한다거나, 혹은 미래에 얼마큼의 복보를 얻을 수 있는지 영리하게 살펴보는 것은 사실 가장 어리석은 방법이다.

복과 지혜를 함께 닦으면 공덕은 무량하다

복과 지혜를 함께 닦는 것이 바로 보살도의 높고 심오한 경계를 수행하는 것이다. 나한이 된 대비구들은 아직 복과 지혜를 아울러 수행하지 못했다. 따라서 옛사람이 게송을 지어 다음과 같이 말했다. "복은 닦고 지혜를 닦지 않으니, 코끼리가 영락 구슬 걸고 있고, 지혜는 닦고 복을 닦지 않으니, 나한이 빈 발우로 구걸하네[修福不修慧, 大象掛瓔珞, 修慧不修福, 羅漢托空鉢]." 즉 한쪽만 닦으면 큰 경계를 이룰 수 없는 것이다. 비록 나한이 지혜를 닦았다 하더라도 자아를 버리지 못하는 지혜는 결국 작은 지혜이며, 끝내 큰 복덕을 얻지 못한다. 부처님의 근본 목적은 바로 제자들에게 복과 지혜를 함께 닦는 것만이 성불하는 큰 방법[大道]임을 표명하신 것이다.

복혜쌍수(福慧雙修)

복을 닦음과 지혜를 닦음

복을 닦고 지혜를 닦지 않아,
코끼리는 구슬 장신구를 걸고 있도다.
修福不修慧, 大象掛瓔珞.

전생에 복만 닦고 지혜를 닦지 않은 중생이 얻는 것은 어리석어서
얻은 복뿐이어서, 금생에 왕궁의 코끼리로 다시 태어나 온몸에
유리구슬로 장식된 영락을 두르고, 금은·칠보를 가득 걸치고 있어,
복은 물론 크지만 결국은 축생도의 어리석은 복이다.

지혜를 닦고 복을 닦지 않아,
나한이 탁발하는 발우가 비었도다.
修慧不修福, 羅漢托空鉢.

아라한은 지혜만 닦고 복을 닦지 않아 밖으로
탁발을 하러 가도 그에게 공양하는 사람이 없으며,
복보도 없어 중생을 제도할 수가 없다.

뒷걸음질은 곧 전진하는 것이다

속세의 유혹은 마치 물속에 거꾸로 비친 일반적인 경치처럼 한이 없어, 오직 일에 전념해야
빠져들지 않을 수 있다. 뒷걸음치는 것 같아 보이지만 사실은 앞으로 나가는 것이니, 많은 경우에
뒤로 물러나는 것이 커다란 지혜인 것이다.

손에 잡은 푸른 모 논에
가득 심다가, 숙인 머리에
문득 물속 하늘이 보이네.
手把靑秧揷滿田,
低頭便見水中天.

마음자리 깨끗하여 도를
행하니, 뒷걸음질이
원래 전진하는 것이라네.
心地淸淨方爲道,
退步原來是向前.

사람마다 마음속에는 모두 맑고 깨끗한 불성이 있고, 모두 부처님과 같은 무량한 지혜가 있다. 수행하는 것은 바로 그것을 깨우쳐 나오게 하기 위한 것이다. 불성을 깨우치는 수단은 자기를 가급적 축소시키고 마음을 크게 하며 모든 것을 포용하고 만물을 존중하는 것이다. 자기를 중심 주재(主宰)로 삼지 않은 것이 바로 반야지혜이고, 그렇지 않다면 바로 자승자박하는 것이다.

제4장

일념(一念) 에서 신심이 생기다

—

반야로 통하는 비결

본 장의 경전 풀이

—

須菩提白佛言: 世尊! 頗有衆生, 得聞如是言說章句, 生實信不?
수 보 리 백 불 언   세 존   파 유 중 생   득 문 여 시 언 설 장 구   생 실 신 부

당시 수보리가 이와 같이 질문을 하였다. "미래 세상에서 중생이 이렇게 매우 심오한 법문인 이러한 말씀을 듣고서 진실이라는 믿음을 낼 수 있겠습니까?"

佛告須菩提: 莫作是說. 如來滅後, 後五百歲, 有持戒修福者, 於此章句能
불 고 수 보 리   막 작 시 설   여 래 멸 후   후 오 백 세   유 지 계 수 복 자   어 차 장 구 능

生信心, 以此爲實.
생 신 심   이 차 위 실

부처님께서 수보리에게 대답하셨다. "그대는 그런 말을 하지도 말고, 그런 의심도 갖지 마라. 여래가 멸도(滅度)한 뒤 5백 년이 되었을 때, 청정한 계율을 지키고 복덕을 닦아 쌓는 많은 선남자·선여인이 마음을 내어 보살행을 배우고, 이 반야장구(般若章句)에서 반드시 깊고 절실한 믿음이 일어나 이 반야법문만이 둘이 아닌 해탈문임을 확신하고, 반드시 여실하게 심오한 뜻을 깨달을 수 있을 것이다."

當知是人不於一佛二佛三四五佛而種善根, 已於無量千萬佛所種諸善根,
당 지 시 인 불 어 일 불 이 불 삼 사 오 불 이 종 선 근   이 어 무 량 천 만 불 소 종 제 선 근

聞是章句, 乃至一念生淨信者.
문 시 장 구   내 지 일 념 생 정 신 자

"마땅히 이러한 사람이 심오한 법문을 믿어 깨달을 수 있음을 아는 것은, 한 부처님, 두 부처님, 셋, 넷, 다섯 부처님 앞에서 선근(善根)을 심은 것 때문만이 아니라, 과거의 생에 이미 한량없는 천만 부처님 앞에서 두터운 선근을 쌓

았기 때문이다! 과거의 생에서 부처님을 많이 뵙고, 법을 많이 듣고, 항상 계율을 지키며, 항상 복을 닦고, 많은 선근을 심었기 때문에 지금 태어난 이 세상에서 계율과 지혜를 함께 닦아야 대법(大法)을 듣고 의심 없이 깨끗하게 믿을 수 있거나, 듣자마자 곧 깨끗한 믿음이 나빠지지 않음을 깨달을 것이다.”

須菩提! 如來悉知悉見, 是諸衆生得如是無量福德.
수보리 여래실지실견 시제중생득여시무량복덕

“수보리여! 여래는 지혜로 하나도 남김없이 다 알고 다 보나니 이 중생들은 심오한 법문을 믿고 깨달을 수 있고, 여러 부처님께서 보호하고 지켜줄 수 있으니 이것이 얼마나 큰 복덕이겠느냐!”

何以故? 是諸衆生無復我相·人相·衆生相·壽者相; 無法相, 亦無非法相.
하이고 시제중생무부아상 인상 중생상 수자상 무법상 역무비법상

“계율과 지혜를 성취하고 오랫동안 선근을 모은 사람은 어째서 여래의 호위[護念]를 얻을 수 있고, 한량없는 복덕을 받을 수 있겠느냐? 이것은 이 부류의 중생은 이미 분별하여 집착하는 데서 멀리 벗어나 다시는 아상·인상·중생상·수자상이 없으며, 법상(法相)과 비법상(非法相)도 있을 수 없기 때문이니라.”

何以故? 是諸衆生若心取相, 則爲著我·人·衆生·壽者. 若取法相, 卽著我
하이고 시제중생약심취상 즉위착아 인 중생 수자 약취법상 즉착아

·人·衆生·壽者. 何以故? 若取非法相, 卽著我·人·衆生·壽者, 是故不應
인 중생 수자 하이고 약취비법상 즉착아 인 중생 수자 시고불응

取法, 不應取非法.
취법 불응취비법

“무슨 까닭이겠느냐? 여러 중생들이 만약 마음에 집착하면 곧 아·인·중생·수자의 집착이 생기기 때문이니라. 만약 어떠한 이름이 있는 법상[名言法相]

에 집착하면 곧 아·인·중생·수자에 집착이 생기게 되느니라. 무슨 까닭이 겠느냐? 만약 집착하는 모든 법과 명상(名相)의 본성이 모두 텅 비었고, 모두 있는 것이 아니라면, 이 비법상(非法相)을 취하더라도 아상·인상·중생상·수 자상에 집착하고 있는 것이다. 그러므로 만법에 실제 있는 상에 집착하지 말아야 하며, 또 텅 비어 없는 법상에도 집착하지 말아야 하느니라."

以是義故, 如來常說: 汝等比丘, 知我說法, 如筏喩者, 法尙應捨, 何況非法.
이 시 의 고 여 래 상 설   여 등 비 구 지 아 설 법 여 벌 유 자 법 상 응 사 하 황 비 법

"아직 기억하고 있느냐? 내가 『백유경(百喩經)』에서 다음과 같이 말하였느니라. '뗏목을 이용하면 이쪽 언덕[此岸]에서 저쪽 언덕[彼岸]으로 갈 수 있느니라. 그러나 피안에 도착하면 뗏목은 당연히 버려야 하느니라.' 마찬가지로 중생이 생사의 바다 가운데에서 갖가지 고통과 핍박을 받고 있으면, 부처님은 그들을 구제하기 위하여 갖가지 법문을 강설하고, 법으로 아집(我執)을 없애고, 공상(空相)으로 법집(法執)을 깨뜨려, 중생들이 생사에서 벗어나 무여열반에 도달할 수 있게 하였느니라. 이것은 마치 생사의 고해를 가로지를 때, 처음에는 갖가지 법문이 필요하지만, 중간쯤 건너면 반드시 법상, 비법상에 집착하지 않아야 생사를 벗어나 피안에 오를 수 있는 것과 같느니라. 뗏목에 비유한 것처럼 불법은 오히려 버려야 하는데, 하물며 법 아닌 법[非法之法]이겠느냐."

須菩提! 於意云何? 如來得阿耨多羅三藐三菩提耶? 如來有所說法耶?
수 보 리 어 의 운 하   여 래 득 아 녹 다 라 삼 먁 삼 보 리 야   여 래 유 소 설 법 야

부처님께서 물으셨다. "수보리여! 그대는 어떻게 생각하는가? 여래가 보리수 아래에서 도를 이루고 깨달아 실제로 아뇩다라삼먁삼보리를 얻었다고 여기느냐? 여래가 도를 이룬 다음에 널리 불법을 강설하였는데, 확실히 법이 있다고 말할 수 있느냐?"

須菩提言: 如我解佛所說義, 無有定法名阿耨多羅三藐三菩提, 亦無有定
수보리언　여아해불소설의　무유정법명아녹다라삼먁삼보리　역무유정

法, 如來可說.
법　여래가설

수보리가 대답하였다. "부처님께서 말씀하신 대로 제가 이해한 바 부처님께서 증득했다는 아뇩다라삼먁삼보리라고 칭할 만한 일정한 법이 없으며, 여래께서 말씀하셨다고 할 만한 일정한 법도 없습니다."

何以故? 如來所說法, 皆不可取·不可說·非法·非非法.
하이고　여래소설법　개불가취　불가설　비법　비비법

"무엇 때문에 본래의 실상(實相) 가운데 하나의 법도 존재하지 않는 것입니까? 일체제법의 본성은 커다란 무위법(無爲法)이며, 모든 인연의 집착에서 벗어났으나, 모든 현성(賢聖)이 이해하는 무위법과는 차이가 있기 때문입니다. 무릇 마음에 취하고 있는 것과 입으로 말하고 있는 것은 모두가 자성이 텅 빈 것이기 때문에 비법(非法)이라고 칭한 것입니다. 모든 비법이 함이 없고 텅 비어서 역시 취할 수도, 말할 수도 없기 때문에 또 비법이 아니라고 한 것입니다."

所以者何? 一切賢聖, 皆以無爲法而有差別.
소이자하　일체현성　개이무위법이유차별

"무엇 때문이겠습니까? 부처님께서 스스로 증득하여 그를 교화한 것이 이와 같으며, 마음을 밝히는 보리도 이와 같아, 이 점을 명백히 밝히기 위해 '온갖 현인(賢人)이나 성인(聖人)들이 모두 무위의 법[無爲法]으로 차별을 두느니라.'라고 말씀하셨습니다."

須菩提! 於意云何? 若人滿三千大千世界七寶以用布施, 是人所得福德,
수보리 어의운하 약인만삼천대천세계칠보이용보시 시인소득복덕

寧爲多不? 須菩提言: 甚多, 世尊! 何以故? 是福德卽非福德性, 是故如來
영위다부 수보리언 심다 세존 하이고 시복덕즉비복덕성 시고여래

說福德多.
설 복 덕 다

부처님께서 수보리에게 다음과 같이 물으셨다. "가령 어떤 사람이 삼천대천
세계에 그렇게 많은 칠보를 가득 쌓아 두고 가난하고 힘든 중생에게 보시한
다면, 그 사람이 받을 복덕이 많지 않겠느냐?" 수보리가 대답하였다. "매우
많을 것입니다, 세존이시여! 왜냐하면 받을 복덕은 본체가 공성(空性)이고,
실제 존재하는 것도 아니어서 인연에 따라 증가하고 변화할 수 있는 까닭 때
문에, 여래께서 이 사람은 받을 복덕이 많다고 말씀하신 것입니다."

若復有人, 於此經中, 受持乃至四句偈等, 爲他人說, 其福勝彼.
약부유인 어차경중 수지내지사구게등 위타인설 기복승피

부처님께서 또 수보리에게 말씀하셨다. "만약 다른 어떤 사람이 이 경전에
대하여 받을 공덕을 전부 받아 지키라고는 말하지 않는데, 사구게(四句偈) 하
나만 받아 지키거나 혹은 타인에게 사구게 하나를 말하여 주면 받을 공덕은
또 그 사람이 보시한 공덕보다 넘어설 것이니라."

何以故? 須菩提! 一切諸佛, 及諸佛阿耨多羅三藐三菩提法, 皆從此經出.
하이고 수보리 일체제불 급제불아뇩다라삼먁삼보리법 개종차경출

須菩提! 所謂佛法者, 卽非佛法.
수보리 소위불법자 즉비불법

"어째서 반야경을 받아 지키고 타인을 위해 말한 것이 이와 같이 큰 공덕이
있는 것인가? 수보리여! 이것은 모든 제불과 제불이 의지하여 성취한 무상

정등정각(無上正等正覺)한 법이 모두 이 경전의 의미 안에서 나왔기 때문이니라. 수보리여! 불법이라고 하는 것은 그 본성이 결코 실제로 있는 것이 아니기 때문에 불법이 아니니라."

1

부처님을 믿으면 반드시 정신(正信)해야 한다

진실한 신심은 올바른 지견에서 비롯된다

불법 진리는 볼 수 있거나 만질 수 있는 것이 아니다. 왜냐하면 제한된 감각기관과 사유가 그것을 접촉할 수 없기 때문이다. 하지만 그에 따라 진리가 존재함을 믿지 않는 것은 진실로 어리석은 일이다. 더구나 불법은 사설(邪說)이 아니다. 그것은 정확한 인식과 투철한 견해에서 비롯되었고, 지혜가 상응한 단계에 도달하기만 하면 진실한 신앙이 생기게 된다.

수보리는 부처님의 가르침 아래 또 한 층의 현묘한 이치를 깨달았다. 그러나 다시 생각하다 보니 마음속에 또 다른 의혹이 생겼다. "나는 깨닫는 능력이 아주 뛰어난데도 이 불법을 이해하기에 상당히 어려움을 겪었는데, 다른 중생의 자질로서 이를 어떻게 깨우칠 수 있는가? 불법의 깊은 뜻을 깨우치지 못하면 이 불법에 대하여 어떻게 진실한 신심이 생겨날 수 있겠는가?"

이러한 의혹이 나온 것도 무리가 아니다. 귀가 번쩍 뜨이는 중대한 명제를 연속하여 내려 주시고, 심지어 매일 대중들에게 불법을 설명하고 해석하는 석가모니 부처님조차 연(緣)이 모여서 생겨나고 연이 다해서 사라지는 허상(虛像)이라는 가르침에 대해 대중들은 아마 진실한 신심을 일으키기 어려울 것이다.

수보리는 이 점을 걱정하였고, 그에 따라 부처님께 여쭈었다.

부처님께서는 수보리가 물은 의혹을 과감하게 끊었다. 무엇 때문일까? 공개적인 법회에서 이러한 질문이 많을수록 사람의 신심을 더욱 쉽게 동요시키기 때문이다. 부처님께서는 뒤의 결과를 뚜렷하게 알고 계시니 겨우 이 정도까지 말해 주었는데, 가르침을 듣는 중생이 이때 뒷걸음질 치면 한참동안 힘을 들인 것이 헛수고가 되며, 이러한 기회와 인연을 다시 찾기란 어렵

바른 믿음[正信]의 불교

바른 믿음의 검증

바른 믿음을 검증하는 세 가지 표준은 첫째 영구성, 둘째 보편성, 셋째 필연성이다. 무릇 하나의 도리나 사건에 대해 신뢰하거나 신앙이 생기는 것은 모두 시대의 시련을 견뎌 내야 하고 환경의 변천을 통해서 실천의 고찰을 얻어야 비로소 새로운 경지에 도달할 수 있다. 그렇지 않다면 그것은 '미신'일 뿐 바른 믿음이 아니다.

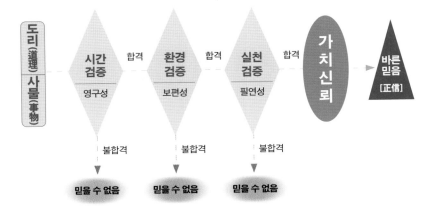

"금강반야(金剛般若)" 검증 보고

검증 항목	신앙 상태 A	신앙 상태 B	결과
시간	부처님의 재세	부처님께서 열반 후 다섯 번째 5백 년	영구
환경	수보리 (근기가 뛰어난 사람)	부처님께 귀의한 지 천 년이 넘는 수행자 (근기가 둔한 사람)	보편
실천	즉시 돈오	대대로 계율을 지키고 복을 지음(점수)	필연

다. 따라서 부처님께서는 자기보다 연상인 제자를 꾸짖어 다시 이러한 말을 하지 말라고 하였고, 이러한 의혹은 중생의 불성을 경시하는 것이라고 하였다. 언외의 뜻은 바로 중생이 평등해서 수보리만이 이러한 불법의 깊은 뜻을 이해할 수 있는 게 아니라는 것이다. 다음으로 부처님께서 지적하기를, "현재를 말하지 말고 비록 부처님께서 입적한 뒤 말법(末法)시대의 '후 5백 년(後五百年)'에 이르러도 대대로 계율을 지키며, 복을 짓는 수행자가 있으면 불법의 좋은 점을 받아들일 수 있고, 진실하며, 굳은 신심이 생겨날 수 있기도 하다."라고 하였다.

하지만 짧은 몇 마디 중 두 핵심어에 주의해야 한다.

첫째, '정신(正信)'

'바른 믿음[正信]'이란 진실하고 올바른 신앙으로서 '미신', '맹목적인 신앙' 등이 아니다. '바른 믿음'은 높고 깊은 도리에 대한 진정한 이해에서 비롯되고, 그것은 누가 말한다고 되는 것이 아니다. 이것은 바로 '여래'라는 단어가 구현된 바의 근본적인 종지이기도 하다.

둘째, '지계(持戒)와 수복(修福)'

모든 사람들이 심오한 불법에 대해 진정 깨닫고 굳게 믿어 의혹이 없는 것은 아니다. 계율을 지키며 복을 짓는 것은 이 '문턱'에 도달하는 기본적인 조건이다. 수보리 등 영리한 자질이 있는 사람들은 모두 전생에 선근을 키웠던 사람들이지만, 보통의 또는 우둔한 자질이 있는 사람들도 꾸준히 계율을 지키며 복을 짓기만 하면, 비록 불교 운세가 쇠락하는 시대에서도 바른 믿음이 나타날 날이 올 수 있을 것이다.

2

사람은 모두 미래의 부처
중생의 불성은 평등하다

사람마다 마음속에는 모두 맑고 깨끗한 불성이 있고, 모두 부처님과 같은 무량한 지혜가 있다. 수행은 바로 그것들을 깨우쳐 나오게 하기 위한 것이다. 불성을 깨우치는 수단은 자기를 가급적 축소시키고, 마음을 크게 하며, 모든 것을 포용하고, 만물을 존중하는 것이다. 자신을 중심 주재(主宰)로 삼지 않은 것은 바로 반야지혜이고, 아니라면 바로 자승자박하는 것이다.

부처님께서 중생들이 마음을 일으켜 불도를 닦도록 대담하게 격려한 까닭은 대각자(大覺者)인 부처님께서 중생 모두에게 불성이 있다는 것을 이미 깨달으셨기 때문이다. 본질적으로 중생은 부처님과 같이 순결무구하다. 이것은 큰 지혜의 견지이자 올바른 지식, 올바른 견해이므로 사람으로 하여금 마음속으로부터 참답게 믿고 받들 수 있는 것이다. 단순한 미신이 아닌 것이다.

불성은 중생이 타고난 품성이다
불성은 사람마다 본래 가지고 있는 품성으로, 욕망에 물들지 않은 맑고 깨끗한 마음이며, 또한 사람의 본성(本性), 자성(自性), 각성(覺性)이기도 하다. 경전에 서술된 바에 따르면 사람뿐만 아니라 동물, 아울러 정(情)과 생명이 있는 개체는 모두 불성이 있다. 불성은 부처님의 각도에서의 표현으로 보통 사람의 각도에선 "본심(本心)"이라 불러야 한다. 중생이 부처가 되지 못하는 까닭은 그들이 인간 세상에서 사랑과 욕심, 망념(妄念) 등의 유혹을 받아 집착한 마음이 나타나게 되어 본래 순결한 불성이 오염되었기 때문이다. 이것들이 연루되어 본래 순결한 마음이 여러 가지 분별의 마음으로 변하고, 이어 인아(人我), 시비(是非), 고저(高低), 애오(愛惡) 등 불평등이 발생하여 점점 본성

157

에 어긋난 것이다. 본심, 자성의 맑고 깨끗함을 되찾으려면 바로 불성을 깨우쳐야 한다.

사람마다 모두 부처가 될 가능성이 있다

우리는 모두 수행할 수 있고, 석가모니가 부처님이 될 수 있었던 것처럼 우리 대중들 모두 부처가 될 수 있다. 수행하는 것은 망념을 제거하고 본심을 발현하는 과정이다. 본성의 순결함이 발현될 수 있다면 만물 평등한 관념을 다시 드러낼 수 있으므로 내 것, 네 것의 분별이 있지 않을 것이다. 만약 이렇게 될 수 있다면 마치 장자(莊子)가 "우리 집 어른을 어른으로 섬기는 마음을 남의 집 어른에게까지 미치게 하며, 우리 집 아이를 아이로 사랑하는 마음을 남의 집 아이에게까지 미치게 한다[老吾老, 以及人之老; 幼吾幼, 以及人之幼]."라고 말한 바와 같은 박애(博愛)가 일어날 수 있다. 중생의 고난을 자신의 고난으로 간주하고, 중생의 행복을 자신의 행복으로 삼는 것은 바로 대자대비한 보살의 정신이다. 보살의 마음으로 사회에 뛰어들면 어디에서든지 곤란을 해결해 주고, 어려움을 구제하며, 사랑하는 마음을 널리 펼칠 수 있다. 불교의 도리를 밝혀 사람들을 인도해 인생의 잘못된 방향을 바로잡아 주거나 혹은 길거리에서 어려움에 처한 사람을 만나 도와주는 등 모두 선행을 하고 덕을 쌓으며 부처님의 목표로 향해 나가는 것이다.

따라서 어떤 사람이든 부처가 될 가능성이 있고, 아울러 모든 사람이 미래의 부처님이라고 할 수 있다.

이러한 점을 깨닫는 것은 불도를 배우고 '참다운 믿음'을 세우는 토대가 된다. 부처님께서는 누군가 절에 가서 좋은 향을 공양하였다고 그를 승진하게 하거나, 부자가 되게 하거나, 바라는 일이 이루어지게 도와주지 않는다. 그러나 불도를 닦는 것은 바로 마음을 닦는 것이고, 그로부터 깨우친 무궁한 지혜는 승진하거나, 부자가 되는 것 이상의 뛰어난 점이 있다. 이를 어떤 사람에게는 복덕이라 할 수 있고, 어떤 사람에게는 맑고 깨끗함이라 말할 수 있으며, 어떤 사람에게는 삶의 의미를 상징하기도 하고, 어떤 사람에게는 평생의 행복이 될 수 있다.

평등한 불성

성인(聖人)과 보통 사람은 불성의 차별이 없다

경계에 있어서 보통 사람과 성인이 같지 않더라도 본질적인 측면에서 보면 사람이든 짐승이든 불성은 모두 평등하다. 따라서 불교에서는 부처님을 조물주로 여기지 않고 유일한 신으로 숭배하지 않는다. 부처님의 본래 뜻은 대각오자이다. 이 점을 분명하게 알게 된다면 불도를 닦는 것의 진정한 의미가 명확하게 보일 것이다.

불성   불성   불성

평등과 불평등

사람마다 모두 평등한 불성이 있으므로 적절하게 수행하기만 하면 품행이 좋든 나쁘든 모두 부처가 될 가능성이 있다. 자기로 하여금 끊임없이 앞으로 나아가게 하는 원(願)이 있고, 어떠한 상황에서도 포기하지 않으면 마침내 어느 정도 성취하는 바가 있을 것이다. 향락만 탐하거나 혹은 가난, 위험, 어려움을 두려워하는 등의 원인으로 인해 자기 신념과 원함을 포기하면 쌓아온 바가 있더라도 거의 모두 상실될 것이다.

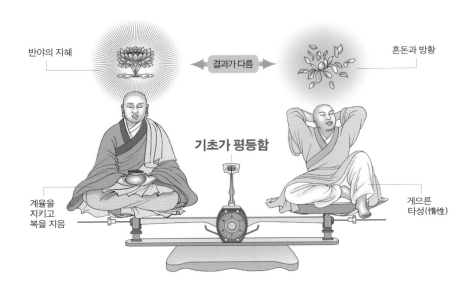

반야의 지혜   ← 결과가 다름 →   혼돈과 방황

기초가 평등함

계율을 지키고 복을 지음   게으른 타성(惰性)

3

다섯 번의 5백 년

불교의 운세가 증감하는 역사관

부처님께서는 여기에서 하나의 개념을 말씀하셨는데, 그것은 "후 5백 년"으로 이것은 일종의 불교 역사관이다. 『화엄경(華嚴經)』에 따르면 부처님이 열반한 뒤 2천 5백 년을 각 5백년씩 다섯으로 나눌 수 있는데, 이것으로 불교의 흥성이 증감하는 추세를 나타낸다.

다섯 번의 5백 년과 서로 대응하는 것은 '정(正), 상(像), 말(末)' 삼시(三時)의 설로서, 즉 정법(正法) 1천 년, 상법(像法) 1천 년, 말법(末法) 1만 년이다. 이 가운데 첫 번째, 두 번째 5백 년은 정법의 시기이고, 세 번째, 네 번째 5백 년은 상법의 시기이다. 마지막 5백 년을 "후 5백 년"이라고 부르는데, 말법(末法) 만년의 최초 5백 년이다.

정법시대
이 시대는 마치 여래의 재세 시와 마찬가지로 불법이 흥성하는데 이를 "정법"이라고 한다.

여래가 열반한 뒤의 첫 번째 5백 년은 '해탈견고(解脫堅固)'의 시기로, "학혜견고(學慧堅固)"의 시기라 부르기도 한다. 이 시대는 불법이 흥성하므로 불법을 배우는 여러 승려들은 이 5백 년 동안 잡념이 생기지 않고 전념하여 도를 깨달아 부처가 되며, 중생들에게 이익을 주고 해탈지혜를 얻은 사람이 많다.

두 번째 5백 년은 '선정견고(禪定堅固)'의 시기이다. 이 5백 년 동안에 불법을 배우는 여러 승려들은 해탈하고 도를 깨달음에 전 5백 년에 미치지 못하지만, 생사를 해탈하거나 영원한 열반을 증득하고자 하는 결심이 여전히

불법의 흥망성쇠

불교의 운세가 흥망성쇠하는 단계

여래의 법운(法運)은 총 1만 2천 년 지속되고, 이후 오랜 시간 동안 불법이 세계에서 사라질 것이다. 여래가 열반한 이후에 정법은 1천 년 동안 지속되고, 상법은 1천 년, 말법은 1만 년 지속된다. 각 5백 년을 한 단계로 간주하면, 앞의 2천 5백 년은 서로 다른 불교 운세가 증감하는 다섯 시기로 나눌 수 있다.

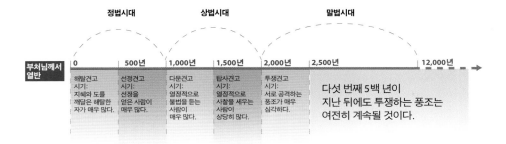

부처님께서 열반

정법시대		상법시대		말법시대		
0	500년	1,000년	1,500년	2,000년	2,500년	12,000년
해탈견고 시기: 지혜와 도를 깨달은 해탈한 자가 매우 많다.	선정견고 시기: 선정을 얻은 사람이 매우 많다.	다문견고 시기: 열정적으로 불법을 듣는 사람이 매우 많다.	탑사견고 시기: 열정적으로 사찰을 세우는 사람이 상당히 많다.	투쟁견고 시기: 서로 공격하는 풍조가 매우 심각하다.		

다섯 번째 5백 년이 지난 뒤에도 투쟁하는 풍조는 여전히 계속될 것이다.

불교의 전체적인 시간관

불교는 '겁(劫)'을 바탕으로 하여 세계의 생성과 멸망 과정을 표시한다. '겁'은 보통 년, 월, 일, 시각 등으로 헤아릴 수 없는 긴 시간을 가리키는데, 이를 또한 "대시(大時)"라고 칭하기도 한다.

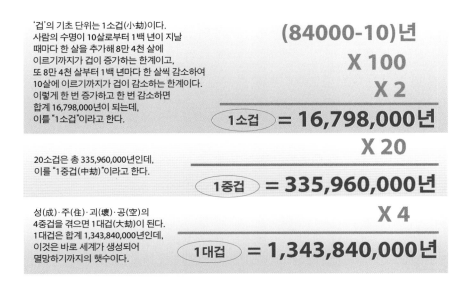

'겁'의 기초 단위는 1소겁(小劫)이다. 사람의 수명이 10살로부터 1백 년이 지날 때마다 한 살을 추가해 8만 4천 살에 이르기까지가 겁이 증가하는 한계이고, 또 8만 4천 살부터 1백 년마다 한 살씩 감소하여 10살에 이르기까지가 겁이 감소하는 한계이다. 이렇게 한 번 증가하고 한 번 감소하면 합계 16,798,000년이 되는데, 이를 "1소겁"이라고 한다.

(84000-10)년
X 100
X 2
1소겁 = 16,798,000년

20소겁은 총 335,960,000년인데, 이를 "1중겁(中劫)"이라고 한다.

X 20
1중겁 = 335,960,000년

성(成)·주(住)·괴(壞)·공(空)의 4중겁을 겪으면 1대겁(大劫)이 된다. 1대겁은 합계 1,343,840,000년인데, 이것은 바로 세계가 생성되어 멸망하기까지의 햇수이다.

X 4
1대겁 = 1,343,840,000년

견고했다. 그래서 이 시기에 학불(學佛)의 분위기는 매우 진지했고, 수행자들은 깊은 선정을 닦아 높은 경계에 도달한 이들이 매우 많았다.

상법시대

정법 1천 년을 지나면 바로 '상법시대'이다. 이 시기에는 불법이 인간 세상에 여전히 흥성하므로 정법시대와 같아 보이며, 실질적으로 앞 시대와 큰 차이가 없기 때문에 "상법시대"라고 한다.

세 번째 5백 년은 '다문견고(多聞堅固)' 시기로, 여러 승려들은 이 5백 년 동안에 계율을 지키고 선정을 닦는 데 취미가 크게 없지만 학식이 풍부하고 견문이 넓음을 추앙하며 경전을 듣는 데에 힘을 기울였다. 이러한 열정이 사라지지 않았기 때문에 이 시대에는 여러 불법을 설명하고, 경전을 해석하는 대법사(大法師)가 나타났다.

네 번째 5백 년은 '탑사견고(塔寺堅固)' 시기로, 이 5백 년 동안 선정과 지혜를 닦는 승려가 많지 않고, 도리어 대부분은 보시하고 탁발하며 탑(塔)과 사찰을 세웠으며, 이것으로 복전을 넓히고자 하였다.

말법시대

이 시대는 불법이 소멸하는 시기이다. 말법은 1만 년인데, 다섯 번째 5백 년으로부터 지금까지도 여전히 말법시대이다.

다섯 번째 5백 년은 '투쟁견고(鬪諍堅固)'의 시기이다. 여러 승려들은 이 5백 년 동안 계율을 무시하고, 복을 짓지 않으며, 지혜를 향상시키지 않고 다만 서로 공격할 줄만 안다. 자신이 말한 것은 뛰어남으로 삼고 남이 말한 것을 열등함으로 여기며, 심지어 서로 질투하고 상대방을 서로 장애로 간주한다. 이러한 싸움에 있어 출가인들의 그 결심과 정력이 '견고'하다고 말할 수 있다.

4

계율을 지키고 복을 지음
참다운 믿음이 일어나는 토대

계율을 지킴으로써 인간 세상에서의 욕심을 버릴 수 있고, 복을 지음으로써 개인의 사심이나 작은 이익을 버릴 수 있으며, 모든 허상을 내려놓아 비로소 진리를 품게 될 수 있다. 따라서 부처님께서는 선후의 논리에 따라 처음에 정확한 시범을 보이셨다. 우선 옷을 입음, 탁발, 빈부를 가리지 않고 차례로 걸식하는[次第乞食] 행위 등에서 계율을 지키고 복을 짓는다. 다음에 계로부터 선정에 들어가고, 선정으로부터 지혜가 발생하는데, 여러 승려들로 하여금 몸소 실천하는 가운데 불법을 검증하여 이로부터 신앙의 진심을 일으키게 한다.

부처님께서 설하신 이 반야경전은 심오하고 알아보기 어렵지만 헛된 논의가 아니다. 이 경전의 내용은 일상적인 수행으로부터 시작하는데, 가장 기본적인 것은 바로 계율을 지키고 복을 짓는 것이다. 계율을 지키고 복을 짓는 것은 바로 '모든 악을 짓지 말고, 뭇 선을 받들어 행하라[諸惡莫作, 衆善奉行]'는 것으로, 이것을 시작하기는 쉽지만 견지하기는 어렵다. 그렇지만 계율을 지키고 복을 짓는 것은 수행하여 부처가 되기 위해 반드시 거쳐야 하는 길이고, 아울러 불법에 대하여 참다운 신심을 일으키는 데 튼튼한 토대이기도 하다.

계율을 지키면 악념(惡念)을 없앨 수 있고, 마음을 안정시킬 수 있으며, 나아가 지혜를 얻을 수 있다

『능엄경(楞嚴經)』에서는 "계로부터 선정이 생하고, 선정으로부터 지혜가 발한다[由戒生定, 因定發慧]."라고 하는데, 이것은 악행을 하지 않아야 비로소 마음과 생각이 맑고 깨끗할 수 있다는 것을 가리킨다. 마음이 흔들리지 않은 물처럼 깨끗하고 맑으면 모든 것을 관조(觀照)할 수 있다. 계는 살인을 금하고, 도둑질을 금하며, 음란을 금하는 등 범죄적 행위를 단속할 뿐만 아니라, 엄밀히 말하면 수행함에 있어서 개미조차 밟지 못하게 한다. 이른바 "악은 작더라도 행해서는 안 된다[勿以惡小而爲之].”라는 것이다. 부처님은 이 불법을 설하기 전에 한 옷을 입음, 탁발, 빈부를 가리지 않고 차례로 걸식하는 행위 등 모든 것이 중생을 인도하여 계를 지키는 것이고, 엄격히 계를 지킨 후에 선정의 단계에 이르러 비로소 불법에 대해 더욱 진지하게 체득할 수 있으며, 반야지혜를 깨우쳐 나오게 할 수 있다고 하였다.

진정한 복 짓기는 인과응보에 대한 준수와 실천이다

복 짓기는 마찬가지로 우리 주변에서 시작하는데, 크게는 세상을 구하는 것, 작게는 맹인이 길을 건널 때 도와주거나 노약자에게 자리를 양보하는 것 모두 복을 짓는 일이다. 부처님께서는 여러 승려들과 함께 탁발하는데, 이러한 탁발은 복전을 넓히는 선한 일이 될 수 있다. 복을 심으면 복을 얻는다. 그럼 비로소 불법의 높이와 깊이를 알 수 있다. 따라서 복을 짓는 동시에 “선은 작더라도 행하지 않으면 안 된다[勿以善小而不爲].”라는 말이 규정한 바와 같이 해야 한다. 설령 소식(蘇軾; 소동파), 양계초(梁啓超) 등 아무리 재주가 뛰어난 사람이라도 복을 짓지 않고 선행하지 않으면 끝내는 탁상공론하는 것에 불과하다. 불법에 대한 진실된 신심이 없고, 더욱이 인간 세상 만물의 여러 가상(假象)을 간파하지 못하면 평생 부득불 고통스러운 바다에서 부침하게 될 것이다.

요컨대 심오한 반야 불법에 대해 참다운 신심을 일으키고자 하면 반드시 계율을 지키고 복을 짓는 시련을 겪어야 한다. 이것이 불법을 배우는 인과의 논리이다. 다시 말해 지계(持戒)와 수복(修福)의 바탕을 겪지 않으면 반야를 수습(修習)할 수 없는 것이다. 인과논리를 위배하여 토대를 피해 억지로 나아가면 그 반야는 공중에 세워진 누각에 불과하다.

다만 계율을 지키고 복을 짓는 것은 불법을 배우고 도를 깨우치기 위한 입문의 토대일뿐, 불도를 닦는 목적은 반야를 이루는 데에 있다. 앞의 것들이 축적되고, 또한 정진하여 얻은 바른 믿음이 있어야 비로소 반야 수행의 문에 들 수 있다. 앞의 기초 위에 반야의 지혜를 이루어야 비로소 대오각성하고 번뇌를 철저히 뿌리 뽑을 수 있다.

성불과 지계 · 수복

계(戒) · 정(定) · 혜(慧)의 인과

불법을 닦고 배우는 데 있어 항상 계·정·혜를 떠날 수 없다. 계율을 지키지 않으면 죄업을 저지를 수 있고, 정력(定力)이 부족하면 도를 닦을 수 없으며, 지혜가 없으면 무지몽매해질 것이다. 계는 바로 지계, 법을 지킴, 규율을 지킴, 세존께서 설한 경전에서의 가르침을 지키는 것이다. 또 수행할 때 가장 중요한 것은 바로 선정이요, 선정은 바로 맑고 깨끗한 마음이다. 선정이 있으면 지혜가 있을 것이고, 지혜는 선악과 시비를 분별하여 판별할 수 있지만, 또한 마음을 일으키지 않으며 생각을 움직이지 않는다.

혜
선정을 얻으면 관조할 수 있어 지혜가 발생한다.

정
마음이 편안하면 선정을 얻을 수 있고, 고요한 마음을 이룬다면 모든 것을 투철하게 관조할 수 있다.

계
계율을 지키며 맑고 깨끗하면 마음이 편안할 수 있다.

보시와 복을 닦음 가장 보편적인 복 닦기는 보시로서, 자기가 가진 바를 남에게 나누어 주는 것이다. 보시에는 세 종류가 있다.

보시			
	재시(財施)	병든 사람, 가난한 사람들에게 재물을 베푸는 것	예를 들어 재해가 발생하였을 때 기부금을 냄
	법시(法施)	정법(正法)으로 남에게 선행을 하고 악행을 끊을 것을 권고하는 것	예를 들어 인애(仁愛)사상으로 수감자를 감화시킴
	무외시(無畏施)	자신의 안전과 위험을 고려하지 않고 남의 두려움을 해결하는 것	예를 들어 급류에 빠진 사람을 뛰어들어 구함

165

5

한 생각[一念]에 청정한 마음[清淨心]이 일어남

신심과 돈오

반야의 진리를 깨닫지 않은 채 단순히 계를 지키고 복을 짓는 것은 맹목적인 수행에 불과하다. 반야의 진리에 대해 정확한 인식이 있으면 계를 지키고 복을 지을 때 상에 머물지 않으며, 맑고 깨끗한 신심을 일으킬 수 있다. 한순간 맑고 깨끗한 신심을 일으키면, 예전에 공양하였던 무량한 여러 부처님의 선근을 얻을 수 있을 것이다.

부처님께서는 중생에게 신심을 일으키라고 가르치셨다. 신심은 천만억 년 기계적으로 '계율을 지키고 복을 지음'으로서 얻어지는 것이 아니다. 기회와 인연이 있어 성현의 가르침을 얻거나 혹은 『금강경』 등의 불교경전에서 깨우침을 얻어 한순간 맑고 깨끗한 마음이 생기게 되면 바로 예전에 봉양하였던 천만 부처님의 선근을 초월할 수 있다.

천만 부처님의 선근을 공양함

1대겁을 지나야 1천 부처님께서 나올 수 있는데, '계를 지키고 복을 짓는' 사람이 천만의 부처님을 공양하였으니, 그는 얼마나 많은 대겁을 겪었는지 모른다. 또한 그렇게 많은 부처님과 가까이 하였으니 불법을 들은 바도 많을 것이다. 그러므로 그는 선근을 깊이 심었을 것이요, 높고 심오한 반야 진리에 대해 참다운 신심을 축적할 수 있었을 것이다. 그러나 이 '계를 지키고 복을 짓는' 사람이 세세생생 수많은 부처님과 가까웠는데 왜 말법시대에 이르러도 여전히 번뇌에 쌓인 범부일까? 문제는, 그는 다만 '계를 지키고 복을 지음'만을 알고 반야의 심오한 도리는 모르기 때문이다. 그는 '계를 지키고 복을 지음'을 모든 것으로 간주하여 마치 기차 타기만을 간절히 바라지만 기차가

천불(千佛)의 시간 개념

현겁(賢劫)의 천불

과거의 대겁을 "장엄겁(莊嚴劫)"이라고 하고, 현재의 대겁을 "현겁"이라고 하며, 미래의 대겁을 "성수겁(星宿劫)"이라고 한다. 현겁에는 1천 부처님께서 이 세상에 나왔고, 성현(聖賢)도 많으므로 "현겁"이라 한다. 이를 "선겁(善劫)"이라고도 부른다. 이 겁의 구류손불(拘留孫佛)로부터 누지불(樓至佛)에 이르기까지 "현겁의 천불"이라 부르고 본사(本師) 석가모니불은 그 가운데에 네 번째 부처님이시다.

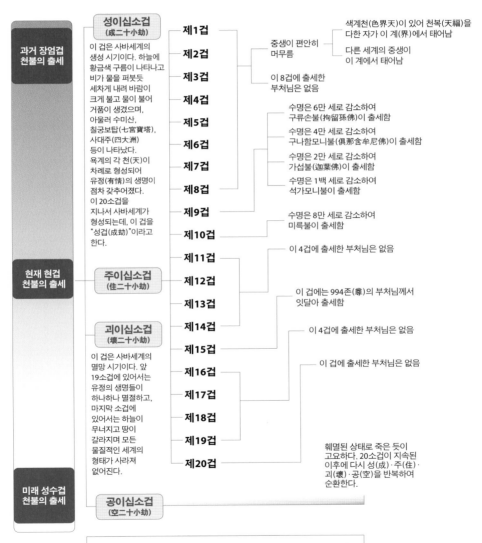

과거 장엄겁 천불의 출세

성이십소겁 (成二十小劫)

이 겁은 사바세계의 생성 시기이다. 하늘에 황금색 구름이 나타나고 비가 물을 퍼붓듯 세차게 내려 바람이 크게 불고 물이 불어 거품이 생겼으며, 아울러 수미산, 칠궁보탑(七宮寶塔), 사대주(四大洲) 등이 나타났다. 욕계의 각 천(天)이 차례로 형성되어 유정(有情)의 생명이 점차 갖추어졌다. 이 20소겁을 지나서 사바세계가 형성되는데, 이 겁을 "성겁(成劫)"이라고 한다.

제1겁

제2겁 — 중생이 편안히 머무름
- 색계천(色界天)이 있어 천복(天福)을 다한 자가 이 계(界)에서 태어남
- 다른 세계의 중생이 이 계에서 태어남

제3겁 — 이 8겁에 출세한 부처님은 없음

제4겁

제5겁 — 수명은 6만 세로 감소하여 구류손불(拘留孫佛)이 출세함

제6겁 — 수명은 4만 세로 감소하여 구나함모니불(俱那含牟尼佛)이 출세함

제7겁 — 수명은 2만 세로 감소하여 가섭불(迦葉佛)이 출세함

제8겁 — 수명은 1백 세로 감소하여 석가모니불이 출세함

현재 현겁 천불의 출세

제9겁

제10겁 — 수명은 8만 세로 감소하여 미륵불이 출세함

주이십소겁 (住二十小劫)

제11겁 — 이 4겁에 출세한 부처님은 없음

제12겁

제13겁 — 이 겁에는 994존(尊)의 부처님께서 잇달아 출세함

제14겁

괴이십소겁 (壞二十小劫)

제15겁 — 이 4겁에 출세한 부처님은 없음

이 겁은 사바세계의 멸망 시기이다. 앞 19소겁에 있어서는 유정의 생명들이 하나하나 멸절하고, 마지막 소겁에 있어서는 하늘이 무너지고 땅이 갈라지며 모든 물질적인 세계의 형태가 사라져 없어진다.

제16겁 — 이 겁에 출세한 부처님은 없음

제17겁

제18겁

제19겁

제20겁

미래 성수겁 천불의 출세

훼멸된 상태로 죽은 듯이 고요하다. 20소겁이 지속된 이후에 다시 성(成)·주(住)·괴(壞)·공(空)을 반복하여 순환한다.

공이십소겁 (空二十小劫)

주 **1소겁= 16,798,000년, 1중겁=335,960,000년, 1대겁= 1,343,840,000년**

자기를 어디로 데려가는지 모르는 것과 같다. 따라서 그는 삼계의 육도(六道)에서 벗어날 수 없는 것이다.

맑고 깨끗한 신심

모든 사람이 저 천만 부처님을 공양한 사람이 걸었던 잘못된 길을 걸은 건 아니다. 인연이 있는 사람은 부처님께서 설한 불법의 진리를 들으면 한순간에 마음이 비어 고요하고, 만 가지 고민이 사라지며, 맑고 오염되지 않은 신심이 생길 수 있다. 다만 '참다운 신심'의 개념은 중생에게 실유(實有)에 치우치게 할 수도 있으므로 부처님께서는 더 나아가 '맑고 깨끗한 마음[淸淨心]'으로 그것을 대신한다. 번뇌와 잡념을 없애는 데 '유(有)'에 치우치지 않을 뿐만 아니라 '무(無)'에도 치우치지 않고, 맑고 깨끗하며 티끌이 없는 순수한 마음으로 불법을 직면해야 비로소 부처님과 서로 마음이 통하고 실상반야의 진리를 깨달 수 있다. 부처님께서는 중생의 마음과 원래 서로 통했는데, 다만 중생이 스스로 마음속 장애를 일으켜 부처님과 연계를 잃었을 뿐이다. 이제 한순간에 맑고 깨끗한 신심을 일으킬 수 있다면, 세세생생 쌓았던 그 복덕을 단번에 얻을 수 있는 것이다.

한 생각[一念] 사이의 깨달음을 돈오라고 하는데 중생의 근기가 같지 않으나 본질은 똑같다. 비록 천만 부처님 앞에 선근을 심지 않았지만 심오한 반야의 진리를 이해할 기회는 있다. 부처님께서 법회에서 『금강경』을 설하신 것은 바로 이러한 좋은 기회와 인연이다. 이제 불법을 듣는 중생이 부처님의 가르침을 얻어서 한순간에 상에 머무르지 않은 도리를 알게 되었으니, 이 복덕은 또한 끝이 없고 무량한 것이다.

6

커다란 얻음[大得]은 얻은 바가 없음[無所得]이다

반야의 성품은 본래 빈 것[空]

대승불교는 인아(人我)를 부정할 뿐만 아니라 법아(法我)도 부정한다. 오온(五蘊)의 제법(諸法)은 다만 가리킨 바의 이름만 있고 실재적인 것이 없다. 반야의 본체(本體)는 형체도, 소리도 없는 '대공(大空)'으로, 아공(我空), 법공(法空), 공공(空空)을 이루어야 비로소 진정한 여래를 만날 수 있다. 한순간 맑고 깨끗한 신심을 일으킬 수 있는 사람은 삼상(三相)이 모두 고요할 수 있어 저절로 진리의 보호를 받을 수 있고, 상응한 결과로 복덕이 무량하다.

선근이 심후한, 계율을 지키고 복을 짓는 사람이나 한순간 맑고 깨끗한 신심이 생긴 사람 등, 이들은 무엇 때문에 무량한 복덕을 얻을 수 있을까? 부처님께서는 당신의 말에 이어 자답한다. 그런 중생은 불법에 대한 깨달음이 상당히 높은 수준에 달하고, 이미 아상·인상·중생상·수자상이 없으며, 더욱이 법상(法相)과 비법상(非法相)도 없기 때문이다. 아(我), 인(人) 등의 사상(四相)은 합하여 "아상(我相)"이라고 부르기도 하는데, 이 '아상'이 없으면 바로 그것에 대한 집착으로부터 떠나 '아공(我空)'을 얻을 것이다. 법상(法相)이 없으면 바로 자성으로부터 떠나 '법공(法空)'을 얻을 것이며, 비법상(非法相)이 없으면 바로 아(我)·법(法)의 두 공을 떠나 '공공(空空)'을 얻을 것이다.

아공

아공은 "인공(人空)"이라 부르기도 한다. 아집(我執)을 없앨 수 있으면 바로 '아공'이다. '아집'은 생명 가운데 항상 변하지 않은 '나', 즉 '아(我)'가 있다고 생각하는데, '아'를 생명의 주재(主宰)라 여기고, 이에 집착하면 여러 헤아릴 수 없는 번뇌가 생길 것이다. 사실 '아'의 개념은 색(色)·수(受)·상(想)·행(行)·식(識)을 빌어 합해 형성된 허상인데, 자성이 없고 본체도 없다. 이 문제를 명확하게 알고 '아집'을 타파하면 바로 '아공'이다. 나한, 성문(聲聞), 연각(緣覺) 등 성인들은 바로 '아집'을 파하여 '아공'의 경지를 깨달았다.

법공

법공은 바로 '무법상(無法相)'이다. 색·수·상·행·식의 오온이 모여 합쳐진 힘이 바로 법이다. 법은 인연에서 생긴 바인데, 분석해 보면 허황되고 자성이 없으며 본질적인 것도 아니다. 따라서 이 인연과 법상들을 근본으로 삼으면 바로 '법집(法執)'이라고 한다. 보살은 바로 '법집'을 파하여 '법공'의 경지를 깨달았다.

공공

공공은 바로 '필경공(畢竟空)'이다. 필경공 또한 자성이 없는데, 유(有)에 대해서는 공(空)을 말하지만, '유'를 설정하지 않는다면 '공'도 역시 말할 수 없다. 따라서 이것도 진실성이 없다고 하겠다. 부처님께서는 아공·법공을 모두 파하셨는데, '공'에도 머물지 아니하고, '유'에도 머물지 않으며, 그 이변(二邊)을 떠나 항상 중도(中道)에서 행하시었다. 이는 철저하게 본심과 본성을 증득한 것으로 이러한 '공'은 바로 본성본공(本性本空), 진공묘유(眞空妙有)라고 하겠다.

'공'이 떨어지는 것은 가상·허상이고, 드러나는 것은 바로 본성·진리이다. 여기서 '유'와 '무'는 통일되는 것이다. 따라서 '공'을 중시하는 목적은 만물이 모두 허상이고 자성의 진리가 아님을 밝히는 것이다. 우주의 본체는 실상이고, 만물의 본질은 성공(性空), 필경공이다. 따라서 어떠한 집착도 용납할 수 없고, 모든 집착이 반야의 자성본공(自性本空)의 원리에 부합하지 않으며, 또한 세계의 진상과도 어긋난다.

만물은 '본래 공함[本空]'의 지혜

반야의 '얻은 바 없음[無所得]'

불법은 우주, 모든 일, 만물이 모두 인연이 모여 합해 생긴 것이라고 파악하는데, 이것이 바로
'유연이생(由緣而生; 연(緣)으로부터 생함)'이다. 모든 사물은 연이 생겨나면 발생하고, 연이 사라지면
사라진다[緣生卽生, 緣闕卽闕]는 것이다. 바로 어떤 사물을 형성한 조건[緣]이 갖추어지면 이 사물이
나타나 존재하고, 조건이 갖추어지지 않으면 이 사물이 나타날 수 없고, 존재할 수도 없다. 모든 만물의
근원을 진여(眞如)라고 하는데, 바로 우주에 널리 퍼져 있는 진실한 본체를 가리킨다.

오온가합(五蘊假合)

온(蘊)은 모인다는 뜻으로, 오온(五蘊)은 바로 색온(色蘊), 수온(受蘊), 상온(想蘊), 행온(行蘊),
식온(識蘊)이다. 이 오온 가운데 앞 한 가지는 물질에 속하고, 나머지 넷은 정신에 속하며, 이것은 모두
사람의 몸을 구성하는 다섯 요소이다.

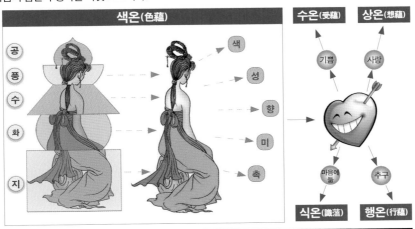

용어 해석

색온(色蘊): 색은 일반적으로 물질을 가리키고
지수화풍(地水火風)의 사대(四大)로 구성된 것이다.
수온(受蘊): 수(受)는 바로 감각이고, 그 가운데에
고(苦), 락(樂), 사(捨)를 포함한다.
상온(想蘊): 상(想)은 바로 상상(想像)이다. 선과 악, 증오와
사랑 등의 경계 가운데 여러 가지의
상(相)을 취하여 여러 가지로 상(想)을 짓는 것이다.

식온(識蘊): 식(識)은 바로 요별
(了別; 서로 다름을 명확하게 판단함)의 뜻으로,
소연(所緣)과 소대(所對)의 경계를 분별한다.
행온(行蘊): 행(行)은 곧 행위나 조작(造作)으로,
생각으로부터 행동하여 여러 선함과
악함을 조작하는 것이다.

171

7

피안에 오르면 배가 필요 없다
도구에 대하여 맹신하지 말 것

도(道)는 방법으로서 궁극적인 목적이 아니다. 따라서 방법은 궁극적으로 귀의할 곳이 아니다. 여러 비구 나한들은 비록 '도'를 얻어 가없는 번뇌로부터 해탈하였지만, 이 '도'에 미련을 두면 안 된다. 진세(塵世), 번뇌는 모두 오온으로 형성된 것이고, 성불의 법 역시 인연가상(因緣假相)이다. 인연이 다하면 버려야 하는데, 그 가운데 집착하면 방향을 잃게 될 뿐이다.

한 생각에 맑고 깨끗한 신심을 일으킨 중생들은 큰 소원을 발하여 중생을 구하고자 하는데, '나는 중생을 제도하는 사람'이라는 것에 집착하면 이것이 바로 '아상'이고, '그 사람은 내가 제도한 사람'이라고 집착하면 바로 '개인상(個人相)'이며, 이렇게 제도하는 자와 제도할 자 등의 차별이 있는 상을 '중생상'이라고 한다. 이러한 여러 집착들을 모두 '아집'이라고 한다. 이러한 아집의 상, 즉 아·인·중생·수자 등의 사상이 사라지면 '아공'이라고 한다. 그러나 아집을 타파했더라도 집착을 깨는 방법에 쉽게 집착하고 '법상'을 버리지 못하여 '법집'을 이루어 모든 법이 진실하고 믿을 만하다고 여긴다. 부처님을 따라 오랫동안 수행하는 큰 승려들은 이미 자신의 번뇌를 끊어 버릴 수 있지만, 부처님께서 설한 무상(無上)의 묘법(妙法)을 버릴 수는 없었다.

설법은 '뗏목'과 같다
고통스러운 바다에서 벗어나고 진세의 번뇌를 끊어 버리기 위해선 정확한 길과 방법이 필요하다. 여래의 설법은 바로 이러한 길과 방법을 제공한다. 이 '법'들의 작용은 생사를 끊고 고통스러운 바다에서 벗어나게 하기 위한 것이다. 그래서 강이나 바다를 건널 때 사용하는 뗏목과 같다. 뗏목은 여러 대나무와 나무로 만들어서 물에 띄워 놓아 강을 건너는 도구이다. 여래의 설법은 마치 뗏목이 강을 건널 수 있는 것과 같아, 불법의 뗏목이 없으면 번뇌의 강과 생사의 바다를 건널 수 없다. 번뇌의 강과 생사의 바다를 건너기 위해 여래가 설한 법문(法門)이 필요한데, 마치 강을 건너려면 뗏목이 필요한 것과 같다. 수행자가 진세를 초월하고 생사를 끊으려면 반드시 여래의 설법이 필요하다.

서로 모이는 것은 인연(因緣)

마치 뗏목을 대나무로 만든 것과 같이 설법도 인(因)과 연(緣)의 취합(聚合)이 필요하다. 목적을 이뤘다면 수행자는 법의 연분(緣分) 또한 거의 다할 것이다. 길과 방법이 중요하지만 이는 수단일 뿐 목적이 아니다. 번뇌를 끊고 생사를 해탈하여 피안에 도달했으면 저 법이 필요 없게 되어, 마치 뗏목을 타고 강가에 도착하면 부득불 뗏목을 버리고 땅에 올라가는 것과 같다. 뗏목에 매달리면 땅으로 올라갈 수가 없는 것이다. 따라서 부처님께서는 항상 뗏목에 비유하는데, "강을 건너려면 뗏목이 필요하고, 강가에 도착하면 뗏목이 필요 없다."라고 한다. 목적지에 도달하면 올바른 도와 묘법을 모두 버려야 하고, 따라서 어떠한 도구, 수단을 맹신하면 안 된다.

　요컨대 『금강경』에서 설하는 바의 관건은 바로 '어떻게 뗏목을 버리는가?'라는 문제이다. 부처님의 이전 설법은 여러 비구들에게 나한과(羅漢果)를 얻게 할 수 있는 것이었다. 이것은 물론 좋은 불법이지만 목적지에 도달했기 때문에 그것은 의의가 없는 게 된다. 같은 이치로 말하면, 부처님께서 설한 『금강경』은 성불의 법이고, 크게 깨달으면 『금강경』에 대하여 계속 집착할 필요가 없는 것이다. 따라서 수행은 '법'에 머물러 더 이상 나아가지 않으면 안 된다.

강을 건넘과 뗏목

잘못된 인식 1 : 강을 건너면 뗏목이 필요 없다

불법은 강을 건너는 '뗏목'으로 비유되는데, 번뇌가 있으면 바로 강을 건너지 못한 것이다. 강을 건너지 못하고 귀한 뗏목을 잃어버리면 파도가 치는 큰 강을 건널 수 없다.

잘못된 인식 2 : 육지에 올랐음에도 여전히 뗏목을 당기다

차안에서 피안으로 가고자 하면 뗏목을 타야 한다. 그러나 뗏목은 목적이 아니다. 그러므로 강을 건너 피안에 도착했다면 뗏목이 필요 없다. 그런데도 계속 뗏목을 잡아당기면 자신에게 고통과 번뇌만 가져올 뿐이다.

8

성현의 분별
모든 무위(無爲)와 인과

모든 설법은 반야의 지혜를 여는 법문(法門)이다. 우물 안의 개구리에게 넓은 세계의 찬란하고 다채로운 모습을 설명하는 것보다 그들을 우물 밖으로 나올 수 있게 도와주고, 그들에게 대천세계를 직접 보고 듣고 체험하게 하는 것이 더욱 나을 것이다. 올라올수록 시야가 넓어질 것이다.

대승 불법을 배운 사람은 일체의 실상을 타파할 수 있지만, 불상(佛相)과 법상을 타파하기란 쉽지 않다. 앞에서 이미 부처님의 색신(色身)과 여래 본진(本眞)의 차별을 밝혔고, 지금은 또한 그 구체적인 기연과 함께 생기는 것을 밝힐 것이다. 간단하게 말하면 불법을 듣는 것도 구체적인 문제를 구체적으로 분석해야 하는데, '신법(信法)을 다하면, 법이 없는 것보다 못하다[盡信法, 不如無法]'라는 것은 바로 이것이다.

일체의 성현
일체의 성현은 바로 대승 삼현(三賢)과 십성(十聖)보살이다. 길과 방법 등 인연의 다름으로 인하여 수행자의 마지막 과위에 차이가 나타나지만 이것은 최종적인 결과가 아니며, 다만 중생들의 불성은 모두 같으므로 성불의 기회는 있다.

이른바 '삼현'은 바로 십주(十住)·십행(十行)·십회향(十廻向)의 여러 보살을 가리킨다. 그들은 일부 번뇌와 혹업(惑業)을 없앴지만 아직 십지(十地)의 경지에 이르지 않았기 때문에 "삼현" 또는 "지전보살(地前菩薩)"이라 칭한다.

'십성보살'은, 초지(初地) 이상으로부터 제십지(第十地)보살을 '십성(十聖)'으로 삼았기 때문에 "성자(聖者)"라 하고, "지상보살(地上菩薩)"이라 부르

175

기도 한다. 보살의 수행이 십성위(十聖位)에 이르면 모든 죄업과 번뇌를 끊을 수 있다. '십지'는 환희지(歡喜地)·이구지(離垢地)·발광지(發光地)·염혜지(焰慧地)·난승지(難勝地)·현전지(現前地)·원행지(遠行地)·부동지(不動地)·선혜지(善慧地)·법운지(法雲地)를 가리킨다.

무위법(無爲法)

무위는 의지적으로 한 바 없는 것으로 집착이 없다. 의지적으로 행하며 집착하면 유위(有爲)가 된다. '무위법'은 '유위법(有爲法)'과 비교하여 말한 것이다.

　무릇 '아(我)'의 의식으로 객관적인 세계에 대해 묘사하고 한계를 확정하며, 아울러 이것을 자기가 이 세계에 대한 규칙으로 삼는 이러한 생각과 방법이 바로 '유위법'이다. 하지만 객관적인 세계는 결국 인연가합(因緣假合)이기 때문에 굳고 튼튼해 보이지만 실제로 몽환적인 거품과 같이 쉽게 흩어진다. 부처님께서는 우리가 허황된 가운데 자성을 잃는 것을 피하기 위해서 결국 아무 말도 하지 않았고, 다만 강을 건널 때 사용하는 뗏목을 육지에 도착했으면 버려야 비로소 계속 나아갈 수 있다고 할 뿐이다. '무위법'은 바로 이 뗏목에 집착하지 않는 것이다. 마치 도교(道敎)의 팔선(八仙)이 바다를 건너는 것과 같이 조롱박, 부채 등의 물건은 다만 도술(道術)이 부여된 매개체일 뿐, 실제 그들이 바다를 건널 수 있었던 것은 그들이 수련하여 얻은 신통(神通) 때문인 것과 같다.

　구체적인 불법에 집착하고 '유위'를 강조하면 번뇌밖에 얻을 수 없다. 진정한 불법은 사람들이 번뇌를 끊을 수 있도록 도와주고, 고통스러운 바다에서 벗어나게 하는 것이다. 왜냐하면 무위할수록 번뇌를 많이 없앨 수 있고, 증득하는 과위가 부처님과 더욱더 가까울 것이기 때문이다.

성현과 무위법

범부가 성인이 되는 52계위(階位)

보살이 범부에서 시작하여 성불하는 과정으로 모두 일곱 단계와 52계위를 거쳐야 한다. 십신(十信)은
범위(凡位)이고, 또한 "외범(外凡)"이라 칭한다. 십주(十住), 십행(十行), 십회향(十廻向)은
현위(賢位)로서 바로 내범삼현(內凡三賢)이며, 십지(十地), 등각(等覺), 묘각(妙覺)은
성위(聖位)이고, 묘각(妙覺)의 지위는 바로 성불이라고 하겠다.

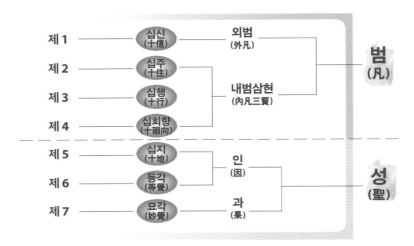

육무위법(六無爲法)

대승 불법에는 여섯 종류의 무위법이 있는데, 여섯 가지의 불법이라기보다 아공·법공에 따라
법성(法性) 본질상에 여섯 가지 성취법을 구분한 것이다. 이 여섯 종류의 법은 모두 진세(塵世)에서
벗어나 출세할 때 사용하는 것이다. 그러나 허공부터 진여(眞如)까지 출리(出離)의 정도가 다르고,
오직 진여무위(眞如無爲)의 법성이 참답고 철저한 무위의 법일 뿐이다.

9

복덕의 성본(性本)은 공

재시와 법시의 교량

재시의 공덕이 크지만 법보시(法布施)에 비하여 큰 차별이 있으며, 법보시의 공덕이 더욱 원만하고 보다 불가사의(不可思議)하다. 이는 마치 사람에게 물고기를 주는 것보다 물고기를 잡는 방법을 가르쳐 주는 것이 더욱 가치가 있는 것과 같다. 특히 『금강경』을 전해 주는 것을 법보시로 삼음은 공덕이 측정하지 못할 정도로 크다.

부처님께서는 여기에서 복덕은 측정할 수 있는 것이 아니며, 삼천대천세계에 가득 차도록 많은 칠보를 보시하는 것은 『금강경』의 사구게로 사람에게 번뇌를 끊게 하는 것보다 복덕이 크지 않다고 말한다. 이것으로 보면 복덕을 측정함에 고정적인 기준이 없다고 하겠다. 그러나 명확한 것은 삼천대천세계의 칠보를 보시하면 분명 복덕이 크지만, 그보다 사람을 가르쳐 『금강경』의 도리로 지혜를 향상시키는 것의 복덕이 더욱 크다는 점이다. 왜냐하면 보시하고 복을 짓는 목적은 본래 있는 불성을 회복하는 것인데, 그런 의미에서 『금강경』으로 사람들의 지혜를 향상시키고 번뇌를 끊도록 도와주는 것은 무량한 재물을 보시하는 것과 비교하여 더욱 철저하기 때문이다.

삼천대천세계(三千大千世界)

범어에서 "세계"라는 단어는 시간과 공간을 포함하는 이중적인 의미에서 나온 것으로, 현대 과학의 사차원 공간과 비슷하다. 삼천대천세계는 "대천세계"라고도 하고, 또한 "삼천세계"라 부르기도 한다. 불교의 견해에 따르면 우리가 살고 있는 대천세계를 "사바세계"라고 하는데, 이 세계의 교주(教主)는 석가모니 부처님이시다. 수미산을 중심으로 하여 사면의 사대부주(四大部州)

대천세계(大千世界)

수미산, 해와 달, 사대부주, 그리고 천계(天界)는 하나의 '소세계'인데, 이러한 소세계 1천 개를 합하여
"소천세계"라고 하고, 이러한 소천세계 1천 개를 합하여 "중천세계"라고 부르며, 이러한 중천세계
1천 개를 합하여 "대천세계"라고 부른다.

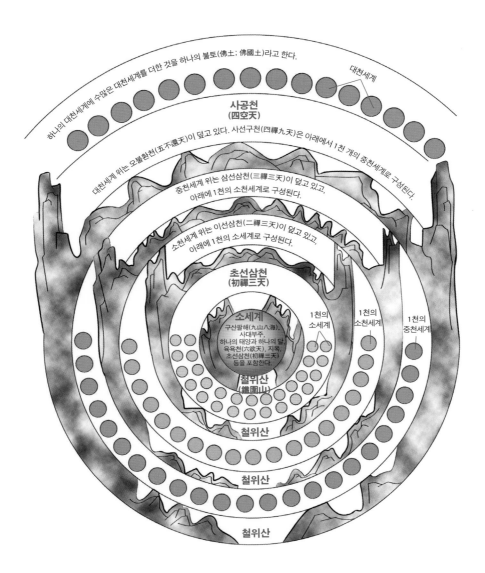

하나의 대천세계에 수많은 대천세계를 더한 것을 하나의 불토(佛土; 佛國土)라고 한다.

대천세계

**사공천
(四空天)**

대천세계 위는 오불환천(五不還天)이 덮고 있다. 사선구천(四禪九天)은 아래에서 1천 개의 중천세계로 구성된다.

중천세계 위는 삼선삼천(三禪三天)이 덮고 있고,
아래에 1천의 소천세계로 구성된다.

소천세계 위는 이선삼천(二禪三天)이 덮고 있고,
아래에 1천의 소세계로 구성된다.

**초선삼천
(初禪三天)**

소세계
구산팔해(九山八海),
사대부주,
하나의 태양과 하나의 달,
육욕천(六欲天), 지옥,
초선삼천(初禪三天)
등을 포함한다.

1천의
소세계

1천의
소천세계

1천의
중천세계

**철위산
(鐵圍山)**

철위산

철위산

철위산

각 소세계, 소천세계, 중천세계, 대천세계 등은 모두 철위산이 둘러싸고 있다.

와 해와 달을 합해 '소세계(小世界)'가 될 수 있는데, 경전에 따르면 이것은 세계의 가장 작은 단위이다. 이 소세계 1천 개를 합하면 "소천세계(小千世界)"라 하고, 이 소천세계 1천 개를 합하면 "중천세계(中千世界)"라고 부르며, 이 중천세계 1천 개를 합하면 "대천세계(大千世界)"라고 한다. 그런데 어째서 '대천세계' 앞에 '삼천(三千)'을 붙이는 걸까? 대천세계는 세 개의 첩수(疊數)가 있어 스스로 '소천(小千)'·'중천(中千)'·'대천(大千)'을 이루므로 "삼천대천세계(三千大千世界)"라고 부르는 것이다.

칠보(七寶)

대승 반야경(般若經)에서 말하는 칠보는 금, 은, 유리(琉璃), 산호(珊瑚), 호박(琥珀), 차거(硨磲), 마노(瑪瑙)의 일곱 가지이다. 불교의 전적에서 칠보는 일반적으로 귀중한 보물을 가리키고, 아울러 재물도 가리킨다.

사구게

게(偈)는 게타(偈陀)의 약칭이다. 운문의 형식으로, 일반적으로 네 구(句)로 한 게를 구성한다. 따라서 "사구게"라고 부른다. 여기에서 언급하는 『금강경』의 사구게는 "모든 유위의 법은, 꿈과 같고 환상과 같고 그림자와 같고 물거품과 같으며, 이슬과 같고 또한 번개와 같으니, 마땅히 이와 같이 관찰하여라[一切有爲法, 如夢幻泡影, 如露亦如電, 應作如是觀]."라는 게를 의미하고 있다고 하고, 어떤 이는 "만약 모습에 의해서 나를 보려 하거나, 음성에 의해서 나를 찾으려 한다면, 이 사람은 삿된 도를 행하고 있으므로, 결코 여래를 볼 수 없다[若以色見我, 以音聲求我, 是人行邪道, 不能見如來]."라는 게를 가리킨다고도 한다. 또 어떤 사람은 사구게를 『불설대승금강경론(佛說大乘金剛經論)』에서 논하는 '공신(空身)'·'공심(空心)'·'공성(空性)'·'공법(空法)'의 네 가지를 의미한다고 주장한다. 여기에서 언급하는 사구게가 어느 것을 가리키든 모두 『금강경』에서 설하는 반야성공(般若性空)의 핵심을 가리킨다고 하겠다.

10

반야와 방편

일체제불(一切諸佛)이
모두 이 경으로부터 출현하다

『금강경』은 문자상(文字相)이 아니라 문자반야이며, 방편법문이다. 반야는 제불의 어머니이며, 방편은 모든 부처님의 아버지이다. 따라서 일체제불은 모두 『금강경』으로부터 출현하신 것이다. 더욱이 일체제불이 얻은 무상정등정각 또한 『금강경』으로부터 나온 것이다.

　　『금강경』을 전하는 복덕은 삼천대천세계의 칠보 재물을 보시하는 것에 비하여 더욱 크다고 하는데, 무엇 때문에 그다지 길지 않은 한 권의 경전이 이렇게 대단한 것인가? 부처님께서 자문자답하여 설하기를 "일체제불 및 제불이 성취한 무상정등정각의 법이 모두 이 경전에서 나온 것이기 때문이다."라고 하셨다. 왜냐하면 『금강경』의 핵심은 반야이고, 그 드러낸 속성은 도리어 쉽게 읽을 수 있으며, 쉽게 이해할 수 있는 방편으로 되어 있기 때문이다. 반야의 공성지(空性智)는 '불모(佛母)'에 비유될 수 있는데 이것이 성불에 필수적인 것이며, 방편은 '불부(佛父)'에 비유될 수 있는데 이것은 부처님이 생(生)함을 결정하는 관건이다.

반야는 제불(諸佛)의 어머니

부처님께서 말하기를 "일체제불이 모두 이 경전에서 나왔는데, 마치 인간 세상에 아이들이 어머니에게서 비롯하는 것과 같다."라고 하셨다. 이와 같은 까닭으로 『금강경』은 "제불의 어머니"라고 불린다. 『금강경』의 본질은 문자 반야인데, 이를 포괄하는 반야성공의 지혜는 성불의 근본이기 때문이다. 반야지혜는 실제로 대승불교가 제창하는 특수한 인지 방식과 사유 양식이다.

이는 세속의 경험을 철저히 초월하고, 세속에 대한 인식을 부정하거나 벗어나 진세의 감지(感知)가 모두 허환(虛幻)이고 진실하지 않음을 증명하는 것이다. 반야성공의 도리를 파악하기만 하면 비로소 세속에 대한 망념(妄念)과 집착을 버릴 수 있고 무상정등정각을 증득할 수 있다.

『금강경』을 통하여 법신불을 깨닫고, 보게 하며, 오도(悟道)로부터 증도(證道), 성도에 이르게 하고, 스스로 성불할 수 있다면, 결국 제불이 『금강경』으로부터 나온다고 말할 수 있다. 따라서 『금강경』은 바로 제불의 어머니이다.

방편은 성불의 관건

반야성공은 성불에 필수적인 것이지만, 부처의 경지를 증득하게 결정할 수는 없다. 이를 결정하는 것은 바로 방편이다. 방편과 반야성공이 서로 결합하여 나타난 것이 바로 부처님이시다. 따라서 방편은 "부처님의 아버지"라고 칭하는데, 마치 인간 세상의 아이들에게 부모님이 없을 수 없는 것과 같다. 방편은 사람들에게 불법을 편리하게 깨닫도록 가르치는 것이다. 심오한 성공(性空)의 진리만 있고 이에 대하여 알기 쉽게 표현한 설명이 없다면, 중생들은 사구게를 들어도 깨달을 수 없고, 나아가 성불할 수 없다. 따라서 일체 제불이 모두 이 경전에서 나왔다고 한다. 다시 말하면 모든 중생들이 성불하고자 한다면 이 방편의 문을 떠날 수 없다. 또한 사물의 발전 추세에 따라 유리한 방향으로 이끄는 우연적인 요소를 떠날 수 없다. 따라서 불법은 다만 인연이 모여 나타난 임시적인 산물일 뿐으로 고정되고 변하지 않는 것이 아니다. 이 불법은 손오공에게 좋은 불법이라고 말할 수 있지만, 저팔계나 사오정에게는 흰 종이에 써 놓은 글자일 뿐이다. 따라서 저팔계 등이 성불하고자 한다면 다른 방법에 의지해야 할 것이다. 양자는 모두 성불하는 방법이지만 어느 쪽도 유일한 길은 아니다.

성불의 인연

반야불모(般若佛母)

'반야불모'는 티베트불교에서 '반야는 삼세제불(三世諸佛)의 어머니'라는 내용에 대해 신격화한 표현이며, 여러 반야경전의 주존으로 "공성의 본존"이라 칭하기도 한다. 여기서 말한 '불모'는 제불과 혈연관계가 있는 친어머니가 아니라 반야공성의 큰 지혜를 가리키는데, 이것이 성불하는 데 필수적인 것이다. 이런 의미로 볼 때 『금강경』은 '반야불모'를 포함하는 것을 알 수 있다.

오른손에 금강저를 듬

'반야불모'는 몸에 금강저(金剛杵), 반야(般若; 自性), 바라밀(波羅蜜; 禪定) 등을 갖추고 있는데, 이러한 인연의 상징과 『금강반야바라밀경』의 내용은 일치한다.

왼손에는 『반야경(般若經)』을 듬

선정인(禪定印)

성불인연(成佛因緣)의 비유

반야는 불모로서 필수적인 것이고, 방편은 불부로서 관건이다. 이 두 가지는 『금강경』에서 완벽하게 결합해 일체제불이 모두 이 경전에서 나오는 것이다.

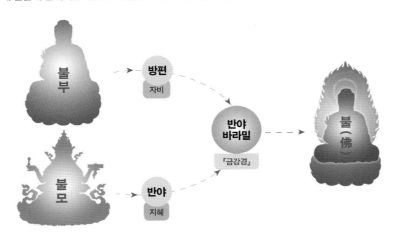

불부

방편
자비

반야
바라밀

『금강경』

불모

반야
지혜

불(佛)

나한의 과위를 얻었더라도 나한 과위의 차별상(差別相)에 머물지 않고, 고불(古佛)의 수기(授記)를 받아 부처가 되었더라도 수기의 차별상에 머물지 않는다. 마찬가지로 보살은 진세에 내려와 중생을 구하려는 마음이 맑고 깨끗할수록 지혜와 신통이 더욱 증진된다. 그러므로 반드시 색·성·향·미·촉·법의 수렁에 빠지지 않게 하여야 한다. 수행의 열쇠는 모두 이 '맑고 깨끗한 마음[淸淨心]'에 있다.

제5장

하나하나 세밀하게 묻다

—

이해해야 비로소 참답게 신앙할 수 있다

본 장의 경전 풀이

—

須菩提! 於意云何? 須陀洹能作是念: 我得須陀洹果不? 須菩提言: 不也,
수보리 어의운하   수다원능작시념   아득수다원과부   수보리언 불야

世尊! 何以故? 須陀洹名爲入流, 而無所入, 不入色聲香味觸法, 是名須陀洹.
세존   하이고   수다원명위입류 이무소입 불입색성향미촉법 시명수다원

부처님께서 말씀하셨다. "수보리여! 그대는 어떻게 생각하는가? 그대 마음
속에 어떤 견해나 관점이 있느냐? 그대는 수다원(須陀洹)의 성과(聖果)를 얻
은 사람이 명상(名相)에 집착하는 생각이 일어나, '나는 이미 소승의 견도(見
道)와 과위(果位; 預流果; 須陀洹)를 얻었다'라고 생각하느냐?" 수보리가 대답하
였다. "그렇지 않습니다, 세존이시여! 무엇 때문이겠습니까? 왜냐하면 수다
원이라는 이름은 이미 범부의 경지에서 멀리 벗어나 출세(出世)한 성자의 흐
름에 들어가서 색·소리·냄새·맛·촉각·법의 육진(六塵)에 흔들리지 않고,
오욕과 육진에 집착이 없는 경계를 깨달았기에 수다원이라고 부르기 때문입
니다."

須菩提! 於意云何? 斯陀含能作是念: 我得斯陀含果不? 須菩提言: 不也,
수보리 어의운하   사다함능작시념   아득사다함과부   수보리언 불야

世尊! 何以故? 斯陀含名一往來, 而實無往來, 是名斯陀含.
세존   하이고   사다함명일왕래 이실무왕래 시명사다함

부처님께서 또 물으셨다. "그렇다면 두 과(果)를 증득한 사다함(斯陀含)이 스
스로 생각하기를, '나는 사다함의 과위를 얻었다'라고 생각하겠느냐?" 수보
리가 대답하였다. "그렇지 않습니다, 세존이시여! 왜냐하면 사다함의 의미는
'한 번 다녀감[一往來]'입니다. 두 과를 증득한 성자는 욕계를 끊고 미혹된 육
품(六品)을 끊는 것을 수행하였으나 아직 삼품이 남아서, 여전히 한 번 천상

에 갔다가 한 번 인간 세상에 와서 태어남을 받아야 구경(究竟)을 얻을 수 있습니다. 그러나 성자의 느낌 속에는 수량을 셀 수 없고, 동상(動相)을 말할 수 없을 것입니다. 성자가 아(我)·법(法)은 결국 텅 비었음을 통달하였기 때문에 자아의 생각이 일어나지 않았을 뿐만 아니라, 자기가 오고 가는 것도 끝내 얻지 못하는 것입니다. 그러나 승의제(勝義諦) 실상(實相)으로 말하면, 두 과를 증득한 성자는 이미 오는 것도 없고 가는 것도 없는 지혜를 얻어 다녀가는 것[往來]이 없으므로 사다함이라고 부르기 때문입니다."

須菩提! 於意云何? 阿那含能作是念: 我得阿那含果不? 須菩提言: 不也,
수보리   어의운하   아나함능작시념   아득아나함과부   수보리언   불야

世尊! 何以故? 阿那含名爲不來, 而實無來, 是故名阿那含.
세존   하이고   아나함명위불래   이실무래   시고명아나함

부처님께서 이어서 또 물으셨다. "수보리여! 그대는 어떻게 생각하느냐? 삼과(三果)를 증득한 아나함(阿那含)은 '나는 이미 아나함의 과위를 얻었다'라고 하는 이러한 집착을 하겠느냐?" 수보리가 질문에 대답하였다. "그렇지 않습니다, 세존이시여! 무슨 원인이겠습니까? 아나함은 비록 다시 욕계에 와서 태어남을 받지 않지만 진실로 오지 않는[不來] 사람이 아니니 이는 아공(我空)이며, 진실로 오지 않는 법이니 이는 법공(法空)이기 때문입니다. 아나함은 법성(法性)에 깊이 들어갔으나 오는 상[來相]에 집착하지 않을 뿐만 아니라, 오지 않는 상[不來相]에 집착하지도 않습니다. 보통 오고 가는 것은 움직이는 것이고, 오고 감이 없으면 오지 않고(가지 않고) 정지한 것으로 생각합니다. 그러나 실상 가운데 아나함은 결코 옴과 오지 않음을 분별하는 망상이 없었기 때문에, 불래과(不來果)라고 부르는 것입니다."

須菩提! 於意云何? 阿羅漢能作是念, 我得阿羅漢道不? 須菩提言: 不也,
수보리   어의운하   아라한능작시념   아득아라한도부   수보리언   불야

世尊! 何以故? 實無有法名阿羅漢. 世尊! 若阿羅漢作是念: 我得阿羅漢
세 존 하이고 실무유법명아라한 세 존 약아라한작시념 아득아라한

道. 即爲著我·人·衆生·壽者.
도 즉위착아 인 중생 수자

부처님께서 또 물으셨다. "이미 궁극의 과[極果]를 증득한 아라한이 '나는 아
라한의 도를 얻었다'라고 생각하겠느냐?" 수보리가 대답하였다. "그렇게 생
각하지 않을 것입니다. 어째서이겠습니까? 만약 아라한에게 자기는 아라한
이라는 집착이 생긴다면, 실제 바로 아상·인상·중생상·수자상에 집착하고
있는 것입니다."

世尊! 佛說我得無諍三昧, 人中最爲第一, 是第一離欲阿羅漢.
세 존 불설아득무쟁삼매 인중최위제일 시제일이욕아라한

"세존께서는 제가 무쟁삼매(無諍三昧)를 얻은 여러 대제자 중에 제일이라 하
시지 않으셨습니까? 저는 욕심을 여읜 제일 대아라한이라고 하시지 않으셨
습니까?"

世尊! 我不作是念: 我是離欲阿羅漢. 世尊! 我若作是念: 我得阿羅漢道.
세 존 아부작시념 아시이욕아라한 세 존 아약작시념 아득아라한도

世尊則不說: 須菩提是樂阿蘭那行者!
세 존 즉 불 설 수보리시요아란나행자

"세존께서 이렇게 칭찬하셨으나, 저는 지금까지 '제가 욕심을 여읜 대아라한
이고, 제가 무쟁삼매를 얻을 수 있다'라고 생각하지는 않습니다. 만약 제가
이렇게 상을 따라 기억한다면 아견(我見)·법견(法見)·비법견(非法見)의 생사
계(生死界) 안에 있는 것이므로, 부처님도 저를 아란나행(阿蘭那行)을 좋아하
는 사람이라 하지 않으셨을 것입니다."

以須菩提實無所行, 而名須菩提是樂阿蘭那行.
이 수 보 리 실 무 소 행   이 명 수 보 리 시 요 아 란 나 행

"도리어 실제로 무쟁삼매에 집착하지 않아 얻을 수 있었고 닦을 수 있었기 때문에 세존께서도 제가 아란나행을 행했다고 칭찬하신 것입니다!"

佛告須菩提: 於意云何? 如來昔在然燈佛所, 於法有所得不? 不也, 世尊!
불 고 수 보 리   어 의 운 하   여 래 석 재 연 등 불 소   어 법 유 소 득 부   불 야   세 존

如來在然燈佛所, 於法實無所得.
여 래 재 연 등 불 소   어 법 실 무 소 득

부처님께서 또 수보리에게 물으셨다. "여래가 옛적에 보살행을 닦을 때, 연등불(然燈佛)의 법회에서 실로 법을 얻은 것이 있었겠느냐?" 수보리가 대답하였다. "없습니다, 세존이시여! 여래께서는 비록 법을 얻으셨으나, 실로 또한 얻은 것이 없으니, 본래 제법은 본성이 텅 비어서[性空], 얻은 것이 없음을 얻었습니다. 실제로 생멸은 얻을 수가 없고, 불생불멸 등도 얻을 수가 없으며, 반야로 궁극의 공에 들어간다고 하는 것은 모든 희론(戱論)을 끊는 것이니, 법이 있어서 전할 수 있고 얻을 수 있다고 생각한다면, 바로 마도(魔道)에 떨어진 것이므로 성인의 성품을 증득한 것이 아닙니다."

須菩提! 於意云何? 菩薩莊嚴佛土不? 不也, 世尊! 何以故? 莊嚴佛土者,
수 보 리   어 의 운 하   보 살 장 엄 불 토 부   불 야   세 존   하 이 고   장 엄 불 토 자

則非莊嚴, 是名莊嚴.
즉 비 장 엄   시 명 장 엄

여래께서 불국토를 장엄함을 수보리에게 물으셨다. "보살이 불국토를 장엄하는 마음을 냈는데, 결국 불국토를 장엄함이 있었느냐?" 수보리가 대답하였다. "세존이시여! 진실한 불국토는 장엄할 수 있으며, 진실하게 장엄할 수 있는 법은 없습니다. 왜냐하면 불국토와 불국토의 장엄함은 환영과 같아 세

속에 따라 장엄하다고 일컬어지는 것에 불과할 뿐이며, 보살이 장엄한 불국토는 존재하지 않기 때문입니다. 무슨 까닭이겠습니까? 장엄한 불국토라는 것은 승의(勝義)에 존재하는 실유(實有)의 장엄함이 아니고, 명언(名言) 가운데 장엄한다고 다만 세운 것이기 때문입니다."

是故, 須菩提! 諸菩薩摩訶薩應如是生淸淨心, 不應住色生心, 不應住聲
시고 수보리 제보살마하살응여시생청정심 불응주색생심 불응주성

香味觸法生心, 應無所住而生其心.
향미촉법생심 응무소주이생기심

부처님께서 수보리에게 말씀하시었다. "무릇 대승행(大乘行)을 닦는 보살은 모두 마땅히 깨끗한 마음[淸淨心]을 내야 하며, 아름다운 색상(色相)에 집착하는 마음을 내지 말아야 하고, 소리·냄새·맛·촉감·법에 집착하는 마음을 내지도 말아야 하니, 소리·냄새·맛·촉감·법은 모두 환영과 같아 진실한 자성을 얻을 수 없느니라. 따라서 상에 집착하는 모든 법에 머무르지 말아야 하고, 집착에 인연되는 어떠한 경계도 없는 데서 모든 집착에서 벗어난 청정심을 낼 수 있어야 하느니라."

須菩提! 譬如有人, 身如須彌山王, 於意云何? 是身爲大不? 須菩提言: 甚
수보리 비여유인 신여수미산왕 어의운하 시신위대부 수보리언 심

大, 世尊! 何以故? 佛說非身, 是名大身.
대 세존 하이고 불설비신 시명대신

"수보리여! 보살의 법성(法性)이 몸으로 태어나 수미산왕(須彌山王; 소세계의 중앙이고, 바다에서 4만 2천 유순(由旬; 1유순은 약 4킬로미터) 솟아나 있으며, 칠보로 이루어졌음)과 같이 그렇게 크고 높고 장엄하다면, 그대는 크다고 생각하겠느냐?"
수보리가 대답하였다. "물론 엄청나게 큽니다. 무슨 까닭이겠습니까? 중생은 상을 취하는 데 집착하지만, 승의(勝義)에서 모든 법은 공성(空性)이라고

하였는데, 부처님께서 말씀하신 것은 결코 실제 있는 몸이 아니고, 단지 명언 가운데 커다란 몸이기 때문입니다."

須菩提! 如恒河中所有沙數, 如是沙等恒河, 於意云何? 是諸恒河沙寧爲
수보리 여항하중소유사수 여시사등항하 어의운하 시제항하사영위

多不? 須菩提言: 甚多, 世尊! 但諸恒河尙多無數, 何況其沙.
다부 수보리언 심다 세존 단제항하상다무수 하황기사

부처님께서 물으셨다. "수보리여! 만약 항하(恒河)에 있는 모래의 숫자와 같이 그렇게 많은 항하가 있다면, 이렇게 많은 항하 속의 모래 수는 많지 않겠느냐?" 수보리가 대답하였다. "대단히 많겠습니다, 세존이시여! 그 항하들만 하여도 이미 수를 헤아릴 수 없을 만큼 많거늘, 하물며 항하의 모래 수량이겠습니까? 이는 당연히 지극히 많겠습니다!"

須菩提! 我今實言告汝: 若有善男子·善女人, 以七寶滿爾所恒河沙數
수보리 아금실언고여 약유선남자 선여인 이칠보만이소항하사수

三千大千世界, 以用布施, 得福多不? 須菩提言: 甚多, 世尊!
삼천대천세계 이용보시 득복다부 수보리언 심다 세존

부처님께서 말씀하셨다. "수보리여! 내가 그대에게 참답게 말하노니, 그대는 희유하다고 생각하지 말라. 만약 어떤 선남자와 선여인이 인간 세상에 가장 귀중한 칠보를 항하의 모래 수같이 많은 삼천대천세계에 가득 채운 다음에 모두 가져다 보시한다면, 그대는 이렇게 훌륭한 사람은 복을 많이 받을 거라고 생각하겠느냐?" 수보리가 대답하였다. "매우 많겠습니다, 세존이시여!"

佛告須菩提: 若善男子·善女人, 於此經中, 乃至受持四句偈等, 爲他人說,
불고수보리 약선남자 선여인 어차경중 내지수지사구게등 위타인설

而此福德, 勝前福德.
이차복덕 승전복덕

부처님께서 수보리에게 정중히 말씀하셨다. "만약 어떤 사람이 이『반야금
강경』의 내용에 대하여 완전히 이해하고, 이 경전의 사구게만이라도 받아 지
니고 다른 사람에게 설명해 주면, 이 사람이 얻을 복덕은 앞서 칠보로 보시한
사람의 복덕보다 더 뛰어날 것이니라."

復次, 須菩提! 隨說是經, 乃至四句偈等, 當知此處, 一切世間天·人·阿修
부차 수보리 수설시경 내지사구게등 당지차처 일체세간천 인 아수

羅, 皆應供養, 如佛塔廟, 何況有人盡能受持讀誦.
라 개응공양 여불탑묘 하황유인진능수지독송

부처님께서 또 이어 말씀하셨다. "수보리여! 다시 그대에게 말하노니, 이『금
강』 내지『금강경』 안에 있는 사구게 등은 이 경전을 어디에 두기만 하면,
혹은 경전 안에 있는 사구게를 어디에 놓아두기만 하면, 하늘[天]·귀신[鬼]·
신(神)·아수라(阿修羅) 들이건 간에 모두가 머리를 조아리며 경배하고 정리
하고 마땅히 공양하기를 부처님의 탑과 같이 할 것이거늘, 하물며 반야경전
을 지니어 읽거나 외우는 사람이겠느냐."

須菩提! 當知是人成就最上第一希有之法, 若是經典所在之處, 則爲有佛,
수보리 당지시인성취최상제일희유지법 약시경전소재지처 즉위유불

若尊重弟子.
약존중제자

"수보리여! 이 사람이 성취한 것은 가장 높고 제일이고 희유한 법요(法要)이

며, 게다가 이 경전이 있는 곳은 바로 부처님께서 계시는 곳이니, 마땅히 제자들의 존중을 받는다는 것을 알아야 하느니라."

爾時, 須菩提白佛言: 世尊! 當何名此經? 我等云何奉持? 佛告須菩提: 是
이 시   수보리백불언 세 존   당하명차경   아등운하봉지   불고수보리 시

經名爲『金剛般若波羅蜜』, 以是名字, 汝當奉持. 所以者何? 須菩提! 佛說
경명위 금강반야바라밀   이시명자 여당봉지 소이자하   수보리 불설

般若波羅蜜, 則非般若波羅蜜, 是名般若波羅蜜.
반야바라밀   즉비반야바라밀   시명반야바라밀

여래께서 말씀을 마치자 수보리가 부처님께 여쭈었다. "세존이시여, 이 경전의 명칭은 무엇이라고 합니까? 우리와 미래 세계에 인연이 있는 자는 어떻게 믿고 받아들여 받들어 지니옵니까?" 부처님께서 수보리에게 말씀하셨다. "그대는 이번 대화를 기록할 수 있을 것이니, 이 경전을 『금강반야바라밀』이라고 하고, 그대는 이 명칭으로써 받들어 지녀라. 어째서 이 명칭을 쓰라고 하겠느냐? 부처가 말씀하신 반야바라밀은 결코 실제로 있는 반야바라밀이 아니고, 단지 명칭이 반야바라밀이라는 것을 수보리 그대는 알아야 하느니라."

須菩提! 於意云何? 如來有所說法不? 須菩提白佛言: 世尊! 如來無所說.
수보리   어의운하   여래유소설법부   수보리백불언 세 존   여래무소설

"수보리여! 내가 그대에게 묻건대, 내가 설한 금강반야법문이 과연 법이 있다[有法]고 말할 수 있느냐?" 수보리가 여실(如實)하게 대답하였다. "제가 이해한 것에 의하면, 여래는 법이 없다[無法]고 말씀하신 것입니다. 세존께서는 결코 법을 말씀하시지 않았고, 법을 전하시지도 않았습니다. 어떤 것도 말로 다 설명할 수 있는 것이 아닌데, 하물며 상을 떠난 금강반야(金剛般若)이겠습니까."

須菩提! 於意云何? 三千大千世界所有微塵是爲多不? 須菩提言: 甚多, 世尊!
수 보 리　어 의 운 하　삼 천 대 천 세 계 소 유 미 진 시 위 다 부　수 보 리 언　심 다　세 존

부처님께서 또 물으셨다. "수보리여! 그대는 어떻게 보는가? 이 삼천대천세계에, 이 물질로 구성된 우주 안에 모든 티끌이 많지 않겠느냐?" 수보리가 대답하였다. "아주 많습니다, 세존이시여!"

須菩提! 諸微塵, 如來說非微塵, 是名微塵. 如來說世界, 非世界, 是名世界.
수 보 리　제 미 진　여 래 설 비 미 진　시 명 미 진　여 래 설 세 계　비 세 계　시 명 세 계

부처님께서 말씀하셨다. "이 모든 티끌은 내가 결코 존재하는 것이 아니니 바로 티끌이 아니며, 단지 명자상(名字相)에 임시로 티끌이라고 할 뿐이다. 여래가 말한 세계도 실제로 있는 세계가 아니고, 환영으로 만들어진 세계일뿐이므로, 세계라고 명칭을 세운 것이니라."

須菩提! 於意云何? 可以三十二相見如來不? 不也, 世尊! 不可以三十二
수 보 리　어 의 운 하　가 이 삼 십 이 상 견 여 래 부　불 야　세 존　불 가 이 삼 십 이

相得見如來. 何以故? 如來說三十二相, 卽是非相, 是名三十二相.
상 득 견 여 래　하 이 고　여 래 설 삼 십 이 상　즉 시 비 상　시 명 삼 십 이 상

부처님께서 또 물으셨다. "수보리여! 그대는 어떻게 생각하는가? 32상 80종호의 이러한 관념으로써 여래를 볼 수 있겠느냐?" 수보리가 대답하였다. "아니옵니다, 세존이시여! 32상으로는 여래를 보지 못합니다. 무엇 때문이겠습니까? 여래께서 말씀하신 32상은 자신의 상[自相]을 얻을 수 없어 환영과 같은 장엄한 신상에 지나지 않아 32상이라 명칭을 지었기 때문입니다."

須菩提! 若有善男子 · 善女人, 以恒河沙等身命布施; 若復有人, 於此經中,
수 보 리　약 유 선 남 자　선 여 인　이 항 하 사 등 신 명 보 시　약 부 유 인　어 차 경 중

乃至受持四句偈等, 爲他人說, 其福甚多.
내 지 수 지 사 구 게 등   위 타 인 설   기 복 심 다

그래서 부처님께서 말씀하셨다. "수보리여! 만약 이 세상에서 어떤 선남자와
선여인이 항하의 모래같이 많은 목숨을 보시한다면, 이 공덕은 우주에 가득
채워진 재물을 꺼내어 보시한 것보다 훨씬 크다. 그러나 이 경전을 받아 지니
는 것과 반야를 강설하는 것에는 견줄 수가 없느니라. 이것은 불법과 문화를
보시하여 타락한 인격을 구제할 수 있고, 고폐자(錮蔽者; 나쁜 버릇이 있는 사람)
를 인도하는 지혜는 그로 하여금 광명을 좇아 해탈을 얻을 수 있게 하기 때문
이니라. 따라서 『금강경』의 사구게를 받아 지니고 이해할 수 있다면 스스로
구제되어 남을 구제하고, 스스로 깨달아 남을 깨닫게 할 수 있으니, 목숨을
보시한 공덕보다 훨씬 더 많으니라."

爾時, 須菩提聞說是經, 深解義趣, 涕淚悲泣, 而白佛言: 希有, 世尊! 佛說
이 시   수 보 리 문 설 시 경   심 해 의 취   체 루 비 읍   이 백 불 언   희 유   세 존   불 설

如是甚深經典, 我從昔來所得慧眼, 未曾得聞如是之經.
여 시 심 심 경 전   아 종 석 래 소 득 혜 안   미 증 득 문 여 시 지 경

수보리가 부처님이 말한 반야성취법문을 듣고, 반야법문의 의미를 깊이 새
겨 이해하고, 한없이 감격하여, 자기도 모르게 눈물을 흘리며 슬피 울기 시작
했다. 그가 부처님께 아뢰었다. "희유합니다! 희유합니다! 세존이시여! 여래
가 말씀하신 심오하고 미묘한 법문은 제가 과거에 지혜의 눈[慧眼]을 얻은 이
후로 일찍이 이렇게 심오한 법문을 듣지 못했던 것입니다. 이번에 뜻밖에도
듣게 되었으니 너무나 기쁩니다!"

世尊! 若復有人得聞是經, 信心淸淨, 則生實相, 當知是人, 成就第一希有
세 존   약 부 유 인 득 문 시 경   신 심 청 정   즉 생 실 상   당 지 시 인   성 취 제 일 희 유

功德.
공 덕

"세존이시여! 만약 어떤 사람이 이『금강반야바라밀경』을 듣고, 부처님께서 말씀하신 어떻게 지혜로써 스스로 제도하고 성불하는가 하는 이 법문을 듣고, 모든 망상을 여의고 믿음이 깨끗해지면 실상을 깨달으리니, 이것은 지극히 얻기 어려운 것입니다! 제일 희유한 공덕을 성취한 사람이옵니다!"

世尊! 是實相者, 則是非相, 是故如來說名實相. 世尊! 我今得聞如是經典,
세 존 시 실 상 자 즉 시 비 상 시 고 여 래 설 명 실 상 세 존 아 금 득 문 여 시 경 전

信解受持不足爲難, 若當來世, 後五百歲, 其有衆生, 得聞是經, 信解受持,
신 해 수 지 부 족 위 난 약 당 래 세 후 오 백 세 기 유 중 생 득 문 시 경 신 해 수 지

是人則爲第一希有.
시 인 즉 위 제 일 희 유

"세존이시여! 이 실상이라고 하는 것은 곧 상이 아닙니다. 따라서 모든 상에 머무르지 않아 아상이 없으며, 인상이 없으며, 중생상이 없으며, 수자상 등이 없어 모두 상에 머무르지 않는 것입니다. 만약 모든 상이 상 아님을 보게 되면 곧 여래를 보게 될 것입니다." 수보리가 또 말하였다. "세존이시여! 저희들처럼 부처님께서 몸소 지도해 주셔서 직접 자신의 귀로 부처님의 심오한 경전을 들을 수 있어서 믿어 받아 지니는 것은 어렵지 않은 일이라 여겨집니다. 이후 5백 년 뒤 말법시대에 어떤 사람이 만약 이 경전을 듣고 반야의 심오한 법을 믿어 받아 지닐 수 있는 것은 정말로 어려운 일 가운데 어려운 일입니다! 제일 희유한 것입니다!"

何以故? 此人無我相·人相·衆生相·壽者相. 所以者何? 我相卽是
하 이 고 차 인 무 아 상 인 상 중 생 상 수 자 상 소 이 자 하 아 상 즉 시

非相, 人相·衆生相·壽者相卽是非相. 何以故? 離一切諸相, 則名諸佛.
비상 인상 중생상 수자상즉시비상 하이고 이일체제상 즉명제불

"어째서 이렇게 말하는 것이겠습니까? 왜냐하면 부처님과 대제자들이 모두 세상에 없는 시대에 이 사람은 이미 아상·인상·중생상·수자상 등의 네 가지 상이 없는 경지에 이르렀기 때문입니다. 아상이라는 것은 본래 상이 아닌 가상이며, 인상·중생상·수자상도 모두 가상이기 때문입니다. 따라서 이 몸은 진짜 내가 아니니, 가짜를 진짜로 알아서는 안 됩니다. 무엇 때문이겠습니까? 이 실상의 경계는 곧 모든 상을 여의어 모든 상이 다 없는 것이기 때문입니다. 그래서 사상을 여읠 수 있고, 법상과 비법상을 여읠 수 있으며, 허망으로 전도된 모든 상을 여읠 수 있는 것입니다. 요컨대 모든 상을 떠나야만 부처인 것이며, 진정한 부처인 것입니다."

佛告須菩提: 如是, 如是! 若復有人, 得聞是經, 不驚·不怖·不畏, 當知是
불고수보리 여시 여시 약부유인 득문시경 불경 불포 불외 당지시

人甚爲希有. 何以故? 須菩提! 如來說第一波羅蜜, 卽非第一波羅蜜, 是名
인심위희유 하이고 수보리 여래설제일바라밀 즉비제일바라밀 시명

第一波羅蜜.
제일바라밀

수보리는 불법과 그것을 믿는 사람은 대단히 합리적이며, 따라서 부처님의 인증(印證)을 받은 것이라고 찬탄하니, 부처님께서 기뻐하시며 말씀하셨다. "그러하도다! 그러하도다! 그대의 말이 맞다. 바로 그러하다. 미래 5백 년 가운데 만약 어떤 사람이 『금강경』의 도리를 듣고 겁먹지 않고, 놀라지 않고, 무서워하지 않으며, 두려워하지 않을 수 있으면, 이 사람은 대단히 희유한 사람이다. 왜 이렇게 말하는지 아느냐? 수보리여! 우리는 머무름이 없고, 상이 없으며, 원함이 없는 것이 대승의 심인(心印)인 것을 안다. 제일바라밀(第一波羅蜜)은 대지혜의 성취로서 철저한 깨달음, 성불이니, 또한 반야실상(般若實

相)이다. 그런데 반야실상은 본래 머무름이 없고, 상이 없으며, 원함이 없다. 따라서 여래가 설한 제일바라밀은 곧 취할 수 없으며, 말할 수 없는 것이니, 또한 제일 얻을 수 없는 것이다. 따라서 제일바라밀은 결코 실제 있는 제일바라밀이 아니며, 단지 이름을 임시로 세워 말한 제일바라밀일 뿐이니라."

須菩提! 忍辱波羅蜜, 如來說非忍辱波羅蜜, 是名忍辱波羅蜜. 何以故? 須
수 보 리   인 욕 바 라 밀   여 래 설 비 인 욕 바 라 밀   시 명 인 욕 바 라 밀   하 이 고   수

菩提! 如我昔爲歌利王割截身體, 我於爾時, 無我相·無人相·無衆生相·
보 리   여 아 석 위 가 리 왕 할 절 신 체   아 어 이 시   무 아 상   무 인 상   무 중 생 상

無壽者相.
무 수 자 상

"수보리여! 인욕바라밀(忍辱波羅蜜)을 여래는 결코 실제 있는 인욕바라밀이 아니고, 단지 이름을 임시로 세운 인욕바라밀이라고 하였다. 무슨 까닭이겠는가? 수보리여! 예컨대 내가 옛날에 가리왕(歌利王)에게 몸을 갈기갈기 찢길 적에 나는 아상 등의 네 가지 상이 없었던 것과 같으니라."

何以故? 我於往昔節節支解時, 若有我相·人相·衆生相·壽者相, 應生瞋恨.
하 이 고   아 어 왕 석 절 절 지 해 시   약 유 아 상   인 상   중 생 상   수 자 상   응 생 진 한

"만약 내가 아상 등의 네 가지 상에 집착해 있었다면, 극도로 성을 내어 원망하였을 것이니라. 설사 반항할 힘이 없었더라도 반드시 마음에 원한이 있었을 것이니, 곧 모욕을 참을 수 없었을 것이니라."

須菩提! 又念過去於五百世作忍辱仙人, 於爾所世, 無我相·無人相·無衆
수 보 리   우 념 과 거 어 오 백 세 작 인 욕 선 인   어 이 소 세   무 아 상   무 인 상   무 중

生相·無壽者相.
생 상　무 수 자 상

"이것으로부터 당시 아상 등의 네 가지 상이 없었음을 증명할 수 있으며, 내가 없었기 때문에 크게 자비로울 수 있었고, 크게 인내할 수 있었던 것이니라. 이미 아상·인상·중생상·수자상의 집착을 끊어 없앴던 것이니라."

是故, 須菩提! 菩薩應離一切相, 發阿耨多羅三藐三菩提心, 不應住色生
시 고　수 보 리　보 살 응 리 일 체 상　발 아 녹 다 라 삼 먁 삼 보 리 심　불 응 주 색 생

心, 不應住聲香味觸法生心, 應生無所住心.
심　불 응 주 성 향 미 촉 법 생 심　응 생 무 소 주 심

"그러므로 수보리여! 보살은 마땅히 온갖 상을 여의고 철저하게 깨달은 보리의 마음을 내어야 한다. 색에 집착하여 마음을 내지도 말며, 소리와 냄새와 맛과 감촉과 법에 집착하여 마음을 내지도 말며, 어떠한 법에 집착하여 진실로 거짓이 없는 승의(勝義)한 보리심(菩提心)을 내어야 하나니, 마땅히 모든 것에 머무름을 없애고 대보리(大菩提)의 마음을 내어야 하느니라."

若心有住則爲非住. 是故佛說菩薩心, 不應住色布施. 須菩提! 菩薩爲利
약 심 유 주 즉 위 비 주　시 고 불 설 보 살 심　불 응 주 색 보 시　수 보 리　보 살 위 이

益一切衆生, 應如是布施.
익 일 체 중 생　응 여 시 보 시

"만약 마음을 내는 사람이 마음에 머무는 데가 있으면 아뇩다라삼먁삼보리의 마음에 편안히 머무를 수 없느니라. 그래서 부처님이 경전에서 말하기를, '무상정등정각의 마음을 낸 보살은 마음을 빛깔 등의 상에 머물러서 보시하지 말아야 한다.'라고 하였느니라. 수보리여! 보살들은 온갖 중생들을 이롭게 하기 위하여 마땅히 이렇게 보시하여야 하느니라."

如來說: 一切諸相, 卽是非相. 又說一切衆生, 卽非衆生.
여 래 설 일 체 제 상 즉 시 비 상 우 설 일 체 중 생 즉 비 중 생

부처님께서 또 이어서 말씀하셨다. "여래는 온갖 상이 곧 상이 아니라 하며, 또는 온갖 중생이 곧 중생이 아니라 하느니라. 상이 아니고 중생이 아님을 통달하였기 때문에 보시할 수 있고, 모욕을 참을 수 있는 것이니라."

須菩提! 如來是眞語者·實語者·如語者·不誑語者·不異語者. 須菩提! 如
수 보 리 여 래 시 진 어 자 · 실 어 자 · 여 어 자 · 불 광 어 자 · 불 이 어 자 수 보 리 여

來所得法, 此法無實無虛.
래 소 득 법 차 법 무 실 무 허

"수보리여! 부처님의 설법은 진실한 것이며, 여래의 말씀은 모든 과실을 끊어 없애고, 어떤 모습이면 어떤 모습이라고 말하느니라. 왜냐하면 여래는 참된 말만 하며, 실다운 말만 하며, 여실한 말만 하며, 속이지 않는 말만 하며, 다르지 않은 말만 하기 때문이니라. 따라서 수보리여! 여래가 얻은 법은 실제 있는 것도 아니요, 허무한 것도 아니니라."

須菩提! 若菩薩心住於法而行布施, 如人入闇, 則無所見. 若菩薩心不住
수 보 리 약 보 살 심 주 어 법 이 행 보 시 여 인 입 암 즉 무 소 견 약 보 살 심 부 주

法而行布施, 如人有目, 日光明照, 見種種色.
법 이 행 보 시 여 인 유 목 일 광 명 조 견 종 종 색

"수보리여! 만약 어떤 보살이 마음을 법에 머물러 보시를 행한다면 마치 빛이 없는 어두운 곳에 들어간 사람이 아무것도 보지 못하는 것처럼, 자연히 어떠한 공덕도 얻을 수 없느니라. 반면에 보살이 마음을 법에 머물지 않고 보시를 행한다면 마치 눈 밝은 사람이 햇빛이 밝게 비치는 곳에서 여러 가지 형색(形色)을 볼 수 있는 것과 같으니라."

須菩提! 當來之世, 若有善男子·善女人, 能於此經受持讀誦, 則爲如來以
수보리 당래지세 약유선남자 선여인 능어차경수지독송 즉위여래이

佛智慧, 悉知是人, 悉見是人, 皆得成就無量無邊功德.
불지혜 실지시인 실견시인 개득성취무량무변공덕

"수보리여! 만약 미래의 세상에 선남자와 선여인이 이 반야의 오묘한 경전을 받아 지니고 읽고 외우면, 여래가 한없는 지혜로써 이 사람을 완전히 알고, 다 볼 것이다. 여래의 보호를 항상 받을 수 있으리니, 이로 인하여 이 사람은 헤아릴 수 없이 한없고 끝없는 공덕을 얻을 수 있을 것이니라."

須菩提! 若有善男子·善女人, 初日分以恒河沙等身布施, 中日分復以恒河
수보리 약유선남자 선여인 초일분이항하사등신보시 중일분부이항하

沙等身布施, 後日分亦以恒河沙等身布施, 如是無量百千萬億劫以身布施.
사등신보시 후일분역이항하사등신보시 여시무량백천만억겁이신보시

부처님께서 또 말씀하셨다. "수보리여! 만약 세상에 어떤 선남자나 선여인이 아침에 항하의 모래 수같이 많은 몸으로 보시하고, 점심에도 항하의 모래 수같은 몸으로 보시하고, 오후에도 이렇게 보시하면 이렇게 한량없는 백천만억 겁 동안 이렇게 보시하느니라."

若復有人, 聞此經典, 信心不逆, 其福勝彼, 何況書寫·受持·讀誦·爲人解說.
약부유인 문차경전 신심불역 기복승피 하황서사 수지 독송 위인해설

"만약 어떤 사람이 이 반야경전을 듣고 물러섬 없는 신심이 일어난다면 그의 공덕은 이미 앞에 서술한 몸으로 보시한 공덕보다 훨씬 많이 뛰어날 것이니, 하물며 더 나아가 경전을 쓰고, 받아 지니고, 읽고 외우고, 남에게 설명하는 이 공덕은 더욱 헤아릴 수 없느니라."

須菩提! 以要言之, 是經有不可思議·不可稱量·無邊功德. 如來爲發大乘
수보리 이요언지 시경유불가사의 불가칭량 무변공덕 여래위발대승

者說, 爲發最上乘者說.
자설 위발최상승자설

"수보리여! 중요한 뜻만을 들어서 말하건대, 이 경전에는 생각할 수 없고 측
량할 수도 없는 끝없는 공덕이 있느니라. 이 경전은 여래가 진정으로 대승보
리의 마음을 내고, 가장 높은 대승도를 행한 사람을 위하여 말한 것이니라."

若有人能受持讀誦, 廣爲人說, 如來悉知是人, 悉見是人, 皆得成就不可量
약유인능수지독송 광위인설 여래실지시인 실견시인 개득성취불가량

·不可稱·無有邊·不可思議功德. 如是人等, 則爲荷擔如來阿耨多羅三藐
불가칭 무유변 불가사의공덕 여시인등 즉위하담여래아뇩다라삼막

三菩提.
삼보리

"만약 어떤 사람이 이 경전을 받아 지니고 읽고 외우고 남에게 일러 주면 여
래가 지혜의 눈[慧眼]으로 이러한 사람을 다 알고 꿰뚫어 보나니, 이 사람은
한량없고 끝없고 생각할 수 없는 빼어난 공덕을 이룰 것이다. 이러한 사람은
책임감이 있어서 무상(無上)하고 원만한 정등각의 일을 감당할 것이니라."

何以故? 須菩提! 若樂小法者, 著我見·人見·衆生見·壽者見, 則於此經,
하이고 수보리 약요소법자 착아견 인견 중생견 수자견 즉어차경

不能聽受讀誦·爲人解說.
불능청수독송 위인해설

"무슨 까닭이겠는가? 수보리여! 만약 소승법(小乘法)을 좋아하는 사람이라면
아견(我見)·인견(人見)·중생견(衆生見)·수자견(壽者見)의 소견에 집착하여, 이
반야경전에서 말하는 참된 뜻을 듣지도 못하고 읽고 외울 수도 없으며, 더욱

이 널리 알려 남에게 일러 주지도 못하기 때문이니라."

須菩提! 在在處處, 若有此經, 一切世間天·人·阿修羅, 所應供養; 當知此
수보리　재재처처　약유차경　일체세간천　인　아수라　소응공양　당지차

處則爲是塔, 皆應恭敬, 作禮圍繞, 以諸華香而散其處.
처즉위시탑　개응공경　작례위요　이제화향이산기처

"수보리여! 어디에 있든 간에 이 반야경만 있으면 온갖 하늘·인간·아수라들
이 공양을 올릴 것이다. 왜냐하면 이 경전이 있는 곳은 곧 부처님의 탑이 있
는 곳과 같아서, 모두가 저절로 다 공양하고, 공경하며, 머리를 조아리며 예
배하고, 갖가지 향을 피우고, 꽃을 뿌리는 방식으로 그것에 공양하느니라."

復次, 須菩提! 善男子·善女人, 受持讀誦此經, 若爲人輕賤, 是人先世罪
부차　수보리　선남자　선여인　수지독송차경　약위인경천　시인선세죄

業, 應墮惡道, 以今世人輕賤故, 先世罪業則爲消滅, 當得阿耨多羅三藐三
업　응타악도　이금세인경천고　선세죄업즉위소멸　당득아녹다라삼먁삼

菩提.
보리

부처님께서는 또 수보리에게 말씀하셨다. "선남자와 선여인이 이 경전을 받
아 지니고 읽고 외우면서도 만약 남에게 경시와 천대를 받으면, 이것은 이 사
람이 지난 세상에 지은 죄업으로 금생[今世]에 본래 악도(惡道)에 떨어질 것
이거늘, 금생에 남에게 천대를 받기 때문에 전생의 죄업이 모두 소멸하고 빨
리 무상정등정각을 얻을 것임을 분명히 밝히는 것이니라."

須菩提! 我念過去無量阿僧祇劫, 於然燈佛前, 得值八百四千萬億那由他
수보리　아념과거무량아승기겁　어연등불전　득치팔백사천만억나유타

諸佛, 悉皆供養承事, 無空過者.
제 불 실 개 공 양 승 사 무 공 과 자

"수보리여! 나는 과거 한량없고 무수한 겁 이전으로 거슬러 올라가 연등불을 만나기 전에 8백 4천만억 나유타(那由他: 천만이나 천억의 큰 수를 의미함) 부처님을 만나서 그들에게 모두 하나하나 공양하고 받들어 섬겼으며, 하나도 그냥 지나쳐 본 적이 없노라."

若復有人, 於後末世, 能受持讀誦此經, 所得功德, 於我所供養諸佛功德,
약 부 유 인 어 후 말 세 능 수 지 독 송 차 경 소 득 공 덕 어 아 소 공 양 제 불 공 덕

百分不及一, 千萬億分, 乃至算數譬喩所不能及.
백 분 불 급 일 천 만 억 분 내 지 산 수 비 유 소 불 능 급

"그래서 그 후의 말법 세상, 미래에 만약 어떤 사람이 이 경전을 받아 지니고 읽고 외운다면, 그가 얻는 공덕은 내가 과거에 여러 부처님께 공양한 공덕과 비교하여 백 분의 일, 천 분의 일, 만 분의 일, 억 분의 일도 미치지 못하며, 심지어 산수(算數)로 비유할 수도 없느니라."

須菩提! 若善男子·善女人, 於後末世, 有受持讀誦此經, 所得功德, 我若
수 보 리 약 선 남 자 선 여 인 어 후 말 세 유 수 지 독 송 차 경 소 득 공 덕 아 약

具說者, 或有人聞, 心則狂亂, 狐疑不信. 須菩提! 當知是經義不可思議, 果
구 설 자 혹 유 인 문 심 즉 광 란 호 의 불 신 수 보 리 당 지 시 경 의 불 가 사 의 과

報亦不可思議.
보 역 불 가 사 의

"수보리여! 만약 선남자와 선여인이 다음에 오는 세상에서 이 경전을 받아 지니고 읽고 외운다면 얻을 공덕은 헤아릴 수가 없느니라. 내가 만약 경전을 지니는 공덕을 상세하게 다 말하면, 어떤 사람은 받아들일 수 없어서 마음에 미친 듯이 의심이 일어 믿지 못하고 심지어는 헐뜯을 것이다. 그러나 수보리

여! 이 경전의 내용과 이치는 생각으로 헤아릴 수 없고[不可思議], 받아 지니고 믿어 받드는 사람이 얻는 인과보(因果報) 또한 생각으로 헤아릴 수 없음을 그대는 분명히 알아야 하느니라."

1

소승 사성과(四聖果)
수행하는 과정 가운데 버림[捨]과 얻음[得]

모든 불법은 인연이 모이면 생하고 인연이 흩어지면 사라진다. 세간의 모든 것이 다 인과 속에 있고, 수행하여 성불하는 것도 인과를 벗어날 수 없기 때문에 과위와 떨어질 수 없어 집착할 수 없는 존재이다. 사성과를 얻은 사람은 번뇌를 끊고 과위를 검증하므로써 단지 자신이 깨달을 뿐이다. 이 개인적인 성취를 버린다면 미래에 끝이 없고 무량한 큰 복덕을 얻을 수 있다.

부처님은 망심(妄心)을 항복시키는 불법을 넓히고자 하여 바로 성문(聲聞) 단계에서 사과(四果)의 과위를 제시하였다. 수보리 등의 큰 비구들은 성문승(聲聞乘)을 이미 거쳤기 때문에 사성과를 들어 설하면 모두 충분히 이해할 수 있었다.

부처님은 중생을 교화하기 위하여 중생 근기의 차이에 따라 불법을 다섯 가지 단계로 나누었는데, 이 단계에 따르면 중생은 생사의 차안으로부터 열반의 피안에 도달할 수 있다. 이 다섯 가지 단계는 인승(人乘), 천승(天乘), 성문승, 연각승(緣覺乘), 보살승(菩薩乘) 등으로 분류된다. 이 가운데 인승, 천승은 세간의 단계로서 보통 사람을 성인에 이르게 하는 초급 불법이고, 성문승, 연각승, 보살승의 세 가지 단계는 출세간의 단계로서 삼계를 초월하고 생사를 벗어나는 가르침이다.

성문승은 "소승"이라고 부르기도 하는데, 고(苦)·집(集)·멸(滅)·도(道) 사제(四諦)의 법문을 '승(乘)', 즉 탈 것으로 하여 사람이 태어나고 죽는 진상(眞相)을 밝혀 중생을 실어 날라 삼계를 초월하며, 유여열반에 이르러 아라한(阿羅漢)이 되게 한다. 성문승에서 수행자는 근기와 인연의 다름으로 인하여 선후에 네 가지의 과위를 얻을 수 있는데, 바로 수다원과(須陀洹果), 사다함과

오승불법(五乘佛法)

불법의 교육 시스템

'승(乘)'은 배, 수레 등과 같이 실어 운반한다는 뜻이 있다. 불법은 중생을 생사로부터 열반의 피안에 실어 옮길 수 있기 때문에 불법을 '승'으로 비유한다. 이른바 '오승(五乘)'은 인승, 천승, 성문승, 연각승, 보살승 등을 가리킨다.

오계(五戒)·십선(十善)은 범부가 성인이 되는 단계 가운데 입문의 불법이고, 뒤의 세 가지 출세간 불법의 기초이기도 한다. 사성제(四聖諦)와 십이연기(十二緣起)를 닦는 것은 생사에서 벗어나 인과윤회를 초월하기 위한 것이고, 또한 '보살승'은 오도(悟道)와 성불에 있어서 반드시 겪어야 하는 길이다. '육바라밀(六波羅蜜)'은 보살이 발심하여 수행하는 것이고, 나머진 네 가지 승을 모두 함께 수행할 수 없다.

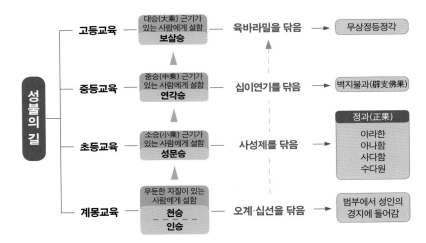

성문승

부처님은 녹야원에서 사제법(四諦法)을 설하였는데, 교진여 등 다섯 비구들은 부처님의 설법을 들어서 도를 깨달았기 때문에 이 도를 깨달은 불법을 "성문(聲聞)"이라고 부른다. 그로부터 무릇 사제법문을 닦아 도를 깨달은 것은 "성문승"이라 통칭하여 부른다.

(斯陀含果), 아나함과(阿那含果), 아라한과(阿羅漢果) 등이다.

초과(初果) 수다원(須陀洹)

'수다원'은 '입유(入流)'인데 바로 '처음으로 성인의 흐름에 들어간다[初入聖人之流]'라는 뜻이다. 일반 사람들은 생사의 윤회에 빠져 무궁무진하게 순환하고 벗어날 수 없기 때문에 "범부"라고 부른다. 성인은 이미 생사의 윤회로부터 벗어날 수 있기 때문에 "성인"이라 부른다. 불교에서 설한 바에 따르면, 생사의 윤회를 벗어날 수 있고 삼계를 초월할 수 있는 사람을 비로소 성인이라고 한다.

그러나 초과는 아직 삼계를 초월할 수 없고, 다만 삼계 속에서 견혹(見惑)과 사혹(思惑) 가운데 견혹을 끊었을 뿐이다. 예를 들어서 학교를 졸업하고 처음 사회생활을 시작하면 학문과 관념적인 측면에서는 문제가 없지만, 실용적인 측면에 있어서는 배워야 할 게 많은 것과 같다. 초과를 얻은 수행자는 색·성·향·미·촉·법의 육진에 머무르지 않는 도리를 깨달았지만, 만약 육진의 허상을 만난다면 여전히 집착함이 발생할 것이다. 이러한 까닭으로 적어도 일곱 번의 태어남과 죽음을 겪어야 비로소 생사로부터 벗어날 수 있다.

이과(二果) 사다함(斯陀含)

'사다함'은 "일래(一來)"로 번역하는데, 곧 이 과위를 닦은 사람은 세간의 구품사혹(九品思惑) 가운데 육품(六品)을 끊어 죽은 뒤에 하늘로 올라가 한 생을 천인으로 산 다음 다시 우리가 살고 있는 이 세계에 와서 한 차례의 생사를 겪고 나머지 사혹을 철저히 끊어야 다시 욕계에서 생사의 고통을 겪지 않는다. 견혹은 비교적 쉽게 끊을 수 있지만 사혹을 해결하기는 어렵다. 이과 사다함에서는 사유(思惟)의 집착으로 오진(五塵; 色·聲·香·味·觸)에 미혹되지 않음을 이해할 뿐만 아니라, 미혹을 만나더라도 마음속에 탐애(貪愛) 등의 망념이 발생하지 않아야 한다.

남은 삼품사혹을 끊지 못했다면 바로 사다함이다. 이를 모두 끊으면 욕계를 초월하여 아나함을 얻을 것이다.

삼과(三果) 아나함(阿那含)

'아나함'은 "무환(無還)", 혹은 "불래(不來)"로 번역하는데, 이 과위를 얻은 자는 욕계에서 다시 태어나지 않는다는 의미이다. 무릇 이 과위를 증득한 성인은 욕계에서 생긴 견혹과 사혹을 다 끊어서 이미 무아의 지혜가 있다. 그는 욕계에서 생긴 번뇌가 없어 다시 욕계로 돌아와 생사를 겪지 않고, 내세에는 색계(色界) 혹은 무색계(無色界)에서 태어나게 된다. 그리하여 "불래"라고 한다. 비록 불래라고 하지만 근본을 따지면 '안 옴'과 '오지 않음'의 분별이 있을 수 있다.

아나함은 초과, 이과를 거쳐 삼과에 이른 것이다. 욕계의 번뇌를 끊었지만 색계, 무색계의 번뇌가 여전히 있기 때문에 삼과를 얻은 성인은 계속 수행해야 한다.

사과(四果) 아라한(阿羅漢)

'아라한'을 한문으로 번역하면 세 가지 의미가 있는데, 각각 "살적(殺賊)", "응공(應供)", "무생(無生)" 등이다. '살적'은 비유로서, 번뇌는 우리의 법신, 즉 혜명(慧命)에 해로울 수 있으므로 도둑과 같아 번뇌를 모두 끊은 것은 마치 도둑을 모두 소멸시키는 것과 같다는 의미이다. 아라한은 색계 가운데 탐(貪), 진(瞋), 치(癡), 만(慢), 의(疑) 등 다섯 가지 번뇌를 끊을 수 있기 때문에 "살적"이라고 부르는데, 그 실제적인 뜻은 바로 번뇌를 끊는다는 것이다. '무생'은 삼계로부터 생사를 벗어남을 말한다. 태어남이 있어야 비로소 죽음이 있고, 태어남이 없으면 당연히 죽음도 없다. '응공'은 그가 삼계의 견혹과 사혹의 번뇌를 모두 끊어서 사과를 증득한 성인이 되었으므로 마땅히 공양 받아야 하고, 그에 따라 중생을 위한 복전을 넓혀야 한다는 의미이다.

아라한은 부처님께서 세상에 머무시어 설법을 할 때 법을 들어서 도를 깨달았고, 심지어 어떤 아라한은 불법의 한 구절만을 듣고도 도를 깨달았기 때문에 "성문"이라고 한다. 아라한은 성문승 중 가장 높은 과위이다. 번뇌를 이미 끊었고 아울러 열반을 검증했기 때문에 도를 닦는 길에서 배워 닦을 것이 없으므로 아라한을 "무학성인(無學聖人)"이라 부르기도 한다. 아라한은 번뇌를 이미 끊었고, 생사의 고통을 겪지 않으며, 열반의 경지에 이미 도달하였다. 그들은 삼계 가운데의 번뇌를 끊었지만, 무명혹(無明惑)은 아직 다 사라지지 않았다. 따라서 아직 무여열반에 이른 것은 아니다. 무명혹이 모두 끊어져 사라진다면 바로 성불이다.

사과는 모든 비구들이 수행한 경지이고, 따라서 수보리는 이미 사과를 증득하였다. 그러므로 수보리는 이미 아집을 끊은 것이고, 아집을 끊었다면 절대 '아상' 등의 사상이 없을 것이며, 사상이 없으면 집착의 염(念)이 있을 수 없다. 나조차 비어 있으니 과위를 얻는 것은 얻음을 탐내는 것이 아니라고 하겠다. 따라서 사과의 인연과 허상을 모두 벗어나야 비로소 성불의 길을 계속 나아갈 수 있다.

삼혹(三惑) – 수행하는 과정의 장애

견사혹(見思惑)

'견사혹'은 범부가 벗어남에 있어서
나타나는 장애인데, 이것이 '삼혹'
가운데 가장 거칠고 무겁다.
성문승에서는 이 견사혹을 능히
끊을 수 있는데, 범부가 이를 끊으면
바로 아라한과(阿羅漢果)를 얻어
삼계로부터 벗어날 수 있다.

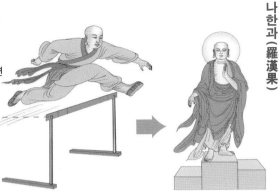

> "견사혹"은 '견혹(見惑)'과 '사혹(思惑)'의
> 통칭으로, 견혹은 지견에 있어서 미혹된
> 착오이고, 사혹은 사상(思想)에 있어서
> 미혹된 착오이다. 예를 들어서 탐, 진, 치,
> 만, 의 등 다섯 가지 번뇌는 범부가 성인이
> 되는 과정에 나타난 초급의 장애이다.

나한과(羅漢果)

진사혹(塵沙惑)

'진사혹'은 나한의 과위를 얻은
후에 보살도를 배워 중생을
제도함에 있어서의 장애이다.
티끌과 모래와 같은 무량한 법문을
통달하지 않으면 중생을 교화하는
작업이 완성될 수 없다. 따라서
"진사혹"이라고 부른다.

보살과(菩薩果)

무명혹(無明惑)

'무명혹'은
"근본무명(根本無明)"이라
부르기도 하는데, 보살이 성불함에
있어서 최후의 장애이다. 삼혹
가운데 가장 가벼운 것으로,
끊으면 바로 성불할 수 있다.

불과(佛果)

2

이욕제일(離慾第一) 아라한

아라한은 삼계로부터 벗어났기 때문에 욕계, 색계, 무색계에 대한 애욕에 물들지 않아 "이욕(離慾)"이라고 한다. 부처님께서는 여러 제자 중 열심히 공부하는 이에게 아낌없이 칭찬을 하였으며, 그들의 특히 뛰어난 부분에 대하여 "제일"을 부여하였다. 수보리는 성문승을 닦은 후에 담담하고 명리를 따지지 않았기 때문에 부처님께서는 그를 "이욕제일" 아라한이라고 찬탄하였다.

부처님의 십대 제자들은 모두 각각의 특징을 지니고 있는데, 아라한은 삼계로부터 벗어났지만 오성(悟性)과 경지는 서로 다른 바가 있었다. 경전에 따르면 수보리를 "해공제일(解空第一)"이라 하지만, 『금강경』에 따르면 "이욕제일(離慾第一)"이라고 한다.

무쟁삼매(無諍三昧)란 무엇인가

'무쟁(無諍)'은 분별하지 않는다는 뜻이다. '삼매(三昧)'는 "삼마제(三摩提)"라고도 하고 "삼마지(三摩地)"라고도 칭하며 이는 범어이다. 이를 "정정(正定)"으로 번역하는데, 곧 사악을 멀리 떠나고 마음이 미혹되어도 흐트러지지 않는다는 뜻이다. 무쟁과 삼매를 합해 말하면 분별없는 마음이 사악함을 멀리 떠나고 마음이 미혹되어도 흐트러지지 않는 경지에 도달한다는 뜻이다.

충돌, 대립, 평화롭지 않은 것이 바로 '쟁(諍)'이다. '쟁'은 '견쟁(見諍)'과 '애쟁(愛諍)'으로 나누는데, '견쟁'은 각자의 관점에 집착해 충돌이 발생하는 것이고, '애쟁'은 물질, 감정 등 자신과 결부된 이익 때문에 발생한 충돌이다. 이것들은 모두 인류의 가장 큰 번뇌이다. 출가해 수행하는 사람에게 애쟁은 드물지만 견쟁이 있다. 대중들이 함께 있을 때 어떤 사람에게 "『금강경』이 경

이욕아라한(離慾阿羅漢)

'쟁'의 근원

화목하지 않음을 경전에서 "쟁"이라고 한다. '쟁'은 언어와 문자, 행동 등으로 구현되는데, 실제로 마음속에 깊이 내재해 있다. '쟁'은 '견쟁'과 '애쟁'으로 나뉜다. 이 둘은 오온가합의 산물인데 '수(受)'는 '애쟁'을 발생시키고, '상(想)'은 '견쟁(見諍)'을 발생시킨다. 따라서 '수'와 '상'을 '쟁근(諍根)'이라고 칭한다.

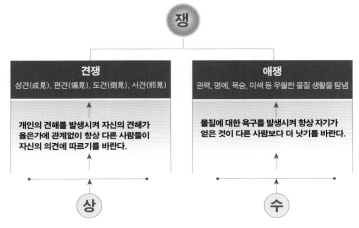

아라한의 공덕

'아라한'의 약칭은 '나한'이다. 살적, 응공, 그리고 무생의 뜻이 있으며, 부처님 당시 제자들이 얻을 수 있던 가장 높은 과위이다. 나한은 몸과 마음이 깨끗하고 맑으며 무명의 번뇌를 이미 끊었고[殺賊], 생사에서 벗어나 열반에 들어갔으며[無生], 모든 사람과 천인들로부터 공양을 받는다[應供]. 수명이 다하기 전에 여전히 인간 세상에서 수행하고, 아울러 인연에 따라 중생을 교화하면서 죽은 후에 삼계육도(三界六道)를 벗어나게 된다.

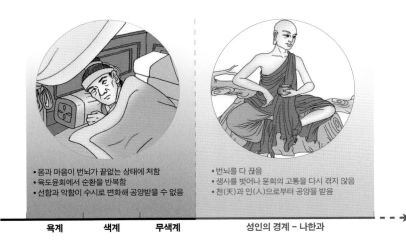

전 가운데 으뜸이다."라 하고, 어떤 사람은 "경전 중 진정한 으뜸은 『법화경 (法華經)』이다."라고 한다면 서로 다른 견해 때문에 충돌이 발생할 수 있는데, 이와 같이 하나의 허명(虛名)으로 인해서 싸우면 이는 견쟁이다.

'이욕제일' 아라한

아라한은 세 가지 공덕이 있는데, 곧 '살적', '응공', 그리고 '무생'이다. 아라한은 번뇌의 적을 없앴기[殺賊] 때문에 영원히 열반에 들어가 생사의 인과보응 (因果報應)을 겪지 않으니, 마땅히 사람에게 공양 받아야[應供] 한다. 또한 아라한은 삼계로부터 벗어났기 때문에 욕계, 색계, 무색계에 다시 태어나 발생하는 번뇌에 괴롭힘을 당하지 않는다[無生].

수보리는 공성(空性)에 통달하여 세간의 변화를 순응할 수 있고, 오욕(汚辱)을 참을 수 있기 때문에 모든 사람들과 충돌, 대립 등이 없다. 이에 따라 그는 여러 승려의 모범이 되었을 뿐만 아니라 대중들로부터 추앙받았다. 질투하는 마음을 낸 사람들이 뒤에서 그를 비웃거나 풍자하였는데, 수보리는 화를 내지 않고 도리어 자기를 도와주는 사람을 말리며 말하기를 "변명과 쟁론은 바로 이기고 지는 마음이다. 이러한 것들은 제법성공(諸法性空)의 진리에 어긋난다."라고 하였다. 부처님께서는 수보리의 경계에 대해 '무쟁삼매'를 이미 증득하였고, "이욕제일 아라한"이라고 찬탄하셨다.

하지만 수보리 자신은 도리어 스스로를 '이욕제일 아라한'이 아니라고 생각하였다. 그에게 이러한 생각이 있으면 마음속에 높고 낮음, 위와 아래의 분별이 생길 수 있고, 그렇다면 이욕제일 아라한이 될 수 없기 때문이다. 부처님께서는 바로 이러한 점 때문에 그를 높이 평가하셨던 것이다. 아라한과를 얻을 때 집착하지 않음을 알게 되는 것과 같이 보살도를 배워 중생을 제도할 때도 만약 '중생을 제도한다'라는 상에 머물게 된다면 망심이 생길 것이다.

3

장엄정토(莊嚴淨土)

마음이 맑고 깨끗해야 비로소 참다운 청정

부처님께서는 부처가 된 까닭을 자성이 맑고 깨끗하기 때문이라 하셨다. 불국토가 장엄한 까닭은 맑고 깨끗하고 티끌이 없기 때문이다. 불보살은 맑고 깨끗하므로 바로 불보살이고, 범부는 표면적인 가상에 집착하므로 세세생생 고통스러운 바다에서 발버둥을 치며 번뇌와 근심으로부터 영원히 벗어날 수 없다.

부처님께서는 수보리의 경험으로 중생을 가르친 후에 바로 자신의 과거 인연으로 중생을 가르친다.

연등불 수기(授記)

석가모니 부처님의 설법에 따르면, 예전에 범부로서 번뇌로부터 벗어날 수 없어 삼계육도(三界六道)에서 생사를 유전하였다. 그러나 후에 보리심을 일으켜 위로는 불도를 구하고 아래로는 중생을 교화하고자 하는 대원(大願)을 세웠다. 그는 대원에 따라 대행(大行)을 세워 두 아승기겁(阿僧祇劫; 1아승기겁은 약 13억 년)을 닦았다. 두 번째 아승기겁에 이르렀을 때 그는 연등불을 만나 성불의 수기를 받았고, 세 번째 아승기겁에 이르렀을 때 성불하였다. 『백업경(百業經)』 등 여러 경전에 따르면 석가모니가 인행(因行) 가운데 둘째 아승기겁을 거의 채웠을 때가 마침 연등불께서 출세한 때였다. 석가모니는 연꽃 다섯 송이를 사서 부처님께 공양하였고, 또한 머리카락으로 진흙 길을 덮어 연등불을 밟고 건너게 하였다. 연등불은 그의 수행을 이해하였고, 그의 큰 서원을 알게 된 뒤 그에게 수기를 하였다. '수기'란 부처님께서 큰 서원을 발한 중생에게 당래(當來)에 반드시 성불한다는 기별(記別)을 주는 것으로, 부처님께서는 미래세의 어느 겁에, 어떤 불국토에서, 어떤 부처가 된다는 것을 명확하게 설하신다.

석가모니 부처님께서 대중들에게 연등불의 수기를 받은 일을 설한 것은 바로 이 일에 집착하지 않음을 증명하기 위한 것이라고 하겠다. 이 증명의 과정은 수보리와 함께 협력하여 완성하였는데, 왜냐하면 수보리는 해공제일로서 이미 아공, 법공의 도리를 철저히 깨달았기 때문이다. 그는 석가모니가 부처가 된 까닭은 연등불이 수기하여 진리를 얻었기 때문이 아니라, 스스로 장애를 없애고 집착하는 마음이 사라졌음을 연등불께서 인증하였기 때문이었음을 이해할 수 있다.

장엄정토

'장엄'은 '아름답고 위엄이 있다'라는 뜻으로, '장식한다'라는 뜻도 있다. 한편 경전에서는 장엄을 보살의 안목에서 시방세계가 무량하고 끝이 없으며 무궁함을 가리키고, 다른 한편으로는 제불의 정토(淨土)가 가장 장엄한 곳임을 가리킨다. '정토'는 성인이 머무는 불국토를 가리키는데, 이곳에는 번뇌와 욕망으로 물듦이 없기 때문에 "정토"라고 한다. 어떤 사람은 "정토는 모두 순수한 금강으로 구성되어 있고, 그 가운데에 보물이 가득 차 있어 장엄한 분위기를 지닌다."라고 말한다.

그러나 진정한 정토의 모습을 구체적으로 묘사한 것은 하나도 없다. 왜냐하면 모든 상은 다 인연가상(因緣假相)이고 진실한 존재가 아니기 때문이다. 근거 없이 장엄의 모습을 상상해서 바로 그것이 장엄된 불국토라고 말하면 참다운 장엄이라고 말할 수 없다. 장엄은 절대적인 청정, 절대적인 비움이기 때문에 상상할 수 있는 것이 결코 아니다.

사실 부처님께서는 참다운 불국토가 모든 사람의 본성 가운데 있으며, 마음이 맑고 깨끗하고 티끌이 없으면 바로 불국토라 할 수 있다고 하셨다. 따라서 참답게 장엄된 정토는 '심공(心空)'이고, 한 생각도 일어나지 않는 청정한 마음이다.

과거의 부처님

연등불의 수기

과거 무량겁 전 연등불께서 이 세계에 머무실 때 선혜동자(善慧童子)가 있었다. 그는 불교에
귀의하였고, 마침 연등불을 뵙게 되어 연꽃 다섯 송이를 사 부처님께 공양하였다. 그때 연등불께서는
이 동자에게 설하기를 "미래에 부처가 되어, 호를 석가모니라고 한다."라고 수기하셨다. 어느 날
선혜동자는 연등불께서 오신 것을 본 후, 땅이 젖어 진흙이 있자 자신이 입은 사슴 가죽을 땅에 깔았고
모자란 부분에 자신의 머리카락을 다시 깔아 부처님께서 밟고 지나가게 하였다. 그래서 연등불께서는
다시 선혜동자에게 설하기를 "미래에 사바세계에서 부처가 되어 모든 중생을 교화할 것이니라."라고
수기하셨다. 이 동자는 출가하여서 보살행을 닦았는데, 그가 바로 석가모니 부처님이시다.

연등불

석가모니 전생

수삼세불(竪三世佛)

'과거불'은 과거에 부처가 되었고, 또한 이미 열반한 부처님을 가리키며, '현재불(現在佛)'은 현재에 이미
부처가 되었고, 아울러 이 세계에 머무시며 불법을 펼치는 부처님을 가리키며, '미래불(未來佛)'은 이미
부처님의 수기를 받아서 미래에 부처가 될 수 있는 부처님을 가리킨다.

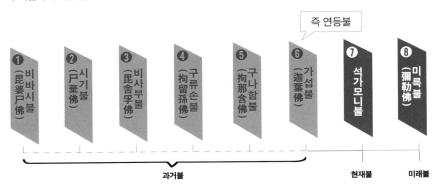

즉 연등불

❶ 비바시불(毘婆尸佛)
❷ 시기불(尸棄佛)
❸ 비사부불(毘舍浮佛)
❹ 구류손불(拘留孫佛)
❺ 구나함불(拘那含佛)
❻ 가섭불(迦葉佛)
❼ 석가모니불
❽ 미륵불(彌勒佛)

과거불

현재불   미래불

217

삼세제불(三世諸佛)

'삼세(三世)'는 "삼제(三際)"라고도 칭한다. 원래의 뜻은 시간적인 과거, 현재, 미래를
가리킨다. 그러나 현재의 삼세제불은 두 가지 의미가 있는데, 하나는 원래의 뜻에 따라
시간으로 나눠 "수삼세불(竪三世佛)"이라고 칭하고, 또 하나는 지역으로 세력 범위를 나눠
"횡삼세불(橫三世佛)"이라고 칭한다.

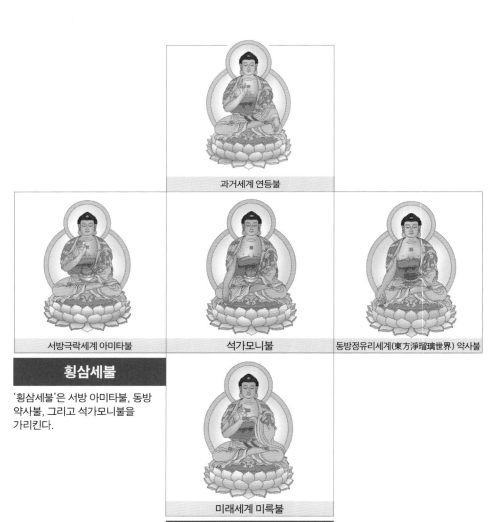

과거세계 연등불

서방극락세계 아미타불　　　　석가모니불　　　　동방정유리세계(東方淨瑠璃世界) 약사불

횡삼세불

'횡삼세불'은 서방 아미타불, 동방
약사불, 그리고 석가모니불을
가리킨다.

미래세계 미륵불

수삼세불

'수삼세불'은 과거 세계의
'연등상고불(然燈上古佛)', 현재 세계의
'석가모니불', 미래 세계의 '미륵불'을
가리킨다.

정토장엄상(淨土莊嚴相)

정토차별상(淨土差別相)

정토는 이상적인 세계로서, 전 인류의 이상적인 세계에 대한 바람이다. 대승 불법은 정토가 마음의 맑고 깨끗함으로 구체적인 이미지가 없다고 보지만, 중생들이 각자가 처한 자연환경에 따라서 정토에 대해 묘사하였다. 아래의 그림은 한 종류의 정토를 묘사한 모습이다.

정토의 종류

불법 가운데 정토는 부처님, 보살, 성문과 연각 등 삼승 성현의 청정한 신(身)·구(口)·의(意) 삼업(三業)의 교화를 통해 형성된 곳이다. 반면에 예토(穢土)는 세속에 있는 중생들이 만든 번뇌와 악업 등을 통하여 형성된 오탁악세(五濁惡世)이다. 정토는 '오승공토(五乘共土)', '삼승공토(三乘共土)', '대승불공토(大乘不共土)'로 나눌 수 있다.

오승공토

첫 번째 종류는 '오승공토'로서 "범성동거토(凡聖同居土)"라고도 칭한다. 이른바 "오승(五乘)"은 부처님, 보살, 성문, 하늘, 사람 등을 포함한 것이다. 오승공토는 보통 사람이 성인과 같이 거주하는 곳이다.

삼승공토

두 번째 종류는 '삼승공토'로 성현들만 거주하는 맑고 깨끗한 곳으로 범부는 없다. 예를 들어서 도솔내원(兜率內院)에 있는 미륵정토(彌勒淨土)이다.

대승불공토

세 번째 종류는 '대승불공토'로 대승불교를 믿는 신도나 대승을 배우는 사람만 왕생할 수 있는 곳이다. 예를 들어서 서방미타정토(西方彌陀淨土), 동방약사정토(東方藥師淨土) 등이다.

4

맑고 깨끗해야 비로소 도이다
마음이 어디에도 머무르지 않으면
청정함이 생한다

마음을 내면 차별상을 떠나야 하고, 수행에 머묾이 없어야 한다. 마음이 어디에도 머무르지 않으면 비로소 세속의 번뇌에 가림이 없게 되고, 맑고 깨끗하며, 때가 없게 된다. 한 번의 고생스러운 수행으로 평생 편안해지는 것이 아니다. 마음을 내면 한평생 맑고 깨끗한 자성에 나아가야 하며 탐욕과 얻음도 없어야 한다. 그럼 얕은 데로부터 깊은 데로 들어가 부처님이 계신 곳에 가까워질 수 있다.

'마음자리[心地]'가 맑고 깨끗하면 바야흐로 도를 얻을 수 있는데, 수행의 열쇠는 모두 이 '맑고 깨끗한 마음[淸淨心]'에 있다. 나한의 과위를 얻었더라도 '나한과'의 상에 머무르지 않고, 고불의 수기를 받아 부처가 되었더라도 '수기'의 상에 머물지 않는다. 마찬가지로 보살은 진세에 들어가 중생을 제도하려는 마음이 맑고 깨끗할수록 지혜와 신통이 더욱 증진된다. 따라서 반드시 색·성·향·미·촉·법의 수렁에 빠져들지 않도록 경계해야 한다. 수행의 단계는 완전히 마음자리의 맑고 깨끗함[淸淨] 정도에 달려 있다.

'맑고 깨끗한 마음'은 무엇인가

부처님께서 설한 '맑고 깨끗한 마음'은 바로 '집착이 없는 마음'이다. 집착이 있는 마음은 바로 오염된 것이니, 마음에 집착이 없기만 하면 비로소 맑고 깨끗할 수 있다. '맑고 깨끗한 마음'은 사람마다 모두 지니고 있기 때문에 '자성'을 '맑고 깨끗한 마음'이라고 부른다. 맑고 깨끗한 마음으로 불법을 닦으면 반야실상을 얻을 수 있고, 무상정등정각의 대지혜도 얻을 수 있다. 따라서 '맑고 깨끗한 마음'은 반야의 근본이다.

맑고 깨끗한 마음은 빛나는 원으로도, 한 송이의 연꽃으로도 비유할 수

'맑고 깨끗한 마음'은 반야의 근본이다

불법 가운데 '마음[心]'의 의의

『금강경』은 주로 어떻게 자성청정심(自性淸淨心)을 닦으며, 어떻게 무상정등정각의 마음에 도달하는가 하는 도리를 설하는 내용이다. 불법에서 마음은 '육단심(肉團心)', '식심(識心)', '사량심(思量心)', '연려심(緣慮心)', '청정심(淸淨心)', '불심(佛心)' 등 여섯 가지가 있다.

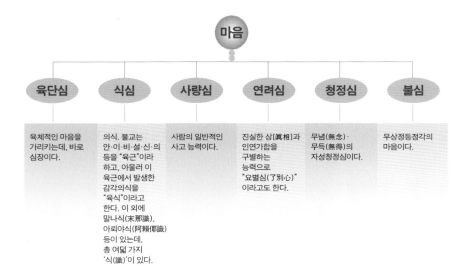

마음

육단심	식심	사량심	연려심	청정심	불심
육체적인 마음을 가리키는데, 바로 심장이다.	의식. 불교는 안·이·비·설·신·의 등을 "육근"이라 하고, 아울러 이 육근에서 발생한 감각의식을 "육식"이라고 한다. 이 외에 말나식(末那識), 아뢰야식(阿賴耶識) 등이 있는데, 총 여덟 가지 '식(識)'이 있다.	사람의 일반적인 사고 능력이다.	진실한 상[眞相]과 인연가합을 구별하는 능력으로 "요별심(了別心)"이라고도 한다.	무념(無念)·무득(無得)의 자성청정심이다.	무상정등정각의 마음이다.

프리즘의 비유

'맑고 깨끗한 마음'은 반야지혜가 있어 세간의 만물을 투찰하게 볼 수 있어서 모든 생멸하는 현상 및 그 주체가 모두 인연가합하는 것임을 안다. 마치 빛이 프리즘에 들어와서 일곱 빛깔의 스펙트럼으로 나눠질 수 있고, 반대로 말하면 이 일곱 빛깔의 스펙트럼이 프리즘에 들어가면 빛으로 형성될 수 있다는 것과 같다.

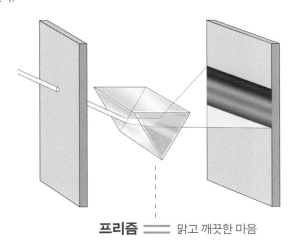

프리즘 ══ 맑고 깨끗한 마음

없다. 그것은 자신을 관조할 수 있는 텅 비고 신령스러운 것이다. 만약 억지로 거울에 비유한다면 그것은 텅 빈 거울이다. 거울은 모든 것을 비추기 때문에 맑고 깨끗함을 지니고 있는 것같이 보인다. 그러나 사실상 거울에 비친 주변의 것들은 모두 허상일 뿐이며, 나아가 거울의 맑고 밝음 또한 주변의 조건으로 인하여 발생한 것이므로 거울 자체가 맑고 깨끗한 것은 아니다. 하지만 외부의 조건이 발생하면 거울은 주변의 것들을 능히 비출 수 있다. 따라서 맑고 깨끗한 마음은 모든 것을 관조할 수 있는 텅 비고 신령스러운 것이라고 할 수 있다.

어떻게 해야 '맑고 깨끗한 마음'을 낼 수 있는가

부처님께서는 "마땅히 머묾 없이 그 마음을 낸다[應無所住, 而生其心]."라고 설하신다. '머묾이 없음[無住]'은 집착하지 않는 것이다. '상을 떠남[離相]'은 우주 만상의 법에 미혹되지 않고, 맑고 깨끗한 본성을 견지할 수 있으며, 그 가운데 초탈하여 집착하지 않은 것이므로 '상을 떠남'도 또한 '머묾이 없음'이다. 이 말은 수보리가 처음에 질문한 "어떻게 머물러야 되며, 어떻게 그 마음을 항복시켜야 됩니까[云何應住, 云何降伏其心]?"라는 질문에 대해 대답한 것이다. 따라서 이것이 『금강경』을 관통하는 '경안(經眼)'이라고 할 수 있다. 『단경(壇經)』에 따르면 육조 혜능이 직접 말하기를 "이 한 구절을 들으면 바로 깨달을 수 있다."라고 하였다.

부처님께서는 "머물지 않은 바[無所住]는 색·성·향·미·촉·법의 여섯 가지 티끌[六塵]에 머무르지 않아야 한다."라는 것을 강조하셨다. 사실 여섯 가지 티끌은 우주 시방(十方)과 삼계의 삼라만상을 포함할 수 없는데, 어찌 혜능은 이를 들은 후에 순간 깨달을 수 있었고, 우주의 진리를 철저히 깨우쳐서 본성을 볼 수 있다고 말했는가?

반야지혜는 성공(性空)이므로 모든 것을 통달할 수 있는데, "찰나에 시작과 끝을 보고, 작은 티끌 안에 대천세계가 담긴 것을 본다[刹那見終古, 微塵藏大千]."라는 말이 바로 이것이다. 이것은 중국의 "한 잎이 떨어지면, 천하의 가을을 안다[一葉落知天下秋]."라는 말과 비슷하다. 반야지혜에 따라 우주의 모든 법은 각종의 인연가합으로 발생하고, 각종의 인연이 유전함으로 변화하며, 각종의 인연이 와해됨으로 사라진다. 사람은 이러한 우주에 있으면서 맑고 깨끗하며 순결한 마음을 유지할 수 있고, 색·성·향·미·촉·법이 가합한 상에 미련을 두지 않으면, 만물의 생겨나고 없어지며 변화하는 이치도 모두 한눈에 볼 수 있다.

5

몸[身]은 수미산왕(須彌山王)과 같다

과위를 닦더라도 그것에 머물지 않는다

성문승의 사과, 연등불의 수기, 보살의 장엄한 정토 등은 모두 같은 의미를 나타냈는데, 바로 상을 떠나 인(因)를 닦아야 할 뿐만 아니라, 과위를 얻었더라도 마음에 머문 바가 없어야 한다는 것이다. 만약 과보의 신상이 그 크기가 수미산왕과 같이 크다고 하더라도 궁극적으로는 여전히 유한한 숫자에 지나지 않는다. 따라서 일단 표면의 크기를 탐내지 않으면 바로 측량할 수 없는 법신(法身)을 얻을 수 있다.

부처님께서는 더 나아가 우리에게 설하시기를 과보의 상에 미련을 두지 말라고 하셨다. 아라한도 이와 같고, 대보살도 이와 같다. 그렇다면 부처가 되었을 때 또한 어떻게 해야 하는가? 성불한다고 해도 머문 바가 없어야 하고, 보신(報身)을 얻었더라도 집착해서는 안 된다.

수미산왕

범어 가운데 "수미(須彌)"를 한문으로 번역하면 '묘하게 높다[妙高]'라는 뜻이라고 한다. 수미산은 사보(四寶)로 형성된 것이기 때문에 '묘함'이라고 하고, 바다로부터 높이가 8만 4천 유순이기 때문에 '높음'이라고 하며, 또한 칠금산(七金山)보다 더 높아서 '왕'이라고 하였다. '수미산'은 고대 인도신화에 언급되는 명산인데, 후에 불교에서 세계의 중심이 되는 신산(神山)이 되었다. 전설에 따르면 이 산의 산꼭대기에는 제석천(帝釋天)이 살고 있고, 산허리 사면에 사대천왕(四大天王)이 있으며, 주변에는 향해(香海) 일곱 개, 금산(金山) 일곱 개가 있다고 전해진다. 일곱 번째 금산 밖에 철산(鐵山)이 둘러싼 함해(咸海)가 있고, 함해의 주변에 사대부주(四大部洲)가 있는데, 우리가 사는 이 땅은 남섬부주(南贍部洲)에 속한다. 수미산의 지위는 마치 지구에 있는 히말라

수미산과 소세계

'소세계'의 남쪽과 북쪽 절단면 설명도

'소세계'는 밑으로부터 풍륜(風輪), 수륜(水輪), 금륜(金輪), 지륜(地輪)의 사륜(四輪)으로부터
일어나 위의 초선삼천에 이른다. 그 가운데 구산팔해(九山八海), 사대부주, 하나의 해, 하나의 달,
욕계육천(欲界六天), 무량지옥(無量地獄), 귀신(鬼神) 등을 포함한다.

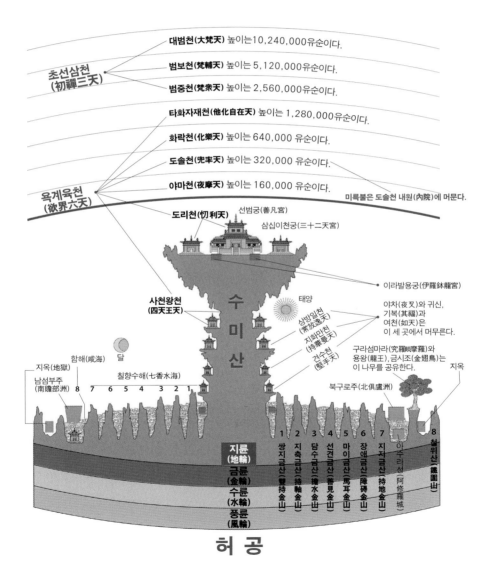

초선삼천
(初禪三天)

대범천(大梵天) 높이는 10,240,000유순이다.

범보천(梵輔天) 높이는 5,120,000유순이다.

범중천(梵衆天) 높이는 2,560,000유순이다.

타화자재천(他化自在天) 높이는 1,280,000유순이다.

화락천(化樂天) 높이는 640,000 유순이다.

도솔천(兜率天) 높이는 320,000 유순이다.

야마천(夜摩天) 높이는 160,000 유순이다.

욕계육천
(欲界六天)

미륵불은 도솔천 내원(內院)에 머문다.

도리천(忉利天)

선범궁(善凡宮)

삼십이천궁(三十二天宮)

사천왕천
(四天王天)

태양

이라발용궁(伊羅鉢龍宮)

야차(夜叉)와 귀신,
기복(其福)과
여천(如天)은
이 세 곳에서 머무른다.

상방일천(常放逸天)
지화만천(持華鬘天)
견수천(堅手天)

수
미
산

함해(咸海)

달

칠향수해(七香水海)

지옥(地獄)

남섬부주
(南贍部洲)

8 7 6 5 4 3 2 1

구라섬마라(究羅𧊩摩羅)와
용왕(龍王), 금시조(金翅鳥)는
이 나무를 공유한다.

북구로주(北俱盧洲)

지옥

1 쌍지금산(雙持金山)
2 지축금산(持軸金山)
3 담수금산(擔水金山)
4 선견금산(善見金山)
5 마이금산(馬耳金山)
6 장애금산(障礙金山)
7 지지금산(持地金山)
아수라성(阿修羅城)
8 철위산(鐵圍山)

지륜(地輪)

금륜(金輪)

수륜(水輪)

풍륜(風輪)

허 공

야 산맥과 비슷하다. 그런데 히말라야 산맥은 지각 운동의 산물에 불과하다. 그러나 이와 같은 큰 산이 우주에 많이 있는데, 수미산은 바로 그 가운데서도 가장 큰 산이므로 "왕"이라 칭하게 된다. 이것은 부처님의 보신을 비유하는 것이다. 『관무량수경(觀無量壽經)』 등에서 부처님의 모습에 대한 묘사를 수미산에 비유한 것이 많이 보인다. 예를 들면 "눈썹 사이에 흰 털은 오른편으로 곱게 도니 마치 다섯 수미산과 같았다. 부처님의 눈은 마치 네 대해의 바닷물처럼 푸르고 희게 분명하며, 몸의 모든 모공에서 광명이 나오니 마치 수미산과 같다[眉間白毫右旋宛轉, 如五須彌山. 佛眼淸淨如四大海水, 淸白分明. 身諸毛孔演出光明, 如須彌山]."라고 한다. 부처님의 '흰 털[白毫]'은 수미산 다섯 개보다 더 길다고 한다. 이렇게 보면 부처님의 신상은 상상할 수 없을 정도로 크다는 것을 알 수 있다.

법신무상(法身無相)

부처님께서는 여기서 하나의 비유를 설하신다. "어떤 사람이 있는데 그의 몸이 '수미산왕'과 같이 높다. 그렇다면 그 사람의 신체가 큰 지 작은 지 어떻게 생각하는가?" 사실 수보리는 부처님께서 물어보신 의도가 모든 비구들과 중생이 대과보(大果報)에 대하여 집착함을 논파하고자 하기 위한 것임을 안다.

일반적인 상황에서는 수미산과 같이 커다란 신장은 당연히 크다고 하겠지만, 반야의 지혜로 보면 모든 몸의 상은 실유(實有)가 아니다. 개미와 같이 작은 것이든 천왕(天王)과 같이 큰 것이든 중생의 서로 다른 신체는 모두 인연으로 합성된 가상이다. 진정한 여래의 법신은 맑고 깨끗하여 상이 없는 상태로 존재하므로, 수미산왕과 같은 커다란 보신을 얻었더라도 집착함이 없어야 한다. 그렇지 않고 만약 집착을 일으킨다면 그 큰 '보신'은 큰 보신이 아니게 되고, 그렇다면 청정한 법신을 증득하지 못한 것이다.

6

얼마나 많은가

복덕을 다시 생각하여 헤아리다

『금강경』을 수지하거나 다른 사람에게『금강경』을 해설하여 가르치면, 바로 자성이 청정해지고 성불할 수 있다. 또한 모든 중생을 인도하여 불도를 수행하고 모든 중생의 번뇌, 생사를 끊어 범부에서 성인이 돼 반야지혜를 얻을 수 있게 한다. 이러한 끝이 없는 무루(無漏)의 복덕은 숫자로 헤아릴 수 없다. 마치 항하의 모래처럼 한량이 없는 것이다.

부처님은 과보에 머물지 않아야 함을 설했고, 자연스럽게『금강경』을 수지하고 전하는 복덕을 생각하여 헤아리는 비유를 다시 드셨다.

항하의 모래

'항하(갠지스강)'는 인도에 있는 강으로, 아시아의 커다란 강 가운데 하나이다. 이 강은 가장 넓은 곳이 무려 20킬로미터나 된다. 항하의 상류는 티베트에 있는데, 그 발원지는 코끼리처럼 생긴 산 입구의 샘이다. 이 코끼리처럼 생긴 산의 샘물에서 맑고 맑은 물이 졸졸 흐르고, 도중에 수많은 강물이 모여 인도, 방글라데시를 통과해 인도양으로 흘러 들어간다. 항하는 발원지가 아주 높다. 바로 히말라야 산맥의 높은 곳에 있는데 마치 하늘에서 흘러내려 오는 것 같다. 그래서 항하의 원래 뜻이 '천국에서 내려옴'이라고 하는데, 이것은 중국에서 "황하(黃河)의 물은 천상(天上)에서 흘러온 것이다."라며 황하를 찬미하는 경우와 비슷하다. 석가모니 부처님께서는 자주 항하의 강가에서 불법을 설하셨는데, 커다란 숫자를 설할 때마다 바로 '항하의 모래'로 비유하셨다. 더욱이 항하의 모래는 밀가루처럼 고와서 하나하나 헤아리기가 매우 어렵다. 물론 부처님께서 설한 항하는 지구에 있는 이 강만 가리키지 않는다.

왜냐하면 우주법계에는 천 가지, 만 가지의 헤아릴 수 없는 항하가 있기 때문이다. 그러므로 항하의 모래 수는 도저히 상상할 수 없는 것임을 알 수 있다.

법시의 복덕

부처님께서는 먼저 수보리와 항하의 모래 등의 문제를 논하셨고, 시간이 적절할 때 정중히 수보리에게 묻기를 "만약 선남자와 선여인이 있어 하나의 모래알을 하나의 삼천대천세계로 삼아 항하의 모래와 같은 수의 삼천대천세계에 칠보를 가득 쌓아두고 보시를 한다면, 이 선남자와 선여인이 얻을 복덕이 많겠느냐?"라고 하였더니 수보리가 "당연히 많을 것입니다."라고 대답하였다. 부처님께서 계속 설하시기를 "만약 선남자와 선여인이 이『금강경』을 수지하여 봉송하고 심지어 한 단락의 경문을 읽거나 혹은 다른 사람에게 이『금강경』의 도리를 가르친다면, 이 선남자와 선여인의 복덕은 앞에서 항하의 모래와 같은 삼천대천세계에 가득하게 칠보를 보시한 사람보다 더욱 많다."라고 하셨다.

『금강경』을 수지하거나 전하는 것은 바로 법보시이다. 앞에서 삼천대천세계를 비유하고, 지금은 한 차원을 넘어 항하의 모래알과 같은 수의 삼천대천세계로 비유하는 것은 법보시의 복덕이 그만큼 크다는 걸 말하고자 함이다. 더 많은 칠보를 보시하여 복덕을 얻더라도 마침내 그 복덕을 다 누릴 때가 있으므로, 이것이 바로 유루(有漏) 복덕의 상이다.『금강경』은 사람에게 마음이 맑고 깨끗하며 머물지 않아야 함을 가르치는데, 이러한 금강반야를 전한다면 반드시 번뇌를 모두 끊어 없앨 수 있고, 무상정등정각을 얻을 수 있으니, 이것은 무루(無漏)의 큰 복덕이다. 이러한 무루의 대복덕은 유루의 복덕과 비교할 수 없는 것이다.

다함이 없는[無盡] 무루(無漏)의 복덕

복덕의 헤아림

재시는 유루의 복덕이고, 법시는 무루의 복덕이다. 재시는 마치 '사람에게 물고기를 주는 것'과 같아 얼마가 되었든 결국 한계가 있으나, 법시는 '사람에게 물고기를 잡는 법을 가르쳐 줌'과 같아 마음에 불법을 이해할 수 있게 하여 얻을 이익이 무궁무진하다.

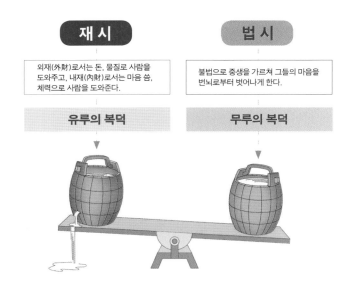

부처님의 설법과 항하

부처님께서 평생 설법하신 주요한 지역은 항하 유역에 있다. 항하는 지류가 아주 많은데, 부처님께서는 중생을 구하기 위해 발로 항하 유역을 답파하셨다. 부처님께서는 이 밀가루처럼 미세한 모래를 느낄 때마다 늘 지혜로 교묘하게 비유하여 수량이 거대하고 헤아릴 수 없음을 형용하셨다.

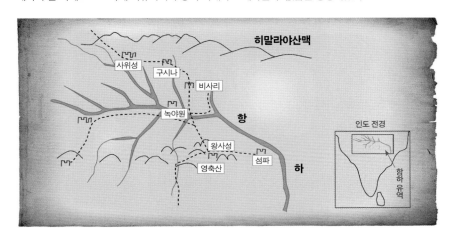

7

경전을 수지함[持經]은 곧 불법을 구하는[求佛] 것

『금강경』의 지위

부처님께서는 수보리 등에게 말하기를 "인연에 따라 『금강경』을 읽거나 해설하거나 심지어 『금강경』 가운데 사구게만이라도 설명할 수 있다면, 도를 얻은 높은 지위의 승려이거나 범부이거나 관계없이 어디서든 바로 그 자리에서 모든 착한 중생들이 공경하고 예배하기를 마치 불탑이나 사찰에서와 같을 것이다."라고 설하셨다.

경전을 가르치는 것은 부처님을 대신하여 불법을 선양하는 것이다. 경전은 부처님께서 직접 선양하신 불법을 기재한 것이므로, 불법을 보는 것은 곧 부처님을 보는 것과 같다. 그래서 모든 착한 중생들은 『금강경』을 전하는 사람과 장소에 대하여 공양하기를 마치 사찰에서 부처님을 참배하는 것과 같이 할 것이다.

경전을 가르치는 법연(法緣)

경전을 가르치기 위해선 네 가지 인연이 있어야 하는데, '경전을 설하는 사람[隨說之人]', '경전의 법의[隨說之義]', '설하는 경전[隨說之經]', '설하는 장소[隨說之處]' 등이다.

경전을 설하는 사람: 경전을 가르치고 불법을 해설하는 사람은 반드시 적극적으로 마음을 내어야 한다. 출가한 사람이든 출가하지 않은 사람이든, 범부이든 도를 얻은 성인이든 마음을 내어 경전을 읽거나 수지하거나 다른 사람에게 『금강경』을 해석해 준다면, 이 사람은 제일 심오한 도리가 있는 불법으로 인하여 반드시 무량한 복보를 얻을 수 있다.

경전의 법의: 『금강경』의 올바른 법의(法義)에 어긋나지 않게 경전을 가

르친다면, 다시 말해 그 사람이 말한 바가 깊든 얕든, 혹은 어떤 형식을 취하든 다만 경전의 정확한 법의에 따라서 사람들에게 경전을 해석해 주면 무량한 복보가 저절로 생기게 된다.

설하는 경전: 경전의 순서를 단순하게 따르지 않고 앞에서 뒤로 설하든, 뒤부터 앞으로 설하든, 심지어 사구게만을 설하든 다만 『금강경』을 설하기만 하면 연분(緣分)이 있게 될 것이다.

설하는 장소: 경전을 가르치고 법을 설하는 것은 반드시 단상이나 사찰에서 할 필요는 없다. 객관적인 조건이 된다면 비록 밭이나 길, 광장 등에서 설하더라도 경전을 가르치는 복보가 감소될 수 없다.

공양의 예절

불교에서 설한 공양에는 열 가지가 있는데 바로 향, 꽃, 등불, 물, 차, 음식, 보물, 구슬, 옷 등 열 가지의 공양이다. 공양의 분량은 정해져 있지 않으며 자신의 능력대로 보시하면 되는데, 공양할 때는 반드시 정성스럽게 해야 한다. 그렇지 않으면 아무 의의가 없고, 복보를 말할 수가 없다. 공양은 보통 탑 혹은 사찰에 하는데 탑은 불사리(佛舍利)에 대한 공양이고, 사찰은 불상(佛像)에 대한 공양이기 때문이다. 인도에는 사찰이 있으면 꼭 탑이 있어 탑과 사찰은 서로 떠날 수 없는 것이지만, 불교가 중국으로 전해진 후에 탑과 사찰은 분리되었다.

부처님에 대한 공양은 맹목적인 미신이 아니라 『금강경』에 대한 정신(正信)의 기반 위에서 세워져야 한다.

정신(正信)과 공경(恭敬)

『금강경』의 법연	경전을 설하는 사람	경전을 가르치고 불법을 해설하는 사람은 반드시 적극적으로 마음을 내어야 한다.
	경전의 법의	형식에 구애되지 않고 경문의 뜻을 곡해하지 않아야 한다.
	설하는 경전	순서에 구애되지 않고 이 경문의 내용을 해설하면 된다.
	설하는 장소	장소에 구애되지 않고 경문을 해설하면 된다.

『금강경』에 대한 공양의 예절

공양은 "공시(供施)", "공급(供給)", "작공(作供)", "타공(打供)"이라고도 부르는데 향, 꽃, 음식 등 열 종류의 물건으로 부처님, 불법, 승려 등 삼보(三寶), 더불어 스승, 조상, 부모, 죽은 사람 등에 공양하는 것이다. 다양한 공양의 방법에 따라 사용하는 물품도 다르다. 부처님께서는 모든 부처가 『금강경』에서 나왔다고 설하셨으므로 『금강경』에 대한 공양의 예절은 부처님께 공양하는 것과 같아야 한다.

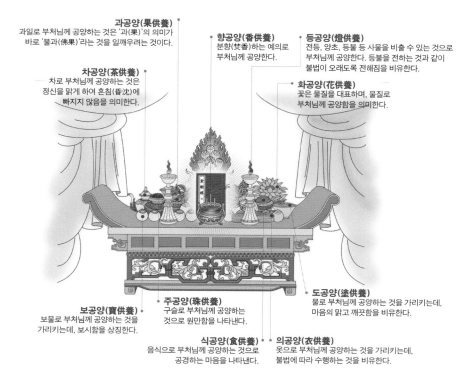

과공양(果供養)
과일로 부처님께 공양하는 것은 '과(果)'의 의미가 바로 '불과(佛果)'라는 것을 일깨우려는 것이다.

향공양(香供養)
분향(焚香)하는 예의로 부처님께 공양한다.

등공양(燈供養)
전등, 양초, 등불 등 사물을 비출 수 있는 것으로 부처님께 공양한다. 등불을 전하는 것과 같이 불법이 오래도록 전해짐을 비유한다.

차공양(茶供養)
차로 부처님께 공양하는 것은 정신을 맑게 하여 혼침(昏沈)에 빠지지 않음을 의미한다.

화공양(花供養)
꽃은 물질을 대표하며, 물질로 부처님께 공양함을 의미한다.

보공양(寶供養)
보물로 부처님께 공양하는 것을 가리키는데, 보시함을 상징한다.

주공양(珠供養)
구슬로 부처님께 공양하는 것으로 원만함을 나타낸다.

도공양(塗供養)
물로 부처님께 공양하는 것을 가리키는데, 마음의 맑고 깨끗함을 비유한다.

식공양(食供養)
음식으로 부처님께 공양하는 것으로 공경하는 마음을 나타낸다.

의공양(衣供養)
옷으로 부처님께 공양하는 것을 가리키는데, 불법에 따라 수행하는 것을 비유한다.

8

'금강'은 최고의 여의(如意)

경명(經名)의 연유

금강과 같은 견고하고 날카로운 반야지혜가 있다면 비로소 해탈에 이르고 자유자재한 피안에 도달할 수 있다. 금강은 가장 날카롭고 견고하여 모든 사물을 파(破)할 수 있다. 반야지혜도 이와 같은데, 그것은 금강이 쇠를 파괴할 수 있는 것처럼 모든 번뇌를 끊을 수 있고, 모든 무명의 미혹을 파할 수 있기 때문이다.

『금강경』을 해석하는 모든 주석은 처음에 경명을 분석하는 것으로 시작한다. 그러나 부처님께서 본격적으로 본 경전의 이름을 제기한 것은 바로 이 단계에 이르러서이다.

수보리는 두 가지 문제를 제시하였다. 첫째, "이 경전의 이름은 무엇입니까?"라는 것이고, 둘째, "우리는 어떻게 믿고 공양하며 높이 받들어야 합니까?"라는 것이다. 부처님께서는 이를 합하여 하나로 답하였는데, "이 경전은 『금강반야바라밀경』이라고 부르고, 이는 바로 수행하기에 좋은 묘법(妙法)이며, 이 경을 따라 믿고 공양하며 높이 받든다면 틀림이 없을 것이다."라고 설하셨다. 이것도 부처님의 지혜로서 사람들에게 이름만 보이고, 나중에 그 이름을 생각만 해도 지혜를 발하여 수행하게 하기 위한 것이다.

이 경전은 가장 뛰어난 방편

『금강경』에서 '반야'와 '방편'은 불가분의 일체이다. 반야가 '제불의 어머니'라면 방편은 바로 '제불의 아버지'이다. 반야가 없으면 방편은 원칙과 목표를 잃게 되고, 방편이 없으면 반야는 껍질을 깨고 나올 수 없다. 이 경전은 어떻게 생사를 해탈하고 불생불멸하는 피안에 도달하는가를 검증하는 내용이다.

우리가 피안에 도달할 수 있게 하는 것은 바로 반야지혜다. 경전에서는 먼저 반야의 무궁무진한 지혜를 설하고, '이상복심(離相伏心; 상을 떠나 마음을 항복받음)'의 도리로 범부 중생에게 사상에 대한 집착을 타파하여 불법 수행의 올바른 지식과 올바른 견해를 세우게 한다. 다음에 '무왕생심(無往生心; 오고 감으로 생하는 마음이 없음)'의 불법으로 모든 보살의 보시하는 마음을 맑고 깨끗하며 상이 없는 상태에 돌아가게 하여, 육도(六度; 육바라밀)로 중생에게 이익을 받게 한다. 마지막으로 반야의 본체(本體)는 '성공(性空)'이라는 것을 미루어 해설한다. 그래서 중생의 불성은 범부이든 성인이든 모두 평등하고, 또 모든 유정(有情)의 중생들에게 위없는 보리심을 내고 육도의 길을 걸어 대철대오의 결과를 얻을 것을 권한다. 『금강경』은 심오한 내용을 알기 쉽게 표현한 것이고, 설법도 교묘하게 하여 중생들이 즐겁게 받아들일 수 있게 한다. 이는 바로 불법에서 말하는 '방편'이다. 다시 말하면 방편은 심오한 불법을 세속과 연결시키는 교량이라고 하겠다.

'금강'과 같은 견고함과 날카로움

금강은 가장 견고하다. 반야의 본성은 성공으로, 가장 뛰어난 방편으로서 금강과 마찬가지로 견고하고 깨어지지 않는다. 양자의 인연은 바로 여기에서 나온 것이다. 금강보(金剛寶)는 경전에서 악마를 항복시키고 삿된 것을 바로잡는 역할을 하는데, 『금강경』은 바로 이와 같은 역할을 하는 지혜의 검이다. 부처님께서 경명을 설하신 것은 바로 금강과 같이 능히 끊을 수 있으니, 이 경전을 믿고 받아 지니며 봉행하는 것은 금강보를 사용하는 것처럼 모든 심마(心魔)를 항복시키고, 모든 번뇌를 끊을 수 있음을 말하고자 함이다. 따라서 이 『금강반야바라밀경』이라는 이름을 따라 믿고 봉행하기만 하면 모든 번뇌를 끊을 수 있고 보리의 피안에 도달할 수 있다.

반야와 방편

전체『금강경』은 바로 '문자반야'이다. 우리의 마음은 이 문자가 나타낸 반야지혜에 따라 지혜를
관조할 수 있는데 이것이 바로 '관조반야'이고, 우리가 관조한 이치의 경계가 바로 '실상반야'이다.
이러한 '삼반야(三般若)'는 일념(一念) 가운데 동시에 일어나고 '여여부이(如如不二)'한 경계가 바로
'금강반야바라밀'이라는 것이다. 따라서 우리는 문자반야로부터 관조반야에 이르고, 또 이것으로부터
실상반야에 증입(證入)할 수 있는 것이며, 실상반야에 증입한 후에 궁극적으로 피안에 도달하는 것이다.
이 피안은 마치 금강과 같은 견고하고 날카로운 '반야지혜'이고, 우리의 마음이 이 반야지혜에 들었다면
저절로 자유자재하게 모든 번뇌를 끊을 수 있다.

9

득의(得意)하면 망명(忘名)

명상(名相)은 진상(眞相)이 아니다

설법은 다만 언어의 상이기 때문에 법의 이름은 잠시 지은 가상일뿐이다. 설법은 가상으로 근기(根機)에 응하여 설해지는 것이며, 연이 다하면 멸하는 임시적인 도구일 뿐이다. 생하고 멸하는 것은 모두 인연으로 결정되며, 자아의 주재(主宰)가 없다. 불법을 통해 듣고 배워야 할 것은 그 속에 담긴 묘한 진리이다. 설법의 '상'에 집착하라는 것이 아니다.

　　비록 경문(經文)의 깨우침에 따라 문자상의 방편법문으로 자신의 마음을 비추고, 또 맑고 깨끗한 마음으로 진리를 체득해 깨달아야 하지만, 경문은 다만 명상(名相)일 뿐이다. 마찬가지로 마음을 비우고[虛心] 불법을 듣는 것은 한때의 필요에 의한 것일 뿐, 법을 듣기 위한 것 자체는 불법을 배우는 근본적인 목적이 아니다.

일체의 가유(假有)

대승불교는 세계의 모든 생멸 현상과 생멸 주체가 모두 인연으로 만들어진 것이고, 인연을 떠나면 진리의 소재(所在)가 구현될 수 없다고 주장한다. 인연으로 형성된 불법은 '있음[有]'이라고 부르지만, 자신의 주재가 없는 존재이고 진실하지 않은 '있음'이기 때문에 "가유(假有)"라고 칭한다. 여래의 설법은 근기에 따른 것으로, 듣는 사람의 근기에 맞춰 알맞은 불법을 풀어 밝힌다. 따라서 고정된 법이 있다고 말할 수 없다. 수보리는 이번 설법에 있어 당기자(當機者; 신심과 복덕을 갖추고 불법에 뛰어난 이해를 갖추고 있어 부처님의 설법을 듣기에 적합한 사람)로서 이에 대해 깊은 소감이 있었다. 그가 긍정적으로 말하기를 "세존이시여! 여래께서는 설한 바가 없습니다!"라고 했다. 따라서 진실한 입

236

연기와 성공(性空)

모든 존재와 같이 『금강경』도 인연의 가합에 의하여 나타난 진실하지 않은 상이다. 따라서 이 경전을 좋은 방법으로 간주할 수 있지만 이것을 진리로 삼으면 안 된다.

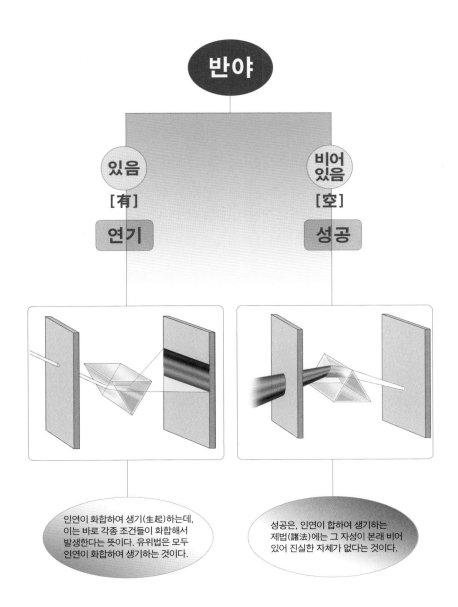

반야

있음
[有]

연기

비어
있음
[空]

성공

인연이 화합하여 생기(生起)하는데, 이는 바로 각종 조건들이 화합해서 발생한다는 뜻이다. 유위법은 모두 인연이 화합하여 생기하는 것이다.

성공은, 인연이 합하여 생기하는 제법(諸法)에는 그 자성이 본래 비어 있어 진실한 자체가 없다는 것이다.

장에서 본다면 설법은 다만 '가명(假名)'일 뿐이라는 것이다.

　　설법의 상은 연기(緣起)된 것으로 잠시 존재하는 '가상'이지만, 여래가
중생을 교화하는 수단의 유효성에 방해되지 않는다. 기왕에 현상이 생겼으
므로 이는 불법과 중생이 만날 수 있는 좋은 기회라고 하겠다. 잠시동안의 인
연이더라도 현상의 배후에 있는 진리를 깨닫는 것은 바로 이 경전의 가장 큰
'방편'인 것이다.

만법(萬法)은 본래 비어 있다

현상이 모두 인연으로 형성된 것이라면 삼천대천세계와 미립자는 또한 모두
진실하지 않은 존재이다. 이 '가유'를 제거해야만 진실한 본질을 얻을 수 있
는데, 이것이 '있음'에 상대하여 본질은 '비어 있음[空]'이라고 할 뿐이다. 이
에 따른다면 세간의 만사, 만물은 본질적인 측면에서 모두 평등한 것이다. 마
찬가지로 모든 불법의 본질도 '비어 있음'이다. '비어 있음'에 대한 인식은 세
속의 모든 '있음'에 대하여 철저한 부정을 통해 획득한 것이기 때문에 티끌은
티끌이 아니고, 세계 또한 세계로서 존재하지 않는다. 마찬가지로 설법의 본
질은 '비어 있음'인데, '비어 있음'은 설법 자체에 대한 철저한 부정을 통해서
만 구현될 수 있는 것이다. 물론 불법의 '비어 있음'은 설법을 떠나 획득할 수
없는 것이다. 왜냐하면 '비어 있음'은 설법을 통해 진실하지 않음을 얻음으로
부터 드러난 것이기 때문이다. 따라서 '무주(無住)', '무득(無得)', '무상(無相)',
'무생(無生)' 등의 수단을 통하여 밝힐 수밖에 없는 것이다.

　　여래에게 설법은 단지 중생으로 하여금 법의 배[法船]에 타게 하여 끝이
없는 고통스러운 바다를 건너 자유자재하는 맑고 깨끗한 피안에 도달하게
하기 위한 것일 뿐이다. 심오한 도를 얻어 그 '명상(名相)'을 버리는 것은 바로
여래가 가르쳐 준 '피안에 도달하면 뗏목이 필요 없다'는 지혜이다.

10

법신(法身)과 보신(報身)

여래의 32상

부처님이 자성을 구족함을 표현하는 것으로 법신·보신·화신(化身)의 삼신(三身)이 있는데, 이 가운데 화신과 보신은 색신(色身)이다. 석가모니불은 수승한 화신으로 32상을 갖추었지만, 이 색신의 상을 구족하는 것은 진정한 불법의 본질이 결코 아니다. 32상은 부처님께서 입세(入世)하여 인연을 맺어 나타내는 서로 다른 모습으로, 이 역시 가상으로서 진정한 법신여래(法身如來)가 아니다.

세간 만물의 색신과 명상(名相)은 티끌부터 대천세계에 이르기까지 모두 허황되고 진실하지 않은 허상이고, 유일하게 진실한 것은 여래의 불성뿐이다. 부처님께서는 이로부터 수보리를 깨우쳐 설하시기를 "그렇다면 부처님 본신의 '32상'에 대해 어떻게 생각하는가?"라고 물었다. 수보리는 당연히 32상도 중생을 교화하기 위해 나타난 인연가상이고, 여래의 참모습이 아닌 것을 파악하고 있었기 때문에 32상으로 여래를 볼 수 없음을 답하였다. 이 문답의 본의는 중생에게 모든 유상(有相)이 여래가 아니며, 비록 부처님께서 닦은 보신(報身)의 상이더라도 역시 가상임을 깨닫게 하기 위한 것이다.

보신·법신은 본래 한몸이다

'보신'은 진실한 상이 아니라 '가유(假有)'이지만, '가유'는 없는 것이 아니다. 예를 들어 인생은 본래 빈 것이고, 몸은 다만 피부 등으로 이루어진 것일 뿐이다. 그러나 식사하지 않거나 물을 마시지 않으면 배가 고프고 목이 마를 것이다. 몸은 '가유'이지만 없는 것이 아니며, 이는 법신이 세속의 인연 세계와 연결되기 위한 매개체일 뿐이다.

법신여래는 영원하고 진실한 것인데, 지각하는 존재에 상대되는 '공성

(空性)'의 모습으로 드러난다. 이러한 공성은 도를 깨닫지 않은 중생에게 보일 수 없고 만져질 수 없으며 생각해도 이해할 수 없는 것이기 때문에 법신여래가 중생에게 진리를 이해시키고, 진리와 가까워지게 하며, 진리를 믿게 하고자 하면 반드시 중생에게 익숙한 방법으로 의사소통해야 한다. 곧 인연으로 모인 몸의 상과 설법으로 중생을 이끌어 연계하여야 한다. 따라서 신상은 설법과 같은 수단이지만, 이 수단이 없으면 법신의 진실한 상은 바로 중생과 연결될 수 없을 것이다.

32상의 '이(離)'와 '불이(不離)'

'이상(離相: 상의 떠남)'만이 여래를 볼 수 있다. 앞의 '이상'의 도리와 같이 32상은 다만 인연의 지혜이고 도구일 뿐이며, 목적지에 도착하면 빨리 상륙해야만 비로소 피안에 도달한다고 말할 수 있다. 여래가 '공성'인데, 이를 철저히 검증할 수 있다면 바로 그와 같이 '공성'인 상태가 된다. 이때에 그 32상에 집착하면 바로 짐이 되고, 다시 번뇌에 빠질 수밖에 없다.

그러나 강을 건너려면 여전히 뗏목이 필요하다. 그래서 아직 피안에 상륙하지 않았을 때, 반드시 32상의 지혜신(智慧身)을 빌어야 한다. 왜냐하면 그것은 성불을 도와주는 매개체이고, 매개체가 없으면 여래와 연계될 수 없기 때문이다. 마치 옛날에 장가가거나 시집가려면 중매쟁이를 찾아야 하는 것과 같다. 중매쟁이의 입을 통해서 남녀 쌍방이 맺어진다. 이것으로 보면 중매와 혼인은 본질상에 일체(一體)일 것인데, 혼인이 이루어지면 더 이상 중매쟁이가 필요하지 않다. '32상'과 '여래'의 관계가 바로 이러한데, 32상은 여래의 모습이며 여래와 통일된 것이지만 결코 여래의 참모습이 아니다.

여래의 32상

32상은 여래의 응화신상(應化身相)으로서 이 32상으로 법신의 덕이 원만한 인천(人天)의 존자이며,
득도한 성현 가운데 왕을 나타낸다.

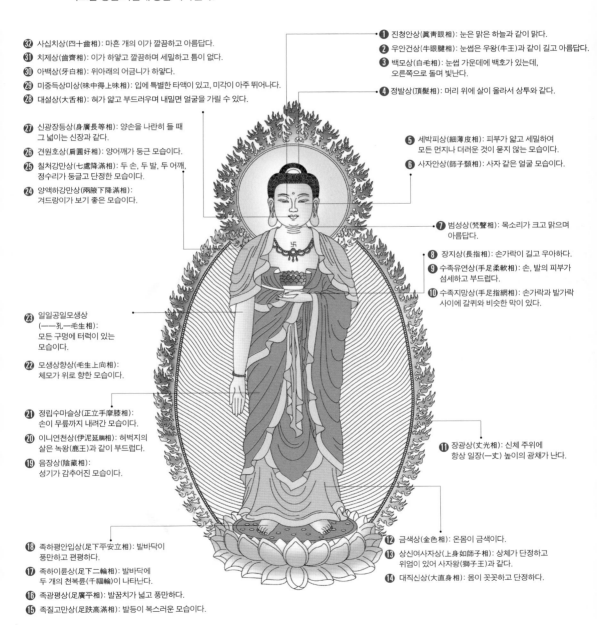

32 사십치상(四十齒相): 마흔 개의 이가 깔끔하고 아름답다.
31 치제상(齒齊相): 이가 하얗고 깔끔하며 세밀하고 틈이 없다.
30 아백상(牙白相): 위아래의 어금니가 하얗다.
29 미중득상미상(味中得上味相): 입에 특별한 타액이 있고, 미각이 아주 뛰어나다.
28 대설상(大舌相): 혀가 얇고 부드러우며 내밀면 얼굴을 가릴 수 있다.

27 신광장등상(身廣長等相): 양손을 나란히 들 때
그 넓이는 신장과 같다.
26 견원호상(肩圓好相): 양어깨가 둥근 모습이다.
25 칠처강만상(七處降滿相): 두 손, 두 발, 두 어깨,
정수리가 둥글고 단정한 모습이다.
24 양액하강만상(兩腋下降滿相):
겨드랑이가 보기 좋은 모습이다.

23 일일공일모생상
(一一孔一毛生相):
모든 구멍에 터럭이 있는
모습이다.

22 모생상향상(毛生上向相):
체모가 위로 향한 모습이다.

21 정립수마슬상(正立手摩膝相):
손이 무릎까지 내려간 모습이다.
20 이니연천상(伊泥延䏶相): 허벅지의
살은 녹왕(鹿王)과 같이 부드럽다.
19 음장상(陰藏相):
성기가 감추어진 모습이다.

18 족하평안입상(足下平安立相): 발바닥이
풍만하고 편평하다.
17 족하이륜상(足下二輪相): 발바닥에
두 개의 천복륜(千福輪)이 나타난다.
16 족광평상(足廣平相): 발꿈치가 넓고 풍만하다.
15 족질고만상(足跌高滿相): 발등이 복스러운 모습이다.

1 진청안상(眞靑眼相): 눈은 맑은 하늘과 같이 맑다.
2 우안건상(牛眼䁩相): 눈썹은 우왕(牛王)과 같이 길고 아름답다.
3 백모상(白毛相): 눈썹 가운데에 백호가 있는데,
오른쪽으로 돌며 빛난다.
4 정발상(頂髮相): 머리 위에 살이 올라서 상투와 같다.

5 세박피상(細薄皮相): 피부가 얇고 세밀하여
모든 먼지나 더러운 것이 묻지 않는 모습이다.
6 사자안상(師子顔相): 사자 같은 얼굴 모습이다.

7 범성상(梵聲相): 목소리가 크고 맑으며
아름답다.
8 장지상(長指相): 손가락이 길고 우아하다.
9 수족유연상(手足柔軟相): 손, 발의 피부가
섬세하고 부드럽다.
10 수족지망상(手足指網相): 손가락과 발가락
사이에 갈퀴와 비슷한 막이 있다.

11 장광상(丈光相): 신체 주위에
항상 일장(一丈) 높이의 광채가 난다.

12 금색상(金色相): 온몸이 금색이다.
13 상신여사자상(上身如師子相): 상체가 단정하고
위엄이 있어 사자왕(獅子王)과 같다.
14 대직신상(大直身相): 몸이 꼿꼿하고 단정하다.

11

지혜로운 눈으로 경전을 인식하다

제일희유(第一稀有)

부처님께서 설하신 반야의 기준이 매우 높으므로 근기가 낮은 청중들이 처음 들으면 마치 안개에 빠진 것 같을 수도 있다. 비록 근기가 높은 청중이라도 여러 번의 검증을 통해서야 비로소 '금강반야(金剛般若)'의 미묘한 법문을 점점 깨달을 수 있다. 따라서 그 대상은 근기가 매우 높은 청중들이고, 무상보리심(無上菩提心)을 발할 준비가 되어 있는, 지혜의 눈을 갖춘 대아라한(大阿羅漢)이다.

수보리의 눈물

수보리는 원래 삼계의 생사 유전에서 벗어날 수 없었던 범부였는데 지금은 부처님을 만날 수 있고, 부처님의 대자대비를 느낄 수 있으며, 법문의 뛰어남을 이해할 수 있는 특별히 우수한 사람이 되었다. 이러한 까닭에 그가 마음 깊이 감동하였으므로 눈물을 흘렸다고 보인다. 그러나 조금 더 깊게 탐구하면 수보리는 오랜 경험을 겪었으며, 나이가 많고 덕망이 높은 장로로서 사람들 앞에 눈물을 흘린 것은 적어도 두 가지 의미가 있다고 하겠다.

첫째, 그는 해공제일로서 항상 선정에 들어 고요히 생각하고 마음이 순결하며 투명했기 때문에 그가 부처님으로부터 깊은 은혜를 얻었으며, 이 경전의 도리의 오묘함에 감개하고, 또한 다행히 자신이 부처님과 이러한 인연이 있다고 생각하여 마음속의 기쁨을 감추지 못해 눈물을 흘렸다고 하겠다. 『입중론(入中論)』에 이르기를 "이생위(異生位)에서 공성(空性)을 들으면, 마음속에 여러 번의 환희를 발할 수 있고, 이 환희로부터 눈물을 흘리며 온몸의 털이 저절로 설 것이다[若異生位聞空性, 內心數數發歡喜, 由喜引生淚流注, 周身汗毛自動豎]."라고 한다. 수보리는 근기가 매우 뛰어나고, '해공'하는 데에 가장 능하므로 '성공(性空)'의 설법을 들으면 저절로 이러한 강렬한 반응이 있었을

보살의 진심

자비희사(慈悲喜捨)-사무량심(四無量心)

'사무량심'은 보살이 중생을 교화할 때 갖춰야 할 네 가지 마음을 가리키는데, 곧 '자(慈)'·'비(悲)'·'희(喜)'·'사(捨)'이다. 이것은 바로 무량한 '여락심(與樂心)', '발고심(拔苦心)', '환희심(歡喜心)', 그리고 '포용심(包容心)'으로 모든 유정들을 널리 교화하는 것이다. '무량'은 끝이 없다는 것을 가리키고, 아울러 인(人)·아(我)의 영역을 가리키기도 한다. 수보리가 마음속에 감동이 있어서 우는 것은 바로 그가 보살의 '무량심'을 갖추고 있음을 표현한 것이다.

자

'자'는 사람들이 즐거움을 얻길 바란다는 의미이다. '자무량심(慈無量心)'을 닦으면 자기만 즐거움을 구하지 않고 주변의 사람, 심지어 시방세계의 모든 중생이 즐거움을 얻도록 도와줘야 한다. 이렇게 되고자 하면 생각만 할 뿐만 아니라 참답게 수행하고 실천하여 힘을 다해 중생이 이익을 받도록 하여야 한다.

비

'비'는 남이 고통을 겪는 것을 슬퍼하는 동정심이다. '비무량심(悲無量心)'을 닦으면 항상 자비심을 품어서 모든 오욕을 참고, 중생들의 고통을 자신의 고통으로 공감하며 힘을 다해 그들을 벗어나게 한다. 이른바 "내가 지옥에 들어가지 않으면, 누가 지옥에 들어가겠는가"라는 말이 바로 이것이다.

희

'희'는 기쁨이다. 남이 고통에서 벗어나 즐거움을 얻었음을 본다면 한없는 즐거운 마음을 생하는 것이다. '희무량심(喜無量心)'을 닦으면 남이 즐거움을 얻음을 보아 질투하는 마음이 생기면 안 될 뿐만 아니라 마치 자기가 즐거움을 얻은 것과 같이 기뻐야 한다. 적어도 즐거운 일이 있으면 무량한 기쁨을 나타내야 한다.

사

'사'는 치우친 분별과 집착을 버리는 것이다. '사무량심(捨無量心)'을 닦으면 내적인 여러 심경(心境)과 외재적인 여러 물질을 버려야 하고, 중생들을 대함에 있어 원수이든 친한 사람이든 다 같이 평등하게 대하여 사랑하고 싫어함을 일으키지 않는다. '사무량심'은 우리에게 치우친 사랑과 집착을 없애는 데 도움을 줄 수 있는 공덕심이다.

혜안(慧眼)으로 중생이 평등함을 조견(照見)하다

'혜안'으로는 중생상이 없으므로 오온이 모두 공하고, 그에 따라 모든 중생은 평등함을 조견할 수 있다. 중생 평등은 무량한 마음을 내는 토대이다. 그렇게 본다면 자비는 맑고 깨끗하고 오염될 수 없으며, 한편에 치우치지 않는다. 또한 기쁨과 버림도 분별함이 없고, 무아를 통달할 수 있다.

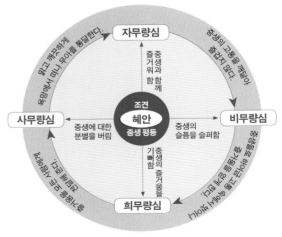

것이다.

둘째, 다행히 자신에게 오늘의 법연이 있어 이러한 반야의 도리를 깨달을 수 있었다. 그러나 삼계의 헤아릴 수 없이 많은 중생들은 끊을 수 없는 번뇌에 속박되어 끝없는 고통의 바다에서 부침(浮沈)해 생사윤회가 끝이 없다고 생각했기 때문에 보살의 자비로운 마음이 발하여 소리 없이 눈물을 흘렸다고 하겠다.

혜안공덕(慧眼功德)

혜안(慧眼), 즉 지혜로운 눈은 바로 '지실상혜(知實相慧)'라는 뜻이다. 이 지혜는 모든 불법의 여실상(如實相)을 투철하게 볼 수 있기 때문에 "혜안"이라고 부른다. 범부의 육안으로는 색법(色法)만을 볼 수 있지만, 성인의 혜안은 중생의 마음을 볼 수 있고, 아울러 불법과 비법(非法)을 구별할 수 있다. 수보리는 일찍이 부처님께 아함경(阿含經)을 들었을 때 나한의 과위를 얻어서 이미 혜안을 갖추었다. 하지만 그는 부처님의 『금강경』 설법을 듣기 전에 이처럼 의미가 아주 깊은 경전을 들어본 적이 없었다.

한편으로 부처님의 교육 논리에서 말하자면 수보리는 성문승을 닦은 단계로서는 아직 부족하여 이러한 법을 들어본 적이 없었다. 『선설이제경(宣說二諦經)』에 이르기를 "성문들이 증득한 공성이 마치 소가 밟은 발자국 가운데의 물과 같고, 보살이 증득한 공성은 바다와 같이 넓다."라고 하는 것과 같이 성문과 보살의 공성에 대한 이해는 서로 다르다.

다른 한편 후세의 수많은 대덕들은 수보리가 나한과를 얻은 지 오래되었고, 또한 해공에 뛰어났기 때문에 비록 불법이 높고 깊더라도 이 정도까지 놀라지는 않았을 것이라고 본다. 따라서 수보리가 이렇게 찬탄한 이유는 바로 근기가 떨어지는 청중으로 하여금 부처님의 설법에 더욱 효과적으로 감동시키고자 하는 의도가 있었다는 것이다.

12

맑고 깨끗함[淸淨]이 곧 도이다

신심과 공덕

수보리만이 깨달음에 이를 수 있는 것은 아니다. 모든 중생들이 『금강경』의 진정한 뜻을 깨달을 수 있고, 맑고 깨끗한 바른 믿음[正信]을 일으킬 수 있다면 여래를 볼 수 있으며, 저절로 가장 희유한 공덕을 성취할 수 있다. 이것이 바로 성불의 깨달음이다.

수보리가 부처님 옆에서 『금강경』을 듣는데, 부처님께서는 문자반야에 대해 잘 알고 있으므로 이에 대한 설법이 아주 교묘하고 뛰어나 경전을 듣는 중생들이 환희심을 일으킬 수 있게 하였고, 이는 중생들로 하여금 큰 지혜를 일으킬 수 있는 방편이었다. 이러한 기연으로 말미암아 수보리는 오성(悟性)으로써 이를 쉽게 믿고, 또 그 가운데의 도리를 바로 이해할 수 있어 받아들이기에 그다지 큰 어려움이 없었다. 그러나 후세 사람들이 만약 이 깊은 묘법을 간접적으로 듣게 된다면, 이로 말미암아 일체상(一切相)을 떠나 청정한 신심을 일으키고, 나아가 반야실상을 깨달을 수 있다면 이것은 바로 희유한 공덕이다.

신심이 맑고 깨끗함은 오도(悟道)의 근원

신앙의 입장에서 말하면, 바른 믿음[正信]이 있어야 비로소 맑고 깨끗하여 도를 깨달을 수 있다. '바른 믿음'으로 도리를 철저히 깨달아야 비로소 신앙이 발생하고 불법을 배울 수 있게 되는 것이다. 만약 도리를 투철하게 이해하지 못하고, 맹목적으로 신앙하며 예배한다면 그것은 여전히 미신의 범주에 속한다. 불교의 바른 믿음은 반드시 도리를 먼저 이해하고, 이론적으로 불법을 닦는 것에서 시작된다. 바른 믿음이란 중생 모두 불성이 있고 모두 미래의 부처라는 것을 믿어야 하는 것이다. 이 불성은 바로 실상이고, 중생의 본래 지니고 있는 자성으로, 다만 세속의 집착하는 생각에 머물러 미혹하게 되었기 때문에 모두 범부가 되었다. 따라서 '맑고 깨끗함'은 세속의 망념을 깨끗이 제거하고 자재(自在)하는 불성을 드러내는 것이다.

앞에서 언급한 "계로부터 선정이 생하고, 선정으로부터 지혜가 발한다[由戒生定, 因定發慧]."라는 것은 곧 "고요히 생각하여 선정에 든다[靜慮禪定]."라는 것이다. 다시 말해 이는 마음이 맑고 깨끗한 상태에서 자기 마음을 관조하고 반야의 실상을 깨닫는 것을 필요로 한다. 이 신념(信念)이 맑고 깨끗하면 '실상반야'가 드러날 수 있다. 이것이 바로 '신원과만(信圓果滿)'이다. 불법을 듣는 것으로부터 신심이 맑고 깨끗한 것에 이르고, 또한 그에 따라 실상이 드러난다는 것이다. 이는 문자반야로부터 관조반야에 이르고, 또 관조반야로부터 실상을 증득하는 전체 과정이다. 간단하게 말하자면 먼저 지혜를 듣고, 다음에 지혜를 사유하며, 다시 지혜를 닦는 것이다.

제일 희유한 공덕

'공덕(功德)'의 '공(功)' 자는 선행을 가리키고, '덕(德)' 자는 착한 마음을 가리킨다. 여기서 공덕은 열심히 수행하여 얻은 반야지혜의 성취를 가리키는데, 먼저 불법을 들은 후 신심이 맑고 깨끗해지며, 문자에 따라 뜻을 이해하여 반야의 실상을 깨달아 증득하는 것이다.

이 공덕은 일반적인 공덕이 아니다. 바로 '제일 희유한' 공덕이다. 그 까닭은 능히 '실상'을 드러낼 수 있기 때문이다. 실상은 '진실한 모습'을 가리키는데 "불성", "법성", "진여(眞如)", "법신", "진제(眞諦)" 등으로 칭하기도 한다. 모든 상을 떠난 '진여'의 묘성(妙性)이고, 진공이체(眞空理體)의 상이며, 허망한 상이 아닌 불생불멸, 불변불괴(不變不壞)의 유일한 진실이다. 따라서 이 경전을 들은 후에 맑고 깨끗한 신심으로 '실상'을 깨달을 수 있다면, 이것은 확실히 제일 희유한 공덕이다.

희유한 공덕

맑고 깨끗한 신심은 공덕의 어머니

경전을 듣는 것으로 일념(一念)에 맑고 깨끗한 신심을 일으키고, 나아가
'반야실상'을 깨달아서 희유한 대공덕을 이루는 것은 불도 닦기의
논리적 순서다. 경전을 듣는 것은 '문혜(聞慧)'로 '문자반야'에
속하고, 마음이 맑고 깨끗한 것은 '사혜(思慧)'로
'관조반야'에 속하며, 대공덕은 반야의 실상을 증득하는
것으로 '수혜(修慧)'이며, '실상반야'이다.

> 문자는 다만 한 종류의
> 방편으로, 맑고 깨끗한
> 신심의 작용력을 떠나면
> 아무 의미가 없다.

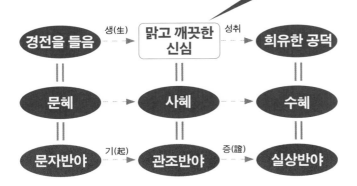

공덕과 복덕

복덕과 공덕은 서로 다른 것으로, 밖으로는 일을 닦음[修事]의 유루선(有漏善)이 복덕이고, 안으로는
불성의 무루지(無漏智)를 증득함이 비로소 공덕이다. 복덕과 공덕을 모두 다 충분히 닦아야 비로소
생사와 고통스러운 바다에서 벗어나고 성불할 수 있다.

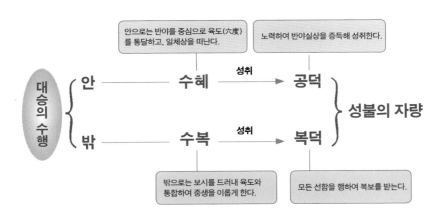

13

제일 희유한 사람

육조 혜능(六祖慧能)

수보리는 부처님의 설법 현장에 있었기 때문에 그 가르침을 직접 들어서 믿고 이해하며 받들 수 있었던 것을 기이한 일이라고 할 수 없다. 부처님께서 친히 설한 것을 직접 듣지 않았던 사람들이, 더욱이 5백 년이 훨씬 지난 후에 이 경전으로 하여금 신심이 맑고 깨끗하여 반야실상을 증득할 수 있었던 사람들이 참으로 희유한 것이다.

부처님 재세 시에는 수행자들이 과위를 얻은 일들이 많았고, 또한 법을 듣자마자 증과(證果)하는 일도 있었다. 수보리는 부처님을 친히 모시며 "해공제일"로 칭해지던 뛰어난 제자로서, 근기 등이 뛰어나 공성(空性)의 법문을 듣고 증득한 것은 그렇게 희유한 일이 아니라고 할 수 있다. 희유한 공덕이라고 칭할만한 이는 시공간의 커다란 변화가 발생한 후세에 부처님의 설법을 간접적으로 듣고, 일념(一念)에 청정한 신심을 일으켜 증득한 사람이다. 선종의 육조 혜능이 가장 대표적인 경우라고 말할 수 있다.

혜능이 처음 『금강경』을 들음

육조 혜능은 중국 영남 지방의 한 나무꾼이었는데, 길가 원외(員外)의 집 창문 아래에서 장작을 팔 때 집주인이 『금강경』 읽는 소리를 듣고서 마음이 끌렸다. 마침 "마땅히 머문 바가 없이 그 마음을 내어라[應無所住, 而生其心]."라는 구절을 들었을 때, 순간 깨달음이 일어나 지혜가 열려 세간의 여러 일을 명확히 알게 되었다. 일념 사이에 마음이 맑고 깨끗해져 오도(悟道)하여 성불하고자 하는 마음을 일으켰다. 다만 후에 오조 홍인을 만났을 때의 대화를 보면 혜능은 이때 이미 지혜를 깨달았지만, 철저하게 깨닫지는 않았을 뿐이다

육조 혜능의 희유

혜능이 오도하여 불법을 넓히다

서기 638년 ● 당(唐) 정관(貞觀) 12년, 혜능은 영남(嶺南) 신주(新州)에서 태어남

서기 661년 ● 당 용삭(龍朔) 원년(元年), 길거리에서『금강경』을 듣고서
개오(開悟)하였고, 동년에 혜능은 황매현에 가서
오조 홍인을 찾아 불법을 배우고자 하였다. 8개월이 지나
홍인이 의발을 전해 주며 피하라고 하였다.

서기 667년 ● 당 건봉(乾封) 6년, 혜능은 조계(曹溪)에 이르렀다. 그 후 사냥꾼들과
지냈다.

서기 676년 ● 당 의봉(儀鳳) 원년, 혜능은 광동(廣東)에서 "마음이 움직이면 깃발이
움직인다."라는 문제를 토론하였다. 그해에 혜능은 사람들에게 육조의
의발을 보이고, 삭발하여 출가하였다.

서기 677년 ● 당 의봉 2년, 혜능은 대중을 이끌고 소주(韶州)에 이르러서 정식으로
개단(開壇)하여 설법을 시작하였다.

서기 713년 ● 당 개원(開元) 2년, 혜능은 신주(新州) 국은사(國恩寺)에서 입적하였다.

❶ 혜능은 길거리에서『금강경』의 "마땅히 머문 바가 없이 그 마음을 내어라."라는 문구를 들었을 때, 맑고 깨끗한 정신(正信)을 일으켜 홀연히 개오하였다.

❷ 혜능이 처음 홍인을 만나 "사람은 남과 북의 나눔이 있지만, 불성에 어찌 남과 북의 나눔이 있겠습니까?"라고 하였을 때 이미 깨달음을 드러냈다.

❸ 8개월 지난 뒤에 "보리는 본래 나무가 없으며, 밝은 거울도 그 받침이 없는 것, 본래 한 물건도 없는데, 어디에 진애가 끼겠는가[菩提本無樹, 明鏡亦非臺, 本來無一物, 何處惹塵埃]?"라는 게송을 지었다.

❹ 홍인은 한밤중에 혜능을 인도하여 밀실(密室)에 들어가 친히『금강경』을 가르쳤는데, 혜능은 다시 "마땅히 머문 바가 없이 그 마음을 내어라."라는 문구를 들었을 때 활연히 오도하였다. 그에 따라 홍인은 혜능에게 의발을 전하였다.

혜능의 오도

일반 사람이 도를 깨닫는 과정은 보통 먼저 불문에 들어와 불법에 가까워지고 점차적으로 도를 깨닫는 순이다. 그러나 육조 혜능은 선근이 깊고 두터워 길거리에서『금강경』읽는 소리를 처음 들었지만 바로 맑고 깨끗한 신심을 일으켜 중생의 불성이 평등한 도리를 깨달았다. 그 후에 천 리나 되는 머나먼 길을 떠나 광동(廣東)에서 호북(湖北)에 이르러 홍인을 찾아 불법을 구하였다. 혜능의 수행차제는 먼저 경전을 듣고 개오한 이후에 불문에 들어와서 불법을 구하는 순이다.

일반 사람의 도를 깨닫는 과정: **불문에 들어옴** ⟶ **불도를 깨달음**

혜능이 도를 깨닫는 과정: **불도를 깨달음** ⟶ **불문에 들어옴**

혜능은 길거리의 사람이『금강경』을 읽는 소리를 들었고, 순간 마음에 맑고 깨끗함을 일으켰으므로 바로 도를 깨달았다.

혜능이 불문에 들어와 불법을 구하는데 홍인은 그의 근기를 떠 보고자 묻기를 "오랑캐가 불법을 배워서 무엇을 하겠는가?"라고 물었고, 혜능은 되묻기를 "사람은 남과 북의 나눔이 있지만, 불성에 어찌 남과 북의 나눔이 있겠습니까?"라고 하였다.

(『단경』 행유품 참조).

혜능의 오도

혜능은 이후 그 원외의 도움을 받아 연로한 어머니와 이별하고 천 리나 되는 머나먼 길을 떠나 기주(蘄州) 황매현(黃梅縣)에 있는 동선사(東禪寺)에 이르러 오조 홍인과 만났다. 홍인이 "갈료(獦獠; 당시 남방 소수민족을 낮추어 부르는 칭호)가 감히 여기에 와서 불법을 어찌 배우겠는가?"라고 물었고, 혜능은 "사람은 남과 북의 나눔이 있지만, 불성에 어찌 남과 북의 나눔이 있겠습니까?"라고 반문하였다. 홍인은 이 먼 곳에서 온 젊은 사람에게 대선근(大善根)이 있다는 것을 이미 깊게 알아차렸다. 그래서 그에게 쌀을 찧는 등 번거로운 일을 하라고 명령하였다. 그렇게 8개월이 지났고, 홍인은 법을 전하고자 문인들에게 각자 자기가 수행하는 과정에서 증득한 경지를 나타내는 게송(偈頌)를 지으라고 하였다. 마침내 홍인은 혜능이 지은 게가 제일 좋다고 평가하여 그에게 의발을 전하였다. 법을 전할 때 홍인은 또한 혜능에게 『금강경』을 설했는데, 혜능은 또다시 "마땅히 머문 바가 없이 그 마음을 내어라."라는 구절에 이르러 활연대오하였다(『단경』 행유품 참조).

　　육조 혜능이 나무꾼으로 장작을 팔 때에는 이 경전을 결코 본 적이 없었으며 심지어 글자도 몰랐다고 한다. 그렇다면 이 경전 가운데 가장 심오한 오의(奧義)를 어떻게 깨달을 수 있었는가? 이러한 점을 통해 『금강경』을 처음 들어도 바로 도를 깨달을 수 있음을 알 수 있다. 또한 그는 도를 얻은 후 평생토록 반야의 진리를 전파했으므로 혜능은 부처님께서 예언한 진정 희유한 사람이라 할 만하다.

14

제일바라밀(第一波羅蜜)

가장 뛰어난 바라밀, '반야'

부처님께서 '반야바라밀'을 "제일바라밀"이라고 설한 것은 반야바라밀로 나머지 다섯 바라밀의 수증(修證)을 인도하여 무루(無漏)의 부처가 되는 원인이 되게 하기 때문이다.

바라밀(波羅蜜)은 궁극적으로 피안에 원만히 도달한다는 의미이다. 육바라밀은 본래 순서가 없으며, 모두 다 중요하다. 그러나 원만하고자 한다면 반드시 '반야바라밀'의 인도에 따라야 한다.

부처가 되는 원인, 반야

반야바라밀을 "제일바라밀"이라고 칭하는 까닭은 '반야'가 모든 불법의 어머니이기 때문이다. 반야의 입장에서 말하면, 불법 자체에 있는 바가 없다고 말할 수 있다. 불법은 있는 바가 없을 뿐만 아니라 '있는 바가 없다'라는 것조차도 없는데, 이것이 바로 부정의 부정이며, 논리에 따르면 바로 '없는 바가 없다'라는 뜻이다. 반야에 따라 마음을 내면 만사, 만물은 모두 인연이 화합하여 형성된 것임을 알 수 있는데 결국 제법(諸法)은 오온의 가합으로 자성이 없는 것이다. 반야에 따라 수행하면 또한 진상(眞相)은 본래 무상(無相)이고, 피안은 불생불멸과 불구부정(不垢不淨)의 존재인 것을 알 수 있다. 바라밀을 수행하는 사람이 만약 반야를 수행하지 않는다면 앞에 나아가는 원인을 찾지 못하고, 왜 수행하는지, 수행하는 목적이 무엇인지 알 수 없다. 인과를 분명하게 알지 못하면 그것을 따질 수 없다. 따라서 '반야바라밀'이 없다면 마치 눈이 없는 손과 발처럼 피안에 도달할 수 없으며 불과(佛果)를 얻을 수도 없다.

반야는 육도(六度)를 통섭한다

반야는 육도를 이끌고 있으며, 수행은 무소유(無所有), 무소취(無所取), 무소득(無所得), 무소생(無所生)의 원칙을 파악하는 것이고, 보시, 지계, 인욕, 정진, 선정은 모두 무상(無相), 불취상(不取相), 부주상(不住相)이어야 한다. 이것은 보살이 행해야 할 일체상(一切相)을 떠나 중생을 구하는 것이다. 이로 미루어 보면 '보시'는 곧 '반야'이고, '반야'는 곧 '인욕'이며, '인욕'은 곧 '지계', '지계'는 곧 '선정', '선정'은 곧 '정진'이다. 여섯 종류의 바라밀을 통달하여 하나가 되면 마치 성능이 아주 완벽한 큰 배와 같이 한 곳에 힘을 집중하여 바로 피안에 도달할 수 있다. 반면에 집착한 것이 있으면 '보시'는 '반야'가 아니고, '반야'는 '선정'이 아니며, '선정'은 '인욕'이 아니고, '인욕'도 '지계'가 아니어서 서로 충돌하게 마련이다.

  '제일바라밀'의 본래의 뜻은 '반야'로 '육도'를 통섭하여 일체상을 떠나는 원칙 아래 통달하여 하나가 되는 것이다. '제일바라밀' 또한 최종적으로는 허가(虛假)의 명사(名詞)일 뿐이고, 일체상과 같이 집착할 수 없는 것이다. 이 명사는 다만 방향을 지시하는, 마치 '여기에서 오른쪽으로 가면 화원(花園)이다'라는 내용을 쓴 표지판과 같을 뿐이다. 우두커니 그 앞에 서 있으면 표지판에서 꽃을 보려는 것과 같이 영원히 이루어질 수 없다.

육도를 통섭하는 반야

반야와 육바라밀

반야의 통섭 아래 대승을 수행하는 사람들은 일체법에 모두 자성이 없음을 깨달아야 한다. 그래서 육도의 만행(萬行)은 모두 각각의 상에 집착하지 않고 서로 통달하여 높고 낮음, 귀함과 천함이 없는 것이다.

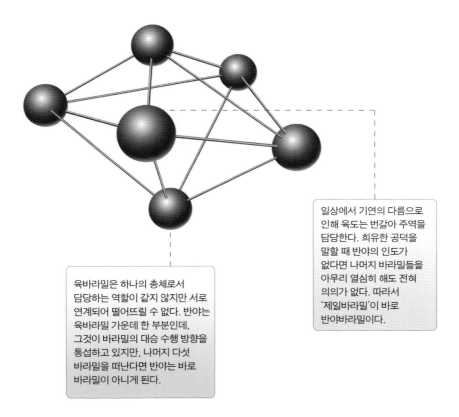

일상에서 기연의 다름으로 인해 육도는 번갈아 주역을 담당한다. 희유한 공덕을 말할 때 반야의 인도가 없다면 나머지 바라밀들을 아무리 열심히 해도 전혀 의의가 없다. 따라서 '제일바라밀'이 바로 반야바라밀이다.

육바라밀은 하나의 총체로서 담당하는 역할이 같지 않지만 서로 연계되어 떨어뜨릴 수 없다. 반야는 육바라밀 가운데 한 부분인데, 그것이 바라밀의 대승 수행 방향을 통섭하고 있지만, 나머지 다섯 바라밀을 떠난다면 반야는 바로 바라밀이 아니게 된다.

반야바라밀

반야는 배와 같이 중생을 생사의 차안으로부터 불생불멸의 열반인 피안으로 건너게 할 수 있다.

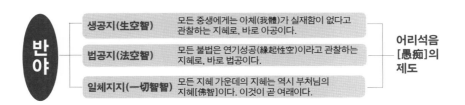

반야	생공지(生空智)	모든 중생에게는 아체(我體)가 실재함이 없다고 관찰하는 지혜로, 바로 아공이다.	어리석음 [愚痴]의 제도
	법공지(法空智)	모든 불법은 연기성공(緣起性空)이라고 관찰하는 지혜로, 바로 법공이다.	
	일체지지(一切智智)	모든 지혜 가운데의 지혜는 역시 부처님의 지혜[佛智]이다. 이것이 곧 여래이다.	

15

공덕을 다시 비교하다

신보시(身布施)와 법보시

『금강경』을 수지하거나 남에게 『금강경』을 설하면 맑고 깨끗한 자성을 얻을 수 있고, 부처가 될 수 있다. 또한 모든 중생을 인도하여 불도를 수행하고 모든 중생으로 하여금 번뇌, 생사를 끊게 하여 범부에서 성인이 돼 반야지혜를 얻을 수 있게 한다. 이러한 다함이 없는 무루의 복덕은 숫자로 헤아릴 수 없다. 마치 항하의 모래 수처럼 한량이 없는 것이다.

앞에서 재보시와 법보시의 공덕을 비교하였으나 부처님께서 이를 다시 제기하셨다. 여기에는 다른 의도가 있다. 재보시는 재물 등 물건만을 가리키지 않고, 아울러 머리, 눈, 피부, 골격, 이, 입술, 손발 등 우리 몸에 있는 것, 그리고 우리의 체력, 지력 등 신체와 관련된 능력을 포함한다. 여기에서 전자는 "외재(外財)"라 하고, 후자는 "내재(內財)"라 한다. 앞에서 항하에 있는 모래알의 수와 같은 삼천대천세계에 칠보를 가득 채워 보시한다고 한 것은 모두 외재이다. 지금 비교할 것은 『금강경』을 널리 전하는 법시와 몸과 관련된 내재의 보시이다. 후자를 "신보시"라고도 한다.

신보시의 공덕

'신보시'와 일반적인 재시는 서로 다르다. 신보시에는 무량하고 끝이 없는 공덕이 있으며, 성인의 보살 이외의 범부는 신보시를 실천하지 못하므로 신보시의 공덕은 아주 특별하다. 초지(初地) 이상의 보살은 세속에 들어와 중생을 제도함에 있어서 수많은 화신(化身)을 나타낸다. 따라서 신보시의 몸도 천백만이 있다. 이러한 큰 공덕은 범부의 입장에서는 결코 감당하기 어려운 것이다. 하물며 헤아릴 수 없는 겁에 날마다 항하의 모래알만큼의 몸으로 보시하

신보시의 공덕

인도의 하루

중국은 하루를 12시로 나누는데, 인도에서는 낮의 3시, 밤의 3시의 6시로 나눈다. 낮의 3시는 약 10시 이전을 초일분(初日分), 10시에서 오후 2시를 중일분(中日分), 2시 이후는 후일분(後日分)이라고 한다.

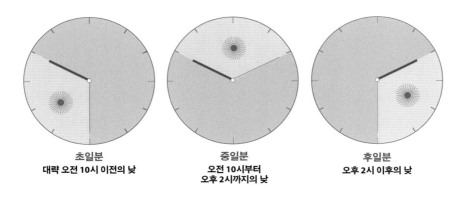

초일분
대략 오전 10시 이전의 낮

중일분
오전 10시부터
오후 2시까지의 낮

후일분
오후 2시 이후의 낮

보시 가운데 신보시의 위치

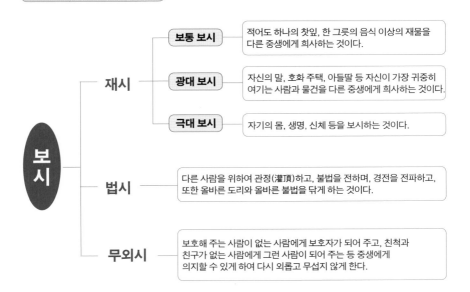

보시

재시
- 보통 보시 — 적어도 하나의 찻잎, 한 그릇의 음식 이상의 재물을 다른 중생에게 희사하는 것이다.
- 광대 보시 — 자신의 말, 호화 주택, 아들딸 등 자신이 가장 귀중히 여기는 사람과 물건을 다른 중생에게 희사하는 것이다.
- 극대 보시 — 자기의 몸, 생명, 신체 등을 보시하는 것이다.

법시 — 다른 사람을 위하여 관정(灌頂)하고, 불법을 전하며, 경전을 전파하고, 또한 올바른 도리와 올바른 불법을 닦게 하는 것이다.

무외시 — 보호해 주는 사람이 없는 사람에게 보호자가 되어 주고, 친척과 친구가 없는 사람에게 그런 사람이 되어 주는 등 중생에게 의지할 수 있게 하여 다시 외롭고 무섭지 않게 한다.

므로 이 공덕은 더욱 크다.

불퇴전(不退轉)의 신심

보살은 무량한 백천만억 겁의 하루 아침, 점심, 저녁에 신보시를 하므로 그의 공덕은 무량하고 끝없으며 상상할 수 없다. 그러나 어떤 사람이 『금강경』을 들은 후에 불퇴전의 신심을 일으키면 그 공덕은 보살의 무량한 신보시의 공덕보다 더욱 수승할 것이다. 더욱이 다양한 형식으로 『금강경』을 널리 전하기 때문에 그의 공덕은 더욱 추정할 수 없다. 물론 범부가 『금강경』을 듣고 불퇴전의 신심이 생겨 성위(聖位)를 증득한 보살들의 신보시의 무량한 공덕을 초월한다는 것을 사람들은 납득할 수 없을 것이다. 그러나 근기가 대단히 높은 청중들이 경전을 듣는 과정에서 청청한 신심을 일으키고 일념에 반야지혜를 일으켜 불퇴전의 신심을 갖춘다면 보살들의 신보시보다 더 특수한 공덕을 얻을 수 있다.

하지만 일반적으로 범부의 불퇴전의 신심은 현세에서의 불퇴전이며, 다음 세상에서도 불퇴전이 될지는 확정하기 어렵다고 말한다. 그러나 보살의 신심과 공덕은 금생에서 불퇴전할 뿐만 아니라 세세생생 지속된다. 따라서 『금강경』의 성취한 공덕을 상식적인 도리로 이해하면 안 된다.

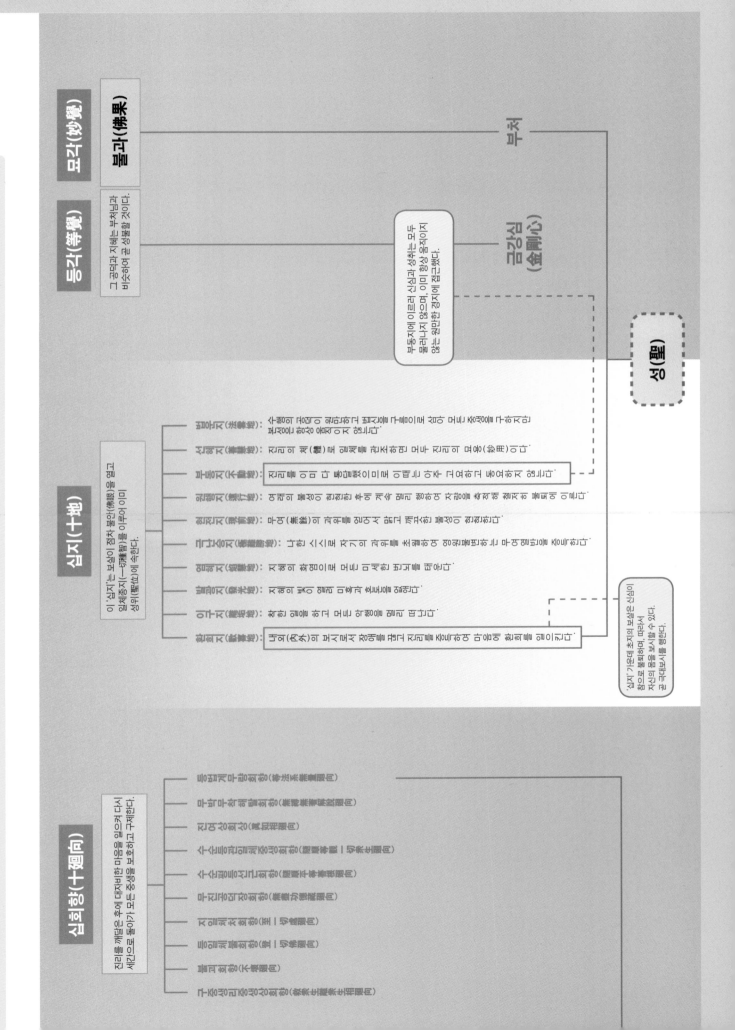

십 신 →

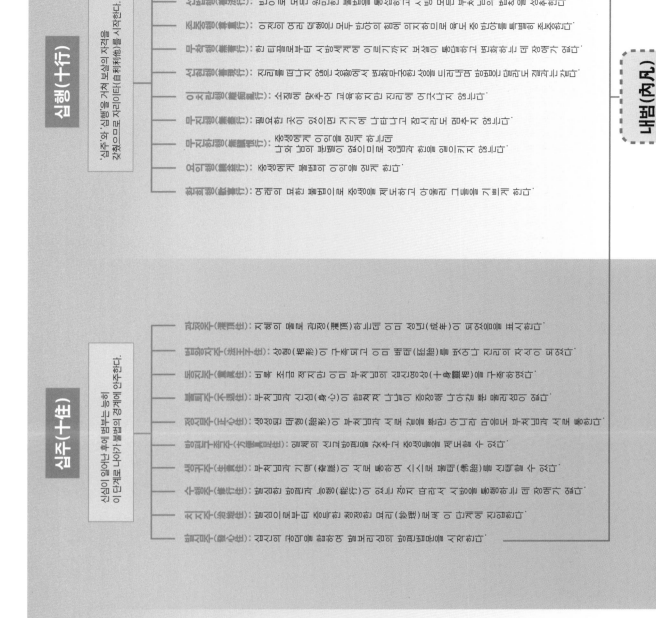

범성(凡聖) 52계위(階位)

범성 52계위는 범부에서 성인으로 들어가는 단계로서 각 단계의 수행을 서로 다르며, 중생을 이롭게 하는 능력도 서로 다르다. 십지(十地) 이하는 범위(凡位)이고, 십주(十住), 십행(十行), 십회향(十廻向) 등은 현위(賢位)이지만 아직 성위(聖位)에는 도달하지 못한 것이다. 십지 이상의 보살과 붙은 성위로서 이미 물러남이 없는 단계[不退] 단계이다.

십행(十行)

'십주'의 '십행'을 거쳐 보살의 지혜를 갖췄으므로 자리이타(自利利他)를 시작한다.

- 환희행(歡喜行)
- 요익행(饒益行)
- 무진한행(無瞋恨行)
- 무진행(無盡行)
- 이치란행(離癡亂行)
- 선현행(善現行)
- 무착행(無著行)
- 존중행(尊重行)
- 선법행(善法行)
- 진실행(眞實行)

십주(十住)

신심이 일어난 후에 범부는 능히 이 단계로 나아가 불심의 경계에 안주한다.

- 발심주(發心住)
- 치지주(治地住)
- 수행주(修行住)
- 생귀주(生貴住)
- 방편구족주(方便具足住)
- 정심주(正心住)
- 불퇴주(不退住)
- 동진주(童眞住)
- 법왕자주(法王子住)
- 관정주(灌頂住)

십신(十信)

범부로부터 성인의 경지에 들어가려면 반드시 '신(信)'이 선도되어야 한다. 신심으로부터 원심(願心)에 이르기까지 범부가 행하는 대승 수행의 시작이다.

- 신심(信心)
- 염심(念心)
- 정진심(精進心)
- 혜심(慧心)
- 불퇴심(不退心)
- 호법심(護法心)
- 회향심(廻向心)
- 계심(戒心)
- 정심(定心)
- 원심(願心)

십신 가운데 금생에 불퇴심은 범부의 신심으로, 금생에 불퇴하지만 내세에서도 여전히 불퇴하지는 않는다.

내범(內凡)

외범(外凡)

16

대승은 소법(小法)을 즐기지 않는다

위대한 보살의 사업

말세에 어떤 사람이 『금강경』을 믿고 해설하고 수지하며 혹은 사람들에게 『금강경』을 가르친다면, 이 사람은 묘사할 수 없는 무상(無上)한 큰 공덕을 얻을 수 있고, 마침내 무상정등정각의 과위를 얻을 것이다. 이러한 사람들의 행동은 중생들이 모두 은혜를 받을 수 있는 큰 사업이고, 이것도 또한 부처님께서 제창한 대승의 불법이다.

이 경전은 부처님께서 이미 대승보리심을 일으켜 대승의 보살도를 행하는 수도자를 위해 설한 방편법문이다. 여기에서 설한 반야바라밀은 일반 중생들이 이해하여 얻기 어려운 것이다. 따라서 부처님께서 지적하기를 대승원(大乘願)을 발하고 보리심을 행하는 사람만 얻을 수 있다고 하셨다. 이는 소질에 맞추어 교육하는 기연이다. 수보리는 소승 아라한이다. 그러나 수많은 경전에서는 수보리가 사실 대승 근기로서, 아라한의 과위를 얻은 것은 다만 그가 성장하는 과정일 뿐이라고 지적한다. 따라서 부처님의 『금강경』 설법은 대승의 도이자 견고한 무루의 반야지혜이다.

대승과 범부의 작은 총명

대승보살도는 반야에서 비롯되었고, 수행자들에게 모든 상을 떠나 아견·인견·중생견·수자견을 끊을 것을 요구하는데, 이는 평범한 중생에게 있어 감당할 수 없는 커다란 요구이다. 중생들이 불법을 배우든 신선(神仙)에게 절을 하든 이는 모두 고통에서 벗어나 즐거움을 얻고자 하는 것이다. 그러나 늘 눈앞의 이익에 집착하고, 특히 자신의 신체, 수명 등에 신통(神通)이 있어 장생불로(長生不老)하기를 바란다. 더구나 이러한 경우도 벼락치기하는 대중들이

보살의 역할 분담

보살은 부처님처럼 충분히 원만하지 않아 자기가 가장 잘하는 것으로부터 착수할 수 있기 때문에 역할을 분담하게 되었다. 중국불교에서 가장 유명한 사대보살은 서로 다른 일을 담당하고 있다. 이 네 보살들이 맡은 일은 네 글자로 개괄할 수 있는데, 바로 '비(悲)', '지(智)', '행(行)', '원(願)'이다. 보살 각자 맡은 일이 다르더라도 모두 중생을 제도하여 피안에 도달할 수 있게 함을 종지로 삼으며, 또한 중생으로 하여금 대승보살도에 대하여 충만한 신앙을 일으키게 한다.

'비'를 담당하는 보살은 바로 그 유명한 관세음보살이다. 무릇 불교를 신앙하는 사람이 고뇌, 위험, 재난을 만나면 바로 "관세음보살"을 칭명하는데, 관세음보살은 이 소리를 들은 후에 바로 오실 것이다. 따라서 관세음보살은 마치 구급대원과 같다. 자식을 구하고, 재물을 구하고, 복을 구하는 것도 관세음보살에게서 찾는데, 이것으로 보면 '비업(悲業)'의 범위가 현세의 이익과 관련이 있다고 하겠다.

'지'를 담당하는 보살은 바로 문수보살이다. 문수보살을 따라 수행하면 지혜를 빠르게 향상시킬 수 있다. 문수보살은 머리 위에 다섯 상투를 맺는데 이는 대일여래의 다섯 지혜를 나타내고, 손에는 검을 들어 지혜의 날카로움을 상징한다. 사자를 타서 지혜의 용맹스러움을 나타낸다.

● 관세음보살

● 문수보살

悲　智
　보살도
　중생
行　願

● 보현보살

● 지장보살

'행'을 담당하는 보살은 바로 보현보살이다. 보현보살은 코끼리를 타고 있다. 인도의 코끼리는 사막의 낙타처럼 무거운 짐을 실어 사람을 대신해 힘든 일을 한다. 코끼리는 중생을 대신하여 그들의 고난을 짊어지는 것과 같이 보살도를 행함을 상징한다.

'원'을 담당하는 보살은 지장보살이다. 지장의 뜻은 "편안히 인내하며 흔들림이 없어 마치 대지와 같고, 차분히 생각하며 깊고 세밀히 하여 마치 보물을 은밀하게 숨기는 것 같다."라는 것이다. 전설에 따르면 그는 염라의 화신으로서, "지옥이 비지 않으면 성불하지 않겠다."라고 말하였다고 한다.

범부, 소승, 대승의 사업 비교

범부의 사업은 공명(功名)을 이루는 세속적 가치를 추구하는 것인데, 화려한 사업이더라도 아름다운 꿈처럼 결국 빈 것이다. 소승의 사업은 세속의 명리가 덧없음을 간파하고 자신의 해탈을 위하여 수행한다. 그러나 자신만을 고려하기 때문에 여전히 작은 사업이다. 대승보살의 사업은 중생을 괴로움으로부터 벗어나도록 힘쓴다.

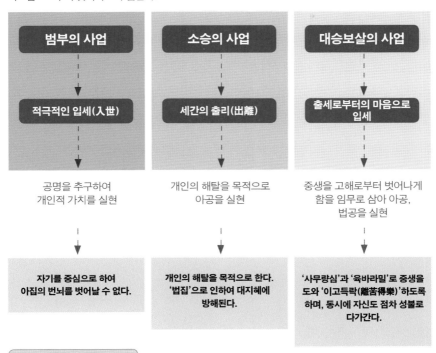

	범부의 사업	소승의 사업	대승보살의 사업
	적극적인 입세(入世)	세간의 출리(出離)	출세로부터의 마음으로 입세
	공명을 추구하여 개인적 가치를 실현	개인의 해탈을 목적으로 아공을 실현	중생을 고해로부터 벗어나게 함을 임무로 삼아 아공, 법공을 실현
	자기를 중심으로 하여 아집의 번뇌를 벗어날 수 없다.	개인의 해탈을 목적으로 한다. '법집'으로 인하여 대지혜에 방해된다.	'사무량심'과 '육바라밀'로 중생을 도와 '이고득락(離苦得樂)'하도록 하며, 동시에 자신도 점차 성불로 다가간다.

이집(二執)과 이공(二空)

	아(我)	법(法)
범부	●	●
소승성인	○	●
대승보살	○	○

● 집착, ○ 집착하지 않음

❶ 범부는 아집이 있을 뿐만 아니라 법집도 있어 육도윤회에서 벗어날 수 없다.

❷ 소승 성인은 색신이 오온가합으로 형성된 것을 알게 되어 아공을 깨달았다. 하지만 여전히 법의 실유(實有)에 집착하기 때문에 법집이 있다.

❸ 대승보살은 아공뿐만 아니라 법공을 깨달았다. 즉 만법(萬法)은 모두 인연으로 생한 것이니, 그 본질은 빈 것[空]이며, 자성이 없음을 깨달았다.

많다. 직설적으로 말하면 범부가 불법을 구하는 것은 대부분 이기적인 마음에서 나온 것이지만 대승 불법은 중생을 제도하는 것에 사사로움이 없는 마음이다.

대승과 소승

대승 불법은 소승 불법을 배척하는 것이 아니다. 다만 소승에 멈추지 않는 것이다. 만약 소승 불법을 닦아서 이미 성과를 얻어 고통스러운 바다로부터 벗어남을 기뻐하고, 자기가 얻은 바에 집착한다면 이것은 이기적인 것이다. 소법(小法)에 집착한 수행자들은 근성이 얕고, 그들의 수행 목적은 본래 자신의 행복을 찾는 데 있으며 다른 것에 관심을 두지 않는다. 따라서 그 사람들은 대부분 대승불교에 대해 신심을 일으키지 않을뿐더러 도리어 대승불교는 부처님께서 설한 것이 아니라고 비방한다. 물론 믿고 이해하고 수지할 수 없으므로 당연히 경전의 내용도 전혀 모른다고 할 수 있다.

부처님의 계발과 제창 아래 주변의 제자들은 모두 이러한 대승보리심을 일으킬 수 있었지만, 시간과 공간의 변화에 따라 이러한 사상을 스스로 이해하고 받을 수 있는 사람이 날로 적어진다. 부처님께서 후세 사람들이 이 경전의 공덕을 믿고 해설하고 수지하는 것을 찬탄하시는 것은 바로 이 이유 때문이다. 화신으로서 부처님이 이 세상에서의 수명은 기한이 있음을 알고 불법의 불씨를 철저하게 뿌린 본래의 뜻은 후세에 대근기(大根機)를 지닌 사람에게 희망을 건 것이었다고 하겠다. 불법이 쇠락했을 때 어떤 사람이 이 불법을 믿고 수지하거나 다른 사람에게 가르칠 수 있다면, 그 공덕은 그리스신화 가운데 프로메테우스가 하늘의 불을 훔쳐 인간에게 준 것과 비슷하다고 하겠다.

17

이상(離相)이 견고하면
안인(安忍)할 수 있다

'인욕'은 수행에 있어서 어려운 점이다. 인욕은 이른바 모든 모욕을 견딜 수 있고, 어떤 모욕이든 그것이 아무리 심하더라도 한마음[一心]으로 바르게 받아들이는 것이다. 범부중생들이 집착하는 오온가합의 대상은 바로 '나[我]'이다. '나'는 위협이나 상해를 받을 때 참지 못하고 마음속에 성냄과 원망을 일으킬 수밖에 없다.

'인욕'은 "안인"이라고 칭하기도 한다. '인'이란, 마음을 안정시키는 것, 외재적인 모욕과 위해 등을 참는 것이고, 또한 몸과 마음의 번뇌, 고통을 참는 것도 포함한다. 불법은 인욕을 아주 중시하는데 특히 대승보살도는 인욕을 보살이 수행하는 육바라밀 가운데 하나로 삼는다.

'안인'이 가장 어렵다

보살은 보시바라밀로 세간에 들어와 중생을 구제하는 정신을 나타낸다. 그런데 보시할 때 '나'와 중생과 인연의 상은 아주 다양한 형태가 있어, 환영과 옹호, 배척과 제압 등으로 나타날 때가 있고, 심지어 모욕, 질투, 폭력 등으로 나타날 경우도 있다. 따라서 이것으로 인해 원한이 발생할 수 있다. 구체적인 개인으로서 모두 '나'에 집착해 이것이 곧 자존심으로 드러나고, 어떤 경우에는 자신의 생명보다 더 중요시되어 "나를 죽일 수는 있지만 모욕은 받을 수 없다."라는 말로 표현된다.

안인이 이토록 어렵기 때문에 대승 불법에서는 수행자들에게 모든 모욕을 견딜 수 있고, 그것에 대해 인내심을 일으켜야 함을 요구하는 것이다. 구체적인 실천에 있어서 반야의 지혜가 이끄는 바에 따라 상을 떠나 중생을 제도하고, 아상·인상·중생상·수자상을 없게 하며, 모든 상에 머물지 않는다면, 모욕을 당함은 허망하고 진실하지 않은 것으로 모두 가상이 된다. 따라서 이때에 분노하고 보복할 대상이 저절로 없어질 것이다. 그렇지 않으면 억지로 참는다고 해도 여전히 분노하고 증오하는 마음이 일어날 것이며, 또한 아상·인상·중생상·수자상 등이 발생할 수 있다. 이는 보살의 행위가 아니다.

인욕선(忍辱仙)의 모범

전하는 바에 따르면 석가모니께서 전생에 '인욕선인(忍辱仙人)'이었을 당시 깊은 산속에서 인욕행을 수행하였는데, 그때의 국왕은 가리왕(歌利王)이었다. 어느 날 가리왕은 여러 왕비와 궁녀를 데리고 산속에서 사냥을 하다가 숲에서 잠들었다. 그때 왕비들과 궁녀들은 이곳저곳 다니다가 인욕선인이 홀로 수행하는 것을 발견하고 불법을 가르쳐달라고 청하였다. 가리왕이 잠에서 깨어 소리를 따라가 보니, 자신의 왕비들이 낯선 남자를 둘러싸고 있는 것을 보고서 분노하였다. 그리하여 그는 인욕선인의 살을 한 조각씩 떼어 내기 시작하였는데, 먼저 인욕선인의 귀와 코를 잘랐고, 다음에 팔다리도 자르게 되었다. 그는 인욕선인에게 비웃으며 말하기를 "내가 너에게 이렇게 하는데, 네가 과연 참을 수 있을까?"라고 하였다. 인욕선인은 이토록 잔혹한 일을 당했지만 그가 인욕행을 수행하기 때문에 처음부터 소리를 내지 않았고, 마음속에 원망도 없었다. 가리왕에게 자기가 원한이 없음을 증명하기 위해서 인욕선인은 바로 자신의 몸을 복원시켰다.

참기 어려운 그 모든 오욕을 참다

인욕바라밀

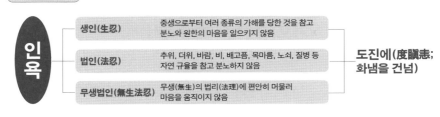

인욕

- **생인(生忍)** 중생으로부터 여러 종류의 가해를 당한 것을 참고 분노와 원한의 마음을 일으키지 않음
- **법인(法忍)** 추위, 더위, 바람, 비, 배고픔, 목마름, 노쇠, 질병 등 자연 규율을 참고 분노하지 않음
- **무생법인(無生法忍)** 무생(無生)의 법리(法理)에 편안히 머물러 마음을 움직이지 않음

→ **도진에(度瞋恚; 화냄을 건넘)**

인욕의 공덕

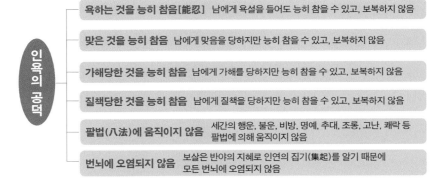

인욕의 공덕

- **욕하는 것을 능히 참음[能忍]** 남에게 욕설을 들어도 능히 참을 수 있고, 보복하지 않음
- **맞은 것을 능히 참음** 남에게 맞음을 당하지만 능히 참을 수 있고, 보복하지 않음
- **가해당한 것을 능히 참음** 남에게 가해를 당하지만 능히 참을 수 있고, 보복하지 않음
- **질책당한 것을 능히 참음** 남에게 질책을 당하지만 능히 참을 수 있고, 보복하지 않음
- **팔법(八法)에 움직이지 않음** 세간의 행운, 불운, 비방, 명예, 추대, 조롱, 고난, 쾌락 등 팔법에 의해 움직이지 않음
- **번뇌에 오염되지 않음** 보살은 반야의 지혜로 인연의 집기(集起)를 알기 때문에 모든 번뇌에 오염되지 않음

인욕선인이 가리왕에게 욕을 당함

일욕(一辱)
출가한 사람으로서 받는 오해는 일반 사람에겐 커다란 모욕이다.

이욕(二辱)
가리왕은 인욕선인을 한 칼에 죽이지 않고 사지를 한 조각씩 잘랐다.

삼욕(三辱)
가리왕은 그를 괴롭히면서 동시에 그의 수행 의지와 결심을 비웃었다.

18

보살의 경계
이일체상(離一切相)

중생이 고난에서 벗어남을 진실로 도와주려 한다면 보살은 아상·인상·중생상·수자상 등이 없어야 한다. '상'의 개념이 생기면 중생을 도와주지 못할 뿐만 아니라 자신의 수행에도 이익이 없다. 마음속에 '상'이 생기면 자신 또한 보살이 아니기 때문이다.

부처님께서는 대중들에게 보살로서 일체상을 떠나 머물러서는 안 되고, 어떠한 집착도 없는, 어떠한 육경(六境)에도 집착이 없는 보리심이 있어야 하며 그것을 수행해야 한다고 밝혔다. 부처님께서는 옛날에 안인바라밀(安忍波羅蜜)을 수행하였던 예를 들어 이상(離相)과 인욕을 수행해 얻은 경험을 함께 나누고자 하였다. 후학 제자로서 여러 비구들과 무상보리를 발심한 대중들은 마땅히 일체상을 떠나 머물지 않아야 한다. 어떠한 집착도 없는 보리심이어야 비로소 진실한 보리심이다. 이 보리심을 발심하고 수행함에 있어 모두 상에 머물지 않아야 진정한 보살이라고 할 수 있다.

발심하려면 상을 떠나야[離相] 한다

마음을 내는 것[發心]은 곧 수행하고자 하는 신념을 세우는 것이다. 보살은 무상정등정각을 이루고자 하는 최고의 신념, 즉 성불의 신념이 있어야 한다. 앞서 이야기한 바와 같이 보살이 마음을 내어 성불하고 중생을 제도하는 것은 모두 사상(四相)을 떠나야 하는데, 이것은 본질적으로 일체상을 떠나는 것이다. 왜냐하면 부처님께서 반복하여 설하시기를 "무릇 모든 상은 허망한 것이다[凡所有相, 皆是虛妄]."라고 하였기 때문이다. 많은 사람들은 성불의 목적

상을 떠나기[離相] 위한 네 가지 문[四門]

중국의 여러 종파 교의(敎義)를 결합해서 말하면, 보살이 수행하는 것은 대개 네 단계로 나눌 수 있다. 그것은 발심문(發心門), 복덕문(福德門), 지혜문(知慧門), 정진문(精進門) 등이며, 각 문은 또 서로 다른 위계(位階)를 포함한다. 이러한 '사문'은 상에 머물지 않아야 한다.

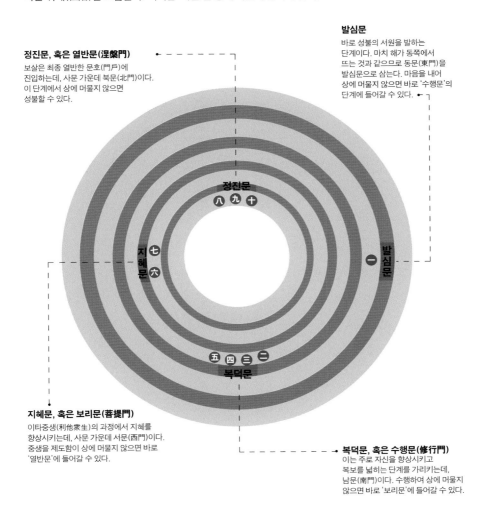

발심문
바로 성불의 서원을 발하는 단계이다. 마치 해가 동쪽에서 뜨는 것과 같으므로 동문(東門)을 발심문으로 삼는다. 마음을 내어 상에 머물지 않으면 바로 '수행문'의 단계에 들어갈 수 있다.

정진문, 혹은 열반문(涅槃門)
보살은 최종 열반한 문호(門戶)에 진입하는데, 사문 가운데 북문(北門)이다. 이 단계에서 상에 머물지 않으면 성불할 수 있다.

지혜문, 혹은 보리문(菩提門)
이타중생(利他衆生)의 과정에서 지혜를 향상시키는데, 사문 가운데 서문(西門)이다. 중생을 제도함이 상에 머물지 않으면 바로 '열반문'에 들어갈 수 있다.

복덕문, 혹은 수행문(修行門)
이는 주로 자신을 향상시키고 복보를 넓히는 단계를 가리키는데, 남문(南門)이다. 수행하여 상에 머물지 않으면 바로 '보리문'에 들어갈 수 있다.

사문(四門): 십지의 보살이 수행해야 하는 단계이다. 각 단계에서 상에 머물지 않으면, 모두 더 높은 계위에 올라갈 수 있다.

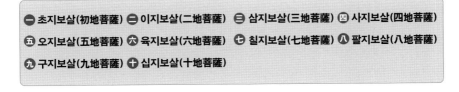

一 초지보살(初地菩薩) 二 이지보살(二地菩薩) 三 삼지보살(三地菩薩) 四 사지보살(四地菩薩)
五 오지보살(五地菩薩) 六 육지보살(六地菩薩) 七 칠지보살(七地菩薩) 八 팔지보살(八地菩薩)
九 구지보살(九地菩薩) 十 십지보살(十地菩薩)

을 '신통'을 얻는 것으로 보는데, 이는 사실 '상'에 대한 가장 커다란 집착이다. 부처님의 신통은 중생을 교화할 때 임시로 사용되는 수단일 뿐이기 때문이다. 이것도 가상이고 진제가 아니다. 따라서 마음을 내 일체상을 떠나야 비로소 참다운 성취를 이룰 수 있다.

마음을 닦으려면[修心]은 상에 머무르지 않아야[不住相] 한다

마음을 닦으려면 상에 머물러선 안 된다. 보살은 세속에서 중생을 제도하는데, 세속 곳곳에는 색·성·향·미·촉·법의 유혹이 가득하다. 수행자는 육경에 머물러선 안 되며, 아무리 다양하게 변화해도 맑고 깨끗한 자심(自心)을 끊으면 안 된다. 수행은 단번에 성공하는 것이 아니다. 작은 성취가 있더라도 계속 마음을 맑고 깨끗하게 해야 하며, 더욱 높은 측면으로 올라가야 한다.

중생을 제도함에 있어 상에 머무르지 않아야 한다

보살의 수행은 단지 자신만을 위한 것이 아니다. 자신만을 위해 해탈하는 것을 중국에서는 "자료한(自了漢)"이라고 칭한다. 이는 바퀴가 하나뿐인 수레이고, 소승이다. 여기에서는 여전히 '아'의 상을 떠나지 못해 '나', '남', '중생' 등의 분별하는 마음이 있으며, 자기의 생사만을 걱정한다. 이것이 바로 '수자상'이다.

　　중생은 모두 미래의 부처님이고, 보살이 수행하는 모든 보시는 중생으로 하여금 자신의 불성을 알게 하며 발심하게 해 수행하도록 함이다. 하지만 보시는 반드시 일체상을 떠나야 비로소 '무아', '무인(無人)', '무중생(無衆生)', '무생사(無生死)'의 경계에 도달할 수 있다.

19

여래의 신서(信誓)

틀림없는 진실

부처님은 의사소통의 장애를 타파하여 믿을 만한 내용만을 설한다. 왜냐하면 탐냄, 성냄, 어리석음, 번뇌가 남김이 없이 다 끊어져 망어(妄語)를 하는 경우가 없기 때문이다. 더욱이 정각을 이루어 성불하고 열반에 이르는 동안 부처님은 중생을 속이는 내용을 설한 적이 없고, 부처님의 설법은 다양한 측면에서 중생들에게 이익을 받게 하였다.

근기가 서로 다른 중생들에게 이 심오한 불법에 대한 의심이 이는 것은 면할 수 없다. 부처님이 설한 내용은 진짜일까, 가짜일까? 이러한 의심으로 인하여 부처님께서는 대중들 앞에서 "설한 모든 불법은 모두 진의(眞義)에 따라 설한 것이니, 진실하고 공허하지 않은 것이다."라고 설하셨다. 여래의 설법이 중생들의 근기에 따라 어떻게 변화하든지 간에 중생들은 안심하고 믿을 수 있다. 여래가 설한 불법은 진실하고 허망하지 않기 때문이다.

부처님 경계의 정상

불법에 따르면 여래는 전 세계에서 유일하게 진실을 설한다. 세간의 성실한 사람은 언어의 장애를 아직 끊지 못했기 때문에 목적을 이루기 위해서 필요하다면 진실하지 않은 말을 할 수도 있다. 그러나 부처님께서는 언어의 장애를 이미 끊었기 때문에 설법이 원만하다. 중생의 서로 다른 근기에 따라 부처님께서는 서로 다른 형식으로 설할 수 있다. 예를 들어서 처음 다섯 비구들에게는 사제(四諦)를 설하셨고, 이번 법회에서는 수보리조차 들어본 적이 없는 금강반야(金剛般若)를 설하셨다. 이것의 경계는 같지 않지만, 성불에 있어서 반드시 걸어야 할 길이다.

부처님과 중생의 경계는 서로 다른데 등산에 비유하면 부처님은 정상에 도착하였으므로 높은 위치에 있어 널리 바라볼 수 있다. 중생이 부처가 되는 길에서 만나는 모든 고통과 어려움을 부처님은 모두 내려다볼 수 있다. 정상으로 가는 모든 길도 볼 수 있다. 따라서 고통스러운 바다에서 부침하는 중생들에게 부처님의 설법은 바로 등대와 같이 길을 잃지 않게 하는 믿을 만한 보증수표이다.

진실은 부실불허(不實不虛)

부처님께서 신서(信誓)를 발한 목적은 사람들로 하여금 『금강경』을 믿고 높이 받들게 하기 위해서인데, 중생들이 이에 집착하여 부처님께서 설한 것이 바로 '진리'라고 생각할까 걱정하셨다. 그래서 부처님께서는 곧 중생들에게 '진리'는 진실이라 할 수 없고, 공허하다고도 할 수 없는 '공성(空性)'의 상태로 존재하는 것이라 말씀하셨다. 일반적으로 사람들은 '공허하지 않으면[不虛]' 바로 '참으로 있음[實有]'으로 생각하고, '실제가 없음[不實]'이라면 바로 '허무'한 것이라고 생각한다. 그러나 실제적으로는 그렇지 않다. 진리는 모든 법, 모든 상을 빌려서 사람을 인도해 괴로움으로부터 해탈할 수 있으므로 그 자체는 존재하는 것이고, 공허하지 않다고 말할 수 있다. 그러나 만질 수 있고 볼 수 있으며 들을 수 있는 상과 법은 진리 자체가 아니며, 심지어 그의 크기, 온도 등의 속성을 도구로 측정할 수 없으므로 진실한 존재가 없다고 말할 수 있다.

보살은 세속에 들어와 보시를 행하는 데 있어 마땅히 진리의 부실불허(不實不虛)하고, 일체상에 머물지 않으며, 모든 공(空)에도 머물지 않은 것에 의해야 비로소 중생들에게 이익을 받게 할 수 있다. 그렇지 않으면 빛이 없는 캄캄한 방에 들어온 것처럼 남을 도와줄 수 없을 뿐만 아니라 자신 역시 한 걸음도 나아갈 수 없다.

부처님의 말씀

부처님의 말씀은 등대와 같다

부처님의 말씀은 세계에서 유일한 진리로서, 부처님은 한순간 만사, 만물에 대해 통달하고 장애가 없어 근기가 서로 다른 중생들에게 서로 다른 불법을 설한다. 부처님이 설한 불법은 잠시이든 혹은 궁극이든 마침내 중생들에게 이익이 되고, 그들을 벗어나게 도와줄 수 있는 것이다. 마치 캄캄한 밤중의 등대가 길을 잃은 배를 인도할 수 있는 것처럼, 불법에 따르면 마침내 고통의 바다로부터 벗어나 피안에 도달할 수 있다.

진리와 허실(虛實)

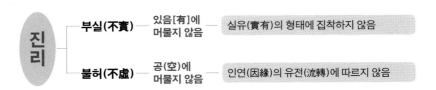

20

불씨의 힘
불법 부흥의 희망

『금강경』은 일종의 불씨로서 이는 모든 근기를 지닌 중생의 불성에 불을 붙일 수 있다. 오늘의 전파 경로를 통해 날이 갈수록 많아지는 근성 있는 사람들로 하여금 이 경에 대하여 맑고 깨끗한 마음이 생길 수 있게 한다. 아울러 육도를 행하고 천하를 구하는 빛나는 사업에 들어가게 한다. 아마 노력을 통해서 말법시대 이후에 불법의 위대한 부흥을 맞이할 수 있을 것이다.

부처님께서는 거듭『금강경』이 희유하고 진귀함을 강조하시는데 그 까닭은『금강경』이 중요한 책임, 즉 불법을 전파하고 부흥시킬 사명을 갖고 있기 때문이다. 이는 공상과학 영화 가운데 한 행성에 살고 있던 고등 지능 종족이 큰 재난을 피하지 못하게 되어 그 행성 종족의 DNA와 다양한 요소들을 저장해 우주로 보내어 적합한 환경을 찾아 다시 번식, 신천지를 개척하는 일과 같다. 부처님께서는 열반에 든 뒤 천여 년 이후 불법이 날로 쇠락할 것을 이미 예견하였고, 그가 평생 설했던 핵심적인 가르침이 담긴『금강경』에 희망을 기탁하여, 이 불법의 불씨가 말법시대에 다시 활활 타올라 불법이 부흥하는 시대를 이루길 기대하신 것이라고 하겠다.

따라서 부처님께서는 중생들에게 반드시『금강경』을 공경히 가르치고, 그것은 마치 향과 꽃으로 불탑에 공양하는 것처럼 해야 한다고 하셨다.

죄업을 맑고 깨끗하게 하다

불교에서 죄업을 없애는 방법은 여러 가지가 있는데,『금강경』으로 죄업을 없애는 것은 그중 중요한 하나다. 불법에 따르면 무릇 사물은 다 인과가 있는데, 비평을 받거나, 모욕을 당하거나, 재난을 당하거나, 마음에 들지 않거나

희망과 책임

팔대영탑(八大靈塔)

부처님은 재세 시 제자들에게 '팔대영탑'을 칭송하였는데, 어떤 사람이 마음을 내어 팔대영탑을 건설하고 부처님께 공양하면 그 사람은 넓고 큰 이익을 얻을 수 있고, 큰 과보를 얻을 수 있으며, 아울러 그의 이름도 후세에 전해질 수 있다고 하였다. 후세 사람들은 이러한 부처님의 설법에 따라 부처님과 밀접한 관계가 있는 성스러운 장소에 여덟 개의 큰 탑을 세웠고, 이를 "팔대영탑"이라고 한다.

명 칭	지 점	의 의
가비라(迦毘羅)	가비라위성(迦毘羅衛城) 남비니원(藍毗尼園)	부처님의 탄생지
마갈타(摩竭陀)	마갈타국(摩竭陀國) 니련선하(尼連禪河) 강가	부처님이 성도(成道)한 곳
파라내(波羅柰)	가시국(迦尸國) 파라내성(波羅柰城) 녹야원	부처님의 최초의 설법처
사위(舍衛)	사위국(舍衛國) 기수급고독원	부처님이 신통을 보이신 곳
곡녀(曲女)	상가시국(桑伽尸國) 곡녀성(曲女城)	부처님이 도리천에서 설법하시고 하강하신 곳
왕사(王舍)	왕사성(王舍城)	부처님이 여기에서 불법을 가르쳐 중생을 구함
광엄(廣嚴)	광엄성(廣嚴城)	부처님의 열반을 예언하신 곳
구시나(拘尸那)	구시나성(拘尸那城) 파라림(婆羅林)	부처님이 열반한 곳

악도(惡道)와 선도(善道)

육도 가운데 인도(人道), 천도(天道), 아수라도(阿修羅道)는 세 가지의 삼선도(三善道)이고, 지옥도(地獄道), 아귀도(餓鬼道), 축생도(畜生道)는 삼악도(三惡道)이다. 그 가운데 지옥에 있는 중생들은 끓는 물, 숯불 등에 의한 고통을 겪어야 하는데 이를 "화도(火途)"라고 하고, 아귀 중생들은 칼, 몽둥이 등으로 맞는 고통을 당해야 하는데 이를 "도도(刀途)"라 하며, 축생도 중생은 약육강식하여 서로 죽이는데 이를 "혈도(血途)"라고 한다.

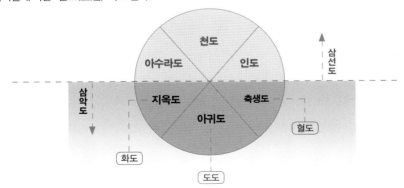

271

하는 것들은 모두 전생에 지은 악업 때문이다. 그런데『금강경』의 도리를 모르면 하늘과 사람을 원망할 수도 있다. 그렇게 되면 죄업을 없애기는커녕 도리어 계속 세속에 떨어질 것이다. 그러나『금강경』을 믿고 높이 받들어 반야진리를 알게 되면, 남에게 받은 모욕 등이 우리의 수행 대상임을 알게 된다. 이와 같이 실천해 얻은 공덕과 전생의 죄업은 서로 중화될 수 있다. 심지어 번뇌를 없앨 수 있고, 맑고 청정한 마음이 생길 수 있으며, 성불하기가 더욱 빠를 수 있다.

부처님보다 더욱 큰 공덕

부처님께서는 수보리 앞에서 옛날의 기억을 떠올렸는데, 연등불을 만나기 전 이미 과거 팔백사천만억의 부처님을 만났다고 하셨다. 무릇 인연이 있는 부처님을 지나친 적 없었고, 모두 직접 공양을 올렸으며 친견하셨다. 이렇게 대선근을 심었기 때문에 연등불께 수기를 받은 것이다. 이것은 얼마나 큰 공덕인가! 그러나 인연이 다 같지는 않다. 만약 후 말세에『금강경』을 믿고, 해설하고, 수지하며, 읽고 가르치는 보리심을 낸 사람이 있다면 그 공덕은 부처님께서 전생의 모든 부처님께 공양한 것보다 몇 배 더 크다고 한다. 이것은 부처님께서 과장하여 설한 것이 아니다. 후세에『금강경』의 불씨를 받을 수 있는 사람에게 맡겨진 책임이 아주 크기 때문에 부처님께서 반복해 찬탄하신 것이다.

내가 없음[無我]과 상에 머무르지 않음을 통달하면
복덕은 끝이 없고 헤아릴 수 없다. 반면에 나와 법
에 집착하여 상에 머물게 되면 복덕은 한계가 있
다. 중생이 모두 불심을 지니고 있는데 자아에 집
착하면 본래의 불심을 잃어버리게 되며, 이렇게
수행하고 불법을 구하면 큰 성취를 이루지 못하게
된다. 청정한 마음에서 불성이 드러나며, 이렇게
보시하고 모든 선법(善法)을 인욕하고 닦아 가면
한없는 과보가 있을 것이다.

제6장

통달해야 비로소 무루(無漏)이다

—

수행의 진제(眞諦)

본 장의 경전 풀이

—

爾時, 須菩提白佛言: 世尊! 善男子·善女人, 發阿耨多羅三藐三菩提心,
이 시 수보리백불언 세존 선남자 선여인 발아뇩다라삼먁삼보리심

云何應住? 云何降伏其心?
운 하 응 주 운 하 항 복 기 심

이때 수보리가 부처님 앞에서 아뢰었다. "세존이시여, 세상에서 대승 불법을
행하며 지키는 선남자와 선여인이 이미 대단히 뛰어난 무상정등각보리의 마
음을 내고는 그들이 마땅히 어떠한 방법으로 인연에 편안히 머물러야 되며,
또 어떠한 방법으로 계속해서 보리의 마음을 닦아 지키며, 어떠한 방법으로
자신의 마음을 항복시킵니까?"

佛告須菩提: 善男子·善女人, 發阿耨多羅三藐三菩提者, 當生如是心, 我
불 고 수 보 리 선 남 자 선 여 인 발 아 뇩 다 라 삼 먁 삼 보 리 자 당 생 여 시 심 아

應滅度一切衆生. 滅度一切衆生已, 而無有一衆生實滅度者.
응 멸 도 일 체 중 생 멸 도 일 체 중 생 이 이 무 유 일 중 생 실 멸 도 자

부처님께서 수보리에게 말씀하셨다. "선남자와 선여인이 무상정등정각보리
의 마음을 내는 것을 마땅히 이와 같이 해야 하니, 우선 보리의 마음을 다음
과 같이 내어라. 나는 마땅히 세속의 온갖 중생들을 열반에 이르도록 제도하
겠다고 하나, 모든 중생들을 열반에 이르도록 제도한 다음에는 사실상 자기
가 열반에 이르도록 제도한 중생은 하나도 없다. 열반에 이르도록 제도한 사
람과 열반에 이르러 제도된 중생이 모두 존재하지 않느니라."

何以故? 須菩提! 若菩薩有我相·人相·衆生相·壽者相, 則非菩薩. 所以者
하 이 고 수 보 리 약 보 살 유 아 상 인 상 중 생 상 수 자 상 즉 비 보 살 소 이 자

何? 須菩提! 實無有法, 發阿耨多羅三藐三菩提者.
하 수보리 실무유법 발아뇩다라삼먁삼보리자

"무슨 까닭이겠는가? 수보리여! 만약 보살이 아상·인상·중생상·수자상이 있으면 참보살이 아니니라. 원인이 무엇이겠느냐? 수보리여! 실제에는 무상정등정각보리의 마음을 낼 법이 없기 때문이니라."

須菩提! 於意云何? 如來於然燈佛所, 有法得阿耨多羅三藐三菩提不?
수보리 어의운하 여래어연등불소 유법득아뇩다라삼먁삼보리부

부처님께서 물으셨다. "수보리여! 그대는 어떻게 생각하는가? 여래가 연등불에게서 무상정등정각의 법을 얻은 것이 있는가?"

不也, 世尊! 如我解佛所說義, 佛於然燈佛所, 無有法得阿耨多羅三藐三
불야 세존 여아해불소설의 불어연등불소 무유법득아뇩다라삼먁삼

菩提.
보리

수보리가 대답하였다. "없습니다, 세존이시여! 제가 부처님께서 말씀하시는 깊은 뜻을 알기로는 부처님께서는 연등불 앞에서 무상원만정등정각의 법을 이루신 것이 없습니다."

佛言: 如是, 如是! 須菩提! 實無有法如來得阿耨多羅三藐三菩提. 須菩提!
불언 여시 여시 수보리 실무유법여래득아뇩다라삼먁삼보리 수보리

若有法如來得阿耨多羅三藐三菩提者, 然燈佛則不與我受記: 汝於來世,
약유법여래득아뇩다라삼먁삼보리자 연등불즉불여아수기 여어래세

當得作佛, 號釋迦牟尼.
당득작불 호석가모니

부처님께서 칭찬하며 말씀하셨다. "그렇다! 매우 옳다! 매우 옳다! 수보리

여! 실상 가운데 여래가 무상원만정등정각(無上圓滿正等正覺)의 법을 얻은 것이 없느니라. 수보리여! 만약 빼어난 정등정각보리의 마음을 얻은 것이 있다면 나는 내가 집착한 것이 있는 것이며, 연등불도 나에게 '네가 오는 세상에 불과(佛果)를 이룰 수 있을 것이니 이름을 석가모니라 하리라'라고 전혀 수기할 수 없었을 것이니라."

以實無有法, 得阿耨多羅三藐三菩提, 是故然燈佛與我受記, 作是言: '汝
이 실 무 유 법　득 아 뇩 다 라 삼 먁 삼 보 리　시 고 연 등 불 여 아 수 기　작 시 언　여

於來世, 當得作佛, 號釋迦牟尼.'
어 래 세　당 득 작 불　호 석 가 모 니

"정말로 모든 법이 실제로 존재하고 있는 데서 무지원만정등정각(無止圓滿正等正覺)을 얻은 법은 하나도 없기 때문에 연등불이 나에게 수기하시기를 '네가 오는 세상에 부처가 되어 이름을 석가모니라 하리라'라고 하셨느니라."

何以故? 如來者, 卽諸法如義, 若有人言: 如來得阿耨多羅三藐三菩提.
하 이 고　여 래 자　즉 제 법 여 의　약 유 인 언　여 래 득 아 뇩 다 라 삼 먁 삼 보 리

"어찌하여 그러한가? 여래란 것은 모든 법의 본뜻[本義]이며, 진정으로 진여를 증득해 깨달은 것을 여래라고 하느니라. 세상에 어떤 사람이 말하기를 '여래는 이미 무상원만정등정각의 과위를 얻었다'라고 한 것과 같으니라."

須菩提! 實無有法, 佛得阿耨多羅三藐三菩提. 須菩提! 如來所得阿耨多
수 보 리　실 무 유 법　불 득 아 뇩 다 라 삼 먁 삼 보 리　수 보 리　여 래 소 득 아 뇩 다

羅三藐三菩提, 於是中無實無虛.
라 삼 먁 삼 보 리　어 시 중 무 실 무 허

"수보리여! 실상에서는 부처가 실제로 얻은 법이 없으며, 원만정등정각의 과위도 얻지 못하였느니라. 수보리여! 여래가 얻은 무상정등정각의 과위는 실

제로 텅 빈 것도 아니고 있는 것도 아니며[非空非有], 텅 비고 있는 것[卽空卽有]이니라.”

是故如來說一切法皆是佛法. 須菩提! 所言一切法者, 卽非一切法, 是故
시 고 여 래 설 일 체 법 개 시 불 법 수 보 리 소 언 일 체 법 자 즉 비 일 체 법 시 고

名一切法. 須菩提! 譬如人身長大.
명 일 체 법 수 보 리 비 여 인 신 장 대

“그러므로 여래가 온갖 법이 모두 불법이라고 말하였느니라. 수보리여! 그래서 온갖 법은 실제로 결코 실제 있는 법이 아니며, 단지 이름으로 법이라 지어 부르는 것이니라. 수보리여! 마치 사람의 몸이 큰 것과 같느니라.”

須菩提言: 世尊! 如來說人身長大, 則爲非大身, 是名大身.
수 보 리 언 세 존 여 래 설 인 신 장 대 즉 위 비 대 신 시 명 대 신

수보리가 여쭈었다. “세존이시여! 여래께서 말씀하시기를, ‘사람의 몸이 크다’라고 하신 것은 실제로는 결코 큰 몸이 아니고, 이름으로 큰 몸이라 한 것입니다.”

須菩提! 菩薩亦如是. 若作是言: 我當滅度無量衆生. 則不名菩薩. 何以故?
수 보 리 보 살 역 여 시 약 작 시 언 아 당 멸 도 무 량 중 생 즉 불 명 보 살 하 이 고

須菩提! 實無有法名爲菩薩. 是故佛說: 一切法無我·無人·無衆生·無壽者.
수 보 리 실 무 유 법 명 위 보 살 시 고 불 설 일 체 법 무 아 무 인 무 중 생 무 수 자

“수보리여! 마찬가지로 보살들도 역시 그러하여 만약 어떤 보살이 말하기를, ‘내가 세상의 모든 중생들을 제도하리라’라고 하면 이는 진정한 보살이 아니니라. 무슨 까닭이겠느냐? 수보리여! 상에 집착하면 보살이 아니니, 실상 가운데 어떠한 법에도 집착하지 않아야 진실로 보살이라 하기 때문이니라. 그러므로 여래가 말하기를 ‘온갖 법이 실상일 때 내가 없고[無我]·남도 없고[無

사]·중생도 없으며[無衆生]·수자도 없음[無壽者]을 깨달으면 곧 모든 상에서
멀리 벗어난다'라고 하였느니라."

須菩提! 若菩薩作是言: 我當莊嚴佛土. 是不名菩薩.
수 보 리   약 보 살 작 시 언   아 당 장 엄 불 토   시 불 명 보 살

"수보리여! 만약 보리의 마음을 낸 보살이 생각하기를 '내가 불국토를 장엄
하리라'라고 하면, 그는 진정한 보살이 아니니라."

何以故? 如來說莊嚴佛土者, 卽非莊嚴, 是名莊嚴. 須菩提! 若菩薩通達無
하 이 고   여 래 설 장 엄 불 토 자   즉 비 장 엄   시 명 장 엄   수 보 리   약 보 살 통 달 무

我法者, 如來說名眞是菩薩.
아 법 자   여 래 설 명 진 시 보 살

"무슨 까닭인가? 여래가 말하는 불국토의 장엄은 본래 실성(實性)의 장엄한
불토를 얻을 수 없고, 명칭에 연기(緣起)된 장엄함이니라. 수보리여! 만약 보
살이 나와 법이 없음을 통달하여 모든 법은 성품이 비었다[諸法空性]는 뜻을
깨달으면 여래는 그를 진정한 보살이라고 할 것이니라."

須菩提! 於意云何? 如來有肉眼不? 如是, 世尊! 如來有肉眼.
수 보 리   어 의 운 하   여 래 유 육 안 부   여 시   세 존   여 래 유 육 안

부처님께서 물으셨다. "수보리여! 그대는 어떻게 생각하는가? 여래가 육안
(肉眼)의 공덕을 가졌느냐?" 수보리가 대답하였다. "그러합니다, 세존이시여!
여래께서는 육안의 공덕을 가지셨습니다."

須菩提! 於意云何? 如來有天眼不? 如是, 世尊! 如來有天眼.
수 보 리   어 의 운 하   여 래 유 천 안 부   여 시   세 존   여 래 유 천 안

부처님께서 또 물으셨다. "수보리여! 그대는 어떻게 생각하는가? 여래가 천

안(天眼)의 공덕을 가졌느냐?" 수보리가 대답하였다. "그러합니다, 세존이시여! 여래께서는 천안의 공덕을 가지셨습니다."

須菩提! 於意云何? 如來有慧眼不? 如是, 世尊! 如來有慧眼.
수 보 리   어 의 운 하   여래유혜안부   여시   세 존   여래유혜안

부처님께서 또 물으셨다. "수보리여! 그대는 어떻게 생각하는가? 여래가 혜안(慧眼)의 공덕을 가졌느냐?" 수보리가 대답하였다. "그러합니다, 세존이시여! 여래께서는 혜안의 공덕을 가지셨습니다."

須菩提! 於意云何? 如來有法眼不? 如是, 世尊! 如來有法眼.
수 보 리   어 의 운 하   여래유법안부   여시   세 존   여래유법안

부처님께서 또 물으셨다. "수보리여! 그대는 어떻게 생각하는가? 여래가 법안(法眼)의 공덕을 가졌느냐?" 수보리가 대답하였다. "그러합니다, 세존이시여! 여래께서는 법안의 공덕을 가지셨습니다."

須菩提! 於意云何? 如來有佛眼不? 如是, 世尊! 如來有佛眼.
수 보 리   어 의 운 하   여래유불안부   여시   세 존   여래유불안

세존께서 또 물으셨다. "수보리여! 그대는 어떻게 생각하는가? 여래가 불안(佛眼)의 공덕을 가졌느냐?" 수보리가 대답하였다. "그러합니다, 세존이시여! 여래께서는 불안의 공덕을 가지셨습니다."

須菩提! 於意云何? 恒河中所有沙, 佛說是沙不? 如是, 世尊! 如來說是沙.
수 보 리   어 의 운 하   항하중소유사   불설시사부   여시   세 존   여래설시사

부처님께서 또 물으셨다. "수보리여! 그대는 마음에서 어떻게 생각하느냐? 여래는 항하에 있는 모래에 대해 말하였는가?" 수보리가 대답하였다. "그러합니다, 세존이시여! 여래께서 모래에 대해 말씀하셨습니다."

須菩提! 於意云何? 如一恒河中所有沙, 有如是等恒河, 是諸恒河所有
수 보 리 어 의 운 하 여 일 항 하 중 소 유 사 유 여 시 등 항 하 시 제 항 하 소 유

沙數佛世界, 如是寧爲多不? 甚多, 世尊!
사 수 불 세 계 여 시 영 위 다 부 심 다 세 존

부처님께서 물으셨다. "수보리여! 그대는 마음에서 어떻게 생각하느냐? 만약 한 항하에 있는 모래 수가 많은 것같이 그렇게 많은 항하가 있다면, 이 여러 항하에 있는 모래 수와 같이 많은 불국세계가 있으리니, 이렇게 많은 수는 매우 많은 것 아니겠느냐?" 수보리가 대답하였다. "엄청나게 많습니다, 세존이시여!"

佛告須菩提: 爾所國土中, 所有衆生, 若干種心, 如來悉知. 何以故? 如來
불 고 수 보 리 이 소 국 토 중 소 유 중 생 약 간 종 심 여 래 실 지 하 이 고 여 래

說諸心皆爲非心, 是名爲心. 所以者何? 須菩提! 過去心不可得, 現在心不
설 제 심 개 위 비 심 시 명 위 심 소 이 자 하 수 보 리 과 거 심 불 가 득 현 재 심 불

可得, 未來心不可得.
가 득 미 래 심 불 가 득

부처님께서 수보리에게 말씀하셨다. "그렇게 많이 헤아릴 수 없는 많은 국토에 있는 모든 중생들이 지닌 각자 다른 종성(種姓), 근기와 그들의 성정(性情)의 차별을 여래는 다 알고 사실대로 비추어 보느니라. 왜 여래가 모든 중생의 마음을 완전히 통달할 수 있었겠느냐? 모든 중생의 마음은 실상 가운데 있는 진정한 마음이 아니고, 명칭상에서 마음이라고 부를 뿐이기 때문이니라. 그 까닭이 무엇이겠는가? 수보리여! 본성(本性)에서 과거의 마음도 찾을 수 없고, 현재의 마음도 찾을 수 없고, 미래의 마음도 찾을 수 없기 때문이니라."

須菩提! 於意云何? 若有人滿三千大千世界七寶, 以用布施, 是人以是因
수보리 어의운하 약유인만삼천대천세계칠보 이용보시 시인이시인

緣, 得福多不? 如是, 世尊! 此人以是因緣, 得福甚多.
연 득복다부 여시 세존 차인이시인연 득복심다

"수보리여! 그대는 어떻게 생각하는가? 만약 어떤 사람이 삼천대천세계에
칠보를 가득 쌓아 놓고 보시한다면 그 사람은 이러한 인연으로 받는 복이 많
지 않겠느냐?" 수보리가 대답하였다. "매우 많습니다, 세존이시여! 그 사람
은 보시로 인하여 받는 복덕이 대단히 많을 것입니다!"

須菩提! 若福德有實, 如來不說得福德多; 以福德無故, 如來說得福德多.
수보리 약복덕유실 여래불설득복덕 다 이복덕무고 여래설득복덕 다

부처님께서 곧 말씀하셨다. "수보리여! 만약 복덕이 실제로 있는 것이라면
여래는 이렇게 얻은 복덕이 많다고 말하지 않았을 것이니, 복덕은 본래 실제
로 있지 않기 때문에 여래가 모든 경전에서 보시의 공덕이 크다고 널리 말한
것임을 그대는 분명히 알아야 하느니라."

須菩提, 於意云何? 佛可以具足色身見不? 不也, 世尊! 如來不應以具足色
수보리 어의운하 불가이구족색신견부 불야 세존 여래불응이구족색

身見. 何以故? 如來說具足色身, 卽非具足色身, 是名具足色身.
신견 하이고 여래설구족색신 즉비구족색신 시명구족색신

부처님께서 물으셨다. "수보리여! 그대는 어떻게 생각하는가? 모습이 갖추어
진 가운데에서 여래를 바로 볼 수 있겠느냐?" 수보리가 대답하였다. "못하옵
니다, 세존이시여! 부처의 모습을 본 것으로 여래를 볼 수 없습니다. 무슨 까
닭이겠습니까? 여래께서 모든 경전에서 말씀하신 모두 갖춘 모습은 결코 모
두 갖춘 모습이 아니므로 모두 갖춘 몸이 아니라, 단지 명칭일 뿐이기 때문입
니다."

須菩提! 於意云何? 如來可以具足諸相見不? 不也, 世尊! 如來不應以具足
수보리 어의운하 여래가이구족제상견부 불야 세존 여래불응이구족

諸相見. 何以故? 如來說諸相具足, 卽非具足, 是名諸相具足.
제상견 하이고 여래설제상구족 즉비구족 시명제상구족

부처님께서 물으셨다. "수보리여! 그대는 어떻게 생각하는가? 모든 상을 갖
춘 가운데서 여래를 정견(正見)할 수 있겠느냐?" 수보리가 대답하였다. "못하
옵니다, 세존이시여! 여래는 오묘한 상을 갖춘 외면의 상으로 볼 수 없습니
다. 무슨 까닭이겠습니까? 모든 상을 갖추었다고 하는 것은 실상 가운데 결
코 성립되지 못하며, 단지 명칭으로 모든 상을 갖추었다[諸相具足]고 편안히
부르는 것입니다."

須菩提! 汝勿謂如來作是念: 我當有所說法. 莫作是念, 何以故? 若人言:
수보리 여물위여래작시념 아당유소설법 막작시념 하이고 약인언

如來有所說法, 卽爲謗佛, 不能解我所說故. 須菩提! 說法者, 無法可說, 是
여래유소설법 즉위방불 불능해아소설고 수보리 설법자 무법가설 시

名說法.
명설법

부처님께서 수보리에게 말씀하셨다. "수보리여! 여래가 생각하기를 '나는 중
생을 위해 갖가지 법을 말했다'라고 그대는 생각지 말라. 여래가 이렇게 생각
했을 것이라고 여기지 말라는 것은 어째서이겠느냐? 만약 세상 사람이 여래
가 말한 법이 있다고 생각한다면 그것은 부처를 알고 부처를 찬탄한 것이 아
니라 도리어 부처를 비방한 것이니, 이것은 내가 말한 불법의 은밀한 까닭[秘
緣故]을 이해하지 못하는 것이다. 수보리여! 법을 말한다는 것은 실제로 말할
만한 어떠한 법이 없고, 단지 명칭에서 가짜로 법을 말한다고 하는 것일 뿐이
니라."

爾時, 慧命須菩提白佛言: 世尊! 頗有衆生, 於未來世, 聞說是法, 生信心
이시 혜명수보리백불언 세존 파유중생 어미래세 문설시법 생신심

不? 佛言: 須菩提! 彼非衆生, 非不衆生. 何以故? 須菩提! 衆生·衆生者, 如
부 불언 수보리 피비중생 비불중생 하이고 수보리 중생 중생자 여

來說非衆生, 是名衆生.
래설비중생 시명중생

그때 수보리가 부처님 앞에서 질문을 하였다. "세존이시여! 미래 말법 5백 년
에 많은 중생들이 이 경서를 들었을 때, 지극히 큰 믿음을 내어 공덕을 얻을
수 있겠습니까?" 부처님께서 말씀하셨다. "수보리여! 중생의 본성은 얻을 수
없는 것이니, 본래 중생이 없는 것이요, 단지 세속 가운데 꿈과 같은 환상에
서 중생으로 변한 것이 있을 뿐이니라. 무슨 까닭이겠는가? 수보리여! 인연
으로 생겨난 중생은 여래가 말한 중생이 결코 아니고, 곧 명칭으로 중생이라
고 하는 것이니라."

須菩提白佛言: 世尊! 佛得阿耨多羅三藐三菩提, 爲無所得耶? 佛言: 如是,
수보리백불언 세존 불득아뇩다라삼먁삼보리 위무소득야 불언 여시

如是! 須菩提! 我於阿耨多羅三藐三菩提, 乃至無有少法可得, 是名阿耨
여시 수보리 아어아뇩다라삼먁삼보리 내지무유소법가득 시명아뇩

多羅三藐三菩提.
다라삼먁삼보리

수보리가 부처님께 아뢰었다. "세존이시여! 부처님께서 무상정등정각의 과
위를 얻으신 것은 실상 가운데 사실 얻으신 바가 없는 것입니까?" 부처님께
서 말씀하셨다. "그러하니라, 그러하니라. 수보리여! 내가 무상원만정등정각
의 과위에서 실상 가운데 조금이라도 법이 있음[有法] 내지 법이 없음[無法]
을 얻었다면, 명칭으로만 무상정등정각의 과위라고 부르는 것이니라."

復次, 須菩提! 是法平等, 無有高下, 是名阿耨多羅三藐三菩提.
부차 수보리 시법평등 무유고하 시명아뇩다라삼먁삼보리

부처님께서 또 말씀하셨다. "또한 수보리여! 이 법은 평등하여 높은 것도 없고 낮은 것도 없으므로 무상정등정각의 과위라고 하느니라."

以無我·無人·無衆生·無壽者, 修一切善法, 則得阿耨多羅三藐三菩提.
이무아 무인 무중생 무수자 수일체선법 즉득아뇩다라삼먁삼보리

"만약 나[我]·남[人]·중생(衆生)·수자(壽者) 등의 모든 집착에서 멀리 벗어나 온갖 착한 법을 닦아 지니면 즉시에 무상원만정등정각의 불과(佛果)를 얻느니라."

須菩提! 所言善法者, 如來說非善法, 是名善法.
수보리 소언선법자 여래설비선법 시명선법

"수보리여! 착한 법이란 것은 여래가 말한 착한 법이 아니고, 명칭으로만 착한 법이라고 한 것이니라."

須菩提! 若三千大千世界中, 所有諸須彌山王, 如是等七寶聚, 有人持用
수보리 약삼천대천세계중 소유제수미산왕 여시등칠보취 유인지용

布施.
보시

"수보리여! 만약 삼천대천세계 안에 있는 모든 수미산들처럼 큰 금은 등의 칠보를 모아서 공양하고 보시한 중생이라면 공덕을 헤아릴 수 없고 말로 설명할 수도 없느니라."

若人以此般若波羅蜜經, 乃至四句偈等, 受持·讀誦·爲他人說, 於前福德
약인이차반야바라밀경 내지사구게등 수지 독송 위타인설 어전복덕

百分不及一, 百千萬億分, 乃至算數譬喩所不能及.
백 분 불 급 일 백 천 만 억 분 내 지 산 수 비 유 소 불 능 급

"그런데 만약 어떤 사람이 반야바라밀경을 설령 그 경전에서 사구게만 겨우 받아 지녔더라도, 그것을 읽고 외우고 남에게 일러 준다면 앞의 공덕을 훨씬 더 뛰어넘을 것이니라. 칠보로 보시한 공덕은 『금강경』을 강설한 공덕의 백 분의 일에도 미치지 못하며, 천만억 분의 일에도 미치지 못하며, 심지어는 수 효나 비유로도 설명할 수가 없느니라."

1

보살의 청정한 마음
실로 법이 없는 마음을 내다

여러 가지 제시를 통하여 부처님의 설법을 들은 중생들은 모두 어떻게 보리심을 내는지 이미 분명히 알 것이라고 생각한다. 그런데 보리심을 낸 다음 어떻게 이 마음을 편안히 머물게 하고 물러나지 않게 할 수 있을까? 혹은 보리심을 보호해 지니고 계속 내려면 어떤 방법이 있을까? 수보리는 두 차례 정중하게 질문을 하였는데, 듣기에는 비록 첫 번째 가르침과 매우 비슷하지만 실제로는 한 단계 더 나아간 것이다. 부처님께서는 여전히 조리 있고 간결하게 중생들을 일깨우셨다.

내가 없어야[無我] 통달할 수 있다

무상보리를 수행하겠다는 마음을 내는 것은 동시에 모든 중생들을 다 성불시키겠다는 서원을 세우는 것과 같다. 관세음보살이 "중생들이 성불하지 않는다면, 나도 성불하지 않을 것을 서원한다."라고 하였고, 지장보살이 "중생들이 모두 제도되면 보리를 증득할 것이다. 지옥이 비지 않으면 성불하지 않을 것을 서원한다."라고 한 것처럼 많은 보살들이 모두 이러한 서원을 세웠다. 그런데 보살의 중생 제도는 곧 모든 '상'을 여의는 것이다. 보살은 이미 '아집'에서 벗어나 사사로운 마음이 없고, 자기와 타인의 분별이 없으며, "나는 위에 있고, 중생은 아래에 있다."라는 생각도 없고, 더욱이 자신의 삶과 죽음, 목숨의 한계에 걱정이 없기 때문이다. 보살의 사업에서 중생의 성불은 곧 자신의 성불이고, 자신이 성불할 때는 또한 중생도 성불하는 때이므로, 두 가지 일은 하나가 된다. 또한 누가 누구를 제도하는가 하는 문제도 없으니, 자연스럽게 중생은 자신이 제도된다는 생각이 있을 수 없다. 다시 말하면 자기가 없어야[無我]만이 모든 '상'의 장애를 없앨 수 있으며, 시방세계를 통달한 보살이 될 수 있다. 그렇지 않으면 '나'라는 개념이 생겨 마음에 망령된 생각이 들게 되고, 그럼 보살이 아니다.

대승보살의 업(業)

대승불교의 목표는 성불하는 것, 즉 절대 진리를 추구하는 것이다. 대승의 수행 실천은 '아공'과 '법공'을 모두 이루는 것이다. 한편으로는 '아공'을 증득해 열반에 들어 복덕을 쌓고, 한편으로는 '법공'을 증득하여 중생을 제도하고 지혜를 증진한다. 중생을 이롭게 하는 과정 가운데 스스로 이로워지고, 복과 지혜가 갖추어져 성불하게 된다.

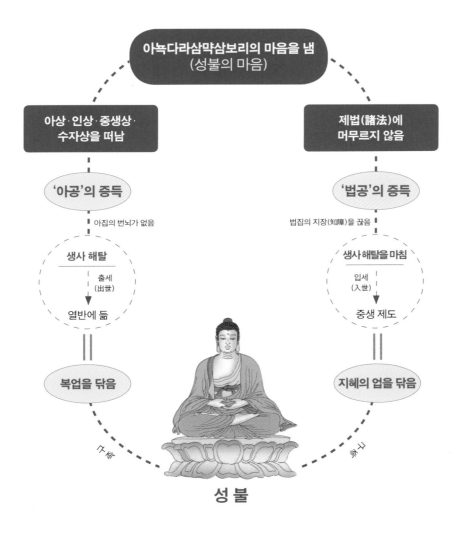

아뇩다라삼먁삼보리의 마음을 냄
(성불의 마음)

아상·인상·중생상·수자상을 떠남

제법(諸法)에 머무르지 않음

'아공'의 증득

'법공'의 증득

아집의 번뇌가 없음

법집의 지장(知障)을 끊음

생사 해탈

생사 해탈을 마침

출세
(出世)

입세
(入世)

열반에 듦

중생 제도

복업을 닦음

지혜의 업을 닦음

성 불

중생이 성불하겠다는 마음을 내면 마땅히 보살의 길을 행해야 하며, 그렇다면 먼저 이 '나'에 집착하지 않음을 실행해야 할 것이다.

법 없음[無法]이 법 있음[有法]보다 뛰어나다

'무아'를 통달한 경지에 이르는 구체적인 방법과 경로는 없다. "여덟 신선이 바다를 건너는데, 각자 그 능력을 드러낸다[八仙過海, 各顯其能]."라고 하는 것은 모든 성현이 '무아'에 이르는 방법도 한 가지 만은 아니라는 뜻이다. 부처님에겐 10명의 걸출한 제자가 있는데, 그들마다 수행하는 데 있어서 서로 다른 장점이 있었지만 결국에는 모두 정과(正果)를 이루었다. '법'이라는 것은 오온이 가합한 기연에 지나지 않으나, 중생의 망령된 마음에 차별이 생기면 차별적인 대우를 하게 되는데, 의학에서 말하는 '증상에 따라 약을 처방함'과 같이 병의 증세가 다르면 다른 처방이 나오는 것이다. 만약 '신선의 비법' 하나만을 가지고 온갖 병을 치료할 수 있다고 생각한다면, 그것을 바로 '법집'이라고 하는 것이다.

그러므로 근기가 뛰어난 수행자도 무법(無法)으로 법을 삼아, 성색(聲色)의 유혹을 만나면 지계(持戒)하고, 모욕당하고 욕먹는 경우를 당하면 인욕하듯이 결국 상황에 따라 대처하는 법이 달라져야 하는 것이다. 마지막에는 반야지혜를 임운자재(任運自在)할 수 있어야 하는데, 그에 이르는 방법은 모두 부차적인 것이다. 수행이든, 성불이든 모두 고정된 경로가 없으며, 큰 방향만 맞으면 결국 다른 길도 같은 곳으로 돌아올 수 있다.

2

가장 벗어나기 어려운 '나[我]'
대승 수행의 주요 노선

중생이 불법을 믿고, 성불을 추구하는 능력은 중생 자신의 고유한 불성에서 기원한다. 그런데 사람은 사유할 능력이 생긴 다음 가장 먼저 일종의 강렬한 충동으로 말미암아 자기와 주변 환경을 구별하게 된다. 분별하려는 이러한 바람은 자아에 집착하는 능력에서 나온다. 이두 가지 능력은 줄곧 사람의 의식 속에서 게임을 하며, 최후 생명의 질량은 어떤 능력이 차지하느냐에 따라 주도된다.

'아집'은 망령된 마음의 근원이다

많은 사람들은 오랫동안 '집착된 자아'에 의하여 주도되었다. 비록 어떤 때는 자아와 육체, 생명이 결코 실제 존재하는 것이 아니라 불법에서 말하는 많은 인연들이 모여서 이루어진 것임을 뚜렷하게 생각한다. 하지만 많은 중생들은 여전히 '자아'가 실제 있는 것으로 고집스럽게 생각하며, 심지어는 이러한 의지에 무조건적으로 순종하여 현실 생활 속에서 중생의 사심(私心)과 사욕(私慾)을 집중적으로 구현해 낸다. 사심과 사욕이 중생의 잘못된 지견을 만들어 내고, 항상 사람들의 본능, 이성, 의지 사이를 분열시키며, 중생이 자기와 남을 판단할 때 언제나 다른 기준을 적용하도록 만든다. '내가 바로 옳다'는 이 원칙에 어긋나면 고통과 번뇌가 일어나며, 이 원칙에 모자라면 탐욕과 욕망이 생길 수 있다. 요컨대 자아에 대한 집착은 망령된 마음을 일으키는 근원이다. 따라서 허망한 마음을 굴복시키는 가장 중요한 관건이 바로 '아집'을 없애는 것이다.

　소승불교에서는 비록 본래 실체가 없는 '나[我]'는 인연이 합해져서 만들어진 현상임을 인식하지만, 모든 법이 다 비었다는 것을 인정하지 않는다. 작용을 일으키는 모든 법은 다 실체가 있는 것이라고 생각하고, 이것을 '법은 존재하지만 나는 텅 비었다[法有我空]'라고 한다. 집착이 있으면 망령된 마음을 굴복시키기 어렵다. 따라서 대승 불법의 수행은 '아집'과 '법집'을 함께 없애는 것이다.

'아집'을 없애는 과정

'아집'을 없애는 과정은 수행을 실천하는 가운데 있다. 대승 수행은 불법을 닦겠다고 마음을 내면서부터 시작된다. 그런 마음이 일어 생각이 움직이면 자기 자신은 생각하지 않고 중생을 이롭게 하는 쪽에서 고통과 즐거움을 감수하며, 오랜 시일이 지나면 그 자신은 육도만행(六度萬行)의 대사업과 한몸으로 융화된다. 구체적으로 말해 대승불교에서 '아집'을 없애는 과정은 육바라밀의 완벽한 협동에 의지해야 한다. 보시로 탐욕과 인색함을 없애고, 몸과 입으로 하는 나쁜 짓은 계율을 지켜 방지하며, 분노와 증오를 인내하여 없애는 것, 이 세 가지는 우리가 문제를 보는 방향, 입장과 감정을 전환하게 하여 자신의 사사로운 장벽을 깨뜨린다. 정진하여 수행을 하려는 자는 이를 장기간 굳게 지켜야 하고, 정진을 게을리하지 않아야 한다. 선정은 자신의 마음이 활동하는 것에 대해 맑고 깨끗하게 통찰하여, 마음과 정신이 산만해 집중하지 못하는 것을 방지한다. 그리고 '반야'가 가장 관건이 되는데, 그것은 자신의 지견에 대한 맹목과 미신을 없앰으로써 불법을 배우는 정확한 방향을 분명하게 가리켜 준다.

'나'는 무엇인가

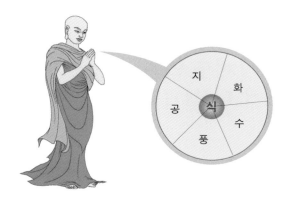

'자아'는 많은 법이 조화롭게 합해진 하나의 가상이다. 신체는 지(地)·화(火)·수(水)·풍(風)의 4대 원소로 구성되었으며, 다시 공(空; 공간)과 식(識)이 더해진 것이다. '나'라는 모습[相]은 바로 여섯 가지 요소가 연속해서 조화롭게 합해진 산물이며, 한번 완성되어 변하지 않는 영원한 존재가 결코 아니다.

지대
(地大; 땅의 요소)

견고하고 단단한 모든 물질로, 피부와 살, 골격 같은 것이다.

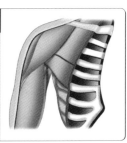

수대
(水大; 물의 요소)

액체 상태의 모든 물질로, 혈액, 땀 등의 체액 같은 것이다.

화대
(火大; 불의 요소)

따뜻한 성질의 모든 물질로, 신체의 정상적인 활동을 유지하게 하는 온도, 에너지 같은 것이다.

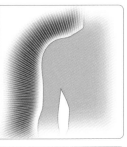

풍대
(風大; 바람의 요소)

움직이는 성질의 모든 물질로, 호흡 기관 속에서 유통하는 공기 같은 것이다.

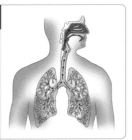

공대
(空大; 허공의 요소)

장애가 없는 모든 물질로, 신체의 기색, 활력 같은 것이다.

식대
(識大; 인식의 요소)

모든 법이 다름을 요별(了別)하는 것으로, 인간의 사유의식 같은 것이다.

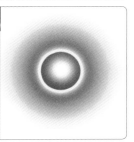

3

부처님은 얻은 바가 없다[無所得]

불법은 실제도 없으며
빈 것도 없다[無實無虛]

성불의 마음을 내는 구체적인 경로는 없으며, 불과(佛果)를 얻는 구체적인 경로도 없다. 설사 석가모니라 하더라도, 전생에 연등불이 계신 곳에서도 성불의 어떤 묘책을 배울 수는 없었다. 만약 정말로 절실하게 행할 수 있는 묘법이 있다고 한다면 연등불이 당시 그에게 전수해 줄 수 있었을 것이며, 몇 겁이 지난 다음에서야 석가모니가 수행하여 성불하지도 않았을 것이다.

부처님께서는 방편의 도를 참으로 속속들이 잘 알고 있다. 부처님께서는 마음을 내는 도에 대한 시험을 마치자, 또한 어떻게 불과를 얻는가를 시험해 보았다. 수보리의 답안을 듣고 부처님은 연거푸 두 번씩이나 "이와 같다[如是]."라고 긍정하였다. 비록 세속의 입장에서 보면 석가모니는 숙세(宿世)에 연등불에게 수기를 받았으나, 불법에 따르면 석가모니가 성불한 것은 그가 여러 생 동안 수행한 과보이며, 자기의 체험에 비추어 탐색한 결과이고, 결코 연등불에게서 배운 것이 아니다.

얻음이 없이 얻다[無得而得]

연등불이 전세의 석가모니에게 수기를 준 까닭은 석가모니가 당시에 이미 진리의 실상을 증득해 깨달았기 때문이었다. 만약 후세에 어떤 사람이 이 인연을 듣고, 석가모니는 연등불이 전수한 대법(大法)을 얻어서 성불했다고 생각한다면 그것은 엄청난 착각이다. 성불할 수 있는 어떤 대법이 있는 것도 아니며, 부처와 무상정등정각은 모두 하나의 개념이기 때문이다. 만약 무상정등정각을 얻는 것에 집착하면 결국 부처님도 진짜 부처[眞佛]가 아니며, 무상정등정각도 진정한 무상정등정각이 아니다. 진리 여래는 얻을 수 있는 것이

물방울이 바다에 들어가는 비유

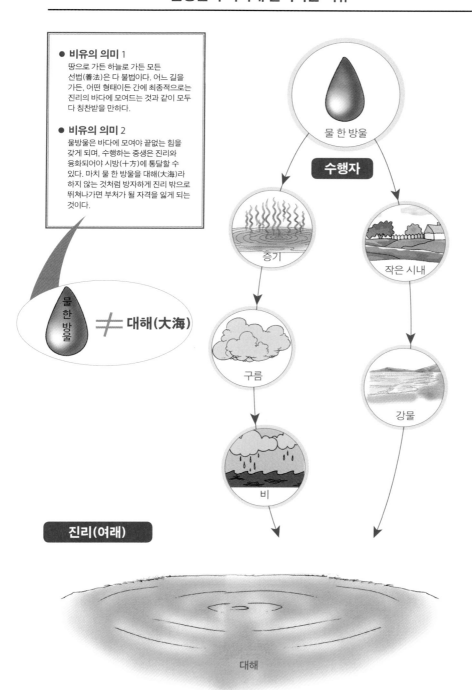

● 비유의 의미 1
땅으로 가든 하늘로 가든 모든 선법(善法)은 다 불법이다. 어느 길을 가든, 어떤 형태이든 간에 최종적으로는 진리의 바다에 모여드는 것과 같이 모두 다 칭찬받을 만하다.

● 비유의 의미 2
물방울은 바다에 모여야 끝없는 힘을 갖게 되며, 수행하는 중생은 진리와 융화되어야 시방(十方)에 통달할 수 있다. 마치 물 한 방울을 대해(大海)라 하지 않는 것처럼 방자하게 진리 밖으로 튀쳐나가면 부처가 될 자격을 잃게 되는 것이다.

물 한 방울 ≠ 대해(大海)

물 한 방울

수행자

증기

작은 시내

구름

강물

비

진리(여래)

대해

아니다. '여래'의 본뜻은 '여여하게 움직임이 없고[如如不動]', '분별이 없는 절대적인 상태'이기 때문이다. 따라서 수행자는 큰 지혜와 큰 깨달음으로 자신을 녹여 들어가고, 마치 물방울이 큰 바다에 모여 들어가는 것처럼 진리와 차별 없이 한몸이 되어 저절로 여래가 된다. 만약 '얻음[得]'에 집착하면 그것은 또 '나[我]'와 '나 아님[非我]'의 분별을 일으키며, 한번 분별이 일어나면 진리에서 멀리 떨어진다. 따라서 연등불이 석가모니의 전세에 수기를 준 까닭은 그가 똑바로 진리를 향해 가는 것을 보았기 때문이다.

일체법이 모두 불법이다

여기에서 얻은 것이 없다고 하는 것은 법의 본질상에서 말하는 것이다. 이러한 측면에서 보면 모든 법은 상이 텅 비었으며, 태어남도 없고 멸함도 없어 당연히 얻을 수가 없다. 하지만 불법이 완전히 존재하지 않는 건 아니다. 이른바 "세상에는 본래 길이 없었는데, 걸어 다니는 사람이 많아져서 길이 생겼다."라고 하는 경우와 같다. 불법도 길로서 이 둘의 존재 의미는 같다. 즉 그것을 통해 목적지로 가는 것이다. 어떤 경로든 성불할 수 있다면 그것은 바로 불법이다. 본질상의 길은 1호 국도, 2호 국도 같은 도로를 가리키는 것이 아니지만, 마찬가지로 목적지에 도달할 수 있는 경로인 것이다. 구체적인 길은 생각하지 못했던 재해를 만나 통행할 수 없게 되면 더 이상 길이 아니다. 같은 이치로 어떤 큰 법이라도 만약 기연이 맞지 않으면 법이 아니다. 따라서 불법은 실재하는 것이 아니고, 또한 허망함도 없으며, 일체 만법이 다 불법이고, 일체 만물이 모두 불도(佛道)이다.

부처님의 논리는 변증(辨證)으로 가득 차 있다. 세상에 나타나는 현상과 개념은 모두 상대적 존재이며, 일단 조건이 바뀌면 본래의 현상과 개념은 존재하지 않는다.

4

진정한 보살

일체의 성현은 무아를 통달했다

만약 스스로 세상에 끝없는 중생을 열반으로 제도하겠다고 생각한다면 이는 진정한 보살이 아니다. 비록 보리의 마음을 냈으나 아직도 상황에 집착하고 있어 반야의 실상을 깨닫지 못하였으니 그저 세속의 보살일 뿐이다. 조금도 '나'에 집착하지 않고, '나'를 초월하여, 나를 잊고[忘我] 내가 없는[無我] 경계에 도달해 온 중생과 한몸으로 융화되어야 비로소 진정한 보살인 것이다.

부처님께서는 결코 얻은 것이 없으며, 마찬가지로 보살도 자신이 한 것에 대해 모든 집착을 내려놓지 않으면 안 된다. 부처님의 입장에서 보면, '대승보리의 마음을 낸 사람'이 널리 중생을 구제하려면 '나'와 '타인', '중생'을 한몸으로 보아야 하고, '나'와 중생이 고통에서 벗어나고 어려움에서 멀어지는 대사업을 하나로 보아야 한다. 이 대사업이 바로 '보살업(菩薩業)'이며, 몸이 그 가운데 있어야 비로소 보살이라고 한다. 만약 '나'는 어떤 신통함이 있어서 중생을 물과 불에서 구제할 수 있다고 생각하고 있다면 '나'와 중생 사이에 높고 낮은 차별이 있는 것이고, '나'는 중생을 제도하는 '주도자'라고 한다면 중생과 보살업은 바로 분리되어 버리니 그것 역시 보살이 아니다.

보살의 법

보살은 실상의 진리를 추구하는 모든 방법을 운용하여 중생을 이롭게 한다. 그러나 이는 모두 가변적이고 상대적이며, 조건이 성숙해진 상황에서 색·수·상·행·식이 합해져 이루어진 유효한 경로이다. 하지만 조건이 변화하면 보살의 손안에 있는 이러한 신기한 '법'은 아무것도 아니게 된다. 법을 전달해 나가고 그것의 작용이 발휘되어야 비로소 법은 법이 될 수 있으며, 보살도 보살이 될 수 있는 것이다. 마치 사방에 향기가 가득한 장미꽃을 얻어서 혼자만 간직한다면 얼마 가지 못해 꽃은 향기를 잃고 시들어 버릴 것이다. 그러나 만약 이 아름다운 꽃을 다른 사람에게 선사하면 우리는 '아름다운' 사자(使者)가 되고, 그 사람의 마음속에서도 마찬가지로 아름다울 것이다. 이러한 아름다움은 쉽게 사라지지 않는다. 이것이 "사람에게 장미를 선사하면, 손에는 향기의 여운이 남는다."라는 속담의 참뜻이다. 그러므로 보살의 법은 보이지 않으며, 만져지지도 않는 것이고, 상이 없는 것[無相]이니, 저절로 나, 남, 중생과 수자의 네 가지 법상에 집착해 갈 수 없다.

　보살은 불국토를 장엄해야 한다. 이것은 보살이 성불하려는 서원을 세웠을 때 생긴 사명이다. 그러나 불국토를 장엄하는 것에 집착해서는 안 된다. 내가 불국토를 장엄할 수 있다는 집착을 해서는 안 되며, 불국토가 실제 존재하고 있는 것이라 집착해서도 안 된다. 보살이 행하는 것이 곧 장엄이며, 보살이 보는 것이 곧 불국토이기 때문이다. 한번 집착이 생기면 바로 분별하는 마음이 일게 되어 보살과 장엄한 불국토를 갈라놓는다. 이렇게 되면 장엄되지도 않고 불국토도 없을 뿐만 아니라 보살조차도 보살이 아니다. 보살이 마음을 내어 깨끗해지면 불국토도 비로소 장엄해질 수 있다.

큰 덕업으로 교화하시는 보살

보살은 중생과 만물을 통달하고, 모든 선법과 한몸이다. 따라서 부처님께서는 '나'가 없고[無我], '법'이 없어야[無法] 비로소 참된 보살이라고 말씀하신 것이다. 보살은 무아를 통달하여 모든 법과 마찬가지로 다른 기연에 따라 다른 몸의 모습[身相]과 공덕으로 나타난다. 또한 통달하였기 때문에 관세음보살처럼 어딘가 고난이 있다는 소리를 들으면 바로 그곳에 나타난다. 진리도 마찬가지이다. 이것은 구체적인 형상이 없어 모든 조건이 갖추어진 현상 속에서 문득 나타난다.

보살이 장엄한 정토

보살의 정토지행(淨土之行)

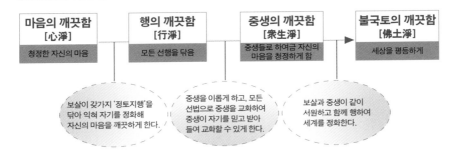

마음의 깨끗함 [心淨]	행의 깨끗함 [行淨]	중생의 깨끗함 [衆生淨]	불국토의 깨끗함 [佛土淨]
청정한 자신의 마음	모든 선행을 닦음	중생들로 하여금 자신의 마음을 청정하게 함	세상을 평등하게

보살이 갖가지 '정토지행'을 닦아 익혀 자기를 정화해 자신의 마음을 깨끗하게 한다.

중생을 이롭게 하고, 모든 선법으로 중생을 교화하여 중생이 자기를 믿고 받아들여 교화할 수 있게 한다.

보살과 중생이 같이 서원하고 함께 행하여 세계를 정화한다.

정토지행의 인과

1단계 논리

마음이 깨끗하면 불국토가 깨끗해지고, 마음이 깨끗하면 지혜가 생기는 것은 다음 행위의 근본으로 '인(因)'이며, 불토가 깨끗해지는 것은 마음이 깨끗한 결과이다.

마음의 깨끗함 ⟶ 불국토의 깨끗함

인   과

2단계 논리

보살의 마음이 깨끗해서 불국토가 깨끗해지는 까닭은 불국토를 청정하게 하는 것이 본래 보살의 의무로, 먼저 목적이 있음으로 하여 행동하기 때문에 이 점에서 불국토의 깨끗함은 마음이 깨끗함의 '인'이며, 마음의 깨끗함은 불국토가 깨끗함의 '과(果)'이다.

불국토의 깨끗함 ⟶ 마음의 깨끗함

인   과

무아에 통달한 관세음

관세음은 보살이 무루의 원통(圓通)한 큰 지혜로 육도의 중생이 고통으로 인하여 그 명칭을 염송하는 소리를 자세히 관조함을 뜻한다. 무릇 보살은 어떤 사람이 그 명칭을 읊는 소리를 들으면 곧바로 소리를 찾아가 구제할 수 있다.

관세음(觀世音)

범어 **Avalokiteśvara**

'관(觀)'은 무루의 큰 지혜로 관조하는 것이다.	'세(世)'는 인·천·아수라· 축생·아귀· 지옥 등의 육도삼세를 가리킨다.	'음(音)'은 육도 중생이 어려움을 만났을 때 구원을 기도하는 소리이다.

5

부처님의 오안신통(五眼神通)

불안(佛眼)은 모든 것을 알고 모든 것을 본다

눈은 사물을 볼 수 있고, 관찰할 수도 있다. 형체가 있는 물체는 육신의 눈[肉眼]의 도움을 빌려 분별해야 하며, 형체가 없는 사리(事理)는 지혜의 눈[慧眼]으로 관찰해야 한다. 이 둘은 모두 보는 것이고, 이 두 가지 능력 모두 눈을 사용한다. 부처님께는 각각의 차원을 통달한 다섯 개의 눈[五眼]이 있는데, 그것들은 다른 방향에서 모든 사물과 이치를 연결하고 있다. 따라서 부처님께서는 대각자이시며, 모르는 것이 없고, 깨닫지 못한 것도 없으시다.

부처님께서는 과(果)로부터 인(因)에 이르기까지 줄곧 '나'가 없고[無我], '법'이 없음[無法]을 강조하시며 모든 것을 통달하시자 갑자기 화제를 돌려 부처님의 '오안신통(五眼神通)'을 언급하셨다. 만약 '다섯 눈'의 함의를 알고 부처님의 가르침을 다 듣고 나면 저절로 상하 전후가 연결됨을 발견하게 될 것이다.

'오안'은 부처님의 다섯 가지 인식 차원을 가리킨다. 이는 부처님께서 갖추고 계신 하나의 공덕으로 보살이 아직 얻지 못한 것이다. 만약 보살이 오안을 갖추게 되면 무상정등정각을 얻어 성불할 수 있다. 여기에서 말하는 '눈'은 결코 생물학적 의미의 감각기관으로 한정되지 않으며, 모든 외부의 신호를 느껴 반응하는 능력을 가리킨다. 이것은 눈·귀·코·혀·몸·의지 등의 기능이 종합되어 있으며, 우리가 상상할 수 없는 능력을 가지고 있는데, 단지 방편으로써 이해하기 편하게 개괄적으로 "눈"이라고 하였다.

육안(肉眼; 육체의 눈)

육체 기관에 국한된 세속적인 지견을 가리킨다. 자아에 집착함이 초래하는 번뇌를 벗어나지 못하기 때문에 육안으로 보아 아는 것은 한계가 있다. 좋은 조건에서 육안은 4~5킬로미터 정도 멀리 볼 수 있으며, 높은 곳에 서면 약간 더 멀리 볼 수 있다. 여행을 가면 다른 지역의 풍경을 볼 수 있으며, 오래 살면 목격하는 일들이 많을 수 있고, 현대 과학 기술의 도움을 빌리면 그것에 보조를 맞추어 지구 밖의 일도 알 수 있다. 요컨대 육안은 보통 사람이 감각기관으로 보아 얻는 인식으로서 종종 겉은 보지만 속은 보지 못하고, 가까운 것은 보나 먼 것은 보지 못하며, 앞은 보나 뒤는 보지 못해 대단히 제한을 받는다.

천안(天眼; 하늘의 눈)

육안에 비하여 더욱 높은 차원에 속한 지견의 능력으로 겉에서 속을 볼 수 있고, 먼 곳에서 가까운 곳까지 볼 수 있으며, 앞에서 뒤를 볼 수 있어 비교적 사물을 깊게 관찰할 수 있다. 천안은 정력(定力)의 도움을 빌려 얻는 능력이다. 따라서 선정을 수행해 익히고, 자신의 마음을 관조해 육안의 한계를 뛰어넘어 사물의 다른 면을 관찰할 수 있다. 현미경은 아주 작은 물체를 천만 배로 확대할 수 있고, 천체 망원경은 밝게 빛나는 별을 볼 수 있게 한다. 이 모든 것은 비록 우리가 설명하는 천안과 방법은 다르나 똑같은 효과를 내지만, 여전히 육안으로 보는 것에 귀결된다. 천안의 개념은 사유 능력의 도움을 빌려 다양한 사유로 관찰하는 능력이며, 어쩌면 현미경과 망원경의 과학적인 이치는 천안과 같은 범주일지 모른다.

혜안(慧眼; 지혜의 눈)

불교에서 혜안은 아라한의 견지(見地)이다. 혜안은 대지혜로써 현상을 꿰뚫어 사물의 본질, 인연, 변화, 결과 등의 논리를 보는 인지 능력이다. 이것은 상당한 묘사, 분석, 추리, 판단 등을 필요로 하여 '공리(公理)'나 '정리(定理)'를 도출하는 일종의 이성적 사유이다. 아라한은 혜안이 있어서 모든 상은 오온의 가합으로 이루어진 것임을 분명히 알 수 있고, '나'는 단지 껍데기에 싸인 것임을 꿰뚫어 보기 때문에 무아를 증득할 수 있다. 그러나 공리나 정리에 지나치게 의지하여 그 배후의 진리를 소홀히 함으로써 혜안의 인식은 장애가 생긴다. 예컨대 현대 과학은 비록 광속, 유전자, 상대성이론 등과 같은 지식을 인식하고 있지만 '우리는 어디에서 왔고, 어디로 가는가?'와 같은 세상의 궁극적인 문제는 해결하지 못하고 있다.

법안(法眼; 법의 눈)

법안은 '인공'과 나아가 '법공'도 보는 보살의 견지이다. 법안은 혜안처럼 현상을 꿰뚫어 본질을 볼 수 있을 뿐만 아니라 이러한 능력을 사심 없이 전달해 줄 수 있다. 보살은 중생을 제도하기 위하여 모든 중생의 근기(根機)를 이해하고 모든 착한 법을 통달한다. 따라서 법안이 보는 것은 중생의 갖가지 다른 기연의 방편이다. 법안은 정감(情感)을 기초로 삼는데, 특히 보살이 자비를 마음에 두면 바로 법안으로 하여금 유정중생들의 처한 상황과 정신을 위해 위아래로 탐색하여 고통을 벗어나 즐거움을 얻는 길을 찾아내게 한다. 보살의 공덕은 아직 원만하지 못하기 때문에 인식에 있어서 여전히 장애가 존재한다. 또한 이로 인하여 관세음보살은 슬픔과 고통을 듣는 것으로부터 중생을 제도하기 시작하고, 지장보살은 지옥에서 제도하는 데 치중하는 차이가 있게 된 것이다. 이것은 법안의 미세한 능력 차이로 길이 달라졌기 때문이다.

불안(佛眼; 부처님의 눈)

말 그대로 '부처님의 눈'은 부처님만 비로소 갖게 되는 최고의 견지이며, 오직 부처님이어야 갖게 되는 무상정등정각의 지혜와 능력을 가리킨다. 부처님은 진리와 한몸이다. 따라서 이 불안의 견식(見識)도 진리의 소재와 같아 보지 못하는 일이 없고, 알지 못하는 일도, 듣지 못하는 일도 없다. 나아가 불안은 위에서 말한 네 가지 눈을 조화롭게 소통시킬 수 있어 세간과 출세간 등에 존재하는 모든 기술, 지식, 학문, 사상 등의 지견에 통달해 모든 일과 사물을 전체적이고 거시적으로 관찰해 나간다.

부처님의 오안은 불안의 통섭 아래 하나와 같이 통달하여 모든 사물에 대해 전면적으로 체험할 수 있게 하고, 전체는 물론 미시(微視)적인 것도 알게 한다. 또 세속 사이에 있는 아름다움을 알게 하고, 모든 것을 꿰뚫어 보는 뛰어난 깨달음이 있게 한다. 그러나 관건은 여전히 통달해야 한다는 것이다.

범부가 혜안이 없는 것은 아집의 장애가 있기 때문이며, 아라한에게 법안이 없는 것은 법집에서 벗어나지 못했기 때문이다. 사실 오안은 중생 각각이 본래 가지고 있는 것이지만 통달하지 못하기 때문에 없는 것이나 마찬가지이다. 다만 부처님께서는 장애 없이 통달하시어 오안을 갖추셨으니, 깨달음과 행하심이 원만한 대각자이시다.

오안(五眼)

'신통(神通)'은 '오안'이 만물을 인식하는 다섯 종류의 능력에 미치지 못한다. 서로 다른 깨달음은 동일한 사물의 인식에 대하여 차원이 다른 차이가 있으며, 인식의 차원이 높을수록 깨달음이 높음을 의미한다.

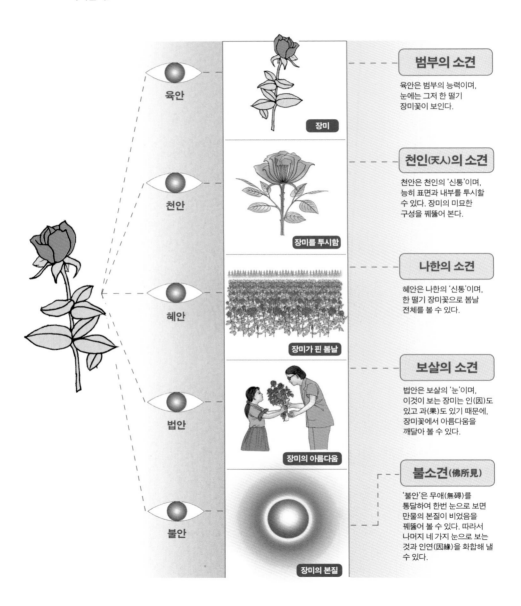

범부의 소견

육안은 범부의 능력이며, 눈에는 그저 한 떨기 장미꽃이 보인다.

육안

장미

천인(天人)의 소견

천안은 천인의 '신통'이며, 능히 표면과 내부를 투시할 수 있다. 장미의 미묘한 구성을 꿰뚫어 본다.

천안

장미를 투시함

나한의 소견

혜안은 나한의 '신통'이며, 한 떨기 장미꽃으로 봄날 전체를 볼 수 있다.

혜안

장미가 핀 봄날

보살의 소견

법안은 보살의 '눈'이며, 이것이 보는 장미는 인(因)도 있고 과(果)도 있기 때문에, 장미꽃에서 아름다움을 깨달아 볼 수 있다.

법안

장미의 아름다움

불소견(佛所見)

'불안'은 무애(無碍)를 통달하여 한번 눈으로 보면 만물의 본질이 비었음을 꿰뚫어 볼 수 있다. 따라서 나머지 네 가지 눈으로 보는 것과 인연(因緣)을 화합해 낼 수 있다.

불안

장미의 본질

부처님의 오안융통(五眼融通)

부처님의 오안융통

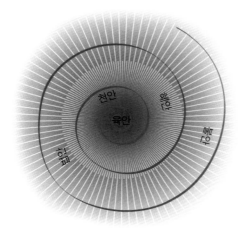

❶ '불안'은 곧 부처님으로, 즉 '진리'와 '진리의 눈'은 같은 것이다. '불안'은 절대적인 존재이며, 주체와 객체의 구별이 없다.

❷ 사람의 눈으로 하는 관찰은 상당히 한정적이며, 그가 무한하다고 보는 것이 '불안'에서는 마치 항하 가운데 모래 한 알처럼 하찮아서 말할 가치조차 없다.

❸ '불안'은 나머지 네 가지 눈을 융통(融通)하여, 부처님은 미치지 못하는 곳이 없는 거시적 시야를 가지고 있다. '불안'의 통섭하에 '오안'의 신통함이 하나로 융화하기 때문에 우주의 만물과 만사에 대하여 부처님은 다 알고 다 볼 수 있는 것이다.

불교의 육신통(六神通)

'오안'과 '육신통'은 경전에서 항상 같이 이야기된다. 양자가 연결되면 바로 상당한 차원의 '신통'이 나타날 것이다. 그러나 '신통'은 진리의 존재를 위배하는 것이 아니라 불교의 지혜 역량에 대한 생동감 있는 묘사에 불과할 뿐이다.

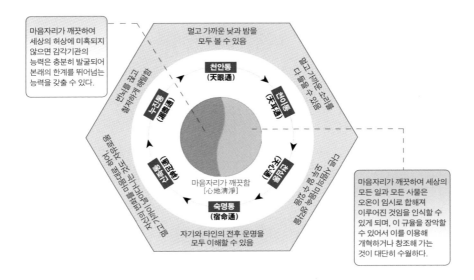

6

통달하려면 마음을 통해야[通心] 한다

'마음[心]'의 상대론

마음은 여러 가지가 있다. 중생도 마음이 있으며, 그 마음은 가지각색으로 다양하고 기이하다. 이토록 많은 종류의 마음이 있지만 부처님께서는 오안을 갖춘 대각자이기 때문에 모든 것을 다 알고 볼 수 있으시다. 그러나 이러한 마음은 마음이란 이름을 걸치고 있는 데 불과할 뿐이다. 사실 세상의 모든 일, 모든 사물은 모두 인연으로 일어난 것이며, 순간 잠시 나타나는 일종의 허망한 현상이다. 마음이 깨끗해지면 비로소 "불성", "여래"라 하는 본심이 드러난다.

'통달'한다는 것은 사실상 '마음'을 통달하는 것을 말한다. 집착은 마음에 집착하고 있는 것이고, 무아는 마음속 장애를 깨끗이 없앤 것이기 때문이다.

부처님께서 말씀하시기를 설사 한량없고 끝없는 항하의 모래처럼 많은 중생일지라도 이 중생들이 지니고 있는 마음을 부처님께서는 모두 다 알고 다 보실 수 있다고 하셨다. 이 마음은 아무리 많아야 진심이 아니다. 진실한 마음은 오직 단 하나뿐이기 때문이다. 그것은 바로 '여래'이고, '불성'이다.

모래 한 알이 하나의 세계

사바세계는 비록 매우 크지만 대천세계, 삼천대천세계와 비교하면 그것은 마치 항하의 모래알 하나와 같을 뿐이다. 항하의 모래 한 알을 현대 과학으로 분석하면 그 속에 내재된 구조는 풍부할 것이며, 하나의 방대한 미시세계가 숨어 있을 것이다. 삼천대천세계의 사바세계와 같은 무수한 세계는 그 수가 항하의 모래에 못지않으며, 더욱이 하나의 세계마다 항하와 같은 강이 적지 않기 때문에 항하의 모래 수와 같은 강은 이미 셀 수가 없다. 그러나 부처님은 이렇게 계산하기 어려운 숫자에 항하의 무수한 모래 수의 양만큼을 곱하여 더욱 계산하기 어렵게 했다. 이러한 일종의 커다란 수식[修辭]은 옳은 말

마음의 시간과 공간

하나의 꽃은 하나의 세계

부처님의 마음은 곧 부처님으로 순간 다른 세계를 통달할 수 있다. 모래 한 알, 꽃 한 송이는 물론이고, 모두 하나의 완전한 세계이며, 모두 진리가 있는 존재이다. 사실 부처님께서 곧 진리이니, 우리가 그 가운데 녹아 들어갔을 때, 똑같이 만물 사이에 통달할 수 있다.

세속 사람의 마음속에 한 떨기 꽃은 보잘것없는 작은 물건이다. 우리의 이 세계 또한 부처님께서 손으로 집고 있는 한 떨기 꽃일 수 있지 않을까?

하나의 꽃은 하나의 세계이며, 모래 한 알은 하나의 천당(天堂)이니, 꽃과 같은 작은 세계마다 모두 부처님께서 그 가운데 단정히 앉아계시며, 꿀과 나비의 수고로움을 감지하신다.

꽃잎마다 수천수만 개의 작고 작은 세계가 있을 수 있으며, 또한 이와 같이 수천수만 분의 작고 작은 부처님께서 계실 수 있다.

아닌 것이 없으며, 여래의 하나의 진심은 끝없고 한량없는 중생의 마음을 통달할 수 있다. 다른 차원에서 보면 아무리 많은 마음이라도 여래의 진심에서 벗어날 수 없으며, 여래의 진심과 수많은 마음은 통일된다.

"모래 한 알에 하나의 세계"와 같은 말은 "꽃 하나에 하나의 세계"라는 말과 같다. 같은 이치로 하나의 꽃잎 속에 무수한 속진 세상이 있는 것이다. 이것이 바로 불가(佛家)의 공간 개념이다. 부처님의 심령(心靈)은 장애 없이 통달하며, 당연히 공간의 제한도 받지 않는다. 부처님의 마음은 모래알과 서로 통하고, 꽃의 수술과 서로 통하며, 새와 짐승, 산과 바다, 지구, 또한 우주와도 서로 통한다. 부처님의 마음은 사실 각각의 방면에 존재하는 진리이며, 이것은 시간과 공간의 변화에 따라 변하지 않기 때문에 영원한 것이다. 이러한 입장에서 보면 사물은 크든 작든 간에 모두 평등한 것이다.

마음의 시제(時制)

사실 이렇게 많은 마음은 모두 허망한 마음이며, 대승을 수행하는 사람은 이를 굴복시켜야 한다. 부처님께서는 다음과 같이 매우 분명히 말씀하셨다. "모든 마음이 다 마음이 아니고, 이름으로 마음이라 한 것이다." 만약 과거, 현재, 미래의 이 세 가지를 권위적인 시간으로 나눈다면, 우리는 하나의 단계마다에 있는 마음이 모두 실재하지 않고, 얻을 수 없는 허망한 상임을 발견하게 될 것이다. 과거의 마음은 이미 과거가 되었는데, 마치 어렸을 때 행복했던 그 마음이 완전히 사라져 버린 것처럼, 현재 죽어라고 회상하는 것은 한 조각의 기억, 사진의 영상 같은 것일 뿐이다. 현재의 마음 역시 어떤 것도 없으며, 형상과 색깔을 분명히 말할 수 없고, 무게도 확인할 수 없다. 일종의 느낌이라고 할 수 있는데, 이러한 느낌은 한순간이 지날 때마다 다른 모습이며, 강물처럼 유동적이다. 만약 몇 시 몇 분의 심정에 집착하게 되면 각주구검에 지나지 않은 것처럼 결과를 얻을 수 없다. 미래의 마음은 아마 당신이 현재 읽고 있을 때엔 이미 과거가 될 것이다.

중생이 갖고 있는 마음은 예컨대 하나와 무수한 것, 현재와 과거같이 모두 상대적인 존재이다. 다만 진심여래(眞心如來)는 '여여하게 움직임이 없는

세 가지 마음을 얻을 수 없다

진리는 공간을 뛰어넘을 수 있을 뿐만 아니라, 마찬가지로 시간의 속박을 능히 벗어날 수도 있다. 만약 과거와 현재, 미래에 집착하면, 모든 것은 또 다 실재하지 않고 믿을 수 없게 변한다. 오직 통달해서 모든 한계를 극복해야 영원히 변하지 않는 진리의 존재를 발견할 수 있다.

기억은 일찍이 모호해져서 구체적인 모습, 뉘앙스, 소리 등으로 묘사할 수 없기 때문에 과거의 마음은 얻을 수 없다.

우리의 사유가 현재의 모습[色]·소리[聲]·냄새[香]· 맛[味]·촉감[觸]을 보고 생각해 갈 때 느낄 수 있는 모습은 이미 과거에 이루어진 것이며, 마치 밝은 빛이 당신의 눈앞에 흘러가는 것처럼 얻을 수 없다.

현재에서 말하면 미래는 아직 오지 않은 것이다. 당신이 어떤 짧은 순간에 집착하면, 미래는 이미 현재나 과거가 되어 버린다. 따라서 미래의 마음은 얻을 수 없다.

 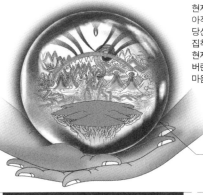

수정 구슬

[如如不動]' 영원한 것이고, 세상의 본질이며 진리이다. '나'가 없어야 비로소 통달할 수 있고, 통달해야 비로소 진심에 편안히 머물 수 있다. 이것이 바로 수행하고 마음을 닦는 진제이다.

7

얻음이 없어야[無得] 비로소 얻는다

무아를 통달하여 상에 머무르지 않으면 복보는 끝없고 한량없다. 반면 나와 법에 집착하여 상에 머무르면 복보는 대단히 제한된다. 중생에게는 모두 부처의 마음[佛心]이 있는데, 자아에 집착하면 본래 있던 불심을 잃어버리게 되고, 이런 상태에서 수행을 하면 어떤 커다란 성취를 이룰 수 없다. 자신의 마음[自心]을 깨끗하게 하면 불성이 드러나고, 이러한 상태에서 보시하고 모든 착한 법을 인욕하며 수행해 가면 모두 한없는 과보가 있을 수 있다. 그러므로 수행은 마땅히 마음을 닦고 성품을 기르는 데 힘써야 한다.

'복'과 '지혜'는 성불의 양대 양식이다. 앞에서는 복덕만을 반복해서 몇 차례 살펴보았다. 마찬가지로 삼천대천세계의 칠보 보시를 여기에선 재시, 법시를 따지지 않고 앞의 글에 이어 인연과 과보로 어떻게 해야 복덕이 넓고 커질 수 있는지 설명하고자 한다. 이 절에서 복덕을 설명하기 위한 핵심어는 '인연', '유실(有實)'과 '무고(無故)'이다.

인연

사물이 발생하는데 그 자체의 원인을 인(因; 內因)이라고 하고, 외부의 보조적인 요인을 연(緣; 外因)이라고 한다. 예를 들어 밀을 재배할 때 밀 종자는 '인'이 되고, 토양, 비료, 햇빛, 산소는 '연'이 된다. 이러한 각종 인연이 작용을 하여 밀을 자라게 한다. 복덕도 마찬가지이다. 이것의 과보도 인연이 필요하다. 앞서 "과거의 마음은 얻을 수 없고, 현재의 마음도 얻을 수 없으며, 미래의 마음도 얻을 수 없다."라고 했는데, 이 세 마음을 얻을 수 없음[不可得]과 깨끗한 마음[淸淨心]이 바로 이번에 말하는 보시의 '인'이다. 한편 이 "삼천대천세계에 가득 찬 칠보"가 있는 이곳이 '연'이다. 이 인연은 현재 한 보시를 전세(前世)로 거슬러 올라갈 수 있게 할 수 있으며, 또 미래로 연결시킬 수 있다. 이러한 연결성은 닦으며 지니는 가운데 보시를 밝히는 것이며, 당연히 어떠한 사심과 잡념을 품지 말아야 한다. 이러한 인연으로 보시하면서, 어떠한 상에도 머무르지 않고, 여래의 진심에 편안히 머무를 수 있다면 얻는 복보는 끝없고 한량이 없다.

실유(實有)와 무고(無故)

'얻음이 없는 마음'에 의거하여 보시를 행하면 저절로 복보의 많고 적음을 따질 필요가 없다. 그러나 종종 어떤 수행자는, 예를 들어 내가 3만 원을 보시하면 나는 얼마만큼의 복보가 있을 것이라고 이자 계산하듯 보시의 수익을 계산한다. 부처님께서는 모두에게 다음과 같이 분명히 말씀하셨다. "만약 복덕의 과보가 실제로 있는 것이고, 계산할 수 있는 것이라고 생각한다면 자그마한 복보만을 얻을 수 있으며, 얻는다 해도 대바구니 속의 물처럼 새 버릴 것이다. 반면에 보시로 복보를 구하지 않는다면, 곧 '까닭이 없음으로[無故]' 인과에 따라 자연스럽게 이루어지고, 깨끗한 마음으로 수행해야 비로소 매우 풍부한 무루의 복덕이 있을 수 있다. 이것은 두 가지 수행의 경계이다. 전자는 보시의 법에 집착하여 그것을 마치 장사하듯 투자하는 것을 본 경우로 당연히 진리의 끝에 닿을 수 없다. 후자는 마음이 깨끗하여 무아를 통달해 이미 진리와 한몸이 되었기 때문에 커다란 복덕이 있을 수 있다.

보시할 때 마음이 상에 머무르지 않을 수 있으면 진심에 편안히 머무를 수 있고, 망령된 마음을 굴복시킬 수 있게 된다. 그러면 당신이 바로 보살이다.

한량없는 복보를 어떻게 닦을 것인가

종자(種子)는 생장의 원인이며, 성숙은 최종적인 결과이다. 그러므로 불교는 이러한 관계를
인과(因果)라고 칭한다. 내재하는 속성을 '인(因)'이라고 하고, 외부의 조건을 '연(緣)'이라고 하며,
최후의 결과는 인연이 합해져야 도달할 수 있다.

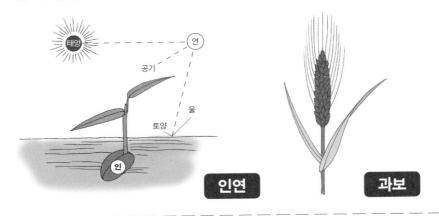

커다란 복보의 수행

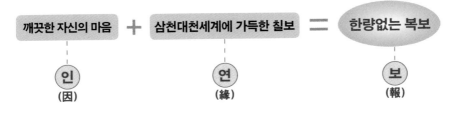

한량없는 복보의 수행

무루의 한량없는 복보는 복과 지혜를
같이 닦은[福慧雙修] 결과이며,
잔머리로 시시콜콜 따지면 설사
보시가 훨씬 많더라도 복보를 새어
나가게 할 수 있다. 이와 반대로
무루의 복보는 깨끗한 마음을 인으로
하고, 한량없는 보시를 연으로
하여야 원만함을 이루게 할 수 있다.

잘못된 인식:　　**올바른 인식:**

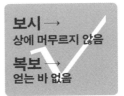

8

여래는 어디로부터 왔는가?

불법을 구하는 것은
자기를 구하는 것보다 못하다

신상은 하나의 이름에 불과하고, 결코 실제로 있는 것이 아니며 허망한 것이다. 설사 그것이 대단히 완벽하고 신통함이 있더라도 영원한 진리여래는 아니다. 무릇 상이라고 일컬어지는 것은 모두 본성 가운데 인연에 의지해 모여 합해져서 나타나는 것으로 모두 허망한 것이다.

부처님의 신상관(身相觀)

여기에서 말하는 신상은 형체가 있는 석가모니의 육신불(肉身佛)이다. 인도의 귀족으로 태어난 부처님의 육신은 미남자로 본래 몸의 형상이 매우 훌륭한데다가 여러 해 동안 마음을 닦고 성품을 길러 그 기질이 더욱 예사롭지 않았다. 한마디로 말해서 부처님은 갖가지 이상적인 덕성을 갖추고 계셨다. 1세기 불상(佛像)이 출현하기 전에 불교는 우상을 세우지 않았다. 부처님의 형상은 줄곧 법륜(法輪), 보리수(菩提樹) 등의 상징으로 간접 표현되었다. 나중에 불교 전파의 필요성과 불교 자체 사상의 발전에 따라 부처님의 신상에 관한 문제가 점차적으로 논의되기 시작하였고, 나중에 이신설(二身說), 삼신설(三身說), 사신설(四身說) 및 십신설(十身說) 등 불신(佛身)에 관한 몇 가지 연구가 나왔는데, 비교적 자주 보이는 것은 '삼신설'이다.

삼신설은 다시 세 종류로 나뉜다.

법(法)·보(報)·응(應)의 삼신설: 이것은 대승불교 안에서 가장 보편적인 설법이다. 법신(法身)은 불성을 가리키고, 보신(報身)은 깨달음을 얻은 뒤 신체에 갖추어진 32상 등의 특징을 가리키는데, 이는 수행의 결과이며 "실색신(實色身)"이라고도 한다. 응신(應身)은 중생을 교화하기 위하여 변하여 나타난

보신은 여래가 아니다

삼신의 관계

삼신설 가운데 법신·응신·보신의 설이 가장 통용되며, 삼신이 갖추어져야 성불할 수 있다.

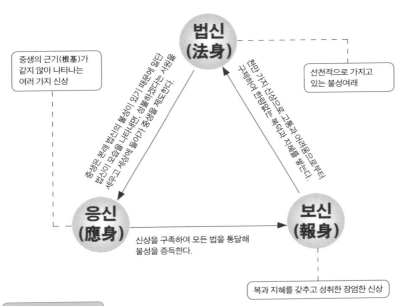

신상의 기타 분류

삼신(三身)	사신(四身)	십신(十身)
생신(生身): 부모의 태에서 태어난 육신 **화신(化身):** 육신이 변화한 모습	**화불(化佛)** – 화신 **공덕불(功德佛)** **지혜불(智慧佛)** } 보신 **여래불(如來佛)** – 법신	**중생신(衆生身):** 중생으로 자기의 몸을 삼음 **국토신(國土身):** 국토로 자기의 몸을 삼음 **업보신(業報身):** 업보로 자기의 몸을 삼음 **일문신(一聞身):** 일문(一聞)으로 자기의 몸을 삼음 **독각신(獨覺身):** 독각(獨覺)으로 자기의 몸을 삼음 **보살신(菩薩身):** 보살로 자기의 몸을 삼음 **여래신(如來身):** 여래로 자기의 몸을 삼음 **지신(智身):** 지혜[智]로 자기의 몸을 삼음
진신(眞身) – 법신과 보신 **화신(化身)** – 응신		
상신(常身): 부처님의 진신(眞身) **무상신(無常身):** 응화신(應化身)	**법신·보신·응신·화신**	**법신(法身):** 법으로 자기의 몸을 삼음 **허공신(虛空身):** 허공으로 자기의 몸을 삼음

불신을 가리키며 "화신(化身)"이라고도 한다.

자성신(自性身)·수용신(受用身)·변화신(變化身)의 삼신설: 자성신은 법신을 가리키며 나머지 두 신(身)의 근거이다. 수용신은 법성을 깨달아 얻은 기쁨을 누리는 상태를 가리킨다. 수용신은 자신이 이 법의 즐거움을 누리는 자수용신(自受用身)과 보살을 위해 설법하여 그들에게 이 즐거움을 누리게 하는 타수용신(他受用身)의 구분이 있다. 변화신은 곧 화신으로 보살과 범부를 교화하기 위해 변하여 나타난 것이다. 이 삼신은 위에서 말한 법신·보신·응신과 하나씩 대응된다.

법신·응신·화신의 삼신설: 법신·보신·응신의 삼신 가운데 법신과 보신을 법신으로 보고, 응신을 응신과 화신의 둘로 나눈다. 이러한 상황 아래 응신은 역사상의 석가모니이며, 화신은 교화를 위하여 출현한 신상이다.

여래를 마음 밖에서 구하지 않는다

불법을 배우는 많은 사람들은 부처님의 완벽한 신상을 향해 가고 있으며, 오온이 임시로 합해진 그 완벽한 신상에 대해 숭배해 마지않는다. 그러면서 자신도 그중 한 가지를 닦을 수 있길 바란다. 사실 이것은 상에 머무는 것이다. 부처님의 본질은 여래이며, 여래는 진리이고, 진리는 실제 존재하는 신상이 있을 수 없다. 진리는 어디에 있을까? 진리는 사람마다 그 마음속에 본래 가지고 있으나 너무 많은 상에 덮어씌워져 나타나지 못하는 것이다. 그러므로 불법을 배우려면 외부 사물에 집착하지 말고 안을 향하여 마음을 닦아야 한다. 색신이 갖추고 있는 외적인 신통함은 인연이 변한 것일 뿐 여래 본체와는 전혀 다른 존재이며, 신상이 더욱 완벽하거나 더욱 신통함이 있어도 여래가 아니다.

9

꽃을 들어 중생에게 보인[拈華示衆] 묘한 법

말하지 않고도 말하는 법

부처님께서는 육신상(肉身相)과 신통을 부정하자마자 이어서 또 당신의 설법을 부정하셨다. 부처님께서는 40여 년 동안 설법하시어 수행하는 많은 중생을 깨우치셨는데, 부처님께서 이러한 당신의 설법을 부정하신 것이다. 이것은 많은 대중이 받아들이기 매우 어려운 것이 었으며, 오늘날의 여러 교파들은 아직도 이 관점을 부처님께서 친히 말씀하신 것으로 인정하지 않고 있다. 그러나 이 논리는 이미 여기에 거론되어 신상을 깨뜨리는 것처럼 다시 설법상(說法相)을 깨뜨렸으며, 수보리는 차근차근 이끌어 주시는 부처님의 지도하에 성공적으로 임무를 완성하였다.

불법을 설한 바가 없다

부처님은 여래진리(如來眞理)와 한몸이며, 부처님께서 하신 모든 설법은 다 기연에 근거하여 생성된 문답에 불과하다. 윗글에서 말한 것과 같이 사람, 장소, 내용, 도리는 바로 기연이며, 여래의 깨끗한 마음은 내인이다. 무릇 설했던 것은 모두 존재하지 않으며, 설사 아난이 한 글자도 틀리지 않고 외웠더라도 이미 당시의 그런 인연이 아닌 것으로, 하물며 우리가 오늘날 보는 경전은 간접적인 것의 간접적인 것이니 더욱 부처님의 설법이 아니다.

　　보살조차도 구체적인 법에 집착하지 않는데 하물며 부처님께선 어떻겠는가? 부처님께서 중생을 이롭게 하는 방식은 자연스러운 것이다. 식사하고, 옷 입고, 청결하게 하고, 좌선하는 것 모두 중생을 이롭게 하며, 문답과 설법은 더욱 그러하다. 그러나 후세의 중생들이 단지 글자가 있는 문서를 좋아하고 글자가 없는 법을 중시하지 않을 뿐이다. 법은 여기에서도 개념일 뿐이며 결코 구체적인 형식을 가리키는 것은 아니다. 경전에서 말하는 것처럼 부처님께서 꽃을 들자 가섭이 미소를 지은 것도 매우 훌륭한 대법(大法)이며, 이 것이 중국의 불교를 흥성하게 하였다. 그러므로 법 또한 반드시 설법으로부터 나온 것은 아니다.

설법과 부처님을 비방함[謗佛]

부처님께서는 이 관점이 농담이 아님을 표명하기 위하여, 설사 '여래께서 말씀하신 법이 있다'라고 한다면 그것은 여래를 비방하는 것이라고 하셨다. 이러한 어투는 상당히 단호하며, 또한 부처님의 진심을 나타낸 것이다. 자세히 생각해 보면 과연 이와 같다. 보살이 중생을 제도함에 있어 중생을 제도할 생각이 있었다고 할 수 없다. 그런 생각이 있었다면 상에 머무른 것이기 때문이다. 당연히 부처님의 설법도 설법의 상에 머물러서는 안 된다. 상에 머문다면 보살조차도 못한 것인데, 부처는 더욱 아니지 않겠는가? 그러나 더 많은 청중들이 이 차원을 이해하지 못하고 종종 부처님의 설법이 훌륭하다고 찬탄하니, 이것은 찬탄이 아니라 비방이라는 것을 어찌 모른단 말인가! 부처님에겐 '나'라는 개념이 없으나 설법을 위한 방편으로 말하는 가운데 응용했을 것이다. 그러나 부처님의 설법은 부처님이 대표하는 '여래진리'와 '기연'이 결합되어 나온 것으로 강물이 아래로 흐르고, 연기가 위로 올라가는 것처럼 자연스러운 것이다.

부처님께서 단숨에 하신 이 설명은 부처님 스스로 설법의 상에 머물러 있지 않음을 표명한 것일 뿐만 아니라, 또한 중생상에 머물러 있지 않은 도리를 표현하신 것이다. 마찬가지로 보살이 머무르지 않는 네 가지 상에 부처님도 머무를 수 없으며, 중생과 부처님은 함께하는 것이니 중생의 현재는 미래의 부처이고, 부처님도 일찍이 미래의 부처였을 뿐이다. 결국 사람마다 가지고 있는 불성은 같은 것이므로 부처님께서는 모두에게 실심(實心)이 생기지는 않을까 걱정하지 않으셨다.

설할 만한 법이 없다[無有法可說]

물의 비유

불법은 물과 같아 조건이 다름에 따라 다른 형태로 나타나며, 자발적으로 가서 말하는 자각성(自覺性)을 갖고 있지 않다.

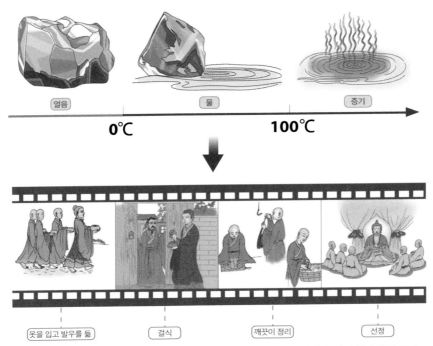

옷을 입고 식사를 하고 있는 중이거나, 걸식하는 중이거나, 청소하는 중이거나, 선정 중과 같이 때에 따라 부처님께는 다양한 설법 수단이 있다.

부처님을 비방함

설함 | 부처님께 설할 만한 법이 있음 | = | 설함 | 부처님께서는 법집이 있음 | = | 부처님을 비방함

10

불법과 수행의 관계

언덕에 오르면 뗏목을 버려라

성불했다고 하는 사람은 실제 있는 부처님의 도를 얻은 것이 아니다. 지혜와 복덕이 모두 원만해졌을 때 이 사람을 "부처님"이라는 존칭으로 불러 주는 것이다. 그러므로 복덕을 이루고 지혜를 갖출 수 있으면 어떤 수단도 다 법인 것이다. 따라서 성불의 설법은 전부 사람의 머릿속에서 생겨난 허망한 상이며, 사람이 그것들에게 다른 명칭을 주어 "부처[佛]"라 하고, "법"이라 하는 것이니, "이것은 이름으로만 부처이고, 법이다."라고 한 것이다.

수보리는 반응이 매우 빨라 더욱 대담한 추정을 진행하였다. 부처님께서 '나'가 없어 어떠한 상에도 머무르지 않는다고 한 이상 '얻음'과 '얻지 못함'이라는 것도 없다는 것이다.

법신불은 지견과 복덕을 근본으로 삼아 과덕(果德)의 끝없는 신상과 묘한 법음(法音)을 느끼며, 현신(現身)과 설법은 대보살이 신도들을 위함인 것이다. 이러한 것은 모두 온갖 선함을 닦아 다 같이 얻음이 없는 것으로 돌아감으로써 무상정등정각을 깨달아 완성할 수 있다. 그래서 수보리는 부처님의 뜻을 받들면서 도를 청하며 "부처님께서 얻은 무상정등정각은 얻은 것이 없는 것입니다!"라고 하였다. 부처님께서는 그의 말을 칭찬하고 인정하며 "그렇다! 내가 무상정등정각에 털끝만큼의 실성법(實性法)도 얻을 수 없었으며, 모든 것을 다 얻은 것이 없으니, 이에 비로소 무상정등정각을 깨달았다."라고 말씀하셨다. 모두 얻은 것이 없는 까닭은, 무상정등정각은 곧 모든 법이 실상과 같이 원만하게 깨달음으로 나타나 얻은 것이 없는 묘한 지혜가 얻은 것 없는 여여(如如)함에 부합되어 깨닫기 때문이니, 어찌 털끝만큼의 얻음이 있을 수 있겠는가? 그러므로 이 여여한 정각(正覺) 가운데 모든 법은 평등하며 높고 낮음이 없는 것이다. 높고 낮음은 불과(佛果)와 범부의 설을 의미

위없는[無上] 지혜

아뇩다라삼먁삼보리

아뇩다라삼먁삼보리는 범어 Annutara-samyak-sambodhi의 음역이며, 아뇩다라(阿耨多羅), 삼먁(三藐), 삼보리(三菩提) 세 개의 단어가 합성된 것이다.

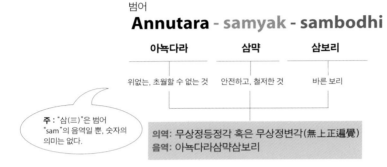

범어
Annutara - samyak - sambodhi

아뇩다라	삼먁	삼보리
위없는, 초월할 수 없는 것	안전하고, 철저한 것	바른 보리

주 : "삼(三)"은 범어 "sam"의 음역일 뿐, 숫자의 의미는 없다.

의역 : 무상정등정각 혹은 무상정변각(無上正遍覺)
음역 : 아뇩다라삼먁삼보리

불법의 닦음과 잡초가 자람

농부가 농사를 지을 때 씨를 뿌리는 것 외에 풀도 뽑아야 한다.
착한 법을 닦을 때, 범부는 나는 '어떤 씨를 뿌려' 착한 법을 닦는다고 쉽게 집착한다. 이것이 바로 잡초가 자라는 것이다.

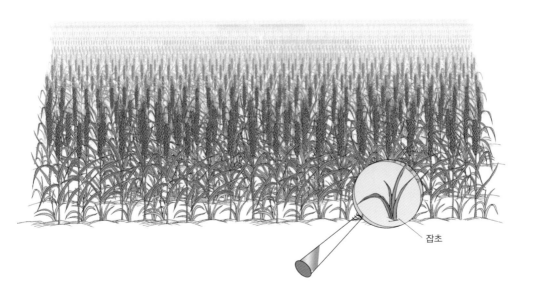

잡초

하는 것이다. 평등한 법계(法界)는 성인에 있어서 늘어나지 않고, 범부에 있어서 줄어들지 않으며, 이것을 무상정등정각이라고 칭한다. 이것은 '인'에서는 중생계(衆生界), 중생장(衆生藏), 여래장(如來藏)이라고도 하고, '과위(果位)'에서는 법신, 열반, 무상정등정각이라고도 한다. 경계는 진여, 실상 등으로 칭하고, 행함은 반야 등으로 칭하며, 과(果)는 모든 종지(種智) 등으로 칭하여, 허공같이 평등한 이 공성(空性)에 의하여 뜻을 펴지 않은 것이 없다.

　　모든 법은 비록 다 같이 얻음이 없는 공평등성(空平等性)으로 돌아가지만, 마침내 텅 빈 가운데 모든 것에 구애받지 않는다. 모든 연기법상(緣起法相)은 어리석음과 깨달음이 있고, 더러움과 깨끗함이 있다. 성품은 텅 비었기[性空] 때문에 『중론(中論)』에서 말한 것처럼 이러한 가지가지의 차별이 있는 것이다. 그래서 부처님은 또 수보리에게 "무상정등정각이 비록 모든 법에 함께 귀결되더라도 본성은 공적(空寂)하고 평등하다."라고 말씀하셨다. 그러나 모든 사물의 연기는 모두 인과가 있다. 무상정등정각은 다음과 같은 두 가지 큰 법문을 갖추어야 원만히 이룰 수 있다. 첫째, 반야의 텅 빈 지혜로 법이 텅 빈 평등성을 통달하여 아상과 같은 네 가지 상에 집착하지 말아야 한다. 둘째, 보시, 계율, 인욕 등의 모든 착한 법을 닦아서 끝없는 복덕을 쌓아야 한다. 수행한 모든 착한 법, 자기를 이롭게 하며 남을 이롭게 하는 것은 반야의 내가 없는 지혜로 삼륜(三輪)의 체(體)가 텅 빔[空]을 통달하여 집착하는 것을 없앨 수 있다. 반야가 방편을 통섭하여 이끌고, 방편은 반야를 이루도록 도와 장엄하고 평등한 법성이 무상정등정각을 원만히 깨닫는다. 법성은 텅 빈 것과 같아 모든 중생이 성불할 가능성이 있으며, 성불도 환영과 환상과 같아 모두 얻은 것이 없다. 그러나 작용을 더하지 않고, 널리 자량을 모으지 않고, 보리의 마음을 내지 않고, 남을 이롭게 하는 행동을 닦지 않으면 여전히 성불할 수 없는 것이다!

세상의 모든 형체 있는[有形] 사물과 함이 있는[有
爲] 방법은 모두 아름다운 꿈과 같고, 환영과 같으
며, 물거품과 같으며, 그림자와 같으며, 이슬방울
과 같으며, 번개와 같다. 어떠한 사물에 대해서도
모두 이러한 태도를 취하여야 자기를 잃는 데 이
르지 않게 된다.

제7장

참된 앎[眞知]을 실천하여 증득하다

—

증오(證悟)는 진리와의 결합

본 장의 경전 풀이

—

須菩提! 於意云何? 汝等勿謂如來作是念: 我當度衆生. 須菩提! 莫作是念.
수보리 어의운하 여등물위여래작시념 아당도중생 수보리 막작시념

何以故? 實無有衆生如來度者. 若有衆生如來度者, 如來則有我 · 人 · 衆生
하이고 실무유중생여래도자 약유중생여래도자 여래즉유아 인 중생

壽者. 須菩提! 如來說有我者, 則非有我, 而凡夫之人以爲有我. 須菩提!
수자 수보리 여래설유아자 즉비유아 이범부지인이위유아 수보리

凡夫者, 如來說則非凡夫, 是名凡夫.
범부자 여래설즉비범부 시명범부

"수보리여! 그대는 어떻게 생각하는가? 너희들은 여래가 '중생을 제도하리
라'고 생각한다고 여기지 말라. 수보리여! 그런 생각을 하지 말지니, 무슨 까
닭이겠는가? 실제로 어떤 중생도 여래가 제도할 필요가 결코 없느니라. 만약
여래가 제도할 필요가 있는 중생이라고 생각했다면, 이는 여래가 아상·인상
·중생상·수자상의 네 가지 상에 집착이 있다는 것이니라. 수보리여! 여래가
말하기를, '내가 있다[有我]는 것은 실제로 진실한 의미에서는 결코 내가 없
는 것이요, 범부가 착각하여 내가 있다고 생각해 각종 집착이 일어나는 것이
다'라고 하였느니라. 수보리여! 이러한 범부라는 것도 여래가 말한 것은 진
실로 존재하는 범부가 아니라, 이름으로 범부라 한 것이니라."

須菩提! 於意云何? 可以三十二相觀如來不? 須菩提言: 如是, 如是! 以三
수보리 어의운하 가이삼십이상관여래부 수보리언 여시 여시 이삼

十二相觀如來. 佛言: 須菩提! 若以三十二相觀如來者, 轉輪聖王則是如
십이상관여래 불언 수보리 약이삼십이상관여래자 전륜성왕즉시여

來. 須菩提白佛言: 世尊! 如我解佛所說義, 不應以三十二相觀如來. 爾時,
래 수보리백불언 세존 여아해불소설의 불응이삼십이상관여래 이시

世尊而說偈言: 若以色見我, 以音聲求我, 是人行邪道, 不能見如來.
세존이설게언 약이색견아 이음성구아 시인행사도 불능견여래

부처님께서 말씀하셨다. "수보리여! 그대는 어떻게 생각하는가? 32상으로 여래를 볼 수 있겠느냐?" 수보리가 대답하였다. "그러합니다, 그러합니다! 32상으로 여래를 볼 수 있습니다." 부처님께서 말씀하셨다. "수보리여! 만약 32상으로 여래를 볼 수 있다면 전륜성왕(轉輪聖王)도 32상을 갖추었으니 그도 여래가 된 것이니라." 수보리가 부처님께 아뢰었다. "세존이시여, 제가 부처님께서 말씀하시는 뜻을 알기로는 32상을 여래로 보지 못하겠습니다." 그때 세존께서 게송으로 말씀하셨다. "만약 32상 80종호의 겉모양[色相]으로 나를 보거나 목소리로써 나를 구한다면 이 사람은 삿된 도에 들어가 여래의 본모습을 볼 수 없느니라."

須菩提! 汝若作是念: 如來不以具足相故, 得阿耨多羅三藐三菩提. 須菩
수보리 여약작시념 여래불이구족상고 득아뇩다라삼먁삼보리 수보

提! 莫作是念. 如來不以具足相故, 得阿耨多羅三藐三菩提. 須菩提! 汝若
리 막작시념 여래불이구족상고 득아뇩다라삼먁삼보리 수보리 여약

作是念, 發阿耨多羅三藐三菩提者, 說諸法斷滅. 莫作是念. 何以故? 發阿
작시념 발아뇩다라삼먁삼보리자 설제법단멸 막작시념 하이고 발아

耨多羅三藐三菩提心者, 於法不說斷滅相.
뇩다라삼먁삼보리심자 어법불설단멸상

부처님께서 말씀하셨다. "수보리여! 네가 만약 생각하기를, '여래는 거룩한 몸매[具足相]을 갖춘 탓으로 무상정등정각의 과위를 얻었다'고 생각한다면, 수보리여! 이는 정확한 것이 아니니, 이렇게 생각하지 말라. 마찬가지로 그대는 '여래가 결코 상을 갖추지 않은 연고(緣故) 때문에 무상원만정등정각의

과(果)를 얻은 것이다'라고도 생각하지 말라. 수보리여! 이러한 생각 역시 잘 못된 것이다. 수보리여! 그대는 더욱이 '무상보리의 마음을 낸 사람은 모든 법이 다 아주 없는[斷滅] 텅 빈 성품[空性]이고, 모든 법이 아주 없는 텅 빔[空] 을 인정한다고 말할 수 있다'라고 이렇게 생각해서는 안 된다. 무슨 까닭이겠는가? 무상정등정각의 마음을 낸 사람은 모든 법에 대하여 아주 없는 것[斷滅相]이라고 말하지 않기 때문이니라."

須菩提! 若菩薩以滿恒河沙等世界七寶布施; 若復有人知一切法無我, 得
수 보 리   약 보 살 이 만 항 하 사 등 세 계 칠 보 보 시   약 부 유 인 지 일 체 법 무 아   득

成於忍, 此菩薩勝前菩薩所得功德. 須菩提! 以諸菩薩不受福德故. 須菩提
성 어 인   차 보 살 승 전 보 살 소 득 공 덕   수 보 리   이 제 보 살 불 수 복 덕 고   수 보 리

白佛言: 世尊! 云何菩薩不受福德? 須菩提! 菩薩所作福德, 不應貪著, 是
백 불 언   세 존   운 하 보 살 불 수 복 덕   수 보 리   보 살 소 작 복 덕   불 응 탐 착   시

故說不受福德.
고 설 불 수 복 덕

"수보리여! 만약 큰마음을 낸 어떤 보살이 항하의 모래 수같이 많은 세계에 칠보를 가득 채워 보시하면 그 공덕은 헤아릴 수 없을 것이다. 그러나 만약 다른 어떤 보살이 온갖 법이 나 없는 것을 깨닫고, 또 이미 법인(法忍)이 일어 나지 않음을 얻었다면, 이 보살의 공덕은 저 보살보다 훨씬 더 뛰어날 것이 다. 무슨 까닭이겠느냐? 수보리여! 이것은 복덕은 성품이 없고[無性], 보살 은 내가 없기[無我]에, 보살이 복덕을 받지 않는다 해도 복덕이 더욱 뛰어나 기 때문이니라." 수보리가 부처님께 아뢰었다. "세존이시여! 어찌하여 보살 들이 복덕을 받지 않는다고 하십니까?" "수보리여! 보살들은 착한 일을 하고 얻은 복덕을 탐내거나 고집하지 않아야 하므로 복덕을 받지 않는다 하느니 라."

須菩提! 若有人言: 如來若來若去·若坐若臥. 是人不解我所說義. 何以故?
수보리 약유인언 여래약래약거 약좌약와 시인불해아소설의 하이고

如來者, 無所從來, 亦無所去, 故名如來.
여래자 무소종래 역무소거 고명여래

"수보리여! 만약 어떤 사람이 말하기를, '여래가 오기도 하고 가기도 하고 앉기도 하고 눕기도 한다'라고 하면, 이 사람은 내가 말한 법의 뜻을 전혀 알지 못하는 것이니라. 무슨 까닭이겠는가? 여래라고 칭하는 이는 어디로부터 오는 일도 없고, 가는 데도 없어서 그 성품에 변천이 없으므로 그 이름을 여래라고 하기 때문이니라."

須菩提! 若善男子·善女人, 以三千大千世界碎爲微塵, 於意云何? 是微塵
수보리 약선남자 선여인 이삼천대천세계쇄위미진 어의운하 시미진

衆寧爲多不? 甚多, 世尊! 何以故? 若是微塵衆實有者, 佛則不
중영위다부 심다 세존 하이고 약시미진중실유자 불즉불

說是微塵衆. 所以者何? 佛說: 微塵衆, 則非微塵衆, 是名微塵衆. 世尊! 如
설시미진중 소이자하 불설 미진중 즉비미진중 시명미진중 세존 여

來所說三千大千世界, 則非世界, 是名世界. 何以故? 若世界實有者, 則是
래소설삼천대천세계 즉비세계 시명세계 하이고 약세계실유자 즉시

一合相. 如來說一合相, 則非一合相, 是名一合相. 須菩提! 一合相者, 則是
일합상 여래설일합상 즉비일합상 시명일합상 수보리 일합상자 즉시

不可說, 但凡夫之人貪著其事.
불가설 단범부지인탐착기사

부처님께서 말씀하셨다. "수보리여! 만약 어떤 선남자와 선여인이 삼천대천세계 전체를 부수어 티끌을 만든다면 그대는 어떻게 생각하는가? 그 티끌들의 수가 많지 않겠느냐?" 수보리가 대답하였다. "대단히 많겠습니다, 세존이시여! 무슨 까닭이겠습니까? 만약 이 티끌이 많고 또 참으로 있는 것이라면

329

세존께서는 이것을 티끌이라고 전혀 말씀하시지 않았을 것이기 때문입니다. 무슨 까닭이겠습니까? 부처님께서 말씀하신 티끌이란 본래 티끌이 아니라, 명칭으로 티끌이라고 이름할 뿐이기 때문입니다. 세존이시여, 여래께서 말씀하신 삼천대천세계도 세계는 실제 있는 세계가 아니라 세계라고 부를 뿐입니다. 무슨 까닭이겠습니까? 만약 세계가 참으로 자성(自性)이 있는 것이라면 그것은 곧 하나로 섞여서 떼어 나눌 수 없는 한 덩어리[一合相]입니다. 여래께서 말씀하시를, '한 덩어리는 실제 있는 한 덩어리가 아니라, 편안히 명칭을 세워 한 덩어리니라'라고 칭하기 때문입니다." 부처님께서 말씀하셨다. "수보리여! 한 덩어리란 것은 본래 인연 따라 일어나되 본디 성품은 텅 비었으니[緣起性空] 자성이 있다고 말할 수 없는 것이니라. 그런데 자성의 망령된 견해로 가려지게 되고, 망령되이 탐내고 집착함이 생겨, 있음[有]과 한 덩어리[合相]란 실체로 여기는 것이니라."

須菩提! 若人言: 佛說我見·人見·衆生見·壽者見. 須菩提! 於意云何? 是
수보리 약인언 불설아견 인견 중생견 수자견 수보리 어의운하 시

人解我所說義不? 世尊! 是人不解如來所說義. 何以故? 世尊說: 我見·人
인해아소설의부 세존 시인불해여래소설의 하이고 세존설 아견 인

見·衆生見·壽者見, 卽非我見·人見·衆生見·壽者見, 是名我見·人見·衆
견 중생견 수자견 즉비아견 인견 중생견 수자견 시명아견 인견 중

生見·壽者見.
생견 수자견

"수보리여! 만약 어떤 사람이 말하기를, 부처님께서 아견(我見)·인견(人見)·중생견(衆生見)·수자견(壽者見)을 말씀하셨다고 한다면, 수보리여! 그대는 어떻게 생각하는가? 이 사람은 여래의 의미를 통달하였느냐?" "아닙니다, 세존이시여! 이 사람은 여래께서 말씀하신 본뜻을 알지 못하옵니다. 무슨 까닭이겠습니까? 부처님께서 말씀하신 아견·인견·중생견·수자견은 결코 진실로

존재하는 것이 아니고, 다만 명칭으로 아견·인견·중생견·수자견이라고 부르기 때문입니다."

須菩提! 發阿耨多羅三藐三菩提心者, 於一切法, 應如是知, 如是見, 如是
수보리 발아뇩다라삼먁삼보리심자 어일체법 응여시지 여시견 여시

信解, 不生法相. 須菩提! 所言法相者, 如來說卽非法相, 是名法相.
신해 불생법상 수보리 소언법상자 여래설즉비법상 시명법상

"수보리여! 무상원만정등정각보리의 마음을 낸 보살은 온갖 법에 대하여 마땅히 반야공(般若空)의 지혜로 섭렵해 지니고, 여실하게 알며, 이와 같이 이렇게 믿고 해석하며 어떠한 법상(法相)을 내지 않느니라. 수보리여! 법상이라하는 것은 실상(實相)에서 말하면 결코 법상이 아니라, 법상이라고 부를 뿐이니라."

須菩提! 若有人以滿無量阿僧祇世界七寶持用布施, 若有善男子·善女人,
수보리 약유인이만무량아승기세계칠보지용보시 약유선남자 선여인

發菩薩心者, 持於此經, 乃至四句偈等, 受持讀誦, 爲人演說, 其福勝彼. 云
발보살심자 지어차경 내지사구게등 수지독송 위인연설 기복승피 운

何爲人演說? 不取於相, 如如不動. 何以故? 一切有爲法, 如夢幻泡影, 如
하위인연설 불취어상 여여부동 하이고 일체유위법 여몽환포영 여

露亦如電, 應作如是觀.
로역여전 응작여시관

부처님께서 말씀하셨다. "수보리여! 만약 어떤 사람이 수도 없는 세계에 칠보를 가득히 쌓아 두고 보시하면, 공덕은 헤아릴 수 없고 셀 수도 없을 것이니라. 만약 어떤 선남자와 선여인이 뛰어난 보리의 마음을 내고, 이 경전을 읽고 외우며 받아 지니고, 심지어 이 경전에서 사구게만 들었을 뿐인데, 받아지니고 읽고 외우고 남을 위하여 일러 주면, 얻을 복덕은 저 사람이 보시한

공덕보다 훨씬 더 뛰어날 것이니라. 그런데 어떻게 연설해야 하겠느냐? 이것은 모든 법의 자상(自相)에 집착하지 않고, 모든 법의 성품이 비었음[性空]에 편안히 머무르며, 법상을 분별하여 사람을 놀라게 하지 말아야 한다. 무슨 까닭인가? 온갖 유위(有爲)의 법은 모두 꿈이나 환영 같고, 물거품이나 그림자 같으며, 이슬 같고 번개 같으니 부처님을 배우는 사람은 항상함이 없음[無常]·내가 없음[無我]·태어나고 죽는 성품이 없음[無生滅性]을 관찰하여야 깨달음에 들 수 있느니라."

佛說是經已, 長老須菩提及諸比丘·比丘尼·優婆塞·優婆夷, 一切世間天
불 설 시 경 이 장 로 수 보 리 급 제 비 구 비 구 니 우 바 새 우 바 이 일 체 세 간 천

·人·阿修羅, 聞佛所說, 皆大歡喜, 信受奉行.
 인 아 수 라 문 불 소 설 개 대 환 회 신 수 봉 행

부처님께서 『금강반야바라밀경』을 설하여 마치시자 금강법회가 원만해졌다. 당시 장로 수보리와 여러 비구·비구니·우바새·우바이와 그밖에 일체 세간에서 온 천(天)·인(人)·아수라, 즉 삼선도(三善道)의 중생 모두가 이 경전을 듣고 개개인이 모두 법의 희열[法喜]에 가득 차서, 믿음을 깊이 새겼기 때문에 모두 부처님의 말씀을 받들어 행하였다. 모두 이 법을 듣고 기쁜 마음이 일어 믿고 받아 받들어 행하였다.

1

성인과 범부는 차별이 없다

중생은 모두 성불의 근기가 있다

앞에서 '중생은 중생이 아니다'라는 개념을 여러 번 언급했으나 모두 중생의 입장에서만 말했다. 여기에서 중생과 불상(佛相)을 함께 언급하는 궁극적인 목적은 진리의 차원에서 중생과 부처의 본성은 평등하며, 모두 미래불임을 밝히고자 하는 것이다.

범부가 성불하기까지는 매우 많은 단계를 겪어야 한다. 분명히 성인과 범부의 차이는 매우 크다. 그러나 부처님께서는 도리어 성인과 범부에 차이가 없어야 한다고 말씀하신다. 이를 이해하지 못하는 청중은 아마 또 의심을 품을 것이다. 그러나 부처님께서 앞서 하신 설법에 비추어 보면, 성인과 범부에 차별이 있다고 하는 것은 현상적인 측면에서 말씀하신 것임을 발견할 수 있다. 그러나 이번에 성인과 범부가 차별이 없다고 설하시는 것은 본질적인 측면에서 설하시는 것이다.

부처님께서는 중생을 제도하지 않는다

여래가 설할 법이 있다고 하는 것은 부처님을 비방하는 것이다. 부처가 중생을 제도해야 한다고 하는 것도 마찬가지로 큰 잘못이다. 만약 대중들의 마음에 이러한 생각이 있다면 부처님이 '중생을 제도한다'라는 '아집'이 존재하고 있다고 생각되기 때문이다. 부처님께서는 이미 불과를 증득하여 중생의 본질이 텅 빈 것을 알고, 말로 전하고 몸으로 가르치는 것도 모두 인연의 산물이며, 본래 얻을 수 없는 것임을 알고 계신다. 따라서 실제로 중생을 제도할 수 없는 것이다! 만약 어떤 중생이 나를 위해 석가모니 부처님께서 제도하

중생이 곧 부처다

육즉불(六卽佛). '육(六)'은 수행하여 성불하는 순서의 차례를 설명하며, '즉(卽)'은 접근한다는 의미이다. 모든 중생이 비록 이론적으로 모두 성불할 수 있으나, 만약 진보하고자 노력하지 않으면 바른 과보[正果]를 얻지 못한다. '육'으로 지위의 높고 낮은 순서가 있음을 나타내어, 수행자에게 진보하는 동력을 준다.

1 이즉불(理卽佛)

악도범부위(惡道凡夫位)
이론적인 의미에 있어서 불성을 갖추고 있으나 바른 도를 구하고, 선행을 닦을 줄 모르는 것을 가리키는 것으로 주로 삼악도의 중생을 말한다.

2 명자즉불(名字卽佛)

선도범부위(善道凡夫位)
삼선도의 중생은 부처님과 불법이 있음을 알아서, 마음은 앞으로 나아가지만 수행을 실천하지 않아 여전히 범부이다.

3 관행즉불(觀行卽佛)

오품제자위(五品弟子位)
앞으로 나아가 수행을 실천하는 이가 있으니, 이러한 수행자는 언행이 일치하여 이론에서 실천까지 모두 부처님의 방향을 향하여 발전해 간다. 정도의 차이에 따라 수희품(隨喜品)·독송품(讀誦品)·설법품(說法品)·겸행육도품(兼行六度品)·정행육도품(正行六度品)의 다섯 품으로 나누어진다.

4 상사즉불(相似卽佛)

십신위(十信位)
점차 번뇌를 끊는 십신(十信)의 계위는 비록 진리를 깨달아 얻지는 못했으나 알고 보는 것이 이미 진리와 대체로 비슷하다.

5 분증즉불(分證卽佛)

보살위(菩薩位)
십주(十住)·십행(十行)·십회향(十迴向)·십지(十地)·등각(等覺)의 다섯 단계의 각 보살 계위는 무명의 번뇌를 분별해 끊고 진리를 깨달아 얻는다.

6 구경즉불(究竟卽佛)

불위(佛位)
마지막 한 가닥의 번뇌를 깨뜨려 없애고, 자유롭고 즐거운 궁극의 마지막 경지에 도달하면 여래불이 된다.

신 것이라고 한다면 그것은 제도된 중생상이 있는 것이며, 또 제도할 수 있다는 아상에 집착하는 것이다. 그리고 이러한 네 가지 상에 집착하면 석가모니는 부처님이 아니며, 번뇌를 벗어나지 못한 하나의 범부가 되는 것이다. 부처님께서는 줄곧 보살이 중생을 제도하려면 반드시 상에서 벗어나야 하며, 중생이 제도될 수 있다는 생각을 가져서는 안 되고, 이렇게 해야 비로소 망령된 마음을 굴복시킬 수 있으며, 성불의 큰 길에서 성큼성큼 앞으로 나갈 수 있다고 가르치셨다. 부처님께서도 이렇게 수행하여 성불하신 것이며, 만약 반대로 성불했는데 아직 상에서 벗어나지 못했다면 그것 역시 부처님에 대한 비방인 것이다.

중생이 성불하는 것은 자신을 제도하는 것에 의지해야 한다.

중생은 본래 모두 부처이다

본 경전이 이해하기 어려운 것은 부처님께서 이전에 이러한 이치를 말씀하신 적이 없기 때문이다. 부처님께서 '나'라는 이 개념을 강조한 것은 한 번이 아니며, "나는 크게 깨달은 사람이니, 너희들은 반드시 나의 설법을 믿어야 한다."라고 설했으나, 결코 부처님께서 이전에 '아집'이 있었음을 표명한 것이 아니라 대중들이 이해하는 수준에 따라 채택한, 즉 수기(隨機)에 따른 것이다. 그러므로 여래가 '나'라고 한 것은 인연이 임시로 합해진 하나의 명상(名相)이며, 하나의 호칭을 대신하는 부호이다. 당시의 대중은 아직 범부일 뿐이며, '내가 있음[有我]'이라는 사유 양식이 습관 되었기 때문에 부처님께서 하신 "나는 중생을 제도하는 부처님이다."라는 말을 들었을 때 중생을 제도하는 데 진실로 제도할 수 있는 '나'가 있어야 하는 것으로 잘못 생각하는 것이다.

부처님의 눈에는 도를 얻은 성인과 차별을 표시하는 것으로 범부도 하나의 부호일 뿐이며 이는 세속에 나타난 상이다. 본질에 있어서 부처님의 눈은 "범부"라는 것이 모든 불보살과 마찬가지로 불성이 있으나, 두텁고 무거운 번뇌에 덮여 있어서 드러나지 못하는 것뿐임을 분명하게 보신다. 어느 날 범부가 배운 것을 깨달아 곧장 무상보리의 마음을 내고 불도(佛道)를 수행하기 시작하면 그는 더 이상 범부가 아니다.

2

의지할 수 없는 신상

관불(觀佛)과 견성(見性)

법신은 32상으로 볼 수 없을 뿐만 아니라 화신도 32상으로 볼 수 없다. 왜냐하면 법신은 여래의 불성이고, 상이 없는 존재이며, 법신에 응하여 변화한 신상은 더욱이 인연에 의지하여 나타난 현상으로 다만 가장 두드러진 것이 32상이기 때문이다. 만약 형식에 의지하여 부처를 보려고[見佛] 한다면 삿된 도[邪道]에 들어가 여래를 정견(正見)할 수 없게 된다.

앞의 경문에서는 이미 수보리에게 신상으로 여래를 볼 수 없음을 긍정했으나, 여기에서는 수보리가 32상을 빌려 여래를 볼 수 있다고 대답하였다. 설마 수보리가 부처님을 혼란스럽게 하려는 것일까? 당연히 아니다. 왜냐하면 앞의 경문에서 설한 것은 법신이며, 법신은 상이 없기 때문에 수보리는 신상으로 여래를 볼 수 없다고 대답한 것이다. 현재 말한 것은 부처님의 화신인데, 화신의 가장 큰 특징은 바로 32상이 있다는 것이다. 그러므로 수보리는 32상으로 여래를 관할 수 있다고 대답하였다. 그러나 이번에 수보리의 대답은 옳지 못하였다.

전륜성왕(轉輪聖王)

수보리는 자신의 답안이 많은 제자들의 관점을 대표한 정확한 것이라 생각하였으나, 부처님께서 입을 열자마자 그들이 스스로 옳다고 여겼던 것을 깨뜨렸다. 가장 직접적인 반전의 예가 바로 전륜성왕이다.

전륜성왕은 간단하게 "전륜왕(轉輪王)" 혹은 "윤왕(輪王)"이라고 하며, 세상에 가장 복 있는 사람으로 천하를 통괄하였다. 전륜성왕은 다음과 같은 네 가지 복보가 있다. 첫째, 큰 부자로서 진귀한 보물, 재물, 밭과 집 등이 대단히 많아 천하의 제일이었다. 둘째, 용모가 장엄하고 단정하며 32상을 갖추었다. 셋째, 신체가 건강하고 병이 없어 편안하고 즐거웠다. 넷째, 수명이 길어서 천하의 제일이었다.

전륜성왕이 나타났을 때 천하는 태평하고, 사람들은 편안하고 즐거워 자연과 사람으로 인한 재앙이 없었다. 이러한 복보는 과거에 복을 닦은 것이 깊고 넓은 탓이나 애석하게도 출세간의 지혜를 닦지 않았기 때문에 세상을 통치하는 복보가 있는 대왕이 될 수는 있었으나 도를 깨닫는 증과(證果)를 수행하지는 못했다.

전륜성왕은 비록 32상이 있으나 성불과는 10만 8천 리 떨어져 있었기 때문에 그저 32상에만 의지하여 여래를 보려고 생각하는 것은 실현될 수 없었던 것이다.

여래의 사구게를 보다

반전의 예로부터 시작하여 부처님께서 얻어낸 결론은 형식에 의지하여 여래를 볼 수 없다는 것이다. 부처님께서는 다음의 게송 하나를 말씀하시고, 생동감 있게 최종 결론을 지으셨다. "만약 색(色)으로 나를 보고, 음성으로 나를 구하면, 이 사람은 삿된 도를 행하여 여래를 볼 수 없을 것이다." 부처님에겐 32상의 형색(形色)이 있고, 60종류의 아름답고 오묘한 범음(梵音)이 있지만 만약 이것이 바로 '부처'라고 생각하면 그것은 곧 허상(虛相)에 집착하는 마음이 있는 것이다. 얻은 것이 있다고 집착하는 마음으로 부처를 보게 되면 바로 삿된 도를 행하게 되며, 집착하는 마음이 있는 행동은 깨끗하지 않아 이 사람이 보는 색(色)과 듣는 음성은 모두 환상일 뿐 결코 부처님을 본 것이 아니다. 어떤 거사가 일찍이 말하기를 "만약 불상(佛相)과 불음(佛音)의 반응이 있으면, 마땅히 즉시 병원에 가서 어디에 문제가 생겼는지 검사해 보라!"라고 하였다.

전륜성왕

전륜성왕은 윤보(輪寶)의 차이에 따라 철륜왕(鐵輪王), 동륜왕(銅輪王), 은륜왕(銀輪王), 금륜왕(金輪王)의 네 종류가 있다.

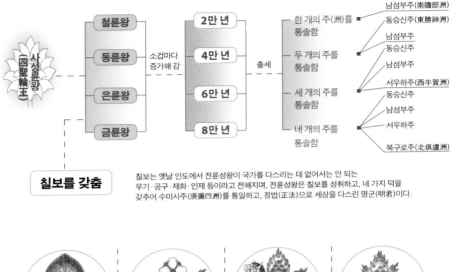

칠보는 옛날 인도에서 전륜성왕이 국가를 다스리는 데 없어서는 안 되는 무기·공구·재화·인재 등이라고 전해지며, 전륜성왕은 칠보를 성취하고, 네 가지 덕을 갖추어 수미사주(須彌四洲)를 통일하고, 정법(正法)으로 세상을 다스린 명군(明君)이다.

❶ 윤보는 바로 법륜(法輪)이다. 그러나 이것은 옛날 인도의 무기에서 변화·발전되어 나온 것이다. 민간에서 윤보는 적을 정복하고 소멸하는 작용이 있다고 전해진다.

❷ 상보(象寶)는 바로 흰 코끼리이다. 이것은 인도의 고대 전쟁 중에 없어서는 안 되는 교통·운송 수단이었던 동시에 용감한 투사였다. 이것은 온순하고 용맹스러우며, 또한 온몸이 보배이다.

❸ 감마보(紺馬寶)는 마왕운풍(馬王雲風)이라고도 한다. '감마'는 전쟁에 쓰였을 뿐만 아니라 교통과 운송에서 가장 훌륭한 수단이었다.

❹ 주보(珠寶)는 여의보주(如意寶珠)라고도 한다. 불조(佛祖)로부터 나왔다고 전해진다. 주보를 당(幢)에 걸어 놓으면 언제 어디서든 간에 모두 한량없는 광채를 뿜어내 암흑을 몰아내고, 인간 세상에 광명을 가져다주며, 모든 소원을 실현시켜 줄 수 있다.

❺ 기보(妃寶)는 덕행을 갖춘 어진 왕비이다. 경전에서 말하기를 그 모습이 단정하고, 온몸의 모공에서 전단향(旃檀香)이 나며, 말이 온화하고 부드러우며, 행동거지가 차분하다고 한다.

❻ 신보(臣寶)는 나라를 다스리고 번성하게 하는 대신(大臣)이다. 대신은 국정의 흥망성쇠를 결정짓는 핵심 인물이다. 따라서 신보는 반드시 국왕을 공경하고, 대담하고 식견이 있고, 깊게 신뢰할 수 있으며, 덕과 재주를 겸비한 특징을 갖추고 있어야 국왕의 모든 소원을 완성할 수 있다.

❼ 장군보(將軍寶)는 충성스럽고 용감한 무장(武將)이다. 그들은 용맹하게 싸움을 잘하고, 똑똑하며 영리하고, 두려울 것 없는 갑옷을 갖추고 있으며, 적군을 철저하게 물리치고 국정을 다스리는 것을 돕는 용사이다.

3

한쪽에 편집(偏執)되지 말라

불법은 끊임이 없고 멸함이 없다

여래를 보는 형식론이 깨진 다음에는 부처님의 모든 장엄한 신상을 부정하는 다른 한 극단으로 나아가기 쉽다. 그러나 32상으로 여래를 볼 수 없다고 해서 부처님께서 장엄한 신상이 없다고 말하는 것은 결코 아니다. 만약 당신이 성불한 다음에 장엄한 신상이 없다고 생각한다면, 그것은 틀렸다.

부처님께서는 중생들에게 한편에 집착하지 못하게 하신다. 만약 '부처'가 완전히 추상적인 것이라고 생각하여 32상 등의 형식적인 부분을 부정한다 해도 잘못된 것이다. 만약 '부처'가 단지 추상적인 진리일 뿐이라고 생각한다면 그것도 틀린 것이다. 진리는 본질이고, 성불한 다음에는 저절로 완벽한 신상을 갖추게 되며, 또한 마찬가지로 끝없는 효력이 있다. 완전하게 갖추어진 신상을 부정하는 것은 성불의 인과 논리를 부정하는 것이다.

성불의 인과

첫째, 부처님께서 아직 성불하지 못했을 때, 처음 보리의 마음을 내면서부터 육바라밀을 수행하고 중생을 교화하며, 많은 복보의 지혜를 닦아 모으기 시작하였다. 성불했을 때 그의 복덕은 마땅히 한량없고 끝없이 장엄한 그 신상을 성취하였다. 만약 성불했을 때 장엄한 신상이 없었다고 한다면, 바로 인(因)은 있고 과(果)는 없어 과법(果法)이 끊어지니 이치에 맞지 않는다. 혹 무상보리의 마음을 내는 사람이 만약 모든 법은 결국 텅 빔에 집착하여 인과를 믿지 않고, 갖가지 공덕을 수행하지 않으며, 중생을 제도하지 않고, 성불했을 때 장엄한 신상이 없다고 하고, 모든 법이 단멸하고, 인과가 없다고 하면 그

삼제관불법(三諦觀佛法)

만물은 인연에 의해 생성됨에 주안점을 두면 선정의 힘은 있으나 불성을 보지 못한다. 모든 본질은 비었다[空]는 것에 주안점을 두면, 지혜의 힘이 있어서 비록 불성을 보지만 명확하지 않다. 따라서 어떠한 한 측면에 치우쳐 고집할 수 없다. 만약 중도의 정관(正觀)에 머무를 수 있으면, 선정과 지혜의 힘이 균등해져 불성에 대해 철저히 밝아질 수 있다.

중관(中觀)의 평형

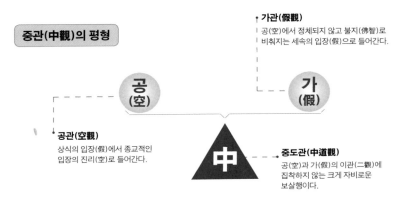

가관(假觀)
공(空)에서 정체되지 않고 불지(佛智)로 비춰지는 세속의 입장(假)으로 들어간다.

공관(空觀)
상식의 입장(假)에서 종교적인 입장의 진리(空)로 들어간다.

중도관(中道觀)
공(空)과 가(假)의 이관(二觀)에 집착하지 않는 크게 자비로운 보살행이다.

인과의 긍정과 부정

씨를 뿌리면 반드시 수확을 하는데, 이것은 인과에 대한 긍정이다.

보리 이삭은 원래의 씨앗 형태가 이미 하나도 남지 않고 완전히 없어진 것이다. 이러한 의미에서는 인과에 대한 부정이다.

상대에 따라 설법하다[因材施敎]

백호 오른쪽으로 휘어져 빛을 발하는 것은 부처님의 32가지 특별한 모습 가운데 하나이다.

미간에 있는 백호는 부처님의 32상 가운데 하나이며, 세속의 입장에서 보면 이것은 일종의 인과를 격려하는 것이다.

진리의 입장에서 보면 모든 것의 본질은 비었으므로[空], 32상은 인연의 가상일 뿐이다.

것은 삿된 앎이고 삿된 견해이다.

둘째, 아라한은 32상이 없으나 그도 모든 법이 뜻과 같음을 깨달아 번뇌를 끊어 없애고 유여열반(有餘涅槃)을 얻었으며, 목숨을 다한 뒤에 신체를 버리고 무여열반(無餘涅槃)에 들었다. 만약 부처님이 상을 갖추지 못하고 아뇩다라삼먁삼보리를 얻었다고 하면, 부처님은 아라한과 같이 남김 없는 열반에 든 다음 장엄한 신상이 없을 것이고, 또한 대비의 마음으로 중생을 제도하러 가지 않아 모든 법이 끊길 것이니, 만약 이와 같이 말한다면 맞지 않는다.

무상보리의 마음을 낸 보살은 대비의 마음이 있어 반드시 갖가지 방편으로 널리 중생을 제도해 갖가지 공덕을 짓는다. 그는 스스로 수행하고, 시방의 한량없는 모든 부처님과 가까이 하며, 자신도 이롭고 남도 이롭게 한다. 그가 성불할 때도 반드시 복덕과 지혜가 장엄하여 모든 덕이 장엄한 법신이 있을 것이며, 또한 한량없는 공덕이 장엄한 화신이 있을 것이다. 그러므로 실제로 이러한 상황은 끊기는 것이 없으며, 따라서 상이 끊긴다[斷滅相]고 말할 수 없다.

우리 범부가 불법을 배울 때는 마땅히 모든 법을 보고서 부처님을 보아야 하고, 자신을 깨끗하게 하여 상의 번뇌를 취(取)하지 않아야 또한 불법의 깊은 뜻에 부합한다. 만약 상을 취하여 여래를 보면 결코 부처님의 본뜻에 부합하지 못한다. 물론 중생들이 막 불법을 접했을 때의 상황에 따라 임시로 채택한 일종의 방법으로도 조금씩 선근을 쌓을 수 있다.

불법을 많이 들어서 수행이 고차원에 들어갈 때까지 허상에 집착해서는 안 된다. 따라서 "32상으로 여래를 보아서는 안 된다."라는 것은 한층 더 깊은 설법이다. 예컨대 부처님의 눈썹이 땅에 끌리도록 길다고 한다면, 이것은 우둔한 근기인 사람이 말하는 것이다. 범부는 32상으로 여래를 보고, 예리한 근기인 사람은 이와 같이 말하지 않기 때문이다.

4

탐하지 않아야 비로소 한량없는 것이다

보살이 복을 닦음은 자신을 위하지 않는다

인욕을 얻은 보살의 공덕이 뛰어난 것은 그가 지은 복덕과 지혜에서 보면 내인(內因)과 외연(外緣)의 공동 작용이므로 복덕에 집착하여 실제가 될 수 없음을 알 수 있다. 복덕을 받지 않아 복덕이 한량없는 것이다. 이것은 복덕이 없다는 것이 아니라, 실제 있는 것에 집착하지 않고, 이미 있는 것에도 집착하지 않는다는 것이다. 복덕은 독립적인 존재일 수 없으며, 보살이 중생을 제도하는 것도 마땅히 인과 속에 녹아 들어가야 한다. 또 복덕은 탐하고 집착해선 안 됨을 깊이 알기 때문에 복덕을 받지 않아야 비로소 한량없는 복덕이라고 하는 것이다.

다시 한 차례 공덕을 따져 보면, 앞의 경문에 선남자와 선여인이 한량없는 칠보로 보시한 공덕을 가지고 비교하였는데, 여기에서 보살이 칠보로 보시한 것과 약간 다르다. 보살은 이미 성위(聖位)에 들어가 대승 불법을 수행한 모범이 되었다. 두 보살이 항하에 가득한 모래만큼 많은 세상에 칠보로 보시한 것과 모든 법을 통달한 공덕으로 분별하여 비교해 보면, 후자의 공덕이 전자보다 훨씬 뛰어나다. 보살은 '나'가 없어야 비로소 이 모든 인연의 법을 통달할 수 있다. '나'가 없음은 도행(道行)의 깊은 수행을 필요로 하며, 이 모든 것은 '인(忍)'에 의거해야 한다.

'인'을 증득하다

'인'은 동요하지 않는다는 의미이다. 불법은 인과를 말한 것이며, 이는 세상에 전해져 번뇌를 끊는 것을 이롭게 한다. 번뇌를 끊는 것은 우리의 내부 마음의 세계를 평화롭게 하는 것으로, 외부 세계의 어떠한 동요에도 상관없이 평화로운 것이다. 내부 마음에 번뇌라는 적의 교란이 없으며 곧 편안히 머문다. 배우기 시작하면서부터 성인의 자리에 들어가 성취가 있기까지, '인'에는 신인(信忍), 유순인(柔順忍), 무생법인(無生法忍)의 세 가지 단계가 있다. 보살

343

이 항하사 세계에 칠보로 아직 보시하지 않았지만, 반야바라밀을 배워서 자신을 이 정도에까지 이르게 하였으니, 그의 공덕은 앞에서 항하사 세계에 가득한 칠보로 보시한 공덕을 초월하는 것이다. 이로부터 앞서 항하사 세계에 칠보로 보시한 사람도 역시 보살이지만, 그는 '인'을 얻지 못했기 때문에 반야의 '인' 공덕이 크지 않음을 알 수 있다. 이것은 '인'에서 얻은 반야의 공덕이 재물의 보시보다 큰 것임을 찬양한 것이다.

복덕을 받지 않음[不受]

복덕을 탐하고 집착하지 않아야 한다.

인을 증득한 보살은 복덕을 탐하고 집착하지 않기 때문에 그의 공덕은 크다. 범부는 복보를 쉽게 탐하고 집착하기 때문에, 예컨대 남에게 아부하며 받들고, 찬양하고, 칭송하는 것을 흔쾌히 받아들인다. 이것을 '받음[受]'이라고 한다. 남을 헐뜯고 모욕하며, 심지어 다른 견해에 대하여 싫어하는 것, 이것을 '받지 않음[不受]'이라고 한다. 그러나 '받지 않음'은 본질적으로 여전히 영향을 받는 것이므로 '받음'의 일종이다. 보살이 공덕을 수행하고 복덕을 쌓는 것은 편안하여 흔들림이 없는 것이다. 보살은 복덕을 얻을 수 있다고 생각지 않으며, 복덕이 진실로 있다는 것에 집착하지 않고, 자신을 위해 가지려고 탐하지 않을 뿐만 아니라, 이러한 복덕이 나의 것이라고 생각하지 않는다. 이것이 바로 복덕을 '받지 않음'이니, 보살은 모든 법이 갖가지 인연으로 일어나는 것이라고 생각하기 때문이다. 예컨대 관음보살이 세상을 구원할 때 소리를 듣고 가서 한 가지 일을 한 다음 바로 또 다른 일에 몰두하는데, 이는 복덕의 많고 적음을 따져서 가는 것이 아니다.

안인(安忍)은 일체법에 통달할 수 있다

일체제법(一切諸法)

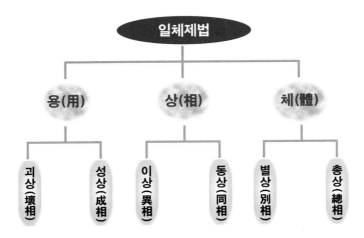

오인(五忍): 보살의 편안한 마음의 정도

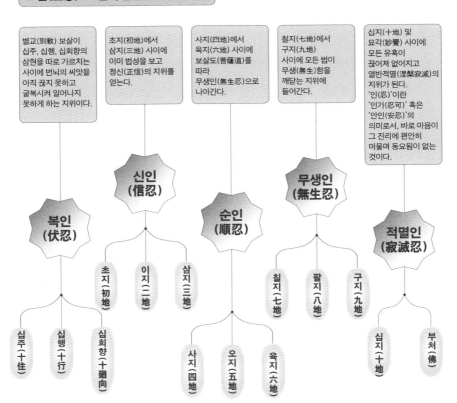

별교(別敎) 보살이 십주, 십행, 십회향의 삼현을 따로 가르치는 사이에 번뇌의 씨앗을 아직 끊지 못하고 굴복시켜 일어나지 못하게 하는 지위이다.

초지(初地)에서 삼지(三地) 사이에 이미 법성을 보고 정신(正信)의 지위를 얻는다.

사지(四地)에서 육지(六地) 사이에 보살도(菩薩道)를 따라 무생인(無生忍)으로 나아간다.

칠지(七地)에서 구지(九地) 사이에 모든 법이 무생(無生)함을 깨닫는 지위에 들어간다.

십지(十地) 및 묘각(妙覺) 사이에 모든 유혹이 끊어져 없어지고 열반적멸(涅槃寂滅)의 지위가 된다. '인(忍)'이란 '인가(忍可)' 혹은 '안인(安忍)'의 의미로서, 바로 마음이 그 진리에 편안히 머물며 동요됨이 없는 것이다.

5

무엇을 "여래"라고 하는가?

진리는 오는 바가 없다[無所來]

오고 가며 앉고 눕는 것은 모두 성품이 텅 비어 환영 같은 것에 불과하니, 오고 감이 있을 수 있겠는가? 법은 성품이 텅 비어 환영 같은 것이니, 어디에서 오는 것도 없고, 어디로 가는 것도 없다. 오는 상[來相]이 없는데 오며, 가는 상[去相]이 없는데 가고, 무아의 법성(法性)을 철견(徹見)함, 여의(如義), 이를 비로소 "여래"라고 이름붙인 것이다. 오고[來], 가고[去], 앉고[坐], 눕는[臥] 것은 화신불이 갖추고 있는 네 가지 위의이다. 여기에서는 첫머리에 나왔던 부처님의 일상 행동과 바로 호응하는 것이다.

무엇을 여래라고 하는가? 범어로는 "타타가타(tatha-gata)"이며, 한자로는 "여래(如來)"라고 번역되었고, "여거(如去)"라고도 번역한다. 고대 인도의 다른 종교에도 "여래"라는 단어를 썼는데, 돌고 돌며 죽었다 환생하는 것을 가리킨다. 그들은 하나의 '아(我: Ātman)'가 있고, 이 '아'는 변함없이 항상 머무는 것이라고 생각했기 때문에 "여(如)"라고 한 것이다. 이것은 삼계를 왕래하고 육도를 윤회하며 왔다 갔다 하는데, 예컨대 한 사람이 이 방에서 나와 저 방으로 가면 방은 다르지만 나는 여전히 변하지 않는 것과 같아 "여래"라고 하였다. 사실 이는 부처님께서 설한 여래와는 현저한 차이가 있다.

오고, 가고, 앉고, 눕다

본편에서 말하는 "오고 가는 것"은 부처님이 사위성에 갔다가 다시 돌아온 것을 가리키며, 큰 범위에서 말하면 부처님은 때로 왕사성에 가기도 하고, 각지를 다니는데 여기에 오고 감이 들어 있다. "앉는 것"은 부처님이 때로는 그곳에 앉아 설법하고 선정에 드는 것을 가리킨다. "눕는 것"에 대해서는 『아함경』, 『아비담론(阿毗曇論)』에 언급되어 있다. 날이 곧 밝을 때 부처님께서는 몸을 조절하기 위하여 먼저 바깥을 돌아다닌[經行] 다음에 돌아와서 잠시 누워

부처님의 존호(尊號)

시방삼세의 일체 모든 부처님께서는 응하여 모습을 나타낸 것이 달라 각기 다른 이름이 있다. 그러나 모든 부처님은 모든 지혜를 갖추고 차별이 없기 때문에, 석가모니와 일체의 부처님은 모두 열 가지 존호가 있으며, 모든 부처님을 통칭하는 존호를 "여래십호(如來十號)"라 한다. "여래"는 그 가운데 하나이다.

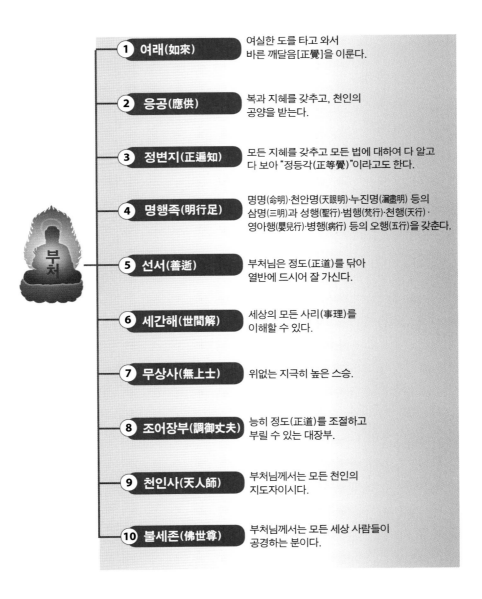

① 여래(如來) — 여실한 도를 타고 와서 바른 깨달음[正覺]을 이룬다.

② 응공(應供) — 복과 지혜를 갖추고, 천인의 공양을 받는다.

③ 정변지(正遍知) — 모든 지혜를 갖추고 모든 법에 대하여 다 알고 다 보아 "정등각(正等覺)"이라고도 한다.

④ 명행족(明行足) — 명명(命明)·천안명(天眼明)·누진명(漏盡明) 등의 삼명(三明)과 성행(聖行)·범행(梵行)·천행(天行)·영아행(嬰兒行)·병행(病行) 등의 오행(五行)을 갖춘다.

⑤ 선서(善逝) — 부처님은 정도(正道)를 닦아 열반에 드시어 잘 가신다.

⑥ 세간해(世間解) — 세상의 모든 사리(事理)를 이해할 수 있다.

⑦ 무상사(無上士) — 위없는 지극히 높은 스승.

⑧ 조어장부(調御丈夫) — 능히 정도(正道)를 조절하고 부릴 수 있는 대장부.

⑨ 천인사(天人師) — 부처님께서는 모든 천인의 지도자이시다.

⑩ 불세존(佛世尊) — 부처님께서는 모든 세상 사람들이 공경하는 분이다.

있지만 잠을 자는 것은 아니며, 부처님이 아주 잠깐 주무시나 또한 잠자지 않는 것도 아니다. 이외에 다음과 같은 해석이 있다. "오는 것"은 부처님께서 법신에서 화신으로 변해 인간 세상에 오는 것을 가리키며, "가는 것"은 부처님께서 열반에 드는 것을, "앉는 것"은 부처님께서 세상에서 설법하는 것을, "눕는 것"은 부처님께서 때때로 누울 수 있는 것을 가리킨다. 여기에 나오는 오고, 가고, 앉고, 눕는 것은 모두 세속적인 모습[相]으로 여래와는 다른 것이다.

부처님은 오는 것도 없고, 가는 것도 없다

부처님의 육신은 보통 사람과 같이 오고 가는 것이 있으며, 앉고 눕는 것이 있는데 어째서 부처님께서는 오고, 가며, 앉고, 눕는 것이 없다고 하는 것일까?

부처님께서 오고, 가고, 앉고, 눕는 것은 모두 수기(隨機)인 것으로 와야 할 때 오고, 가야 할 때 가서 똑같이 오고 가는 것이 없으며, 또한 똑같이 앉고 눕는 것이 없다. 강물에 비유해 보자. 이전 한 찰나의 강물이 한 찰나가 지나가면 이전 한 찰나의 강물일까? 두 번째 찰나가 되었을 때 이전 한 찰나에 흐르던 물은 이미 지나가고, 두 번째 찰나의 강물은 이미 이전 한 찰나의 강물이 아니며, 이전 한 찰나의 물은 거꾸로 흘러 돌아올 수 없다. 부처님의 일상의 일과 휴식도 이와 같다.

따라서 여래는 마땅히 오는 곳이 없다는 것이다. 여래가 바로 진리이며, 여기에 있는 자체는 항상하는 것이니, 당연히 오는 곳이 없으며, 또한 가는 곳도 없어 흔들림 없이 여여한 것이다.

6

시공을 초월한 '일합상(一合相)'

미진(微塵) 속에서 대천(大千)을 보다

감각기관으로 아는 모습은 언어로 풀어서 설명할 수 없는 것이다. 그러나 범부와 속인들은 분명하게 설명해야 비로소 타당하게 여기며, 또한 들은 것을 조심스럽고 진지하게 받들기 시작하면 집착하게 된다. 따라서 여래 부처님께서 설하신 것은 비록 많지 않더라도, 도리어 중생들이 도를 이루는 데 진정한 장애가 된다.

부서져 미진이 되다

불교의 세계관은 사실 매우 유연하며 부처님께서는 이 세계가 '미진'으로 구성되었다고 보신다. 부서져 미진이 되는 것은 결코 폭발을 말하는 것이 아니며, 중생들이 분석법으로 온 세상을 다 미진의 알갱이로 분해하도록 만드는 것이다. 이러한 사유 아래 모든 일과 사물은 미진이 모여서 이루어진 산물이며, 어떤 독립적인 속성이 없기 때문에 각종 상이 모두 사라질 수 있으며, 모두 견고하지 못한 존재이다. 이 세계가 매우 많은 미진으로 조성되었으나 이 것은 최종적인 분해가 아니다. 미진 속에 또 미진이 있으며, 온 물질계가 모두 지, 수, 화, 풍의 4대 원소로 조합되었기 때문에, 미진은 단지 미진이라고 부르는 것에 불과할 뿐 결코 최종적인 형태가 아니라는 것을 수보리는 알았다.

물론 물질계의 마지막은 사실 어떤 것도 없는 것이 결코 아니며, 정신에서 만들어진 환각이라는 것도 아니다. 다만 모든 일과 사물이 어디에서 왔는가 하는 진리를 거슬러 올라갈 수 있으니, 모두 관점을 바로 지금 이 자리[當下]에 국한시켜서는 안 된다.

합하여 대천(大千)이 되다

미진을 매개로 하여 사고해 보면, 삼천대천계는 비록 삼천대천세계로 칭해지지만 사실 커다란 미진의 덩어리에 불과할 뿐이다. 대천세계는 분해되어 미진이 될 수 있으며, 미진도 합해져서 대천세계가 될 수 있다. 이 두 가지는 본질상에 있어서 한몸인 것이다. 그러나 이 본질은 더 이상 분해될 수 없어서, 이것이 미진이면서 또 대천세계이므로, "일합상(一合相; 하나로 합해진 모습)"이라고 한 것이다. '일합상'은 진리이며, 진실한 존재이고, 실제 있는 것이다. 그러나 이는 또 중생들이 정확하게 파악할 수 없어서, 중생들이 알고 말하는 일합상은 진정한 일합상이 아니다. 진리는 언어로 설명할 수 없는 것이기 때문이다.

결론적으로 말하면, 미진이든 대천세계든 모두 오온이 임시로 합해진 것이며, 모두 실제 있는 것이 아니다. 세상 사람들은 항상 각양각색의 사물에 집착하려고 하는데, 시간이 흐름에 따라 상황도 변하고, 주변의 모든 것도 다 변화하며, 사람의 마음을 포함해 크게는 지구와 우주, 작게는 세포와 털구멍에 이르기까지 모두 변화하고 있다.

무상(無常)한 사물이 실제 있다고 집착하면 다만 번뇌를 증가시켜, 중국 전설에 나오는, 태양을 좇는 과부(夸父)처럼 자기 자신을 스스로 길 위에 지쳐 죽게 할 것이다. 만약 참된 마음에 편안히 머물며 '겨울에는 솜옷을 입고, 여름에는 밀짚모자를 쓰면' 진리와 함께 왔다 함께 가며, 그 즐거움이 비할 수 없을 것이다.

미진의 변증(辨證)

일합상의 공식

▶▶▶ 설(設)　　　▶▶▶ 따라서:

A=미진,　　　　　A+(−A)=입자[A+(−A)]

즉　　　　　　　=원자[A+(−A)]=분자[A+(−A)]

−A = 미진이 아님　=생물[A+(−A)]=지구[A+(−A)]

　= 물질세계　　　=우주[A+(−A)]=⋯⋯

　　　　　　　　=n[A+(−A)]=일합상 ▶▶▶

대천과 미진

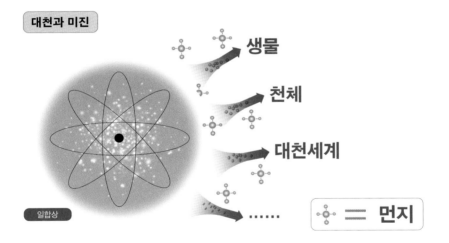

생물

천체

대천세계

⋯⋯

= 먼지

사대(四大)와 미진의 비교

	사대	미진
구별	지·수·화·풍 등의 거시적인 개념은 구체적인 모습이 없다.	미시적인 개념은 구체적인 모습이 있다.
범주	거시적인 구성은 에너지가 불의 원소에 의해서 구성된 것과 같은 것을 나타낸다.	물질적인 미시적 구성은 물 한 방울이 수소와 산소의 원자로 구성된 것과 같은 것을 나타낸다.
연계	사대는 물질 구성의 기본 속성이며, 미진은 구성 물질의 기본 단위를 가리킨다.	

7

불법에 대한 이해로부터 이야기하다

부처님의 진실한 의도

부처님께서 말씀하신 여래가 모두 진실한 것이 아니라고 한 이상, 그가 말한 나와 남, 중생과 수자 등의 네 가지 견해는 진실한 견해인 것인가? 이는 당시 대중들이 가실 수 있었던 자연스런 의문이다. 다시 말하면 부처님께서는 반드시 이 의심을 해결해야 했다. 그래서 수보리에게 다음과 같이 물으셨다. "앞에서 말한 것에 비추어 유추해 보면, 어떤 사람이 부처님께서 아견·인견·중생견·수자견을 말씀하셨다고 했다면, 이 사람은 부처의 진실한 의도를 이해했느냐?"

상을 떠난 상[離相之相]

일체법은 모두 기연으로 성사된 것으로, 중생의 마음에 법상을 만들어 낼 수 없다. 여래는 근기에 따라 집착할 수 없다고 설했으나 이것도 오온이 합해져 이루어진 말이며, 몇 개의 이름에 불과할 뿐이다. 만약 어떤 법사가 무심코 '나', '너', '중생' 등의 단어를 사용한 것을 어떤 사람이 물고 늘어져 아상·인상·중생상·수자상이 생겼다고 한다면, 도리어 후자의 마음에는 '네 가지 상을 떠난' 상이 생겨서 마음의 집착이 있게 된 것이다.

　따라서 수보리가 "이 사람은 부처님께서 말씀하신 의미를 이해하지 못했습니다."라고 대답하였다. 부처님께서 언어로 말한 모든 것은 다 진실한 사물이 아니고, 하나의 추상적인 명사 개념일 뿐이기 때문이다. 결국 부처님께서 말씀하신 네 가지 견해도 진실한 네 가지 견해가 아니기 때문에 기껏 언어상에서 네 가지 견해로 표현하였을 뿐이다. 여래의 지견은 마땅히 이와 같이 이해해야 할 뿐만 아니라, 그 중생의 네 가지 지견도 마땅히 이와 같이 이해해야 하며, 모든 법의 이치에 대해서도 마땅히 이와 같이 이해하고, 인식하고, 견해를 갖고, 신봉하여, 어떠한 법리의 형상도 생겨서는 안 된다.

상을 떠난 상

지계(持戒)의 상

노승은 아름다운 여인이 강을 건너는 것을 도와주지만 마음에 잡념이 없이, 다만 자비에 의해서 행할 뿐이다. 곁에 있는 어린 화상은 매우 놀라 당황하며, 스승이 어떻게 '색계(色戒)'를 깰 수 있을까 생각한다. 그러나 실제로 노승은 도리어 계를 범한 것이 없지만, 반대로 어린 화상이 이렇게 생각하는 것은 '색계'의 개념에 집착하는 것이다.

법을 닦는 과정

앎에 의해서 보고, 보는 것에 의해서 믿고, 다시 믿음에 의해서 깨달음에 이르게 되니, 이것은 일반적인 규율에 부합되는 하나의 과정이다. 이렇게 해야 부처님의 본의에 부합된다.

이렇게 법을 닦는다

이상에서 살펴보았듯이 보리의 마음을 내고 성불하고자 하는 수행자는 모든 설법을 다 법상이 없이 대해야 한다. 모든 법이 법상 없음을 마땅히 알아야 집착하지 않고, 모든 법이 법상 없음을 보아야 집착하는 것이 없으며, 모든 법이 법상 없음을 믿고 이해해야 집착하는 것이 없다. 앎[知]과 견해[見]는 지혜[智]에 치우치며, 믿고 이해하는 것[信解]은 이해로 인하여 믿음에 따름[信順]과 믿음을 추구함[信求]이 되고, 곧 사유로부터 신앙이 되는 것이다. 전체 과정이 모두 자연스러워 편안한 마음으로 수행해야 법상이 생기지 않을 뿐만 아니라, 법상이 생기지 않는 '법이 아닌 상[非法相]'조차도 있을 수 없다. 이 것이 정확한 앎, 견해, 믿음[信], 이해[解]이다.

사람들이 말하는 법상을 여래는 진정한 법상이 아니라고 말했기 때문에 기껏 명사로서 법상이라 한 것이다. 물론 명사로서 법상에 집착해서도 안 된다.

부처님의 설법은 설하는 대로 쓸어 없애고, 설법이 끝나면 네 가지 상에서 떠나 네 가지 상을 떠난 상이 생기지 않게 하여야 한 줄기 길이 깨끗해진다.

8

육여(六如)의 비유
모든 유위는 얻은 바가 없다[無所得]

세상의 모든 유형의 사물과 유위의 방법은 모두 아름다운 꿈과 같고, 환상과 같으며, 마치 물거품, 그림자, 이슬, 번갯불과 같다. 꿈, 환상, 물거품, 그림자, 이슬, 번개 등의 여섯 가지는 모두 진실하지 않은 것이며, 바라볼 수는 있으나 가까이 갈 수는 없는 것이기 때문에 달려들 수도, 빠져들 수도 없다. 어떠한 사물에 대해서도 모두 이러한 태도를 택해야 사물에 미혹되는 데 이르지 않는다.

이미 모든 집착과 장애를 깨뜨려 없앤 이상 하나의 결론을 얻을 수 있는데, 이 경전에서 설하는 것은 확실히 헤아릴 수 없는 공덕이라는 것이다. 우리가 다시 어떻게 보시해도, 이 경전의 종지 혹은 사구게를 받들어 지니고, 아울러 타인을 위해 해설하여 설명하는 것만 못하다. 집착이 없는 불법을 보시하여 얻어진 복덕이 상이 있는 보시로 얻은 복덕보다 훨씬 더 크고 많기 때문이다. 그럼 타인을 위해 무엇을 어떻게 설명해야 하는 것일까? 그것은 어떠한 형상에 집착하지 않고, 마치 그 진리처럼 어떠한 간섭을 받지 않으며, 흔들림 없이 '여여'한 것이다.

이 경전의 또 하나의 사구게는 다음과 같다. "모든 유위의 법은, 꿈과 같고 환상과 같고 그림자와 같고 물거품과 같으며, 이슬과 같고 또한 번개와 같으니, 마땅히 이와 같이 관찰하여라[一切有爲法, 如夢幻泡影, 如露亦如電, 應作如是觀]."

여섯 가지의 비유
꿈[夢]: 꿈의 경계로, 현대 과학에서는 잠들 때 아직 완전히 활동이 정지되지 않은 대뇌피질의 부분이 신체 내외의 자극을 받아 일어나는 환상이라고 본다.

환상[幻]: 일종의 환술(幻術), 마술이다. 예컨대 나무와 돌 등의 물질이 일종의 다른 물건으로 변하며, 수건이 토끼로 변하는 것과 같은데, 사실 모두 눈을 속이는 방법이다.

거품[泡]: 빗방울이 물위에 떨어져 거품을 형성했다가, 갑자기 보이지 않는다.

그림자[影]: 빛이 가려지면 그림자가 생기며, 이것도 가짜이다.

이슬[露]: 지면에서 수증기가 찬 공기와 만나 풀잎 위에 이슬방울이 맺히나, 태양이 나오면 보이지 않는다.

번개[電]: 번개는 나타나면 사라지니, 또한 항상함이 없다.

'거품', '이슬', '번개'는 세상의 모든 법이 다 무상(無常)하여 오랫동안 존재할 수 없음을 나타낸다. '꿈', '환상', '그림자'는 모든 법이 다 허망하고 진실하지 않은 것이어서 보면 있는 듯하나, 실제는 사실이 아닌 것을 나타낸다. 여섯 개의 비유를 합하여 말하면 모든 유위의 법은 무상한 것이며, 진실하지 않은 것이다.

대승 불법을 닦아 익히면 마땅히 이러한 경험으로 모든 일과 모든 사물을 '관상(觀想)'해야 한다. '관상'이 바로 수행이며, 위에서 서술한 여섯 개의 경험으로 관상하면 인생이 마치 허무한 꿈과 같아 금전과 썩은 흙이 똑같이 허위이며, 번화하든 척박하든 모두 눈앞에서 흩날리는 구름과 연기가 되어 잡아도 잡히지 않으니, 구태여 눈앞의 사정에 연연할 필요가 있겠는가!

육여(六如)

'육여'는 여섯 가지 비유로, 아름다움과 추함, 좋고 나쁨 등의 차이를 비유한다. 사실 본질은 어떤 다른 바가 없으며 쉽게 소실되고 파멸되어 실제로 파악할 수 없는 것이다. 이 여섯 가지를 가지고 비유한 현상은 모두 인간들이 쉽게 이해하는 가상이기 때문에 여기에서 방편의 법인 것이다.

1 꿈

꿈의 경지를 현대 과학에서는 잠들 때 아직 활동을 완전히 멈추지 않은 대뇌피질 부분이 체내외의 자극을 받아 생성되는 환상이라고 여긴다.

2 환상

이것은 일종의 환술·마술로, 예컨대 나무와 돌 등의 물건이 다른 물건으로 변해서 나오고, 털모자가 토끼로 변하는 것은 사실 모두 눈을 속이는 법이다.

3 거품

빗방울이 물위에 떨어지면 물거품이 생겼다가 한순간 사라져 버린다.

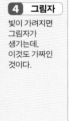

4 그림자

빛이 가려지면 그림자가 생기는데, 이것도 가짜인 것이다.

5 이슬

지면 위에 수증기가 찬 공기를 만나면 풀잎에 이슬이 맺히는데, 태양이 나오면 사라진다.

6 번개

번개는 생기자마자 사라지며, 역시 무상(無常)한 것이다.

9

대환희(大歡喜)의 결말
금강법회(金剛法會)는 원만하였다

경전의 말씀이 끝나자 세워 놓았던 물건도 곧바로 모두 없앴다. 부처님께서는 어떤 것도 다 말씀하셨고, 또 어떤 것도 다 말씀하지 않으셨으며, 대중은 어떤 것도 다 들었지만, 또 어떤 것도 다 들을 것이 없다. 일단 집착이 일어나지 않자, 한 생각[一念] 사이에 부처님의 경계에 도달했다.

금강법회는 원만하였다. 당시에 비구와 비구니, 우바새와 우바이 등의 네 대중들은 부처님께 귀의하여 계율을 지키는 자들이며, 또 세상에서 온 천·인·아수라, 즉 삼선도의 중생들은 선근이 있어 부처님을 보고 법을 들은 자인데, 또한 법회에 있었다.

모두 본 경전을 듣고, 보살이 마음을 내어 수행하는 종요(宗要)와 차제(次第)를 이해하고, 불법이 희유함을 느껴 일부는 그 자리에서 도를 깨달았거나, 그 자리에서 과(果)를 증득하여, 전체가 모두 희망과 진보를 느꼈기 때문에 각각 기뻐할 수 있었다.

환희는 곧 부처님 말씀을 믿고 받아 깊은 의미를 깨달아 들어가는 현상이다. 믿고 이해한 것을 깊이 새기기 때문에 모두 부처님 말씀을 받들어 행하며, 스스로 이롭고 남도 이롭게 하여, 불법을 장래에까지 유통시킬 수 있다. 우리는 또한 이 경전도 당시 부처님의 제자들이 믿고 받들어 행한 결과물이었다는 것을 알 수 있다. 모두 이 법을 듣고 기쁜 마음이 생기면 믿고 받들어 행해야 하니, 이것이 비로소 여래가 보호하고 부촉(付囑)하신 대비를 저버리지 않는 것이다.

원만환희도(圓滿歡喜圖)

금강법회는 원만하였다. 당시에 부처님의 출가 제자와 재가 제자, 또 세간으로부터 온
천인·인간·아수라, 즉 삼선도의 중생들이 선근으로 부처님을 뵙고 법을 듣고자 와서 모두 법회 가운데
있었다. 모두 본 경전을 듣고, 보살이 마음을 내고 수행하는 종요와 차제를 분명히 이해했으며, 불법의
희유함을 느끼며, 하나하나 모두 환희에 충만되었다. 환희는 부처님의 말씀을 믿고 받아들이며 심오한
뜻을 깨달아 들어가는 현상이다. 깊이 믿어 깨달을 수 있기 때문에 모두 부처님의 말씀을 받들어
스스로 이롭고 타인을 이롭게 하여 불법이 장래에 유통될 수 있는 것이다.

부처님
부처님께서는
연화좌(蓮華座) 위에
앉아 『금강경』 설법을
마치셨다.

비구 청중
크게 환희하는
1,250명의 대비구.

아수라 등의 청중
아수라 등 팔부(八部)
청중들은 보통
부처님의 시자(侍者)로
충당되었다.

수보리
본 경전의 발기자로
수보리가 가장
감동하였다.

남녀 거사 청중
경건한 재가 남녀
거사는 본 경전에서
말하는 우바새와
우바이이다.

보살
보살은 부처님에 버금가는
자로서 대자대비의 마음으로
중생 제도의 서원을 내었다.
본 경전에서 주로 설하는 바가
보살의 수행이다.

부록

부록 1

—

원위(元魏) 삼장(三藏) 보리유지(菩提流支) 역,
『금강반야바라밀경(金剛般若波羅蜜經)』

如是我聞: 一時婆伽婆, 在舍婆提城祇樹給孤獨園, 與大比丘衆千二百五十人俱. 爾時, 世尊食時, 著衣持鉢, 入舍婆提大城乞食. 於其城中, 次第乞食已, 還至本處. 飯食訖, 收衣鉢, 洗足已, 如常敷座, 結加趺坐, 端身而住, 正念不動.

이와 같이 나는 들었다. 한때 바가바께서는 사바제성(舍婆提城)의 기수급고독원에서 큰 비구 1,250인과 함께 계셨다. 그때 세존께서는 공양하실 때가 되자 법의를 입고 발우를 들고서 사바제 대성에 들어가셨다. 그 성안에서 차례대로 걸식을 마친 후 본래의 자리에 돌아오셨다. 공양을 마치시고, 법의와 발우를 거두시어 발을 씻으신 후에 보통 때와 같이 자리를 펴서 결가부좌하시고, 몸을 바르게 하여 정념(正念)에 머물러 움직이지 않으셨다.

爾時, 諸比丘來詣佛所, 到已, 頂禮佛足, 右遶三匝, 退坐一面. 爾時, 慧命須菩提, 在大衆中, 卽從座起, 偏袒右肩, 右膝著地, 向佛合掌, 恭敬而立, 白佛言: "希有! 世尊! 如來·應供·正遍知, 善護念諸菩薩, 善付囑諸菩薩. 世尊! 云何菩薩大乘中, 發阿耨多羅三藐三菩提心? 應云何住? 云何修行? 云何降伏其心?"

그때 여러 비구들이 부처님 계신 곳으로 와서는 부처님 발에 머리를 숙여 절하고 오른쪽으로 세 번 돌고서 한쪽으로 물러나 앉았다. 이때 혜명(慧命) 수보리가 대중 가운데 있다가 곧 자리에서 일어나, 오른쪽 어깨를 드러내고 오른쪽 무릎을 땅에 대고서, 부처님을 향해 합장 공경하고 서서 부처님께 말씀드렸다. "희유한 일입니다! 세존이시여! 여래·응공·정변지께서는 여러 보살들을 잘 돌보시고, 여러 보살들에게 잘 부촉하십니다. 세존이시여! 보살이 대승 가운데서 어떻게 아뇩다라삼먁삼보리의 마음을 일으켜야 합니까? 마땅히 어떻게 머물러야 하며, 어떻게 수행해야 하며, 어떻게 그 마음을 항복시켜야 합니까?"

爾時, 佛告須菩提: "善哉, 善哉! 須菩提! 如汝所說: '如來善護念諸菩薩, 善付囑諸菩薩.' 汝今諦聽, 當爲汝說. 如菩薩大乘中, 發阿耨多羅三藐三菩提心, 應如是住, 如是修行, 如是降伏其心."

그때 부처님께서 수보리에게 말씀하셨다. "훌륭하고, 훌륭하구나! 수보리여! 그대가 말한 바와 같이 '여래는 여러 보살들을 잘 돌보고, 여러 보살들에게 잘 부촉하느니라.' 마땅히 그대를 위하여 설할 터이니, 그대는 지금 자세히 들어라. 보살이 대승 가운데 아뇩다라삼먁삼보리의 마음을 일으킨다면, 마땅히 이와 같이 머물러 있어야 하고, 이와 같이 수행해야 하고, 이와 같이 그 마음을 항복시켜야 한다."

須菩提白佛言: "世尊! 如是. 願樂欲聞."
수보리가 부처님께 말씀드렸다. "세존이시여! 이와 같습니다. 즐겁게 듣기를 원하옵니다."

佛告須菩提: "諸菩薩生如是心: '所有一切衆生, 衆生所攝, 若卵生·若胎生·若濕生·若化生, 若有色·若無色, 若有想·若無想·若非有想非無想, 所有衆生界, 衆生所攝, 我皆令入無餘涅槃而滅度之.' 如是滅度無量無邊衆生, 實無衆生得滅度者. 何以故? 須菩提! 若菩薩有衆生相, 卽非菩薩. 何以故非? 須菩提! 若菩薩起衆生相·人相·壽者相, 則不名菩薩."
부처님께서 수보리에게 말씀하셨다. "여러 보살들은 이와 같은 마음을 일으켜야 하느니라. '모든 중생들은 중생에 포섭되니, 난생(卵生)·태생(胎生)·습생(濕生)·화생(化生), 유색(有色)·무색(無色), 유상(有想)·무상(無想)·비유상비무상(非有想非無想)들이 모두 중생계에 존재하는 중생들에 포섭되며, 나는 이들을 모두 무여열반(無餘涅槃)에 들게 하여 멸도(滅度)하게 하였다.' 이와 같이 멸도에 든 한량없고 가없는 중생들 가운데 실로 멸도한 중생은 없다. 무엇 때문인가? 수보리여! 만약 보살에게 중생상(衆生相)이 있다면, 그는 보살이 아니기 때문이니라. 무엇 때문에 아닌가? 수보리여! 만약 보살이 중생상·인상(人相)·수자상(壽者相)을 일으킨다면, 보살이라 부를 수 없기 때문이니라."

"復次, 須菩提! 菩薩不住於事行於布施, 無所住行於布施, 不住色布施, 不住聲·香·味·觸·法布施. 須菩提! 菩薩應如是布施, 不住於相想. 何以故? 若菩薩不住相布施, 其福德聚不可思量."
"또한 수보리여! 보살은 일[事]에 머물지 않고 보시를 행하며, 머무는 곳 없이 보시를 하며, 색(色)에 머물지 않고 보시를 하며, 성(聲)·향(香)·미(味)·촉(觸)·법(法)에 머물지 않고 보시를 하느니라. 수보리여! 보살은 마땅히 이와 같이 보시를 해야 하고 상(相)의 생각에 머물러서는 안 된다. 무슨 까닭인가? 만약 보살이 상에 머물지 않고 보시한다면, 그 복덕(福德)의 쌓임은 헤아릴 수 없느니라."

"須菩提! 於汝意云何? 東方虛空可思量不?" 須菩提言: "不也, 世尊!"
"수보리여! 그대는 어떻게 생각하는가? 동방에 있는 허공을 헤아릴 수 있겠는가?" 수보리가 말씀드렸다. "그렇지 않습니다, 세존이시여!"

佛言: "如是, 須菩提! 南西北方四維上下虛空, 可思量不?" 須菩提言: "不也, 世尊!"
부처님께서 말씀하셨다. "이와 같이 수보리여! 남방·서방·북방과 그 네 방위의 사이와 위아래에 있는 허공을 헤아릴 수 있겠는가?" 수보리가 말씀드렸다. "그렇지 않습니다, 세존이시여!"

佛言: "如是, 如是! 須菩提! 菩薩無住相布施, 福德聚亦復如是不可思量." 佛復告須菩提: "菩薩但應如是行於布施."
부처님께서 말씀하셨다. "그와 같다, 그와 같다! 수보리여! 보살이 상에 머무름이 없이 보시한 복덕의 쌓임도 또한 이와 같아서 생각으로 헤아릴 수 없느니라." 부처님께서 다시 수보리에게 말씀하셨다. "보살은 다만 마땅히 이와 같이 보시를 행해야 하느니라."

"須菩提! 於意云何? 可以相成就見如來不?" 須菩提言: "不也, 世尊! 不可以相成就得見如來. 何以故? 如來所說相, 卽非相."
"수보리여! 그대는 어떻게 생각하는가? 상에 의지하여 여래를 보는 일을 성취할 수 있겠는가?" 수보리가 말씀드렸다. "그렇지 않습니다, 세존이시여! 상에 의지하여 여래를 보는 일은 성취할 수 없습니다. 무엇 때문이겠습니까? 여래께서 말씀하신 상은 곧 상이 아니기 때문입니다."

佛告須菩提: "凡所有相, 皆是妄語. 若見諸相非相, 則非妄語. 如是諸相非相, 則見如來."
부처님께서 수보리에게 말씀하셨다. "무릇 상을 가진 것은 모두 허망한 말이니라. 만약 모든 상이 상 아님을 본다면, 바로 허망한 말이 아니다. 이와 같이 모든 상이 상이 아니라면, 곧 여래를 볼 것이니라."

須菩提白佛言: "世尊! 頗有衆生, 於未來世末世, 得聞如是修多羅章句, 生實相不?"
수보리가 부처님께 말씀드렸다. "세존이시여! 미래세의 말세(末世)에 어떤 중생이 이와 같은 경전의 문장과 구절을 듣고서 실상(實相)을 일으키겠습니까?"

佛告須菩提: "莫作是說: '頗有衆生, 於未來世末世, 得聞如是修多羅章句, 生實相不?'"
부처님께서 수보리에게 말씀하셨다. "그대는 '미래세의 말세에 어떤 중생이 이와 같은 경전의 문장과 구절을 듣고서 실상을 일으키겠습니까?'라고 말하지 말라."

佛復告須菩提: "有未來世末世, 有菩薩摩訶薩, 法欲滅時, 有持戒修福德智慧者, 於此修多羅章句, 能生信心, 以此爲實."
부처님께서 다시 수보리에게 말씀하셨다. "미래세의 말세에 어떤 보살마하살이 법이 멸하려고 할 때 계율을 지키고 복덕과 지혜를 닦는다면, 그는 이 경전의 문장과 구절에서 능히 신심을 일으켜 이를 참으로 여길 것이니라."

佛復告須菩提: "當知彼菩薩摩訶薩, 非於一佛二佛三四五佛所修行供養, 非於一佛二佛三四五佛所而種善根."

부처님께서 다시 수보리에게 말씀하셨다. "그 보살마하살은 한 부처님이나 두 부처님, 셋·넷·다섯 부처님의 처소에서만 수행하고 공양을 올린 것이 아니며, 한 부처님이나 두 부처님, 셋·넷·다섯 부처님의 처소에서만 선한 뿌리를 심은 것이 아님을 마땅히 알아야 하느니라."

佛復告須菩提: "已於無量百千·萬諸佛所修行供養, 無量百千·萬諸佛所種諸善根. 聞是修多羅, 乃至一念能生淨信. 須菩提! 如來悉知是諸衆生, 如來悉見是諸衆生. 須菩提! 是諸菩薩, 生如是無量福德聚, 取如是無量福德. 何以故? 須菩提! 是諸菩薩, 無復我相·衆生相·人相·壽者相."

부처님께서 다시 수보리에게 말씀하셨다. "이미 한량없는 백천만의 모든 부처님 처소에서 수행하고 공양을 올렸으며, 한량없는 백천만의 모든 부처님 처소에서 모든 선근(善根)을 심었으므로 이 경전의 말씀을 듣고서 마침내 한 생각으로 청정한 믿음을 일으킬 수 있는 것이다. 수보리여! 여래는 이 모든 중생들을 다 알고, 여래는 이 모든 중생들을 다 보느니라. 수보리여! 이 보살들은 이와 같이 한량없는 복덕의 쌓임을 일으켜서, 이와 같이 한량없는 복덕을 취한다. 무슨 까닭인가? 수보리여! 이 보살들은 또한 아상·중생상·인상·수자상이 없기 때문이니라.

"須菩提! 是諸菩薩, 無法相, 亦非無法相, 無相, 亦非無相. 何以故? 須菩提! 是諸菩薩, 若取法相, 則爲著我·人·衆生·壽者. 須菩提! 若是菩薩有法相, 卽著我相·人相·衆生相·壽者相. 何以故? 須菩提! 不應取法, 非不取法. 以是義故, 如來常說栰喩法門, 是法應捨, 非捨法故."

"수보리여! 이 보살들은 법상(法相)도 없고 무법상(無法相)도 없으며, 상이 없고, 무상(無相)도 아니다. 무슨 까닭인가? 수보리여! 이 보살들이 만약 법상을 취한다면 곧 아·인·중생·수자에 집착되기 때문이니라. 수보리여! 만약 이 보살에게 법상이 있으면 곧 아상·인상·중생상·수자상에 집착할 것이다. 무엇 때문인가? 수보리여! 마땅히 법을 취하는 것도 아니고 법을 취하지 않는 것도 아니기 때문이니라. 이러한 의미가 있는 까닭에 여래는 항상 뗏목에 비유한 법문을 설하니, 법이라는 것은 마땅히 버려야 하며, 버리지 않는 법이기 때문이니라."

復次, 佛告慧命須菩提: "須菩提! 於意云何? 如來得阿耨多羅三藐三菩提耶? 如來有所說法耶?" 須菩提言: "如我解佛所說義, 無有定法如來得阿耨多羅三藐三菩提, 亦無有定法如來可說. 何以故? 如來所說法, 皆不可取不可說, 非法非非法. 何以故? 一切聖人, 皆以無爲法得名."

또한 부처님께서 혜명 수보리에게 말씀하셨다. "수보리여! 그대는 어떻게 생각하는가? 여래가 아뇩다라삼먁삼보리를 얻었다고 하겠는가? 여래가 설한 법이 있겠는가?" 수보리가 말씀드렸다. "제가 부처님께서 말씀하신 뜻을 이해하기로는 여래께서 아뇩다라삼먁삼보리라는 정해진 법을 얻지 않았으며, 여래께서 말씀하셨다고 할 정해진 법도 없습니다. 무엇 때문이 겠습니까? 여래께서 말씀하신 법은 모두 취할 수 없고 말할 수도 없으며, 법도 아니고 법이 아닌 것도 아닙니다. 왜냐하면 일체의 성인들은 모두 무위법(無爲法)에 의지하여 이름을 얻기 때문입니다."

"須菩提! 於意云何? 若滿三千大千世界七寶, 以用布施. 須菩提! 於意云何? 是善男子·善 女人, 所得福德, 寧爲多不?" 須菩提言: "甚多, 婆伽婆! 甚多, 修伽陀! 彼善男子·善女人, 得福甚多. 何以故? 世尊! 是福德聚, 卽非福德聚. 是故如來說福德聚·福德聚."

"수보리여! 그대는 어떻게 생각하는가? 만약 삼천대천세계에 가득한 칠보를 써서 보시하였 다. 수보리여! 그대는 어떻게 생각하는가? 이 선남자와 선여인이 받을 복덕이 많겠는가?" 수 보리가 말씀드렸다. "바가바시여! 매우 많을 것입니다. 수가타시여! 매우 많을 것입니다. 저 선남자와 선여인이 받을 복덕이 많을 것입니다. 무엇 때문이겠습니까? 세존이시여! 이 복덕 의 쌓임은 바로 복덕의 쌓임이 아니기 때문입니다. 그러므로 여래께서는 복덕의 쌓임을 복덕 의 쌓임이라고 말씀하신 것입니다."

佛言: "須菩提! 若善男子·善女人, 以滿三千大千世界七寶, 持用布施. 若復於此經中, 受持 乃至四句偈等, 爲他人說, 其福勝彼無量不可數. 何以故? 須菩提! 一切諸佛阿耨多羅三藐 三菩提法, 皆從此經出. 一切諸佛如來, 皆從此經生. 須菩提! 所謂佛法·佛法者, 卽非佛法."

부처님께서 말씀하셨다. "수보리여! 만약 선남자와 선여인이 삼천대천세계에 가득한 칠보를 가지고 보시한다고 해도, 만약 이 경전을 받아 지니거나 사구게(四句偈)만이라도 다른 사람에 게 말해 준다면, 그 복덕은 저것보다 한량없이 뛰어나서 이루 헤아릴 수 없을 것이다. 무슨 까 닭인가? 수보리여! 일체 모든 부처님의 아뇩다라삼먁삼보리의 법이 모두 이 경전에서 나왔 으며, 일체 모든 부처님 여래가 모두 이 경전으로부터 나왔기 때문이니라. 수보리여! 이른바 부처님의 법이라고 하지만, 부처님의 법은 바로 부처님의 법이 아니니라."

"須菩提! 於意云何? 須陀洹能作是念: '我得須陀洹果.'不?" 須菩提言: "不也, 世尊! 何以 故? 實無有法名須陀洹. 不入色·聲·香·味·觸·法, 是名須陀洹."

"수보리여! 그대는 어떻게 생각하는가? 수다원이 '내가 수다원과(須陀洹果)를 얻었다'라고 생 각하겠는가?" 수보리가 말씀드렸다. "세존이시여! 그렇지 않습니다. 왜냐하면 수다원이라고 칭할 어떤 법도 없기 때문입니다. 색·소리·냄새·맛·촉감·법에 들어가지 않는 이를 수다원 이라고 칭하기 때문입니다."

佛言: "須菩提! 於意云何? 斯陀含能作是念: '我得斯陀含果.'不?" 須菩提言: "不也, 世尊! 何以故? 實無有法名斯陀含. 是名斯陀含."

부처님께서 말씀하셨다. "수보리여! 어떻게 생각하는가? 사다함이 '내가 사다함과를 얻었다' 라고 생각하겠는가?" 수보리가 말씀드렸다. "세존이시여! 그렇지 않습니다. 왜냐하면 사다함 이라고 칭할 어떤 법도 실로 없으며, 이는 이름이 사다함이기 때문입니다."

"須菩提! 於意云何? 阿那含能作是念: '我得阿那含果.'不?" 須菩提言: "不也, 世尊! 何以 故? 實無有法名阿那含. 是名阿那含."

"수보리여! 그대는 어떻게 생각하는가? 아나함이 '내가 아나함의 과를 얻었다' 라고 생각하겠 는가?" 수보리가 말씀드렸다. "그렇지 않습니다, 세존이시여! 왜냐하면 아나함이라고 칭할 어떤 법도 실로 없으며, 이는 이름이 아나함이기 때문입니다."

"須菩提! 於意云何? 阿羅漢能作是念: '我得阿羅漢.'不?" 須菩提言: "不也, 世尊! 何以故? 實無有法名阿羅漢. 世尊! 若阿羅漢作是念: '我得阿羅漢.' 卽爲著我‧人‧衆生‧壽者. 世 尊! 佛說我得無諍三昧, 最爲第一, 世尊說我是離欲阿羅漢. 世尊! 我不作是念: '我是離欲 阿羅漢.' 世尊! 我若作是念: '我得阿羅漢.' 世尊則不記我無諍行第一. 以須菩提實無所行, 而名須菩提無諍‧無諍行."

"수보리여! 어떻게 생각하는가? 아라한이 '내가 아라한과를 얻었다' 라고 생각하겠는가?" 수보 리가 말씀드렸다. "그렇지 않습니다, 세존이시여! 왜냐하면 아라한이라고 칭할 어떤 법도 실로 없기 때문입니다. 세존이시여! 만약 아라한이 '내가 아라한과를 얻었다' 라고 생각한다면, 이 생 각은 곧 아‧인‧중생‧수자라는 것에 집착하는 것입니다. 세존이시여! 부처님께서는 제가 무쟁 삼매(無諍三昧)를 얻은 자 중에서 제일이라고 말씀하셨으며, 세존께서 저를 이욕아라한(離欲阿 羅漢)이라고 말씀하셨습니다. 세존이시여! 저는 '나는 이욕아라한이다' 라고 생각하지 않습니 다. 세존이시여! 만약 제가 '나는 아라한을 얻었다' 라고 생각한다면, 세존께서는 제가 무쟁삼매 를 얻은 자 중에서 제일이라고 기(記)하지 않으셨을 것입니다. 수보리는 실로 행한 바가 없으 므로 '수보리는 다툼이 없고 다툼의 행도 없다' 라고 칭하신 것입니다."

佛告須菩提: "於意云何? 如來昔在燃燈佛所, 得阿耨多羅三藐三菩提法不?" 須菩提言: "不也, 世尊! 如來在燃燈佛所, 於法實無所得阿耨多羅三藐三菩提."

부처님께서 수보리에게 말씀하셨다. "어떻게 생각하는가? 여래가 옛날에 연등불(然燈佛)께서 계신 곳에서 아뇩다라삼먁삼보리의 법을 얻었겠는가?" 수보리가 말씀드렸다. "세존이시여! 그렇지 않습니다. 여래는 연등불께서 계신 곳에서 참으로 아뇩다라삼먁삼보리의 법을 얻지 않았습니다."

佛告須菩提: "若菩薩作是言: '我莊嚴佛國土.' 彼菩薩不實語. 何以故? 須菩提! 如來所說 莊嚴佛土者, 則非莊嚴, 是名莊嚴佛土. 是故須菩提! 諸菩薩摩訶薩, 應如是生淸淨心, 而 無所住, 不住色生心, 不住聲‧香‧味‧觸‧法生心, 應無所住而生其心."

부처님께서 수보리에게 말씀하셨다. "만약 보살이 '내가 불국토를 장엄한다'라고 말한다면, 그 보살은 진실한 말을 한 것이 아니니라. 무슨 까닭인가? 수보리여! 여래가 불국토를 장엄한다고 말한 것은 곧 장엄이 아니며, 이것은 이름이 불국토를 장엄한다는 것이다. 그러므로 수보리여! 보살마하살들은 마땅히 이와 같이 머무는 바 없이 청정한 마음을 일으켜야 하니, 색에 머물지 않고 마음을 일으켜야 하며, 소리·냄새·맛·촉감·법에 머물지 않고 마음을 내어, 마땅히 머무는 바 없이 그 마음을 내어야 하느니라."

"須菩提! 譬如有人, 身如須彌山王. 須菩提! 於意云何? 是身爲大不?" 須菩提言: "甚大, 世尊! 何以故? 佛說非身, 是名大身. 彼身非身, 是名大身."
"수보리여! 비유하건대 어떤 사람의 몸이 수미산왕(須彌山王)과 같다면, 수보리여! 그대는 어떻게 생각하는가? 그 몸이 크다고 하겠는가?" 수보리가 말씀드렸다. "매우 큽니다, 세존이시여! 무엇 때문이겠습니까? 부처님께서는 몸 아닌 것을 이름이 큰 몸이라 하셨으니, 그 몸은 몸이 아니며, 이는 이름이 큰 몸이기 때문입니다."

佛言: "須菩提! 如恒河中所有沙數, 如是沙等恒河, 於意云何? 是諸恒河沙, 寧爲多不?" 須菩提言: "甚多, 世尊! 但諸恒河, 尙多無數, 何況其沙."
부처님께서 말씀하셨다. "수보리여! 항하 중에 있는 모래만큼 많은 수의 항하가 있다면, 어떻게 생각하는가? 이 모든 항하의 모래는 정녕 많겠는가?" 수보리가 말씀드렸다. "대단히 많습니다, 세존이시여! 그 항하들만 하여도 수없이 많은데, 하물며 그 항하의 모래이겠습니까?"

佛言: "須菩提! 我今實言告汝. 若有善男子·善女人, 以七寶滿爾數恒沙數世界, 以施諸佛如來. 須菩提! 於意云何? 彼善男子·善女人, 得福多不?" 須菩提言: "甚多, 世尊! 彼善男子·善女人, 得福甚多."
부처님께서 수보리에게 말씀하셨다. "내가 지금 참으로 너에게 말하니, 만약 어떤 선남자와 선여인이 항하의 모래 같이 많은 세계에 가득한 칠보를 가지고 부처님들과 여래께 보시한다면, 수보리여! 그대는 어떻게 생각하는가? 저 선남자와 선여인이 얻는 복덕이 많겠는가?" 수보리가 말씀드렸다. "매우 많습니다, 세존이시여! 이 선남자와 선여인이 얻는 복덕은 대단히 많습니다."

佛告須菩提: "以七寶滿爾數恒河沙世界, 持用布施. 若善男子·善女人, 於此法門, 乃至受持四句偈等, 爲他人說, 而此福德, 勝前福德無量阿僧祇."
부처님께서 수보리에게 말씀하셨다. "항하의 모래 같이 많은 세계에 가득한 칠보를 가지고 보시하더라도, 만약 선남자와 선여인이 이 법문(法門)에서 사구게 등을 받아 간직하거나 다른 사람에게 말해 준다면, 이 복덕은 앞의 복덕보다 더 뛰어나 한량없고 끝이 없을 것이니라."

"復次, 須菩提! 隨所有處, 說是法門, 乃至四句偈等, 當知此處, 一切世間天·人·阿修羅, 皆應供養, 如佛塔廟. 何況有人, 盡能受持讀誦此經? 須菩提! 當知是人成就最上第一希有之法. 若是經典所在之處, 則爲有佛, 若尊重似佛."

"또한 수보리여! 있는 곳마다 이 법문이나 사구게만이라도 설한다면, 이곳을 일체 세간의 천, 인, 아수라들이 모두 부처님의 탑묘(塔廟)처럼 공양할 것을 마땅히 알라. 하물며 어떤 사람이 이 경전을 모두 받아 간직하고 읽고 외우는 것에 있어서이겠는가? 수보리여! 이 사람은 가장 높고 제일 희유한 법을 성취한 것을 마땅히 알라. 그러므로 만약 이 경전이 있는 곳이라면 바로 부처님이 계시는 것이니, 부처님처럼 존중해야 하느니라."

爾時, 須菩提白佛言: "世尊! 當何名此法門? 我等云何奉持?" 佛告須菩提: "是法門名爲 '金剛般若波羅蜜'. 以是名字, 汝當奉持. 何以故? 須菩提! 佛說般若波羅蜜, 則非般若波羅蜜."

그때 수보리가 부처님께 말씀드렸다. "세존이시여! 이 법문의 이름은 마땅히 무엇이며, 우리들이 어떻게 받들어 간직해야 합니까?" 부처님께서 수보리에게 말씀하셨다. "이 법문의 이름은 '금강반야바라밀(金剛般若波羅蜜)'이니, 이 이름으로 너희들은 마땅히 받들어 간직해야 하느니라. 무슨 까닭인가? 수보리여! 부처님이 반야바라밀이라고 말한 것은 곧 반야바라밀이 아니기 때문이니라."

"須菩提! 於意云何? 如來有所說法不?" 須菩提言: "世尊! 如來無所說法."

"수보리여! 어떻게 생각하는가? 여래가 말한 법이 있겠는가?" 수보리가 말씀드렸다. "세존이시여! 여래께서 말씀하신 법은 없습니다."

"須菩提! 於意云何? 三千大千世界所有微塵, 是爲多不?" 須菩提言: "彼微塵甚多. 世尊!"

"수보리여! 어떻게 생각하는가? 삼천대천세계에 있는 미진(微塵)이 많다고 하겠는가?" 수보리가 말씀드렸다. "그 미진은 대단히 많습니다. 세존이시여!"

"須菩提! 是諸微塵, 如來說非微塵, 是名微塵. 如來說世界, 非世界, 是名世界."

"수보리여! 이 모든 미진을 여래는 미진이 아니라고 말하며, 이는 이름이 미진이니라. 여래가 말한 세계는 세계가 아니며, 이는 이름이 세계이니라."

佛言: "須菩提! 於意云何? 可以三十二大人相見如來不?" 須菩提言: "不也, 世尊! 何以故? 如來說三十二大人相, 卽是非相, 是名三十二大人相."

부처님께서 수보리에게 말씀하셨다. "그대는 어떻게 생각하는가? 32가지 대인상(大人相)으로써 여래를 볼 수 있겠는가?" 수보리가 말씀드렸다. "그렇지 않습니다, 세존이시여! 무엇 때문이겠습니까? 여래께서 말씀하신 32가지 대인상은 곧 상호가 아니며, 이는 이름이 32가지 대인상이기 때문입니다."

佛言: "須菩提! 若有善男子·善女人, 以恒河沙等身命布施, 若復有人, 於此法門中, 乃至受持四句偈等, 爲他人說, 其福甚多無量阿僧祇."

부처님께서 말씀하셨다. "수보리여! 만약 어떤 선남자와 선여인이 항하의 모래 같이 많은 수의 신명(身命)을 보시한다 하더라도, 만약 또 어떤 사람이 이 법문 중에서 사구게 등이라도 받아지니거나 다른 사람에게 말해 준다면, 이 복은 한량없는 아승기 수만큼 매우 많을 것이니라."

爾時, 須菩提聞說是經, 深解義趣, 涕淚悲泣. 捫淚而白佛言: "希有, 婆伽婆! 希有, 修伽陀! 佛說如是甚深法門, 我從昔來所得慧眼, 未曾得聞如是法門."

그때 수보리가 이 경전에 대하여 부처님께서 말씀하시는 것을 듣고서, 그 뜻과 취지를 깊이 이해하고는 슬피 눈물을 흘리며 울었다. 그리고 눈물을 닦은 뒤 부처님께 말씀드렸다. "희유합니다, 바가바시여! 희유합니다, 수가타시여! 부처님께서 말씀하신 이와 같이 깊고 깊은 법문은 제가 지혜의 눈을 얻은 이후로 아직까지 듣지 못했습니다."

"何以故? 須菩提! 佛說般若波羅蜜, 卽非般若波羅蜜."

"무슨 까닭인가? 수보리여! 부처님이 말한 반야바라밀은 곧 반야바라밀이 아니기 때문이다."

"世尊! 若復有人得聞是經, 信心淸淨, 則生實相, 當知是名成就第一希有功德. 世尊! 是實相者則是非相. 是故如來說名實相·實相. 世尊! 我今得聞如是法門, 信解受持, 不足爲難. 若當來世其有衆生得聞是法門信解受持, 是人則爲第一希有. 何以故? 此人無我相·人相·衆生相·壽者相. 何以故? 我相, 卽是非相; 人相·衆生相·壽者相, 卽是非相. 何以故? 離一切諸相, 則名諸佛."

"세존이시여! 만약 다시 어떤 사람이 이 경전을 듣고 신심을 청정하게 한다면, 실상을 일으킬 것이니, 마땅히 이것을 가장 드문 공덕을 성취한 것이라고 함을 알 것입니다. 세존이시여! 그런데 이 실상은 상이 아니므로 여래께서는 실상을 실상이라고 하는 것입니다. 세존이시여! 제가 지금 이 법문을 듣고서 믿고 이해하며 받아 간직하기는 어렵지 않지만, 만약 다음 세상에서 어떤 중생이 이 법문을 듣고서 믿고 이해하며 받아 간직한다면, 이 사람이야말로 희유한 사람이 될 것입니다. 무슨 까닭이겠습니까? 이 사람은 아상·인상·중생상·수자상이 없기 때문입니다. 아상은 상이 아니며 인상·중생상·수자상도 곧 상이 아니기 때문입니다. 왜냐하면 일체 모든 상을 떠나면 바로 이것을 모든 부처님이라고 칭하기 때문입니다."

佛告須菩提: "如是, 如是! 若復有人得聞是經, 不驚不怖不畏, 當知是人甚爲希有. 何以故? 須菩提! 如來說第一波羅蜜, 非第一波羅蜜. 如來說第一波羅蜜者, 彼無量諸佛亦說波羅蜜, 是名第一波羅蜜."

부처님께서 수보리에게 말씀하셨다. "그렇도다, 그렇도다. 만약 또 어떤 사람이 이 경을 듣고 놀라거나 겁내지 않으며 두려워하지 않는다면, 마땅히 이 사람은 매우 희유한 사람이라고 알아야 한다. 무슨 까닭인가? 수보리여! 여래가 설한 제일바라밀(第一波羅蜜)은 제일바라밀이 아니기 때문이니라. 그런데도 여래가 설한 제일바라밀은 한량없는 여러 부처님도 바라밀이라고 설하셨으니, 이것을 칭하여 제일바라밀이라고 하는 것이니라.

"須菩提! 如來說忍辱波羅蜜, 卽非忍辱波羅蜜. 何以故? 須菩提! 如我昔爲歌利王割截身體. 我於爾時, 無我相·無衆生相·無人相·無壽者相, 無相, 亦非無相. 何以故? 須菩提! 我於往昔節節支解時, 若有我相·衆生相·人相·壽者相, 應生瞋恨. 須菩提! 又念過去於五百世, 作忍辱仙人, 於爾所世, 無我相·無衆生相·無人相·無壽者相. 是故須菩提! 菩薩應離一切相, 發阿耨多羅三藐三菩提心. 何以故? 若心有住, 則爲非住. 不應住色生心, 不應住聲·香·味·觸·法生心, 應生無所住心. 是故佛說: '菩薩心不住色布施.' 須菩提! 菩薩爲利益一切衆生, 應如是布施."

"수보리여! 여래가 말한 인욕바라밀은 인욕바라밀이 아니다. 무슨 까닭인가? 수보리여! 내가 지난 세상에 가리왕(歌利王)에게 몸을 갈기갈기 찢길 적에 나에게는 아상도 없었고 중생상도 없었고 인상도 없었고 수자상도 없었으며, 이처럼 상이 없으면서 또 상 없다는 생각도 없었기 때문이니라. 무슨 까닭인가? 수보리여! 만약 내가 지난 과거 세상에 몸을 갈기갈기 찢길 적에 아상·중생상·인상·수자상이 있었다면, 당연히 화내고 한스러워하는 마음이 일어났을 것이니라. 수보리여! 또한 생각하면 과거 5백 세 동안 인욕선인(忍辱仙人)이 되었을 때에도 아상·중생상·인상·수자상이 없었느니라. 그러므로 수보리여! 보살은 마땅히 일체의 상을 떠나서 아뇩다라삼먁삼보리의 마음을 일으켜야 한다. 무슨 까닭인가? 마음은 머문다는 생각이 있으면 머무는 것이 아니기 때문이니라. 색에 머물러서 마음을 일으키지 말고, 소리와 냄새와 맛과 촉감과 법에 머물러서 마음을 일으키지 말아야 하며, 마땅히 머무는 곳 없이 마음을 일으켜야 한다. 그러므로 보살은 마음이 색에 머무름 없이 보시해야 한다고 부처님은 말하는 것이다. 수보리여! 보살들은 마땅히 일체의 중생을 이롭게 하기 위해 이와 같이 보시해야 하느니라."

須菩提言: "世尊! 一切衆生相, 卽是非相. 何以故? 如來說: '一切衆生, 卽非衆生.'"
수보리가 말씀드렸다. "세존이시여! 일체중생이라는 상은 곧 상이 아닙니다. 왜냐하면 여래가 말한 일체의 중생은 중생이 아니기 때문입니다."

"須菩提! 如來是眞語者·實語者·如語者·不異語者. 須菩提! 如來所得法, 所說法, 無實無妄語."
"수보리여! 여래는 곧 진실을 말하는 자이며, 사실을 말하는 자이며, 있는 그대로 말하는 자이며, 다르지 않게 말하는 자이니라. 수보리여! 여래가 얻은 법과 설한 법은 진실도 아니며 거짓도 아니니라."

"須菩提! 譬如有人入闇, 則無所見. 若菩薩心住於事而行布施, 亦復如是. 須菩提! 譬如人有目, 夜分已盡, 日光明照, 見種種色. 若菩薩不住於事行於布施, 亦復如是."

"수보리여! 마치 어떤 사람이 어두운 곳에서 아무것도 보지 못하는 것과 같이, 만약 보살의 마음이 일[事]에 머물러 보시한다면, 또한 그와 같으니라. 수보리여! 마치 어떤 사람의 눈이 밤이 지나가고 햇빛이 비치면 갖가지 색을 보듯이 만약 보살이 일에 머물지 않고 보시한다면, 또한 그와 같으니라."

"復次, 須菩提! 若有善男子·善女人, 能於此法門, 受持讀誦修行, 則爲如來以佛智慧, 悉知是人, 悉見是人, 悉覺是人, 皆得成就無量無邊功德聚."

"또한 수보리여! 만약 선남자와 선여인이 이 법문을 받아 지니고 읽고 외우며 수행한다면, 곧 여래는 부처님의 지혜로써 이 사람을 다 알고 다 보며 다 느끼실 것이니, 모두 한량없고 끝없는 공덕의 쌓임을 성취하게 될 것이니라."

"須菩提! 若有善男子·善女人, 初日分以恒河沙等身布施, 中日分復以恒河沙等身布施, 後日分復以恒河沙等身布施, 如是捨恒河沙等無量身, 如是百千萬億那由他劫以身布施. 若復有人, 聞此法門, 信心不謗, 其福勝彼無量阿僧祇, 何況書寫受持讀誦修行, 爲人廣說."

"수보리여! 만약 어떤 선남자·선여인이 초일분(初日分: 아침)에 항하의 모래알같이 많은 수의 몸을 보시하고, 중일분(中日分: 점심)에도 항하의 모래알 같이 많은 수의 몸을 보시하고, 후일분(後日分: 저녁)에도 항하의 모래알 같이 많은 수의 몸을 보시하여, 이와 같이 항하의 모래알 같이 많은 수의 한량없는 몸을 보시한다고 하자. 그와 같이 한량없는 백천만억 나유타겁 동안 몸을 보시하더라도, 만약 또 어떤 사람이 이 법문을 듣고 신심으로 경전의 말씀을 어기지 않으면 그 복은 저 앞의 한량없는 아승기보다 더 많을 것이니, 하물며 이 경을 쓰고 받아서 간직하고 읽고 외우며 수행하여 남에게 쉽게 말해 주는 것이겠는가."

"須菩提! 以要言之, 是經有不可思議不可稱量無邊功德. 此法門, 如來爲發大乘者說, 爲發最上乘者說. 若有人能受持讀誦修行此經, 廣爲人說, 如來悉知是人, 悉見是人, 皆成就不可思議不可稱無有邊無量功德聚. 如是人等, 則爲荷擔如來阿耨多羅三藐三菩提. 何以故? 須菩提! 若樂小法者, 則於此經, 不能受持讀誦修行, 爲人解說. 若有我見衆生見人見壽者見, 於此法門, 能受持讀誦修行爲人解說者, 無有是處."

"수보리여! 그 중요함을 말한다면, 이 경전에는 생각할 수도 없고 헤아릴 수도 없는 끝없는 공덕이 있으니, 여래는 이 법문을 대승을 일으킨 자를 위해 설하며 최상승을 일으킨 자를 위해 설하느니라. 만약 어떤 사람이 이 경전을 받아서 간직하고 읽고 외우고 수행하여 여러 사람들을 위해 자세히 설해 준다면, 여래가 이 사람을 다 알고 다 볼 것이니, 모두 생각할 수 없고 헤아릴 수 없으며 끝없는 무량한 공덕의 쌓임을 이룰 것이며, 그런 사람은 곧 여래의 아뇩다라삼먁삼보리를 감당하게 될 것이니라. 무슨 까닭인가? 수보리여! 만약 소승의 법을 좋아하는 자라면 이 경전을 받아 간직하고 읽고 외우고 수행하여 다른 사람들을 위해 말해 줄 수 없기 때문이며, 만약 아견(我見)·중생견(衆生見)·인견(人見)·수자견(壽者見)이 있으면 이 법문을 받아 간직하고 읽고 외우고 수행하여 다른 사람들에게 말해 줄 수 있는 자가 결코 없기 때문이니라."

"須菩提! 在在處處, 若有此經, 一切世間天·人·阿修羅所應供養. 當知此處, 則爲是塔, 皆應恭敬, 作禮圍繞, 以諸華香而散其處."
"수보리여! 어떤 곳이든 이 경전이 있으면 일체 세간의 하늘과 인간과 아수라들이 마땅히 공양을 올릴 것이니, 이곳은 곧 부처님의 탑과 같으므로 모두 공경하여 예배하고 에워싸서 그곳에 꽃과 향을 뿌리는 곳임을 마땅히 알라."

"復次, 須菩提! 若善男子·善女人, 受持讀誦此經, 爲人輕賤. 何以故? 是人先世罪業, 應墮惡道, 以今世人輕賤故, 先世罪業則爲消滅, 當得阿耨多羅三藐三菩提."
"또한 수보리여! 만약 선남자와 선여인이 이 경전을 받아 간직하고 읽고 외우더라도 다른 사람들에게 천대받고 경멸당하는 경우가 있다. 무슨 까닭인가? 그 사람은 이전 세상에서 악도에 떨어질 죄를 지었기 때문이니라. 그렇지만 지금 세상에서 다른 사람들에게 천대받고 경멸당함으로써 이전 세상에 지은 죄는 곧 소멸되어 마땅히 아뇩다라삼먁삼보리를 얻을 것이니라."

"須菩提! 我念過去無量阿僧祇阿僧祇劫, 於燃燈佛前, 得値八十四億那由他百千萬諸佛, 我皆親承供養, 無空過者. 須菩提! 如是無量諸佛, 我皆親承供養, 無空過者. 若復有人, 於後世末世, 能受持讀誦修行此經, 所得功德, 我所供養諸佛功德, 於彼百分不及一, 千萬億分, 乃至算數譬喩所不能及."
"수보리여! 내가 생각해 보니 과거 한량없는 아승기의 아승기겁 동안 연등불 이전에 84억 나유타 백천만 부처님을 만나서 모두 직접 공양하고 받들어 섬기며 헛되이 지낸 적 없었느니라. 수보리여! 이와 같이 한량없는 부처님들을 내가 모두 직접 공양하고 받들어 섬기며 헛되이 지낸 적이 없었는데, 만약 또 어떤 사람이 후세의 말세에 능히 이 경전을 받아 간직하고 읽고 외우고 수행한다면, 그가 얻을 공덕은 내가 여러 부처님들께 공양한 공덕으로는 그것의 백 분의 일에도 미치지 못하며, 천만억 분의 일 내지 산수(算數)의 비유로는 능히 미칠 수 없느니라."

"須菩提! 若有善男子·善女人, 於後世末世, 有受持讀誦修行此經, 所得功德, 若我具說者, 或有人聞, 心則狂亂, 疑惑不信. 須菩提! 當知是法門不可思議, 果報亦不可思議."
"수보리여! 어떤 선남자와 선여인이 후세의 말세에 이 경전을 받아 간직하고 읽고 외우고 수행하여 얻을 공덕을 내가 모두 설한다면, 어떤 사람은 듣고서 마음이 곧 미친 듯이 날뛰고 의심하여 믿지 않을 것이니라. 수보리여! 이 법문은 불가사의(不可思議)하며 그 과보 또한 불가사의함을 마땅히 알라."

爾時, 須菩提白佛言: "世尊! 云何菩薩發阿耨多羅三藐三菩提心? 云何住? 云何修行? 云何降伏其心?"
그때 수보리가 부처님께 말씀드렸다. "세존이시여! 어떻게 보살이 아뇩다라삼먁삼보리의 마음을 일으켜야 하며, 어떻게 머물러야 하며, 어떻게 수행해야 하며, 어떻게 그 마음을 항복시켜야 합니까?"

佛告須菩提: "菩薩發阿耨多羅三藐三菩提心者, 當生如是心: '我應滅度一切衆生, 令入無餘涅槃界. 如是滅度一切衆生已, 而無一衆生實滅度者.' 何以故? 須菩提! 若菩薩有衆生相·人相·壽者相, 則非菩薩. 何以故? 須菩提! 實無有法名爲菩薩發阿耨多羅三藐三菩提心者."
부처님께서 수보리에게 말씀하셨다. "보살이 아뇩다라삼먁삼보리의 마음을 일으킨다면 마땅히 이와 같은 마음을 내야 할 것이니, '내가 일체의 중생을 멸도하게 하여 무여열반의 경계에 들도록 했지만 이처럼 일체의 중생을 멸도하게 했어도 참으로 한 중생도 멸도한 자가 없다'라고 해야 하느니라. 무슨 까닭인가? 수보리여! 만약 보살이 중생상·인상·수자상이 있다면 곧 보살이 아니기 때문이니라. 무슨 까닭인가? 수보리여! 참으로 보살이 아뇩다라삼먁삼보리의 마음을 일으켰다고 할 어떤 법도 없기 때문이니라."

"須菩提! 於意云何? 如來於燃燈佛所, 有法得阿耨多羅三藐三菩提不?"
"수보리여! 어떻게 생각하는가? 여래가 연등불의 처소에서 아뇩다라삼먁삼보리라는 법을 얻었겠는가?"

須菩提白佛言: "不也! 世尊! 如我解佛所說義, 佛於燃燈佛所, 無有法得阿耨多羅三藐三菩提."
수보리가 부처님께 말씀드렸다. "그렇지 않습니다! 세존이시여! 제가 부처님께서 설하신 뜻을 이해하기로는, 부처님께서는 연등불의 처소에서 아뇩다라삼먁삼보리라는 어떤 법도 얻으신 것이 없습니다."

佛言: "如是, 如是! 須菩提! 實無有法, 如來於燃燈佛所得阿耨多羅三藐三菩提. 須菩提! 若有法如來得阿耨多羅三藐三菩提者, 燃燈佛則不與我受記: '汝於來世, 當得作佛, 號釋迦牟尼.' 以實無有法得阿耨多羅三藐三菩提, 是故燃燈佛與我受記, 作如是言: '摩那婆! 汝於來世, 當得作佛, 號釋迦牟尼.' 何以故? 須菩提! 言如來者, 卽實眞如."
부처님께서 말씀하셨다. "그와 같다, 그와 같다! 수보리여! 참으로 여래는 연등불의 처소에서 아뇩다라삼먁삼보리라는 어떤 법도 얻은 것이 없느니라. 수보리여! 만약 여래가 아뇩다라삼먁삼보리라는 법을 얻었다면, 연등불께서 곧 나에게 '그대는 다음 세상에 마땅히 부처를 이루

어 이름을 석가모니라 할 것이다'라는 수기를 주지 않았을 것이니라. 참으로 아뇩다라삼먁삼
보리라는 법을 얻은 것이 없었기 때문에 연등불께서 나에게 수기하시기를 '마나바(摩那婆)여!
그대는 다음 세상에서 마땅히 부처를 이루어 이름을 석가모니라 할 것이다'라고 말씀하셨던
것이다. 무슨 까닭인가? 수보리여! 여래란 말은 곧 참다운 진여이기 때문이니라."

"須菩提! 若有人言: '如來得阿耨多羅三藐三菩提.'者, 是人不實語. 須菩提! 實無有法, 佛
得阿耨多羅三藐三菩提. 須菩提! 如來所得阿耨多羅三藐三菩提, 於是中不實不妄語. 是
故如來說: '一切法皆是佛法.' 須菩提! 所言一切法·一切法者, 卽非一切法, 是故名一切
法. 須菩提! 譬如有人, 其身妙大." 須菩提言: "世尊! 如來說人身妙大, 則非大身, 是故如
來說名大身."

"수보리여! 만약 어떤 사람이 '여래가 아뇩다라삼먁삼보리를 얻었다'고 말한다면 이 사람은
진실한 말을 한 것이 아니다. 수보리여! 참으로 부처님은 아뇩다라삼먁삼보리라는 어떤 법
도 얻은 것이 없느니라. 수보리여! 여래가 얻은 아뇩다라삼먁삼보리는 그 가운데 진실한 말
도 없고 거짓된 말도 없으니, 그러므로 여래는 일체법(一切法)이 모두 부처님 법이라고 설하
는 것이니라. 수보리여! 일체법이라고 말하는 일체법은 곧 일체법이 아니며 이름이 일체법
이라고 하는 것이다. 수보리여! 비유하면 어떤 사람의 몸이 미묘하고 크다고 하는 것과 같으
니라." 수보리가 말씀드렸다. "세존이시여! 여래가 사람의 몸이 미묘하고 크다고 설하신 것은
곧 몸이 큰 것이 아니니, 그러므로 여래는 큰 몸이라고 설하신 것입니다."

佛言: "須菩提! 菩薩亦如是. 若作是言: '我當滅度無量衆生.' 則非菩薩." 佛言: "須菩提! 於
意云何? 頗有實法名爲菩薩?" 須菩提言: "不也, 世尊! 實無有法名爲菩薩. 是故佛說: '一
切法無衆生·無人·無壽者.'"

부처님께서 말씀하셨다. "수보리여! 보살들도 그와 같으니, 만약 '마땅히 내가 한량없는 중생
을 멸도시킨다'고 말한다면 곧 보살이 아니니라." 부처님께서 수보리에게 말씀하셨다. "그대
는 어떻게 생각하는가? 참으로 보살이라고 할 법이 있는가?" 수보리가 말씀드렸다. "없습니
다, 세존이시여! 참으로 보살이라고 할 어떤 법도 없으니, 그러므로 부처님께서 '일체의 법은
무중생(無衆生)·무인(無人)·무수자(無壽者)'라고 설하신 것입니다."

"須菩提! 若菩薩作是言: '我莊嚴佛國土.' 是不名菩薩. 何以故? 如來說莊嚴佛土·莊嚴佛
土者, 卽非莊嚴, 是名莊嚴佛國土. 須菩提! 若菩薩通達無我·無我法者, 如來說名眞是菩
薩菩薩."

"수보리여! 만약 보살이 '내가 불국토를 장엄한다'고 말하면, 이를 보살이라고 칭할 수 없다.
왜냐하면 여래가 불국토의 장엄이라고 말한 불국토의 장엄이란 곧 장엄이 아니며 그것은 이
름이 불국토의 장엄이기 때문이니라. 수보리여! 만약 보살이 무아(無我)와 무아법(無我法)을
통달한다면, 여래가 참으로 보살이라고 칭하여 설한 보살인 것이니라."

"須菩提! 於意云何? 如來有肉眼不?" 須菩提言: "如是, 世尊! 如來有肉眼."
"수보리여! 어떻게 생각하는가? 여래에게 육안(肉眼)이 있는가?" 수보리가 말씀드렸다. "그렇습니다, 세존이시여! 여래께는 육안이 있습니다."

佛言: "須菩提! 於意云何? 如來有天眼不?" 須菩提言: "如是, 世尊! 如來有天眼."
부처님께서 말씀하셨다. "수보리여! 그대는 어떻게 생각하는가? 여래에게 천안(天眼)이 있는가?" 수보리가 말씀드렸다. "그렇습니다, 세존이시여! 여래에게는 천안이 있습니다."

佛言: "須菩提! 於意云何? 如來有慧眼不?" 須菩提言: "如是, 世尊! 如來有慧眼."
부처님께서 말씀하셨다. "수보리여! 그대는 어떻게 생각하는가? 여래에게 혜안(慧眼)이 있는가?" 수보리가 말씀드렸다. "그렇습니다, 세존이시여! 여래에게는 혜안이 있습니다."

佛言: "須菩提! 於意云何? 如來有法眼不?" 須菩提言: "如是, 世尊! 如來有法眼."
부처님께서 말씀하셨다. "수보리여! 어떻게 생각하는가? 여래에게 법안(法眼)이 있는가?" 수보리가 말씀드렸다. "그렇습니다, 세존이시여! 여래에게는 법안이 있습니다."

佛言: "須菩提! 於意云何? 如來有佛眼不?" 須菩提言: "如是, 世尊! 如來有佛眼."
부처님께서 말씀하셨다. "수보리여! 그대는 어떻게 생각하는가? 여래에게 불안(佛眼)이 있는가?" 수보리가 말씀드렸다. "그렇습니다, 세존이시여! 여래에게는 불안이 있습니다."

佛言: "須菩提! 於意云何? 如恒河中所有沙, 佛說是沙不?" 須菩提言: "如是, 世尊! 如來說是沙."
부처님께서 말씀하셨다. "수보리여! 어떻게 생각하는가? 항하 가운데에 있는 모래를 부처님이 모래라고 설했겠는가?" 수보리가 말씀드렸다. "그렇습니다, 세존이시여! 여래께서 이것을 모래라고 설하셨습니다."

佛言: "須菩提! 於意云何? 如一恒河中所有沙, 有如是等恒河, 是諸恒河所有沙數佛世界, 如是世界, 寧爲多不?" 須菩提言: "彼世界甚多, 世尊!"
부처님께서 말씀하셨다. "수보리여! 어떻게 생각하는가? 한 항하 가운데에 있는 모래만큼 항하가 있고, 이 모든 항하에 있는 모래의 수만큼 부처님 세계가 있다면, 그와 같은 부처님 세계는 정녕 많겠는가?" 수보리가 말씀드렸다. "그 세계는 대단히 많습니다, 세존이시여!"

佛告須菩提: "爾所世界中, 所有衆生, 若干種心住, 如來悉知. 何以故? 如來說諸心住, 皆爲非心住, 是名爲心住. 何以故? 須菩提! 過去心不可得, 現在心不可得, 未來心不可得."
부처님께서 수보리에게 말씀하셨다. "이 세계 가운데 있는 중생들이 마음을 나누어 머무는 것을 여래는 다 알고 있다. 왜냐하면 여래가 설한 모든 마음의 머무름은 마음이 머무는 것이 아니며, 이는 이름이 마음이 머문다고 하기 때문이니라. 무슨 까닭인가? 수보리여! 과거의 마음도 얻을 수 없으며, 현재의 마음도 얻을 수 없으며, 미래의 마음도 얻을 수 없기 때문이니라."

"須菩提! 於意云何? 若有人以滿三千大千世界七寶持用布施, 是善男子·善女人, 以是因緣, 得福多不?" 須菩提言: "如是, 世尊! 此人以是因緣, 得福甚多."
"수보리여! 그대는 어떻게 생각하는가? 만약 어떤 사람이 삼천대천세계에 가득한 칠보를 가지고 보시한다면, 이 선남자와 선여인은 그 인연으로 얻을 복이 많겠는가?" 수보리가 말씀드렸다. "그렇습니다, 세존이시여! 이 사람은 그 인연으로 얻을 복이 매우 많을 것입니다."

佛言: "如是, 如是! 須菩提! 彼善男子·善女人, 以是因緣, 得福德聚多. 須菩提! 若福德聚有實, 如來則不說福德聚·福德聚."
부처님께서 말씀하셨다. "그와 같다, 그와 같다! 수보리여! 저 선남자와 선여인은 이 인연으로 얻을 복덕의 쌓임이 많을 것이니라. 수보리여! 만약 복덕의 쌓임이 참으로 존재한다면 여래는 곧 복덕의 쌓임을 복덕의 쌓임이라고 말하지 않을 것이니라."

"須菩提! 於意云何? 佛可以具足色身見不?" 須菩提言: "不也, 世尊! 如來不應以色身見. 何以故? 如來說具足色身, 卽非具足色身, 是故如來說名具足色身."
"수보리여! 어떻게 생각하는가? 부처님이 색신을 구족하고 있다고 볼 수 있겠는가?" 수보리가 말씀드렸다. "볼 수 없습니다, 세존이시여! 여래는 마땅히 색신으로써 볼 수 없습니다. 왜냐하면 여래가 설하신 색신을 구족하고 있다는 것은 곧 색신을 구족하고 있다는 것이 아니며, 여래께서 색신을 구족하고 있다고 칭하여 설하신 것이기 때문입니다."

佛言: "須菩提! 於意云何? 如來可以具足諸相見不?" 須菩提言: "不也, 世尊! 如來不應以具足諸相見. 何以故? 如來說諸相具足, 卽非具足, 是故如來說名諸相具足."
부처님께서 말씀하셨다. "수보리여! 그대는 어떻게 생각하는가? 여래가 모든 상호를 구족하고 있다고 볼 수 있겠는가?" 수보리가 말씀드렸다. "볼 수 없습니다, 세존이시여! 여래는 마땅히 모든 상호를 구족하고 있다고 볼 수 없습니다. 무엇 때문이겠습니까? 여래가 모든 상호를 구족하고 있다고 설하신 것은 구족한 것이 아니기 때문이니, 여래가 모든 상호를 구족하고 있다고 칭하여 설하신 것입니다."

佛言: "須菩提! 於意云何? 汝謂如來作是念: '我當有所說法.'耶? 須菩提! 莫作是念. 何以故? 若人言: '如來有所說法.' 卽爲謗佛, 不能解我所說故. 何以故? 須菩提! 如來說法·說法者, 無法可說, 是名說法."
부처님께서 말씀하셨다. "수보리여! 어떻게 생각하는가? 그대는 여래가 '내가 마땅히 설한 법이 있다'라고 생각한다고 이르는가? 수보리여! 그렇게 생각하지 말아야 한다. 무슨 까닭인가? 만약 사람들이 여래가 설한 법이 있다고 말한다면, 곧 부처님을 비방하여 내가 설한 뜻을 이해할 수 없게 되기 때문이니라. 무슨 까닭인가? 수보리여! 여래가 법을 설했다고 하는데, 법을 설했다고 하는 것은 설할 만한 법이 없는 것이다. 그러므로 이것을 칭하여 법을 설한다고 하는 것이니라."

爾時, 慧命須菩提白佛言: "世尊! 頗有衆生, 於未來世, 聞說是法, 生信心不?"
이때 혜명 수보리가 부처님께 말씀드렸다. "세존이시여! 어떤 중생이 미래의 세상에서 이런 법이 설해진 것을 듣고서 신심을 일으키겠습니까?"

佛言: "須菩提! 彼非衆生, 非不衆生. 何以故? 須菩提! 衆生·衆生者, 如來說非衆生, 是名衆生."
부처님께서 말씀하셨다. "저들은 중생도 아니며 중생이 아닌 것도 아니다. 무슨 까닭인가? 수보리여! 중생이라고 하는데, 중생이라는 것은 중생이 아니므로 여래가 이름을 중생이라 하는 것이니라."

佛言: "須菩提! 於意云何? 如來得阿耨多羅三藐三菩提耶?" 須菩提言: "不也! 世尊! 世尊, 無有少法如來得阿耨多羅三藐三菩提."
부처님께서 말씀하셨다. "수보리여! 그대는 어떻게 생각하는가? 여래가 아뇩다라삼먁삼보리를 얻었겠는가?" 수보리가 말씀드렸다. "그렇지 않습니다! 세존이시여! 세존이시여, 여래는 아뇩다라삼먁삼보리에서 어떤 작은 법도 얻은 것이 없습니다."

佛言: "如是, 如是! 須菩提! 我於阿耨多羅三藐三菩提, 乃至無有少法可得, 是名阿耨多羅三藐三菩提."
부처님께서 말씀하셨다. "그와 같다, 그와 같다! 수보리여! 내가 아뇩다라삼먁삼보리에서 어떤 작은 법도 얻은 것이 없으므로 이는 이름이 아뇩다라삼먁삼보리라고 하는 것이니라."

"復次, 須菩提! 是法平等, 無有高下, 是名阿耨多羅三藐三菩提. 以無衆生·無人·無壽者, 得平等阿耨多羅三藐三菩提, 一切善法得阿耨多羅三藐三菩提. 須菩提! 所言善法·善法者, 如來說非善法, 是名善法."
"또한 수보리여! 이 법은 평등하여 높고 낮음이 없으므로 이것을 아뇩다라삼먁삼보리라고 하는 것이니, 무중생(無衆生)·무인(無人)·무수자(無壽者)로써 평등한 아뇩다라삼먁삼보리를 얻은 것이며, 일체의 착한 법으로써 아뇩다라삼먁삼보리를 얻은 것이니라. 수보리여! 선법(善法)이라고 하는데, 그 선법이라는 것은 여래는 선법이 아니라고 말하며, 이름을 선법이라 하니라."

"須菩提! 三千大千世界中, 所有諸須彌山王, 如是等七寶聚, 有人持用布施, 若人以此般若波羅蜜經, 乃至四句偈等, 受持讀誦, 爲他人說, 於前福德, 百分不及一, 千分不及一, 百千萬分不及一, 歌羅分不及一, 數分不及一, 優波尼沙陀分不及一, 乃至算數譬喻所不能及."

"수보리여! 삼천대천세계 가운데에 있는 여러 수미산왕(須彌山王)들과 같은 칠보의 무더기를 가지고 어떤 사람이 보시하더라도, 만약 다른 사람이 이 반야바라밀경이나 사구게만이라도 받아 간직하고 읽고 외워서 다른 사람을 위해 설해 준다면, 앞 사람의 복덕은 백 분의 일에도 미치지 못하며 천 분의 일에도 미치지 못하며, 백천만 분의 일에도 미치지 못하며, 가라분(歌羅分)의 일에도 미치지 못하며, 수분(數分)의 일에도 미치지 못하며, 우파니사타분(優波尼沙陀分)의 일에도 미치지 못하며, 또는 셀 수 있는 수와 비유로도 미칠 수 없느니라."

"須菩提! 於意云何? 汝謂如來作是念: '我度衆生.'耶? 須菩提! 莫作是念. 何以故? 實無有衆生如來度者."

"수보리여! 어떻게 생각하는가? 그대는 여래가 '내가 중생을 제도한다'고 생각한다고 여기는가? 수보리여! 그렇게 생각하지 말아야 한다. 무슨 까닭인가? 참으로 어떤 중생도 여래가 제도한 자가 없기 때문이니라."

佛言: "須菩提! 若有實衆生如來度者, 如來則有我·人·衆生·壽者相. 須菩提! 如來說: '有我者, 則非有我, 而毛道凡夫生者以爲有我.' 須菩提! 毛道凡夫生者, 如來說名非生, 是故言毛道凡夫生."

부처님께서 말씀하셨다. "수보리여! 만약 참으로 중생으로서 여래가 제도한 자가 있다면, 여래는 곧 아상·인상·중생상·수자상이 있는 것이니, 수보리여! 여래가 '아(我)가 있다고 설한 것은 아가 있는 것이 아니요, 모도범부(毛道凡夫)로 태어난 자가 아가 있다고 여긴 것이니라.' 수보리여! 모도범부로 태어난 자를 여래는 태어난 것이 아니라고 설하니, 그러므로 모도범부로 태어난다고 말하는 것이니라."

"須菩提! 於意云何? 可以相成就得見如來不?" 須菩提言: "如我解如來所說義, 不以相成就得見如來."

"수보리여! 어떻게 생각하는가? 상을 성취함으로써 여래를 볼 수 있겠는가?" 수보리가 말씀드렸다. "제가 여래께서 설하신 뜻을 이해하기로는 상을 성취함으로써 여래를 볼 수 있는 것은 아닙니다."

佛言: "如是, 如是! 須菩提! 不以相成就得見如來." 佛言: "須菩提! 若以相成就觀如來者, 轉輪聖王應是如來, 是故非以相成就得見如來."

부처님께서 말씀하셨다. "그와 같다, 그와 같다! 수보리여! 상을 성취함으로써 여래를 볼 수 있는 것은 아니니라." 부처님께서 말씀하셨다. "수보리여! 만약 상을 성취함으로써 여래를 볼 수 있다면 전륜성왕도 마땅히 여래라고 할 것이니, 그러므로 상을 성취함으로써 여래를 볼 수 있는 것은 아니니라."

爾時, 世尊而說偈言:
이때 세존께서 게송을 설하셨다.

若以色見我, 以音聲求我, 是人行邪道, 不能見如來.
彼如來妙體, 卽法身諸佛, 法體不可見, 彼識不能知.
만약 색(色)에 의지하여 나를 보려 하거나, 음성으로 나를 구하려 한다면, 이 사람은 삿된 도를 행하는 것이니, 여래를 볼 수 없으리라.
저 여래의 묘체(妙體)는, 바로 법신(法身)인 모든 부처이며, 법체는 볼 수 없으니, 그것은 식(識)으로는 알 수 없으리라.

"須菩提! 於意云何? 如來可以相成就得阿耨多羅三藐三菩提? 須菩提! 莫作是念: '如來以相成就得阿耨多羅三藐三菩提.' 須菩提! 汝若作是念: '菩薩發阿耨多羅三藐三菩提心者, 說諸法斷滅相.' 須菩提! 莫作是念. 何以故? 菩薩發阿耨多羅三藐三菩提心者, 不說諸法斷滅相."
"수보리여! 어떻게 생각하는가? 여래가 모습을 성취함으로써 아뇩다라삼먁삼보리를 얻을 수 있겠는가? 수보리여! '여래가 모습을 성취함으로써 아뇩다라삼먁삼보리를 얻을 것'이라고 생각하지 말아야 하느니라. 수보리여! 그대가 만약 '보살이란 아뇩다라삼먁삼보리의 마음을 일으킨 자'라고 생각한다면 그것은 모든 법의 단멸상(斷滅相)만을 설한 것이니라.' 수보리여! 그렇게 생각하지 말아야 한다. 무슨 까닭인가? 보살로서 아뇩다라삼먁삼보리의 마음을 일으킨 자라면 모든 법의 단멸상을 설하지 않을 것이기 때문이니라."

"須菩提! 若善男子·善女人, 以滿恒河沙等世界七寶, 持用布施. 若有菩薩, 知一切法無我, 得無生法忍. 此功德勝前所得福德. 須菩提! 以諸菩薩不取福德故."
"수보리여! 만약 선남자·선여인이 항하의 모래같이 많은 세계에 가득한 칠보를 가지고 보시한다 하더라도, 만약 어떤 보살이 일체의 법이 무아인 줄 알아서 무생법인(無生法忍)을 얻는다면, 이 공덕은 앞에서 얻은 복덕보다 뛰어나니, 수보리여! 모든 보살들은 복덕을 취하지 않기 때문이니라."

須菩提白佛言: "世尊! 菩薩不取福德?"
수보리가 부처님께 말씀드렸다. "세존이시여! 보살은 복덕을 취하지 않습니까?"

佛言: "須菩提! 菩薩受福德, 不取福德, 是故菩薩取福德."

부처님께서 수보리에게 말씀하셨다. "보살들은 복덕을 받아도 복덕을 취하지 않는다. 그러므로 보살이 복덕을 취하는 것이니라."

"須菩提! 若有人言: '如來若去若來若住·若坐若臥.' 是人不解我所說義. 何以故? 如來者, 無所至去, 無所從來, 故名如來."
"수보리여! 만약 어떤 사람이 '여래가 오기도 하고 가기도 하고 머물기도 하고 앉기도 하고 눕기도 한다'라고 말한다면, 이 사람은 내가 설한 뜻을 이해하지 못한 것이다. 무슨 까닭인 가? 여래라 함은 가서 이르는 곳도 없고, 어디로부터 오는 곳도 없으므로 여래라고 한다."

"須菩提! 若善男子·善女人, 以三千大千世界微塵. 復以爾許微塵世界, 碎爲微塵阿僧祇. 須菩提! 於意云何? 是微塵衆, 寧爲多不?"
"수보리여! 만약 선남자·선여인이 삼천대천세계의 미진(微塵)을, 다시 그 미진 수만큼의 세계를 부수어 아승기 수만큼의 미진로 만든다면, 수보리여! 어떻게 생각하는가? 이 미진들은 정녕 많겠는가?"

須菩提言: "彼微塵衆甚多. 世尊! 何以故? 若是微塵衆實有者, 佛則不說是微塵衆. 何以故? 佛說微塵衆, 則非微塵衆, 是故佛說微塵衆. 世尊! 如來所說三千大千世界, 則非世界, 是故佛說三千大千世界. 何以故? 若世界實有者, 則是一合相. 如來說一合相, 則非一合相, 是故佛說一合相."
수보리가 말씀드렸다. "세존이시여! 저 미진들은 매우 많습니다. 무슨 까닭이겠습니까? 만약 이 미진들이 참으로 존재하는 것이라면 부처님은 곧 이 미진의 무리를 설하시지 않았을 것입니다. 무슨 까닭이겠습니까? 부처님께서 설하신 미진의 무리는 곧 미진의 무리가 아니므로 부처님께서 미진의 무리라고 설하시는 것입니다. 세존이시여! 여래께서 설하신 삼천대천세계는 곧 세계가 아닙니다. 그러므로 부처님께서 삼천대천세계라고 설하시는 것입니다. 무슨 까닭이겠습니까? 만약 세계가 참으로 존재하는 것이라면, 바로 그것은 일합상(一合相)이기 때문입니다. 여래께서 설하신 일합상은 바로 일합상이 아니므로 부처님께서 일합상이라고 설하신 것입니다."

佛言: "須菩提! 一合相者, 則是不可說, 但凡夫之人, 貪著其事. 何以故? 須菩提! 若人如是言: '佛說我見·人見·衆生見·壽者見.' 須菩提! 於意云何? 是人所說, 爲正語不?" 須菩提言: "不也, 世尊! 何以故? 世尊! 如來說我見·人見·衆生見·壽者見, 卽非我見·人見·衆生見·壽者見, 是名我見·人見·衆生見·壽者見."
부처님께서 말씀하셨다. "수보리여! 일합상이란 것은 곧 설할 수 없는 것이나, 다만 범부인 사람들이 그 일을 탐내고 집착하는 것이니라. 무슨 까닭인가? 수보리여! 만약 어떤 사람이 '부처님께서 아견·인견·중생견·수자견을 설하셨다'고 말한다면, 수보리여! 어떻게 생각하는가?

이 사람이 바른 말을 한 것이라고 하겠는가?" 수보리가 말씀드렸다. "그렇지 않습니다, 세존이시여! 무슨 까닭이겠습니까? 세존이시여! 여래께서 설하신 아견·인견·중생견·수자견은 바로 아견·인견·중생견·수자견이 아니며, 이는 이름이 아견·인견·중생견·수자견입니다."

"須菩提! 菩薩發阿耨多羅三藐三菩提心者, 於一切法, 應如是知, 如是見, 如是信, 如是不住法相. 何以故? 須菩提! 所言法相·法相者, 如來說卽非法相, 是名法相. 須菩提! 若有菩薩摩訶薩以滿無量阿僧祇世界七寶, 持用布施. 若有善男子·善女人, 發菩薩心者, 於此般若波羅蜜經, 乃至四句偈等, 受持讀誦, 爲他人說, 其福勝彼無量阿僧祇. 云何爲人演說而不名說, 是名爲說." 而說偈言:
"수보리여! 보살이 아뇩다라삼먁삼보리의 마음을 일으킨 자라면 일체의 법에 대해 마땅히 이와 같이 알고, 이와 같이 보며, 이와 같이 믿어서, 이와 같이 법상에 머물러서는 안 된다. 무슨 까닭인가? 수보리여! 법상이라고 말하는데, 그 법상이라는 것은 여래가 법상이 아니라고 설하며, 이름이 법상이니라. 수보리여! 만약 어떤 보살마하살이 한량없는 아승기 세계에 가득한 칠보를 가지고 보시한다 하더라도, 만약 보리심을 일으킨 다른 선남자와 선여인이 이 반야바라밀경에서 사구게만이라도 받아 간직하고 읽고 외워서 다른 사람을 위해 설해 준다면, 그 복이 저 보살보다 한량없는 아승기만큼 뛰어나니라. 다른 사람을 위해 어떻게 널리 설하겠는가? 설한다고 할 수 없는 이것을 칭하여 설한다고 한다." 세존께서 게송을 설하셨다.

一切有爲法, 如星·翳·燈·幻·露·泡·夢·電·雲, 應作如是觀.
일체의 유위법(有爲法)은 별 같고, 그늘[翳] 같고, 등불 같고, 허깨비 같으며, 이슬 같고, 물거품 같고, 꿈 같고, 번개 같고, 구름 같으니, 마땅히 이와 같이 보아야 한다.

佛說是經已, 長老須菩提, 及諸比丘·比丘尼·優婆塞·優婆夷·菩薩摩訶薩, 一切世間天·人·阿修羅·乾闥婆等, 聞佛所說, 皆大歡喜, 信受奉行.
부처님께서 이 경을 설하여 마치시니, 장로 수보리와 여러 비구·비구니·우바새·우바이·보살마하살들과 일체 세간의 천인(天人)과 아수라와 건달바들이 부처님께서 설하신 것을 듣고는 모두 크게 환희하고 믿고 받아서 받들어 행하였다.

부록 2

진(陳) 천축(天竺) 삼장(三藏) 진제(眞諦) 역, 『금강반야바라밀경(金剛般若波羅蜜經)』

如是我聞: 一時佛婆伽婆, 住舍衛國祇陀樹林給孤獨園, 與大比丘衆千二百五十人俱. 爾時世尊, 於日前分, 著衣持鉢, 入舍衛大國而行乞食. 於其國中次第行乞, 還至本處. 飯食事訖, 於中後時, 收衣鉢, 洗足已. 如常敷座, 加趺安坐, 端身而住, 正念現前. 時諸比丘俱往佛所, 至佛所已, 頂禮佛足, 右遶三匝, 却坐一面.

이와 같이 나는 들었다. 어느 때 부처님이신 바가바께서는 사위성의 기타수림(祇陀樹林) 급고독원(級孤獨園)에서 대비구 1,250명과 함께 계셨다. 그때 세존께서는 한낮의 전분(前分; 오전)이 되어 법의를 입고 발우를 들고 사위대국에 걸식하러 들어가셨다. 그 성안에서 차례로 음식을 걸식한 후, 본래의 자리에 돌아와서 식사를 하셨다. 중후시(中後時; 오후)에 법의와 발우를 거두고, 발을 씻고, 보통 때처럼 자리를 펴고 편안하게 가부좌를 하시고 몸을 바르게 하여 정념(正念)을 현전(現前)시키셨다. 그때 여러 비구들이 부처님께서 계신 곳으로 와서 부처님의 발에 머리를 숙여 절하고서 오른쪽으로 세 번 돌고 한쪽에 물러나 앉았다.

爾時淨命須菩提, 於大衆中共坐聚集. 時淨命須菩提, 卽從座起, 偏袒右肩, 頂禮佛足, 右膝著地, 向佛合掌而白佛言: "希有, 世尊! 如來·應供·正遍覺知, 善護念諸菩薩摩訶薩, 由無上利益故; 善付囑諸菩薩摩訶薩, 由無上敎故. 世尊! 若善男子·善女人, 發阿耨多羅三藐三菩提心, 行菩薩乘, 云何應住? 云何修行? 云何發起菩薩心?" 淨命須菩提作是問已.

그때 정명(淨命) 수보리도 대중 가운데에 함께 앉아 있었다. 그때 정명 수보리가 곧 자리에서 일어나 오른쪽 어깨를 드러내고 오른쪽 무릎을 땅에 대고서 부처님의 발에 머리를 숙여 절하였다. 그리고 부처님을 향하여 합장하고 부처님께 말씀드렸다. "희유하십니다, 세존이시여! 여래·응공·정변각지(正遍覺知)께서는 여러 보살마하살들을 잘 돌보며 생각하십니다. 왜냐하면 위없는 이익이 있기 때문입니다. 또한 여러 보살마하살들에게 잘 부촉하시니, 위없는 가르침이 있기 때문입니다. 세존이시여! 선남자와 선여인이 아뇩다라삼먁삼보리의 마음을 일으켜 보살승을 행하려면 마땅히 어떻게 머물러야 하며, 어떻게 수행해야 하며, 어떻게 보리심을 일으켜야 합니까?" 정명 수보리가 그와 같이 말씀드렸다.

爾時世尊告須菩提: "須菩提! 善哉, 善哉! 如是, 善男子! 如來善護念諸菩薩摩訶薩, 無上利益故; 善付囑諸菩薩摩訶薩, 無上教故. 須菩提! 是故汝今一心諦聽, 恭敬, 善思念之. 我今當爲汝說. 如菩薩發菩提心, 行菩薩乘, 如是應住, 如是修行, 如是發心." 須菩提言: "唯然, 世尊!"

그때 부처님께서 수보리에게 말씀하셨다. "수보리여! 훌륭하다, 훌륭하다! 선남자여! 그와 같이 여래는 여러 보살마하살들을 잘 돌보며 생각한다. 무슨 까닭인가? 끝없는 이익이 있기 때문이다. 또한 여러 보살마하살들에게 잘 부촉하니, 끝없는 가르침이 있기 때문이다. 수보리여! 그와 같기 때문에 그대는 지금 한결같은 마음으로 자세히 듣고 공경하고 잘 생각하라. 나는 지금 마땅히 그대를 위해 말하겠다. 보살에게 보리심을 내어 보살승을 행하는 것처럼, 마땅히 이와 같이 머물러야 하며, 이와 같이 수행해야 하며, 이와 같이 마음을 일으켜야 한다." 수보리가 말씀드렸다. "세존이시여! 그렇습니다."

佛告須菩提: "須菩提! 善男子·善女人, 發菩提心, 行菩薩乘, 應如是發心: '所有一切衆生類攝, 若卵生·若胎生·若濕生·若化生, 若有色·若無色, 若有想·若無想, 若非有想·若非無想, 乃至衆生界, 及假名說. 如是衆生, 我皆安置於無餘涅槃.' 如是涅槃無量衆生已, 無一衆生被涅槃者. 何以故? 須菩提! 若菩薩有衆生想, 卽不應說名爲菩薩. 何以故? 須菩提! 一切菩薩, 無我想·衆生想·壽者想·受者想."

부처님께서 수보리에게 말씀하셨다. "수보리여! 선남자와 선여인이 보리심을 일으켜 보살승을 행할 때는 마땅히 이같이 마음을 일으켜야 한다. '일체의 중생들을 포섭하여 분류한다면, 난생·태생·습생·화생, 유색·무색, 유상·무상, 비유상·비무상들이 있다. 또는 중생계(衆生界) 및 가명설(假名說)이 있다. 이와 같은 중생들을 내가 모두 무여열반에 편히 들어가게 하고, 이렇게 한량없는 중생들을 열반에 들게 했지만, 한 중생도 열반을 얻은 자가 없다.' 수보리여! 무엇 때문인가? 만약 보살에게 중생이라는 생각이 있으면 마땅히 보살이라고 할 수 없다. 수보리여! 무엇 때문인가? 모든 보살들은 아상·중생상·수자상(壽者想)·수자상(受者想)이 없어야만 하는 것이다."

"復次, 須菩提! 菩薩不著已類而行布施, 不著所餘行於布施, 不著色·聲·香·味·觸·法應行布施. 須菩提! 菩薩應如是行施, 不著相想. 何以故? 須菩提! 若菩薩無執著心行於布施, 是福德聚不可數量."

"또한 수보리여! 보살은 설했던 부류들에 집착하지 않고 보시를 해야 하며, 어떤 것에도 집착하지 않고 보시를 해야 한다. 색·소리·냄새·맛·감촉·법에 마땅히 집착하지 않고 보시를 해야 한다. 수보리여! 보살은 마땅히 그와 같은 모습[相]과 생각[想]에 집착하지 않고 보시를 해야 한다. 수보리여! 무슨 까닭인가? 만약 보살이 집착하는 마음이 없는 보시를 한다면, 그 복덕의 양을 헤아릴 수 없을 것이다."

"須菩提! 汝意云何? 東方虛空可數量不?" 須菩提言: "不可, 世尊!"

"수보리여! 그대 뜻에는 어떠한가? 동쪽에 있는 허공의 양을 헤아릴 수 있겠는가?" 수보리가 말씀드렸다. "그럴 수 없습니다, 세존이시여!"

佛言: "如是, 須菩提! 南西北方, 四維上下, 十方虛空, 可數量不?" 須菩提言: "不可, 世尊!"

부처님께서 말씀하셨다. "수보리여! 이와 같이 남방·서방·북방·사유(四維)·상·하의 열 가지 방향에 있는 허공의 양을 헤아릴 수 있겠는가?" 수보리가 말씀드렸다. "그럴 수 없습니다, 세존이시여!"

佛言: "如是, 須菩提! 若菩薩無執著心行於布施, 是福德聚亦復如是不可數量."

부처님께서 말씀하셨다. "수보리여! 이와 같이 만약 보살이 집착하는 마음 없이 보시를 한다면, 이 복덕의 모양 또한 이와 같이 양을 헤아릴 수 없는 것이다."

"須菩提! 汝意云何? 可以身相勝德見如來不?" "不能, 世尊! 何以故? 如來所說身相勝德, 非相勝德."

"수보리여! 그대 뜻에는 어떠한가? 수승한 덕을 갖춘 몸의 모습으로서 여래를 볼 수 있겠는가?" "그렇지 않습니다, 세존이시여! 무엇 때문이겠습니까? 여래께서 말씀하신 수승한 덕을 갖춘 몸의 모습이란 수승한 덕을 갖춘 몸의 모습이 아니기 때문입니다."

"何以故? 須菩提! 凡所有相, 皆是虛妄. 無所有相, 卽是眞實. 由相無相, 應見如來." 如是說已.

"무슨 까닭인가? 수보리여! 무릇 존재하는 모습이라는 것은 모두 허망하므로 모습이 있다고 할 수 없는 것이 곧 진실이다. 모습에서 모습이 없는 것으로 인하여 마땅히 여래를 보게 되는 것이다." 부처님께서 이와 같이 설하셨다.

淨命須菩提白佛言: "世尊! 於今現時及未來世, 頗有菩薩聽聞正說如是等相此經章句, 生實想不?"

정명 수보리가 부처님께 말씀드렸다. "세존이시여! 현재와 미래의 시기에 어떤 보살이 이 경전의 문장과 구절에 바르게 설해진 이와 같은 등(等)의 상(相)을 듣는다면 진실한 생각을 일으키겠습니까?"

佛告須菩提: "莫作是說: '於今現時及未來世, 頗有菩薩聽聞正說如是等相此經章句, 生實想不?' 何以故? 須菩提! 於未來世, 實有衆生, 得聞此經, 能生實想."

부처님께서 수보리에게 말씀하셨다. "수보리여! 그렇게 말하지 말라. '현재와 미래의 시기에 어떤 보살이 이 경전의 문장과 구절에 바르게 설해진 이와 같은 등의 상을 듣는다면 진실한

생각을 일으키겠습니까?'라고 말하지 말라. 무슨 까닭인가? 수보리여! 미래세에도 진실한 중
생이 있어 이 경전의 말씀을 듣고 진실한 생각을 일으킬 수 있기 때문이다."

"復次, 須菩提! 於未來世, 後五百歲, 正法滅時, 有諸菩薩摩訶薩, 持戒修福及有智慧. 須
菩提! 是諸菩薩摩訶薩, 非事一佛, 非於一佛種諸善根, 已事無量百千諸佛, 已於無量百千
佛所而種善根. 若有善男子·善女人, 聽聞正說如是等相此經章句, 乃至一念生實信者. 須
菩提! 如來悉知是人, 悉見是人."

"또한 수보리여! 지금부터 5백 세가 지난 미래 시에 바른 법이 멸하려 할 때에도 계율을 지키
고 복을 닦고 지혜를 갖춘 여러 보살마하살들이 있을 것이다. 수보리여! 이 여러 보살마하살
들은 한 부처님을 모신 것도 아니고 한 부처님께만 선근을 심은 것도 아니다. 이미 한량없는
백천의 여러 부처님을 모셨고, 이미 한량없는 백천의 부처님 처소에 선근을 심었던 것이다.
만약 선남자와 선여인이 이와 같은 모습의 이 경전의 문장과 구절에 빠르게 설해진 이와 같
은 등의 상을 들었다면 한 생각으로 진실한 믿음을 일으키는 것이다. 그리고 수보리여! 여래
는 이 사람을 모두 다 알고 모두 다 본다."

"須菩提! 是善男子·善女人, 生長無量福德之聚! 何以故? 須菩提! 是諸菩薩無復我想·衆
生想·壽者想·受者想. 是諸菩薩無法想非無法想, 無想非無想. 何以故? 須菩提! 是諸菩薩
若有法想, 卽是我執, 及衆生·壽者·受者執. 須菩提! 是故菩薩不應取法, 不應取非法. 爲
如是義故, 如來說: '若觀行人, 解筏喻經, 法尙應捨, 何況非法.'"

"또한 수보리여! 이 선남자와 선여인은 한량없는 복덕의 쌓임을 만들고 늘릴 것이다. 수보리
여! 무엇 때문인가? 이 여러 보살들에게는 다시 아상·중생상·수자상(壽者想)·수자상(受者想)
이 없으며, 이 여러 보살들에게는 법이라는 생각도 없고, 법이 없다는 생각도 없으며, 생각도
없고, 생각이 없는 것도 아니기 때문이다. 수보리여! 무엇 때문인가? 만약 이 여러 보살들에
게 법이라는 생각이 있다면, 이것은 자아에 집착하고, 중생·수자(壽者)·수자(受者)라는 것에
집착하는 것이다. 수보리여! 이러한 이유로 보살은 마땅히 법을 취하지 않고 법 아닌 것도 취
하지 않는 것이다. 이러한 뜻에 따라 여래는 '관찰해 행하는 사람에게 뗏목의 비유라는 경전
의 말을 이해해야 하며, 법 또한 오히려 버리는데 하물며 법 아닌 것은 더 말해 무엇 하겠는
가'라고 설하였다."

復次, 佛告淨命須菩提: "須菩提! 汝意云何? 如來得阿耨多羅三藐三菩提耶? 如來有所說
法耶?" 須菩提言: "如我解佛說義, 無所有法如來所得, 名阿耨多羅三藐三菩提; 亦無有法
如來所說. 何以故? 是法如來所說, 不可取, 不可言; 非法, 非非法. 何以故? 一切聖人皆以
無爲眞如所顯現故."

또한 부처님께서 정명 수보리에게 말씀하셨다. "수보리여! 그대 뜻에는 어떠한가? 여래가 아
녹다라삼먁삼보리를 얻었겠는가? 또한 여래가 설한 법이 있었겠는가?" 수보리가 말씀드렸

다. "제가 부처님께서 설하신 뜻을 이해하기로는 아뇩다라삼먁삼보리라고 칭할 만하며, 또한 얻었던 어떤 법이란 없으며, 여래께서 말씀하신 법도 없습니다. 왜냐하면 여래께서 말씀하신 이 법은 취할 수도 없고 말할 수도 없으며, 법도 아니고 법 아닌 것도 아니기 때문입니다. 왜냐하면 일체의 성인들은 무위(無爲)와 진여가 드러난 것에 따르기 때문입니다."

"須菩提! 汝意云何? 以三千大千世界遍滿七寶, 若人持用布施, 是善男子·善女人, 因此布施生福多不?" 須菩提言: "甚多, 世尊! 甚多, 修伽陀! 是善男子·善女人, 因此布施, 得福甚多. 何以故? 世尊! 此福德聚, 卽非福德聚, 是故如來說福德聚."

"수보리여! 그대 뜻에는 어떠한가? 만약 어떤 사람이 삼천대천세계에 가득 찬 칠보를 보시한다면, 그 선남자와 선여인이 이 보시로 인해 받을 복덕은 얼마나 많겠는가?" 수보리가 말씀드렸다. "매우 많겠습니다, 세존이시여! 수가타시여! 매우 많겠습니다. 그 선남자와 선여인이 이 보시로 인해 얻을 복덕은 많습니다. 세존이시여! 무엇 때문이겠습니까? 이 복덕의 쌓임은 곧 복덕의 쌓임이 아니므로 여래께서 복덕의 쌓임이라고 말씀하셨기 때문입니다."

佛言: "須菩提! 若善男子·善女人, 以三千大千世界遍滿七寶, 持用布施. 若復有人, 從此經中受四句偈, 爲他正說, 顯示其義. 此人以是因緣, 所生福德, 最多於彼無量無數. 何以故? 須菩提! 如來無上菩提, 從此福成. 諸佛世尊, 從此福生. 何以故? 須菩提! 所言佛法者, 卽非佛法, 是名佛法."

부처님께서 말씀하셨다. "수보리여! 만약 선남자와 선여인이 삼천대천세계에 가득 찬 칠보를 보시한다고 하고, 또한 만약 어떤 사람이 이 경 중에서 사구게만이라도 받아 간직하여 다른 사람을 위해 그 뜻을 드러내고 바르게 설해 준다면, 그 사람이 이런 인연으로 생긴 복덕은 한량없고 셀 수 없이 많은 것보다 훨씬 뛰어난 것이다. 수보리여! 무슨 까닭인가? 여래의 위없는 보리는 이 복덕으로부터 성취되고, 여러 부처님들과 세존도 이 복덕으로부터 나왔기 때문이다. 수보리여! 그런 까닭에 이른바 부처님의 법이라는 것이 부처님의 법이 아닌 것을 칭하여 부처님의 법이라고 하는 것이다."

"須菩提! 汝意云何? 須陀洹能作是念: '我得須陀洹果.'不? 須菩提言: "不能, 世尊! 何以故? 世尊! 實無所有能至於流, 故說須陀洹. 乃至色·聲·香·味·觸·法亦復如是, 故名須陀洹. 斯陀含名一往來, 實無所有能至往來, 是名斯陀含. 阿那含名爲不來, 實無所有能至不來, 是名阿那含."

"수보리여! 그대 뜻에는 어떠한가? 수다원은 '내가 수다원과를 얻었다'라고 생각하겠는가?" 수보리가 말씀드렸다. "세존이시여! 그럴 수 없습니다. 왜냐하면 참으로 어떤 것도 흐름에 이른 것이 없으므로 수다원이라고 하기 때문이며, 색·소리·냄새·맛·감촉·법에서도 또한 이와 같으므로 칭하여 수다원이라고 하기 때문입니다. 사다함은 칭하여 한 번 가고 옴이라고 하지만, 참으로 어떤 것도 가고 옴이 없으므로 칭하여 사다함이라고 하는 것입니다. 아나함은 칭하여 옴이 없음이라고 하지만, 참으로 어떤 것도 옴이 없는 것은 없으므로 칭하여 아나함이라고 하는 것입니다."

佛言: "須菩提! 汝意云何? 阿羅漢能作是念: '我得阿羅漢果.'不?" 須菩提言: "不能, 世尊! 何以故! 實無所有名阿羅漢. 世尊! 若阿羅漢作是念: '我得阿羅漢果.' 此念卽是我執·衆生執·壽者執·受者執. 世尊·如來·阿羅訶三藐三佛陀讚我, 住無諍三昧人中最爲第一. 世尊! 我今已得阿羅漢, 離三有欲. 世尊! 我亦不作是念: '我是阿羅漢.' 世尊! 我若有是念: '我已得阿羅漢果.' 如來則應不授我記: '住無諍三昧人中, 須菩提善男子最爲第一.' 實無所住, 住於無諍·住於無諍."

부처님께서 말씀하셨다. "수보리여! 그대 뜻에는 어떠한가? 아라한은 '내가 아라한과를 얻었다'라고 생각하겠는가?" 수보리가 말씀드렸다. "세존이시여! 그럴 수 없습니다. 왜냐하면 참으로 어떤 것도 칭하여 아라한이라고 할 수 없습니다. 세존이시여! 만약 아라한이 '내가 아라한과를 얻었다'라고 생각한다면, 이 생각은 곧 아집(我執)·중생집(衆生執)·수자집(壽者執)·수자집(受者執)인 것입니다. 세존·여래·아라하삼먁삼불타(阿羅訶三藐三佛陀)께서는 제가 '무쟁삼매에 머무는 자 중에서 최고이며 제일이다'라고 말씀하셨습니다. 세존이시여! 저는 이미 세 가지 유(有)를 떠난 아라한을 얻었습니다. 세존이시여! 또한 저는 아라한이라고 생각하지 않습니다. 세존이시여! 만일 제가 이미 아라한의 결과를 얻었다고 생각한다면, 여래께서는 마땅히 '다툼이 없는 삼매에 머무는 자 중에서 수보리 선남자가 최고이며, 제일이다'라고 말씀하지 않으실 것입니다. 참으로 머무는 것이 없으므로 다툼이 없는 것에 머물고, 다툼이 없는 것에 머문다고 하신 것입니다."

佛告須菩提: "汝意云何? 昔從然燈如來·阿羅訶三藐三佛陀所, 頗有一法如來所取不?" 須菩提言: "不取, 世尊! 實無有法, 昔從然燈如來·阿羅訶三藐三佛陀所, 如來所取."

부처님께서 수보리에게 말씀하셨다. "그대 뜻에는 어떠한가? 옛날에 여래가 연등 여래·아라하삼먁삼불타의 처소에서 어떤 한 법이라도 취했겠는가?" 수보리가 말씀드렸다. "취하지 않으셨습니다. 세존이시여! 참으로 옛날에 여래께서는 연등 여래·아라하삼먁삼불타의 처소에서 어떤 법도 취하지 않으셨습니다."

佛告須菩提: "若有菩薩作如是言: '我當莊嚴淸淨佛土.' 而此菩薩說虛妄言. 何以故? 須菩提! 莊嚴佛土者, 如來說非莊嚴, 是故莊嚴淸淨佛土. 須菩提! 是故菩薩應生如是無住著心, 不住色·聲·香·味·觸·法生心, 應無所住而生其心."

부처님께서 수보리에게 말씀하셨다. "만약 보살들이 '내가 불국토를 청정하게 장엄한다'고 말한다면, 그 보살들은 헛된 말을 한 것이다. 수보리여! 무슨 까닭인가? 불국토를 장엄하는 것을 여래는 장엄이 아니라고 설하므로, 불국토를 청정하게 장엄하는 것이라고 하기 때문이다. 수보리여! 그러므로 보살은 마땅히 머물거나 집착하는 것이 없는 이와 같은 마음을 일으켜야 하고, 색·소리·냄새·맛·감촉·법에 머물지 않고 마음을 일으켜야 하니, 곧 마땅히 머무름 없이 그 마음을 일으켜야 하는 것이다."

"須菩提! 譬如有人體相勝大, 如須彌山. 須菩提! 汝意云何? 如是體相爲勝大不?"須菩提言: "甚大, 世尊! 何以故? 如來說非有, 名爲有身, 此非是有, 故說有身."
"수보리여! 비유하면 어떤 사람의 몸이 수미산같이 크고 수승하다. 수보리여! 그러면 이 몸이 크다고 생각하겠는가?" 수보리가 말씀드렸다. "세존이시여! 대단히 큽니다. 왜냐하면 여래께서는 몸 아닌 것을 칭하여 몸이라 하셨으니, 이것은 존재하지 않는 것이므로 몸이 있다고 설하셨던 것입니다."

佛告須菩提: "汝意云何? 於恒伽所有諸沙, 如其沙數所有恒伽, 諸恒伽沙寧爲多不?"須菩提言: "甚多, 世尊! 但諸恒伽, 尙多無數, 何況其沙."
부처님께서 수보리에게 말씀하셨다. "그대 뜻에는 어떠한가? 항가(恒伽; 항하)에 있는 모래처럼 많은 수의 항가가 있다면, 그렇게 많은 항가의 모래는 정녕 많다고 생각하는가?"수보리가 말씀드렸다. "대단히 많습니다, 세존이시여! 그 여러 항가들만 하여도 셀 수 없이 많은데 하물며 그 항가의 모래는 어떻겠습니까?"

佛言: "須菩提! 我今覺汝, 我今示汝. 諸恒伽中所有沙數爾許世界, 若有善男子·善女人, 以七寶遍滿, 持施如來應供正遍覺知. 須菩提! 汝意云何? 此人以是因緣, 得福多不?"須菩提言: "甚多, 世尊! 甚多, 修伽陀! 此人以是因緣, 生福甚多."
부처님께서 말씀하셨다. "수보리여! 내가 지금 참으로 너에게 알려 주고 너에게 보여 주겠다. 만약 어떤 선남자와 선여인이 항가의 모래같이 많은 세계를 칠보로 두루 채워 서 여래·응공(應供)·정변각지(正遍覺知)께 보시한다고 하자. 수보리여! 그대 뜻에는 어떠한가? 그 사람은 이 인연으로 얻을 복덕이 많겠는가?" 수보리가 말씀드렸다. "매우 많습니다, 세존이시여! 수가타시여, 매우 많습니다! 어떤 사람이 이 인연으로 생길 복덕은 대단히 많습니다."

"須菩提! 若善男子·善女人, 以七寶遍滿爾所恒伽沙世界, 持用布施. 若善男子·善女人, 從此經典乃至四句偈等, 恭敬受持, 爲他正說. 是人所生福德, 最勝於彼無量無數!"
"수보리여! 만약 선남자와 선여인이 항가의 모래같이 많은 세계에 가득 찬 칠보를 수용하고 간직하여 보시하였다 해도, 만약 선남자와 선여인이 이 경전 내지 사구게 등을 공경하고 받들고 간직하여 다른 사람에게 바르게 말해 준다면, 이 사람에게 생길 복덕은 앞의 복덕보다도 더 수승하여 한량없고 끝이 없는 것이다."

"復次, 須菩提! 隨所在處, 若有人能從是經典, 乃至四句偈等, 讀誦講說. 當知此處於世間中卽成支提, 一切人·天·阿修羅等, 皆應恭敬. 何況有人盡能受持讀誦如此經典? 當知是人則與無上希有之法而共相應. 是土地處, 大師在中, 或隨有一可尊重人." 佛說是已.

"또한 수보리여! 어떤 곳, 어떤 사람이라도 이 경전이나 나아가 사구게 등을 읽고 외우고 강설한다면, 곧 그곳은 세간 중에서 탑묘와 같이 공경된다는 곳이며, 일체의 사람과 천신과 아수라들이 공경하는 곳임을 마땅히 알아야 한다. 하물며 어떤 사람이 이 경전을 끝까지 받아 간직하고 읽고 외운다면 더 말할 것이 있겠는가? 그 사람은 위없는 드문 법과 함께 상응하는 자이며, 그 땅은 큰 스승께서 계시는 곳이니, 그 사람은 가장 존경받는 사람임을 마땅히 알아야 한다." 부처님께서 이렇게 설하셨다.

淨命須菩提白佛言: "世尊! 如是經典, 名號云何? 我等云何奉持?"

정명 수보리가 부처님께 말씀드렸다. "세존이시여! 이 경전의 이름은 무엇이며, 우리들이 어떻게 받들고 간직해야 합니까?"

佛告須菩提: "此經名 '般若波羅蜜'. 以是名字, 汝當奉持. 何以故? 須菩提! 是般若波羅蜜, 如來說非般若波羅蜜. 須菩提! 汝意云何? 頗有一法一佛說不?" 須菩提言: "無有, 世尊! 無有一法一如來說."

부처님께서 수보리에게 말씀하셨다. "이 경전의 이름은 '금강반야바라밀'이니, 이 이름으로 너희들은 마땅히 받들고 간직해야 한다. 무엇 때문인가? 수보리여! 여래는 이 반야바라밀을 반야바라밀이 아니라고 설하기 때문이다. 수보리여! 그대 뜻에는 어떠한가? 한 부처님이 설한 어떤 한 법이 있겠는가?" 수보리가 부처님께 말씀드렸다. "존재하지 않습니다, 세존이시여! 어떤 부처님께서 설하신 어떤 한 법도 없습니다."

佛告須菩提: "三千大千世界所有微塵, 是爲多不?" 須菩提言: "此世界微塵, 甚多, 世尊! 甚多, 修伽陀! 何以故? 世尊! 此諸微塵, 如來說非微塵, 故名微塵. 此諸世界, 如來說非世界, 故說世界."

부처님께서 수보리에게 말씀하셨다. "삼천대천세계에 있는 미진들은 많은가?" 수보리가 말씀드렸다. "이 세계의 미진은 대단히 많습니다, 세존이시여! 대단히 많습니다, 수가타시여! 무엇 때문이겠습니까? 세존이시여! 여래께서 이 모든 미진을 미진이 아니라고 설하시므로, 이름을 미진이라고 하는 것입니다. 또한 이 모든 세계는 여래께서 세계가 아니라고 설하시므로 이름을 세계라고 하는 것입니다."

佛告須菩提: "汝意云何? 可以三十二大人相見如來不?" 須菩提言: "不可, 世尊! 何以故? 此三十二大人相, 如來說非相, 故說三十二大人相."

부처님께서 수보리에게 말씀하셨다. "그대 뜻에는 어떠한가? 32가지 대인상(大人相)으로 여래를 볼 수 있겠는가?" 수보리가 말씀드렸다. "그럴 수 없습니다, 세존이시여! 무엇 때문이겠습니까? 32가지 대인상은 곧 모습이 아니라고 여래께서 설하셨으므로 32가지 대인상이라고 설하는 것입니다."

佛告須菩提: "若有善男子·善女人, 如諸恒河所有沙數, 如是沙等身命捨以布施. 若有善男子·善女人, 從此經典, 乃至四句偈等, 恭敬受持, 爲他正說. 此人以是因緣, 生福多彼無量無數."

부처님께서 수보리에게 말씀하셨다. "만약 어떤 선남자와 선여인이 여러 항하의 모래알같이 많은 수의 목숨을 버려 보시한다고 해도, 만약 어떤 선남자와 선여인이 이 경전 내지 사구게만이라도 공경하고 받아 간직하며 다른 사람을 위해 바르게 설해 준다면, 이 사람은 그 인연으로 한량없고 셀 수 없이 많은 복덕을 일으킬 것이니, 앞의 복덕보다 매우 큰 것이다."

爾時淨命須菩提, 由法利疾, 卽便悲泣. 收淚而言: "希有, 世尊! 希有, 修伽陀! 如此經典如來所說, 我從昔來至得聖慧, 未曾聞說如是經典. 何以故? 世尊說般若波羅蜜, 卽非般若波羅蜜, 故說般若波羅蜜. 世尊! 當知是人則與無上希有之法而共相應, 聞說經時, 能生實想. 世尊! 是實想者, 實非有想, 是故如來說名實想·說名實想. 世尊! 此事於我非爲希有. 正說經時, 我生信解. 世尊! 於未來世, 若有衆生恭敬受持, 爲他正說, 當知是人則與無上希有之法而共相應. 世尊! 此人無復我想·衆生想·壽者想·受者想. 何以故? 我想·衆生想·壽者想·受者想, 卽是非想. 何以故? 諸佛世尊, 解脫諸想盡無餘故." 說是言已.

이때 정명 수보리가 이 법문의 이익으로 말미암아 곧 문득 눈물 흘리며 슬피 울다가 그 눈물을 거두고 말씀드렸다. "희유합니다, 세존이시여! 희유합니다, 수가타시여! 여래께서 그와 같은 경전을 설하셨는데 제가 과거로부터 성스러운 지혜를 얻은 이후로 아직까지 이 경전의 말씀과 같은 것을 들은 적이 없습니다. 왜냐하면 세존께서는 반야바라밀은 곧 반야바라밀이 아니라고 설하시므로 반야바라밀이라고 설하시는 것입니다. 세존께서는 마땅히 아실 것입니다. 곧 '이 사람은 위없는 드문 법과 함께 상응한다'라고 아실 것입니다. 또한 세존이시여! 이 경이 설해지는 것을 들었을 때 능히 진실한 생각이 일어난다면, 이 진실한 생각은 참으로 생각이 있는 것이 아니므로 여래께서는 칭하여 진실한 생각이라고 설하신 것입니다. 세존이시여! 이 일은 저에게는 드문 일이 아니니, 경이 바르게 설해질 때 저는 믿고 이해함을 일으킵니다. 세존이시여! 만약 미래 세상에 어떤 중생이 이 경을 공경하고 받아 가지고 간직하면서 다른 사람을 위해 바르게 설해 준다면 마땅히 이 사람은 위없는 드문 법과 상응한다는 것을 알아야 합니다. 세존이시여! 이 사람은 아상·중생상·수자상(壽者想)·수자상(受者想)이 전혀 없습니다. 왜냐하면 아상·중생상·수자상·수자상은 곧 생각이 아니기 때문입니다. 그런 까닭에 여러 부처님 세존께서는 모든 생각을 남김없이 다하여서 해탈하신 것뿐입니다." 수보리가 이렇게 말하였다.

佛告須菩提: "如是, 須菩提! 如是當知, 是人則與無上希有之法而共相應. 是人聞說此經, 不驚不怖不畏. 何以故? 須菩提! 此法如來所說, 是第一波羅蜜. 此波羅蜜, 如來所說, 無量諸佛亦如是說, 是故說名第一波羅蜜."

부처님께서 수보리에게 말씀하셨다. "그렇다, 수보리여. 그와 같이 마땅히 알아야 하니, 이 사람은 곧 위없는 드문 법과 함께 상응하게 되는 것이다. 또한 이 사람은 이 경이 설해진 것을 듣고도 놀라지 않고 겁내지 않고 두려워하지 않는 것이다. 무슨 까닭인가? 수보리여! 여래가 설한 이 법을 제일바라밀이라고 하고, 또한 여래가 설한 이 바라밀은 한량없는 여러 부처님께서도 그와 같이 설하므로 이름을 제일바라밀이라고 하는 것이다."

"復次, 須菩提! 如來忍辱波羅蜜, 卽非波羅蜜. 何以故? 須菩提! 昔時我爲迦陵伽王斬斫身體, 骨肉雖碎. 我於爾時, 無有我想·衆生想·壽者想·受者想, 無想非無想. 何以故? 須菩提! 我於爾時, 若有我想·衆生想·壽者想·受者想, 是時則應生瞋恨想. 須菩提! 我憶過去五百生, 作大僊人, 名曰說忍. 於爾所生中, 心無我想·衆生想·壽者想·受者想. 是故須菩提! 菩薩摩訶薩捨離一切想, 於無上菩提應發起心, 不應生住色心, 不應生住聲·香·味·觸心, 不應生住法心, 不應生住非法心, 不應生有所住心. 何以故? 若心有住, 則爲非住. 故如來說: '菩薩無所住心應行布施.' 復次, 須菩提! 菩薩應如是行施, 爲利益一切衆生. 此衆生想, 卽是非想. 如是一切衆生, 如來說卽非衆生. 何以故? 諸佛世尊遠離一切想故."

"또한 수보리여! 여래는 인욕바라밀이란 곧 바라밀이 아니라고 한다. 수보리여! 무엇 때문인가? 내가 과거에 가릉가왕(迦陵伽王)에게 몸을 베이고 뼈와 살이 부서지고도 아상·중생상·수자상·수자상이 없었으니, 이와 같이 생각이 없었고, 생각 없는 것도 아니었다. 수보리여! 왜냐하면 만약 내가 그때 아상·중생상·수자상·수자상이 있었다면, 당연히 화내고 원망하는 생각이 일어났을 것이다. 수보리여! 생각하면 과거 5백 생 동안에 대선인(大仙人)이 되었으니, 그것을 칭하여 인욕이라고 설하는 것이다. 그때 내 마음에는 아상·중생상·수자상·수자상이 없었다. 그러므로 수보리여! 보살마하살은 모든 생각을 떠나고서 무상정등정각에 마땅히 마음을 일으켜야 한다. 색에 머물러서 마음을 일으키지도 말아야 하며, 소리와 냄새와 맛과 촉감에 머물러서 마음을 일으키지도 말아야 하며, 법에 머물러서 마음을 일으키지도 말아야 한다. 또한 법 아닌 것에 머물러서 마음을 일으키지도 말아야 하니, 어떤 곳에도 머무른 채 마음을 일으켜서는 안 되는 것이다. 무슨 까닭인가? 만약 머무름이 있는 마음이라고 해도 머무름이 없는 것이기 때문이다. 그러기에 여래가 '보살은 그 마음이 머무름 없이 보시해야 한다'고 설하는 것이다. 또한 수보리여! 보살은 마땅히 이와 같이 보시하여 일체중생을 이롭게 해야 한다. 곧 이 중생이라는 생각은 곧 생각이 아니다. 그와 같이 일체중생을 여래는 중생이 아니라고 설한다. 무슨 까닭인가? 여러 부처님 세존께서는 모든 생각을 멀리 떠났기 때문이다."

"須菩提! 如來說實·說諦·說如·說非虛妄. 復次, 須菩提! 是法如來所覺, 是法如來所說, 是法非實非虛."

"수보리여! 여래가 설한 것은 진실한 말이고, 있는 그대로의 말이니, 허망하지 않은 것이다. 또한 수보리여! 이 법은 여래가 깨달은 것이며, 이 법은 여래가 설한 것인데, 이 법은 진실도 아니며 거짓도 아닌 것이다."

"須菩提! 譬如有人, 在於盲暗, 如是當知菩薩墮相, 行墮相施. 須菩提! 如人有目, 夜已曉,
晝日光照, 見種種色, 如是當知菩薩不墮於相, 行無相施."
"수보리여! 비유하면 마치 어떤 사람이 어두운 곳에서 보지 못하는 것과 같이 보살이 상에 떨어져 보시한다면, 그와 같다고 알아야 한다. 수보리여! 마치 어떤 사람이 눈이 있어 밤이 지나가고 낮이 되어서 햇빛이 비치어 갖가지 색을 보는 것과 같이 보살이 상에 떨어지지 않고 상이 없는 보시를 행하면 또한 그와 같다고 알아야 한다."

"復次, 須菩提! 於未來世, 若有善男子·善女人, 受持讀誦修行, 爲他正說如是經典, 如來
悉知是人, 悉見是人, 生長無量福德之聚."
"또한 수보리여! 내세에 만약 선남자와 선여인이 이 경전을 받아 간직하고 읽고 외우고 수행하고 다른 사람을 위해 바르게 설해 준다면 여래가 이 사람을 다 알고 다 볼 것이니, 한량없고 끝없는 공덕의 쌓임을 일으켜 늘릴 것이다."

"復次, 須菩提! 若有善男子·善女人, 於日前分布施身命, 如上所說諸河沙數; 於日中分布
施身命, 於日後分布施身命, 皆如上說諸河沙數. 如是無量百千萬億劫, 以身命布施. 若復
有人, 聞此經典, 不起誹謗, 以是因緣, 生福多彼無數無量. 何況有人書寫受持讀誦, 敎他
修行, 爲人廣說."
"또한 수보리여! 만약 어떤 선남자와 선여인이 아침에 앞서 말한 항하의 모래알만큼 많은 수로 몸을 나누어 보시하고, 점심에 항하의 모래알만큼 많은 수로 몸을 나누어 보시하고, 저녁에 항하의 모래알만큼 많은 수로 몸을 나누어 보시하며, 이렇게 한량없는 백천억 겁 동안 몸을 보시한다고 하자. 만약 또한 어떤 사람이 이 경전을 듣고 비방함을 일으키지 않는다면 이 인연으로 저 앞의 공덕보다 무수하고 한량없는 복을 받을 것이다. 하물며 이 경을 쓰고 받아서 간직하고 읽고 외우고 남에게 가르치고 수행하여 다른 사람을 위해 자세히 말해 주는 것이야 더 말할 필요가 없는 것이다."

"復次, 須菩提! 如是經典不可思量, 無能與等. 如來但爲憐愍利益能行無上乘, 及行無等
乘人說. 若復有人, 於未來世, 受持讀誦, 敎他修行, 正說是經. 如來悉知是人, 悉見是人,
與無數無量不可思議無等福聚而共相應. 如是等人, 由我身分, 則能荷負無上菩提. 何以
故? 須菩提! 如是經典, 若下願樂人, 及我見·衆生見·壽者見·受者見, 如此等人, 能聽能修
讀誦敎他正說, 無有是處. 復次, 須菩提! 隨所在處, 顯說此經, 一切世間天人阿修羅等, 皆
應供養, 作禮右遶. 當知此處於世間中卽成支提."
"또한 수보리여! 이 경전은 생각할 수 없고 능히 견줄 수 없는 것이다. 여래는 사람들을 불쌍히 여기고 그들의 이익을 위하기에 능히 무상승(無上乘)과 무등승(無等乘)을 행하는 사람에게

393

설하였다. 만약 다시 어떤 사람이 미래세에 이 경전을 받아 간직하고 읽고 남에게 가르치고 수행하여 이 경을 바르게 설해 준다면, 여래는 다 알고 다 볼 것이니, 무수하고 한량없으며 생각할 수 없는 복의 무더기와 함께 상응할 것이다. 이 사람들은 자신의 몸을 나누는 일이 있다해도 무상보리(無上菩提)를 능히 감당할 수 있을 것이다. 수보리여! 무엇 때문인가? 이 경전을원하지 않고 좋아하지 않는 사람은 아견·중생견·수자견(壽者見)·수자견(受者見)이 있다. 이런 사람은 능히 듣고 능히 수행하고 읽고 외워서 다른 사람을 가르치고 바르게 설해 준다는것이란 결코 불가능하다. 또한 수보리여! 어떤 곳이든 이 경을 드러내어 설하는 곳에서는 모든 세간의 천신과 인간과 아수라들이 모두 공양하고 오른쪽으로 도는 예를 올릴 것이다. 세간 중에서 이곳은 곧 지제(支提; 浮圖)를 이룬 곳임을 마땅히 알아야 한다."

"須菩提! 若有善男子·善女人, 受持讀誦教他修行, 正說如是等經. 此人現身受輕賤等. 過去世中所造惡業, 應感生後惡道果報. 以於現身受輕苦故, 先世罪業及苦果報, 則爲消滅, 當得阿耨多羅三藐三菩提."
"수보리여! 만약 어떤 선남자와 선여인이 그와 같은 경들을 받아 간직하고 읽고 외우고 수행하여 다른 사람을 가르쳐 바르게 설하더라도, 이 사람이 현재 천대받고 멸시당한다면 그것은 과거 시기 중에 나쁜 업을 지은 것이므로 마땅히 후에 악도에 태어나는 과보를 받게 된다. 그러나 현재의 몸이 고통 받고 천대를 당함으로써 과거 시기의 죄업과 고통스런 과거는 곧 소멸하게 되어서 마땅히 아뇩다라삼먁삼보리를 얻는 것이다."

"須菩提! 我憶往昔無數無量過於算數大劫, 過去然燈如來·阿羅訶三藐三佛陀後八萬四千百千俱胝諸佛如來已成佛竟, 我皆承事供養恭敬, 無空過者. 若復有人, 於後末世五百歲時, 受持讀誦, 教他修行, 正說此經. 須菩提! 此人所生福德之聚, 以我往昔承事供養諸佛如來所得功德, 比此功德, 百分不及一, 千萬億分不及一, 窮於算數不及其一, 乃至威力品類相應譬喩所不能及."
"수보리여! 내가 기억하건대 옛날에 무수하고 한량없는 시간이 지나고 셀 수 없는 대겁의 과거에 연등 여래·아라하삼먁삼불타와 뒤의 8만 4천 백천억의 제불 여래께서 부처를 이루신 뒤에 내가 모두 만나서 섬기고 공양하며 공경하며 헛되이 지낸 적이 없었다. 다시 만약 어떤 사람이 뒤에 말세 5백 년이 되었을 때에 이 경을 받아 간직하고 읽고 외우고 가르치고 수행하여 다른 사람에게 바르게 설한다고 하자. 수보리여! 이 사람에게 복덕의 쌓임이 생기는데, 내가 옛날에 제불여래를 만나서 섬기고 공양하여 얻은 공덕은 이 공덕에 비해 백 분의 일에도 미치지 못하며, 천만억 분의 일에도 미치지 못하며, 세어서 그 하나에도 미치지 못하는 것이다. 또는 위대한 힘의 종류에 상응하여 비유로도 능히 할 수 없는 것이다."

"須菩提! 若善男子·善女人, 於後末世, 受持讀誦如此等經, 所得功德, 我若具說, 若有善男子·善女人, 諦聽憶持爾所福聚, 或心迷亂及以顚狂. 復次, 須菩提! 如是經典不可思議,若人修行及得果報, 亦不可思議."

"수보리여! 만약 선남자와 선여인이 후 말세에 이 같은 경들을 받아 간직하고 읽고 외움으로 써 얻을 공덕을 내가 설한다면, 만약 어떤 선남자와 선여인이 그 복의 쌓임을 자세히 듣고 기 억하고 간직하더라도, 마음이 미혹해지고 혼란해지고 당황하게 되고 미치게 될 것이다. 또한 수보리여! 그와 같은 경전은 그 뜻도 생각할 수 없으며, 어떤 사람이 수행하여 얻을 과보도 또한 생각할 수 없는 것이다."

爾時須菩提白佛言: "世尊! 善男子·善女人, 發阿耨多羅三藐三菩提心, 行菩薩乘, 云何應 住? 云何修行? 云何發起菩薩心?"

그때 수보리가 부처님께 말씀드렸다. "세존이시여! 선남자와 선여인이 아뇩다라삼먁삼보리 의 마음을 일으킨다면 보살승(菩薩乘)을 향할 때에 마땅히 어떻게 머물러야 하며, 어떻게 수 행해야 하며, 어떻게 보살의 마음을 일으켜야 합니까?"

佛告須菩提: "善男子·善女人, 發阿耨多羅三藐三菩提心者, 當生如是心: '我應安置一切 衆生, 令入無餘涅槃. 如是般涅槃無量衆生已, 無一衆生被涅槃者.' 何以故? 須菩提! 若菩 薩有衆生想, 則不應說名爲菩薩. 何以故? 須菩提! 實無有法名爲能行菩薩上乘."

부처님께서 수보리에게 말씀하셨다. "선남자와 선여인이 아뇩다라삼먁삼보리의 마음을 일 으킨다면 마땅히 이와 같은 마음을 일으킬 것이니, '내가 마땅히 일체의 중생을 편안하게 하 여 곧 무여열반에 들게 하겠다고 하여 한량없는 중생이 구경열반에 들게 되었지만 한 중생도 열반에 든 자가 없는 것이다.' 무엇 때문인가? 수보리여! 만약 보살에게 중생이라는 생각이 있다면 곧 마땅히 보살이라고 할 수 없다. 무엇 때문인가? 수보리여! 참으로 능히 보살승을 행할 어떤 법도 없는 것이기 때문이다."

"須菩提! 汝意云何? 於然燈佛所, 頗有一法如來所得, 名阿耨多羅三藐三菩提不?" 須菩 提言: "不得, 世尊! 於然燈佛所, 無有一法如來所得, 名阿耨多羅三藐三菩提."

"수보리여! 그대 뜻에는 어떠한가? 여래가 연등불의 처소에서 어떤 한 법이 있어 아뇩다라 삼먁삼보리라고 부르는 어떤 한 법이라도 얻었겠는가?" 수보리가 말씀드렸다. "얻지 않았습 니다, 세존이시여! 여래께서는 연등불의 처소에서 아뇩다라삼먁삼보리라고 칭하는 어떤 한 법도 얻으신 것이 없습니다."

佛言: "如是, 須菩提! 如是. 於然燈佛所, 無有一法如來所得, 名阿耨多羅三藐三菩提. 須 菩提! 於然燈佛所, 若有一法如來所得, 名阿耨多羅三藐三菩提, 然燈佛則不授我記: '婆 羅門! 汝於來世, 當得作佛, 號釋迦牟尼多陀阿伽度阿羅訶三藐三佛陀.' 須菩提! 由實無 有法, 如來所得, 名阿耨多羅三藐三菩提, 是故然燈佛與我授記, 作如是言: '婆羅門! 汝於 來世, 當得作佛, 號釋迦牟尼多陀阿伽度阿羅訶三藐三佛陀.' 何以故? 須菩提! 如來者, 眞如別名."

부처님께서 말씀하셨다. "그러하다, 수보리여! 그러하다. 여래가 연등불의 처소에서 아뇩다라삼먁삼보리라고 부르는 어떤 한 법이라도 얻었다면, 연등불이 곧 나에게 '바라문이여, 그대는 다음 세상에 마땅히 부처를 이루어 이름을 석가모니(釋迦牟尼), 다타아가도(多陀阿伽度), 아라하(阿羅訶), 삼먁삼불타(三藐三佛陀)라 하리라'라는 수기를 주지 않았을 것이다. 수보리여! 참으로 여래는 아뇩다라삼먁삼보리라는 어떤 법도 얻은 것이 없으므로 연등불이 나에게 '바라문이여, 그대는 다음 세상에 마땅히 부처를 이루어 이름을 석가모니, 다타아가도, 아라하, 삼먁삼불타라 하리라'라고 설하였다. 수보리여! 무엇 때문인가? 여래라는 것은 진여의 다른 이름이기 때문이다."

"須菩提! 若有人說: '如來得阿耨多羅三藐三菩提.' 是人不實語. 何以故? 須菩提! 實無有法, 如來所得, 名阿耨多羅三藐三菩提."
"수보리여! 만약 어떤 사람이 '여래가 아뇩다라삼먁삼보리를 얻었다'고 말한다면, 그 사람은 진실한 말을 한 것이 아니다. 수보리여! 무엇 때문인가? 참으로 여래는 아뇩다라삼먁삼보리라는 어떤 법도 얻은 것이 없기 때문이다."

"須菩提! 此法如來所得, 無實無虛. 是故如來說: '一切法皆是佛法.' 須菩提! 一切法者, 非一切法故, 如來說名一切法."
"수보리여! 여래가 얻은 이 법은 진실도 없고 거짓도 없으므로 여래가 '일체의 법은 모두 법이 아니다'라고 설하는 것이다. 수보리여! 일체의 법이란 일체의 법이 아니므로 칭하여 여래가 일체의 법이라고 설하는 것이다."

"須菩提! 譬如有人遍身大身." 須菩提言: "世尊! 是如來所說遍身大身, 則爲非身, 是故說名遍身大身."
"수보리여! 비유해서 어떤 사람의 몸이 넓고 크다고 하는 것과 같다." 수보리가 말씀드렸다. "세존이시여! 여래께서 사람의 몸이 넓고 몸이 크다고 설하신 것은 곧 몸이 아닌 것이므로 몸이 넓고 크다고 설하신 것입니다."

佛言: "如是, 須菩提! 如是, 須菩提! 若有菩薩說如是言: '我當般涅槃一切衆生.' 則不應說名爲菩薩. 須菩提! 汝意云何? 頗有一法名菩薩不?" 須菩提言: "無有, 世尊!"
"수보리여! 그러하다. 수보리여! 그러하다. 만약 어떤 보살들이 '마땅히 내가 일체의 중생을 구경열반하게 한다'라고 말하면, 곧 마땅히 보살이라고 설할 수 없는 것이다. 수보리여! 그대 뜻에는 어떠한가? 칭하여 보살이라고 할 어떤 한 법이 있겠는가?" 수보리가 말씀드렸다. "세존이시여! 존재하지 않습니다."

佛言: "須菩提! 是故如來說: '一切法無我·無衆生·無壽者·無受者.' 須菩提! 若有菩薩說如是言: '我當莊嚴淸淨佛土.' 如此菩薩說虛妄言. 何以故? 須菩提! 莊嚴佛土者, 如來說則非莊嚴, 是故莊嚴淸淨佛土. 須菩提! 若菩薩信見諸法無我·諸法無我, 如來應供正遍覺說: '是名菩薩, 是名菩薩.'"

부처님께서 말씀하셨다. "수보리여! 그러므로 여래는 '일체의 법에는 무아·무중생·무수자(無壽者)·무수자(無受者)라고 설하는 것이다.' 수보리여! 만약 어떤 보살이 '마땅히 내가 청정한 불국토를 장엄한다'고 말하면, 이 보살은 허망한 말을 한 것이다. 수보리여! 무엇 때문인가? 불토를 장엄한다는 것은 여래가 곧 장엄이 아니라고 설하였기 때문에 청정한 불토를 장엄한다고 하는 것이다. 수보리여! 만약 보살이 제법무아를 제법무아라고 믿고 본다면, 여래·응공·정변각은 '이것을 칭하여 보살이라고 하고, 이것을 칭하여 보살이라고 설하는 것이다.'"

"須菩提! 汝意云何? 如來有肉眼不?" 須菩提言: "如是, 世尊! 如來有肉眼."
"수보리여! 그대 뜻에는 어떠한가? 여래에게 육안이 있겠는가?" 수보리가 말씀드렸다.
"그렇습니다, 세존이시여! 여래에게는 육안이 있습니다."

佛言: "須菩提! 汝意云何? 如來有天眼不?" 須菩提言: "如是, 世尊! 如來有天眼."
부처님께서 말씀하셨다. "수보리여! 그대 뜻에는 어떠한가? 여래에게 천안이 있겠는가?" 수보리가 말씀드렸다. "그렇습니다, 세존이시여! 여래에게는 천안이 있습니다."

佛言: "須菩提! 汝意云何? 如來有慧眼不?" 須菩提言: "如是, 世尊! 如來有慧眼."
부처님께서 말씀하셨다. "수보리여! 그대 뜻에는 어떠한가? 여래에게 혜안이 있겠는가?" 수보리가 말씀드렸다. "그렇습니다, 세존이시여! 여래에게는 혜안이 있습니다."

佛言: "須菩提! 汝意云何? 如來有法眼不?" 須菩提言: "如是, 世尊! 如來有法眼."
부처님께서 말씀하셨다. "수보리여! 그대 뜻에는 어떠한가? 여래에게 법안이 있겠는가?" 수보리가 말씀드렸다. "그렇습니다, 세존이시여! 여래에게는 법안이 있습니다."

佛言: "須菩提! 汝意云何? 如來有佛眼不?" 須菩提言: "如是, 世尊! 如來有佛眼."
부처님께서 말씀하셨다. "수보리여! 그대 뜻에는 어떠한가? 여래에게 불안이 있겠는가?" 수보리가 말씀드렸다. "그렇습니다, 세존이시여! 여래에게는 불안이 있습니다."

"須菩提! 汝意云何? 於恒伽江所有諸沙, 如其沙數所有恒伽, 如諸恒伽所有沙數世界, 如是, 寧爲多不?" 須菩提言: "如是, 世尊! 此等世界, 其數甚多."
"수보리여! 그대 뜻에는 어떠한가? 항가에 있는 모래들과 항가의 모래의 수 같은 항가가 있다면, 이 여러 항가에 있는 모래 수와 같은 세계는 정녕 많겠는가?" 수보리가 말씀드렸다. "그렇습니다, 세존이시여! 이러한 세계들은 그 수가 대단히 많습니다."

佛言: "須菩提! 爾所世界中, 所有衆生, 我悉見知心相續住, 有種種類. 何以故? 須菩提! 心相續住, 如來說非續住, 故說續住. 何以故? 須菩提! 過去心不可得, 未來心不可得, 現在心不可得."

부처님께서 말씀하셨다. "수보리여! 그 세계 가운데 있는 중생들의 상속(相續)하고 머무는 여러 종류의 마음을 내가 다 보고 다 안다. 무엇 때문인가? 수보리여! 상속하고 머무는 마음에 대해 여래는 상속하지 않고 머물지 않는 것이라고 설하기 때문에 상속하고 머무는 것이라고 설하는 것이다. 무엇 때문인가? 수보리여! 과거의 마음도 얻을 수 없고, 미래의 마음도 얻을 수 없으며, 현재의 마음도 얻을 수 없기 때문이다."

"須菩提! 汝意云何? 若有人以滿三千大千世界七寶, 而用布施, 是善男子·善女人, 以是因緣, 得福多不?" 須菩提言: "甚多, 世尊! 甚多, 修伽陀!"

"수보리여! 그대 뜻에는 어떠한가? 만약 어떤 사람이 삼천대천세계에 가득 찬 칠보로써 보시한다면, 그 선남자와 선여인이 이 인연으로 얻을 복은 많겠는가?" 수보리가 말씀드렸다. "대단히 많습니다, 세존이시여! 대단히 많습니다, 수가타시여!"

佛言: "如是, 須菩提! 如是. 彼善男子·善女人, 以是因緣, 得福聚多."

부처님께서 말씀하셨다. "수보리여! 그러하다. 그 선남자와 선여인이 그 인연으로 얻을 복의 쌓임은 많을 것이다."

佛言: "須菩提! 若福德聚, 但名爲聚, 如來則不應說是福德聚·是福德聚."

부처님께서 말씀하셨다. "수보리여! 만약 복덕의 쌓임을 단지 칭하여 쌓임이라고 하여도 여래는 곧 마땅히 복덕의 쌓임을 복덕의 쌓임이라고 설하지 않을 것이다."

"須菩提! 汝意云何? 可以具足色身觀如來不?" 須菩提言: "不可, 世尊! 不可以具足色身觀於如來. 何以故? 此具足色身, 如來說非具足色身, 是故如來說名具足色身."

"수보리여! 그대 뜻에는 어떠한가? 색신(色身)을 온전히 갖추고 있는 것으로 여래를 볼 수 있겠는가?" 수보리가 말씀드렸다. "그럴 수 없습니다, 세존이시여! 색신을 온전히 갖추고 있는 것으로 여래를 볼 수 없습니다. 왜냐하면 색신을 온전히 갖추고 있는 것을 여래는 색신을 온전히 갖추고 있지 않다고 설하시기 때문에 칭하여 여래가 색신을 온전히 갖추고 있는 것이라고 설하는 것입니다."

佛言: "須菩提! 汝意云何? 可以具足諸相觀如來不?" 須菩提言: "不可, 世尊! 不可以具足諸相觀於如來. 何以故? 此具足相, 如來說非具足相, 是故如來說具足相."

부처님께서 말씀하셨다. "수보리여! 그대 뜻에는 어떠한가? 여러 상호(相好)를 구족하고 있는 것으로 여래를 볼 수 있겠는가?" 수보리가 말씀드렸다. "그렇지 않습니다, 세존이시여! 여러 상호를 구족하고 있는 것으로 여래를 볼 수 없습니다. 왜냐하면 상호를 구족하고 있는 것을 여래께서는 상호를 구족하고 있는 것이 아니라고 설하시기 때문에 여래께서 상호를 구족하고 있는 것이라고 설하시는 것입니다."

佛言: "須菩提! 汝意云何? 如來有如是意: '我今實說法.' 耶? 須菩提! 若有人言: '如來實能說法.' 汝應當知, 是人由非實有, 及以邪執, 起誹謗我. 何以故? 須菩提! 說法·說法, 實無有法名爲說法."

부처님께서 말씀하셨다. "수보리여! 그대 뜻에는 어떠한가? 여래에게 '내가 지금 실제로 법을 설한다'라고 하는 그 같은 생각이 있겠는가? 수보리여! 만약 어떤 사람이 '여래가 실로 능히 설한 법이 있다'라고 말한다면, 그대는 마땅히 이 사람은 참으로 있지 않고 삿된 것에 집착하고 여래를 비방하는 다짐을 일으키는 것이라고 알아야 한다. 무엇 때문인가? 수보리여! 법을 설하는 것을 법을 설한다고 하는 것은 참으로 어떤 법이 없는 것이므로 칭하여 법을 설한다고 하는 것이다."

爾時須菩提白佛言: "世尊! 頗有衆生, 於未來世, 聽聞正說如是等相, 此經章句, 生實信不?"

그때 수보리가 부처님께 말씀드렸다. "세존이시여! 어떤 중생이 미래세에 이 경의 문장과 구절들이 이와 같은 모습으로 바르게 설해진 것을 듣고서 진실한 믿음을 일으키겠습니까?"

佛告須菩提: "彼非衆生, 非非衆生. 何以故? 須菩提! 彼衆生者, 如來說非衆生, 非非衆生, 故說衆生."

부처님께서 수보리에게 말씀하셨다. "저들은 중생도 아니며, 중생 아님도 아니다. 무엇 때문인가? 수보리여! 그 중생이라는 것은 여래가 설하길 중생도 아니고 중생 아님도 아니기에 중생이라고 설하는 것이다."

"須菩提! 汝意云何? 頗有一法如來所得, 名阿耨多羅三藐三菩提不?" 須菩提言: "不得, 世尊! 無有一法如來所得, 名阿耨多羅三藐三菩提."

"수보리여! 그대 뜻에는 어떠한가? 여래는 아뇩다라삼먁삼보리라는 어떤 한 법이라도 얻겠는가?" 수보리가 말씀드렸다. "그럴 수 없습니다, 세존이시여! 여래께서는 아뇩다라삼먁삼보리라는 어떤 한 법도 얻은 것이 없습니다."

佛言: "如是, 須菩提! 如是. 乃至無有如微塵法, 如來所捨, 如來所得, 是故說名阿耨多羅三藐三菩提平等平等. 復次, 須菩提! 諸佛覺知, 無有差別, 是故說名阿耨多羅三藐三菩提. 復次, 須菩提! 此法平等, 無有高下, 是名阿耨多羅三藐三菩提. 復次, 須菩提! 由法無我·無衆生·無壽者·無受者等, 此法平等, 故名阿耨多羅三藐三菩提. 復次, 須菩提! 由實善法具足圓滿, 得阿耨多羅三藐三菩提. 須菩提! 所言善法·善法者, 如來說非法, 故名善法."

부처님께서 말씀하셨다. "수보리여! 그러하다. 그와 같이 어떤 미진 같은 법도 여래가 버리거나 여래가 얻은 것은 없으므로 칭하여 평등하고 평등한 아뇩다라삼먁삼보리라고 설하는 것이다. 또한 수보리여! 여러 부처님은 차별이 없다는 것을 깨달아 알므로 칭하여 아뇩다라삼먁삼보리라고 설하는 것이다. 또한 수보리여! 이 법은 평등하여 높고 낮음도 있지 않으므로 이것을 칭하여 아뇩다라삼먁삼보리라고 하는 것이다. 또한 수보리여! 그러므로 법에는 자아도 없고 중생도 없고 목숨도 없고 받는 자도 없으며, 이 법은 평등하므로 칭하여 아뇩다라삼먁삼보리라고 하는 것이다. 또한 수보리여! 참으로 착한 법을 원만하고 온전히 갖추어서 아뇩다라삼먁삼보리를 얻는다. 그런데 수보리여! 착한 법이라고 말하지만, 즉 착한 법이라는 것은 여래가 설한 착한 법이 아니므로 칭하여 착한 법이라고 하는 것이다."

"須菩提! 三千大千世界, 所有諸須彌山王, 如是等七寶聚, 滿此世界, 有人持用布施. 若人從此般若波羅蜜經, 乃至四句偈等, 受持讀誦爲他正說, 所得功德, 以前功德比此功德, 百分不及一, 千萬億分不及一, 窮於算數不及其一, 乃至威力品類相應譬喩所不能及."

"수보리여! 어떤 사람이 삼천대천세계 가운데에 여러 수미산 왕들이 있는데, 칠보의 쌓임이 이 세계에 가득하여 어떤 사람이 그것을 가지고 써서 보시하더라도, 만약 다른 사람이 이 반야바라밀경 내지 사구게만이라도 받아 간직하고 읽고 외워서 다른 사람을 위해 바르게 설해 주면 앞의 공덕은 이 공덕에 비해 백 분의 일에도 미치지 못하며, 천만억 분의 일에도 미치지 못하며, 수를 다 세어도 그 하나에 미치지 못하고, 또는 위대한 힘의 종류에 상응하는 비유로도 능히 미치지 못하는 것이다."

"須菩提! 汝意云何? 如來作是念: '我度衆生.' 耶? 須菩提! 汝今不應作如是念. 何以故? 實無衆生如來所度. 須菩提! 若有衆生如來所度, 卽是我執·衆生執·壽者執·受者執. 須菩提! 此我等執, 如來說非執, 嬰兒凡夫衆生之所執故. 須菩提! 嬰兒凡夫衆生者, 如來說非衆生, 故說嬰兒凡夫衆生. 須菩提! 汝意云何? 可以具足相觀如來不?"

"수보리여! 그대 뜻에는 어떠한가? 여래가 '내가 중생을 제도한다'라는 이 같은 생각을 하겠는가? 수보리여! 그대는 그렇게 생각하지 말아야 한다. 왜냐하면 참으로 어떤 중생도 여래가 제도한 자는 없기 때문이다. 수보리여! 만약 어떤 중생을 여래가 제도했다고 한다면, 곧 이것은 아집(我執)·중생집(衆生執)·수자집(壽者執)·수자집(受者執)인 것이다. 수보리여! 이 아집 등의 집착을 여래는 집착이 아니라고 설하였다. 어린아이 같은 범부 중생은 집착함이 있다. 수보리여! 어린아이 같은 범부 중생을 여래는 중생이 아니라고 설하므로 어린아이 같은 범부 중생이라고 설하는 것이다. 수보리여! 그대 뜻에는 어떠한가? 상호를 구족한 것으로 여래를 볼 수 있겠는가?"

須菩提言: "如我解佛所說義, 不以具足相應觀如來."
수보리가 말씀드렸다. "여래께서 설하신 뜻을 제가 이해하기로는, 상호를 구족한 것으로 마땅히 여래를 볼 수 없습니다."

佛言: "如是, 須菩提! 如是. 不以具足相應觀如來. 何以故? 若以具足相觀如來者, 轉輪聖王應是如來, 是故不以具足相應觀如來." 是時世尊而說偈言:
부처님께서 말씀하셨다. "수보리여! 그러하다. 그와 같이 상호를 구족한 것으로 마땅히 여래를 볼 수 없는 것이다. 왜냐하면 만약 상호를 구족한 것으로 여래를 본다고 하는 자는 전륜성왕도 마땅히 여래라고 할 것이므로 상호를 구족한 것으로 여래를 볼 수는 없는 것이다." 이때 세존께서 게송으로 설하셨다.

"若以色見我, 以音聲求我, 是人行邪道, 不應得見我. 由法應見佛, 調御法爲身, 此法非識境, 法如深難見."
"만약 색으로써 나를 보려 하거나, 소리로써 나를 구하려고 하면, 이 사람은 삿된 도를 행하는 것이니, 마땅히 나를 보지 못할 것이다. 법에 입각해야 마땅히 부처를 보니, 부처는 법이 그 몸인 것이다. 이 법은 식경(識境)이 아니니, 이 법은 깊어서 보기가 어려운 것이다."

"須菩提! 汝意云何? 如來可以具足相得阿耨多羅三藐三菩提不? 須菩提! 汝今不應作如是見: '如來以具足相得阿耨多羅三藐三菩提.' 何以故? 須菩提! 如來不由具足相得阿耨多羅三藐三菩提. 須菩提! 若汝作是念: '如來有是說: 行菩薩乘人, 有法可滅.' 須菩提! 汝莫作此見. 何以故? 如來不說行菩薩乘人有法可滅, 及以永斷."
"수보리여! 그대 뜻에는 어떠한가? 여래는 상호를 구족하는 것으로써 아뇩다라삼먁삼보리를 얻겠는가? 수보리여! 그대는 마땅히 그렇게 보지 말아야 하니, '여래는 상호를 구족하는 것으로써 아뇩다라삼먁삼보리를 얻을 것이라고 보지 말아야 한다.' 무엇 때문인가? 수보리여! 여래는 상호를 구족하는 것으로써 아뇩다라삼먁삼보리를 얻지 못하는 것이다. 수보리여! 만약 '여래는 보살승을 행하는 사람에게 가히 어떤 법의 멸함을 설할 것이다'라고 생각한다면, 수보리여! 이러한 견해를 일으키지 말아야 한다. 무엇 때문인가? 여래는 보살승을 행하는 사람에게 어떤 법의 멸함과 끊어짐을 설하지 않는 것이다."

"須菩提! 若有善男子·善女人, 以滿恒伽沙等世界七寶, 持用布施. 若有菩薩, 於一切法無我·無生, 得無生忍, 以是因緣, 所得福德最多於彼. 須菩提! 行大乘人, 不應執取福德之聚."
"수보리여! 만약 어떤 선남자와 선여인이 항가의 모래 같은 많은 세계에 가득 찬 칠보로써 보시하고, 만약 또 다른 어떤 보살이 일체의 법에 무아, 무생(無生), 무생인(無生忍)을 얻었다면, 이 인연으로 얻을 복덕은 저 앞의 것에 비해 더 많다. 수보리여! 대중을 행하는 사람은 마땅히 복덕의 쌓임을 집착하지 않는 것이다."

須菩提言: "此福德聚, 可攝持不?"
수보리가 말씀드렸다. "이 복덕의 쌓임을 섭수하고 가질 수 있겠습니까?"

佛言: "須菩提! 此福德聚, 可得攝持, 不可執取. 是故說此福德之聚, 應可攝持."
부처님께서 말씀하셨다. "수보리여! 이 복덕의 쌓임이란 그것을 섭수하고 지닐 수 있지만 집착하지 못하는 것이다. 그러므로 이 복덕의 쌓임은 마땅히 섭수하고 지닐 수 있다고 설하는 것이다."

"須菩提! 若有人言: '如來行住坐臥.' 是人不解我所說義. 何以故? 須菩提! 如來者, 無所行去, 亦無所從來, 是故名如來應供正遍覺知."
"수보리여! 만약 어떤 사람이 '여래가 오기도 하고 가기도 하고 앉기도 하고 눕기도 한다'라고 말하면, 이 사람은 내가 설한 뜻을 이해하지 못한 것이다. 수보리여! 왜냐하면 여래라는 것은 가는 것도 없고 또한 오는 것도 없으므로 칭하여 여래·응공·정변각지라고 하기 때문이다."

"須菩提! 若善男子·善女人, 以三千大千世界地大微塵, 燒成灰末, 合爲墨丸, 如微塵聚. 須菩提! 汝意云何? 是隣虛聚, 寧爲多不?"
"수보리여! 만약 무릇 선남자와 선여인이 삼천대천세계에 있는 지대(地大)의 미진들을 불태워서 재의 분말로 만들고, 합하여 검고 둥근 덩어리로 되게 하되 미진이 쌓인 것과 같게 한다면, 수보리여! 그대 뜻에는 어떠한가? 이 인허(隣虛: 極微)의 쌓임은 정녕 많겠는가?"

須菩提言: "彼隣虛聚甚多. 世尊! 何以故? 世尊! 若隣虛聚是實有者, 世尊則不應說名隣虛聚. 何以故? 世尊! 所說此隣虛聚, 如來說非隣虛聚, 是故說名爲隣虛聚. 如來所說三千大千世界, 則非世界, 故說三千大千世界. 何以故? 世尊! 若執世界爲實有者, 是聚一執. 此聚一執, 如來說非執, 故說聚一執."
수보리가 말씀드렸다. "세존이시여! 이 인허의 쌓임은 매우 많습니다. 세존이시여! 왜냐하면 만약 이 인허의 쌓임이 참으로 존재하는 것이라면 세존께서는 곧 마땅히 칭하여 인허의 쌓임이라고 설하시지 않을 것입니다. 무엇 때문이겠습니까? 부처님께서 설하신 이 인허의 쌓임을 여래께서는 인허의 쌓임이 아니라고 설하시기 때문에 칭하여 인허의 쌓임이라고 설하신 것입니다. 여래께서 설하신 삼천대천세계는 곧 세계가 아니므로 삼천대천세계라고 설하신 것입니다. 무엇 때문이겠습니까? 세존이시여! 만약 세계가 참으로 존재한다고 집착한다면 이 쌓임은 하나의 집착입니다. 이 쌓임을 하나의 집착이라고 한 것입니다."

佛世尊言: "須菩提! 此聚一執, 但世言說. 須菩提! 是法非可言法, 嬰兒凡夫偏言所取."
부처님 세존께서 수보리에게 말씀하셨다. "이 쌓임을 하나의 집착이라고 한 것은 단지 세간의 말로 설한 것이다. 수보리여! 이 법은 말할 수 있는 법이 아니니, 어린아이 같은 범부가 취한 바를 편벽되게 말한 것이다.”

“須菩提! 若有人言: ‘如來說我見·衆生見·壽者見·受者見.’ 須菩提! 汝意云何? 是人言說,
爲正語不?” 須菩提言: “不正, 世尊! 不正, 修伽陀! 何以故? 如來所說我見·衆生見·壽者見
·受者見, 卽是非見, 是故說我見·衆生見·壽者見·受者見.”
“수보리여! 만약 어떤 사람이 ‘여래가 아견·중생견·수자견(壽者見)·수자견(受者見)을 설하셨
다’고 말한다면, 수보리여! 그대 뜻에는 어떠한가? 이 사람은 바른 말을 한 것이겠는가?” 수
보리가 말씀드렸다. “세존이시여! 그렇지 않습니다. 수가타시여! 그렇지 않습니다. 왜냐하면
여래께서 설하신 아견·중생견·수자견·수자견은 견해가 아닙니다. 그러므로 아견·중생견·수
자견·수자견이라고 하는 것입니다.”

“須菩提! 若人行菩薩乘, 如是應知應見應信, 一切諸法; 如是應修, 爲令法想不得生起. 何
以故? 須菩提! 是法想·法想者, 如來說卽非想, 故說法想.”
“수보리여! 만약 사람이 보살승을 행할 때에 마땅히 그와 같이 알고, 마땅히 그와 같이 보고,
마땅히 일체의 여러 법을 믿고, 마땅히 그와 같이 수행해야 하는 것이므로, 곧 법이라는 생각
이 일어나지 않아야 하는 것이다. 무슨 까닭인가? 수보리여! 법의 생각을 법의 생각이라고 하
는 것은, 여래가 설하길 곧 생각이 아니므로 이것을 법의 생각이라고 하는 것이다.”

“須菩提! 若有菩薩摩訶薩, 以滿無數無量世界七寶持用布施, 若有善男子·善女人, 從此
般若波羅蜜經, 乃至四句偈等, 受持讀誦, 教他修行, 爲他廣說. 是善男子·善女人, 以是因
緣, 所生福德, 最多於彼無量無數. 云何顯說此經? 如無所顯說, 故言顯說. ‘如如不動, 恒
有正說. 應觀有爲法, 如暗·翳·燈·幻·露·泡·夢·電·雲.’”
“수보리여! 만약 어떤 보살마하살이 셀 수 없고 한량없는 세계에 가득 찬 칠보를 가지고 나서
보시하고, 만약 다른 어떤 선남자와 선여인이 이 반야바라밀경과 내지 사구게만이라도 받아
간직하고 읽고 외우고 수행하여 다른 사람을 위해 자세히 설해 준다면, 이 선남자와 선여인이
이 인연으로 일으킬 복덕은 저것에 비해 한량없고 셀 수 없이 많을 것이다. 이 경을 어떻게 나
타내고 설하겠는가? 이와 같이 말로 나타낼 수 없는 것 같으므로 말로 나타내겠다. ‘여여하고
흔들림이 없으며, 항상 바르게 설해지나니, 곧 마땅히 모든 유위법을 관찰하여, 어둠 같고 그
늘 같고 등불 같고 환영과 같고, 이슬·거품·꿈·번개·구름 같은 것이라고 보아야 한다.’”

爾時世尊說是經已, 大德須菩提, 心進歡喜, 及諸比丘·比丘尼·優婆塞·優婆夷衆, 人·天·
阿修羅等, 一切世間踊躍歡喜信受奉行.
이때 세존께서 이 경을 다 설하시니, 대덕 수보리의 마음에 환희가 일어났으며, 여러 비구·비
구니·우바새·우바이들, 사람과 천인과 아수라들, 일체의 세간들이 뛸 듯이 기뻐하고 환희하
고 믿고 받들고 행하였다.

—

수(隋) 삼장(三藏) 급다(笈多) 역,
『금강능단반야바라밀경(金剛能斷般若波羅蜜經)』

歸命一切佛菩薩海等!

모든 불보살들의 바다에 귀명합니다!

如是我聞: 一時, 世尊聞者遊行勝林中, 無親搏施與園中, 大比丘衆共半三十比丘百. 爾時, 世尊前分時, 上裙著已, 器上給衣持, 聞者大城搏爲入. 爾時, 世尊聞者大城搏爲行已, 作已食, 作已後食, 搏墮過器上給衣收攝, 兩足洗, 坐具世尊施設, 如是座中跏趺結, 直身作現前念近住. 爾時, 多比丘若世尊彼詣到已, 世尊兩足頂禮, 世尊邊三右繞作已, 一邊坐. 彼復時, 命者善實, 彼所如是衆聚集會坐.

이와 같이 나는 들었다. 한때 세존 문자(聞者)께서 승림(僧林)의 무친박시여원(無親搏施與園)에 큰 비구 대중 1,250명과 비구들과 함께 계셨다. 그때 세존께서 초일분에 가사를 입고, 발우를 들고 옷을 가지고, 문자께서 대성(大城)으로 들어가셨다. 그때, 세존 문자께서 대성에서 돌아다님을 마치고, 식사를 마치고, 그릇을 거두어 내려놓고 옷을 가져다 가지런히 거두어 두 발을 씻고, 좌구(坐具)를 세존께서 마련하시고, 이와 같이 자리에서 가부좌를 틀어 몸을 똑바로 하고 눈앞에 나타난 생각 가까이 머무르셨다. 그때, 많은 비구들이 세존께서 계신 곳에 이르러 세존의 두 발에 머리를 조아려 예를 올리고, 세존의 주위를 오른쪽으로 세 번 돌고 한쪽에 앉았다. 다시 그때, 명자(命者) 선실(善實: 수보리)은 이와 같이 대중들이 모인 법회에 앉아 있었다.

爾時, 命者善實起坐. 一肩上著作已, 右膝輪地著已, 若世尊彼合掌, 向世尊邊如是言: "希有, 世尊! 乃至所有如來·應·正遍知, 菩薩摩訶薩順攝, 最勝順攝; 乃至所有如來·應·正遍知, 菩薩摩訶薩付囑, 最勝付囑. 彼云何? 世尊! 菩薩乘發行住應? 云何修行應? 云何心降伏應?" 如是語已. 世尊, 命者善實邊如是言: "善, 善! 善實! 如是, 如是! 善實! 如是, 如是! 順攝, 如來, 菩薩摩訶薩最勝順攝; 付囑, 如來, 菩薩摩訶薩最勝付囑. 彼, 善實! 聽善, 善意念作. 說當如菩薩乘發行住應, 如修行應, 如心降伏應."

그때, 명자 선실이 자리에서 일어났다. 한쪽 어깨를 드러내고, 오른쪽 무릎을 꿇어 땅에 대고,

세존에게 합장하고, 세존 쪽을 향하여 이와 같이 말씀드렸다. "희유하십니다, 세존이시여! 나아가 모든 여래·응(應)·정변지께서는 보살마하살이 수순하여 섭수하시기를, 가장 뛰어나게 수순하여 섭수하십니다. 나아가 모든 여래·응·정변지께서는 보살마하살을 부촉하시기를, 가장 뛰어나게 부촉하십니다. 이는 어째서이겠습니까? 세존이시여! 보살승에 뜻을 내어 머무르는 것이 마땅합니까? 어떻게 수행하는 것이 마땅합니까? 어떻게 마음을 항복시키는 것이 마땅합니까?" 이와 같이 말씀드렸다. 세존께서 명자 선실에게 이와 같이 말씀하셨다. "뛰어나다, 뛰어나다! 선실이여! 그와 같다, 그와 같도다! 선실이여! 그와 같다, 그와 같도다! 수순하여 섭수함은 여래, 보살마하살이 가장 뛰어나게 수순하여 섭수하였으며, 부촉은 여래, 보살마하살이 가장 뛰어나게 부촉하였다. 자, 선실이여! 잘 듣고, 착한 의념(意念)을 지어라. 이와 같이 보살승에 뜻을 내어 머무름이 마땅하며, 수행이 마땅하며, 마음을 항복시킴이 마땅함을 설할 것이다."

"如是, 世尊!"命者善實: "世尊邊願欲聞."
"그러합니다, 세존이시여!" 명자 선실이 말씀드렸다. "세존께 듣고자 원하옵니다."

世尊於此言: "此, 善實! 菩薩乘發行, 如是心發生應: '所有, 善實! 衆生, 衆生攝攝已, 卵生·若胎生·若濕生·若化生, 若色·若無色, 若想·若無想·若非想非無想, 所有衆生界施設已, 彼我一切無受餘涅槃界滅度應.' 如是無量雖衆生滅度, 無有一衆生滅度有. 何故所因? 若, 善實! 菩薩摩訶薩衆生想轉, 不彼菩薩摩訶薩名說應. 彼何所因? 不彼, 善實! 菩薩名說應, 若衆生想轉, 壽想若·人想若轉."
세존께서 이에 말씀하셨다. "여기, 선실이여! 보살승에 뜻을 내면, 이와 같이 마음을 내야 마땅하다. '모든 것이 선실이여! 중생은 중생이 포섭되어지는 것이니, 혹은 난생·태생·습생·화생, 유색·무색, 유상·무상·비유상비무상, 모두 중생계에 시설(施設)되었으며, 내가 일체를 무여열반계(無餘涅槃界)에서 멸도하게 함이 마땅하리라.' 이와 같이 무량한 중생을 멸도하게 하였지만, 멸도에 있는 중생이 하나도 없느니라. 이는 무슨 까닭인가? 만약, 선실이여! 보살마하살이 중생상을 일으키면, 자신을 보살마하살이라 칭하지 않는 것이 마땅하기 때문이다. 이는 무슨 까닭인가? 그렇지 않으면, 선실이여! 보살이라 칭하는 것이 마땅하여, 혹시 중생상이 일어나고, 수자상이 일어나며, 인상이 일어나기 때문이니라."

"雖然復次時, 善實! 不菩薩摩訶薩事住施與應, 無所住施與應, 不色住施與應, 不聲·香·味·觸·法中住施與應. 如是, 此, 善實! 菩薩摩訶薩施與應, 如不相想亦住. 彼何所因? 若, 善實! 菩薩摩訶薩不住施與, 彼所, 善實! 福聚不可量受取."
"비록 또한 그렇다 하더라도, 선실이여! 보살마하살은 마땅히 일[事: 대상]에 머물지 않고, 마땅히 머무름이 없는 보시를 해야 하고, 마땅히 색에 머무름 없는 보시를 해야 하며, 마땅히 소리·냄새·맛·촉감·법에 머무름 없는 보시를 해야 하느니라. 선실이여! 이와 같이, 여기에, 보살마하살은 마땅히 상(相)과 상(想)에 또한 머무름이 없이 보시를 해야 하느니라. 그 까닭은 무엇인가? 선실이여! 만약 보살마하살이 머무름이 없이 보시한다면, 선실이여! 그로부터 복의 쌓임을 헤아릴 수 없이 받을 수 있느니라."

"彼何意念? 善實! 可前方虛空量受取?" 善實言: "不如此, 世尊!"
"그것을 어떻게 생각하는가? 선실이여! 앞쪽의 허공을 취하여 헤아릴 수 있겠는가?" 선실이 말씀드렸다. "그렇지 않습니다, 세존이시여!"

世尊言: "如是右(南)後(西)高(北)下上方順不正方, 普十方可虛空量受取?" 善實言: "不如此, 世尊!"
세존께서 말씀하셨다. "이와 같이 오른쪽(남쪽), 뒤(서쪽), 높은 곳(북쪽), 아래쪽, 위쪽, 이 사이의 방향, 널리 시방의 허공을 취하여 헤아릴 수 있느냐?" 선실이 말씀드렸다. "그렇지 않습니다, 세존이시여!"

世尊言: "如是, 如是! 善實! 如是, 如是! 若菩薩摩訶薩不住施與, 彼所, 善實! 福聚不可量受取. 雖然復次時, 善實! 如是菩薩乘發行施與應, 如不相想亦住."
세존께서 말씀하셨다. "그와 같다, 그와 같도다! 선실이여! 그와 같다, 그와 같도다! 만약 보살마하살이 머무름 없이 보시하면, 그곳에, 선실이여! 복의 쌓임은 취하여 헤아릴 수 없느니라. 비록 또 그렇더라도, 선실이여! 이와 같이 보살승이 보시의 뜻을 내는 것이 마땅하니, 상(相)이나 상(想)에 또한 머물지 않는 것 같아야 하느니라."

"彼何意念? 善實! 相具足如來見應?" 善實言: "不, 世尊! 相具足如來見應. 彼何所因? 若彼, 如來相具足說; 彼如是非相具足." 如是語已. 世尊, 命者善實邊如是言: "所有, 善實! 相具足, 所有妄, 所有不相具足, 所有不妄, 名此相不相如來見應." 如是語已. 命者善實, 世尊邊如是言: "雖然, 世尊! 頗有衆生, 當有未來世, 後時·後長時·後分五百, 正法破壞時中, 轉時中, 若此中, 如是色類經中說中, 實想發生當有?"
"그를 어떻게 생각하는가? 선실이여! 상(相)을 구족한 것을 여래라 보는 것이 마땅한가?" 선실이 말씀드렸다. "아닙니다, 세존이시여. 상을 구족한 것을 여래라 보는 것이 마땅하니, 저것은 무슨 까닭이겠습니까? 저와 같이 여래상(如來相)이 구족되었다고 말씀하시니, 저것은 이와 같이 상이 구족된 것이 아닙니다." 이와 같이 말씀드렸다. 세존께서 명자 선실을 향하여 이와 같이 말씀하셨다. "모든 것은, 선실이여! 상이 구족된 모든 것은 허망한 것이고, 상이 구족되지 않은 모든 것은 허망하지 않은 것이니, 이 상과 상이 아님을 칭함을 여래가 보아야 마땅하느니라." 이와 같이 말씀드렸다. 명자 선실이 세존께 이와 같이 말씀드렸다. "비록 그렇지만, 세존이시여! 적지 않은 중생이 미래의 세상 뒤 오래된 어느 때, 후분(後分) 5백 년이 되어, 정법이 파괴되고, 시간이 바뀌고 이러할 때, 이와 같은 색류(色類)의 경을 설하면, 진실한 생각을 내겠습니까?"

世尊言: "莫, 善實! 汝如是語: '雖然, 世尊! 頗有衆生, 當有未來世, 後時·後長時·後分五百, 正法破壞時中, 轉時中, 若此中, 如是色類經中說中, 實想發生當有?' 雖然復次時, 善實! 當有未來世, 菩薩摩訶薩, 後分五百, 正法破壞時中, 轉時中, 戒究竟·功德究竟·智慧究竟."

세존께서 말씀하셨다. "아니다, 선실이여! 너는 이와 같이 말하였다. '비록 그렇지만, 세존이시여! 적지 않은 중생이 미래의 세상 뒤 오래된 어느 때, 후분 5백 년이 되어, 정법이 파괴되고, 시간이 바뀌고 이러할 때, 이와 같은 색류의 경을 설하면 진실한 생각을 내겠습니까?' 비록 또 그렇지만, 선실이여! 미래의 세상에 보살마하살이 후분 5백 년이 되어, 정법이 파괴되고, 시간이 바뀔 때, 계(戒)가 구경이 되고, 공덕이 구경이 되며, 지혜가 구경이 될 것이니라."

"不, 復次時, 彼, 善實! 菩薩摩訶薩一佛親近供養當有, 不一佛種植善根. 雖然復次時, 善實! 不一佛百千親近供養, 不一佛百千種植善根, 彼菩薩摩訶薩當有, 若此中, 如是色類中, 經句中說中, 一心淨信亦得當. 知彼, 善實! 如來佛智; 見彼, 善實! 如來佛眼. 一切彼, 善實! 無量福聚生當取當. 彼何所因? 不, 善實! 彼等菩薩摩訶薩我想轉, 不衆生想·不壽想·不人想轉. 不亦彼等, 善實! 菩薩摩訶薩, 法想轉, 無法想轉; 不亦彼等, 想·無想轉不. 彼何所因? 若, 善實! 彼等菩薩摩訶薩法想轉, 彼如是, 彼等我取有, 衆生取·壽取·人取有; 若無法想轉, 彼如是, 彼等我取有, 衆生取·壽取·人取有. 彼何所因? 不, 復次時, 善實! 菩薩摩訶薩法取應, 不非法取應. 彼故此義意, 如來說筏喻, 法本解法, 如是捨應, 何況非法."

"아니다, 또 그때, 선실이여! 그 보살마하살은 한 부처님을 가깝게 공양하였으며, 한 부처님께만 선근을 심은 것이 아니니라. 비록 또 그렇지만, 선실이여! 한 분이 아니라 백천 부처님을 가깝게 공양하였으며, 한 부처님이 아닌 백천 부처님께 선근을 심었으니, 저 보살마하살은 마땅히 이 가운데 이와 같은 색류에게 경전 구절을 설하여 한결같은 마음으로 깨끗한 믿음을 마땅히 얻었느니라. 그것을 알라, 선실이여! 여래불의 지혜이다. 그것을 보아라, 선실이여! 여래불의 눈이니라. 모든 저것은, 선실이여! 무량한 복의 쌓임이 마땅히 생기고 마땅히 가질 것이니라. 그것은 무슨 까닭인가? 아니다, 선실이여! 그 보살마하살은 아상의 일어남이 없고, 중생상도 없으며, 수상(壽想)도 없고, 인상도 없느니라. 또한 저렇지 않느니라, 선실이여! 보살마하살은 법상(法想)이 일어나고, 무법상(無法想)이 일어난다. 또한 저렇지 않느니라. 상(想)과 무상(無想)이 일어남도 없느니라. 그 까닭은 무엇인가? 만약, 선실이여! 그들 보살마하살이 법상이 일어나면, 그는 이와 같을 것이니, 그들은 '아(我)'라는 것을 취하고, '중생(衆生)'이라는 것을 취하고, '수(壽)'라는 것을 취하고, '인(人)'이라는 것을 취함이 있을 것이며, 만약 법상이 일어남이 없다면, 그는 이와 같을 것이니, 그들은 '아'라는 것을 취하고, '중생'이라는 것을 취하고, '수'라는 것을 취하고, '인'이라는 것을 취함이 있을 것이니, 그것은 무슨 까닭인가? 아니다, 또 그때, 선실이여! 보살마하살이 마땅히 법이라는 것을 취하고, 법이 아님도 취하지 않아야 한다. 저것은 그러므로 이 뜻이니, 여래는 뗏목에 비유하여 법은 본래 법을 깨달으면 이와 같이 뗏목을 버려야 한다고 설하였는데, 하물며 법 아닌 것이겠는가?"

復次, 世尊, 命者善實邊如是言: "彼何意念? 善實! 有如來·應·正遍知, 無上正遍知證覺? 有復法如來說?" 善實言: "如我, 世尊! 世尊說義解, 我, 無有一法若如來無上正遍知證覺; 無有一法若如來說. 彼何所因? 若彼, 如來法說, 不可取, 彼不可說, 不彼法, 非不法. 彼何因? 無爲法顯明聖人."

또한 세존이 명자 선실을 향하여 이와 같이 말씀하셨다. "그것을 어떻게 생각하는가? 선실이여! 여래·응·정변지가 무상정변지(無上正遍知)를 증득하여 깨달았겠는가? 법이 있어 여래가 설하였겠는가?" 선실이 말씀드렸다. "세존이시여, 제가 세존께서 말씀하신 뜻을 이해한대로, 저는 하나의 법이라도 여래께서 무상정변지를 증득할 것이 없으며, 하나의 법이라도 여래께서 설하신 것이 없습니다. 그것은 어떤 까닭이겠습니까? 저와 같이 여래께서 법을 설하신 것은 취할 수도 없고, 그가 설할 수도 없으며, 그 법이 아니고, 법이 아님도 아니기 때문이니, 그것은 어떤 까닭이겠습니까? 무위(無爲)에서 성인이 나타나기 때문입니다."

世尊言: "彼何意念? 善實! 若有善家子, 若善家女, 若此三千大千世界七寶滿作已, 如來等, 應等, 正遍知等施與. 彼何意念? 善實! 雖然, 彼善家子, 若善家女, 若彼緣, 多福聚生?" 善實言: "多, 世尊! 多, 善逝! 彼善家子, 若善家女, 若彼緣, 多福聚生! 彼何所因? 若彼, 世尊! 福聚; 如來說非聚; 彼, 世尊! 如來說福聚·福聚者."

세존께서 말씀하셨다. "그것을 어떻게 생각하는가? 선실이여! 만약 선가자(善家子)와 선가녀(善家女)가 이 삼천대천세계에 칠보를 가득 채워서, '여래'들과 '응'들과 '정변지'들에게 보시하면 그것을 어떻게 생각하는가? 선실이여! 비록 그러하나 저 선가자와 선가녀가 이런 인연으로 많은 복의 쌓임이 생기겠는가?" 선실이 말씀드렸다. "많습니다, 세존이시여! 많습니다, 선서(善逝)시여! 저 선가자와 선가녀가 이런 인연으로 많은 복의 쌓임이 생긴 것입니다! 그것은 무슨 까닭이겠습니까? 저렇게, 세존이시여! 복이 쌓였으나, 여래께서는 쌓인 것이 아니라고 설하시니, 저것은, 세존이시여! 여래께서는 복의 쌓임을 복의 쌓임이라고 설하신 것입니다."

世尊言: "若復, 善實! 善家子, 若善家女, 若此三千大千世界七寶滿作已, 如來等·應等·正遍知等施與. 若此法本, 乃至四句等偈, 受已, 爲他等分別廣說, 此, 彼緣, 多過福聚生, 無量·不可數. 彼何所因? 此出, 善實! 如來·應·正遍知, 無上正遍知; 此生佛·世尊. 彼何所因? 佛法·佛法者, 善實! 非佛法, 如是彼; 彼故, 說名佛法者."

세존께서 말씀하셨다. "다시, 선실이여! 선가자나 선가녀가 이 삼천대천세계에 칠보를 가득 채워서, 여래들, 응들, 정변지들에게 보시하였느니라. 이 법문과 나아가 사구게를 받아서 남들에게 분별하여 널리 설하였으니, 이것과 그것의 인연으로 지난번에 쌓인 복보다 많아 한량없고, 셀 수 없느니라. 이것은 무슨 까닭인가? 선실이여! 여래·응·정변지, 무상정변지가 여기에서 나왔으며, 부처님과 세존도 여기에서 나왔기 때문이니라. 그것은 무슨 까닭인가? 불법은 불법이고, 선실이여! 불법이 아님도 이와 같기 때문이니라. 그러므로 설하기를 이름이 불법이라고 하였느니라."

世尊言: "彼何意念? 善實! 雖然, 流入如是念: '我流入果得到'?" 善實言: "不如此, 世尊! 彼何所因? 不彼, 世尊! 一人, 彼故說名流入. 不色入, 不聲·不香·不味·不觸·不法入, 彼故說名流入者. 彼若, 世尊! 流入如是念: '我流入果得到.' 彼如是, 彼所我取有, 衆生取·壽取·人取有."
세존께서 말씀하셨다. "그것을 어떻게 생각하는가? 선실이여! 비록 그러하나, 유입(流入)이 이와 같이 '나는 유입과(流入果)를 증득하였다'라고 생각하겠는가?" 선실이 말씀드렸다. "이와 같지 않습니다, 세존이시여! 그것은 무슨 까닭이겠습니까? 그렇지 않습니다, 세존이시여! 한 사람이 그러므로 이름을 '유입'이라고 설하였기 때문입니다. 색에 들지 않고, 소리에 들지 않으며, 냄새에 들지 않으며, 맛에 들지 않으며, 촉감에 들지 않으며, 법에 들지 않으므로 이름을 '유입'이라고 설한 것입니다. 만약 세존이시여! 유입은 이와 같이 '내가 유입과를 증득하였다'라고 생각하면, 그가 이와 같다면, 그것은 아를 취함이 있고, 중생을 취함이 있고, 수를 취함이 있고, 인을 취함이 있는 것입니다."

世尊言: "彼何意念? 善實! 雖然, 一來如是念: '我一來果得到'?" 善實言: "不如此, 世尊! 彼何所因? 不一來如是念: '我一來果得到.' 彼何所因? 不彼有法若一來人, 彼故說名一來者."
세존께서 말씀하셨다. "그것을 어떻게 생각하는가? 선실이여! 비록 그렇지만, 일래(一來)는 이와 같이 '나는 일래과(一來果)를 얻었다'라고 생각하겠는가?" 선실이 말씀드렸다. "그렇지 않습니다, 세존이시여! 그것은 무슨 까닭이겠습니까? 일래자는 '나는 일래의 과를 얻었다'라고 생각하지 않습니다. 그것은 무슨 까닭이겠습니까? 그것은 일래를 증득한 사람과 같을 법이 없기 때문에 이름을 일래라고 한 것입니다."

世尊言: "彼何意念? 善實! 雖然, 不來如是念: '我不來果得到'?" 善實言: "不如此, 世尊! 彼何所因? 不彼有法若不來入, 彼故說名不來者."
세존께서 말씀하셨다. "그것을 어떻게 생각하는가? 선실이여! 비록 그렇지만 불래(不來)는 '나는 불래과(不來果)를 얻었다'라고 생각하는가?" 선실이 말씀드렸다. "그렇지 않습니다, 세존이시여! 그것은 무슨 까닭이겠습니까? 그것은 불래를 증득한 사람과 같을 법이 없기 때문에 이름을 불래라고 한 것입니다."

世尊言: "彼何意念? 善實! 雖然, 應如是念: '我應得到'?" 善實言: "不如此, 世尊! 彼何所因? 不彼, 世尊! 有法若應名, 彼故說名應者. 彼若, 世尊! 應如是念: '我應得到.' 如是彼所我取有, 衆生取·壽取·人取有. 彼何所因? 我此, 世尊! 如來·應·正遍知, 無諍行最勝說, 我此, 世尊! 應離欲. 不我, 世尊! 如是念: '我此應者.' 若我, 世尊! 如是念: '我應得到.' 不我, 如來記說: '無諍行最勝.' 善實! 善家子無所行, 彼故說名無諍行·無諍行者.'

세존께서 말씀하셨다. "그것을 어떻게 생각하는가? 선실이여! 비록 그렇지만, 응이 '나는 '응'을 얻었다'라고 이렇게 생각하겠는가?" 선실이 말씀드렸다. "그렇지 않습니다, 세존이시여! 그것은 무슨 까닭이겠습니까? 세존이시여! '응'이라고 칭할 법이 없기 때문에 이름을 '응'이라고 합니다. 세존이시여! 만약 '응'이 '나는 '응'을 얻었다'라고 이렇게 생각한다면, 이와 같이 그것은 아라는 것을 취하고, 중생이라는 것을 취하고, 수를 취하고, 인을 취함이 있는 것입니다. 그것은 무슨 까닭이겠습니까? 세존이시여! 저는 이 여래·응·정변지가 무쟁(無諍)을 행하는데 가장 제일이라고 말하였습니다. 세존이시여! 저는 이 '응'으로 탐욕을 여의었다 하더라도, 세존이시여! 저는 '나는 이 '응'을 얻었다'라고 이와 같은 생각을 하지 않을 것입니다. 세존이시여! 만약 제가 '나는 이 '응'을 얻었다'라고 이와 같은 생각을 한다면, 여래께서는 마땅히 수기하여 저에게 '무쟁을 행함이 가장 제일이니라'라고 말씀하시지 않으셨을 것입니다. 선실이여! 선가자가 행한 것이 없음으로, 이름을 무쟁행(無諍行)이라 하였기 때문에 무쟁행입니다."

世尊言: "彼何意念? 善實! 有一法, 若如來燈作如來·應·正遍知受取?" 善實言: "不如此, 世尊! 無一法, 若如來燈作如來·應·正遍知受取."

세존께서 말씀하셨다. "그것을 어떻게 생각하는가? 선실이여! 여래께서 등작여래(燈作如來)·응·정변지를 취할 만한 법이 하나라도 있겠는가?" 선실이 말씀드렸다. "그렇지 않습니다, 세존이시여! 여래께서 등작여래·응·정변지를 취할 만한 법이 하나도 없습니다."

世尊言: "若有, 善實! 菩薩摩訶薩如是語: '我國土莊嚴成就.' 我者, 彼不如語. 彼何所因? 國土莊嚴者, 善實! 不莊嚴, 彼, 如來說; 彼故, 說名國土莊嚴者. 彼故此, 善實! 菩薩摩訶薩如是不住心發生應, 不色住心發生應, 不聲·香·味·觸·法住心發生應, 無所住心發生應!"

세존께서 말씀하셨다. "선실이여! 만약 보살이 있어서 '나는 불국토의 장엄함을 성취하리라' 하고 이와 같이 말한다면, 나라는 것은 그것이 이와 같이 진실한 말이 아니니라. 그것은 무슨 까닭인가? 선실이여! 불국토가 장엄하다는 것은 장엄함이 아니며, 그것은 여래가 설하였기 때문이니라. 그러므로 이름을 불국토장엄이라고 설하였느니라. 그러므로 선실이여! 보살마하살은 이와 같이 머무는 것 없이 마땅히 그 마음을 내고, 색에도 머물지 않고 마땅히 그 마음을 내며, 소리·냄새·맛·감촉·법에도 머물지 않고 마땅히 그 마음을 내며, 머무는 바 없이 마땅히 그 마음을 내는 것이니라."

"譬如, 善實! 丈夫有此如是色我身有, 譬如善高山王. 彼何意念? 善實! 雖然, 彼大我身有?"

"예컨대, 선실이여! 장부(丈夫)가 있어서 이와 같은 색으로 나의 몸을 갖고서 묘고산왕(妙高山王)과 같다고 비유하면, 그것을 어떻게 생각하는가? 선실이여! 비록 그러하나, 저 큰 것이 내 몸에 있겠는가?"

善實言: "大, 世尊! 大, 善逝! 彼我身有. 彼何所因? 我身·我身者, 世尊! 不有, 彼, 如來說; 彼故, 說名我身者. 不彼, 世尊! 有; 彼故, 說名我身者."

선실이 말씀드렸다. "큽니다, 세존이시여! 큽니다, 선서시여! 저것이 내 몸에 있습니다. 그것은 무슨 까닭이겠습니까? 나의 몸은 나의 몸입니다. 세존이시여! 가지고 있지 않은데, 그것을 여래께서 말씀하셨습니다. 그러므로 이름이 나의 몸이라고 설한 것입니다. 세존이시여! 저것은 갖고 있지 않습니다. 그러므로 이름을 나의 몸이라고 설한 것입니다."

世尊言: "彼何意念? 善實! 所有恒伽大河沙, 彼所有, 如是恒伽大河有, 彼中若沙, 雖然, 彼多沙有?" 善實言: "彼如是所有, 世尊! 多, 恒伽大河有, 何況若彼中沙."

세존께서 말씀하셨다. "그것을 어떻게 생각하는가? 선실이여! 모든 항가대하(恒伽大河)에 있는 모래알만큼 거기에 있고, 이와 같이 항가대하가 그 속의 모래알만큼 있다면, 비록 그렇다면, 거기에 모래가 얼마나 많겠는가?" 선실이 말씀드렸다. "거기에 이와 같이 있는 것이, 세존이시여! 항가대하도 많은데, 하물며 그 속에 있는 모래이겠습니까?"

世尊言: "欲我汝, 善實! 知我汝. 所有彼中恒伽大河中沙有, 彼所有世界有, 如是婦女, 若丈夫, 若七寶滿作已, 如來等·應等·正遍知等施與. 彼何意念? 善實! 雖然, 彼婦女, 若丈夫, 若彼緣, 多福聚生?" 善實言: "多, 世尊! 多, 善逝! 彼婦女, 若丈夫, 若彼緣, 多福聚生, 無量·不可數."

세존께서 말씀하셨다. "내가 너에게 알려 주고, 선실이여! 내가 너에게 깨닫게 하리라. 항가대하에 있는 모든 모래알만큼 있는 모든 세계에 이와 같이 부녀 혹은 장부가 만약 칠보가 가득 찬 것을 여래·응·정변지들에게 보시한다면, 그것을 어떻게 생각하는가? 선실이여! 비록 그러하나, 저 부녀 혹은 장부가 만약 그 인연으로 복의 쌓임이 많겠는가?" 선실이 말씀드렸다. "많습니다, 세존이시여! 많습니다, 선서시여! 저 부녀 혹은 장부가 그 인연으로 복이 많이 쌓임은 한량없으며, 셀 수도 없습니다."

世尊言: "若復時, 善實! 善家子, 若善家女, 若彼所有世界七寶滿作已, 如來等·應等·正遍知等施與. 若此法本乃至四句等偈, 受已, 爲他等分別廣說, 此如是, 彼緣, 多過福聚生, 無量·不可數! 雖然復次時, 善實! 此中地分, 此法本乃至四句等偈, 爲他等說, 若分別, 若廣說, 若彼地分支帝有天·人·阿脩羅世. 何復言, 善實! 若此法本, 持當·讀當·誦當, 他等及分別廣說當, 最勝彼希有具足當有. 此中, 善實! 地分, 教師遊行別異, 尊重處相似, 共梵行." 如是語已.

세존께서 말씀하셨다. "선실이여! 만약 또 선가자 혹은 선가녀가 모든 세상에 칠보를 가득 채워서 여래·응·정변지들에게 보시하였느니라. 만약 이 법문, 나아가 사구게를 받아 가지고 남들을 위하여 분별하여 널리 설법하며 이와 같이 하면, 이 인연으로 이전에 복이 쌓인 것보다 많아 한량없고 수가 없느니라. 비록 또 그때, 선실이여! 이 지방의 어느 곳에 이 법문, 나아가 사구게를 남들을 위하여 설하며 만약 분별하여 널리 설법하면, 이 지방에 지제(支帝: 佛塔)는 천·인·아수라의 세상일 것이니라. 선실이여! 다시 말하건대, 만약 이 법문을 받아 가지고 읽고 외우며, 남들에게 분별하여 널리 설법하면, 가장 뛰어나고 희유함을 구족할 것이니라. 선실이여! 이 지방은 교사(敎師)가 다님이 특별히 다를 것이요, 그곳을 존중할 것이며, 같이 범행을 갖춘 곳이니라." 이와 같이 말씀하셨다.

命者善實, 世尊邊如是言: "何名此, 世尊! 法本? 云何及如此持我?" 如是語已.
명자 선실이 세존께 이와 같이 말씀드렸다. "세존이시여, 이 법문을 무엇이라 칭합니까? 저는 이것을 어떻게 받들어 지녀야 합니까?" 이와 같이 말씀드렸다.

世尊, 命者善實邊如是言: "'智慧彼岸到'名, 此, 善實! 法本, 如是此持. 彼何所因? 若如是, 善實! 智慧彼岸到; 如來說, 彼如是非彼岸到; 彼故, 說名智慧彼岸到者. 彼何意念? 善實! 雖然, 有法若如來說?"善實言: "不如此, 世尊! 不有, 世尊! 法, 若如來說."
세존께서 명자 선실에게 이와 같이 말씀하셨다. "선실이여! '지혜피안도(智慧彼岸到)'란 이름이 이 법문이며, 이와 같이 이것을 받들어 지닐 것이니라. 그것은 무슨 까닭인가? 선실이여! 만약 이와 같이 지혜피안도라고 하였으나, 여래가 설하되 그것은 이와 같이 피안에 이른 것이 아니라고 하기 때문이니라. 그러므로 여래는 이름이 지혜피안도라고 설한 것이니라. 그것을 어떻게 생각하는가? 선실이여! 비록 그러하나 어떤 법이라도 여래가 설한 것이 있느냐?" 선실이 말씀드렸다. "그렇지 않습니다, 세존이시여! 없습니다, 세존이시여! 어떤 법도 여래께서 설하신 것이 없습니다."

世尊言: "所有, 善實! 三千大千世界地塵有多有?"善實言: "多, 世尊! 多, 善逝! 彼地塵. 彼何所因? 若彼, 世尊! 地塵, 如來說; 非塵, 彼, 如來說; 彼故, 說名地塵者. 若彼世界, 如來說; 非界, 如來說; 彼故, 說名世界者."
세존께서 말씀하셨다. "선실이여! 모든 삼천대천세계 대지의 미진이 얼마나 많겠는가?" 선실이 말씀드렸다. "많습니다, 세존이시여! 이 땅에 미진이 많습니다, 선서시여! 그것은 무슨 까닭이겠습니까? 세존이시여! 이 땅의 미진은 여래께서 설하였으며, 그것을 미진이 아니라고 여래께서 설하셨습니다. 그러므로 이름을 땅의 미진이라고 설하신 것입니다. 이 세계라고 여래가 설하였으며, 세계가 아니라고 여래가 설하였으므로 이름을 세계라고 설하셨습니다."

世尊言: "彼何意念? 善實! 三十二大丈夫相, 如來·應·正遍知見應?"善實言: "不如此, 世尊! 不三十二大丈夫相, 如來·應·正遍知見應. 彼何所因? 所有, 世尊! 三十二大丈夫相, 如來說; 非相所有, 如來說; 彼故, 說名三十二大丈夫相者."
세존께서 말씀하셨다. "그것을 어떻게 생각하는가? 선실이여! 서른두 대장부(大丈夫)의 상(相)으로 여래·응·정변지를 보느냐?" 선실이 말씀드렸다. "그렇지 않습니다, 세존이시여! 서른두 대장부의 상으로 여래·응·정변지를 보지 않습니다. 그것은 무슨 까닭이겠습니까? 세존이시여! 모든 서른두 대장부의 상을 여래가 설하였으며, 모든 것은 상이 아니라고 여래가 설하셨습니다. 그러므로 이름을 서른두 대장부의 상이라고 설하신 것입니다."

世尊言: "若復時, 善實! 婦女, 若丈夫, 若日日恒伽河沙等我身捨, 如是捨恒伽河沙等劫所有我身捨, 若此法本乃至四句等偈, 受已, 爲他等分別, 此如是, 彼緣, 多過福聚生, 無量·不可數."
세존께서 말씀하셨다. "선실이여! 만약 또 그때 부녀와 혹은 장부가 날마다 항가하(恒伽河)의 모래알만큼 내 몸을 희사하고, 이와 같이 항가하 모래알만큼 지나며 모든 내 몸을 희사하고, 이 법문, 나아가 사구게를 받아 가지고, 남들을 위하여 분별하면, 이와 같은 인연으로 앞의 복보다 많은 복이 쌓여 한량없고 셀 수도 없느니라."

爾時, 命者善實, 法疾轉力涙出, 彼涙拭已, 世尊邊如是言: "希有, 世尊! 最勝希有, 善逝! 所有此法本如來說, 此我, 世尊! 智生, 不我曾生來, 如是色類法本聞先. 最勝, 彼, 世尊! 希有具足衆生有當, 若此經中說中, 實想發生當. 彼何所因? 若此, 世尊! 實想; 彼如是, 非想; 彼故, 如來說實想·實想者. 不我, 世尊! 希有. 若我此法本說中, 信我·解我. 若彼, 世尊! 衆生有當, 未來世, 此法本, 受當·持當·讀當·誦當, 他等及分別廣說當, 彼最勝希有具足有當. 雖然復次時, 世尊! 不彼等菩薩摩訶薩我想轉當, 不衆生想·不壽想·不人想轉當. 彼何所因? 若彼, 世尊! 我想, 彼如是非想; 若及如是衆生想·壽想·人想, 彼如是非想. 彼何所因? 一切想遠離, 此佛·世尊." 如是語已.
그때 명자 선실이 법질(法疾)의 힘에 눈물 흘리다가, 그가 눈물을 닦으며 세존께 이와 같이 말씀드렸다. "희유하십니다, 세존이시여! 가장 희유합니다, 선서시여! 모든 이 법문은 여래께서 설하시어, 세존이시여! 제가 지혜가 생기고 일찍이 옛날 지혜가 생긴 이래로 이와 같은 색류의 법문은 앞서 듣지 못하였습니다. 세존이시여! 가장 뛰어나고 희유함을 갖춘 중생은 마땅히 이 경전의 설법에서 실상(實想)이 날 것입니다. 그것은 무슨 까닭이겠습니까? 세존이시여, 이것이 실상(實想)이며, 그것은 이와 같이 비상(非想)이 아닙니다. 그러므로 여래께서 실상이라고 설하셨기 때문에 실상입니다. 세존이시여! 저는 희유하지 않습니다. 저는 이 법문의 설법을 듣고서 믿음이 있고, 깨달음이 있습니다. 세존이시여! 만약 저 중생이 미래의 세상에서 이 법문을 받아 가지고 읽고 외우고, 남들에게 분별하여 널리 설하면, 마땅히 가장 뛰어나고 희유함을 갖추게 됩니다. 비록 그렇지만 또 그때, 세존이시여! 저들 보살마하살은 아상이 일어남이 없고, 중생상이 없고, 수자상이 없으며, 인상이 없습니다. 그것은 무슨 까닭이겠습니까? 세존이시여! 저 아상은 이와 같은 생각이 아니며, 이와 같은 중생상·수자상·인상은 이와 같은 상(想)이 아니기 때문입니다. 그것은 무슨 까닭이겠습니까? 일체상(一切想)을 멀리 떠나신 부처님, 세존이시기 때문입니다." 이와 같이 말씀드렸다.

世尊, 命者善實邊如是言: "如是, 如是! 善實! 如是, 如是! 如言汝. 最勝希有具足彼衆生有當, 若此經中說中, 不驚當, 不怖當, 不畏當. 彼何所因? 最勝彼岸到, 此, 善實! 如來說; 若及, 善實! 如來最勝彼岸到說, 彼無量亦佛·世尊說; 彼故, 說名最勝彼岸到者."

그때 세존께서 명자 선실에게 이와 같이 말씀하셨다. "그와 같다, 그와 같도다! 선실이여! 그와 같다, 그와 같도다! 그대에게 말한 것과 같다. 가장 뛰어나고 희유함을 갖춘 저 중생은 마땅히 이 경전을 설하는 가운데 놀라지 아니하고 두려워하지도 아니하고 겁내지도 아니하느니라. 그것은 무슨 까닭인가? 선실이여! 가장 뛰어난 피안도(彼岸到)는 이것이라고 여래가 설하였기 때문이니라. 선실이여! 여래가 가장 뛰어난 피안도라고 설한 것만큼 저렇게 한량없이 또한 부처님과 세존께서 설하셨다. 그러므로 이름이 가장 뛰어난 피안도라고 설하신 것이니라."

"雖然復次時, 善實! 若如來忍彼岸到, 彼如是非彼岸到. 彼何所因? 此時我, 善實! 惡王分別分肉割斷, 不時我彼中時我想, 若衆生想, 若壽想, 若人想, 若不我有想非想有. 彼何所因? 若我, 善實! 彼中時我有想, 瞋恨想亦我彼中時有; 衆生想·壽想·人想有, 瞋恨想亦我彼中時有. 念知我, 善實! 過去世五百生, 若我忍語仙人有, 彼中亦我不想有, 不衆生想·不壽想·不人想, 不亦我有想非想有. 彼故此, 善實! 菩薩摩訶薩一切想捨離, 無上正遍知心發生應, 不色住心發生應, 不聲·香·味·觸住心發生應, 不法住·非無法住心發生應, 無所住心發生應. 彼何所因? 若無所住, 彼如是住, 彼故, 如是如來說, 不色住, 菩薩摩訶薩施與應; 不聲·香·味·觸·法住施與應."

"비록 그러하나 또 그때, 선실이여! 여래의 인욕피안도(忍辱彼岸到)는 이와 같이 피안도가 아니니라. 그것은 무슨 까닭인가? 선실이여! 이때 내가 악왕(惡王)에게 몸이 베이고 살이 잘려 끊어질 때, 나는 그때 아상, 혹 중생상, 혹 수자상, 혹 인상이 없었으니, 나는 생각이 없었고, 생각 없는 것도 아니었다. 그것은 무슨 까닭인가? 선실이여! 만약 내가 그때 아상이 있었다면, 그때 나는 성내는 생각이 있었을 것이요, 중생상, 수자상, 인상이 있었다면, 나는 그때 성내는 생각이 있었을 것이니라. 선실이여! 나는 과거 5백 년 가운데 내가 인어선인(忍語仙人)이 었음을 기억하며, 그때 나는 아상이 없었고, 중생상이 없었고, 수자상이 없었고, 인상이 없었으며, 나는 생각이 있지 않았고, 생각이 없었던 것도 아니니라. 그러므로 선실이여! 보살마하살은 일체의 생각을 멀리 여의어 버리고, 무상정변지의 마음을 내어, 색에 머물지 아니하고 마땅히 그 마음을 내며, 소리·냄새·맛·촉감에 머물지 아니하고 마땅히 그 마음을 내며, 법에 머물지 아니하고, 법 아님에 머물지 아니하고 그 마음을 마땅히 내며, 머무르는 바가 없이 그 마음을 내느니라. 그것은 무슨 까닭인가? 머무는 바가 없으면 그것은 이와 같이 머무름이기 때문이니, 그러므로 이와 같이 여래가 색에 머무르지 않고 보살마하살이 보시를 행하고, 소리·냄새·맛·촉감·법에 머물지 아니하고 보시를 행한다고 설하느니라."

"雖然復次時, 善實! 菩薩摩訶薩如是捨施應, 一切衆生爲故. 彼何所因? 若如是, 善實! 衆生想, 彼如是非想. 若如是, 彼一切衆生如來說, 彼如是非衆生. 彼何所因? 眞語, 善實! 如來, 實語如來, 不異語如來, 如語如來, 非不如語如來."

"비록 그러하나 또 그때, 선실이여! 보살마하살은 이와 같이 버리어 보시하는 것은 모든 중생을 위하기 때문이니라. 그것은 무슨 까닭인가? 선실이여! 만약 이와 같이 중생의 생각은 이와 같은 생각이 아니기 때문이다. 만약 이와 같다면, 일체중생은 여래가 이와 같은 중생이 아니라고 설하느니라. 그것은 무슨 까닭인가? 선실이여! 참됨을 말하는 여래이며, 실상을 말하는 여래이며, 다른 말을 하지 않는 여래이며, 여여(如如)하게 말하는 여래이며, 여여하지 않음을 말하지 않는 여래이다."

"雖然復次時, 善實! 若如來法證覺說, 若思惟, 若不彼中實不妄. 譬如, 善實! 丈夫闇舍入, 不一亦見. 如是事墮, 菩薩見應, 若事墮施與. 譬如, 善實! 眼者丈夫, 顯明夜月出, 種種色見. 如是菩薩摩訶薩見應, 若事不墮施與."

"비록 그러하나 또 그때, 선실이여! 여래가 법을 증득하고 깨달음을 설하고, 사유하는 것은 그 안에 진실도 없고 망령됨도 없느니라. 비유컨대, 선실이여! 장부가 암실에 들어가 버리면 하나도 볼 수 없는 것과 같느니라. 이와 같이 만약 일에 빠져 보살이 '응'을 보면 대상에 빠져 보시하느니라. 비유컨대, 선실이여! 눈 밝은 장부가 밤에 밝은 달이 나오면 가지가지 색을 보는 것과 같느니라. 이와 같이 보살마하살이 '응'을 보아, 일에 빠지지 아니하고 보시하는 것과 같느니라."

"雖然復次時, 善實! 若善家子·善家女, 若此法本, 受當·持當·讀當·誦當, 爲他等及分別廣說當. 知彼, 善實! 如來佛智; 見彼, 善實! 如來佛眼. 一切彼, 善實! 衆生, 無量福聚生當取當."

"비록 그러하나 또 그때, 선실이여! 만약 선가자와 선가녀가 이 법문을 받아 지니고, 읽고 외워서, 남들을 위해 분별하여 널리 설하였느니라. 선실이여! 여래가 그 부처님 지혜로 그것을 알며, 선실이여! 여래가 그 부처님의 눈으로 그것을 볼 것이니라. 선실이여! 저 모든 중생이 한량없는 복의 쌓임을 취할 것이니라."

"若復時, 善實! 婦女, 若丈夫, 若前分時, 恒伽河沙等我身捨, 如是中分時, 如是晚分時, 恒伽河沙等我身捨. 以此因緣, 劫俱致那由多百千我身捨. 若此法本, 聞已不謗, 此如是, 彼緣, 多過福聚生, 無量·不可數. 何復言若寫已受持讀誦, 爲他等及分別廣說?"

"만약 또 그때, 선실이여! 부녀 혹은 장부가 새벽에 항가하의 모래알만큼 내 몸을 희사하고, 이와 같이 한낮에, 이와 같이 저녁에, 항가하의 모래만큼 내 몸을 희사하였느니라. 이 인연으로 백천어 나유타겁 동안 내 몸을 희사하였느니라. 만약 이 법문을 듣고 비방하지 아니하고 이와 같이하면, 이 인연으로 앞의 복보다 많이 쌓임이 한량없고 셀 수가 없을 것이니라. 어찌 다시 이 말씀을 쓰고 받아 가지고 읽고 외워서, 남들을 위하여 분별하여 널리 설함이겠는가?"

"雖然復次時, 善實! 不可思‧不可稱, 此法本, 彼不可思, 如是果報觀察應. 此, 善實! 法本如來說, 勝乘發行衆生爲故, 最勝乘發行衆生爲故. 若此法本, 受當‧持當‧讀當‧誦當, 爲他等及分別廣說當, 知彼, 善實! 如來佛智; 見彼, 善實! 如來佛眼. 一切彼, 善實! 衆生, 無量福聚具足有當, 不可思‧不可稱亦不可量福聚具足有當. 一切彼, 善實! 衆生, 我肩菩提持當有! 彼何所因? 不能, 善實! 此法本, 小信解者衆生聞, 不我見者‧不衆生見者‧不壽見者‧不人見者‧不菩薩誓衆生能聞受, 若持‧若讀‧若誦, 若無是處有."

"비록 그러하나 또 그때, 선실이여! 불가사의하고 일컬어 헤아릴 수 없는 이 법문이 저렇게 불가사의하여, 이와 같은 과보(果報)를 마땅히 관찰하느니라. 선실이여! 이 법문을 여래가 설함은 승승(勝乘)에 나아가는 중생을 위한 까닭이요, 최승승(最勝乘)에 나아가는 중생을 위한 까닭이니라. 만약 이 법문을 받아 지니고 읽고 외워서, 남들을 위하여 널리 설하였으면, 선실이여! 여래가 부처님의 지혜로 그것을 알 것이며, 선실이여! 여래가 부처님의 눈으로 그것을 볼 것이다. 선실이여! 저 모든 중생이 한량없는 복을 쌓아 갖추어, 불가사의하고 헤아려 일컬을 수 없고 또 한량없는 복의 쌓임을 갖추느니라. 선실이여! 저 모든 중생은 나의 어깨에 보리(菩提)를 짊어지고 있느니라. 그것은 무슨 까닭인가? 선실이여! 이 법문을 조금 믿고 이해한 자인 중생은 들을 수가 없으며, 아견은 안 되며, 중생견도 안 되며, 수견(壽見)도 안 되며, 인견도 안 되며, 보살은 중생이 듣고, 받아 가지고 읽고 외우지 않은 곳이 없기를 서원해도 안 되느니라."

"雖然復次時, 善實! 此中地分, 此經廣說, 供養彼地分有當天‧人‧阿脩羅世, 禮右繞作及彼地分有當, 支帝彼地分有當."

"비록 그러하나 또 그때, 선실이여! 이 지방에서 이 경전을 널리 설하면, 그 지방의 세간에 있는 천‧인‧아수라 등이 공양하고 예로써 오른쪽으로 돌며 그곳에 있을 것이며, 지제(支帝: 佛塔)가 그곳에 있을 것이니라.

"若彼, 善實! 善家子, 若善家女, 若此如是色類經, 受當‧持當‧讀當‧誦當, 爲他等及分別廣說當, 彼輕賤有當極輕賤. 彼何所因? 所有彼衆生, 前生不善業作已, 惡趣轉墮; 所有現如是法中, 輕賤盡當, 佛菩提得當."

"선실이여! 만약 저 선가자 혹은 선가녀가 이 경전을 받아 지니고 읽고 외우고 구경에 날카롭게 통달하여 널리 남을 위해 베풀어 연설하고 열어 보여 이치와 같이 뜻을 지어도, 혹은 가벼이 헐뜯음을 만나거나 지극히 경멸하는 헐뜯음을 만날 것이니라. 그 까닭은 무엇인가? 이 모든 유정은 전생에 지은 모든 부정한 업으로 마땅히 악취(惡趣)에 생하여 떨어질 것인데, 현재의 법 가운데에서 경멸하고 헐뜯음을 다하면, 마땅히 불보리(佛菩提)를 얻느니라."

"彼何所因? 念知我, 善實! 過去世不可數, 劫不可數, 過燈作如來‧應‧正遍知, 他他過四八十佛俱致那由多百千有, 若我親承供養, 親承供養已, 不遠離. 若我, 善實! 彼佛‧世尊親承供養已, 不遠離. 若後時·後長時, 後分五百, 正法破壞時中, 轉時中, 此經受當·持當·讀當·誦當, 爲他等及分別廣說當. 此前福聚時, 善實! 福聚邊, 此前福聚, 百上亦數不及, 千上亦, 百千上亦, 俱致百千上亦, 俱致那由多百千上亦, 僧企耶亦, 迦羅亦, 算亦, 譬喩亦, 憂波泥奢亦, 乃至譬喩亦不及."

"이는 무슨 까닭인가? 선실이여! 기억하기에, 나는 셀 수 없는 수의 과거세, 셀 수 없는 겁 동안, 과거의 등작여래·응·정변지를, 그 전에 사팔십(四八十) 부처님을 백천의 구치(俱致: 千萬) 나유다(那由多)겁을 지나도록 내가 친히 이어서 공양하였고, 친히 이어서 공양함에 멀리 떠나지 않았다. 선실이여! 저 불·세존을 친히 이어 공양함에 멀리 떠나지 않았다. 만약 뒤에, 뒤의 오랜 시기에, 정법이 파괴된 때에, 전시(轉時) 가운데, 이 경을 받아 지니고, 읽고, 외우고 다른 사람을 위하여 분별하고 널리 설했다. 선실이여! 다시 이때는 복의 쌓임이 이전의 복의 쌓임보다 백 배의 수로도 또한 미치지 못하고, 천 배로도 미치지 못하며, 백천으로도 또한, 구치 백천으로도 또한, 구치 나유다 백천으로도, 승기야(僧企耶)로도 또한, 산수로도, 비유로도, 우파니사(憂波泥奢)로도 또한, 내지 비유로도 또한 미치지 못한다."

"若復, 善實! 彼等善家子·善家女, 我福聚說, 此所有彼善家子·善家女, 若彼中時中福聚取當, 猛衆生順到, 心亂到. 雖然復次時, 善實! 不可思·不可稱, 法本如來說, 彼不可思, 如是果報觀察應."

"또한 선실이여! 그들 선가자와 선가녀에게 내가 복의 쌓임을 설하여, 이 모든 선가자와 선가녀에게 그때 가운데의 복의 쌓임을 취함을 설한다면, 갑자기 중생들이 따르게 되고, 마음이 혼란해질 것이다. 비록 또 그때, 선실이여! 불가사의하고, 칭할 수 없는 법문을 여래가 설하여, 저 불가사의한 이와 같은 과보를 마땅히 관찰할 것이다."

爾時, 命者善實, 世尊邊如是言: "云何, 世尊! 菩薩乘發行住應? 云何修行應? 云何心降伏?"
그때, 명자 선실이 세존의 곁에서 이와 같이 말씀드렸다. "세존이시여! 어떻게 보살승에 뜻을 내어 머무르는 것이 마땅합니까? 어떻게 수행하는 것이 마땅합니까? 어떻게 마음을 항복시키는 것이 마땅합니까?"

世尊言: "此, 善實! 菩薩乘發行, 如是心發生應: '一切衆生, 我無受餘涅槃界滅度應, 如是一切衆生滅度, 無有一衆生滅度有.' 彼何所由? 若, 善實! 菩薩衆生想轉, 彼不菩薩摩訶薩名說應; 乃至人想轉, 不彼菩薩摩訶薩名說應. 彼何所由? 無有, 善實! 一法, 菩薩乘發行名. 彼何意念? 善實! 有一法, 若如來燈作如來·應·正遍知邊, 無上正遍知證覺?" 如是語已.
세존께서 말씀하셨다. "선실이여! 이 보살승에 뜻을 내는 자는 이와 같은 마음을 일으켜야 마땅할 것이다. '일체중생은 내가 무수여열반(無受餘涅槃)의 세계에서 멸도(滅度)를 얻었고, 이와 같이 일체중생이 멸도하였지만, 한 중생도 멸도에 있는 자는 없느니라.' 이는 무슨 까닭인가? 선실이여! 만약 보살이 중생상을 일으키면 저 보살마하살이라고 칭하지 못하기 때문이고, 내지 인상을 일으키면 보살마하살이라고 칭하지 못하기 때문이다. 이는 무슨 까닭인가? 선실이여! 하나의 법도 보살승에서는 칭할 수 없기 때문이다. 그를 어떻게 생각하는가? 선실이여! 하나의 법이 있다면, 만약 여래가 등작여래·응·정변지를 향하여 무상정변지를 증득하여 깨달을 수 있는가?" 이와 같이 말씀하셨다.

命者善實, 世尊邊如是言: "無有彼, 世尊! 一法, 若如來燈作如來·應·正遍知邊, 無上正遍知證覺." 如是語已.
명자 선실이 세존을 향하여 이와 같이 말씀드렸다. "세존이시여! 만약 여래께서 등작여래·응·정변지를 향하여 무상정변지를 증득하여 깨달을 수 있는 하나의 법도 있지 않습니다." 이와 같이 말씀드렸다.

世尊, 命者善實如是言: "如是, 如是! 善實! 如是, 如是! 無有彼一法, 若如來·應·正遍知邊, 無上正遍知證覺. 若復, 善實! 一法, 如來證覺有, 不我燈作如來應正遍知記說有當: '汝行者, 未來世, 釋迦牟尼名, 如來·應·正遍知.'者. 是故, 此, 善實! 如來·應·正遍知, 無有一法, 若無上正遍知證覺, 彼故, 燈作如來·應·正遍知記說有當: '汝行者, 未來世, 釋迦牟尼名, 如來·應·正遍知.' 彼何所因? 如來者, 善實! 眞如故此卽是; 如來者, 善實! 不生法故此卽是; 世尊者, 善實! 道斷此卽是; 如來者, 善實! 畢竟不生故此卽是. 彼何所因? 如是, 彼實不生, 若最勝義."
세존께서 명자 선실에게 이와 같이 말씀하셨다. "그와 같다, 그와 같도다! 선실이여! 그와 같다, 그와 같도다! 여래 등작여래·응·정변지를 지어서 무상정변지를 증득하여 깨달을 수 있는 하나의 법도 있지 않느니라. 다시 선실이여! 여래가 하나의 법이라도 증득하여 깨달았다면, 등작여래·응·정변지께서 나에게 '그대 행자는 미래세에 석가모니라는 이름으로 여래·응·정변지가 되리라'라고 수기하시지 않았을 것이다. 이러한 까닭에 선실이여! 이 여래·응·정변지는 무상정변지를 증득하여 깨달은 하나의 법도 없느니라. 그러한 까닭에 등작여래·응·정변지께서 '그대 행자는 미래세에 석가모니라는 이름으로 여래·응·정변지가 되리라'라고 수기하셨느니라. 그 까닭은 무엇인가? 선실이여! 여래라는 것은 진여(眞如)이기 때문이며, 선실이여! 여래라는 것은 불생법(不生法)이기 때문이고, 선실이여! 세존이란 것은 길을 끊었기 때문이며, 선실이여! 여래라는 것은 결국 불생(不生)하기 때문이다. 그 까닭은 무엇인가? 이와 같이 그것은 실로 불생(不生)이고 최승의(最勝義)와 같은 것이니라."

"若有, 善實! 如是語: '如來·應·正遍知, 無上正遍知證覺.' 彼不如語, 誹謗我. 彼, 善實! 不實取. 彼何所因? 無有彼, 善實! 一法, 若如來·應·正遍知, 無上正遍知證覺. 若, 善實! 如來法證覺說, 若不彼中實不妄, 彼故如來說: '一切法, 佛法者.' 彼何所因? 一切法·一切法者, 善實! 一切彼非法, 如來說; 彼故, 說名一切法者."
"선실이여! 만약 이와 같이 '여래·응·정변지가 무상정변지를 증득하여 깨달았다'라고 말한다면, 그것은 진실한 말이 아니며, 나를 비방하는 것이니라. 선실이여! 그것은 실로 취하지 말 것이다. 그 까닭은 무엇인가? 선실이여! 여래·응·정변지가 무상정지를 증득하여 깨달음에 하나의 법도 취함이 없었다. 선실이여! 만약 여래가 법을 증득하여 깨달아 설한다면, 그것은 그 가운데 실하여 허망하지 않음이 없으니, 그런 까닭에 여래는 '일체법은 불법이다'라고 설하신 것이니라. 그 까닭은 무엇인가? 선실이여! 일체법, 일체법이란 여래가 설한 저 일체법이 아니기 때문이다. 그러한 까닭에 일체법이라고 칭하느니라."

"譬如, 善實! 丈夫有具足身·大身."
"선실이여! 비유하면 장부가 몸을 구족하여 큰 몸과 같으니라."

命者善實言: "若彼, 世尊! 如來, 丈夫說具足身·大身; 非身, 彼, 世尊! 如來說; 彼故, 說名足身·大身者."
명자 선실이 말씀드렸다. "세존이시여! 여래께서 설하신 장부가 몸을 구족하여 큰 몸은 몸과 큰 몸이 아니며, 세존이시여! 여래께서 설하시는 그런 까닭에 구족한 몸과 큰 몸이라고 칭합니다."

世尊言: "如是, 如是! 善實! 如是, 如是! 若菩薩如是語: '有衆生般涅槃滅度.' 我不彼菩薩名說應. 彼何所因? 有, 善實! 有一法若菩薩名?" 善實言: "不如此, 世尊!"
세존께서 말씀하셨다. "그와 같다, 그와 같도다! 선실이여! 그와 같다, 그와 같도다! 만약 모든 보살이 '중생을 열반에 들게 하여 멸도시켰다'라고 이와 같이 말한다면, 나는 저 보살이라고 칭하지 못하리라. 그 까닭은 무엇인가? 선실이여! 어떤 하나의 법이 있어 보살이라고 칭하겠는가?" 선실이 말씀드렸다. "그와 같지 않습니다, 세존이시여!"

世尊言: "衆生·衆生者, 善實! 非衆生, 彼, 如來說; 彼故, 說名衆生者. 彼故, 如來說: '無我一切法, 無衆生·無壽者·無長養者, 無人一切法者.' 若, 善實! 菩薩如是語: '我佛土莊嚴成就.' 彼亦如是不名說應. 彼何所因? 國土莊嚴·國土莊嚴者, 善實! 非莊嚴, 彼, 如來說; 彼故, 說名國土莊嚴者. 若, 善實! 菩薩摩訶薩無我法·無我法者信解, 彼, 如來·應·正遍知, 菩薩摩訶薩名說."
세존께서 말씀하셨다. "중생, 중생이라고 하는 것은 선실이여! 중생이 아니니, 여래가 설하기를, 그런 까닭에 중생이라고 칭한다고 하였느니라. 그러한 까닭에 여래께서 '일체법은 무아이고, 중생이 없으며, 수자가 없고, 장양자(長養者)가 없으며, 인(人)도 없다'라고 설하였느니라. 선실이여! 만약 보살이 이와 같이 설하기를, '나는 불국토를 장엄·성취한다'라고 한다면, 그는 또한 마땅히 이와 같이 설할 수 없느니라. 그 까닭은 무엇인가? 불국토를 장엄, 불국토를 장엄하는 것이란, 선실이여! 장엄하는 것이 아니며, 여래가 설하시기를, 불국토를 장엄한다고 칭하는 것이라고 하였느니라. 선실이여! 만약 보살마하살이 무아법과 무아법이라는 것을 믿고 이해하면, 저 여래·응·정변지는 그를 보살마하살이라고 칭하느니라."

"彼何意念? 善實! 有如來肉眼?"善實言: "如是, 如是! 世尊! 有如來肉眼."
"그것을 어떻게 생각하는가? 선실이여! 여래에게 육안이 있는가?" 선실이 말씀드렸다. "그와 같습니다, 그와 같습니다! 세존이시여! 여래는 육안이 있습니다."

世尊言: "彼何意念? 善實! 有如來天眼?"善實言: "如是, 如是! 世尊! 有如來天眼."
세존께서 말씀하셨다. "그것을 어떻게 생각하는가? 선실이여! 여래에게 천안이 있는가?" 선실이 말씀드렸다. "그와 같습니다, 그와 같습니다! 세존이시여! 여래는 천안이 있습니다."

世尊言: "彼何意念? 善實! 有如來慧眼?"善實言: "如是, 如是! 世尊! 有如來慧眼."
세존께서 말씀하셨다. "그것을 어떻게 생각하는가? 선실이여! 여래에게 혜안이 있는가?" 선실이 말씀드렸다. "그와 같습니다, 그와 같습니다! 세존이시여! 여래는 혜안이 있습니다."

世尊言: "彼何意念? 善實! 有如來法眼?"善實言: "如是, 如是! 世尊! 有如來法眼."
세존께서 말씀하셨다. "그것을 어떻게 생각하는가? 선실이여! 여래에게 법안이 있는가?" 선실이 말씀드렸다. "그와 같습니다, 그와 같습니다! 세존이시여! 여래는 법안이 있습니다."

世尊言: "彼何意念? 善實! 有如來佛眼?"善實言: "如是, 如是! 世尊! 有如來佛眼."
세존께서 말씀하셨다. "그것을 어떻게 생각하는가? 선실이여! 여래에게 불안이 있는가?" 선실이 말씀드렸다. "그와 같습니다, 그와 같습니다! 세존이시여! 여래는 불안이 있습니다."

世尊言: "善, 善! 善實! 彼何意念? 善實! 所有恒伽大河沙, 雖然彼沙, 彼, 如來說?"善實言: "如是, 如是! 世尊! 如是, 如是! 善逝說彼, 如來彼沙."
세존께서 말씀하셨다. "뛰어나다, 뛰어나다! 그것을 어떻게 생각하는가? 선실이여! 항가대하(恒伽大河)의 모든 모래가 비록 저 모래인데, 저것은 여래가 설한 것인가?" 선실이 말씀드렸다. "그와 같습니다, 그와 같습니다! 세존이시여! 그와 같습니다, 그와 같습니다! 선서께서는 저를, 여래께서는 모래를 설하셨습니다."

世尊言: "彼何意念? 善實! 所有恒伽大河沙, 彼所有恒伽大河有, 所有彼中沙, 彼所有及世界有, 多彼世界有?"善實言: "多, 世尊! 多, 善逝! 彼世界有."
세존께서 말씀하셨다. "그것을 어떻게 생각하는가? 선실이여! 항가대하의 모든 모래와 같이 저곳에 항가대하가 있고, 그 가운데 모든 모래가 있어 그와 같은 세계가 있다면, 저 세계는 많겠는가?" 선실이 말씀드렸다. "많습니다, 세존이시여! 많습니다, 선서시여! 저 세계가 있습니다."

世尊言: "所有, 善實! 彼中世界中衆生, 彼等我種種有心流注知. 彼何所因? 心流注‧心流注者, 善實! 非流注, 此, 如來說; 彼故, 說名心流注者. 彼何所因? 過去, 善實! 心不可得, 未來心不可得, 現在心不可得."

세존께서 말씀하셨다. "선실이여! 모든 저 세계에 있는 중생은, 그들은 내가 여러 가지 마음의 흐름을 안다. 모든 유정의 종류가 각각 가지가지인데, 그 마음의 흐름을 나는 다 능히 아느니라. 그 까닭은 무엇인가? 선실이여! 마음의 흐름과 마음의 흐름이라고 하는 것을 여래는 흐름이 아니라고 설하였느니라. 여래는 그와 같은 까닭에 이름을 마음의 흐름이라고 설하였느니라. 그 까닭은 무엇인가? 선실이여! 과거의 마음도 얻을 수 없고, 미래의 마음도 얻을 수 없고, 현재의 마음도 얻을 수 없기 때문이니라."

"彼何意念? 善實! 若有善家子, 若善家女, 若三千大千世界七寶滿作已施與, 雖然, 彼善家子, 若善家女, 若彼緣, 多福聚生?" 善實言: "多, 世尊! 多, 善逝!"
"그것을 어떻게 생각하는가? 선실이여! 만약 선가자와 선가녀가 이 삼천대천세계에 칠보를 가득채워 보시하면, 이 선가자와 선가녀가 이 인연으로 말미암아 생기는 복의 쌓임은 많겠는가?" 선실이 말씀드렸다. "많습니다, 세존이시여! 많습니다, 선서시여!"

世尊言: "如是, 如是, 善實! 如是, 如是! 多. 彼善家子, 若善家女, 若彼緣, 多福聚生, 無量·不可數. 福聚·福聚者, 善實! 非聚, 彼, 如來說; 彼故, 說名福聚者. 若復, 善實! 福聚有, 不如來說福聚·福聚者."
세존께서 말씀하셨다. "그와 같다, 그와 같도다! 선실이여! 그와 같다, 그와 같도다! 많도다. 저 선가자와 선가녀가 저 인연으로 많은 복의 쌓임이 한량 없고 셀 수 없느니라. 복의 쌓임과 복의 쌓임이라는 것은 선실이여! 쌓임이 아니니라. 그러한 까닭에 여래는 복의 쌓임이라고 칭하였느니라. 선실이여! 만약 다시 복의 쌓임이 있다면, 여래가 복의 쌓임과 복의 쌓임이라는 것이라고 설하지 않을 것이니라."

"彼何意念? 善實! 色身成就如來見應?" 善實言: "不如此, 世尊! 非色身成就如來見應. 彼何所因? 色身成就·色身成就者, 世尊! 非成就, 此, 如來說; 彼故, 說名色身成就者."
"그것을 어떻게 생각하는가? 색신(色身)의 성취로 여래를 보는가?" 선실이 말씀드렸다. "이와 같지 않습니다, 세존이시여! 색신의 성취로 여래를 볼 수 있지 않습니다. 그 까닭은 무엇이겠습니까? 세존이시여! 색신의 성취, 색신의 성취란 성취가 아니기 때문입니다. 그러한 까닭에 여래께서 이름을 색신의 성취라고 설하셨습니다."

世尊言: "彼何意念? 善實! 相具足如來見應?" 善實言: "不如此, 世尊! 非相具足如來見應. 彼何所因? 此, 世尊! 相具足, 如來說; 非相具足, 如來說; 彼故, 說名相具足者."
세존께서 말씀하셨다. "그것을 어떻게 생각하는가? 선실이여! 상(相)이 구족함을 가지고 여래를 보겠는가?" 선실이 말씀드렸다. "이와 같지 않습니다, 세존이시여! 상의 구족함으로 여래볼 수 없습니다. 그 까닭은 무엇이겠습니까? 세존이시여! 이 상의 구족함은 여래께서 상의 구족함이 아니라고 설하셨습니다. 그러한 까닭에 여래께서는 이름이 상의 구족함이라 하셨습니다."

世尊言: "彼何意念? 善實! 雖然, 如來如是念: '我法說'?" 善實言: "不如此, 世尊! 不如來如
是念: '我法說.'"
세존께서 말씀하셨다. "그것을 어떻게 생각하는가? 선실이여! 비록 여래가 '나는 법을 설하
였다'라고 이와 같이 생각하겠는가?" 선실이 말씀드렸다. "이와 같지 않습니다, 세존이시여!
여래께서 '나는 법을 설하였다'라고 이와 같이 생각하시지 않습니다."

世尊言: "若我, 善實! 如是語: '如來法說.' 誹謗我. 彼, 善實! 不實取. 彼何所因? 法說·法說
者, 善實! 無有法, 若法說名可得."
세존께서 말씀하셨다. "선실이여! 만약 이와 같이 '여래께서 법을 설하셨다'라고 말한다면,
나를 비방하는 것이니라. 선실이여! 저것은 실답지 않은 취함이다. 그 까닭은 무엇인가? 선실
이여! 법을 설함과 법을 설함이라는 것이란 법이 있지 않음이며, 법을 설한다는 이름을 얻을
수 있는 것이다."

爾時, 命者善實, 世尊邊如是言: "雖然, 世尊! 當有未來, 頗有衆生, 後時·後長時·後分
五百, 正法破壞時中, 轉時中, 若此如是色類法說, 聞已信當有?"
그때 명자 선실이 세존께 이와 같이 말씀드렸다. "세존이시여, 비록 마땅히 오는 미래에 중생
이 있어 후시, 뒤의 오래된 어느 때, 후분 5백 년이 되어, 정법이 파괴되고, 시간이 바뀌고 이
러할 때, 이와 같은 색류의 법을 설하면, 듣고서 마땅한 믿음이 있겠습니까?"

世尊言: "不彼, 善實! 衆生, 非不衆生. 彼何所因? 衆生·衆生者, 善實! 一切彼非衆生, 彼,
如來說; 彼故, 說名衆生者. 彼何意念? 善實! 雖然, 有法若如來無上正遍知證覺?" 命者善
實言: "無有彼, 世尊! 有法若如來無上正遍知."
세존께서 말씀하셨다. "선실이여! 저 중생은 중생이 아니다. 그 까닭은 무엇인가? 선실이여!
중생과 중생이라는 것이란 일체가 저 중생이 아니고, 여래께서 설한 까닭으로 이름이 중생인
것이니라. 그를 어떻게 생각하는가? 선실이여! 비록 법이 있어 여래가 무상정변지를 증득하
여 깨달았는가?" 명자 선실이 말씀드렸다. "세존이시여! 여래의 무상정변지와 같은 저 법은
있지 않습니다."

世尊言: "如是, 如是! 善實! 如是, 如是! 微小彼中法無有·不可得, 彼故說名無上正遍知
者. 雖然復次時, 善實! 平等正法, 彼不中有不平等, 彼故說名無上正遍知者. 無我故·無壽
故·無衆生故·無人故, 平等. 無上正遍知, 一切善法證覺. 善法·善法者, 善實! 非法, 如是
彼, 如來說; 彼故, 說名善法者."
세존께서 말씀하셨다. "그와 같다, 그와 같도다! 선실이여! 그와 같다, 그와 같도다! 그 가운

데 조그만 법도 있을 수 없고, 얻을 수도 없으므로, 이름이 무상정변지니라. 비록 또한 그렇다 하더라도, 선실이여! 미세한 저 가운데 법이 있지 않으며, 얻을 수도 없으므로 저를 칭하여 무상정변지라고 하였다. 비록 또한 그렇다 하더라도, 선실이여! 평등한 정법은 저 가운데 평등함이 있지 않으니, 그러므로 이름을 무상정변지라고 한 것이니라. 무아(無我)이기 때문에, 무수(無壽)이기 때문에, 무중생(無衆生)이기 때문에, 무인(無人)이기 때문에 평등하다고 하느니라. 무상정변지는 일체선법을 증득하여 깨닫느니라. 선실이여! 선법과 선법이라는 것은 법이 아니며, 저것이 이와 같으므로 여래는 선법이라고 칭하여 설했느니라."

"若復, 善實! 所有三千大千世界須彌山王, 彼所有聚七寶, 普散如來・應・等正遍知施與. 若此智慧彼岸到, 乃至四句等偈, 受已, 爲他等分別, 此, 善實! 福聚, 彼前者福聚, 百上亦數不及, 千上亦, 百千上亦, 俱致百千上亦, 俱致那由他百千上亦, 僧企耶亦, 迦羅亦, 算亦, 譬喩亦, 憂波泥奢亦, 乃至譬喩亦不及."
"또한 선실이여! 모든 삼천대천세계의 수미산왕(須彌山王)과 같이 칠보를 쌓아 여래・응・정변지에게 널리 흩어 보시를 하느니라. 만약 이 지혜피안도(智慧彼岸到) 내지 사구게를 받고, 남들을 위하여 분별한다면, 이는 선실이여! 복의 쌓임이 그 전보다 백 배의 수로도 또한 미치지 못하고, 천 배로도 미치지 못하며, 백천으로도, 또한 구치(俱致) 백천으로도, 또한 구치 나유다 백천으로도, 승기야(僧企耶)로도, 또한 산수로도, 비유로도, 우파니사(憂波泥奢)로도, 또한 내지 비유로도 또한 미치지 못한다."

"彼何意念? 善實! 雖然, 如來如是念: '我衆生度脫.'不? 復彼, 善實! 如是見應. 彼何所因? 有無, 善實! 無有一衆生若如來度脫. 若復, 善實! 有, 如是衆生有, 若彼如來度脫. 彼如是, 如來我取有, 衆生取・壽取・人取有. 我取・我取者, 善實! 非取, 此, 如來說; 彼小兒凡夫生取. 小兒凡夫生・小兒凡夫生者, 善實! 非生, 彼, 如來說; 彼故, 說名小兒凡夫生者."
"그것을 어떻게 생각하는가? 선실이여! 비록 여래가 '나는 중생을 제도하여 벗어나게 하였다'라고 이와 같이 생각하겠는가? 또한 선실이여! 이와 같이 보겠는가? 이는 무슨 까닭인가? 없다. 선실이여! 여래가 제도하여 벗어나게 한 하나의 중생도 없느니라. 선실이여! 만약 또한 있다면, 만약 이와 같은 중생이 있어 여래가 제도하여 벗어나게 했다면, 그는 이와 같이 여래에게 아취(我取)가 있음이요, 중생취(衆生取)・수취(壽取)・인취(人取)가 있음이니라. 선실이여! 아취, 아취라는 것이란 비취(非取)이며, 이는 여래가 그는 소아(小兒)・범부(凡夫)가 취함을 일으킨 것이라고 설하느니라. 선실이여! 소아・범부가 일어남, 소아・범부가 일어남이라는 것이란 일어남이 아니며, 그는 여래께서 소아・범부가 일어난다고 칭한 것이기 때문이니라."

"彼何意念? 善實! 相具足如來見應?" 善實言: "不如此, 世尊! 如我, 世尊說義解, 我不相具足如來見應."
"그것을 어떻게 생각하는가? 선실이여! 상의 구족으로 마땅히 여래를 보는가?" 선실이 말씀드렸다. "그렇지 않습니다, 세존이시여! 제가 세존의 말씀의 뜻을 이해하기로는, 저는 상의 구족으로 마땅히 여래를 보지 않습니다."

世尊言: "善, 善! 善實! 如是, 如是! 善實! 如如語汝, 不相具足如來見應. 彼何所因? 彼復, 善實! 相具足如來見應; 有彼王轉輪, 如來有; 彼故, 不相具足如來見應. 此相非相故, 如來見應." 爾時, 命者善實世尊邊如是言: "如我, 世尊! 世尊說義解, 我不相具足如來見應."
세존께서 말씀하셨다. "뛰어나다, 뛰어나다! 선실이여! 그와 같다, 그와 같도다! 선실이여! 그대가 말한 바와 같이 상의 구족함으로 마땅히 여래를 보는 것이 아니니라. 이는 무슨 까닭인가? 또한 선실이여! 상의 구족함으로 마땅히 여래를 본다면, 저 왕전륜(王轉輪)이 있고, 여래가 있음이다. 그러한 까닭에 상의 구족함으로 마땅히 여래를 보는 것이 아니니라. 이 상은 상이 아니기 때문에 여래를 마땅히 보느니라." 그때 명자 선실이 세존께 이와 같이 말씀드렸다. "세존이시여! 제가 세존의 말씀의 뜻을 이해하기로는, 저는 상의 구족으로 마땅히 여래를 보지 않습니다."

爾時, 世尊彼時此伽陀說: "若我色見, 若我聲求, 邪解脫行, 不我見彼."
이때, 세존께서 그때 이 가타(伽陀)로 말씀하셨다. "만약 나를 색(色)으로 보려 하거나, 음성으로 나를 구하면, 삿된 해탈행(解脫行)이며, 그는 나를 보지 못하리."

"法體佛見應, 法身彼如來, 法體及不識, 故彼不能知."
"법체(法體)로 마땅히 부처님을 뵐 것이요, 법신은 저 여래이시니, 법체를 깨닫지 못하면, 그는 알지 못하노라."

"彼何意念? 善實! 相具足, 如來無上正遍知證覺? 不, 復彼, 善實! 如是見應. 彼何所因? 不, 善實! 相具足, 如來無上正遍知證覺. 復時, 彼, 善實! 有如是語: '菩薩乘發行, 有法破滅, 施設斷.'不? 復, 善實! 如是見應. 彼何所因? 不菩薩乘發行有法破滅, 施設不斷."
"그것을 어떻게 생각하는가? 선실이여! 상을 구족하여 여래가 무상정변지를 증득해 깨달았는가? 선실이여! 또한 이와 같이 보아서는 안 될 것이니라. 이는 무슨 까닭인가? 선실이여! 상을 구족하여 여래가 무상정변지를 증득해 깨달은 것이 아니니라. 선실이여! 또한 그때 이와 같이 '보살승을 일으키면 법의 파멸이 있으며, 시설(施設)이 끊긴다'라고 말하는가? 선실이여! 다시 이와 같이 마땅히 보아라. 이는 무슨 까닭인가? 보살승을 일으키면 법이 파멸됨이 없으며, 시설도 끊어짐이 없느니라."

"若復, 善實! 善家子, 若善家女, 若恒伽河沙等世界七寶滿作已施與; 若菩薩摩訶薩無我·無生中, 法中忍得. 此如是, 彼緣, 多過福聚生. 不, 復, 善實! 菩薩福聚取應." 命者善實言: "不, 世尊! 菩薩福聚取應?" 世尊言: "取應, 善實! 不取應, 彼故說名取應."

"또한 선실이여! 만약 선가자와 선가녀가 항가하의 모래와 같은 세계에 가득 찬 칠보로써 보시하였고, 만약 보살마하살이 무아(無我)·무생(無生) 가운데, 법 가운데 인(忍)을 얻었다면, 이와 같다면 그 연(緣)으로 많은 복의 쌓임이 있느니라. 선실이여! 또한 보살은 복의 쌓임을 마땅히 취하지 아니 하느니라." 명자 선실이 말씀드렸다. "세존이시여! 보살이 복의 쌓임을 마땅히 취하지 않습니까?" 세존께서 말씀하셨다. "마땅히 취한다, 선실이여! 마땅히 취하지 않으니, 그런 까닭에 마땅히 취한다고 설하느니라."

"雖然復次時, 善實! 若有如是語: '如來去·若不去·若住·若坐·若臥·若如法.' 不? 我, 善實! 說義解. 彼何所因? 如來者, 善實! 說名無所去·無所來, 彼故說名如來·應·正遍知者."
"비록 또한 그렇다 하더라도, 선실이여! 만약 이와 같이 말하기를, '여래는 가고, 혹은 가지 않고, 혹은 머물고, 혹은 앉고, 혹은 눕고, 혹은 법과 같다'라고 하는가? 선실이여! 이 사람은 설한 뜻을 받지 못함이니라. 이는 무슨 까닭인가? 선실이여! 여래는 가는 바도 없고, 오는 바도 없으니, 그러한 까닭에 이름이 여래·응·정변지이니라."

"若復, 善實! 善家子, 若善家女, 若所有三千大千世界地塵, 彼如是色類墨作已, 乃至如是不可數, 譬如最小聚. 彼何意念? 善實! 雖然, 彼多最小聚有?"
"또한 선실이여! 만약 선가자와 선가녀가 모든 삼천대천세계의 땅의 미진을 이와 같은 색류의 묵(墨)으로 만들었고, 내지 이와 같이 셀 수 없이, 비유하면 가장 작은 쌓임을 이루었다면, 그것을 어떻게 생각하는가? 선실이여! 비록 저 가장 작은 쌓임이 얼마나 많겠는가?"

善實言: "如是, 如是! 世尊! 多彼最小聚有. 彼何所因? 彼, 世尊! 聚有, 不世尊說最小聚者. 彼何所因? 若彼, 世尊! 最小聚說; 非聚, 彼, 如來說; 彼故, 說名最小聚者. 若及如來說三千大千世界者; 非界, 如來說; 彼故, 說名三千大千世界者. 彼何所因? 彼, 世尊! 界有, 彼如是搏取有. 若如是, 如來搏取說; 非取, 彼, 如來說; 彼故, 說名搏取者."
선실이 말씀드렸다. "그와 같습니다, 그와 같습니다! 세존이시여! 저 가장 작은 쌓임이 많습니다. 그 까닭은 무엇이겠습니까? 세존이시여! 저 쌓임이 있음은 세존께서 말씀하신 가장 작은 쌓임이 아닙니다. 그 까닭은 무엇이겠습니까? 세존이시여! 만약 여래께서 말씀하신 저 가장 작은 쌓임은 쌓임이 아닙니다. 그러한 까닭에 이름이 가장 작은 쌓임입니다. 혹은 여래께서 말씀하신 삼천대천세계는 세계가 아닙니다. 그러한 까닭에 이름이 삼천대천세계입니다. 그 까닭은 무엇이겠습니까? 세존이시여! 저 세계는 있으며, 저것은 이와 같이 취함이 있기 때문입니다. 만약 이와 같이 여래께서 취함을 말씀하시지만 취함이 아닙니다. 여래께서 말씀하신 까닭에 이름이 취함입니다."

世尊言: "搏取, 如是, 善實! 不世俗語, 不可說, 非法, 非非法, 彼小兒凡夫生取. 彼何所因? 若此有, 善實! 如是說: '我見, 如來說, 衆生見·壽見·人見, 如來說.' 雖然, 彼, 善實! 正說語?" 善實言: "不如此, 世尊! 不如此, 善逝! 彼何所因? 若彼, 世尊! 我見, 如來說; 非見, 彼, 如來說; 彼故, 說名我見者."

세존께서 말씀하셨다. "선실이여! 취함은 이와 같이 세속의 말이 아니고, 설할 수 있음도 아니며, 법이 아니고, 법이 아님도 아니니, 저 소아·범부가 취함을 일으킨다. 그 까닭은 무엇인가? 만약 이것이 있다면, 선실이여! 이와 같이 설하기를, '아견은 여래께서 말씀하신 것이고, 중생견·수견·인견은 여래께서 설하신 것이다'라고 하느니라. 선실이여! 비록 이와 같지만, 저것은 옳은 말인가?" 선실이 말씀드렸다. "그렇지 않습니다, 세존이시여! 이와 같지 않습니다, 선서시여! 그 까닭은 무엇이겠습니까? 세존이시여! 만약 아견을 여래께서 말씀하셨고, 중생견·수견·인견을 여래께서 말씀하신 것이라면, 견해가 아니며, 그러한 까닭으로 이름이 아견이기 때문입니다."

世尊言: "如是, 此, 善實! 菩薩乘發行, 一切法知應, 見應, 信解應. 如信解, 如無法想亦住. 彼何所因? 法想·法想者, 善實! 非想, 此, 如來說; 彼故, 說名法想者. 若復時, 善實! 菩薩摩訶薩無量無數世界七寶滿中作已, 如來等·應等·正遍知等施與, 若善家子, 若善家女, 若如是智慧彼岸到, 乃至四句等偈, 受持·分別·讀誦, 爲他等及分別廣說. 此如是, 彼緣, 多過福聚生, 無量·不可數. 云何及廣說? 如不廣說, 彼故說名廣說."

세존께서 말씀하셨다. "선실이여! 이와 같이 보살승을 일으키면 일체법을 마땅히 알아야 하고, 마땅히 보아야 하며, 마땅히 믿고 이해해야 하느니라. 이와 같이 믿고 이해하고, 이와 같이 법상과 또한 머무름이 없어야 한다. 그 까닭은 무엇인가? 선실이여! 법상, 법상이란 비상(非想)이며, 이는 여래가 설한 것이니, 그러한 까닭에 이름이 법상인 것이니라. 또한 선실이여! 보살마하살은 무량하고 무수한 세계에 칠보를 가득 채워서 여래들, 응들, 정변지들에게 보시하여도, 만약 선가자와 선가녀가 이와 같은 지혜피안도(智慧彼岸到) 내지 사구게를 수지하고, 분별하며, 외우고, 다른 사람들을 위해 분별하여 널리 설한다면, 이와 같은 저 연(緣)으로부터 무량하고, 셀 수 없는 복의 쌓임을 일으키느니라. 어떤 것을 널리 설한다고 하는가? 널리 설하지 않음과 같기 때문에 이름을 널리 설한다고 하는 것이니라."

"星·翳·燈·幻·露·泡·夢·電·雲, 見如是, 此有爲者."

"별, 그림자, 등불, 허깨비, 물거품, 꿈, 번개, 구름 등은 이와 같이 보고, 이는 유위(有爲)의 것들이니라."

此語, 世尊, 歡喜上座善實, 彼及比丘·比丘尼·優婆塞·優婆夷, 彼天·人·阿脩羅·乾闥婆等, 聞世尊說, 大歡喜.

세존께서 이 말씀을 하시자 상좌(上座) 선실이 환희하였고, 저 비구·비구니·우바새·우바이, 저 천·인·아수라·건달바 등은 세존의 말씀을 듣고 크게 환희하였다.

歸命一切佛菩薩海等!
모든 불보살의 바다에 귀명합니다!

부록 4

—

당(唐) 현장(玄奘) 역,
『능단금강반야바라밀다경(能斷金剛般若波羅蜜多經)』•

如是我聞: 一時, 薄伽梵在室羅筏住誓多林給孤獨園, 與大苾芻衆千二百五十人俱. 爾時, 世尊於日初分, 整理裳服執持衣鉢, 入室羅筏大城乞食. 時, 薄伽梵於其城中行乞食已出還本處, 飯食訖, 收衣鉢洗足已, 於食後時, 敷如常座結跏趺坐, 端身正願住對面念.

이와 같이 나는 들었다. 한때 박가범(薄伽梵)께서 실라벌(室羅筏) 서다림(誓多林) 급고독원(給孤獨園)에서 큰 필추(苾芻) 대중 1,250명과 함께 계셨다. 그때 세존께서 새벽에 평소와 같이 의복을 정리하고 가사와 발우를 지니고 실라벌 큰 성에 들어가서 걸식하셨다. 그때 박가범께서 성안에서 걸식을 하여 마치고 본래 계시던 처소로 돌아와 식사를 마치시고 옷과 발우를 거두고 발을 씻으시고 나서 식후에 평소와 같이 자리를 펴 가부좌를 틀고 앉아 몸을 단정히 하고 서원을 바르게 하고, 거울 속의 얼굴을 대한 듯이 생각에 잠기셨다.

時, 諸苾芻來詣佛所, 到已頂禮世尊雙足, 右遶三匝退坐一面, 具壽善現亦於如是衆會中坐.

그때 모든 필추들이 부처님 처소에 이르러 세존의 두 발에 머리를 조아려 예배하고 오른쪽으로 세 번 돌고 물러나 한쪽에 앉았다. 구수(具壽) 선현(善現)도 또한 대중과 같이 앉아 있었다.

爾時, 衆中具壽善現從座而起, 偏袒一肩, 右膝著地, 合掌恭敬而白佛言: "希有! 世尊! 乃至如來·應·正等覺, 能以最勝攝受, 攝受諸菩薩摩訶薩, 乃至如來·應·正等覺, 能以最勝付囑, 付囑諸菩薩摩訶薩. 世尊! 諸有發趣菩薩乘者, 應云何住? 云何修行? 云何攝伏其心?"

그때 대중 가운데 구수 선현이 자리에서 일어나 오른쪽 어깨를 벗고 오른쪽 무릎을 땅에 대고 합장하여 공경하며 부처님께 말씀드렸다. "희유하십니다. 세존! 여래·응·정등각이시여, 능히 가장 훌륭하게 섭수하시므로 모든 보살마하살, 나아가 여래·응·정등각을 섭수하시고,

---

• 본 『능단금강반야바라밀다경』은 현장이 번역한 『대반야바라밀다경』 권 577의 「제9 능단금강분」과 동일하다.

428

능히 가장 훌륭하신 부촉(咐囑)을 가지고 모든 보살마하살을 부촉하시옵니다. 세존이시여! 모든 보살승에 뜻을 내는 자는 마땅히 어떻게 머물고, 어떻게 수행하고, 어떻게 그 마음을 섭수하여 항복받습니까?"

作是語已, 爾時, 世尊告具壽善現曰: "善哉! 善哉! 善現! 如是! 如是! 如汝所說. 乃至如來·應·正等覺, 能以最勝攝受, 攝受諸菩薩摩訶薩, 乃至如來·應·正等覺, 能以最勝付囑, 付囑諸菩薩摩訶薩. 是故, 善現! 汝應諦聽, 極善作意, 吾當爲汝分別解說, 諸有發趣菩薩乘者, 應如是住, 如是修行, 如是攝伏其心."

그때 세존께서 구수 선현에게 말씀하셨다. "훌륭하고, 훌륭하다. 선현이여! 그러하도다, 그러하도다. 그대가 말한 바와 같이 나아가 여래·응·정등각은 능히 가장 훌륭한 섭수로써 모든 보살마하살과 나아가 여래·응·정등각을 섭수하고, 능히 가장 훌륭한 부촉을 가지고 모든 보살마하살을 부촉하느니라. 그러므로 선현이여! 그대는 마땅히 자세히 듣고 지극히 선하게 뜻을 지어야 할 것이다. 내가 마땅히 그대를 위하여 분별하여 해설하리라. 모든 보살승에 뜻을 내는 자는 마땅히 이와 같이 머물고, 이와 같이 수행하며, 이와 같이 그 마음을 잡아서 복종시켜야 하느니라."

具壽善現白佛言: "如是! 如是! 世尊! 願樂欲聞!"

구수 선현이 부처님께 말씀드렸다. "그와 같습니다. 그와 같습니다. 세존이시여! 원컨대 즐겁게 듣고자 하나이다."

佛言: "善現! 諸有發趣菩薩乘者, 應當發起如是之心: '所有諸有情, 有情攝所攝; 若卵生·若胎生·若濕生·若化生, 若有色·若無色, 若有想·若無想, 若非有想非無想, 乃至有情界施設所施設. 如是一切, 我當皆令於無餘依妙涅槃界而般涅槃, 雖度如是無量有情令滅度已, 而無有情得滅度者.' 何以故? 善現! 若諸菩薩摩訶薩有情想轉, 不應說名菩薩摩訶薩. 所以者何? 善現! 若諸菩薩摩訶薩不應說言有情想轉. 如是命者想·士夫想·補特伽羅想·意生想·摩納婆想·作者想·受者想轉, 當知亦爾. 何以故? 善現! 無有少法名爲發趣菩薩乘者."

부처님께서 말씀하셨다. "선현이여! 모든 보살승에 뜻을 내는 자는 마땅히 이와 같은 마음을 내어야 할 것이니라. '모든 유정(有情)에 포섭되고 포섭되어지는 것, 혹은 알에서 생긴 것, 혹은 태에서 생긴 것, 혹은 습기에서 생긴 것, 혹은 화(化)해서 생긴 것이나, 혹은 형상[色]이 있거나 형상이 없거나, 혹은 생각이 있는 것이나 생각이 없는 것이나, 혹은 생각이 있지도 않고 생각이 없지도 아니하거나, 나아가 유정계(有情界 ; 중생계)에 시설하고 시설된 것 등 이와 같은 일체를 내가 마땅히 다 의지함이 없는 미묘한 열반의 세계[無餘依妙涅槃界]에서 반열반(般涅槃)하게 하리라. 비록 이와 같은 무량한 유정을 멸도하더라도 유정이 멸도를 얻은 자가 없어야 하느니라.' 무슨 까닭인가? 선현이여! 만약 모든 보살마하살에 유정이란 생각이 펴져[轉]나가면 보살마하살이라고 하지 못하느니라. 무슨 까닭인가? 선현이여! 만약 모든 보살마하살이 유정상(有情想)이 퍼져 나감을 말하지 아니하면, 이와 같이 명자상(命者想), 사부상(士夫想), 보특가라상(補特伽羅想), 의생상(意生想), 마납파상(摩納婆想), 작자상(作者想), 수자상(受者想)이 퍼져 나감도 마땅히 알지니, 또한 그러하니라. 무슨 까닭인가? 선현이여! 조그마한 법도 보살승에 뜻을 낸다고 칭할 것이 없기 때문이다."

"復次, 善現! 菩薩摩訶薩不住於事應行布施, 都無所住應行布施; 不住於色應行布施, 不住聲·香·味·觸·法應行布施. 善現! 如是菩薩摩訶薩如不住相想應行布施. 何以故? 善現! 若菩薩摩訶薩都無所住而行布施, 其福德聚不可取量."

"또한 선현이여! 보살마하살은 대상에 머물지 아니하고 마땅히 보시를 행하되 일체 머무는 바가 없이 보시를 행할 것이요, 색에도 머물지 아니하고 보시를 행하고, 소리·냄새·맛·촉감·법에도 머물지 아니하고 보시를 행할 것이니라. 선현이여! 이와 같이 보살마하살은 상(相)과 생각[想]에 머물지 아니함과 같이 마땅히 보시를 행할 것이니라. 무슨 까닭인가? 선현이여! 만약 보살마하살이 전혀 머무는 바가 없이 보시를 행한다면, 그 복덕의 쌓임은 취하여 헤아릴 수 없느니라."

佛告善現: "於汝意云何? 東方虛空可取量不?" 善現答言: "不也! 世尊!" "善現! 如是南西北方·四維上下, 周遍十方一切世界虛空可取量不?" 善現答言: "不也! 世尊!"

부처님께서 선현에게 말씀하셨다. "그대 생각은 어떠한가? 동방의 허공을 헤아릴 수 있겠는가?" 선현이 답하였다. "그럴 수 없습니다. 세존이시여!" "선현이여! 이와 같이 남방·서방·북방과 사유(四維)와 상하, 시방일체세계에 퍼져 있는 허공을 헤아릴 수 있겠는가?" 선현이 대답하였다. "그럴 수 없습니다. 세존이시여!"

佛言: "善現! 如是! 如是! 若菩薩摩訶薩都無所住而行布施, 其福德聚不可取量, 亦復如是. 善現! 菩薩如是如不住相想應行布施."

부처님께서 말씀하셨다. "선현이여! 그와 같다, 그와 같다! 만약 보살마하살이 전혀 머무는 바 없이 보시를 행하면 그 복덕의 쌓임을 헤아리지 못하는 것도 또한 다시 이와 같으니라. 선현이여! 보살도 이와 같이 모습이나 생각에 머물지 아니하는 것같이 마땅히 보시를 행할 것이니라."

佛告善現: "於汝意云何? 可以諸相具足觀如來不?" 善現答言: "不也! 世尊! 不應以諸相具足觀於如來. 何以故? 如來說諸相具足卽非諸相具足."

부처님께서 말씀하셨다. "선현이여! 그대의 뜻에 어떠한가? 모든 상호가 구족함을 가지고 여래를 보는가?" 선현이 답하였다. "아닙니다. 세존이시여! 마땅히 모든 상호가 구족함을 가지고 여래를 보지 않습니다. 왜냐하면 여래께서는 모든 상호가 구족함은 곧 모든 상호를 구족함이 아니라고 설하셨기 때문이옵니다."

說是語已, 佛復告具壽善現言: "善現! 乃至諸相具足皆是虛妄, 乃至非相具足皆非虛妄, 如是以相・非相應觀如來." 說是語已, 具壽善現復白佛言: "世尊! 頗有有情於當來世, 後時・後分・後五百歲, 正法將滅時分轉時, 聞說如是色經典句生實想不?"

이 말이 끝나고 나서 부처님께서 다시 구수 선현에게 말씀하셨다. "선현이여! 나아가 모든 상호가 구족함도 다 허망한 것이요, 또한 상호를 구족하지 아니함도 다 허망함이 아니니라. 이와 같이 상호와 상호 아님을 가지고 여래를 볼 것이니라." 이 말을 설하시고 나자, 구수 선현이 다시 부처님께 말씀드렸다. "세존이시여! 어떤 중생이 있어서 오는 세상 뒤의 후분(後分) 후오백세(後五百世)에 정법이 장차 멸하고, 시간이 바뀔 때 이와 같은 색(色)의 경전 구(句)를 설함을 듣고 진실한 생각을 내겠습니까?"

佛告善現: "勿作是說: '頗有有情於當來世, 後時・後分・後五百歲, 正法將滅時分轉時, 聞說如是色經典句生實想不?' 然復, 善現! 有菩薩摩訶薩於當來世, 後時・後分・後五百歲, 正法將滅時分轉時, 具足尸羅・具德・具慧."

부처님께서 선현에게 말씀하셨다. "이런 말을 하지 말라. '어떤 유정이 마땅히 오는 세상 뒤의 후분 후오백세에 정법이 장차 멸하려 할 때 이와 같은 형상의 경전 구절을 설함을 듣고 진실한 생각을 낼까?' 그리고 또한 선현이여! 보살마하살이 있어 마땅히 오는 세상 뒤의 후분 후오백세에 정법이 장차 멸하려고 할 때, 계행을 구족하고 덕을 갖추고 지혜를 갖출 것이니라."

"復次, 善現! 彼菩薩摩訶薩非於一佛所承事供養, 非於一佛所種諸善根. 然復, 善現! 彼菩薩摩訶薩於其非一・百・千佛所承事供養, 於其非一・百・千佛所種諸善根, 乃能聞說如是色經典句, 當得一淨信心. 善現! 如來以其佛智悉已知彼, 如來以其佛眼悉已見彼. 善現! 如來悉已覺彼一切有情當生無量無數福聚, 當攝無量無數福聚. 何以故? 善現! 彼菩薩摩訶薩無我想轉, 無有情想・無命者想・無士夫想・無補特伽羅想・無意生想・無摩納婆想・無作者想・無受者想轉. 善現! 彼菩薩摩訶薩無法想轉・無非法想轉, 無想轉亦無非想轉. 所以者何?"

"또한 선현이여! 그 보살마하살은 한 부처님만을 받들어 섬기고 공양한 것이 아니요, 또한 한 부처님께만 모든 선근을 심은 것도 아니니라. 또한 선현이여! 그 보살마하살은 한 분뿐이 아니라 백천 부처님을 받들어 섬기고 공양하였으며, 또한 한 분뿐이 아닌 백천 부처님께 모든 선근을 심었으므로 이에 능히 이와 같은 형상의 경전 구를 설함을 듣고 마땅히 한결같이 깨끗한 신심을 얻었느니라. 선현이여! 여래는 그 부처님의 지혜로써 이미 다 그것을 알고, 또한 그 부처님의 눈으로 이미 다 그것을 보았느니라. 선현이여! 여래는 이미 다 그것을 깨달았나니, 일체 유정은 마땅히 한량없고 수없는 복이 생길 것이요, 마땅히 한량없고 수도 없는 복을 가질 것이니라. 무슨 까닭인가? 선현이여! 그 보살마하살은 아상의 일어남이 없고, 유정상도 없으며, 명자상도 없고, 사부상도 없고, 보특가라상도 없고, 의생상도 없고, 마납파상도 없고,

작자상도 없고, 수자상이 일어남도 없느니라. 선현이여! 그 보살마하살은 법상이 일어남도 없고, 법이 아니라는 생각이 일어남도 없고, 생각이 일어남도 없으며, 또한 생각 아님이 일어남도 없느니라. 그 까닭은 무엇인가?"

"善現! 若菩薩摩訶薩有法想轉, 彼卽應有我執·有情執·命者執·補特伽羅等執. 若有非法想轉, 彼亦應有我執·有情執·命者執·補特伽羅等執. 何以故? 善現! 不應取法, 不應取非法, 是故如來密意而說筏喩法門. 諸有智者法尙應斷, 何況非法!"
"선현이여! 만약 보살마하살이 법이란 생각이 일어나면, 그는 곧 마땅히 아집이 있고, 유정집(有情執)이 있고, 수명집(壽命執)이 있고, 보특가라 등의 집착이 있음이니라. 만약 법이 아니라는 생각이 일어남이 있어도 그는 또한 마땅히 아집·유정집·수명집·보특가라 등의 집착이 있음이니라. 무슨 까닭인가? 선현이여! 마땅히 법을 취하지 말 것이며, 마땅히 법 아님도 취하지 말 것이다. 그러므로 여래는 비밀한 뜻으로 뗏목에 비유한 법문을 설하였느니라. 모든 지혜 있는 자는 법도 오히려 마땅히 끊어야 할 것인데, 하물며 어찌 법 아닌 것이겠는가!"

佛復告具壽善現言: "善現! 於汝意云何? 頗有少法, 如來·應·正等覺證得阿耨多羅三藐三菩提耶? 頗有少法, 如來·應·正等覺是所說耶?"
부처님께서 다시 구수 선현에게 말씀하셨다. "선현이여! 그대의 뜻에 어떠한가? 어떤 조그만 법이 있어서 여래·응·정등각이 아뇩다라삼먁삼보리를 증득하였겠는가? 어떤 조그만 법이 있어서 여래·응·정등각이 이것을 설하였겠는가?"

善現答言: "世尊! 如我解佛所說義者, 無有少法, 如來·應·正等覺證得阿耨多羅三藐三菩提, 亦無有少法, 是如來·應·正等覺所說. 何以故? 世尊! 如來·應·正等覺所證·所說·所思惟法皆不可取, 不可宣說, 非法非非法. 何以故? 以諸賢聖補特伽羅皆是無爲之所顯故."
선현이 대답하였다. "세존이시여! 제가 알고 있는 바로는 부처님께서 말씀하신 뜻은, 여래·응·정등각께서는 조그만 법이라도 아뇩다라삼먁삼보리를 증득할 것이 없고, 또한 조그만 법도 여래·응·정등각께서 설하신 것이 없음입니다. 무슨 까닭이겠습니까? 세존이시여! 여래·응·정등각께서 증득하시고 말씀하시고 생각하시는 법은 모두가 취할 수 없고, 베풀어 말할 수 없어 법도 아니고 법 아닌 것도 아니기 때문입니다. 왜냐하면 모든 현성(賢聖)과 보특가라는 다 이 무위(無爲)가 나타난 것인 까닭입니다."

佛告善現: "於汝意云何? 若善男子或善女人, 以此三千大千世界盛滿七寶持用布施, 是善男子或善女人, 由此因緣所生福聚寧爲多不?"
부처님께서 선현에게 말씀하셨다. "그대 생각은 어떠한가? 만약 선남자와 선여인이 삼천대천세계에 가득 찬 칠보를 가지고 보시하면, 이 선남자 혹은 선여인이 이런 인연으로 말미암아 복의 쌓임은 얼마나 많겠는가?"

善現答言: "甚多! 世尊! 甚多! 善逝! 是善男子或善女人, 由此因緣所生福聚其量甚多. 何以故? 世尊! 福德聚福德聚者, 如來說爲非福德聚, 是故如來說名福德聚福德聚."

선현이 대답하였다. "매우 많습니다. 세존이시여! 매우 많습니다. 선서시여! 이 선남자나 혹 선여인이 이런 인연으로 말미암아 생기는 복은 그 양이 매우 많사옵니다. 무엇 때문이겠습니까? 세존이시여! 각각의 복덕이 쌓임이란 여래께서 복덕이 아니라고 설하셨기 때문입니다. 그러므로 여래께서 설하신 것은 이름이 각각 복덕입니다."

佛復告善現言: "善現! 若善男子或善女人, 以此三千大千世界盛滿七寶持用布施. 若善男子或善女人, 於此法門乃至四句伽他, 受持·讀誦·究竟通利, 及廣爲他宣說·開示·如理作意, 由是因緣所生福聚, 甚多於前無量無數. 何以故? 一切如來·應·正等覺阿耨多羅三藐三菩提皆從此經出, 諸佛世尊皆從此經生. 所以者何? 善現! 諸佛法諸佛法者, 如來說爲非諸佛法, 是故如來說名諸佛法諸佛法."

부처님께서 다시 선현에게 말씀하셨다. "선현이여! 만약 선남자나 혹은 선여인이 삼천대천세계에 가득 찬 칠보를 가지고 보시하고, 또한 만약 선남자 혹은 선여인이 법문, 나아가 네 구절의 가타를 받아 지니고 읽고 외워서 결국에는 완전히 통달하고 널리 남을 위하여 베풀어 설하고 열어 보이고 이치와 같이 뜻을 지으면, 이 인연으로 말미암아 생기는 복은 앞의 복보다 심히 많아 헤아릴 수 없느니라. 무슨 까닭인가? 일체 여래·응·정등각의 아뇩다라삼먁삼보리가 모두 이 경에서 나왔고, 모든 부처님 세존도 다 이 경에서 나왔기 때문이니라. 그 까닭은 무엇인가? 선현이여! 모든 부처님 법은 여래가 모든 부처님 법이 아니라고 설하였느니라. 그러므로 여래가 설하기를 이름이 모든 불법이니, 모든 불법이라 하느니라."

佛告善現: "於汝意云何? 諸預流者頗作是念: 我能證得預流果不?"

부처님께서 선현에게 말씀하셨다. "그대 생각엔 어떠한가? 모든 예류자(預流者)가 생각하기를, '나는 능히 예류과(預流果)를 증득하였다'고 하겠는가?"

善現答言: "不也! 世尊! 諸預流者不作是念: 我能證得預流之果. 何以故? 世尊! 諸預流者無少所預, 故名預流; 不預色·聲·香·味·觸·法, 故名預流. 世尊! 若預流者作如是念: 我能證得預流之果, 卽爲執我·有情·命者·士夫·補特伽羅等."

선현이 대답하였다. "그렇지 않습니다. 세존이시여! 모든 예류자는 '나는 능히 예류과를 증득하였다'라고 생각하지 않습니다. 무엇 때문이겠습니까? 세존이시여! 모든 예류자는 조금도 예류할 것이 없으므로 이름이 예류이며, 색이나 소리·냄새·맛·감촉·법에 즐기지 아니하므로 이름이 예류입니다. 세존이시여! 만약 예류자가 '나는 능히 예류과를 얻었다'라고 생각하면, 그것은 곧 아·유정·명자·사부·보특가라 등에 집착하는 것입니다."

佛告善現: "於汝意云何? 諸一來者頗作是念: '我能證得一來果.'不?" 善現答言: "不也! 世尊!

433

諸一來者不作是念: ‘我能證得一來之果’. 何以故? 世尊! 以無少法證一來性, 故名一來.”

부처님께서 선현에게 말씀하셨다. “그대 생각은 어떠한가? 모든 일래자가 ‘나는 능히 일래과를 얻었다’라고 생각하겠는가?” 선현이 대답하였다. “그렇지 않습니다. 세존이시여! 모든 일래자는 ‘나는 능히 일래의 과를 얻었다’라고 생각하지 않습니다. 왜냐하면 세존이시여! 조금도 일래의 성품을 증득할 법이 없기 때문이며, 이름이 일래일 뿐이기 때문입니다.”

佛告善現: “於汝意云何? 諸不還者頗作是念: ‘我能證得不還果’. 不?” 善現答言: “不也! 世尊! 諸不還者不作是念: ‘我能證得不還之果’. 何以故? 世尊! 以無少法證不還性, 故名不還.”

부처님께서 선현에게 말씀하셨다. “그대 생각엔 어떠한가? 모든 불환자가 ‘나는 능히 불환과를 증득하였다’라고 생각하겠는가?” 선현이 대답하였다. “아닙니다. 세존이시여! 모든 불환자는 ‘나는 능히 불환과를 증득하였다’라고 이렇게 생각하지 않습니다. 왜냐하면 세존이시여! 조금도 불환의 성품을 증득할 법이 없기 때문이며, 이름이 불환일 뿐이기 때문입니다.”

佛告善現: “於汝意云何? 諸阿羅漢頗作是念: ‘我能證得阿羅漢’. 不?” 善現答言: “不也! 世尊! 諸阿羅漢不作是念: ‘我能證得阿羅漢性’. 何以故? 世尊! 以無少法名阿羅漢, 由是因緣名阿羅漢. 世尊! 若阿羅漢作如是念: ‘我能證得阿羅漢性’, 卽爲執我·有情·命者·士夫·補特伽羅等. 所以者何? 世尊! 如來·應·正等覺說我得無諍住最爲第一, 世尊! 我雖是阿羅漢永離貪欲, 而我未曾作如是念: ‘我得阿羅漢永離貪欲’. 世尊! 我若作如是念: 我得阿羅漢永離貪欲者, 如來不應記說我言: ‘善現善男子得無諍住最爲第一’. 以都無所住, 是故如來說名無諍住無諍住.”

부처님께서 선현에게 말씀하셨다. “그대 생각엔 어떠한가? 모든 아라한이 ‘나는 능히 아라한을 얻었다’라고 이렇게 생각하겠는가?” 선현이 대답하였다. “아닙니다. 세존이시여! 모든 아라한은 ‘나는 능히 아라한의 성품을 증득하였다’라고 이렇게 생각하지 않습니다. 왜냐하면 세존이시여! 조금도 아라한이라고 칭할 법이 없으므로 이 인연으로 말미암아 이름이 아라한이기 때문입니다. 세존이시여! 만약 아라한이 ‘나는 능히 아라한의 성품을 얻었다’라고 이렇게 생각한다면, 곧 아·유정·명자·사부·보특가라 등에 집착함입니다. 왜냐하면 ‘무쟁을 얻어 가장 제일에 머문다’라고 말씀하셨기 때문입니다. 세존이시여! 제가 이 아라한으로서 영원히 탐욕을 여의었다 할지라도 저는 일찍이 ‘나는 아라한을 얻어 영원히 탐욕을 여의었다’라고 이와 같은 생각을 하지 않을 것입니다. 세존이시여! 제가 만약 ‘나는 아라한을 얻어 영원히 탐욕을 여의었다’라고 이와 같이 생각한다면, 여래께서는 마땅히 수기하여 저에게 ‘선현 선남자는 무쟁을 얻어 머물기를 가장 제일이니라’라고 말씀하시지 아니하셨을 것입니다. 전혀 머무는 바가 없음이라, 그러므로 여래께서 이름이 무쟁에 머묾이라고 말씀하셨습니다.”

佛告善現: “於汝意云何? 如來昔在然燈如來·應·正等覺所, 頗於少法有所取不?” 善現答言: “不也! 世尊! 如來昔在然燈如來·應·正等覺所, 都無少法而有所取.”

부처님께서 선현에게 말씀하셨다. "그대 생각은 어떠한가? 여래가 옛날 연등(然燈) 여래·응·정등각에게서 조그만 법이라도 취한 것이 있겠는가?" 선현이 대답하였다. "없습니다. 세존이시여! 여래께서는 옛날 연등 여래·응·정등각에게서 전혀 작은 법도 취한 것이 없습니다."

佛告善現: "若有菩薩作如是言: '我當成辦佛土功德莊嚴'. 如是菩薩非眞實語. 何以故? 善現! 佛土功德莊嚴佛土功德莊嚴者, 如來說非莊嚴, 是故如來說名佛土功德莊嚴佛土功德莊嚴. 是故, 善現! 菩薩如是都無所住應生其心, 不住於色應生其心, 不住非色應生其心, 不住聲·香·味·觸·法應生其心, 不住非聲·香·味·觸·法應生其心, 都無所住應生其心."

부처님께서 선현에게 말씀하셨다. "만약 보살이 있어서 '나는 마땅히 불국토를 공덕으로 장엄하게 하리라'라고 이와 같이 말한다면, 이와 같은 보살의 말은 진실한 말이 아니니라. 무슨 까닭인가? 선현이여! 불국토를 공덕으로 장엄하며, 불국토를 공덕으로 장엄한다는 것은 여래가 장엄이 아니라고 설하였기 때문이니라. 그러므로 여래는 이름이 불국토공덕장엄이니, 불국토공덕장엄이라고 설하였느니라. 그러므로 선현이여! 보살은 이와 같이 전혀 머무는 바 없이 마땅히 그 마음을 내고, 색에도 머물지 아니하고 또한 마땅히 그 마음을 내며, 비색(非色)에도 머물지 아니하고 마땅히 그 마음을 내며, 또한 소리·냄새·맛·감촉·법에도 머물지 아니하고 마땅히 그 마음을 내고, 또한 소리·냄새·맛·감촉·법이 아님에도 머물지 아니하고 마땅히 그 마음을 내며, 전혀 머무는 바가 없이 마땅히 그 마음을 내는 것이니라."

佛告善現: "如有士夫具身大身, 其色自體假使譬如妙高山王. 善現! 於汝意云何? 彼之自體爲廣大不?" 善現答言: "彼之自體廣大! 世尊! 廣大! 善逝! 何以故? 世尊! 彼之自體, 如來說非彼體故名自體, 非以彼體故名自體."

부처님께서 선현에게 말씀하셨다. "장부가 있어서 큰 몸을 갖추었는데, 그 색 자체가 가령 비유하여 묘고산왕(妙高山王)과 같다. 선현이여! 그대 생각은 어떠한가? 그의 몸이 넓고 크겠는가?" 선현이 대답하였다. "그의 몸은 넓고 큽니다. 세존이시여! 넓고 큽니다. 선서시여! 무엇 때문이겠습니까? 세존이시여! 그의 몸은 여래께서 설하신 그 몸이 아니라 이름이 몸이며, 그 몸이 아니기 때문에 이름이 몸입니다."

佛告善現: "於汝意云何? 乃至殑伽河中所有沙數, 假使有如是沙等殑伽河, 是諸殑伽河沙寧爲多不?" 善現答言: "甚多! 世尊! 甚多! 善逝! 諸殑伽河尚多無數, 何況其沙!"

부처님께서 선현에게 말씀하셨다. "그대 생각은 어떠한가? 나아가 긍가하(殑伽河)에 있는 모래알만큼 많은 수에다가 가령 이와 같은 모래알 수와 같은 긍가하가 있다면 이 모든 긍가하의 모래가 얼마나 많겠는가?" 선현이 대답하였다. "매우 많습니다. 세존이시여! 매우 많습니다. 선서시여! 모든 긍가하도 오히려 많아 무수한데, 하물며 그 모래이겠습니까!"

佛言: "善現! 吾今告汝, 開覺於汝, 假使若善男子或善女人, 以妙七寶盛滿爾所殑伽河沙

等世界, 奉施如來·應·正等覺. 善現! 於汝意云何? 是善男子或善女人, 由此因緣所生福聚
寧爲多不?"善現答言: "甚多! 世尊! 甚多! 善逝! 是善男子或善女人, 由此因緣所生福聚
其量甚多."

부처님께서 선현에게 말씀하셨다. "선현이여! 내가 지금 너에게 알려 그대를 깨우쳐 깨닫게
하리라. 가령 선남자 혹은 선여인이 아름다운 칠보가 그 긍가하의 모래알만큼 많은 세계에
가득 찬 것을 여래·응·정등각에게 받들어 보시한다면, 선현이여! 그대 생각은 어떠한가? 이
선남자 혹은 선여인이 이 인연으로 말미암아 복의 쌓임이 얼마나 많겠는가?" 선현이 대답하
였다. "매우 많습니다. 세존이시여! 매우 많습니다. 선서시여! 이 선남자 혹은 선여인이 이 인
연으로 말미암아 생기는 복의 쌓임은 그 양이 심히 많습니다."

佛復告善現: "若以七寶盛滿爾所沙等世界, 奉施如來·應·正等覺. 若善男子或善女人, 於
此法門乃至四句伽他, 受持·讀誦·究竟通利, 及廣爲他宣說·開示·如理作意, 由此因緣所
生福聚, 甚多於前無量無數."

부처님께서 다시 선현에게 말씀하셨다. "만약 그것의 모래알만큼 많은 수와 같은 세계에 가
득 찬 칠보로써 여래·응·정등각에게 받들어 보시하고, 또한 만약 선남자 혹은 선여인이 이
법문, 나아가 사구게송을 받아 가지고 읽고 외우고 결국에는 날카롭게 통달하고 널리 남을
위하여 베풀어 설법하며 열어 보이고 이치와 같이 뜻을 지으면, 이 인연으로 말미암아 생기
는 복의 쌓임이 앞보다 심히 많아 한량없고 수가 없느니라."

"復次, 善現! 若地方所於此法門乃至爲他宣說·開示四句伽他, 此地方所尙爲世間諸天及
人·阿素洛等之所供養如佛靈廟, 何況有能於此法門具足究竟·書寫·受持·讀誦·究竟通
利, 及廣爲他宣說·開示·如理作意! 如是有情成就最勝希有功德. 此地方所大師所住, 或
隨一一尊重處所, 若諸有智·同梵行者."

"또한 선현이여! 만약 지방의 어느 곳에 이 법문, 나아가 네 구절의 게송을 남을 위하여 베풀
어 설법하며 열어 보이면, 이 지방은 오히려 세간의 모든 하늘 및 사람·아소락(阿素洛: 아수라)
등이 부처님의 영묘(靈廟)와 같이 공양할 것이니라. 하물며 능히 이 법문이 있어서 구경에 구
족하고, 쓰고 받아 가지고 읽고 외우며, 구경에 날카롭게 통달하고 널리 남을 위하여 베풀어
설법하며 열어 보며 이치와 같이 뜻을 지음이겠는가! 이와 같이 유정(有情)이 가장 뛰어나고
희유한 공덕을 성취하면, 이와 같은 지방은 대사(大師)가 머무를 것이요, 혹은 하나하나가 따
라서 그곳을 존중할 것이며, 또는 모든 지혜와 범행(梵行)을 같이 갖춘 자가 함께할 것이다."

說是語已, 具壽善現復白佛言: "世尊! 當何名此法門? 我當云何奉持?"作是語已, 佛告善
現言: "具壽! 今此法門名爲能斷金剛般若波羅蜜多, 如是名字汝當奉持. 何以故? 善現!
如是般若波羅蜜多, 如來說爲非般若波羅蜜多, 是故如來說名般若波羅蜜多."

말씀이 끝나자 구수 선현이 다시 부처님께 말씀드렸다. "세존이시여! 마땅히 이 법문을 무엇

이라 이름하며, 우리들은 마땅히 어떻게 받들어 간직합니까?" 이 말을 하고 나자 부처님께서 선현에게 말씀하셨다. "구수여! 지금 이 법문은 이름을 '능단금강반야바라밀다(能斷金剛般若波羅蜜多)'라 하며, 이와 같은 이름을 그대가 마땅히 받들어 지닐 것이니라. 무슨 까닭인가? 선현이여! 이와 같은 반야바라밀다는 여래가 설하되 반야바라밀다가 아니라고 하기 때문이니라. 그러므로 여래는 이름이 반야바라밀다라고 설하였느니라."

佛告善現: "於汝意云何? 頗有少法如來可說不?" 善現答言: "不也! 世尊! 無有少法如來可說." 佛告善現: "乃至三千大千世界大地微塵寧爲多不?" 善現答言: "此地微塵甚多! 世尊! 甚多! 善逝!"

부처님께서 선현에게 말씀하셨다. "그대 생각은 어떠한가? 어떤 조그만 법이라도 여래가 설한 것이 있는가?" 선현이 대답하였다. "아닙니다. 세존이시여! 조그만 법도 여래께서 설하신 것이 없습니다." 부처님께서 선현에게 말씀하셨다. "나아가 삼천대천세계 대지의 미진이 얼마나 많겠는가?" 선현이 대답하였다. "이 땅에 미진이 매우 많습니다. 세존이시여! 매우 많습니다. 선서시여!"

佛言: "善現! 大地微塵, 如來說非微塵, 是故如來說名大地微塵; 諸世界, 如來說非世界, 是故如來說名世界."

부처님께서 말씀하셨다. "선현이여! 여래가 대지의 미진은 미진이 아니라고 말하였다. 그러므로 여래가 대지의 미진이라고 이름을 설하였으며, 모든 세계를 여래가 세계가 아니라고 설하였으므로, 여래는 이름이 세계라고 설하였느니라."

佛告善現: "於汝意云何? 應以三十二大士夫相觀於如來·應·正等覺不?" 善現答言: "不也! 世尊! 不應以三十二大士夫相觀於如來·應·正等覺. 何以故? 世尊! 三十二大士夫相, 如來說爲非相, 是故如來說名三十二大士夫相."

부처님께서 선현에게 말씀하셨다. "그대 생각엔 어떠한가? 마땅히 32가지 대사부상(大士夫相)으로 여래·응·정등각을 볼 수 있는가?" 선현이 대답하였다. "아닙니다. 세존이시여! 마땅히 32가지 대사부상으로 여래·응·정등각을 보지 않습니다. 무엇 때문이겠습니까? 세존이시여! 32가지 대사부상은 여래께서 상이 아니라고 말씀하셨기 때문입니다. 그러므로 여래께서는 이름이 32가지 대사부상이라고 말씀하셨습니다."

佛復告善現言: "假使若有善男子或善女人, 於日日分捨施殑伽河沙等自體, 如是經殑伽河沙等劫數捨施自體. 復有善男子或善女人, 於此法門乃至四句伽他, 受持·讀誦·究竟通利, 及廣爲他宣說·開示·如理作意, 由是因緣所生福聚, 甚多於前無量無數."

부처님께서 다시 선현에게 말씀하셨다. "가령 만약 선남자 혹은 선여인이 있어서 날마다 긍가하의 모래알 수와 같은 몸을 버리어 보시하고, 이와 같이 긍가하 모래알 수와 같은 겁 수를 지나면서 몸을 베풀어 보시하고, 다시 선남자 혹은 선여인이 있어 이 법문, 나아가 사구게송을 받아 가지고 읽고 외우고 결국에는 날카롭게 통달하고 널리 남을 위하여 베풀어 설하여 열어 보여서 이치와 같이 뜻을 지으면, 이와 같은 인연으로 생기는 복의 쌓임은 앞의 복보다 심히 많아 한량없고 수도 없느니라."

爾時, 具壽善現聞法威力悲泣墮淚, 俛仰捫淚而白佛言: "甚奇希有! 世尊! 最極希有! 善逝! 如來今者所說法門, 普爲發趣最上乘者作諸義利, 普爲發趣最勝乘者作諸義利. 世尊! 我昔生智以來, 未曾得聞如是法門. 世尊! 若諸有情聞說如是甚深經典生眞實想, 當知成就最勝希有. 何以故? 世尊! 諸眞實想眞實想者, 如來說爲非想, 是故如來說名眞實想眞實想. 世尊! 我今聞說如是法門, 領悟·信解未爲希有. 若諸有情於當來世, 後時·後分·後五百歲, 正法將滅時分轉時, 當於如是甚深法門, 領悟·信解·受持·讀誦·究竟通利, 及廣爲他宣說·開示·如理作意, 當知成就最勝希有. 何以故? 世尊! 彼諸有情無我想轉, 無有情想·無命者想·無士夫想·無補特伽羅想·無意生想·無摩納婆想·無作者想·無受者想轉. 所以者何? 世尊! 諸我想卽是非想, 諸有情想·命者想·士夫想·補特伽羅想·意生想·摩納婆想·作者想·受者想卽是非想. 何以故? 諸佛世尊離一切想."

그때 구수 선현이 법의 위력을 듣고 슬피 울며 눈물 흘리고 우러러 눈물을 씻으며 부처님께 말씀드렸다. "매우 기이하고 희유합니다. 세존이시여! 가장 지극히 희유합니다. 선서시여! 여래께서 지금 설하신 법문은 널리 최상승(最上乘)에 뜻을 내는 자를 위하여 모든 예리한 뜻을 지으셨고, 널리 가장 뛰어난 승(乘)에 뜻을 내는 자를 위하여 모든 예리한 뜻을 지으셨습니다. 세존이시여! 제가 옛날 지혜가 생긴 이래로 일찍이 이와 같은 법문은 듣지 못하였습니다. 세존이시여! 만약 모든 유정들이 이와 같이 매우 깊은 경전을 설함을 듣고 진실한 생각을 내면, 가장 뛰어나고 희유함을 성취하였다는 것을 마땅히 알 것입니다. 무슨 까닭이겠습니까? 세존이시여! 모든 진실상(眞實想)과 진실상이란 여래께서 생각이 아니라고 설하셨고, 그러므로 여래는 이름이 진실상과 진실상이라고 설하셨기 때문입니다. 세존이시여! 저는 지금 이와 같은 법문을 듣고 깨달아 믿고 알지만, 아직 희유하지 않습니다. 만약 모든 유정들이 오는 세상 뒤의 후분 후오백세에 정법이 장차 멸하여 때가 바뀔 때, 마땅히 이와 같이 매우 깊은 법문을 깨달아 믿고 이해하고 받아 가지고 읽고 외우고 구경에는 예리하게 통달하며 널리 남을 위해 베풀어 설해 열어 보여 이치와 같이 뜻을 지으면, 마땅히 가장 뛰어나고 희유함을 성취하였음을 알겠습니다. 무슨 까닭이겠습니까? 세존이시여! 그 모든 유정들은 아상이 일어남이 없고, 유정상이 없으며, 명자상도 없고, 사부상도 없고, 보특가라상도 없고, 의생상도 없고, 마납파상도 없고, 작자상도 없고, 수자상이 일어남도 없기 때문입니다. 무슨 까닭이겠습니까? 세존이시여! 모든 아상은 바로 이 생각이 아니며, 유정상·명자상·사부상·보특가라상·의생상·마납파상·작자상·수자상은 바로 생각이 아닙니다. 왜냐하면 모든 부처님 세존께서는 일체 생각을 여의었기 때문입니다."

作是語已, 爾時, 世尊告具壽善現言: "如是! 如是! 善現! 若諸有情聞說如是甚深經典, 不驚·不懼·無有怖畏, 當知成就最勝希有. 何以故? 善現! 如來說最勝波羅蜜多, 謂般若波羅蜜多. 善現! 如來所說最勝波羅蜜多, 無量諸佛世尊所共宣說, 故名最勝波羅蜜多. 如來說最勝波羅蜜多卽非波羅蜜多, 是故如來說名最勝波羅蜜多."

그때 세존께서 구수 선현에게 말씀하셨다. "그와 같다, 그와 같다. 선현이여! 만약 모든 유정들이 이와 같이 심히 깊은 경전을 설하심을 듣고 놀라지 아니하고 두려워하지도 아니하고 겁내지도 아니하면, 마땅히 알라. 가장 뛰어나고 희유함을 성취하였느니라. 무슨 까닭인가? 선현이여! 여래가 설한 가장 훌륭한 바라밀다는 이른바 반야바라밀다이기 때문이니라. 선현이여! 여래가 설한 바 가장 뛰어난 바라밀다는 한량없는 모든 부처님 세존들이 같이 베풀어 설한 까닭으로 이름이 가장 뛰어난 바라밀다이며, 여래가 설한 가장 뛰어난 바라밀다란 곧 바라밀다가 아니니라. 그러므로 여래는 이름이 가장 뛰어난 바라밀다라고 설하였느니라."

"復次, 善現! 如來說忍辱波羅蜜多卽非波羅蜜多, 是故如來說名忍辱波羅蜜多. 何以故? 善現! 我昔過去世曾爲羯利王斷支節肉, 我於爾時都無我想·或有情想·或命者想·或士夫想·或補特伽羅想·或意生想·或摩納婆想·或作者想·或受者想, 我於爾時都無有想亦非無想. 何以故? 善現! 我於爾時若有我想, 卽於爾時應有恚想; 我於爾時若有有情想·命者想·士夫想·補特伽羅想·意生想·摩納婆想·作者想·受者想, 卽於爾時應有恚想. 何以故? 善現! 我憶過去五百生中, 曾爲自號忍辱仙人, 我於爾時都無我想·無有情想·無命者想·無士夫想·無補特伽羅想·無意生想·無摩納婆想·無作者想·無受者想, 我於爾時都無有想亦非無想. 是故, 善現! 菩薩摩訶薩遠離一切想, 應發阿耨多羅三藐三菩提心, 不住於色應生其心, 不住非色應生其心, 不住聲·香·味·觸·法應生其心, 不住非聲·香·味·觸·法應生其心, 都無所住應生其心. 何以故? 善現! 諸有所住則爲非住. 是故如來說諸菩薩應無所住而行布施, 不應住色·聲·香·味·觸·法而行布施."

"또한 선현이여! 여래가 설한 인욕바라밀다란 곧 바라밀다가 아니니라. 그러므로 여래는 이름이 인욕바라밀다라고 설하였느니라. 무슨 까닭인가? 선현이여! 내가 옛날 과거세에 일찍이 갈리왕(羯利王)에게 몸이 베이고 살이 끊어질 때, 나는 전혀 아상이 없었고, 혹 유정상이 없었고, 혹 명자상이 없었고, 혹 사부상도 없고, 혹 보특가라상도 없고, 혹 의생상도 없고, 혹 마납파상도 없고, 혹 작자상도 없고, 혹 수자상이 없었느니라. 내가 그때 만약 아상이 있었다면 곧 그때 마땅히 성내는 생각이 있었을 것이요, 내가 그때 만약 유정상, 명자상, 사부상, 보특가라상, 의생상, 마납파상, 작자상, 수자상이 있었다면 곧 그때 마땅히 성내는 생각이 있었을 것이니라. 무슨 까닭인가? 선현이여! 나는 과거 5백 년 가운데 일찍이 내 이름이 인욕선인(忍辱仙人)이었음을 기억하며, 나는 그때 전혀 아상이 없었고, 유정상이 없었고, 명자상이 없었고, 사부상도 없고, 보특가라상도 없고, 의생상도 없고, 마납파상도 없고, 작자상도 없고, 수자상이 없었기 때문이니라. 나는 그때 전혀 생각이 있을 수 없었고, 또한 생각이 없었던 것도 아니니라. 그러므로 선현이여! 보살마하살은 일체의 생각을 멀리 여의어서 마땅히 아뇩다라삼먁삼보리심을 발하여 색에 머물지 아니하고 마땅히 그 마음을 내며, 색이 아님에도 머물지 아니하고 마땅히 그 마음을 내며, 색·소리·냄새·맛·감촉·법에도 머물지 아니하고 마땅히 그 마음을 내며, 색·소리·냄새·맛·감촉·법이 아님에도 머물지 아니하고 마땅히 그 마음을 내며, 전혀 머무는 바가 없이 마땅히 그 마음을 내느니라. 무슨 까닭인가? 선현이여! 모든 것에 머무는 바가 있으면 곧 머무름이 아니니, 그러므로 여래는 모든 보살은 마땅히 머무는 바 없이 보시를 행하고, 마땅히 색·소리·냄새·맛·감촉·법에 머물지 아니하고 보시를 행한다고 설하느니라."

"復次, 善現! 菩薩摩訶薩爲諸有情作義利故, 應當如是棄捨布施. 何以故? 善現! 諸有情想卽是非想; 一切有情, 如來卽說爲非有情. 善現! 如來是實語者·諦語者·如語者·不異語者."
"또한 선현이여! 보살마하살은 모든 유정이 뜻을 이롭게 짓기 위한 까닭으로 마땅히 이와 같이 버리어 보시하느니라. 무슨 까닭인가? 선현이여! 모든 유정의 생각은 곧 이 생각이 아니며, 일체 유정은 여래가 곧 유정이 아니라고 설하느니라. 선현이여! 여래는 이 진실을 말하는 자[實語者]이며, 진리를 말하는 자[諦語者]이며, 여여함을 말하는 자[如語者]이며, 다른 말을 하지 않는 자[不異語者]이니라."

"復次, 善現! 如來現前等所證法·或所說法·或所思法, 卽於其中非諦非妄. 善現! 譬如士夫入於闇室, 都無所見, 當知菩薩若墮於事, 謂墮於事而行布施, 亦復如是. 善現! 譬如明眼士夫過夜曉已, 日光出時見種種色, 當知菩薩不墮於事, 謂不墮事而行布施, 亦復如是."
"또한 선현이여! 여래가 현재 목전에 증득한 바와 같은 법, 혹은 설한 바의 법, 혹은 생각하는 법은 그 안에 진리도 없고 거짓도 없느니라. 선현이여! 비유하면 장부가 암실에 들어가면 전혀 볼 수가 없는 것과 같으니라. 마땅히 알라. 보살이 만약 일에 떨어지면 일에 떨어졌다고 이르며 보시를 행함도 또한 다시 이와 같다. 선현이여! 비유하면 눈 밝은 장부가 밤이 지나 새벽이 되면 햇빛이 나타나 여러 가지 색을 보는 것과 같으니, 보살이 일에 빠지지 아니하면 일에 빠지지 아니한다고 말하고, 보시를 행함도 또한 이와 같음을 마땅히 알라."

"復次, 善現! 若善男子或善女人於此法門受持·讀誦·究竟通利, 及廣爲他宣說·開示·如理作意, 則爲如來以其佛智悉知是人, 則爲如來以其佛眼悉見是人, 則爲如來悉覺是人. 如是有情一切當生無量福聚."
"또한 선현이여! 만약 선남자 혹은 선여인이 이 법문을 받아 지니고 읽고 외우고 결국에는 이롭게 통달하고, 널리 남을 위하여 베풀어 설하여 열어 보여서 이치와 같이 뜻을 지으면, 곧 여래가 그 부처님 지혜로써 이 사람을 다 알게 될 것이며, 곧 여래가 그 부처님의 눈으로 그 사람을 다 볼 것이며, 곧 여래가 그 사람을 다 깨닫게 할 것이니라. 이와 같이 유정은 온갖 한량없는 복의 쌓임이 마땅히 생길 것이니라."

"復次, 善現! 假使善男子或善女人, 日初時分以殑伽河沙等自體布施, 日中時分復以殑伽河沙等自體布施, 日後時分亦以殑伽河沙等自體布施, 由此異門, 經於俱胝那庾多百千劫以自體布施. 若有聞說如是法門不生誹謗, 由此因緣所生福聚, 尚多於前無量無數, 何況能於如是法門具足畢竟·書寫·受持·讀誦·究竟通利, 及廣爲他宣說·開示·如理作意!"

"또한 선현이여! 가령 선남자 혹은 선여인이 하루의 초시분(初時分; 새벽)에 긍가하의 모래알 수만큼 많은 몸으로 보시하고, 중시분(中時分; 한낮)에 다시 긍가하의 모래알 수만큼 많은 몸으로 보시하고, 후시분(後時分; 저녁)에 또한 긍가하의 모래만큼 수많은 몸으로 보시하고, 이 다른 문으로 연유하여 한량없는 겁을 거치며 몸을 가지고 보시하였다. 만약 이와 같은 법문을 설함을 듣고 비방하지 아니하면, 이 인연으로 말미암아 생기는 복은 오히려 앞의 것보다 많아 한량없고 수가 없음이니, 어찌 하물며 능히 이와 같은 법문을 필경에 구족하여 쓰고 받아 가지고 읽고 외우고 구경에는 이롭게 통달하며 널리 남을 위하여 베풀어 설하며 열어 보며 이치와 같이 뜻을 지음에 비하겠는가!"

"復次, 善現! 如是法門不可思議·不可稱量, 應當希冀不可思議所感異熟. 善現! 如來宣說如是法門, 爲欲饒益趣最上乘諸有情故, 爲欲饒益趣最勝乘諸有情故. 善現! 若有於此法門受持·讀誦·究竟通利, 及廣爲他宣說·開示·如理作意, 卽爲如來以其佛智悉知是人, 卽爲如來以其佛眼悉見是人, 則爲如來悉覺是人. 如是有情一切成就無量福聚, 皆當成就不可思議·不可稱量無邊福聚."

"또한 선현이여! 이와 같은 법문은 불가사의하고 일컬어 헤아릴 수 없음이니, 마땅히 불가사의한 과보를 받느니라. 선현이여! 여래가 이와 같은 법문을 베풀어 설함은 모든 유정을 최상승에 나아가 요익하게 하고자 함이요, 모든 유정을 가장 뛰어난 승에 나아가 요익하게 하고자 함이니라. 선현이여! 만약 이 법문을 받아 지니고 읽고 외우고 결국에는 이롭게 통달하여 널리 남을 위해 베풀어 설하여 열어 보이고 이치와 같이 뜻을 지으면, 곧 여래가 그 부처님의 지혜로 이 사람을 다 알 것이요, 곧 여래가 부처님의 눈으로 그 사람을 다 볼 것이요, 곧 여래가 그 사람을 깨닫게 할 것이며, 이와 같이 유정은 일체에 한량없는 복을 성취하여 모두 마땅히 불가사의하고 헤아려 일컬을 수 없고 끝이 없는 복의 쌓임을 성취할 것이니라."

"善現! 如是一切有情, 其肩荷擔如來無上正等菩提. 何以故? 善現! 如是法門非諸下劣信解有情所能聽聞, 非諸我見·非諸有情見·非諸命者見·非諸士夫見·非諸補特伽羅見·非諸意生見·非諸摩納婆見·非諸作者見·非諸受者見所能聽聞. 此等若能受持·讀誦·究竟通利, 及廣爲他宣說·開示·如理作意, 無有是處."

"선현이여! 이와 같이 일체 유정은 그 어깨에 여래의 무상정등보리를 짊어지고 있느니라. 무슨 까닭인가? 선현이여! 이와 같은 법문을 모든 믿음이 낮은 유정은 능히 들을 바가 아니라. 모든 아견은 아니 되며, 모든 유정견도 아니 되며, 모든 명자견도 아니 되며, 모든 사부견도 아니 되며, 모든 보특가라견도 아니 되며, 모든 의생견도 아니 되며, 모든 마납파견도 아니

되며, 모든 작자견도 아니 되며, 모든 수자견도 아니 되느니라. 능히 받아 듣고 이들이 만약 능히 받아 가지고 읽고 외우고 구경에 날카롭게 통달하여 널리 남을 위해 베풀어 설법하여 열어 보이고 이치와 같이 뜻을 짓는다면 그렇지 않느니라.

"復次, 善現! 若地方所開此經典, 此地方所當爲世間諸天及人·阿素洛等之所供養·禮敬·右遶如佛靈廟. 復次, 善現! 若善男子或善女人於此經典受持·讀誦·究竟通利, 及廣爲他宣說·開示·如理作意, 若遭輕毀·極遭輕毀. 所以者何? 善現! 是諸有情宿生所造諸不淨業應感惡趣, 以現法中遭輕毀故, 宿生所造諸不淨業皆悉消盡, 當得無上正等菩提."

"또한 선현이여! 만약 지방의 어느 곳에서 이 경전을 열면, 이 지방의 그곳은 마땅히 세간의 모든 하늘 및 사람, 아소락 등이 공양하고 예로써 공경하고 오른쪽으로 돌며 영묘(靈廟)와 같이 할 것이니라. 또한 선현이여! 만약 선남자 혹은 선여인이 이 경전을 받아 지니고 읽고 외우고 구경에 날카롭게 통달하여 널리 남을 위해 베풀어 연설하고 열어 보여 이치와 같이 뜻을 지어도, 혹은 가벼이 헐뜯음을 만나거나 지극히 경멸하는 헐뜯음을 만날 것이니라. 무슨 까닭인가? 선현이여! 이 모든 유정은 전생에 지은 모든 부정한 업으로 마땅히 악취(惡趣)를 받아서 현재의 법 가운데에서 경멸하고 헐뜯음을 만나는 까닭이요, 지난 생에 지은 모든 부정한 업이 다 소진하면 마땅히 무상정등보리(無上正等菩提)를 얻느니라."

"何以故? 善現! 我憶過去於無數劫復過無數, 於然燈如來·應·正等覺先復過先, 曾値八十四俱胝那庾多百千諸佛我皆承事, 旣承事已皆無違犯. 善現! 我於如是諸佛世尊皆得承事, 旣承事已皆無違犯."

"무슨 까닭인가? 선현이여! 내가 기억하기에 과거 무수한 겁, 다시 무수한 겁 전에 연등 여래·응·정등각을, 다시 그 전에 일찍이 팔천 사구지 나유다(那庾多) 백천의 제불을 내가 다 이어서 섬겼고, 이미 이어서 섬기매 하나도 위반함이 없었느니라. 선현이여! 나는 이와 같이 모든 부처님들을 모두 받들어 섬기어 하나도 어기거나 위반함이 없었느니라."

"若諸有情後時·後分·後五百歲, 正法將滅時分轉時, 於此經典受持·讀誦·究竟通利, 及廣爲他宣說·開示·如理作意. 善現! 我先福聚於此福聚, 百分計之所不能及, 如是千分·若百千分·若俱胝百千分·若俱胝那庾多百千分·若數分·若計分·若算分·若喻分·若鄔波尼殺曇分亦不能及. 善現! 我若具說當於爾時是善男子或善女人所生福聚, 乃至是善男子是善女人所攝福聚, 有諸有情則便迷悶心惑狂亂. 是故, 善現! 如來宣說如是法門不可思議·不可稱量, 應當希冀不可思議所感異熟." 爾時, 具壽善現復白佛言: "世尊! 諸有發趣菩薩乘者, 應云何住? 云何修行? 云何攝伏其心?"

"만약 모든 유정이 오는 세상 뒤의 후분 후오백세의 어느 때 정법이 장차 멸하여 때가 나뉠 때, 이 경전을 받아 가지고 읽고 외우고 구경에 날카롭게 통달하여 널리 남을 위해 베풀어 연설하고 열어 보이며 이치와 같이 뜻을 지으면, 선현이여! 나의 앞의 복이 이 복보다 백 분으로 나누어도 능히 하나에도 미치지 못하며, 이와 같이 천으로 나누고 혹은 백천으로 나누고 혹은 구지(俱胝) 백천으로 나누며, 혹은 구지 나유다 백천으로 나누고 혹은 숫자로 나누고 혹은 헤아려 나누고 혹은 산수로 나누고 혹은 비유로 나누고 혹은 오파니살담(鄔波尼殺曇)으로 나누어도 또한 능히 미치지 못하느니라. 선현이여! 내가 만약 마땅히 그때 이 선남자 혹은 선여인에게 생긴 복의 쌓임, 나아가 이 선남자와 선여인이 가진 복의 쌓임을 자세히 설하면, 모든 유정들이 곧 헤매고 번민하며 마음이 미혹하고 미칠 듯이 산란할 것이니라. 그러므로 선현이여! 여래는 이와 같은 법문을 베풀어 연설함이 불가사의하여 헤아려 말할 수 없으며, 마땅히 불가사의한 과보를 받기를 바랄 것이니라." 그때 구수 선현이 부처님께 말씀드렸다. "세존이시여! 모든 보살승에 뜻을 내는 자는 마땅히 어떻게 머물며, 어떻게 수행하며, 어떻게 그 마음을 잡아서 항복시킬 수 있겠습니까?"

佛告善現: "諸有發趣菩薩乘者, 應當發起如是之心: '我當皆令一切有情於無餘依妙涅槃界而般涅槃, 雖度如是一切有情令滅度已, 而無有情得滅度者.' 何以故? 善現! 若諸菩薩摩訶薩有情想轉, 不應說名菩薩摩訶薩. 所以者何? 若諸菩薩摩訶薩不應說言有情想轉. 如是命者想·士夫想·補特伽羅想·意生想·摩納婆想·作者想·受者想轉, 當知亦爾. 何以故? 善現! 無有少法名爲發趣菩薩乘者."
부처님께서 선현에게 말씀하셨다. "모든 보살승에 뜻을 내는 자는 마땅히 이와 같은 마음을 일으켜 내야 할 것이며, 나는 마땅히 모든 유정으로 하여금 무여의열반(無餘依涅槃)의 세계에서 반열반하게 할 것이니라. 비록 이와 같이 일체 유정을 제도하여 멸도하고 나서도 유정이 멸도를 얻은 자가 없어야 하느니라. 무슨 까닭인가? 선현이여! 만약 모든 보살마하살이 유정이란 생각이 일어나면 마땅히 보살마하살이라 이름하지 못하리라. 무슨 까닭인가? 만약 보살마하살이라면 마땅히 유정상이 일어난다고 말하지 아니하나니, 이와 같이 명자상·사부상·보특가라상·의생상·마납파상·작자상·수자상이 일어남도 마땅히 그러하기 때문이니라. 무슨 까닭인가? 선현이여! 조그마한 법도 보살승에 뜻을 낸 자라고 칭할 것이 없기 때문이니라."

佛告善現: "於汝意云何? 如來昔於然燈如來·應·正等覺所, 頗有少法能證阿耨多羅三藐三菩提不?" 作是語已, 具壽善現白佛言: "世尊! 如我解佛所說義者, 如來昔於然燈如來·應·正等覺所, 無有少法能證阿耨多羅三藐三菩提."
부처님께서 선현에게 말씀하셨다. "그대 생각은 어떠한가? 여래가 옛날 연등 여래·응·정등각의 처소에서 어떤 조그만 법이라도 그대로 능히 아뇩다라삼먁삼보리를 증득하였겠는가?" 이렇게 말씀하시자 구수 선현이 부처님께 말씀드렸다. "세존이시여! 부처님께서 설하신 뜻이 제가 아는 바와 같다면, 여래께서는 옛날 연등 여래·응·정등각의 처소에서 조그만 법도 능히 아뇩다라삼먁삼보리를 증득한 법이 없었습니다."

說是語已, 佛告具壽善現言: "如是! 如是! 善現! 如來昔於然燈如來·應·正等覺所, 無有

少法能證阿耨多羅三藐三菩提. 何以故? 善現! 如來昔於然燈如來·應·正等覺所, 若有少
法能證阿耨多羅三藐三菩提者, 然燈如來·應·正等覺不應授我記言: '汝摩納婆於當來世
名釋迦牟尼如來·應·正等覺.' 善現! 以如來無有少法能證阿耨多羅三藐三菩提, 是故然
燈如來·應·正等覺授我記言: '汝摩納婆於當來世名釋迦牟尼如來·應·正等覺.' 所以者
何? 善現! 言如來者, 卽是眞實眞如增語; 言如來者, 卽是無生法性增語; 言如來者, 卽是
永斷道路增語; 言如來者, 卽是畢竟不生增語. 何以故? 善現! 若實無生卽最勝義."

이렇게 말씀드리니, 부처님께서 구수 선현에게 말씀하셨다. "그와 같다, 그와 같다. 선현이
여! 여래는 옛날 연등 여래·응·정등각의 처소에서 조그마한 법도 능히 아뇩다라삼먁삼보리
를 증득한 것이 없었느니라. 무슨 까닭인가? 선현이여! 여래가 옛날 연등 여래·응·정등각의
처소에서 만약 조그만 법이라도 능히 아뇩다라삼보리를 증득한 것이 있었다면, 연등 여래·
응·정등각께서 나에게 '그대 마납바(摩納婆)여! 마땅히 오는 세상에 이름을 석가모니 여래·
응·정등각이라 하리라'라고 수기를 주지 아니하셨을 것이니라. 선현이여! 여래는 조그만 법
도 능히 아뇩다라삼먁삼보리를 증득한 것이 없느니라. 그러므로 연등 여래·응·정등각께서
는 나에게 '그대 마납바는 마땅히 오는 세상에 이름이 석가모니 여래·응·정등각이라 하리
라'라고 수기를 주셨느니라. 무슨 까닭인가? 선현이여! 여래라고 말함은, 곧 이 진실·진여라
는 말과 같은 말이며, 여래라고 말함은 곧 이 무생(無生)·법성(法性)과 같은 말이며, 여래라고
말함은 곧 이 영원히 길을 끊음이라는 말과 같은 말이며, 여래라고 말함은 곧 이 필경에 태어
나지 않음이란 말과 같은 말이기 때문이니라. 무슨 까닭인가? 선현이여! 만약 참으로 무생(無
生)이라면 곧 가장 뛰어난 뜻이기 때문이다."

"善現! 若如是說如來·應·正等覺能證阿耨多羅三藐三菩提者, 當知此言爲不眞實. 所以
者何? 善現! 由彼謗我起不實執. 何以故? 善現! 無有少法, 如來·應·正等覺能證阿耨
多羅三藐三菩提. 善現! 如來現前等所證法, 或所說法·或所思法, 卽於其中非諦非妄, 是故
如來說一切法皆是佛法. 善現! 一切法一切法者, 如來說非一切法, 是故如來說名一切法
一切法." 佛告善現: "譬如士夫具身大身." 具壽善現卽白佛言: "世尊! 如來所說士夫具身
大身, 如來說爲非身, 是故說名具身大身." 佛言: "善現! 如是, 如是! 若諸菩薩作如是言:
'我當滅度無量有情.' 是則不應說名菩薩. 何以故? 善現! 頗有少法名菩薩不?"

"선현이여! 만약 이와 같이 여래·응·정등각이 능히 아뇩다라삼먁삼보리를 증득함을 설한다
면, 마땅히 알라. 이 말은 진실치 않느니라. 그 까닭은 무엇인가? 선현이여! 그는 나를 비방하
고 진실하지 아니한 집착을 일으키기 때문이니라. 무슨 까닭인가? 선현이여! 여래·응·정등
각은 능히 아뇩다라삼먁삼보리를 증득할 조그만 법도 없느니라. 선현이여! 여래가 현재 목
전에서 증득한 법과 혹은 설한 법, 혹은 생각한 법은 그 가운데 진리도, 거짓도 없느니, 그러
므로 여래는 일체법을 다 불법이라고 설하였느니라. 선현이여! 일체법, 일체법을 여래는 일
체법이 아니라고 설하였느니라. 그러므로 여래는 이름이 일체법, 일체법이라고 설하였느니
라." 부처님께서 선현에게 말씀하였다. "비유하면 대장부가 큰 몸을 구족함과 같으니라." 구

수 선현이 곧 부처님께 말씀드렸다. "세존이시여! 여래께서 설하신바 대장부가 갖춘 큰 몸은 여래께서 몸이 아니라고 설하셨습니다. 그러므로 이름을 갖춘 큰 몸이라고 설하셨습니다." 부처님께서 선현에게 말씀하셨다. "선현이여! 그러하고, 그러하다. 만약 모든 보살이 '나는 마땅히 한량없는 유정을 멸도하였도다'라고 이와 같이 말한다면, 곧 마땅히 보살이라고 칭하지 못하리라. 무슨 까닭인가? 선현이여! 어떤 조그만 법이라도 보살이라 칭할 것이 있겠는가?"

善現答言: "不也! 世尊! 無有少法名爲菩薩." 佛告善現: "有情有情者, 如來說非有情故名有情, 是故如來說一切法無有有情·無有命者·無有士夫·無有補特伽羅等. 善現! 若諸菩薩作如是言: '我當成辦佛土功德莊嚴.' 亦如是說. 何以故? 善現! 佛土功德莊嚴佛土功德莊嚴者, 如來說非莊嚴, 是故如來說名佛土功德莊嚴佛土功德莊嚴. 善現! 若諸菩薩於無我法無我法深信解者, 如來·應·正等覺說爲菩薩菩薩."

선현이 대답하였다. "아닙니다. 세존이시여! 조그만 법도 없음을 보살이라 칭합니다." 부처님께서 선현에게 말씀하셨다. "유정이고 유정이라 함은 여래가 유정이 아니라고 설하였으므로 이름이 유정이라 하였느니라. 그러므로 여래가 설하기를, '일체법에는 유정이란 있을 수 없고, 수명이란 것도 없고, 대장부라는 것도 없으며, 보특가라라고 하는 등도 없다'고 했느니라. 선현이여! 만약 모든 보살이 이와 같이 '나는 마땅히 불국토를 공덕으로 장엄케 하리라' 한 것도 또한 이와 같다. 무슨 까닭인가? 선현이여! 불국토를 공덕으로 장엄한다, 불국토를 공덕으로 장엄한다는 것은 여래가 장엄이 아니라고 설하였기 때문이니라. 그러므로 여래는 이름이 불국토공덕장엄, 불국토공덕장엄이라고 설하였느니라. 선현이여! 만약 모든 보살이 무아법, 무아법을 깊이 믿어 알면, 여래·응·정등각은 그를 보살이고, 보살이라 설하느니라."

佛告善現: "於汝意云何? 如來等現有肉眼不?" 善現答言: "如是! 世尊! 如來等現有肉眼." 佛言: "善現! 於汝意云何? 如來等現有天眼不?" 善現答言: "如是! 世尊! 如來等現有天眼." 佛言: "善現! 於汝意云何? 如來等現有慧眼不?" 善現答言: "如是! 世尊! 如來等現有慧眼." 佛言: "善現! 於汝意云何? 如來等現有法眼不?" 善現答言: "如是! 世尊! 如來等現有法眼." 佛言: "善現! 於汝意云何? 如來等現有佛眼不?" 善現答言: "如是! 世尊! 如來等現有佛眼."

부처님께서 선현에게 말씀하셨다. "그대의 뜻에 어떠한가? 여래 등(等 : 여래·응·정등각을 말함)이 현재 육안이 있겠는가?" 선현이 대답하였다. "그렇습니다. 세존이시여! 여래 등은 현재 육안이 있습니다." 부처님께서 선현에게 말씀하셨다. "그대 생각은 어떠한가? 여래 등이 현재 천안이 있겠는가?" 선현이 대답하였다. "그렇습니다. 세존이시여! 여래 등은 현재 천안이 있습니다." 부처님께서 선현에게 말씀하셨다. "그대 생각은 어떠한가? 여래 등이 현재 혜안이 있겠는가?" 선현이 대답하였다. "그렇습니다. 세존이시여! 여래 등은 현재 혜안이 있습니다." 부처님께서 선현에게 말씀하셨다. "그대 생각은 어떠한가? 여래 등이 현재 법안이 있겠는가?" 선현이 대답하였다. "그렇습니다. 세존이시여! 여래 등은 현재 법안이 있습니다." 부처님께서 선현에게 말씀하셨다. "그대 생각은 어떠한가? 여래 등이 불안이 있겠는가?" 선현이 대답하였다. "그렇습니다. 세존이시여! 여래 등은 현재 불안이 있습니다."

佛告善現: "於汝意云何? 乃至殑伽河中所有諸沙, 如來說是沙不?" 善現答言: "如是! 世尊! 如是! 善逝! 如來說是沙."

부처님께서 선현에게 말씀하셨다. "그대 생각은 어떠한가? 나아가 긍가하 가운데 있는 모든 모래가 여래가 설한 그 모래이겠는가?" 선현이 대답하였다. "그렇습니다. 세존이시여! 그렇습니다. 선서시여. 여래께서는 이 모래를 설하셨습니다."

佛言: "善現! 於汝意云何? 乃至殑伽河中所有沙數, 假使有如是等殑伽河, 乃至是諸殑伽河中所有沙數, 假使有如是等世界. 是諸世界寧爲多不?" 善現答言: "如是! 世尊! 如是! 善逝! 是諸世界其數甚多."

부처님께서 선현에게 말씀하셨다. "그대 생각은 어떠한가? 나아가 긍가하 중에 있는 모래알의 수와 같은 긍가하가 있고, 또 그 긍가하 중에 있는 모래알의 수와 같은 세계가 있다면, 이 모든 세계가 얼마나 대단히 많겠는가?" 선현이 대답하였다. "그렇습니다. 세존이시여! 그와 같습니다. 선서시여! 이 모든 세계는 그 수가 심히 많습니다."

佛言: "善現! 乃至爾所諸世界中所有有情, 彼諸有情各有種種, 其心流注我悉能知. 何以故? 善現! 心流注心流注者, 如來說非流注, 是故如來說名心流注心流注. 所以者何? 善現! 過去心不可得, 未來心不可得, 現在心不可得."

부처님께서 선현에게 말씀하셨다. "나아가 그러한 모든 세계에 있는 유정, 그 모든 유정들의 종류가 각각 가지가지인데, 그 마음의 흐름을 나는 다 능히 아느니라. 무슨 까닭인가? 선현이여! 마음의 흐름이다, 마음의 흐름이라고 하는 것을 여래는 흐름이 아니라고 설하였느니라. 여래는 이름이 마음의 흐름, 마음의 흐름이라고 설하였느니라. 무슨 까닭인가? 선현이여! 과거의 마음도 얻을 수 없고, 미래의 마음도 얻을 수 없고, 현재의 마음도 얻을 수 없기 때문이니라."

佛告善現: "於汝意云何? 若善男子或善女人, 以此三千大千世界盛滿七寶奉施如來·應·正等覺, 是善男子或善女人, 由是因緣所生福聚寧爲多不?" 善現答言: "甚多! 世尊! 甚多! 善逝!"

부처님께서 선현에게 말씀하셨다. "그대 생각은 어떠한가? 만약 선남자 혹은 선여인이 이 삼천대천세계에 가득 찬 칠보로써 여래·응·정등각을 받들어 보시하면, 이 선남자 혹은 선여인이 이 이 인연으로 말미암아 생기는 복의 쌓임은 얼마나 많겠는가?" 선현이 대답하였다. "매우 많습니다. 세존이시여! 매우 많습니다. 선서시여!"

佛言: "善現! 如是! 如是! 彼善男子或善女人, 由此因緣所生福聚其量甚多. 何以故? 善現! 若有福聚, 如來不說福聚福聚."

부처님께서 선현에게 말씀하셨다. "그러하다, 그러하다. 그 선남자 혹은 선여인이 이 인연으로 말미암아 생기는 복은 그 양이 매우 많으리라. 무슨 까닭인가? 선현이여! 만약 복의 쌓임이 있다면 여래가 복의 쌓임, 복의 쌓임이라고 설하지 아니할 것이니라."

佛告善現: "於汝意云何? 可以色身圓實觀如來不?" 善現答言: "不也! 世尊! 不可以色身圓實觀於如來. 何以故? 世尊! 色身圓實色身圓實者, 如來說非圓實, 是故如來說名色身圓實色身圓實."

부처님께서 선현에게 말씀하셨다. "너의 생각은 어떠한가? 색신이 원만하고 진실하여 여래를 보는가?" 선현이 대답하였다. "아닙니다. 세존이시여! 색신이 원만하고 진실하여 여래를 볼 수 있사옵니다. 무슨 까닭이겠습니까? 세존이시여! 색신이 원만하고 진실하다, 색신이 원만하고 진실하다는 것은 여래께서 원만하고 진실함이 아니라고 설하셨습니다. 그러므로 여래께서 이름이 색신이 원만하고 진실하다, 색신이 원만하고 진실하다고 설하셨습니다."

佛告善現: "於汝意云何? 可以諸相具足觀如來不?" 善現答言: "不也! 世尊! 不可以諸相具足觀於如來. 何以故? 世尊! 諸相具足諸相具足者, 如來說爲非相具足, 是故如來說名諸相具足諸相具足."

부처님께서 선현에게 말씀하셨다. "그대 생각은 어떠한가? 모든 상을 구족함으로 여래를 보겠는가?" 선현이 대답하였다. "아닙니다. 세존이시여! 모든 상을 구족함으로써 여래를 볼 수 없습니다. 무슨 까닭이겠습니까? 세존이시여! 모든 상을 구족함, 모든 상을 구족함이라는 것은 여래께서 상을 구족함이 아니라고 설하셨습니다. 그러므로 여래께서 이름이 상을 구족함, 상을 구족함이라고 설하셨습니다."

佛告善現: "於汝意云何? 如來頗作是念: 我當有所說法耶? 善現! 汝今勿當作如是觀. 何以故? 善現! 若言如來有所說法, 卽爲謗我, 爲非善取. 何以故? 善現! 說法說法者, 無法可得故名說法."

부처님께서 선현에게 말씀하셨다. "그대 생각은 어떠한가? 여래가 '나는 마땅히 설한 바의 법이 있다'라고 생각하겠는가? 선현이여! 그대는 마땅히 이와 같이 보지 말 것이다. 무슨 까닭인가? 선현이여! 만약 여래가 설한 법이 있다고 말하면 곧 나를 비방하는 것이요, 잘 받아들인 것이 아니니라. 무슨 까닭인가? 선현이여! 설법이다, 설법이라는 것은, 어떤 법도 설할 수 없으므로 이름을 설법이라고 한다."

爾時, 具壽善現白佛言: "世尊! 於當來世後時·後分·後五百歲, 正法將滅時分轉時, 頗有有情聞說如是色類法已能深信不?" 佛言: "善現! 彼非有情·非不有情. 何以故? 善現! 一切有情者, 如來說非有情, 故名一切有情."

그때 구수 선현이 부처님께 말씀드렸다. "세존이시여! 마땅히 오는 세상 후분 후오백세에 정법이 멸하고 때가 바뀔 때, 어떤 유정이 이와 같은 색류법(色類法)을 듣고 능히 믿겠습니까?" 부처님께서 선현에게 말씀하셨다. "그들은 유정도 아니요, 유정이 아님도 아니니라. 무슨 까닭인가? 선현이여! 일체 유정이란 여래가 유정이 아니라고 설하였으므로 이름이 유정이니라."

佛告善現: "於汝意云何? 頗有少法, 如來·應·正等覺現證無上正等菩提耶?" 具壽善現白佛言: "世尊! 如我解佛所說義者, 無有少法, 如來·應·正等覺現證無上正等菩提."
부처님께서 선현에게 말씀하셨다. "선현이여! 그대 생각은 어떠한가? 조그만 법이라도 여래·응·정등각이 현재에 무상정등보리를 증득하였겠는가?" 구수 선현이 부처님께 말씀드렸다. "세존이시여! 부처님께서 설하신 것을 제가 아는 바로는 조금도 여래·응·정등각께서 현재 무상정등보리를 증득한 것이 없습니다."

佛言: "善現! 如是! 如是! 於中少法無有無得, 故名無上正等菩提. 復次, 善現! 是法平等, 於其中間無不平等, 故名無上正等菩提. 以無我性·無有情性·無命者性·無士夫性·無補特伽羅等性平等, 故名無上正等菩提. 一切善法無不現證, 一切善法無不妙覺. 善現! 善法善法者, 如來一切說爲非法, 是故如來說名善法善法."
부처님께서 선현에게 말씀하셨다. "그와 같다, 그와 같다. 그 가운데 조그만 법도 있을 수 없고 얻을 수도 없으므로 이름이 무상정등보리이니라. 또한 선현이여! 이 법은 평등하여 그중에 평등하지 아니함이 없으므로 이름이 무상정등보리이니라. 아성(我性)이 없고, 유정성(有情性)이 없고, 명자성(命者性)이 없고, 사부성(士夫性)이 없고, 보특가라등성(補特伽羅等性)이 없이 평등하므로, 이름이 무상정등보리이니라. 일체의 선법은 현재 증득하지 아니할 수 없고, 일체 선법은 묘각(妙覺)이 아님이 없느니라. 선현이여! 선법(善法)이다, 선법이라는 것을 여래는 일체가 법이 아니라고 설하였느니라. 그러므로 여래는 이름이 선법이고 선법이라고 설하였느니라."

"復次, 善現! 若善男子或善女人集七寶聚, 量等三千大千世界其中所有妙高山王, 持用布施. 若善男子或善女人, 於此般若波羅蜜多經中乃至四句伽他, 受持·讀誦·究竟通利, 及廣爲他宣說·開示·如理作意. 善現! 前說福聚於此福聚, 百分計之所不能及, 如是千分·若百千分·若俱胝百千分·若俱胝那庾多百千分·若數分·若計分·若算分·若喩分·若鄔波尼殺曇分亦不能及."
"또한 선현이여! 만약 선남자 혹은 선여인이 칠보를 삼천대천세계 가운데 있는 묘고산왕(妙高山王)과 같은 높이로 쌓아 놓고 보시하고, 또한 다른 선남자 혹은 선여인이 이 반야바라밀다경 가운데 사구게송을 받아 가지고 읽고 외우고 결국에는 날카롭게 통달하고 널리 남을 위하여 베풀어 설법하여 열어 보이고 이치와 같이 뜻을 짓는다면, 선현이여! 앞에 설한 복이 이 복보다 백으로 나누어 그것으로 헤아려도 능히 미치지 못할 것이며, 이와 같이 천으로 나누고 혹은 백천으로 나누고 혹은 구지(俱胝) 백천으로 나누고 혹은 구지 나유다 백천으로 나누고, 혹은 수로 나누고 혹은 헤아려 나누고 혹은 산수로 나누고 혹은 비유로 나누고 혹은 오파니살담(鄔波尼殺曇)으로 나누어도 또한 능히 미치지 못할 것이니라."

佛告善現: "於汝意云何? 如來頗作是念: 我當度脫諸有情耶? 善現! 汝今勿當作如是觀. 何以故? 善現! 無少有情如來度者. 善現! 若有有情如來度者, 如來卽應有其我執·有有情執·有命者執·有士夫執·有補特伽羅等執. 善現! 我等執者, 如來說爲非執, 故名我等執, 而諸愚夫異生强有此執. 善現! 愚夫異生者, 如來說爲非生, 故名愚夫異生." 佛告善現: "於汝意云何? 可以諸相具足觀如來不?" 善現答言: "如我解佛所說義者, 不應以諸相具足觀於如來."

부처님께서 다시 선현에게 말씀하셨다. "그대 생각엔 어떠한가? 여래가 '나는 마땅히 모든 유정을 제도하여 해탈하게 하였다'는 이런 생각을 하겠는가? 선현이여! 그대는 마땅히 이렇게 보지 말라. 무슨 까닭인가? 선현이여! 적은 중생이라도 여래가 제도할 것이 없기 때문이니라. 선현이여! 만약 유정이 있어서 여래가 제도하였다면 여래는 마땅히 아집이 있고, 유정집이 있고, 명자집이 있고, 보특가라등집이 있음이니라. 선현이여! 아집 등의 집착이란 여래가 집착이 아니라고 하였느니라. 그러므로 이름이 아집 등의 집착이다. 그러나 어리석은 사람이나 중생들은 이 집착이 강성하니라. 선현이여! 어리석은 중생이란 여래가 중생이 아니라고 설하므로 이름을 어리석은 중생이라고 하느니라." 부처님께서 또한 선현에게 말씀하셨다. "그대 생각엔 어떠한가? 모든 상을 구족함으로 여래를 보는가?" 선현이 대답하였다. "부처님께서 설하신 것을 제가 아는 바로는 마땅히 모든 상을 구족함으로 여래를 보는 것이 아닙니다."

佛言: "善現! 善哉! 善哉! 如是! 如是! 如汝所說. 不應以諸相具足觀於如來. 善現! 若以諸相具足觀如來者, 轉輪聖王應是如來, 是故不應以諸相具足觀於如來, 如是應以諸相非相觀於如來." 爾時, 世尊而說頌曰:

부처님께서 선현에게 말씀하셨다. "훌륭하다, 훌륭하다. 그와 같다, 그와 같다. 그대가 말한 바와 같이 마땅히 모든 상의 구족함을 가지고 여래를 보는 것이 아니니라. 선현이여! 만약 모든 상을 구족함으로 여래를 본다면 전륜성왕도 마땅히 여래이니라. 그러므로 마땅히 모든 상을 구족함으로 여래를 보지 아니할 것이요, 이와 같이 마땅히 모든 상이 상 아님을 가지고 여래를 볼 것이니라." 그때 세존께서 게송으로 설하셨다.

"諸以色觀我, 以音聲尋我, 彼生履邪斷, 不能當見我. 應觀佛法性, 卽導師法身; 法性非所識, 故彼不能了."

"모두가 색(色)으로 나를 보려 하거나, 음성으로 나를 찾으면, 그 중생은 삿된 단견을 밟나니, 능히 당연코 나를 보지 못하리. 마땅히 부처님 법의 성품을 보면, 곧 도사(導師)요, 법신이로다. 법의 성품은 알 바 아니요, 그러므로 그는 능히 깨닫지 못하리."

佛告善現: "於汝意云何? 如來·應·正等覺以諸相具足現證無上正等覺耶? 善現! 汝今勿當作如是觀. 何以故? 善現! 如來·應·正等覺不以諸相具足現證無上正等菩提."

부처님께서 선현에게 말씀하셨다. "그대 생각엔 어떠한가? 여래·응·정등각이 모든 상을 구족하였으므로 현재에 무상정등각을 증득하였겠는가? 선현이여! 그대는 지금 마땅히 이와 같이 보지 말지니라. 무슨 까닭인가? 선현이여! 여래·응·정등각이 모든 상을 구족하였으므로 현재에 무상정등보리를 증득함이 아니니라."

"復次, 善現! 如是發趣菩薩乘者, 頗施設少法若壞若斷耶? 善現! 汝今勿當作如是觀. 諸有發趣菩薩乘者, 終不施設少法若壞若斷."

"또한 선현이여! 이와 같이 보살승에 뜻을 내는 자는 어떤 작은 법이라도 시설하여서 허물어뜨리거나 끊어뜨리는 일이 있겠는가? 선현이여! 그대는 지금 마땅히 이와 같이 보지 말라. 모든 보살승에 뜻을 내는 자는 조그만 법도 시설하여 결국 허물어뜨리거나 끊어뜨리는 일이 없느니라."

"復次, 善現! 若善男子或善女人, 以殑伽河沙等世界盛滿七寶, 奉施如來·應·正等覺, 若有菩薩於諸無我無生法中獲得堪忍, 由是因緣所生福聚甚多於彼. 復次, 善現! 菩薩不應攝受福聚."

"또한 선현이여! 만약 선남자 혹은 선여인이 긍가하의 모래와 같은 세계에 가득 찬 칠보로써 여래·응·정등각에게 받들어 보시하고, 또한 어떤 보살이 있어서 모든 나란 것이 없고 중생법도 없는 가운데 참는 것을 획득한다면, 이 인연으로 말미암아 생기는 복은 그보다 훨씬 많으니라. 또한 선현이여! 보살은 복의 쌓임을 받아들이는 것을 응하지 말지니라."

具壽善現卽白佛言: "世尊! 云何菩薩不應攝受福聚?" 佛言: "善現! 所應攝受不應攝受, 是故說名所應攝受. 復次, 善現! 若有說言如來若去·若來·若住·若坐·若臥, 是人不解我所說義. 何以故? 善現! 言如來者卽是眞實·眞如增語, 都無所去·無所從來, 故名如來·應·正等覺."

구수 선현이 곧 부처님께 말씀드렸다. "세존이시여! 어째서 보살은 복의 쌓임을 받아들이는 것을 응하지 못하옵니까?" 부처님께서 말씀하셨다. "선현이여! 받아들여야 할 복덕을 받아들이지 않나니, 그러므로 이름을 받아들인다고 설하느니라. 또한 선현이여! 만약 말하기를, 여래를 혹은 가고, 혹은 오고, 혹은 머물고, 혹은 앉고, 혹은 눕는다고 한다면, 이 사람은 설한 뜻을 받지 못함이니라. 무슨 까닭인가? 선현이여! 여래라고 말함은 곧 이 진실, 진여라는 말과 같은 말이니, 전혀 가는 곳도 없고 쫓아오는 것도 없으므로 이름이 여래·응·정등각이니라."

"復次, 善現! 若善男子或善女人, 乃至三千大千世界大地極微塵量等世界, 卽以如是無數世界色像爲墨如極微聚. 善現! 於汝意云何? 是極微聚寧爲多不?"

"또한 선현이여! 만약 선남자 혹은 선여인이 삼천대천세계의 대지를 지극히 미진과 같은 수량으로 한 세계와 이와 같은 무수한 세계를 다시 지극히 미세한 것으로 모은다면, 선현이여! 그대 생각엔 어떠한가? 이 지극히 미세한 것을 모은 것이 얼마나 많겠는가?"

善現答言: "是極微聚甚多! 世尊! 甚多! 善逝! 何以故? 世尊! 若極微聚是實有者, 佛不應說爲極微聚. 所以者何? 如來說極微聚卽爲非聚, 故名極微聚. 如來說三千大千世界卽非世界, 故名三千大千世界. 何以故? 世尊! 若世界是實有者, 卽爲一合執, 如來說一合執卽爲非執, 故名一合執."

선현이 대답하였다. "이 극히 미세한 것의 모인 것이 심히 많습니다, 세존이시여! 심히 많습니다. 선서이시여! 무슨 까닭이겠습니까? 세존이시여! 만약 지극히 미세한 것의 모임이 사실로 있다면 부처님께서는 마땅히 극히 미세한 것의 모임이라고 설하시지 않았을 것입니다. 그 까닭은 무엇이겠습니까? 여래께서 지극히 미세한 것의 모임이라고 설하신 것은 곧 모임이 아닌 까닭이요, 이름이 극히 미세한 것의 모임인 까닭입니다. 여래께서 설하신 삼천대천세계는 곧 세계가 아니고, 이름이 삼천대천세계입니다. 무슨 까닭이겠습니까? 세존이시여! 만약 세계가 참으로 있다면 곧 일합집(一合執)이기 때문입니다. 여래께서 설한 일합집이란 곧 집착이 아니고, 이름이 일합집입니다."

佛言: "善現! 此一合執不可言說·不可戱論, 然彼一切愚夫異生强執是法. 何以故? 善現! 若作是言: '如來宣說我見·有情見·命者見·士夫見·補特伽羅見·意生見·摩納婆見·作者見·受者見.' 於汝意云何? 如是所說爲正語不?"

부처님께서 선현에게 말씀하셨다. "이 일합집이란 말로써 할 수 없고 희론으로도 되지 않으나 저 온갖 어리석은 중생과 이생(異生)은 강하게 이 법에 집착하느니라. 무슨 까닭인가? 선현이여! 만약 '여래가 아견·유정견·명자견·사부견·보특가라견·의생견·마납파견·작자견·수자견를 베풀어 설하였다'라고 말한다면, 그대 생각엔 어떠한가? 이와 같이 설한 것이 바른 말이겠는가?"

善現答言: "不也! 世尊! 不也! 善逝! 如是所說非爲正語. 所以者何? 如來所說我見·有情見·命者見·士夫見·補特伽羅見·意生見·摩納婆見·作者見·受者見卽爲非見, 故名我見乃至受者見."

선현이 대답하였다. "아닙니다. 세존이시여! 아닙니다. 선서이시여! 이와 같이 설함은 바른 말이 되지 않습니다. 무슨 까닭이겠습니까? 여래께서 설한 아견·유정견·명자견·사부견·보특가라견·의생견·마납파견·작자견·수자견은 곧 견해가 아니므로 이름이 아견 내지 수자견에 이르기까지이옵니다."

佛告善現: "諸有發趣菩薩乘者, 於一切法應如是知·應如是見·應如是信解, 如是不住法想. 何以故? 善現! 法想法想者, 如來說爲非想, 是故如來說名法想法想."

부처님께서 선현에게 말씀하셨다. "모든 보살승에 뜻을 내는 자는 일체를 마땅히 이와 같이 알 것이며, 마땅히 이와 같이 볼 것이며, 마땅히 이와 같이 믿고 이해할 것이며, 이와 같이 법이란 생각에 머물지 않아야 할 것이다. 무슨 까닭인가? 선현이여! 법상, 법상이라는 것을 여래가 생각이 아니라고 설하였느니라. 그러므로 여래는 이름이 법상, 법상이라고 설하였느니라."

"復次, 善現! 若菩薩摩訶薩以無量無數世界盛滿七寶, 奉施如來·應·正等覺. 若善男子或善女人, 於此般若波羅蜜多經中乃至四句伽他, 受持·讀誦·究竟通利·如理作意, 及廣爲他宣說·開示, 由此因緣所生福聚, 甚多於前無量無數. 云何爲他宣說·開示? 如不爲他宣說·開示, 故名爲他宣說·開示." 爾時, 世尊而說頌曰:

"또한 선현이여! 만약 보살마하살이 한량없고 수없는 세계에 가득 찬 칠보를 가지고 여래·응·정등각에게 받들어 보시하고, 만약 선남자와 선여인이 이 반야바라밀다경 가운데에서 나아가 사구게송을 받아 지니고 읽고 외워서 구경에 날카롭게 통달하여 이치와 같이 뜻을 지으며, 널리 남을 위해 베풀어 설하여 열어 보이면, 이 인연으로 말미암아 생기는 복은 그 앞보다 더 많아 한량없고 수가 없느니라. 어째서 남을 위해 베풀어 설법하며 열어 보이는가? 남을 위해 베풀어 연설하며 열어 보임이 아니므로 이름이 남을 위하여 베풀어 설법하여 열어 보임이 니라." 그때 세존께서 게송으로 설하셨다.

"諸和合所爲, 如星翳燈幻, 露泡夢電雲, 應作如是觀."
"모든 화합하여 되는 것은, 별, 그림자, 등불, 허깨비, 이슬, 물거품, 꿈, 번개, 구름 같으니,
마땅히 이렇게 볼 것이니라."

時, 薄伽梵說是經已, 尊者善現及諸苾芻·苾芻尼·鄔波索迦·鄔波斯迦, 并諸世間天·人·阿素洛·健達縛等, 聞薄伽梵所說經已, 皆大歡喜·信受奉行.

그때 박가범께서 이 경을 설하시고 나자, 존자 선현 및 모든 필추·필추니·우바새·우바이와 아울러 모든 세간 천·인·아수라·건달바 등이 이 박가범께서 설하신 경을 듣고 모두 크게 환희하여 믿고 받들어 행하였다.

부록 5

당(唐) 의정(義淨) 역,
『불설능단금강반야바라밀다경
(佛說能斷金剛般若波羅蜜多經)』

如是我聞: 一時薄伽梵, 在名稱大城, 戰勝林施孤獨園, 與大苾芻衆千二百五十人俱, 及大菩薩衆. 爾時, 世尊於日初分時, 著衣持鉢, 入城乞食. 次第乞已, 還至本處. 飯食訖, 收衣鉢, 洗足已, 於先設座, 加趺端坐, 正念而住. 時諸苾芻來詣佛所, 頂禮雙足, 右繞三匝, 退坐一面.

이와 같이 나는 들었다. 한때 박가범(薄伽梵: 世尊)께서 대성전승림(大城戰勝林: 사위대성의 기수(祇樹))의 급고독 동산에서 큰 필추들 1,250명과 큰 보살 대중들과 함께 계셨다. 그때 세존께서 초일분에 가사를 입고 발우를 가지고 성안에 들어가서 걸식하실 적에 차례로 걸식하여 마치고 본래의 처소로 돌아오셨다. 식사를 마치고 가사와 발우를 거두시고 발을 씻고 나서 먼저 자리를 펴고 가부좌를 틀고 단정히 앉아 정념(正念)하고 계셨다. 그때 모든 필추들이 부처님 처소에 와서 두 발에 정례하고 오른쪽으로 세 번 돌고 나서 한쪽에 물러나 앉았다.

爾時, 具壽妙生, 在大衆中, 承佛神力, 卽從座起, 偏袒右肩, 右膝著地, 合掌恭敬白佛言: "希有! 世尊! 希有! 善逝. 如來應正等覺, 能以最勝利益, 益諸菩薩; 能以最勝付囑, 囑諸菩薩. 世尊! 若有發趣菩薩乘者, 云何應住? 云何修行? 云何攝伏其心?"

그때 구수(具壽) 묘생(妙生)이 대중 가운데 있다가 부처님의 신통력을 이어서 곧 자리에서 일어나 오른쪽 어깨를 벗고 오른쪽 무릎을 땅에 대고 합장 공경하여 부처님께 말씀드렸다. "희유하십니다. 세존이시여! 희유하십니다. 선서시여! 여래께서 마땅히 정등각을 이루셨으니, 능히 가장 훌륭한 이익으로 모든 보살을 이익 되게 하시고, 능히 가장 훌륭한 부촉을 가지시고 모든 보살에게 부촉하시옵니다. 세존이시여! 만약 보살승으로 향하는 이가 있다면 어떻게 응하여 머물며, 어떻게 수행하며, 어떻게 그 마음을 항복시켜야 합니까?"

佛告妙生: "善哉, 善哉! 如是, 如是! 如汝所說: '如來以勝利益, 益諸菩薩; 以勝付囑, 囑諸菩薩.' 妙生! 汝應諦聽, 極善作意, 吾當爲汝分別解說. 若有發趣菩薩乘者, 應如是住, 如是修行, 如是攝伏其心." 妙生言: "唯然, 世尊! 願樂欲聞."

부처님께서 묘생에게 말씀하셨다. "훌륭하다, 훌륭하다. 그와 같다, 그와 같다. 그대가 말한 바와 같으니, '여래는 뛰어난 이익으로 모든 보살을 이익 되게 하고, 가장 훌륭한 부촉을 가지고 모든 보살에게 부촉하느니라.' 묘생이여! 그대는 마땅히 자세히 듣고 잘 생각하라. 나는 그대를 위해 분별하여 해설하리라. 만약 보살승에 향하는 자가 있다면 마땅히 이와 같이 머물며, 이와 같이 수행하며, 이와 같이 그 마음을 포섭하여 항복시킬 것이니라." 묘생이 말하였다. "그렇습니다, 세존이시여! 그를 즐겁게 듣기를 원하옵니다."

佛告妙生: "若有發趣菩薩乘者, 當生如是心: '所有一切衆生之類, 若卵生·胎生·濕生·化生, 若有色·無色, 有想·無想, 非有想·非無想, 盡諸世界所有衆生, 如是一切, 我皆令入無餘涅槃而滅度之' 雖令如是無量衆生證圓寂已, 而無有一衆生入圓寂者. 何以故? 妙生! 若菩薩有衆生想者, 則不名菩薩. 所以者何? 由有我想·衆生想·壽者想·更求趣想故."
부처님께서 묘생에게 말씀하셨다. "만약 보살승으로 향하여 나아가는 이가 있다면 마땅히 이와 같은 마음을 낼 것이니라. '존재하는 일체중생의 종류로서 난생·태생·습생·화생, 유색·무색, 유상·무상, 비유상·비무상들이 모두 중생계에 존재하는 중생들에 포섭되며, 나는 이들을 모두 무여열반에 들게 하여 멸도하게 하였다.' 비록 이와 같이 한량없는 중생으로 하여금 원적(圓寂)을 증득하게 하나, 한 중생도 원적에 들어간 자가 없느니라. 무슨 까닭인가? 묘생이여! 만약 보살이 중생의 생각이 있으면 곧 보살이라 칭하지 아니하느니라. 그 까닭은 무엇인가? 아상·중생상·수자상이 있음으로 말미암아 다시 취상(趣想)을 구하기 때문이니라."

"復次, 妙生! 菩薩不住於事, 應行布施. 不住隨處, 應行布施. 不住色·聲·香·味·觸·法, 應行布施. 妙生! 菩薩如是布施, 乃至相想, 亦不應住. 何以故? 由不住施, 福聚難量."
"또한 묘생이여! 보살은 대상[事]에 머물지 아니하고 보시해야 하며, 장소[處]에 따라 머물지 아니하고 보시를 해야 하며, 색이나 소리·냄새·맛·감촉·법에 머물지 아니하고, 보시를 행해야 할 것이니라. 묘생이여! 보살은 이와 같이 보시하고 나아가 상응할 것이며, 또한 마땅히 머물지도 아니할 것이니라. 무슨 까닭인가? 머물지 아니하고 보시하는 복의 쌓임은 헤아리기 어려운 까닭이니라."

"妙生! 於汝意云何? 東方虛空可知量不?" 妙生言: "不爾, 世尊!" "南西北方, 四維上下, 十方虛空, 可知量不?" 妙生言: "不爾, 世尊!" "妙生! 菩薩行不住施, 所得福聚不可知量, 亦復如是."
"묘생이여! 그대 생각은 어떠한가? 동방의 허공을 헤아려 알 수 있겠는가?" 묘생이 말씀드렸다. "그렇게 하지 못합니다, 세존이시여!" "남방·서방·북방과 그 사이와 상하의 시방 허공을 헤아려 알 수 있겠는가?" 묘생이 말씀드렸다. "그렇게 하지 못합니다, 세존이시여!" "묘생이여! 보살이 머물지 아니하고 보시를 행하여 얻는바 복의 쌓임을 헤아려 알 수 없는 것도 또한 이와 같으니라."

"妙生! 於汝意云何? 可以具足勝相觀如來不?" 妙生言: "不爾, 世尊! 不應以勝相觀於如來. 何以故? 如來說勝相, 卽非勝相."

"묘생이여! 그대 생각은 어떠한가? 뛰어난 상(相)을 구족한 것을 여래라고 보는가?" 묘생이 말씀드렸다. "그렇지 않습니다, 세존이시여! 마땅히 뛰어난 상을 여래라고 보지 않습니다. 무슨 까닭이겠습니까? 여래께서 설하신 뛰어난 상은 곧 뛰어난 상이 아니기 때문입니다."

"妙生! 所有勝相, 皆是虛妄. 若無勝相, 卽非虛妄. 是故應以勝相無相觀於如來." 妙生言: "世尊! 頗有衆生, 於當來世, 後五百歲, 正法滅時, 聞說是經, 生實信不?"

"묘생이여! 여러 뛰어난 상은 다 허망한 것이다. 만약 뛰어난 상이 없다면 곧 허망하지도 않으리니, 그러므로 마땅히 뛰어난 상은 상이 없음으로써 여래를 볼 것이니라." 묘생이 말씀드렸다. "세존이시여! 어떤 중생이 오는 세상의 후 5백 세에 정법이 멸할 때, 이 경을 설하는 것을 듣고 진실한 믿음을 내겠습니까?"

佛告妙生: "莫作是說: '頗有衆生, 於當來世, 後五百歲, 正法滅時, 聞說是經, 生實信不?' 妙生! 當來之世, 有諸菩薩, 具戒具德具慧, 而彼菩薩, 非於一佛承事供養, 植諸善根; 已於無量百千佛所, 而行奉事, 植諸善根. 是人乃能於此經典生一信心."

부처님께서 말씀하셨다. "어떤 중생이 후 5백 세에 정법이 멸할 때, 이 경을 설하는 것을 듣고 진실한 믿음을 내겠습니까?'라는 이런 말을 하지 말라. 묘생이여! 마땅히 오는 세상에 모든 보살이 있어 계를 구족하고 덕을 구족하고 지혜를 구족하리니, 그 보살은 한 부처님만을 섬기고 공양하여 모든 선근을 심은 것이 아니다. 이미 과거에 무량한 백천 부처님을 받들어 섬기고 모든 선근을 심었으니, 이 사람이 이 경전에서 한결같은 신심을 낼 것이니라."

"妙生! 如來悉知是人, 悉見是人, 彼諸菩薩當生當攝無量福聚. 何以故? 由彼菩薩, 無我想·衆生想·壽者想·更求趣想."

"묘생이여! 여래는 이 사람을 다 알고, 이 사람을 다 보느니라. 그 모든 보살은 미래에 태어나되, 마땅히 한량없는 복을 가질 것이니라. 무슨 까닭인가? 저 보살은 아상·중생상·수자상·갱구취상(更求趣想)이 없음을 말미암기 때문이다."

"彼諸菩薩, 非法想, 非非法想, 非想, 非無想. 何以故? 若彼菩薩有法想, 卽有我執·有情執·壽者執·更求趣執. 若有非法想, 彼亦有我執·有情執·壽者執·更求趣執. 妙生! 是故菩薩, 不應取法, 不應取非法. 以是義故, 如來密意宣說筏喩法門, 諸有智者, 法尙應捨, 何況非法."

"그 모든 보살은 법상(法想)이 없고, 비법상(非法想)도 없고, 비상(非想)도 없고, 비무상(非無想)도 없다. 무슨 까닭인가? 만약 저 보살이 법상이 있으면 곧 아집(我執)·유정집(有情執)·수자집(壽者執)·갱구취집(更求趣執)이 있음이니라. 만약 비법상이 있으면 그도 또한 아집·유정집·수자집·갱구취집이 있음이니라. 묘생이여! 그러므로 보살은 마땅히 법을 취하지 아니하며, 마땅히 법이 아님을 취하지도 않느니라. 이러한 뜻으로 인해 여래의 비밀스러운 뜻을 뗏목의 비유로 베풀어 설함이니, 모든 지혜 있는 자는 법도 오히려 버리거늘 하물며 법이 아닌 것이겠는가."

"妙生! 於汝意云何? 如來於無上菩提有所證不? 復有少法是所說不?" 妙生言: "如我解佛所說義, 如來於無上菩提實無所證, 亦無所說. 何以故? 佛所說法, 不可取, 不可說, 彼非法, 非非法. 何以故? 以諸聖者, 皆是無爲所顯現故."
"묘생이여! 그대 생각은 어떠한가? 여래가 무상보리를 증득한 것이 있겠는가? 또 어떤 조그만 법이라도 설한 것이 있겠는가?" 묘생이 말씀드렸다. "제가 부처님께서 설하신 뜻을 이해한 바로는, 여래께서는 무상보리에서 실로 증득하신 것도 없고 또한 설하신 것도 없습니다. 무슨 까닭이겠습니까? 부처님께서 설하신 법은 취할 수도 없고, 설할 수도 없으며, 그것은 법도 아니고, 법이 아님도 아니기 때문입니다. 무슨 까닭이겠습니까? 모든 성자는 다 무위(無爲)에서 나타나기 때문입니다."

"妙生! 於汝意云何? 若善男子·善女人, 以滿三千大千世界七寶持用布施, 得福多不?" 妙生言: "甚多, 世尊! 何以故? 此福聚者, 則非是聚, 是故如來說爲福聚·福聚."
"묘생이여! 그대 생각은 어떠한가? 만약 선남자와 선여인이 삼천대천세계에 가득 차게 칠보를 가지고 보시하면 얻는 복이 많겠는가?" 묘생이 말씀드렸다. "매우 많습니다, 세존이시여! 무슨 까닭이겠습니까? 이 복의 쌓임은, 이것의 쌓임이 아닙니다. 그러므로 여래께서 복의 쌓임, 복의 쌓임이라고 설하셨습니다."

"妙生! 若有善男子·善女人, 以滿三千大千世界七寶, 持用布施; 若復有人, 能於此經乃至一四句頌, 若自受持, 爲他演說, 以是因緣所生福聚, 極多於彼無量無數. 何以故? 妙生! 由諸如來無上等覺, 從此經出; 諸佛世尊, 從此經生. 是故妙生! 佛法者, 如來說非佛法, 是名佛法."
부처님께서 말씀하셨다. "묘생이여! 만약 선남자와 선여인이 있어 삼천대천세계에 가득 차게 칠보로 보시하더라도, 어떤 사람이 능히 경이나 하나의 사구게송을 스스로 받아 가지고 남을 위하여 연설하면 이 인연으로 생긴 복은 앞보다 지극히 더 많아 한량없고 수도 없느니라. 무슨 까닭인가? 묘생이여! 모든 여래의 무상등각(無上等覺)은 이 경에서 나왔으며, 모든 불·세존은 이 경에서 생하였느니라. 그러므로 묘생이여! 불법이란 여래가 불법이 아니라고 설한 것을 칭하여 불법이라 한다."

"妙生! 於汝意云何? 諸預流者頗作是念: '我得預流果.'不?" 妙生言: "不爾, 世尊! 何以故? 諸預流者, 無法可預, 故名預流. 不預色·聲·香·味·觸·法, 故名預流. 世尊! 若預流者作是念: '我得預流果.'者, 則有我執, 有情壽者更求趣執."

"묘생이여! 그대의 뜻에 어떠한가? 모든 예류인이 '나는 예류과를 얻었다'라는 생각을 하겠는가?" 묘생이 말씀드렸다. "그렇지 않습니다, 세존이시여! 무슨 까닭이겠습니까? 모든 예류인이란 흘러들어가는 법이 없으므로 이름이 예류이며, 색·소리·냄새·맛·감촉·법이 예류가 아니며, 이름이 예류일 뿐입니다. 세존이시여! 만약 예류자가 '나는 예류과를 얻었다'라고 생각한다면, 이는 곧 아집·유정집·수자집·갱구취집이 있음입니다."

"妙生! 於汝意云何? 諸一來者頗作是念: '我得一來果.'不?" 妙生言: "不爾, 世尊! 何以故?
由彼無有少法證一來性, 故名一來."
"묘생이여! 그대 생각엔 어떠한가? 모든 일래인이 '나는 일래과를 얻었다'라고 생각하겠는가?" 묘생이 말씀드렸다. "그렇지 않습니다, 세존이시여! 왜냐하면 조그만 법도 일래 성품을 증득할 것이 없기 때문에 이름을 일래라고 합니다."

"妙生! 於汝意云何? 諸不還者頗作是念: '我得不還果.'不?" 妙生言: "不爾, 世尊! 何以故?
由彼無有少法證不還性, 故名不還."
"묘생이여! 그대 생각은 어떠한가? 모든 불환인(不還人; 阿那含)이 '나는 불환과(不還果; 돌아오지 않는 과위)를 얻었다'라고 생각하겠는가?" 묘생이 말씀드렸다. "그렇지 않습니다, 세존이시여! 무슨 까닭이겠습니까? 거기에는 작은 법이라도 불환의 성품을 증득할 것이 없는 까닭으로 이름을 불환이라고 합니다."

"妙生! 於汝意云何? 諸阿羅漢頗作是念: '我得阿羅漢果.'不?" 妙生言: "不爾, 世尊! 由彼
無有少法名阿羅漢. 世尊! 若阿羅漢作是念: '我得阿羅漢果.'者, 則有我執, 有情壽者更求
趣執. 世尊! 如來說我得無諍住中最爲第一. 世尊! 我是阿羅漢離於欲染, 而實未曾作如是
念: '我是阿羅漢.' 世尊! 若作是念: '我得阿羅漢.'者, 如來卽不說我妙生得無諍住, 最爲第
一. 以都無所住, 是故說我得無諍住·得無諍住."
"묘생이여! 그대 생각은 어떠한가? 모든 아라한이 '나는 아라한과를 얻었다'라고 생각하겠는가?" 묘생이 말씀드렸다. "그렇지 않습니다, 세존이시여! 거기에는 작은 법이라도 아라한의 성품을 증득할 것이 없기 때문에 이름을 아라한이라고 합니다. 세존이시여! 만약 아라한이 '나는 아라한과를 얻었다'고 생각한다면 곧 아집·유정집·수자집·갱구취집이 있음입니다. 세존이시여! 여래께서는 제가 무쟁을 얻어 머무는 가운데 가장 제일이라고 말씀하셨습니다. 세존이시여! 저는 이 아라한으로 욕망과 번뇌를 여의었으나 실로 일찍이 제가 이 아라한이라는 생각을 하지 않았습니다. 세존이시여! 만약 '제가 아라한을 얻었다'라고 생각한다면, 여래께서는 이 묘생에게 무쟁을 얻어 머무는 가운데 가장 제일이라고 설하시지 않으셨을 것입니다. 전혀 머무는 바가 없기 때문에 저에게 무쟁을 얻어 머문다, 무쟁을 얻어 머문다고 설하셨을 것입니다."

"妙生! 於汝意云何? 如來昔在然燈佛所, 頗有少法是可取不?" 妙生言: "不爾, 世尊! 如來 於然燈佛所, 實無可取."

"묘생이여! 그대 생각엔 어떠한가? 여래가 옛적에 연등불의 처소에 있을 때 작은 법이라도 얻었겠는가?" 묘생이 말씀드렸다. "그렇지 않습니다, 세존이시여! 여래께서는 연등불의 처소 에서 실로 취한 것이 없습니다."

"妙生! 若有菩薩作如是語: '我當成就莊嚴國土.' 者, 此爲妄語. 何以故? 莊嚴佛土者, 如來 說非莊嚴, 由此說爲國土莊嚴. 是故, 妙生! 菩薩不住於事, 不住隨處, 不住色·聲·香·味·觸 ·法, 應生其心; 應生不住事心, 應生不住隨處心, 應生不住色·聲·香·味·觸·法心."

"묘생이여! 만약 보살이 이와 같이 '내가 마땅히 장엄한 불토를 성취하였다'라고 말한다면, 이것은 진실된 말이 아니니라. 왜냐하면 장엄한 불토(佛土)란 여래가 장엄하지 아니함을 설 한 것이므로, 이러한 설법으로 말미암아 국토장엄이라 한 것이다. 그러므로 묘생이여! 보살 은 일[事]에 머물지 아니하고, 장소에 따라서 머물지 아니하고, 색·소리·냄새·맛·감촉·법에 머물지 아니하고 마땅히 그 마음을 내되, 마땅히 일에 머물지 아니하는 마음을 내며, 마땅히 장소에 따라 머물지 아니하는 마음을 내며, 마땅히 색·소리·냄새·맛·감촉·법에 머물지 아니 하는 마음을 내느니라."

"妙生! 譬如有人, 身如妙高山王, 於意云何? 是身爲大不?" 妙生言: "甚大, 世尊! 何以故? 彼之大身, 如來說爲非身. 以彼非有, 說名爲身."

"묘생이여! 비유하면 어떤 사람이 몸이 묘고산왕(妙高山王)과 같다면, 그대의 뜻에 어떠한가? 이 몸이 광대하겠는가?" 묘생이 말씀드렸다. "매우 광대하옵니다, 세존이시여! 무슨 까닭이 겠습니까? 그의 몸은 여래께서 설하시는 몸이 아니요, 그것은 있지 않은 것을 가지고 설하여 몸이라 칭하기 때문입니다."

"妙生! 於汝意云何? 如弶伽河中所有沙數, 復有如是沙等弶伽河, 此諸河沙, 寧爲多不?" 妙生言: "甚多, 世尊! 河尙無數, 況復其沙." "妙生! 我今實言告汝. 若復有人, 以寶滿此河 沙數量世界, 奉施如來, 得福多不?" 妙生言: "甚多, 世尊!" "妙生! 若復有人, 於此經中受 持一頌, 并爲他說, 而此福聚, 勝前福聚無量無邊."

"묘생이여! 그대 생각엔 어떠한가? 강가하(弶伽河) 가에 있는 모래 수와 같이 많은 강가하가 또 있다면, 이 모든 강의 모래가 많다고 하겠는가?" 묘생이 말씀드렸다. "매우 많습니다, 세존이 시여! 강도 수없이 많은데 하물며 모래 수량이겠습니까?" "묘생이여! 이제 나는 너에게 참으로 말하노라. 만약 다시 어떤 사람이 이 강의 모래와 같은 수의 세계에 가득 찬 보배를 가지고 여 래에게 받들어 보시한다면 그 복이 많겠는가?" 묘생이 말씀드렸다. "매우 많습니다, 세존이시 여!" "묘생이여! 만약 다시 어떤 사람이 이 경 가운데 한 게송을 받아 가지고 아울러 남을 위하 여 설한다면 이 복의 쌓임은 앞의 복이 모인 것보다 뛰어나서 헤아릴 수 없고 끝도 없느니라."

"妙生! 若國土中有此法門, 爲他解說, 乃至四句伽他, 當知此地, 卽是制底, 一切天·人·阿蘇羅等, 皆應右繞而爲敬禮; 何況盡能受持讀誦, 當知是人則爲最上第一希有. 又此方所, 卽爲有佛, 及尊重弟子."

"묘생이여! 만약 국토 안에 이런 법문이 있어 남을 위해 설명하고 나아가 사향(四向)의 구절을 설한다면 마땅히 알라. 이 땅은 곧 이 제저(制底; 佛塔)로써 모든 천인·아소라(阿蘇羅) 등이 다 응하여 오른쪽으로 돌고 경례할 것인데, 하물며 다 능히 받아 가지고 읽고 외움은 어떠하겠는가? 이 사람은 곧 가장 으뜸이요, 제일 희유할 것이니라. 또한 이곳은 부처님과 존중하는 제자가 있는 곳임을 마땅히 알라."

"妙生! 於汝意云何? 頗有少法是如來所說不?" 妙生言: "不爾, 世尊! 無有少法是如來所說." "妙生! 三千大千世界所有地塵, 是爲多不?" 妙生言: "甚多, 世尊! 何以故? 諸地塵, 佛說非塵, 故名地塵. 此諸世界, 佛說非界, 故名世界."

"묘생이여! 그대 생각엔 어떠한가? 작은 법이라도 여래가 설하였느냐?" 묘생이 말씀드렸다. "그렇지 않습니다, 세존이시여! 작은 법이라도 여래께서 설하신 것은 없습니다." "묘생이여! 삼천대천세계의 땅에 있는 미진은 많은가?" 묘생이 말씀드렸다. "매우 많습니다, 세존이시여! 왜냐하면 모든 땅의 미진은 부처님께서 설하신 미진이 아니며, 이름이 땅의 미진이기 때문입니다. 이 모든 세계는 부처님께서 설하신 세계가 아니니, 그러므로 이름을 세계라고 합니다."

"妙生! 於汝意云何? 可以三十二大丈夫相觀如來不?" 妙生言: "不爾, 世尊! 不應以三十二相觀於如來. 何以故? 三十二相, 佛說非相, 是故說爲大丈夫相."

"묘생이여! 그대 생각엔 어떠한가? 32가지 대장부상(大丈夫相)으로 여래를 보는가?" 묘생이 말씀드렸다. "그렇지 않습니다, 세존이시여! 마땅히 32가지 상으로 여래를 보지 않습니다. 왜냐하면 32가지 상은 부처님께서 설하신 상이 아니기 때문입니다. 그러므로 대장부상이라고 설하셨습니다."

"妙生! 若有男子女人, 以殑伽河沙等身命布施; 若復有人, 於此經中受持一頌, 并爲他說, 其福勝彼無量無數."

"묘생이여! 만약 선남자와 선여인이 있어서 강가하의 모래와 같은 신명(身命)을 가지고 보시하더라도, 만약 다시 어떤 이가 있어 이 경 가운데 한 게송을 받아 가지고 남을 위하여 설법한다면 그 복은 저보다 더 뛰어나니, 한량이 없고 셀 수도 없느니라."

爾時, 妙生聞說是經, 深解義趣, 涕淚悲泣而白佛言: "希有! 世尊! 我從生智以來, 未曾得聞如是深經. 世尊! 當何名此經? 我等云何奉持?"

그때 묘생이 이 경을 설함을 듣고 깊이 뜻을 이해하여 눈물을 흘리고 슬피 울면서 부처님께 말씀드렸다. "희유합니다, 세존이시여! 저는 지혜가 생긴 이래로 일찍이 이와 같이 심오한 경을 듣지 못하였습니다. 세존이시여! 이 경을 마땅히 무엇이라 칭하오며, 저희들은 어떻게 받들어 지녀야 합니까?"

佛告妙生: "是經名爲'般若波羅蜜多', 如是應持. 何以故? 佛說般若波羅蜜多, 則非般若波羅蜜多."
부처님께서 묘생에게 말씀하셨다. "이 경의 명칭은 '반야바라밀다'라고 하고, 이와 같이 지닐지니라. 왜냐하면 부처님이 반야바라밀다라고 설한 것은 곧 반야바라밀이 아니기 때문이니라."

"世尊! 若復有人, 聞說是經生實想者, 當知是人最上希有. 世尊! 此實想者, 卽非實想, 是故如來說名實想·實想. 世尊! 我聞是經, 心生信解, 未爲希有. 若當來世, 有聞是經, 能受持者, 是人則爲第一希有. 何以故? 彼人無我想·衆生想·壽者想·更求趣想. 所以者何? 世尊! 我想·衆生想·壽者想·更求趣想, 卽是非想. 所以者何? 諸佛世尊離諸想故."
묘생이 부처님께 말씀드렸다. "세존이시여! 만약 다시 어떤 사람이 있어 이 경을 설함을 듣고 진실한 생각[實想]이 생긴다면, 마땅히 이 사람은 가장 으뜸이요 희유한 사람이라고 알아야 할 것입니다. 세존이시여! 이 진실한 생각이란 곧 진실한 생각이 아닙니다. 그러므로 여래께서 이름을 진실한 생각이라고 설하신 것입니다. 세존이시여! 저는 이 경을 듣고 마음에 믿고 아는 것이 생겼으나 아직 희유하지 않습니다. 만약 마땅히 오는 세상에 이 경을 듣고 능히 받아 지니는 자는 곧 가장 희유할 것입니다. 왜냐하면 그 사람은 아상·중생상·수자상·갱구취상이 없기 때문입니다. 그 까닭은 무엇이겠습니까? 세존이시여! 아상·중생상·수자상·갱구취상, 바로 이것은 생각이 아닙니다. 왜냐하면 모든 불·세존께서는 모든 생각을 여의시기 때문입니다."

"妙生! 如是, 如是! 若復有人, 得聞是經, 不驚不怖不畏, 當知是人第一希有. 何以故? 妙生! 此最勝波羅蜜多, 是如來所說諸波羅蜜多. 如來說者, 卽是無邊佛所宣說, 是故名爲最勝波羅蜜多."
"묘생이여! 그와 같다, 그와 같다. 또 어떤 사람이 있어서 이 경을 듣고 놀라지도 아니하고, 두려워하지도 아니하고, 겁내지도 아니하면, 마땅히 알라. 이 사람은 제일 희유하리라. 무슨 까닭인가? 묘생이여! 가장 뛰어난 반야바라밀다는 여래가 설한 모든 반야바라밀다이니라. 여래가 설하였다는 것은 곧 끝없는 부처님 처소에서 베풀어 설함이라. 그러므로 칭하여 가장 뛰어난 반야바라밀다라 하느니라."

"妙生! 如來說忍辱波羅蜜多, 卽非忍辱波羅蜜多. 何以故? 如我昔爲羯陵伽王割截支體時, 無我想·衆生想·壽者想·更求趣想. 我無是想, 亦非無想. 所以者何? 我有是想者, 應生瞋恨. 妙生! 又念過去於五百世, 作忍辱仙人, 我於爾時, 無如是等想. 是故應離諸想, 發趣

無上菩提之心, 不應住色·聲·香·味·觸·法, 都無所住而生其心; 不應住法, 不應住非法, 應
生其心. 何以故? 若有所住, 卽爲非住. 是故佛說: '菩薩應無所住而行布施.'"

"묘생이여! 여래가 설한 인욕(忍辱)바라밀다는 곧 인욕바라밀다가 아니니라. 무슨 까닭인가?
내가 옛날 갈릉가왕(羯陵伽王)에게 몸이 베일 때 아상·중생상·수자상·갱구취상이 없었으며,
나는 이 생각이 없었고, 또 생각이 없지도 아니하였느니라. 그 까닭은 무엇인가? 내가 이 생
각이란 것이 있었다면 마땅히 성내거나 원한이 생겼을 것이기 때문이다. 묘생이여! 또 생각
하건대 지난 과거 5백 세 전에 인욕선인(忍辱仙人)이었을 때 나는 그때 이와 같은 등의 생각이
없었느니라. 그러므로 마땅히 모든 생각을 여의고 위없는 보리의 마음을 내었으며, 마땅히
색이나 소리·냄새·맛·감촉·법에 머물지 아니하고 전혀 머묾이 없이 그 마음을 내며, 마땅히
법에 머물지 아니하며, 마땅히 법 아닌 데 머물지 아니하고, 마땅히 그 마음을 내느니라. 왜냐
하면 만약 머묾이 있으면 곧 머물지 아니함이 되느니라. 그러므로 부처님께서 '보살을 마땅
히 머무는 바가 없이 보시를 행한다'라고 하느니라."

"妙生! 菩薩爲利益一切衆生, 應如是布施. 此衆生想, 卽爲非想; 彼諸衆生, 卽非衆生. 何
以故? 諸佛如來離諸想故. 妙生! 如來是實語者, 如語者, 不誑語者, 不異語者."

"묘생이여! 보살은 일체중생을 이익되게 하기 위하여 마땅히 이와 같이 보시하나니, 이 중생
상이란 곧 생각이 아니며, 그 모든 중생은 곧 중생이 아니니라. 무슨 까닭인가? 모든 부처님
과 여래는 모든 생각을 여읜 까닭이니라. 묘생이여! 여래는 이에 진실을 말하는 자이며, 여여
한 말을 하는 자이며, 거짓말을 하지 아니하는 자이며, 다른 말을 하지 않는 자이니라."

"妙生! 如來所證法及所說法, 此卽非實非妄. 妙生! 若菩薩心住於事而行布施, 如人入
闇, 則無所見. 若不住事而行布施, 如人有目, 日光明照, 見種種色, 是故菩薩不住於事應
行其施."

"묘생이여! 여래가 증득한 법과 설한 법은 곧 진실도 아니요, 허망함도 아니다. 묘생이여! 만
약 보살의 마음이 대상에 머물러서 보시를 행하면, 마치 사람이 어두운 곳에 들어가는 것과
같아 곧 볼 수가 없느니라. 만약 대상에 머물지 아니하고 보시를 행하면, 마치 사람에게 눈이
있는 것과 같아 햇빛이 비치면 가지가지 색깔을 보느니라. 그러므로 보살은 대상에 머물지
아니하고 마땅히 그 보시를 행하느니라."

"妙生! 若有善男子·善女人, 能於此經受持讀誦, 爲他演說. 如是之人, 佛以智眼悉知悉
見, 當生當攝無量福聚."

"묘생이여! 만약 선남자와 선여인이 있어서 능히 이 경을 받아 지니고 읽고 외우고 남을 위하
여 설법하면, 이와 같은 사람은 부처님이 지혜의 눈으로 다 알고 다 보나니, 한량없는 복의 쌓
임이 생기고 마땅히 섭수할 것이니라."

"妙生! 若有善男子·善女人, 初日分以殑伽河沙等身布施, 中日分復以殑伽河沙等身布施, 後日分亦以殑伽河沙等身布施, 如是無量百千萬億劫, 以身布施. 若復有人, 聞此經典, 不生毀謗, 其福勝彼, 何況書寫受持讀誦, 爲人解說?"

"묘생이여! 만약 선남자와 선여인이 있어서 아침에 강가하의 모래 수와 같은 몸으로 보시하고, 낮에도 다시 강가하의 모래 수와 같은 몸으로 보시하며, 저녁에도 또 강가하의 모래 수와 같은 몸으로 보시하며, 이와 같이 한량없는 백천만억 겁 동안 몸으로 보시하더라도, 만약 다시 어떤 이가 이 경전을 듣고 헐뜯거나 비방하지 아니하면, 그 복은 저보다 더 뛰어나니, 하물며 쓰고 받아 지니고 읽고 외우고 남을 위하여 해설하는 것이겠는가?"

"妙生! 是經有不可思議不可稱量無邊功德, 如來爲發大乘者說, 爲發最上乘者說. 若有人能受持讀誦, 廣爲他說, 如來悉知悉見是人皆得成就不可量·不可稱·不可思議福業之聚, 當知是人則爲以肩荷負如來無上菩提. 何以故? 妙生! 若樂小法者, 則著我見·衆生見·壽者見·更求趣見, 是人若能讀誦受持此經, 無有是處."

"묘생이여! 이 경은 불가사의하고 헤아려 말할 수 없는 무량한 공덕이 있어서 여래가 대승을 향해 나아가는 자를 위하여 설하고 최상승을 향해 나아가는 자를 위하여 설함이니, 만약 어떤 이가 있어 능히 받아 지니고 읽고 외우고 널리 남을 위하여 설하면 여래는 다 알고 다 보나니, 이 사람은 다 헤아릴 수 없고 말할 수 없고 불가사의한 복된 업의 모임을 성취하여 얻을 것이다. 마땅히 알라. 이 사람은 곧 어깨에 여래의 위없는 보리를 짊어짐이니라. 왜냐하면 묘생이여! 만약 작은 법을 즐기는 자는 곧 아견·중생견·수자견·갱구취견에 집착하는 것이니, 이 사람이 만약 능히 이 경을 읽고 외우고 받아 지닌다면 그런 일은 없을 것이니라."

"妙生! 所在之處若有此經, 當知此處則是制底, 一切世間天·人·阿蘇羅, 所應恭敬, 作禮圍繞, 以諸香花供養其處."

"묘생이여! 있는 곳에 만약 이 경이 있다면 마땅히 알라. 이곳은 곧 제저(制底: 佛塔)니라. 일체 세간·천·인·아소라가 공경하여 예를 드리고 돌면서 모든 향과 꽃으로 그곳에 공양할 것이니라."

"妙生! 若有善男子·善女人, 於此經典受持讀誦演說之時, 或爲人輕辱. 何以故? 妙生! 當知是人於前世中造諸惡業, 應墮惡道, 由於現在得遭輕辱, 此爲善事, 能盡惡業, 速至菩提故.

"묘생이여! 만약 선남자와 선여인이 이 경전을 받아 지니고 읽고 외우고 연설할 때에 혹 남에게 업신여김을 당하느니라. 왜냐하면 묘생이여! 마땅히 알라. 이 사람은 지난 생에 악업을 지어서 악도에 떨어졌으며, 그로 말미암아 현재에 업신여김을 당함이니, 이는 선한 일을 함으로써 능히 악업이 없어지고 속히 보리에 이를 뿐이니라."

"妙生! 我憶過去過無數劫, 在然燈佛先, 得値八十四億那庾多佛, 悉皆供養承事, 無違背者. 若復有人, 於後五百歲正法滅時, 能於此經受持讀誦, 解其義趣, 廣爲他說, 所得功德, 以前功德比此功德, 百分不及一, 千萬億分算分勢分比數分因分, 乃至譬喻亦不能及. 妙生! 我若具說受持讀誦此經功德, 或有人聞, 心則狂亂, 疑惑不信. 妙生! 當知是經不可思議, 其受持者, 應當希望不可思議所生福聚.”

“묘생이여! 내가 기억하건대 과거 수없는 겁을 지나 연등불이 계실 때 멀리 팔십사억 나유타의 부처님을 만나 모두 공양하고 받들어 섬겨서 거스르거나 등짐이 없었느니라. 만약 또 어떤 이가 후 5백 세에 정법이 멸할 때 능히 이 경을 받아 지니고 읽고 외우고 그 뜻을 해석하여 널리 남을 위하여 설법하면, 얻는 공덕은 앞의 공덕과 이 공덕을 비유하건대, 백 분의 천만억으로 나누고, 산수로 나누고, 세력으로 나누고, 숫자로 비교하여 나누고, 원인으로 나누고, 나아가 비유로도 또한 능히 미치지 못하느니라. 묘생이여! 내가 만약 이 경을 받아 지니고 읽고 외우는 공덕을 자세히 설하면, 혹 어떤 사람은 듣고 마음이 곧 미친 듯이 산란하고 의혹하여 믿지 아니하리라. 묘생이여! 마땅히 알라. 이 경은 불가사의하여 받아 지니는 자는 마땅히 희망에 응하여 생기는 복의 쌓임이 불가사의할 것이니라.”

復次, 妙生白佛言: “世尊! 若有發趣菩薩乘者. 應云何住? 云何修行? 云何攝伏其心?” 佛告妙生: “若有發趣菩薩乘者, 當生如是心: ‘我當度脫一切衆生, 悉皆令入無餘涅槃. 雖有如是無量衆生證於圓寂, 而無有一衆生證圓寂者’ 何以故? 妙生! 若菩薩有衆生想者, 則不名菩薩. 所以者何? 妙生! 實無有法可名發趣菩薩乘者.”

또한 묘생이 부처님께 말씀드렸다. “세존이시여! 만약 보살승에 향하여 나아가는 자는 마땅히 어떻게 머물며, 어떻게 수행하며, 어떻게 그 마음을 잡아서 항복시키오리까?” 부처님께서 묘생에게 말씀하셨다. “만약 보살승에 뜻을 내는 자는 마땅히 다음과 같이 마음을 낼 것이니라. ‘나는 마땅히 일체중생을 생사의 고통에서 벗어나게 하여 모두 무여열반에 들게 할 것이다.’ 비록 이와 같이 한량없는 중생으로 하여금 원적을 증득하게 하더라도 한 중생도 원적을 증득한 자가 없느니라. 왜냐하면 묘생이여! 만약 보살이 중생이란 생각이 있으면, 곧 보살이라 이름하지 않기 때문이니라. 무슨 까닭인가? 묘생이여! 참으로 법에는 보살승에 향하여 나아간다는 이름이 없느니라.”

“妙生! 於汝意云何? 如來於然燈佛所, 頗有少法是所證不?” 妙生言: “如來於然燈佛所, 無法可證, 而得菩提.” 佛言: “如是, 如是! 妙生! 實無有法, 如來於然燈佛所, 有所證悟, 得大菩提. 若證法者, 然燈佛則不與我授記: ‘摩納婆! 汝於來世, 當得作佛, 號釋迦牟尼.’ 以無所得故, 然燈佛與我授記, 當得作佛, 號釋迦牟尼. 何以故? 妙生! 言如來者, 卽是實性眞如之異名也.”

“묘생이여! 그대 생각엔 어떠한가? 여래가 연등불의 처소에서 작은 법이라도 법을 증득함이 있었겠는가?” 묘생이 말씀드렸다. “여래께서는 연등불의 처소에서 보리를 얻어 증득한 법이 없었습니다.” 부처님께서 말씀하셨다. “그와 같다, 그와 같다. 묘생이여! 참으로 여래는 연등불의 처소에서 큰 보리를 얻어 증득하여 깨달은 법이 없느니라. 만약 법을 증득하였다면 연등불께서 곧 나에게 '마납바(摩納婆)여! 그대는 오는 세상에 부처가 되어서 이름을 석가모니라 하리라'고 수기를 주시지 않았을 것이니라. 얻을 것이 없는 까닭으로 연등불께서 나에게 수기를 주시어 마땅히 부처가 되어 석가모니라 이름하리라고 하였느니라. 무슨 까닭인가? 묘생이여! 여래라고 말하는 것은 곧 실성(實性)이니, 진여의 다른 이름이니라."

"妙生! 若言: '如來證得無上正等覺.'者, 是爲妄語. 何以故? 實無有法, 如來證得無上正覺. 妙生! 如來所得正覺之法, 此卽非實非虛. 是故佛說: '一切法者, 卽是佛法.' 妙生! 一切法·一切法者, 如來說爲非法, 是故如來說一切法者, 卽是佛法. "妙生! 譬如丈夫, 其身長大." 妙生言: "世尊! 如來說爲大身者, 卽說爲非身, 是名大身."

"묘생이여! 만약 '여래가 위없는 정등각을 증득하였다'라고 말한다면 이것은 허망한 말이니라. 왜냐하면 참으로 여래는 위없는 정각(正覺)을 증득할 법이 없기 때문이니라. 묘생이여! 여래가 얻은 정각의 법은 진실도 아니요, 헛됨도 아니니라. 그러므로 부처님께서 설하시기를 '일체법이란 바로 불법이다'라고 하셨느니라. 묘생이여! 일체법과 일체법이라는 것이라 함은 여래가 법이 아니라 설하였나니, 그러므로 여래가 일체법이라고 설한 것은 곧 이 불법이니라. 묘생이여! 비유하면 장부가 그 몸이 장대한 것과 같으니라." 묘생이 말씀드렸다. "세존이시여! 여래께서 큰 몸이라고 설하신 것은 곧 몸이 아니요, 이름이 큰 몸임을 말씀하신 것입니다."

佛告妙生: "如是, 如是! 若菩薩作是語: '我當度衆生令寂滅.'者, 則不名菩薩. 妙生! 頗有少法名菩薩不?" 答言: "不爾, 世尊!" "妙生! 是故如來說: '一切法無我·無衆生·無壽者·無更求趣.' 妙生! 若有菩薩言: '我當成就佛土嚴勝·佛土嚴勝.'者, 如來說爲非是嚴勝, 是故如來說爲嚴勝. 妙生! 若有信解一切法無性·一切法無性者, 如來說名眞是菩薩·菩薩."

부처님께서 묘생에게 말씀하셨다. "그러하다, 그러하다. 만약 보살이 '나는 마땅히 중생을 제도하여 적멸하게 하였도다'라고 말하면, 곧 보살이라고 하지 못하리라. 묘생이여! 작은 법이라도 있으면 보살이라 칭하겠는가?" 묘생이 답하였다. "그렇지 않습니다, 세존이시여!" "묘생이여! 그러므로 여래가 설한 일체법이란 나도 없고, 중생도 없고, 수명도 없고, 다시 뜻대로 남도 없느니라. 묘생이여! 만약 보살이 '나는 마땅히 불국토를 장엄하고 뛰어나게 성취하였도다'라고 말한다면, 불국토가 장엄하고 뛰어나다는 것은 여래가 이 장엄하고 뛰어남이 아니라고 설하였으며, 그러므로 여래는 장엄하고 뛰어나다고 설하였느니라. 묘생이여! 일체법은 성품이 없다고 믿어 알고 일체법에 성품이 없는 자는 여래가 참으로 이 보살 가운데 보살이라 이름하리라."

"妙生! 於汝意云何? 如來有肉眼不?" 妙生言: "如是, 世尊! 如來有肉眼."

"묘생이여! 그대의 뜻에 어떠한가? 여래에게는 육안이 있는가?" 묘생이 말씀드렸다. "그렇습니다, 세존이시여! 여래께는 육안이 있습니다."

"如來有天眼不?" "如是, 世尊! 如來有天眼."
"여래에게는 천안이 있는가?" "그렇습니다, 세존이시여! 여래께는 천안이 있습니다."

"如來有慧眼不?" "如是, 世尊! 如來有慧眼."
"여래에게는 혜안이 있는가?" "그렇습니다, 세존이시여! 여래께는 혜안이 있습니다."

"如來有法眼不?" "如是, 世尊! 如來有法眼."
"여래에게는 법안이 있는가?" "그렇습니다, 세존이시여! 여래께는 법안이 있습니다."

"如來有佛眼不?" "如是, 世尊! 如來有佛眼."
"여래에게는 불안이 있는가?" "그렇습니다, 세존이시여! 여래께는 불안이 있습니다."

"妙生! 於汝意云何? 如弶伽河中所有沙數, 復有如是沙等弶伽河, 隨諸河沙, 有爾所世界, 是爲多不?" 妙生言: "甚多, 世尊!"
"묘생이여! 그대의 뜻에 어떠한가? 강가하 가에 있는 모래의 수와 같은 강가하가 있고, 그 모든 강가하의 모래 숫자만한 세계가 그곳에 있다면 이것은 많다고 하겠는가?" 묘생이 말씀드렸다. "매우 많습니다, 세존이시여!"

"妙生! 此世界中所有衆生, 種種性行, 其心流轉, 我悉了知. 何以故? 妙生! 心陀羅尼者, 如來說爲無持, 由無持故, 心遂流轉. 何以故? 妙生! 過去心不可得, 未來心不可得, 現在心不可得."
"묘생이여! 이 세계 가운데 있는 중생의 가지가지 성품과 소행이 그 마음 따라 유전(流轉)함을 나는 잘 아느니라. 무슨 까닭인가? 묘생이여! 마음의 다라니(陀羅尼)란 지님이 없다고 여래가 설하였느니라. 지님이 없음으로 말미암아 마음이 좇아 유전하느니라. 왜냐하면 묘생이여! 과거의 마음도 찾을 수 없고, 미래의 마음도 얻을 수 없고, 현재의 마음도 찾을 수 없느니라."

"妙生. 於汝意云何? 若人以滿三千大千世界七寶布施, 是人得福多不?" 妙生言: "甚多, 世尊!" "妙生! 若此福聚是福聚者, 如來則不說爲福聚·福聚."
묘생이여! 그대의 뜻에 어떠한가? 만약 어떤 사람이 삼천대천세계에 가득 찬 칠보로 보시한다면 이 사람이 얻는 복이 많겠는가?" 묘생이 말씀드렸다. "매우 많습니다, 세존이시여!" "묘생이여! 만약 이 복의 쌓임이 복의 쌓임이라는 것을 여래는 곧 복의 쌓임이 복의 쌓임이라고 설하지 아니하였을 것이니라."

"妙生! 於汝意云何? 可以色身圓滿觀如來不?" "不爾, 世尊! 不應以色身圓滿觀於如來. 何以故? 色身圓滿·色身圓滿者, 如來說非圓滿, 是故名爲色身圓滿."

"묘생이여! 그대의 뜻에 어떠한가? 색신이 원만함으로 여래를 보는가?" "그렇지 않습니다, 세존이시여! 마땅히 색신이 원만함으로 여래를 보지 못할 것입니다. 왜냐하면 색신이 원만함이라고 하는 그 색신이 원만함이란 것은 여래께서 말씀하시기를 원만하지 않다고 하셨습니다. 그러므로 이름이 색신이 원만함입니다."

"妙生! 可以具相觀如來不?" "不爾, 世尊! 不應以具相觀於如來. 何以故? 諸具相者, 如來說非具相, 是故如來說名具相."
"묘생이여! 구족한 상(相)으로 여래를 보는가?" "그렇지 않습니다, 세존이시여! 마땅히 구족한 상으로 여래를 볼 수 없습니다. 왜냐하면 모든 구족한 상이란 여래께서 말씀하시기를 구족한 상이 아니라고 하셨습니다. 그러므로 여래께서 이름이 구족한 상이라고 하셨습니다."

"妙生! 於汝意云何? 如來作是念: '我說法.'耶? 汝勿作是見. 若言: '如來有所說法.'者, 則爲謗我. 何以故? 言說法·說法者, 無法可說, 是名說法."
"묘생이여! 그대의 뜻에 어떠한가? 여래가 '나는 법을 설하였다'고 생각하겠는가? 그대는 이런 견해를 가지지 말지니라. 만약 여래가 법을 설하신 것이 있다고 말하면 곧 나를 비방함이니라. 왜냐하면 설법이라고 말한 설법이란 설할 법이 없음이요, 이름이 설법이기 때문이니라."

妙生白佛言: "世尊! 於當來世, 頗有衆生, 聞說是經, 生信心不?" 佛告妙生: "有生信者, 彼非衆生, 非非衆生. 何以故? 衆生·衆生者, 如來說非衆生, 是名衆生."
묘생이 부처님께 말씀드렸다. "세존이시여! 마땅히 오는 세상에 어떤 중생이 이 경을 설함을 듣고 신심을 내겠습니까?" 부처님께서 묘생에게 말씀하셨다. "묘생이여! 신심을 내는 자가 있을 것이니, 그는 중생이 아니요, 중생이 아님도 아니니라. 무슨 까닭인가? 온갖 중생이란 여래께서 말씀하시기를 중생이 아니라 하였으므로 이 이름이 중생이기 때문이니라."

"妙生! 於汝意云何? 佛得無上正等覺時, 頗有少法所證不?" 妙生言: "實無有法是佛所證." 佛告妙生: "如是, 如是! 此中無有少法可得, 故名無上正等菩提. 妙生! 是法平等, 無有高下, 故名無上正等菩提. 以無我·無衆生·無壽者·無更求趣性, 其性平等, 故名無上正等菩提. 一切善法皆正覺了, 故名無上正等正覺. 妙生! 善法者, 如來說爲非法, 故名善法."
"묘생이여! 그대 생각엔 어떠한가? 부처님이 무상정등각(無上正等覺)을 얻을 때에 어떤 조그만 법을 증득한 것이 있었겠는가?" 묘생이 말씀드렸다. "참으로 부처님께서 증득하신바 법은 없습니다." 부처님께서 묘생에게 말씀하셨다. "그와 같다, 그와 같다. 이 가운데 조그만 법도 얻은 것이 없으므로 이름이 무상정등보리이니라. 묘생이여! 이 법은 평등하여 높고 낮음이 없으므로 이름이 무상정등보리요, 무아·무중생·무수자·무갱구취성이며, 그 성품이 평등하므로 이름이 무상정등보리이니라. 일체의 선법을 모두 바로 깨달은 까닭으로 이름이 무상정등정각이니라. 묘생이여! 선법이란 여래가 법이 아님을 설하였으므로 이름이 선법이니라."

"妙生! 若三千大千世界中, 所有諸妙高山王, 如是等七寶聚, 有人持用布施. 若復有人, 於此經中, 乃至一四句頌, 若自受持, 及爲他說. 以前福聚比此福聚, 假令分此以爲百分, 彼亦不能及一分, 或千分億分算分勢分數分因分, 乃至譬喻亦不能及一."

"묘생이여! 만약 삼천대천세계 가운데 가장 높은 묘고산왕(妙高山王)이 있는데, 그와 같은 칠보를 모아서 어떤 이가 가지고 보시하며, 다시 어떤 이가 이 경 가운데 하나의 사구송(四句頌)을 만약 스스로 받아 지니고 남을 위하여 설한다고 했을 때, 앞의 복의 쌓임을 가지고 이 복의 쌓임에 비교한다면, 가령 이를 나누기를 백으로 나눈다 하여도 능히 그 하나에도 미치지 못하며, 혹 천으로 나누고, 억으로 나누고, 산수로 나누고, 세력으로 나누고, 숫자로 나누고, 과거의 인연으로 나누고, 나아가 비유로도 능히 하나에 미치지 못하느니라."

"妙生! 於汝意云何? 如來度衆生不? 汝莫作是見: '如來度衆生.' 何以故? 曾無有一衆生是如來度者. 若有衆生是如來度者, 如來則有我見·衆生見·壽者見·更求趣見. 妙生! 我等執者, 如來說爲非執, 而諸愚夫妄爲此執. 妙生! 愚夫衆生, 如來說爲非生, 故名愚夫衆生."

"묘생이여! 그대의 뜻에 어떠한가? 여래는 중생을 제도하였느냐? 그대는 '여래께서 중생을 제도하셨다'라고 생각하지 말라. 왜냐하면 일찍이 한 중생도 여래가 제도한 것이 없느니라. 만약 여래가 중생을 제도한 것이 있다면 여래는 곧 아견·중생견·수자견·갱구취견이 있음이니라. 묘생이여! 나 따위의 집착은, 여래가 설하기를 집착이 아니라고 했거늘, 어리석은 이들이 망령되이 이를 집착함이니라. 묘생이여! 어리석은 중생이란 여래가 설하기를 중생이 아니라고 했으니, 그러므로 이름을 어리석은 중생이라고 하느니라."

"妙生! 於汝意云何? 應以具相觀如來不?" "不爾, 世尊! 不應以具相觀於如來." "妙生! 若以具相觀如來者, 轉輪聖王應是如來, 是故不應以具相觀如來, 應以諸相非相觀於如來."

"묘생이여! 그대 생각엔 어떠한가? 구족한 상으로 여래를 보는가?" "그렇지 않습니다, 세존이시여! 마땅히 구족한 상으로 여래를 볼 수 없습니다." "묘생이여! 만약 구족한 상으로써 여래를 본다면 전륜성왕도 마땅히 여래일 것이니라. 그러므로 마땅히 구족한 상으로 여래를 보지 아니할 것이요, 마땅히 모든 상이 아님으로써 여래를 볼 것이니라."

爾時, 世尊而說頌曰:
그때 세존께서 게송으로 설하셨다.

"若以色見我, 以音聲求我, 是人起邪觀, 不能當見我. 應觀佛法性, 卽導師法身, 法性非所識, 故彼不能了."

"만약 색으로 나를 보거나, 음성으로 나를 구하면, 이 사람은 삿된 견해를 일으킴이니, 능히 마땅히 나를 보지 못하리라. 마땅히 불법의 성품을 관하니, 바로 도사(導師)가 법신(法身)이라, 법성(法性)은 인식되는 것이 아니요, 그러므로 그는 능히 깨닫지 못하리."

"妙生! '諸有發趣菩薩乘者, 其所有法是斷滅不?' 汝莫作是見. 何以故? 趣菩薩乘者, 其法不失. 妙生! 若有男子·女人, 以滿弶伽河沙世界七寶布施. 若復有人, 於無我理·不生法中, 得忍解者, 所生福聚, 極多於彼無量無數. 妙生! 菩薩不應取其福聚." 妙生言: "菩薩豈不取福聚耶?" 佛告妙生: "是應正取, 不應越取, 是故說取. 妙生! 如有說言: '如來若來若去·若坐若臥.'者, 是人不解我所說義. 何以故? 妙生! 都無去來, 故名如來."

"묘생이여! '모든 보살승에 향하여 나아가는 자는 그 법을 끊고 멸하는가?' 그대는 이런 생각을 하지 말라. 무슨 까닭인가? 보살승에 나아가는 자는 그 법을 잊어버리지 않기 때문이니라. 묘생이여! 만약 선남자와 선여인이 강가하의 모래와 같이 많은 세계에 가득한 칠보로 보시하고, 다시 어떤 이가 무아의 이치와 불생법(不生法) 가운데 인(忍)을 얻어 깨달으면 생기는 복의 쌓임이 그보다 지극히 더 많아 헤아릴 수도 없느니라. 묘생이여! 보살은 마땅히 그 복의 쌓임을 취하지 아니할 것이니라." 묘생이 말씀드렸다. "보살은 어찌하여 복의 쌓임을 취하지 않습니까?" 부처님께서 묘생에게 말씀하셨다. "마땅히 바르게 취하고 지나치게 취하지 아니하느니라. 그러므로 취한다고 설하느니라. 그러므로 묘생이여! 설한 것과 같이 '여래는 오기도 하고 가기도 하고 앉기도 하고 눕기도 한다'라고 하면, 이 사람은 내가 설한 뜻을 알지 못함이니라. 무슨 까닭인가? 묘생이여! 전혀 가고 옴이 없으므로 이름을 여래라고 하느니라."

"妙生! 若有男子·女人, 以三千大千世界土地碎爲墨塵. 妙生! 於汝意云何? 是極微聚, 寧爲多不?" 妙生言: "甚多, 世尊! 何以故? 若聚性是實者, 如來不說爲極微聚極微聚. 何以故? 極微聚者, 世尊說爲非極微聚, 故名極微聚. 世尊! 如來所說三千大千世界, 說爲非世界, 故名三千大千世界. 何以故? 若世界實有, 如來則有聚執. 佛說聚執者, 說爲非聚執, 是故說爲聚執."

"묘생이여! 만약 선남자와 선여인이 삼천대천세계의 토지를 부수어 검은 미진으로 만든다면, 묘생이여! 그대의 뜻에 어떠한가? 이 지극히 미세한 것을 모은다면 많겠는가?" 묘생이 말씀드렸다. "매우 많습니다, 세존이시여! 왜냐하면 만약 모으는 성품이 실제라면 여래께서는 지극히 미세한 것의 모임, 지극히 미세한 것의 모임이라고 말씀하지 아니하셨을 것입니다. 왜냐하면 지극히 미세한 것의 모임이라는 것은 세존께서 말씀하신 지극히 미세한 것의 모임이 아니요, 이름이 지극히 미세한 것의 모임입니다. 세존이시여! 여래께서 말씀하신 삼천대천세계는 세계가 아님을 말씀하셨기 때문이며, 이름이 삼천대천세계입니다. 무엇 때문이겠습니까? 만약 세계가 참으로 있다면 여래께서는 곧 모임에 집착하신 것이기 때문입니다. 부처님께서 모임에 집착한다고 말씀하신 것은 모임에 집착함이 아님을 말씀하심이니, 그러므로 모으는 집착을 말씀하셨습니다."

"妙生! 此聚執者, 是世言論, 然其體性, 實無可說, 但是愚夫異生之所妄執."

"묘생이여! 이 모임에 집착한다는 것은 세상의 말과 논리가 그러함이요, 그 체성(體性)은 실로 설할 수 없음이고, 다만 어리석은 이생(異生)이 망집(妄執)하는 것이니라."

"妙生! 如有說云: '佛說我見·衆生見·壽者見·更求趣見.'者, 是爲正說爲不正耶?" 妙生言: "不爾, 世尊! 何以故? 若有我見如來說者, 卽是非見, 故名我見."

"묘생이여! 설해진 것과 같이 부처님이 설한 아견·유정견·수자견·갱구취견이란 이것이 바른 설법인가? 바르지 아니한 것인가?" 묘생이 말씀드렸다. "그렇지 않습니다, 세존이시여! 무슨 까닭이겠습니까? 만약 여래께서 아견를 설하셨다면 곧 이것은 견해가 아니며, 이름이 아견 입니다."

"妙生! 諸有發趣菩薩乘者, 於一切法, 應如是知, 如是見, 如是解. 如是解者, 乃至法想亦無所住. 何以故? 妙生! 法想·法想者, 如來說爲非想, 故名法想·法想."

"묘생이여! 모든 보살승에 뜻을 일으키는 이는 일체법을 마땅히 이와 같이 알고 이와 같이 보고 이와 같이 해석할 것이니라. 이와 같이 해석한다는 것은 나아가 법상에 이르기까지 또한 머무른 바가 없는 것이니라. 무슨 까닭인가? 묘생이여! 법상, 법상이라는 것이란 여래는 비상 (非想)이라고 설했기 때문에 이름이 법상, 법상이라는 것이니라."

"妙生! 若有人以滿無量無數世界七寶, 持用布施. 若復有人, 能於此經, 乃至受持讀誦四句伽他, 令其通利, 廣爲他人正說其義, 以是因緣所生福聚, 極多於彼無量無數. 云何正說? 無法可說, 是名正說."

"묘생이여! 만약 어떤 사람이 헤아릴 수 없고 수도 없는 세계에 가득 찬 칠보를 가지고 보시하고, 만약 다시 어떤 이가 능히 이 경을 받아 지니고 읽고 외우거나 나아가 네 구의 가타를 이익 되게 유통하여 널리 남을 위하여 그 뜻을 바로 설하면, 이 인연으로 생기는 복의 쌓임은 그보다 한없이 많아 한량없고 수도 없느니라. 무엇이 바르게 말함인가? 말할 만한 법이 없는 것을 바르게 말함이라고 하느니라."

爾時, 世尊說伽他曰:
그때 세존께서 게송을 설하셨다.

"一切有爲法, 如星·翳·燈·幻, 露·泡·夢·電·雲, 應作如是觀."
"일체 유위법은, 별·그림자·등불·허깨비·이슬·물거품·꿈·번개·구름 같으니, 마땅히 이와 같이 관(觀)할 것이니라."

爾時, 薄伽梵說是經已, 具壽妙生, 及諸菩薩摩訶薩·苾芻·苾芻尼·鄔波索迦·鄔波斯迦, 一切世間天·人·阿蘇羅等, 皆大歡喜, 信受奉行.
그때 부처님께서 이 경을 설하여 마치시니, 구수 묘생과 모든 보살마하살·필추·필추니·우바새·우바이, 일체 세간의 천·인·아소라들이 모두 크게 환희하며 믿고 받들어 행하였다.

부록 6

—

『금강반야바라밀경미륵보살게송
(金剛般若波羅蜜經彌勒菩薩偈頌)』

본『금강반야바라밀경미륵보살게송』에는 다음과 같은 연기(緣起)가 있다. 무착(無著)보살이 도사다천(覩史多天) 도솔궁(兜率宮)에 올라가 자씨존(慈氏尊)의 처소에서 미륵보살께『금강경』의 뜻을 청하여 47게송을 얻었다고 한다. 이후 무착은 이를 제자인 세친(世親; 天親으로도 칭함)보살에게 전했으며, 세친은 이 47게송에 2수의 귀경게(歸敬偈), 1수의 결게(結偈)를 추가하여 80게송을 이루었다. 이 미륵보살의 80게송은 중국에 전래된 이후 여러 종류의 역본이 나왔다. 그 가운데 가장 유명한 것이 바로 원위(元魏) 시기 보리유지(菩提流支)에 의하여 번역된『금강반야바라밀경론(金剛般若波羅密經論)』가운데의 게송이고, 또 다른 역본으로 당 시기에 의정(義淨)이 번역한『능단금강반야바라밀다경론석(能斷金剛般若波羅蜜多經論釋)』의 게송을 들 수 있다. 단 의정본의 경우 80게송만이 실려 있다. 중국에서는 보리유지의『금강반야바라밀경론』에서 80게송만을 추출하고, 또한 의정의『능단금강반야바라밀다경론석』의 80게송과 함께 총 160게송을 앞뒤로 편집하여『금강반야바라밀경미륵보살게송』으로 묶었다. 이 미륵보살게송은 중국에서 역대로『금강경』을 이해하고 수습하는 데 중요한 작용을 하였다.

본서의 원서에도『금강반야바라밀경미륵보살게송』을 그대로 부록으로 싣고 있다. 그러나 보리유지와 의정이 번역한 미륵보살게송은 여러 자료상 동본이역일 가능성이 있다. 그에 따라 본서에서는 미륵보살의 게송을 본래의 앞뒤로 하지 않고 각 게송에 번호를 붙여 보리유지와 의정의 역본을 상하로 배대하였다. 그렇게 하는 것이 독자들에게 본 게송이 지닌 의미를 파악하는 데 보다 효율적이라는 판단 아래 진행한 것임을 밝힌다. (역자 주)

1.

【보리유지 역】

法門句義及次第, 世間不解離明慧, 大智通達敎我等, 歸命無量功德身.

법문(法門) 문구의 뜻과 그 차례를 밝은 지혜를 떠난 세간에서는 알지 못하니,

큰 지혜 통달하시어 저희들을 가르치시는 무량한 공덕신(功德身)께 귀명(歸命)합니다.

【의정 역】

此經文句義次第, 世無明慧不能解, 稽首於此教我等, 無邊功德所生身.

이 경전의 문구와 뜻의 차례는 세간의 무명에 쌓인 지혜로는 알지 못하니,

우리들을 가르치시는 무변한 공덕으로 생겨난 몸께 머리 숙이옵니다.

2.

【보리유지 역】

應當敬彼如是尊, 頭面禮足而頂戴, 以能荷佛難勝事, 攝受衆生利益故.

이와 같이 존귀하신 분께 마땅히 공경하여, 머리와 이마를 발에 대어 예배하오니,

부처님께선 이기기 어려운 일을 짊어지시고, 중생들을 섭수하시어 이롭게 하기 때문입니다.

【의정 역】

具如斯德應禮敬, 彼之足跡頂戴持, 覺輾難駕彼能乘, 要心普利諸含識.

이와 같은 덕을 갖추신 분께, 마땅히 그 족적(足跡)에 머리를 대어 예경하오니,

타기 어려운 깨달음의 수레를 능히 타시고서, 간절한 마음으로 널리 모든 중생을 이롭게 하옵니다.

3.

【보리유지 역】

巧護義應知, 加彼身同行, 不退得未得, 是名善付囑.

교묘하게 보호한다는 뜻을 마땅히 알지니, 그의 몸과 함께 가는 것이니,

얻음과 얻지 못함에 물러남이 없음을, 잘 부촉함이라 칭한다.

【의정 역】

勝利益應知, 於身并屬者, 得未得不退, 謂最勝付囑.

으뜸가는 이익이 됨을 마땅히 알아야 하니, 제 몸은 물론 그 권속에게까지 이익을 주기 때문이며,

증득했거나 증득하지 못했거나 물러나지 않게 하므로, 가장 으뜸가는 부촉이라 말하는 것이다.

4.

【보리유지 역】

廣大第一常, 其心不顚倒, 利益深心住, 此乘功德滿.

광대하고 제일로 항상함은 그 마음이 전도되지 않음이고,

중생을 이롭게 마음 깊이 머무름은 이 보살승의 공덕이 가득함이다.

【의정 역】

於心廣最勝, 至極無顚倒, 利益意樂處, 此乘功德滿.

마음이 광대하고 가장 수승하며 지극하여 전도됨이 없으니,

이익을 주어야겠다는 의락처(意樂處)로 이 보살승의 공덕이 가득함이다.

5.

【보리유지 역】

檀義攝於六, 資生無畏法, 此中一二三, 名爲修行住.

보시바라밀은 육바라밀을 포섭하여 자생시(資生施)와 무외시(無畏施)와 법시(法施)가 있어,

여기에 하나와 둘과 셋을 포섭하니 수행주(修行主)라 칭한다.

【의정 역】

六度皆名施, 由財無畏法, 此中一二三, 名修行不住.

육도(六度: 육바라밀)를 모두 보시라 칭하고, 재시와 무외시와 법시로 말미암으며,

이 가운데 하나와 둘과 셋에, 머무르지 않음을 수행이라 칭한다.

6.

【보리유지 역】

自身及報恩, 果報斯不著, 護存己不施, 防求於異事.

자기의 몸과 보은(報恩), 과보에 대해 집착하지 않으며,

자기를 지키고 보호하려 보시하지 않으며, 다른 일에서 구함을 막는다.

【의정 역】

爲自身報恩, 果報皆不著. 爲離於不起, 及離爲餘行.

자기 몸을 위한 보은과 과보에 모두 집착하지 않으며,

떠남을 위하여 일으키지 않으며, 또한 다른 일을 행함을 떠난다.

7.

【보리유지 역】

調伏彼事中, 遠離取相心, 及斷種種疑, 亦防生成心.

저러한 일에서 조복(調伏)시켜 상(相)에 집착하는 마음을 멀리 여의고,

여러 가지 의혹을 끊어 없애야, 또한 생하는 마음을 막을 수 있다.

【의정 역】

攝伏在三輪, 於相心除遣, 後後諸疑惑, 隨生皆悉除.

삼륜(三輪: 身·口·意, 혹은 施者·受者·施物의 三輪)에 있어서 포섭하여 항복받으니, 상에 대한 마음을 제거해야 하며,

뒤로 갈수록 일어나는 여러 가지 의혹들을, 생하는 대로 모두 제거해야 한다.

8.

【보리유지 역】

分別有爲體, 防彼成就得, 三相異體故, 離彼是如來.

분별할 수 있는 것을 체(體)로 삼아서 저 성취하여 얻음을 막으며,

세 가지 상으로 체가 달라지기 때문에, 저것을 떠남이 여래이다.

【의정 역】

若將爲集造, 妙相非勝相, 三相遷異故, 無此謂如來.

만약 집기(集起)하여 이루어진 것을 가지고 묘상(妙相)이라 해도 그는 승상(勝相)이 아니니,

세 가지 상으로 변천하여 달라지기 때문에 이는 여래라고 칭할 수 없다.

9.

【보리유지 역】

說因果深義, 於彼惡世時, 不空以有實, 菩薩三德備.

원인과 결과의 깊은 이치를 저 악세(惡世)의 때에도 설하는 것은,

진실이 있으므로 헛된 것이 아니요, 보살이 세 가지 덕을 갖추었기 때문이다.

【의정 역】

因與果甚深, 於彼惡時說, 此非無利益, 由三菩薩殊.

인(因)과 과(果)가 매우 심오하여 저 악세에서도 설할 수 있으며,

이는 이익 되지 않음이 없으니 세 보살의 덕이 수승하기 때문이다.

10.

【보리유지 역】

修戒於過去, 及種諸善根, 戒具於諸佛, 亦說功德滿.

과거에 계를 닦았고, 또한 여러 선근을 심었으므로,

제불이 계신 곳에서 계를 갖추었고, 또한 공덕이 원만하다 설하셨다.

【의정 역】

由於先佛所, 奉持於戒學, 并植善根故, 名具戒具德.

과거에 부처님의 처소에서, 계를 배워 받들어 지키고,

아울러 선근을 심었기 때문에, 계와 덕을 원만하게 갖추었다고 칭한다.

11.

【보리유지 역】

彼壽者及法, 遠離於取相, 亦說知彼相, 依八八義別.

저들은 수자(壽者)와 법에 대하여, 상을 취하려는 마음 멀리 여의었으므로,

또한 그 상을 안다고 설했지만, 여덟 가지에 의지하기에 여덟 가지 뜻이 다르다.

能斷於我想, 及以法想故, 此名爲具慧, 二四殊成八.

아상과 법상을 능히 끊었기 때문에,

지혜를 갖추었다고 칭하지만, 이 둘에는 각각 다른 네 가지가 있어서 여덟 가지를 이룬다.

12.

【보리유지 역】

差別相續體, 不斷至命住, 復趣於異道, 是我相四種.

차별상(差別相)이 상속하는 체(體)는, 수명이 끊어지지 않을 때까지 머무르다가,

다시 이도(異道)에서 윤회하니, 이것이 아상의 네 가지이다.

【의정 역】

別體相續起, 至壽盡而住, 更求於餘趣, 我想有四種.

다른 체가 상속되어 일어나니 수명이 다할 때까지 머무르며,

다시 다른 도에 윤회하려 구함이 아상의 네 가지이다.

13.

【보리유지 역】

一切空無物, 實有不可說, 依言辭而說, 是法相四種.

일체법이 공하여 어떤 것도 없으므로, 실제로 존재한다고 말할 수 없으며,

언사(言辭)에 의지하여 설명하니, 이 법상에 네 가지가 있다.

【의정 역】

皆無故非有, 有故不可說, 是言說因故, 法想有四種.

모든 법은 다 없음이며, 있어도 설할 수 없으니,

이것이 언설(言說)의 인(因)이 되므로, 법상에 네 가지가 있다.

14.

【보리유지 역】

彼人依信心, 恭敬生實相, 聞聲不正取, 正說如是取.

저 사람들은 신심에 의지하여 공경하므로 실상이 일어나니,

설법을 듣고 바르게 취하는 것이 아니라, 바른 설법으로 이와 같이 취함이다.

【의정 역】

由彼信解力, 信故生實想, 不如言取故, 取爲正說故.

저들은 신해력(信解力)으로 말미암아 믿음 때문에 진실한 생각을 일으키니,

말한 바에 따라 취하지 않고 바른 설법에서 취하기 때문이다.

15.

【보리유지 역】

佛非見果知, 願智力現見, 求供養恭敬, 彼人不能說.

부처님께서 과보를 보심은 비지(比知)로써가 아니요, 원지(願智)의 힘으로 나타남을 보신 것이니,

공양이나 공경을 구하는 그런 사람이 말하지 못하게 함이다.

【의정 역】

佛了果非比, 由願智故知, 爲求利敬者, 遮其自說故.

부처님께서 과보를 아심은 비지 때문이 아니며, 원지로 말미암아 아셨으니,

이익과 존경을 구하는 자들에게 스스로 말하게 함을 막기 위함이다.

16.

【보리유지 역】

彼不住隨順, 於法中證智, 如人捨船栰, 法中義亦然.

저들은 머무르지 않고 법 가운데 증지(證智)만을 수순(隨順)하니,

마치 사람들이 배나 뗏목을 버림과 같이 법 가운데 뜻도 또한 마찬가지다.

【의정 역】

證不住於法, 爲是隨順故, 猶如捨其筏, 是密意應知.

법에 머물지 않아야 함을 증명하셨으니, 이는 법에 수순하기 때문이며,

뗏목을 버려야 함을 비유하셨으니, 이러한 밀의(密意)를 마땅히 알아야 한다.

17.

【보리유지 역】

應化非眞佛, 亦非說法者, 說法不二取, 無說離言相.

응신(應身)과 화신(化身)은 진불(眞佛)이 아니요, 또한 설법하는 사람도 아니니,

말씀하신 법을 두 가지로 취해서는 안 되고, 언상(言相)을 떠남을 설함이 없다.

【의정 역】

化體非眞佛, 亦非說法者, 說法非二取, 所說離言詮.

화신의 몸인 부처님은 참다운 부처가 아니고 또한 법을 설하지도 않았으니,

말씀하신 법을 두 가지로 취해서는 안 되며, 설하신 법은 언어의 해석을 떠난다.

18.

【보리유지 역】

受持法及說, 不空於福德; 福不趣菩提, 二能趣菩提.

법을 받아 지니고 다른 이를 위해 설법한다면, 복덕이 헛되지 않으니,

복으로는 보리에 나아가지 못하며, 저 두 가지로 보리에 나아갈 수 있다.

【의정 역】

自受爲他說, 非無益集福, 福不持菩提, 彼二能持故.

스스로도 받아 지니고 다른 이를 위해 설법한다면, 이익이 없지 않으며 복이 쌓이게 되니,

복은 보리를 지니지 않지만, 저 두 가지는 능히 보리를 지니기 때문이다.

19.

【보리유지 역】

於實名了因, 亦爲餘生因; 唯獨諸佛法, 福成第一體.

실상을 깨닫는 원인이라 칭하며, 또한 나머지를 생하는 원인이니,

오직 모든 부처님의 법만이, 복 중에 제일을 성취할 수 있다.

【의정 역】

得自性因故, 此餘者是生, 唯是佛法故, 能成最勝福.

자성을 증득하는 원인이 되기 때문에 그 나머지들도 생하며,

오직 이것이 불법이기 때문에 가장 수승한 복을 이룰 수 있다.

20.

【보리유지 역】

不可取及說, 自果不取故; 依彼善吉者, 說離二種障.

취할 수도 없고 설할 수도 없음은 스스로 성취한 과위(果位)를 취하지 않기 때문이니,

그 선길(善吉; 수보리)이 의지하여 두 가지 장애를 떠났다고 설하였다.

【의정 역】

不取自果故, 非可取可說, 解脫二障故, 說妙生無諍.

스스로 성취한 과위에 집착하지 않기 때문에 취할 수도 없고 설할 수도 없으며,

두 가지 장애를 해탈하였기 때문에 묘생(妙生; 수보리)은 무쟁(無諍)이라고 설하였다.

21.

【보리유지 역】

佛於然燈語, 不取理實智; 以是眞實義, 成彼無取說.

부처가 연등불께 법문을 들었지만, 이치로 얻은 지혜를 취한 것이 아니니,

이러한 진실의(眞實義)로써 저것은 취하여 설할 수 없음을 이룬다.

【의정 역】

在然燈佛所, 言不取證法, 由斯證法成, 非所取所說.

연등불의 처소에 계셨을 때에 법문을 듣고 법을 취하여 증득한 것이 아니니,

여기에서 증득하여 이룬 법은 취할 바도 설할 바도 아니다.

22.

【보리유지 역】

智習唯識通, 如是取淨土, 非形第一體, 非嚴莊嚴意.

지혜를 닦아 오직 식(識)임을 통달하여, 이와 같이 정토를 취하며,

형상이 없는 제일(第一)의 체(體)이고, 장엄이 아닌 까닭에 장엄의 뜻이 있다.

【의정 역】

智流唯識性, 國土非所執, 無形故勝故, 非嚴許嚴性.

지혜의 흐름은 오직 식성(識性)일 뿐이며, 국토는 집착할 대상이 아니니,

형상이 없기 때문에 수승하며, 장엄이 아니기 때문에 장엄성(莊嚴性)이 허용된다.

23.

【보리유지 역】

如山王無取, 受報亦復然, 遠離於諸漏, 及有爲法故.

산왕(山王; 수미산왕)이 취함이 없는 것과 같이, 받을 보신(報身) 또한 그러하니,

모든 번뇌와 유위법(有爲法)을 멀리 떠났기 때문이다.

【의정 역】

譬如妙高山, 於受用無取, 非有漏性故, 亦非是因造.

비유하면 묘고산(妙高山)과 같아서 수용신(受用身)을 취하지 않으며,

누성(漏性; 번뇌의 성품)이 없기 때문에 또한 인(因)에 의하여 만들어진 것이 아니다.

24.

【보리유지 역】

說多義差別, 亦成勝校量; 後福過於前, 故重說勝喻.

여러 뜻에 차별이 많음을 설하신 것이며, 또한 수승한 비교도 이루셨으니,

뒤의 복이 앞에 것을 능가하기 때문에, 거듭 비유를 들어 설하셨다.

【의정 역】

爲顯多差別, 及以成殊勝, 前後福不同, 更陳其喻說.

많은 차이와 다름이 있음을 밝히기 위해서 수승한 비교를 성립하셨으며,

앞뒤의 복이 같지 않음을 다시 비유를 들어 설하셨다.

25.

【보리유지 역】

尊重於二處, 因習證大體; 彼因習煩惱, 此降伏染福.

두 곳이 존중받음은, 원인을 익혀 대체(大體)를 증득했기 때문이니,

저 원인을 익힌 까닭에 번뇌를 항복시켜 복으로 물들이신다.

兩成尊重故, 由等流殊勝; 煩惱因性故, 由劣亦勝故.
두 가지의 성립이 존중받는 까닭에, 동등한 흐름이 수승해지며,
번뇌의 원인이 되는 성품 때문에 하열한 것도 뛰어나게 된다.

26.

【보리유지 역】
苦身勝於彼, 希有及上義, 彼智岸難量, 亦不同餘法.
몸은 괴롭지만 저것보다 뛰어남은 희유하고 높은 뜻이며,
저 지혜의 언덕은 헤아려 알기 어렵고, 또한 다른 법과 똑같지 않기 때문이다.

【의정 역】
彼果勝苦故, 難逢勝事故, 境岸非知故, 於餘不共故.
저 과보가 수승하지만 괴로운 까닭은 뛰어난 일을 만나기 어렵기 때문이며,
피안의 경계를 알지 못하는 까닭은 다른 법이 함께할 수 없기 때문이다.

27.

【보리유지 역】
堅實解深義, 勝餘修多羅, 大因及淸淨, 福中勝福德.
견실하여 이해하기 심오한 뜻이므로, 다른 수다라(修多羅)보다 뛰어나니,
큰 원인이 있고 청정하기 때문에, 복 가운데 어느 복덕보다 수승하다.

【의정 역】
是甚深性故, 勝餘略詮故, 胄族高勝故, 望福福殊勝.
이것이 매우 깊은 성품인 까닭은 다른 약전(略詮)보다 수승하기 때문이며,
으뜸가는 혈통으로 높고 뛰어나기 때문에 어느 복덕보다도 수승한 것이다.

28.

【보리유지 역】
能忍於苦行, 以苦行有善, 彼福不可量, 如是最勝義.
능히 고행을 견딤에 고행을 착한 일이라 생각하면,
그 복은 헤아릴 수 없으니, 이와 같은 가장 수승한 뜻이 있다.

【의정 역】
彼行堪忍時, 雖苦行善故, 彼德難量故, 由斯名勝事.
저 감인(堪忍)을 행할 때에 비록 괴롭지만 선행이기 때문에,
그 공덕은 헤아리기 어려우니, 그러므로 이를 승사(勝事)라고 칭한다.

29.

【보리유지 역】

離我及恚相, 實無於苦惱, 共樂有慈悲, 如是苦行果.

아상과 에상(恚相)을 떠났기 때문에, 참으로 고뇌 없으니,

즐거움을 같이하고 자비가 있으니, 괴로움을 행한 결과가 이와 같다.

【의정 역】

由無恚怒情, 不名爲苦性, 有安樂大悲, 行時非苦果.

성내거나 분노함이 없기 때문에 괴로운 성품이라 칭하지 않으니,

안락(安樂)과 대비(大悲)가 있어 행할 때에 괴로움의 과보를 가져오지 않는다.

30.

【보리유지 역】

爲不捨心起, 修行及堅固; 爲忍波羅蜜, 習彼能學心.

버리지 않는 마음을 일으키려면, 견고하고 수행해야 하나니,

인욕바라밀을 행함으로써, 능히 배우는 마음을 익힐 수 있다.

【의정 역】

生心因不捨, 是故應堅求, 謂是得忍邊, 及此心方便.

마음이 일어나는 원인을 버리지 못하니, 이런 까닭에 마땅히 견고하게 구해야 하니,

이를 일러 인변제(忍邊際)를 증득했다 하고, 이를 마음의 방편이라고 말한다.

31.

【보리유지 역】

修行利衆生, 如是因當識; 衆生及事相, 遠離亦應知.

수행은 중생을 이롭게 하니, 이와 같은 원인을 마땅히 알아야 하며,

중생상 및 사상(事相)에 대하여, 멀리 떠나야 함을 반드시 알아야 한다.

【의정 역】

應知正行者, 是利生因故, 於有情事相, 應知遍除遣.

마땅히 알아야 하는 정행(正行)이란 중생을 이롭게 하는 원인이 되지만,

유정(有情)과 사상(事相)에 대하여 모두 제거해야 함을 마땅히 알아야 한다.

32.

【보리유지 역】

假名及陰事, 如來離彼相; 諸佛無彼二, 以見實法故.

가명(假名) 및 오음(五陰)의 일에서 여래는 그러한 상을 떠나며,

제불은 저런 두 가지가 없으니, 진실한 법을 볼 수 있다.

彼事謂名聚, 最勝除其想, 諸世尊無此, 由眞見相應.

저런 일을 취(聚)라고 이르는데, 가장 수승한 것은 그 생각을 제거함이며,

모든 세존은 비교할 대상이 없으니, 참다운 견해와 상응하기 때문이다.

33.

【보리유지 역】

果雖不住道, 而道能爲因; 以諸佛實語, 彼智有四種.

과(果)에는 비록 도(道)가 머물지 않지만, 도는 능히 과의 인(因)이 되며,

모든 부처님께선 진실한 말씀만 하시는데, 그 지혜에 네 가지가 있다.

【의정 역】

果不住因位, 是得彼果因; 世尊實語故, 應知有四種.

과(果)는 인(因)의 자리에 머물지 않지만, 이것이 저 과의 인이 되니,

세존께선 진실한 말씀만 하시기 때문에 마땅히 네 가지가 있음을 알아야 한다.

34.

【보리유지 역】

實智及小乘, 說摩訶衍法, 及一切授記, 以不虛說故.

실지(實智)와 소승(小乘)을 말씀하시고, 마하연법(摩訶衍法)도 말씀하시며,

일체의 수기(授記)의 일에 이르기까지, 모두 헛된 말씀이 아니다.

【의정 역】

立要說下乘, 及說大乘義, 由諸授記事, 皆無有差舛.

요점을 세워 주시고 하승(下乘)을 설해 주시며, 또한 대승의(大乘義)도 설해 주시니,

여러 가지 수기한 일들 어느 것 하나 어긋남이 없어야 한다.

35.

【보리유지 역】

隨順彼實智, 說不實不虛; 如聞聲取證, 對治如是說.

저 실지(實智)만을 수순하니, 진실하지도 않고 거짓도 아니라고 설하며,

법문을 듣고 과위(果位)의 증득에 집착하므로, 이를 다스리기 위하여 이와 같이 설하셨다.

【의정 역】

不得彼順故, 是非實非妄; 如言而執者, 對彼故宣說.

증득하지 못한 채 따르기만 한다면, 이는 진실도 아니고 거짓도 아니니,

법문을 듣고 과위에만 집착하는 이들을 대치(對治)하기 위하여 선설(宣說)하셨다.

36.

【보리유지 역】

時及處實有, 而不得眞如; 無智以住法, 餘者有智得.

어느 때, 어느 곳에나 항상 있건만, 그런데도 진여를 증득하지 못하며,

지혜롭지 못하여 법에 머무르고, 그렇지 않은 자는 지혜를 증득할 수 있다.

【의정 역】

常時諸處有, 於眞性不獲, 由無知有住, 智無住得眞.

어느 때, 어느 곳에나 항상 있지만, 그 참다운 성품을 얻지 못하고,

무지 때문에 머무름이 있으니, 지혜가 있으면 머무름 없이 진여를 얻는다.

37.

【보리유지 역】

闇明愚無智, 明者如有智; 對治及對法, 得滅法如是.

깜깜하여 어두운 것은 어리석고 지혜가 없음과 같고, 밝은 것은 지혜가 있음과 같으며,

대치(對治) 및 대법(對法)에 있어서 법을 얻음과 법을 잃음이 이와 같다.

【의정 역】

無智由如闇, 當闇智若明, 能對及所治, 得失現前故.

지혜가 없으면 어둠과 같고, 지혜는 어둠을 밝히는 광명과 같아서,

능대(能對)와 소치(所治)가 되어 얻음과 잃음이 눈앞에 나타난다.

38.

【보리유지 역】

於何法修行, 得何等福德? 復成就何業? 如是說修行.

어떤 법을 수행하여, 어떠한 복덕을 얻는가?

또는 어떤 업을 성취하는가? 이와 같은 수행을 설한 것이다.

【의정 역】

由如是正行, 獲如是福量; 於法正行者, 業用今當說.

이와 같은 정행(正行)으로 인하여 이렇게 한량없는 복을 획득하니,

법을 정행하는 이에게, 이제 마땅히 업의 작용을 설한다.

39.

【보리유지 역】

名字三種法, 受持聞廣說, 修從他及內, 得聞是修智.

명자(名字)에 세 가지 법이 있으니, 받아 지니고 듣고 남을 위해 연설하는 것이며,

수(修)는 다른 이로부터 자신에게 미치고, 법문을 들음은 수지(修智)를 증득한다.

於文有三種, 受持讀演說, 義得由從他, 及己聞思故.

글에는 세 가지가 있으니, 받아 지니고 독송하고 연설하는 것이며,

뜻으로 증득하거나 다른 이로부터 듣거나 스스로 듣고 생각하는 것이다.

40 .

【보리유지 역】

此爲自淳熟, 餘者化衆生; 以事及時大, 福中勝福德.

여기서는 스스로를 순숙(淳熟)하게 하지만, 다른 한편으론 중생도 교화하니,

일과 시간이 크기 때문에, 복 가운데 가장 뛰어난 복덕이 된다.

【의정 역】

此謂熟內己, 餘成他有情; 由事時大性, 望福福殊勝.

이것은 안으로 자신을 성숙시킨다는 말이지만, 한편으로는 다른 유정도 성숙시키는 것이며,

일과 시간의 대성(大性)으로 말미암아 그 복덕은 더욱 수승하다.

41 .

【보리유지 역】

非餘者境界, 唯依大人說, 及希聞信法, 滿足無上界.

다른 경계가 아니라 오직 대인(大人)의 말씀에 의지하니,

희유하여 듣고 믿을 수 있는 법, 무상계(無上界)를 만족시킨다.

【의정 역】

非境性獨性, 能依是大人, 及難可得聞, 無上因增長.

다른 경계에서의 성품이 아니라 홀로 이 성품만이 능히 대인이 의지할 수 있으며,

얻어 듣기 어려운 것이니, 위없는 인(因)을 증장시킨다.

42 .

【보리유지 역】

受持眞妙法, 尊重身得福, 及遠離諸障, 復能速證法.

참되고 미묘한 법 받아 지니고, 존중하면 몸이 복을 얻으며,

모든 장애 멀리 벗어나면, 또한 속히 법을 증득할 수 있다.

【의정 역】

若但持正法, 所依處成器, 钃除諸業障, 速獲智通性.

다만 정법만을 지니고, 여기에 의지하면 큰 그릇을 성취하니,

모든 업장을 끊어 없애면, 속히 지혜를 달통한 성품을 획득한다.

43.

【보리유지 역】

成種種勢力, 得大妙果報, 如是等勝業, 於法修行知.

여러 가지 세력을 이루고, 크고 묘한 과보 얻으니,

이와 같은 수승한 업, 이 법에서 수행하는 것임을 알 것이다.

【의정 역】

世妙事圓滿, 異熟極尊貴, 於此法修行, 應知獲斯業.

세간의 미묘한 일들이 원만하고, 이숙(異熟: 果報)에서는 매우 존귀하게 되니,

이 법을 잘 닦아 행하면, 마땅히 이 업을 획득한다는 것을 알 것이다.

44.

【보리유지 역】

於內心修行, 存我爲菩薩, 此卽障於心, 違於不住道.

내심(內心)에서 수행하여, 나는 보살이 될 것이라는 생각을 남기면,

이것은 바로 마음에 장애가 되리니, 머무르지 않는 도에 어긋나기 때문이다.

【의정 역】

由自身行時, 將己爲菩薩, 說名爲心障, 違於無住心.

자신이 수행할 때에 장차 나는 보살이 되리라고 생각하면,

마음에 장애가 된다고 설하니, 머무름이 없는 마음에 어긋나기 때문이다.

45.

【보리유지 역】

以後時授記, 然燈行非上; 菩提彼行等, 非實有爲相.

후세의 일을 수기하셨으므로, 연등불의 행함은 뛰어난 것이 아니며,

보리는 그의 수행과 동등하여, 참으로 유위(有爲)의 모습이 아니다.

【의정 역】

授後時記故, 然燈行非勝; 菩提彼行同, 非實由因造.

후세의 수기로 연등불의 행함은 수승한 것이 아니며,

보리는 그와 같은 행함과 같이 실제로 원인을 지은 것은 아니다.

46.

【보리유지 역】

彼卽非相相, 以不虛妄說; 是法諸佛法, 一切自體相.

저것은 곧 상이 아닌 상이라 하였으니, 허망한 말이 아니고,

이 법은 곧 제불(諸佛)의 법이니, 모두가 자체(自體)의 상이다.

【의정 역】

無彼相爲相, 故顯非是妄; 由法是佛法, 皆非有爲相.

저 상이 없는 것을 상이라고 한 것은 허망한 것이 아님을 나타낸 것이고,

이 법이 바로 부처님의 법이기 때문에 모두가 유위의 상이 아니라고 한다.

47.

【보리유지 역】

依彼法身佛, 故說大身喩, 身離一切障, 及遍一切境.

저 법신불께 의지하였으므로, 대신(大身)에 비유하여 설하시며,

그 대신은 모든 장애를 벗어나서, 일체의 경계에 두루 계신다.

【의정 역】

謂以法身佛, 應知喩丈夫, 無障圓具身, 是遍滿性故.

법신불로서 장부(丈夫)에 비유한 것임을 마땅히 알아야 하니,

장애가 없이 원만하게 갖추신 몸이며, 두루 가득하게 계시는 성품이기 때문이다.

48.

【보리유지 역】

功德及大體, 故卽說大身; 非身卽是身, 是故說非身.

공덕 및 대체(大體)이기 때문에 대신이라고 말씀하시니,

그 몸은 존재하는 실체의 몸 아니니, 그런 까닭에 비신(非身)이라고 설한다.

【의정 역】

及得體大故, 亦名爲大身, 非有身是有, 說彼作非身.

증득하신 체(體)가 크신 까닭에 또한 대신이라 칭하지만,

실체의 몸이 아니므로, 그는 비신이라고 설한다.

49.

【보리유지 역】

不達眞法界, 起度衆生意, 及淸淨國土, 生心卽是倒.

진법계(眞法界)를 통달하지 못하여, 중생들을 제도하겠다는 의지를 일으키거나,

국토를 청정하게 한다는 생각을 일으키니, 이 마음이 일어나면 바로 전도된 것이다.

【의정 역】

不了於法界, 作度有情心, 及淸淨土田, 此名爲誑妄.

법계(法界)를 깨닫지 못하면서 유정(有情)을 제도하겠다는 마음을 내거나,

불국토를 청정하게 하겠다고 한다면, 이것을 기만하고 허망하다고 칭한다.

50.

【보리유지 역】

衆生及菩薩, 知諸法無我, 非聖自智信, 及聖以有智.

중생과 보살이, 모든 법이 무아임을 안다면,

성인이 아니더라도 자지(自智)의 믿음과 성인의 지혜가 있음이다.

【의정 역】

於菩薩衆生, 諸法無自性, 若解雖非聖, 名聖慧應知.

보살과 중생이 제법이 무자성(無自性)임을,

만약 그것을 알면 비록 성인이 아닐지라도 성혜(聖慧)와 응지(應知)라고 칭한다.

51.

【보리유지 역】

雖不見諸法, 非無了境眼; 諸佛五種實, 以見彼顚倒.

비록 제법을 보지 않아도, 경계를 깨닫는 눈이 없지 않으니,

제불은 다섯 가지 실안(實眼)으로써 저들의 전도를 보신다.

【의정 역】

雖不見諸法, 此非無有眼; 佛能具五種, 由境虛妄故.

비록 제법을 보지 못한다 하더라도, 눈이 없는 것은 아니니,

부처님께선 다섯 가지 눈을 갖추셨기에 경계가 허망한 것임을 보신다.

52.

【보리유지 역】

種種顚倒識, 以離於實念, 不住彼實智, 是故說顚倒.

여러 가지 전도된 인식이, 실념(實念)에서 떠났기 때문에,

저 실지(實智)에 머물지 못하니, 그런 까닭에 전도된다.

【의정 역】

種種心流轉, 離於念處故, 彼無持常轉, 故說爲虛妄.

여러 가지 마음이 유전(流轉)하여 염처(念處)를 떠났기 때문에,

지니지 못하고 항상 변천하므로 허망하다고 설한 것이다.

53.

【보리유지 역】

佛智慧根本, 非顚倒功德, 以是福德相, 故重說譬喻.

불지혜(佛智慧)의 근본은, 전도된 공덕이 아니며,

이 복덕의 상으로써, 비유를 들어 거듭 설하셨다.

應知是智持, 福乃非虛妄; 顯此福因故, 重陳其喩說.

이 지혜를 지녀서 복이 곧 허망한 것이 아님을 마땅히 알지니,

이 복의 원인을 드러내기 위해 거듭 이 비유로써 설하신 것이다.

54.

【보리유지 역】

法身畢竟體, 非彼相好身, 以非相成就, 非彼法身故.

법신의 필경체(畢竟體)는, 그 상호(相好)의 몸이 아니요,

상호를 성취한 것도 아니니, 그것은 법신이 아니기 때문이다.

【의정 역】

謂於眞法身, 無隨好圓滿, 亦非是具相, 非身性應知.

참다운 법신이란 상호의 원만함을 따르는 것이 아니며,

또한 상호가 원만하게 갖추어진 것도 아니니, 몸의 성품이 아님을 마땅히 알아야 한다.

55.

【보리유지 역】

不離於法身, 彼二非不佛, 故重說成就, 亦無二及有.

법신을 떠나지 않지만, 저 두 가지도 부처가 아닌 것은 아니니,

성취라고 거듭해서 말한 것은, 저 두 가지는 없다고 할 수도, 있다고 할 수도 있다.

【의정 역】

於法身無別, 非如來無二, 重言其具相, 由二體皆無.

법신은 분별이 없지만, 여래가 아니면 이 두 가지가 없으니,

거듭 원만하게 갖춘 상호라고 말한 것은 두 가지 몸이 다 없는 것이기 때문이다.

56.

【보리유지 역】

如佛法亦然, 所說二差別; 不離於法界, 說法無自相.

불법의 경우도 이와 같아서, 설법하신 두 가지에 차별이 있으니,

법계(法界)를 떠나지도 아니하고, 설법은 자상(自相)이 없다.

【의정 역】

如來說亦無, 說二是所執, 由不離法界, 說亦無自性.

여래께서도 없다고 설하셨으니, 두 번 설하신 것은 집착하는 바 때문이며,

법계를 떠나 있지 않기 때문에, 또한 자성도 없다고 설법하셨다.

57.

【보리유지 역】

所說說者深, 非無能信者; 非衆生衆生, 非聖非不聖.

설한 법이나 설한 사람이 매우 심오하지만, 능히 믿는 사람이 없는 것도 아니며,

중생, 중생이 아니요, 성인도 아니며 성인이 아닌 것도 아니다.

【의정 역】

能說所說雖甚深, 然亦非無敬信者. 由非衆生非非生, 非聖聖性相應故.

능설(能說: 설한 주체)이나 소설(所說: 설한 대상)이 비록 매우 심오하고, 또한 공경하고 믿는 이가 없지 않음은,

중생도 아니고 중생이 아닌 것도 아니며, 성인은 아니지만 성인의 성품과 상응하기 때문이다.

58.

【보리유지 역】

彼處無少法, 知菩提無上; 法界不增減, 淨平等自相.

그곳엔 작은 법도 없으니, 무상보리인 줄 알며,

법계는 증감(增感)이 없으므로, 청정하고 평등한 자상(自相)이라고 한다.

【의정 역】

少法無有故, 無上覺應知, 由法界不增, 清淨平等性.

작은 법도 없는 까닭에 무상각(無上覺)임을 마땅히 알아야 하니,

법계는 증감이 없기 때문에 청정평등성(清淨平等性)이라고 한다.

59.

【보리유지 역】

有無上方便, 及離於漏法; 是故非淨法, 卽是清淨法.

위없는 방편이 있고, 유루법(有漏法)도 떠났으며,

그런 까닭에 정법(淨法)이 아니요, 바로 청정법(清淨法)이다.

【의정 역】

及方便無上, 由漏性非法, 是故非善法; 由此名爲善.

방편은 위없어 유루(有漏)의 성품으로 말미암는 것은 법이 아니니,

그런 까닭에 선법이 아니며, 이로 말미암아 선하다고 칭한다.

60.

【보리유지 역】

雖言無記法, 而說是彼因; 是故一法寶, 勝無量珍寶.

비록 무기법(無記法)이라고 말하지만, 이것은 그 인(因)을 말한 것이며,

그런 까닭에 하나의 법보(法寶)가 무량하고 귀중한 보배보다 수승하다.

【의정 역】

說法雖無記, 非不得應知, 由斯一法寶, 勝彼寶無量.

설법이 비록 무기(無記)라 하더라도 얻지 못함이 아님을 마땅히 알아야 하니,

이 하나의 법보는 저 무량한 보배보다 수승하다.

61.

【보리유지 역】

數力無似勝, 無似因亦然; 一切世間法, 不可得爲喩.

산수의 힘도 이보다 수승한 것이 없고, 인(因)도 또한 그러하며,

일체 세간법은 여기에 비유할 만한 것이 없다.

【의정 역】

於諸算勢類, 因亦有差殊, 尋思於世間, 喩所不能及.

모든 산수와 세력 같은 부류는 인(因)에 또한 차별이 있으니,

세간에서 자세히 찾아보거나 어떠한 비유라도 미칠 수 없다.

62.

【보리유지 역】

平等眞法界, 佛不度衆生; 以名共彼陰, 不離於法界.

평등한 진법계(眞法界)에서는, 부처님께서 중생을 제도하지 않으니,

그 이름은 저 음(陰)과 함께하기 때문에, 법계에서 벗어나지 못한다.

【의정 역】

法界平等故, 佛不度衆生; 於諸名共聚, 不在法界外.

법계는 평등하기 때문에 부처님께선 중생을 제도하지 않으시니,

모든 이름은 취(聚)와 함께하지만, 법계를 벗어나서 존재하지 못한다.

63.

【보리유지 역】

取我度爲過, 以取彼法是; 取度衆生故, 不取取應知.

내가 제도한다고 집착하면 허물이 되니, 그것은 법에 집착함이며,

중생을 제도한다는 데 집착하는 것은, 집착해서는 안 될 망집(妄執)임을 알아야 한다.

【의정 역】

若起於法執, 與我執過同; 定執脫有情, 是無執妄執.

만약 법집이 일어난다면, 아집의 허물과 같으니,

결단코 유정(有情)들을 해탈시켜야 한다고 집착함도 집착해서는 안 될 망집(妄執)이다.

64.

【보리유지 역】

非是色身相, 可比知如來; 諸佛唯法身, 轉輪王非佛.

이 색신상(色身相)을 통한 비지(比知)는 여래가 될 수 없으며,

제불만이 오직 법신이요, 전륜왕은 부처가 아니다.

【의정 역】

不應以色體, 準如來法身; 勿彼轉輪王, 與如來齊等.

마땅히 색의 몸을 여래의 법신으로 보면 안 되니,

저 전륜성왕과 여래가 동등하다고 생각하지 말라.

65.

【보리유지 역】

非相好果報, 依福德成就; 而得眞法身, 方便異相故.

상호(相好)의 과보는, 복덕에 의해 성취된 것이 아니니,

참된 법신을 증득한 것은, 방편의 이상(異相) 때문이다.

【의정 역】

卽具相果報, 圓滿福不許; 能招於法身, 由方便異性.

바로 갖추어진 상호의 과보는 원만한 복으로 받은 것이 아니며,

법신을 불러오게끔 한 것은 방편의 이성(異性) 때문이다.

66.

【보리유지 역】

唯見色聞聲, 是人不知佛; 以眞如法身, 非是識境故.

오직 색으로 보려 하거나 소리로만 들으려고 하면, 이런 사람은 부처를 알지 못하며,

이 진여의 법신은 식경(識境)이 아니기 때문이다.

【의정 역】

唯見色聞聲, 是人不知佛; 此眞如法身, 非是識境故.

오직 색으로써 보려하거나 소리로 들으려 한다면, 이 사람은 부처를 알지 못하니,

이 진여의 법신은 식경이 아니기 때문이다.

67.

【보리유지 역】

不失功德因, 及彼勝果報; 得勝忍不失, 以得無垢果.

공덕의 원인과 저 수승한 과보를 잃지 않으며,

증득한 수승한 법인(法忍)도 잃지 않으니, 무구과(無垢果)을 증득했기 때문이다.

其福不失亡, 果報不斷絶, 得忍亦不斷, 以獲無垢故.

그 복은 망실되지 않고 과보도 끊어지지 않으며,

증득한 법인(法忍)도 또한 끊어지지 않으니, 무구(無垢)를 획득했기 때문이다.

68.

【보리유지 역】

示勝福德相, 是故說譬喻; 是福德無報, 如是受不取.

수승한 복덕상(福德相)을 보이기 위해, 그런 까닭에 비유를 들어 설했으며,

이 복덕은 과보가 없으니, 그러므로 복을 받고도 집착하지 않는다.

【의정 역】

更論於福因, 爲此陳其喻, 彼福無報故, 正取非越取.

다시 복의 원인을 논하며 이를 밝히기 위해, 그 비유를 들었으니,

저 복은 과보가 없는 까닭에, 바르게 취함일 뿐 지나치게 취함이 아니다.

69.

【보리유지 역】

是福德應報, 爲化諸衆生, 自然如是業, 諸佛現十方.

이 복덕의 보응(報應)은, 모든 중생들을 교화하기 위하여,

자연히 이와 같은 업으로써, 제불로 화현하여 시방에 나타난다.

【의정 역】

彼福招化果, 作利有情事, 彼事由任運, 成佛現諸方.

그 복은 화신의 과보[化果]를 불러 유정들의 일을 유익하게 하니,

그 일은 임운(任運)할 수 있으므로 부처의 모습을 이루어 모든 곳에 현현한다.

70.

【보리유지 역】

去來化身佛, 如來常不動; 於是法界處, 非一亦不異.

화신불은 오고 가지만, 여래는 언제나 움직이지 않으며,

이 법계의 처소에서, 하나도 아니지만 또한 다른 것도 아니다.

【의정 역】

去來等是化, 正覺常不動, 彼於法界處, 非一異應知.

화신은 가고 오는 등의 일이 있지만 정각(正覺)은 언제나 움직이지 않으니,

저 화신은 법계의 처소에서 한결같지도 않고 달라지지도 않음을 마땅히 알아야 한다.

71.

【보리유지 역】

世界作微塵, 此喩示彼義; 微塵碎爲末, 示現煩惱盡.

세계를 미진으로 만든 것은, 여기에 비유하여 저 뜻을 나타내 보인 것이고,

미진을 다시 부수어 가루로 만드는 것은, 번뇌의 멸진(滅盡)을 나타내 보인 것이다.

【의정 역】

微塵將作墨, 喩顯於法界, 此論造墨事, 爲彰煩惱盡.

미진을 장차 묵(墨)으로 만듦은 비유로 법계를 나타낸 것이니,

여기에서 묵을 만드는 일을 논한 것은 번뇌의 멸진을 밝히기 위한 것이다.

72.

【보리유지 역】

非聚集故集, 非唯是一喩; 聚集處非彼, 非是差別喩.

쌓임[聚]으로 덩어리[集]가 된 것이 아님은 오직 하나의 비유이며,

쌓임으로 덩어리가 된 것은 저것이 아니요, 이는 차별이 아님을 비유하였다.

【의정 역】

非聚非集性, 顯是非一性; 於彼總集性, 明其非異性.

쌓임[聚]의 성품도 아니고 덩어리[集]의 성품도 아님은 이것이 동일한 성품이 아님을 밝힌 것이며,

저것이 모두 덩어리의 성품이라고 한 것은 그것이 다른 성품도 아님을 밝힌 것이다.

73.

【보리유지 역】

但隨於音聲, 凡夫取顚倒; 非無二得道, 遠離於我法.

다만 음성만을 따라서 범부는 전도된 모습에 집착하며,

두 가지가 없음을 안다고 해도 도를 얻음이 아니니, 아집과 법집을 멀리 벗어나야 한다.

【의정 역】

不了但俗言, 諸凡愚妄執, 斷我法二種, 非證覺無故.

다만 세속의 말인 줄 알지 못하여 여러 어리석은 이들이 허망하게 집착하니,

아집과 법집 이 두 가지를 끊었음은, 없음을 깨달아 증득한 것이 아니기 때문이다.

74.

【보리유지 역】

見我卽不見, 無實虛妄見; 此是微細障, 見眞如遠離.

아견은 바로 옳은 견해가 아니니, 실체가 없음을 허망하게 보는 것이며,

이것은 곧 미세한 장애이니, 진여를 깨달음으로써 멀리 떠나게 된다.

【의정 역】

是故見無見, 無境虛妄執, 由此是細障, 如是知故斷.

이런 까닭에 견(見)과 무견(無見)은 아무 경계도 없는 것에 허망하게 집착함이니,

이러한 미세한 장애로 말미암아 이와 같이 아는 것이기 때문에 끊어 없애야 한다.

75.

【보리유지 역】

二智及三昧, 如是得遠離; 化身示現福, 非無無盡福.

두 가지 지혜와 삼매, 이러한 것을 얻어 멀리 떠나는데,

화신으로 복을 나타내 보였으니, 무진(無盡)한 복이 없음이 아니다.

【의정 역】

由得二種智, 及定彼方除, 陳福明化身, 非無無盡福.

이 두 가지 지혜와 선정을 얻음으로써 비로소 저것이 제거되며,

복을 펼쳐서 화신을 밝히니, 무진한 복이 없음이 아니다.

76.

【보리유지 역】

諸佛說法時, 不言是化身; 以不如是說, 是故彼說正.

제불께서 설법하실 때, 화신이라는 말씀을 하지 않으셨으며,

이와 같은 말씀을 하지 않으셨으니, 그런 까닭에 그는 바른 말씀이다.

【의정 역】

諸佛說法時, 不言身是化; 由不自言故, 是其眞實說.

제불께서 설법하실 때, 자신(自身)이 화신이라는 말씀을 하시지 않으셨으며,

스스로 그런 말씀을 하지 않으셨기 때문에, 이 말은 진실한 말씀이다.

77.

【보리유지 역】

非有爲非離, 諸如來涅槃; 九種有爲法, 妙智正觀故.

모든 여래의 열반은, 유위도 아니요 유위를 떠남도 아니다.

아홉 가지 유위법을, 미묘한 지혜[妙智]로 정관(正觀)하시기 때문이다.

【의정 역】

如來涅槃證, 非造亦不殊, 此集造有九, 以正智觀故.

여래께서 증득하신 열반은 조작해서 된 것도 아니고 또한 그와 다른 것도 아니며,

이는 모여서 만들어진 아홉 가지를 바른 지혜[正智]로 관찰하기 때문이다.

78.

【보리유지 역】

見相及於識, 器身受用事, 過去現在法, 亦觀未來世.

견상(見相)과 식(識)과, 기세간에 살고 있는 몸[器身]과 수용하는 일들,

그리고 과거와 현재의 법과, 또한 미래세(未來世)를 관찰해야 한다.

【의정 역】

見相及與識, 居處身受用, 過去并現存, 未至詳觀察.

견상과 식과 거처신(居處身)과 수용(受用)과,

그리고 과거와 현재와 미래의 일을 자세히 관찰해야 한다.

79.

【보리유지 역】

觀相及受用, 觀於三世事, 於有爲法中, 得無垢自在.

상과 수용(受用)에 대하여 관찰하고, 삼세의 일을 관찰하여,

유위법 가운데에서, 무구자재(無垢自在)함을 증득한다.

【의정 역】

由觀察相故, 受用及遷流, 於有爲事中, 獲無垢自在.

상을 관찰하고 수용과 변천하는 흐름을 관찰한 까닭에,

유위의 일 가운데 무구자재함을 획득하는 것이다.

80.

【보리유지 역】

諸佛希有總持法, 不可稱量深句義, 從尊者聞及廣說, 迴此福德施群生.

제불의 희유한 총지법(總持法)과, 칭량(稱量)할 수 없이 깊은 구의(句義),

존자로부터 듣고 널리 설하여, 이 복덕을 돌려 수많은 중생들에게 베푼다.

【의정 역】

由斯諸佛希有法, 陀羅尼句義深邃, 從尊決已義廣開, 獲福令生速淸淨.

제불의 희유한 이 법과, 다라니(陀羅尼)의 깊고 깊은 구의(句義)로 말미암아,

존자를 따르고 자신의 뜻을 결정하고 널리 열어, 복을 획득하고 중생으로 하여금 빨리 청정

을 일으키게 한다.

—

『양조부대사송금강경(梁朝傅大士頌金剛經)』

서(序)

金剛經歌者, 梁朝時傅大士之所作也. 武帝初請志公講經, 志公對曰: "自有傅大士善解講之." 帝問: "此人今在何處?" 志公對曰: "見在魚行." 于時卽照大士入內. 帝問大士: "欲請大士講金剛經, 要何高坐?" 大士對曰: "不用高坐, 只須一具柏板." 大士得板, 卽唱經歌四十九頌, 終而便去. 志公問武帝曰: "識此人不?" 帝言: "不識." 志公告帝曰: "此是彌勒菩薩分身, 下來助帝楊化." 武帝忽聞情, 大驚訝, 深加珍仰, 因題此頌於荊州寺四層閣上, 至今現在.

夫金剛經者, 聖敎玄關, 深奧難測, 諸佛莫不皆由此生. 雖文疏精研浩汗難究, 豈若慈頌, 顯然目前, 遂使修行者, 不動足而登金剛寶山; 諦信者, 寂滅識而超於涅槃彼岸, 故書! 其文廣博無窮, 凡四十九篇, 烈之於後. 所謂: 惠日流空, 照如來之淨土; 禪刀入手, 破生死之魔軍. 旣人法雙祛俱遣, 快哉! 斯義何以加焉! 有一智者, 不顯姓名, 資楊五首, 以申助也. 其層閣旣被焚燒, 恐文隋墮, 聊請人賢於此閣見本, 請垂楷定.

若有人持誦金剛般若波羅蜜經, 先須至心念淨口業眞言, 然後啓請八金剛四菩薩名號, 所在之處常當擁護.

『금강경가(金剛經歌)』는 양조(梁朝) 시대 부대사(傅大士)가 지은 것이다. 무제(武帝)가 처음에 지공(志公)화상에게 경전을 강의해달라고 청하자, 지공이 대답해 말하였다. "본래 부대사가 강의를 잘합니다." 무제가 물었다. "그 사람은 지금 어디에 있는가?" 지공이 대답하였다. "제가 보기에 물고기가 물의 흐름에 맡겨 다니듯이 합니다." 그때 바로 조칙을 내려 대사를 궁궐에 들어오게 하였다. 무제가 대사에게 물었다. "대사에게 『금강경』 강의를 청하고자 하는데, 어떤 높은 법좌(法座)가 필요합니까?" 대사가 대답하였다. "높은 자리는 필요 없습니다만 한 벌의 박판(拍板; 박자판)이 필요합니다." 대사가 박판을 받자 경전을 노래하는 49송(頌)을 부르고, 송이 끝나자 돌아갔다. 지공이 무제에게 물었다. "이 사람을 아십니까?" 무제가 "모른다."라고 말했다. 지공이 무제에게 말하였다. "이분은 미륵보살의 분신으로, 내려와서 무제를 도와 교화하려고 한 것입니다." 무제가 사정을 홀연히 듣고, 크게 놀라며, 깊이 보배로운 우러름을 더하여, 이 송에 제목을 더해 형주사(荊州寺) 4층의 누각에 적어 놓아서, 지금까지 현존한다.

무릇 『금강경』은 성인의 가르침의 관문이며, 깊고 심오하여 헤아리기 어려우나, 모든 부처님이 여기에서 나오지 않은 것이 없다. 비록 경문(經文)과 주소(注疏)는 자세히 연구하여 힘을 써도 궁구하기 어려울지라도, 어찌 자애로운 송(頌)이 눈앞에 분명한데, 수행자로 하여금 발을 움직이지 않고 금강보산(金剛寶山)에 오르게 하겠는가. 진실로 확신하는 이는 식(識)을 적멸하여 열반의 피안을 뛰어넘으므로 쓰노라! 그 글이 끝없이 광대하고 무궁하여 무릇 49편은 그 뒤에 나열하였다. 이른바 지혜의 태양[惠日]이 허공에 흘러와 여래의 정토를 비추며, 선도(禪刀)를 손에 들고 생사의 마군(魔軍)을 깨뜨렸다. 사람과 법을 쌍견(雙遣)하니, 통쾌하도다! 이 뜻에 무엇으로 더할 것인가! 어떤 한 지혜로운 자가 성명을 밝히지 않고 자양(資楊)이 되는 다섯 수(首)의 도움을 펼쳤다. 그 누각은 이미 불타 버려서 그 글이 사라질까 두려워 현인에게 이 누각의 견본을 보여 바로잡아 주기를 요청하였다.

만약 어떤 사람이 『금강반야바라밀경』을 지니고 암송한다면, 모름지기 먼저 정구업진언(淨口業眞言)을 지극한 마음으로 염송하며, 그런 다음에 팔금강(八金剛)과 사대보살(四大菩薩)의 존호를 계청(啓請)하여, 이 경전의 소재도량을 항상 보호해 주도록 해야 한다.

정구업진언(淨口業眞言)

唵 修利修利 摩訶修利 修修利 莎婆訶

옴 수리수리 마하수리 수수리 사바하

허공보살보공양진언(虛空菩薩普供養眞言)

唵 誐誐曩 三婆縛 襪曰羅 斛

옴 아아나 삼바바 바아라 훔

云何梵? 云何得長壽? 金剛不壞身, 復以何因緣, 得大堅固力? 云何於此經, 究竟到彼岸? 願佛開微蜜, 廣爲衆生說.

무엇을 범(梵)이라고 하는가? 어떻게 장수할 수 있는가? 금강불괴신(金剛不壞身)은 또한 어떤 인연으로 크나큰 견고한 힘을 얻을 수 있는가? 어떻게 이 경전에서 결국 피안에 이르는가? 부처님께서 미밀(微蜜)을 열어 널리 중생을 위해 설법해 주시기를 원하옵니다.

발원문(發願文)

稽首三界尊, 十方無量佛. 我今發弘願, 持此金剛經, 上報四重恩, 下濟三塗苦, 若有見聞者, 悉發菩提心, 盡此一報身, 同生極樂國!

삼계(三界)에 존귀한 시방의 무량한 부처님께 머리 숙이옵니다. 제가 지금 커다란 원을 세우고, 『금강경』을 수지하여, 위로는 네 가지 중한 은혜를 갚고, 아래로는 삼악도의 괴로움을 구제하고자 하오니, 만약 『금강경』을 보거나 듣는 이들은 모두 보리심을 발하여, 이 보신이 다

하면, 함께 극락국에 나게 하소서!

봉청팔금강(奉請八金剛)

第一奉請青除災金剛, 第二奉請辟毒金剛, 第三奉請黃隨求金剛, 第四奉請白淨水金剛,
第五奉請赤聲金剛, 第六奉請定除災金剛, 第七奉請紫賢金剛, 第八奉請大神金剛.
제일봉청청제재금강, 제이봉청벽독금강, 제삼봉청황수구금강, 제사봉청백정수금강,
제오봉청적성금강, 제육봉청정제재금강, 제칠봉청자현금강, 제팔봉청대신금강.

봉청사대보살(奉請四大菩薩)

第一奉請金剛絹菩薩, 第二奉請金剛索菩薩, 第三奉請金剛愛菩薩, 第四奉請金剛語菩薩.
제일봉청금강견보살, 제이봉청금강색보살, 제삼봉청금강애보살, 제사봉청금강어보살.

『금강반야바라밀경(金剛般若波羅蜜經)』

如來涅槃日, 娑羅雙樹間, 阿難沒憂海, 悲慟不能前.
優婆初請問, 經首立何言? 佛敎如是著, 萬代古今傳.
여래가 열반하시던 날, 사라쌍수 사이에서 드시니, 아난은 근심의 바다에 빠진 듯,
슬피 울부짖으며 앞으로 나가지 못하네.
우바(優婆)가 처음 물음을 청하니, 경전 첫머리에 어떤 말씀 세우셨나? 부처님 가르침 이와 같
이 집착하여, 만대 고금에 전하네.

1. 법회인유분(法會因由分)

【如是我聞. 一時, 佛在舍衛國祇樹給孤獨園, 與大比丘衆千二百五十人俱. 爾時, 世尊食
時, 著衣持鉢, 入舍衛大城乞食. 於其城中, 次第乞已, 還至本處. 飯食訖, 收衣鉢, 洗足已,
敷座而坐.
이와 같이 나는 들었다. 한때, 석가모니 부처님께서 사위국의 기타태자가 건립하고, 급고독
장자가 보시한 정원에서 큰 비구들 1,250분과 함께 계셨다. 그때 식사 때가 되자 세존께서 가
사를 입으시고 용모를 정리하신 후, 엄숙하고 침착하게 발우를 지니시고 걸식하러 사위성으
로 천천히 걸어 들어가셨다. 그 성안에서 차례로 구걸하기를 마치고는 본래 계시던 곳으로
돌아오셨다. 진지를 잡수시고 나서 가사와 발우를 거두시고, 두 발을 깨끗이 씻으시고는 방
석을 깔고 좌선을 시작하셨다. 】

2. 선현기청분(善現起請分)

【時, 長老須菩提在大衆中卽從座起, 偏袒右肩, 右膝著地, 合掌恭敬而白佛言: "希有! 世尊! 如來善護念諸菩薩, 善付囑諸菩薩. 世尊! 善男子·善女人, 發阿耨多羅三藐三菩提心, 應云何住? 云何降伏其心?" 佛言: "善哉, 善哉! 須菩提! 如汝所說: '如來善護念諸菩薩, 善付囑諸菩薩.' 汝今諦聽, 當爲汝說. 善男子·善女人, 發阿耨多羅三藐三菩提心, 應如是住, 如是降伏其心." "唯然. 世尊! 願樂欲聞."】

이때, 장로 수보리가 대중 속에 있다가 일어나서 오른쪽 어깨를 벗어 왼쪽 어깨에 가사를 걸쳤다. 오른쪽 무릎을 땅에 꿇고, 합장하여 공경히 부처님께 청해 아뢰었다. "희유하십니다! 세존이시여! 여래께서는 여러 보살들을 잘 교화하셔서 그들로 하여금 매우 심오한 불도에 깊이 들어가게 하시고, 또 여러 보살들을 아주 교묘하게 신신당부하며 계율을 가르치시니, 이것은 너무 희유하십니다! 세존이시여! 그러면 세간에 아뇩다라삼먁삼보리의 마음을 낸 수천만이나 되는 선남자와 선여인은 어떻게 그 마음에 편안히 머물러야 합니까? 어떻게 그 마음을 항복시켜야 합니까?" 부처님께서 수보리의 찬탄과 질문을 듣고 설법의 기회와 인연이 성숙한 것을 보시고 매우 기뻐하시며 대답하셨다. "훌륭하고, 훌륭하구나! 수보리여! 바로 네가 말한 것처럼 여래는 확실히 여러 보살들을 잘 염려하여 보호하고, 여러 보살들을 뛰어나게 부촉해 준다. 너는 지금 자세히 들어라. 내가 너에게 말해 주리라. 선남자와 선여인이 대보리(大菩提)의 마음을 내고는 마땅히 이와 같이 머물러 있어야 하며, 마땅히 이와 같이 그 마음을 항복시켜야 하느니라." "네, 세존이시여! 우리는 모두 당신의 가르침을 듣기를 원합니다!"】

3. 대승정종분(大乘正宗分)

【佛告須菩提: "諸菩薩摩訶薩應如是降伏其心, '所有一切衆生之類, 若卵生·若胎生·若濕生·若化生, 若有色·若無色, 若有想·若無想, 若非有想非無想, 我皆令入無餘涅槃而滅度之.' 如是滅度無量無數無邊衆生, 實無衆生得滅度者. 何以故? 須菩提! 若菩薩有我相·人相·衆生相·壽者相, 卽非菩薩."】

부처님께서 수보리에게 말씀하셨다. "모든 보살마하살은 이렇게 그 마음을 다스려야 한다. '난생·태생·습생·화생, 유색·무색, 유상·무상, 비유상비무상 등 모든 부류의 중생들을 내가 다 무여열반에 들어가게 해서 그들을 멸도하게 하리라.' 그러나 이렇게 한량없고 셀 수 없고 끝없는 중생을 멸도하게 해도 실은 멸도에 이른 중생은 없다. 무슨 까닭인가? 수보리여! 보살에게 아상·인상·중생상·수자상이 있으면 보살이 아니기 때문이다."】

● 미륵송(彌勒頌)

空生初請問, 善逝應機誨. 先答云何住, 次敎如是修.
胎生卵濕化, 咸令悲智收. 若起衆生見, 還同著相求.

공생(空生: 수보리)이 처음 물음을 청함에, 선서(善逝: 佛)께서 근기에 맞게 답하셨다.

먼저 어떻게 머묾에 답하시고, 다음에 이와 같이 닦음을 가르치셨다.

태생·난생·습생·화생을, 모두 대자비의 지혜로 거두셨다.

만약 중생의 견해를 일으킨다면, 상(相)에 집착하여 구하는 것과 같으리라.

4. 묘행무주분(妙行無住分)

【"復次, 須菩提! 菩薩於法, 應無所住, 行於布施, 所謂不住色布施, 不住聲·香·味·觸·法布施. 須菩提! 菩薩應如是布施, 不住於相. 何以故? 若菩薩不住相布施, 其福德不可思量."

"그리고 수보리여! 보살은 법에 머물지 않고 보시해야 한다. 말하자면, 색에 머물지 않고 보시해야 하며, 소리·냄새·맛·촉감·의식 대상에도 머물지 않고 보시해야 한다는 것이다. 수보리여, 보살은 이렇게 상에 머물지 않고 보시해야 한다. 무슨 까닭인가? 보살이 상에 머물지 않고 보시한다면 그 복덕을 헤아릴 수 없기 때문이다."】

• **단바라밀(檀波羅蜜; 布施) 미륵송**

施門通六行, 六行束三檀. 資生無畏地, 聲色勿相干.

二邊純莫立, 中道不須安. 欲識無生處, 背境向心觀.

보시의 문은 육행(육바라밀)에 공통되고, 육행은 세 가지 보시에 포섭된다.

자생시(資生施)와 무외시(無畏施), 법시(法施)에, 소리와 색이 간섭하지 않게 하라.

양변을 올곧게 세우지 말지니, 중도(中道)에도 안주하지 말라.

무생(無生)의 자리를 깨닫고자 한다면, 경계를 등지고 마음에 관(觀)하라.

• **시바라밀(尸波羅蜜; 持戒) 미륵송**

尸羅得清淨, 無量劫來因. 妄想如怨賊, 貪愛若參辰.

在欲而無欲, 居塵不染塵. 權於離垢地, 當證法王身.

지계(持戒)하여 청정을 얻음은, 무량겁에 뿌린 원인이네.

망상은 원수나 도적 같고, 탐애는 헛된 분별[參辰] 같도다.

욕계(欲界)에 머물며 욕심이 없으며, 객진(客塵) 속에 머물며 객진에 물들지 않는다.

이구지(離垢地)에서 방편에 힘써, 법왕의 몸을 증득하리라.

• **찬제바라밀(羼提波羅蜜; 忍辱) 미륵송**

忍心如幻夢, 辱境若龜毛. 常能修此觀, 逢難轉堅牢.

無非亦無是, 無下亦無高. 欲滅貪瞋賊, 須行智慧刀.

참는 마음은 허깨비와 꿈과 같고, 모욕(侮辱)의 경계는 거북의 털과 같도다.

이 관(觀)을 항상 능히 닦을 수 있으면, 어려움을 만날수록 견고해지리라.

그른 것도 옳은 것도 없으며, 낮은 것도 높은 것도 없도다.

탐·진·치 도적을 없애려 한다면, 모름지기 지혜의 칼을 써야 하리라.

● 비리야바라밀(毘離耶波羅蜜; 精進) 미륵송

進修名焰地, 良爲慧光舒. 二智心中遣, 三空境上祛.

無明念念滅, 高下執情知. 觀心如不間, 何啻至無爲?

닦아 나아감을 염혜지(焰慧地)라 칭하니, 참으로 지혜의 빛이 펼쳐지도다.

두 가지 지혜는 마음에서 보내 버리고, 세 가지 공(空)은 경계 위에서 제거하네.

무명이 염념(念念)에 타파되고, 높고 낮은 집착도 제거되었네.

마음을 관함에 사이가 없으면, 무위(無爲)에 이를 뿐이겠는가?

● 선바라밀(禪波羅蜜; 禪定) 미륵송

禪河隨浪淨, 定水逐波淸. 澄神生覺性, 息慮滅迷情.

遍計虛分別, 由來假立名. 若了依他起, 無別有圓成.

선하(禪河)는 파도 따라 깨끗하며, 정수(定水)는 물결 쫓아 맑도다.

정신을 맑혀 각성(覺性)을 일으키고, 끄달림을 쉬어 미혹한 생각을 멸한다.

변계(遍計)의 허망한 분별은, 가명(假名)으로부터 세워진 것이다.

의타기(依他起)를 깨닫는다면, 원성실성(圓成實性)이 따로 없으리.

● 반야바라밀(般若波羅蜜; 智慧) 미륵송

慧燈如朗日, 蘊界若乾城. 明來闇便謝, 無暇暫時停.

妄心猶未滅, 乃見我人形. 妙智圓光照, 唯得一空名.

지혜의 등불은 밝은 해와 같고, 온계(蘊界)는 건달바성 같도다.

밝음이 오면 어둠이 물러나듯, 잠시도 머물 겨를이 없도다.

망심(妄心)이 아직 멸하지 않았다면, 인아(人我)의 형상을 본다.

묘한 지혜 원만한 빛으로 비추면, 오직 하나의 공(空)이라는 이름을 얻도다.

三大僧祇劫, 萬行具齊修. 旣悟無人我, 長依聖道流.

二空方漸證, 三昧任遨遊. 創居歡喜地, 常樂逐忘憂.

세 번의 대아승기겁에, 만행을 고루 갖춰 닦았도다.

인(人)과 아(我)가 없음을 깨달았으니, 오래도록 성도(聖道)의 흐름에 의지하노라.

이공(二空)을 점차로 증득하여, 삼매에서 마음껏 노닌다.

드디어 환희지(歡喜地)에 머물며, 근심을 잊고서 항상 즐긴다.

【"須菩提! 於意云何? 東方虛空可思量不?" "不也, 世尊!" "須菩提! 南西北方四維上下虛空可思量不?" "不也, 世尊!" "須菩提! 菩薩無住相布施, 福德亦復如是不可思量. 須菩提!

菩薩但應如所教住."

"수보리여! 너는 어떻게 생각하는가? 동쪽의 허공을 생각하여 헤아릴 수 있겠느냐?" "헤아리지 못합니다, 세존이시여!" "남방·서방·북방의 허공과 사유(四維)와 위 아래의 허공을 생각하여 헤아릴 수 있겠느냐?" "헤아리지 못합니다, 세존이시여!" "수보리여! 보살이 상에 머물지 않고 보시하는 공덕도 허공과 같아서 생각하여 헤아릴 수 없느니라. 수보리여! 보살은 마땅히 가르쳐 준대로 상에 머물지 않고 보시해야 하느니라."】

● 미륵송

若論無相施, 功德極難量. 行悲濟貧乏, 果報不須望.
凡夫情行劣, 初且略稱揚. 欲知檀貌狀, 如空遍十方.

무주상보시를 논하면, 그 공덕은 지극히 헤아리기 어렵다.
자비를 행하여 가난한 이 구제하되, 그 과보를 바라지는 말라.
범부의 정에 끌림은 열등하여, 처음에는 간략하게 칭찬했도다.
보시의 모습을 알고자 하면, 시방에 두루한 허공과 같도다.

5. 여리실견분(如理實見分)

【"須菩提! 於意云何? 可以身相, 見如來不?" "不也, 世尊! 不可以身相得見如來. 何以故? 如來所說身相, 卽非身相." 佛告須菩提: "凡所有相, 皆是虛妄. 若見諸相非相, 則見如來."

"수보리여! 어떻게 생각하는가? 몸의 모습으로 여래를 볼 수 있겠는가?" "아닙니다, 세존이시여! 몸의 모습으로 여래를 볼 수 없습니다. 왜냐하면 여래께서 말씀하신 몸의 모습은 몸의 모습이 아니기 때문입니다." 부처님께서 수보리에게 말씀하셨다. "무릇 상이 있는 모든 것은 다 허망하다. 그러므로 모든 상을 상이 아닌 것으로 본다면 여래를 보는 것이다."】

● 미륵송

如來擧身相, 爲順世間情. 恐人生斷見, 權且立虛名.
假言三十二, 八十也空聲. 有身非覺體, 無相乃眞形.

여래가 신상(身相)을 말씀하심은, 세간의 정을 따르기 위함이다.
사람들이 단견(斷見)을 낼까 두려워, 방편으로 또한 허명(虛名)을 세우셨다.
32상도 가언(假言)이고, 80종호도 부질없는 소리이다.
몸이 있으면 각체(覺體)가 아니며, 무상(無相)이 참된 형상이다.

6. 정신희유분(正信希有分)

【須菩提白佛言: "世尊! 頗有衆生, 得聞如是言說章句, 生實信不?" 佛告須菩提: "莫作是說. 如來滅後, 後五百歲, 有持戒修福者, 於此章句能生信心, 以此爲實."

수보리가 부처님께 말씀드렸다. "세존이시여! 이런 말씀을 듣고서 진실한 믿음을 낼 중생이 있겠습니까?" 부처님께서 수보리에게 말씀하셨다. "그런 말 말아라. 여래가 멸도한 뒤, 후 5백 년에도 계를 지키고 복을 닦는 자가 있어서, 이 말씀에 믿음을 내고 이것을 진실이라 여길 것이다."】

● **미륵송**

因深果亦深, 理密奧難尋. 當來末法世, 唯慮法將沈.

空生情未達, 聞義恐難任. 如能信此法, 定是覺人心.

원인도 깊고 결과도 깊으니, 은밀하고 깊은 이치는 찾기 어렵도다.

앞으로 다가올 말법(末法) 세상에, 오직 불법이 쇠퇴할까 근심한다.

공생의 생각이 아직 미치지 못하여, 뜻을 듣고 맡지 못할까 두렵도다.

이 법을 만약에 믿을 자가 있다면, 결정코 깨달은 사람의 마음이리라.

【"當知是人不於一佛二佛三四五佛而種善根, 已於無量千萬佛所種諸善根, 聞是章句, 乃至一念生淨信者. 須菩提! 如來悉知悉見, 是諸衆生得如是無量福德."

"이 사람은 한 부처님이나 두 부처님, 셋·넷·다섯 부처님께만 선근을 심은 것이 아니라, 이미 한량없는 천만의 부처님이 계신 곳에서 갖가지 선근을 심었기 때문에, 이 말씀을 듣고 한 생각에 깨끗한 믿음을 내리라는 것을 알아야 한다. 수보리여! 여래는 이 모든 중생들이 이렇게 한량없는 복덕을 얻으리라는 것을 다 알고, 다 보신다."】

● **미륵송**

信根生一念, 諸佛盡能知. 修因於此日, 證果未來時.

三代經多劫, 六度久安施. 薰成無漏種, 方號不思議.

신근(信根)이 한 생각을 일으키면, 제불께서는 능히 아신다.

인(因)을 닦는 일은 오늘에 있고, 과(果)를 얻는 일은 미래에 올 것이다.

세 번의 대아승기겁을 지나도록, 육도(六度)를 오래도록 베풀어라.

무루종자(無漏種子)에 훈습해 이루어야, 바야흐로 부사의(不思議)하다고 하리.

【"何以故? 是諸衆生無復我相·人相·衆生相·壽者相. 無法相, 亦無非法相. 何以故? 是諸衆生若心取相, 則著我·人·衆生·壽者. 若取法相, 卽著我·人·衆生·壽者. 何以故? 若取非法相, 卽著我·人·衆生·壽者."

"무엇 때문에 그런가? 이 중생들에게는 아상·인상·중생상·수자상이 더 이상 없으며, 법이라는 생각도 없고 법이 아니라는 생각도 없기 때문이다. 무슨 까닭인가? 중생들이 마음에 상을 취하면 아상·인상·중생상·수자상에 집착하는 것이 되기 때문이다. 만약 법이라는 상을 취하면 아상·인상·중생상·수자상에 집착하는 된다. 무슨 까닭인가? 법이 아니라는 생각을 취하더라도 아상·인상·중생상·수자상에 집착하는 것이 되기 때문이다."】

• 미륵송

人空法亦空, 二相本來同. 遍計虛分別, 依他礙不通.
圓成說識海, 流轉若飄蓬. 欲識無生忍, 心外斷行蹤.

사람도 공하고 법 또한 공하니, 두 가지 상이 본래 같은 것이로다.
변계소집(遍計所執)은 허망한 분별이고, 의타기(依他起)는 막혀 통하지 않는다.
원성실성(圓成實性)은 식(識)의 바다에서, 정처 없이 유전한다.
무생법인(無生法忍)을 깨닫고자 하면, 마음 밖에서 다닌 자취 끊어야 하리.

【"是故不應取法, 不應取非法."
"그러므로 법을 취하지도 말고, 법 아닌 것을 취하지도 말아야 한다."】

• 미륵송

有因名假號, 無相乃馳名. 有無無別體, 無有有無形.
有無無自性, 妄起有無情. 有無如谷響, 勿著有無聲.

인(因)이 있음은 임시의 호칭이고, 상이 없다는 것도 이름일 뿐이다.
유(有)와 무(無)는 따로 그 체(體)가 없으니, 유와 무의 형상도 없다.
유와 무는 자성이 없으나, 허망하게 유와 무의 생각을 일으킨다.
유와 무는 골짜기의 메아리 같으니, 유와 무의 소리에 집착하지 말라.

【"以是義故, 如來常說: '汝等比丘, 知我說法, 如筏喩者', 法尚應捨, 何況非法."
"이런 뜻에서 여래가 항상 '그대 비구들은 나의 설법이 뗏목과 같음을 안다'라고 설하였다. 법도 버려야 하는데, 하물며 법 아닌 것에 있어서랴."】

• 미륵송

渡河須用筏, 到岸不須船. 人法知無我, 悟理詎勞筌?
中流仍被溺, 誰論在二邊? 有無如取一, 卽被污心田.

강을 건너려면 반드시 뗏목을 쓰지만, 언덕에 닿고 나면 뗏목은 필요 없다.
인(人)·법(法)에 무아임을 안다면, 이치를 깨닫고서 어찌 통발에 매달리겠는가?
중도에도 빠질 수 있으니, 누가 그 이변(二邊)에서 논하겠는가?
유(有)와 무(無) 가운데 하나를 취한다면, 바로 마음 밭이 오염되리라.

7. 무득무설분(無得無說分)

【"須菩提! 於意云何? 如來得阿耨多羅三藐三菩提耶? 如來有所說法耶?"須菩提言:"如我解佛所說義, 無有定法, 名阿耨多羅三藐三菩提, 亦無有定法, 如來可說. 何以故? 如來所說法皆不可取, 不可說, 非法, 非非法."

"수보리여! 어떻게 생각하는가? 여래가 아뇩다라삼먁삼보리를 얻었는가? 여래가 설한 법이 있는가?" 수보리가 말씀드렸다. "제가 부처님께서 설한 뜻을 이해하기로는, 아뇩다라삼먁삼보리라고 할 정해진 법이 없으며, 또한 여래가 설하셨다고 할 정해진 법도 없습니다. 무슨 까닭이겠습니까? 여래가 설하신 모든 법은 취할 수도 없고, 말할 수도 없으며, 법도 아니고 법 아닌 것도 아니기 때문입니다."】

● 미륵송

菩提離言說, 從來無得人. 須依二空理, 當證法王身.

有心俱是妄, 無執乃名眞. 若悟非非法, 逍遙出六塵.

보리(菩提)는 언설을 떠난 것이니, 지금까지 얻은 사람이 없도다.

모름지기 이공(二空)의 이치를 의지해야, 마땅히 법왕(法王)의 몸을 증득하리라.

마음이 있음은 모두가 허망하니, 집착이 없어야 참됨[眞]이라고 칭한다.

비법(非法)이 아님을 깨닫는다면, 육진(六塵)에서 벗어나 소요(逍遙)하리라.

【"所以者何? 一切賢聖皆以無爲法, 而有差別."

"무엇 때문이겠습니까? 일체의 성현이 모두 무위법을 근거로 차별을 두기 때문입니다."】

● 미륵송

人法俱名執, 了卽二無爲. 菩薩能齊證, 聲聞離一非.

所知煩惱障, 空中無所依. 常能作此觀, 得聖定無疑.

인(人)·법(法)이 모두 집착이니, 이를 깨달으면 두 가지 무위(無爲)이다.

보살은 능히 둘을 다 증득하지만, 성문(聲聞)은 하나의 잘못됨[非]만을 떠났다.

소지장(所知障)과 번뇌장(煩惱障)이 다하면, 공(空) 가운데 의지할 것 없도다.

항상 이 관(觀)을 능히 행한다면, 성과(聖果)를 결정코 증득하리라.

8. 의법출생분(依法出生分)

【"須菩提! 於意云何? 若人滿三千大千世界七寶, 以用布施, 是人所得福德寧爲多不?"須菩提言:"甚多, 世尊. 何以故? 是福德卽非福德性. 是故如來說福德多.""若復有人於此經中, 受持乃至四句偈等, 爲他人說, 其福勝彼. 何以故? 須菩提! 一切諸佛及諸佛阿耨多羅三藐三菩提法皆從此經出. 須菩提, 所謂佛法者, 卽非佛法."

"수보리여! 어떻게 생각하는가? 어떤 사람이 삼천대천세계에 가득한 칠보로 보시한다면, 이 사람이 얻을 복덕이 많지 않겠는가?" 수보리가 말씀드렸다. "매우 많습니다, 세존이시여! 무슨 까닭이겠습니까? 이 복덕은 복덕의 성품이 아니기 때문입니다. 그러므로 여래께서 복덕이 많다고 하셨습니다." "만약 다른 어떤 사람이 이 경에서 사구게만이라도 이해하고 마음에 새겨서 다른 사람을 위해 말해 준다면 그 복이 저 복보다 나을 것이다. 무슨 까닭인가? 수보리여! 제불과 제불의 아뇩다라삼먁삼보리법이 모두 이 경에서 나오기 때문이다. 수보리여! 이른바 불법이란 바로 불법이 아닌 것이다."】

- **미륵송**

寶滿三千界, 齎持作福田. 唯成有漏業, 終不離人天.
持經取四句, 與聖作良緣. 欲入無爲海, 須乘般若船.

보물을 삼천세계에 가득 채워, 그를 가지고 복전(福田)을 짓는다.
오직 유루업(有漏業)을 이루는 것이니, 인천(人天)을 떠나지 못한다.
경전을 수지하여 사구게를 취하면, 성인(聖人)과 함께 좋은 연(緣)을 지음이다.
무위의 바다에 들고자 한다면, 모름지기 반야(般若)의 배를 탈 것이다.

9. 일체무상분(一切無相分)

【"須菩提! 於意云何? 須陀洹能作是念: '我得須陀洹果.' 不?" 須菩提言: "不也, 世尊! 何以故? 須陀洹名爲入流, 而無所入, 不入色·聲·香·味·觸·法, 是名須陀洹." "須菩提! 於意云何? 斯陀含能作是念: '我得斯陀含果.' 不?" 須菩提言: "不也, 世尊! 何以故? 斯陀含名一往來, 而實無往來, 是名斯陀含." "須菩提! 於意云何? 阿那含能作是念: '我得阿那含果.' 不?" 須菩提言: "不也, 世尊! 何以故? 阿那含名爲不來, 而實無來, 是故名阿那含."
"수보리여! 어떻게 생각하는가? 수다원이 '내가 수다원과를 얻었다'는 생각을 하겠는가?" 수보리가 말씀드렸다. "아닙니다, 세존이시여! 무엇 때문이겠습니까? 수다원을 흐름에 들어간 자라고 하지만, 어디에도 들어간 곳이 없기 때문입니다. 바로 색·소리·냄새·맛·촉감·의식의 대상에 들어가지 않았으므로 그를 수다원이라 하는 것입니다." "수보리여! 어떻게 생각하는가? 사다함이 '내가 사다함과를 얻었다'는 생각을 하겠는가?" 수보리가 말씀드렸다. "아닙니다, 세존이시여! 무엇 때문이겠습니까? 사다함을 한 번 왔다 가는 자라고 하지만, 사실은 가고 온 일이 없기 때문입니다. 그러므로 그를 사다함이라 하는 것입니다." "수보리여! 어떻게 생각하는가? 아나함이 '내가 아나함과를 얻었다'는 생각을 하겠는가?" 수보리가 말씀드렸다. "아닙니다, 세존이시여! 왜냐하면 아나함을 오지 않은 자라고 하지만, 사실은 오지 않은 일이 없기 때문입니다. 그러므로 그를 아나함이라 하는 것입니다."】

- **미륵송**

捨凡初入聖, 煩惱漸輕微. 斷除人我執, 創始至無爲.

緣塵及身見, 今者乃知非. 七返人天後, 趣寂不知歸.

범부를 버리고 성위(聖位)에 처음 들어, 번뇌가 점점 가볍고 미세해진다.

인집(人執)과 아집(我執)을 끊어 버리고, 비로소 무위에 이르렀다.

연진(緣塵:연(緣)에 따른 번뇌) 및 신견(身見), 이제야 그른 줄 알았다.

일곱 번 인천(人天)을 왕복한 후에, 적멸에 집착하여 돌아올 줄 모른다.

【"須菩提! 於意云何? 阿羅漢能作是念: '我得阿羅漢道.'不?"須菩提言: "不也, 世尊! 何以故? 實無有法名阿羅漢. 世尊! 若阿羅漢作是念: '我得阿羅漢道.' 卽爲著我·人·衆生·壽者."世尊! 佛說我得無諍三昧, 人中最爲第一, 是第一離欲阿羅漢. 我不作是念: '我是離欲阿羅漢.' 世尊! 我若作是念: '我得阿羅漢道.' 世尊則不說: '須菩提是樂阿蘭那行者.', 以須菩提實無所行, 而名須菩提是樂阿蘭那行."

"수보리여! 어떻게 생각하는가? 아라한이 '내가 아라한도를 얻었다'는 생각을 하겠는가?" 수보리가 말씀드렸다. "아닙니다, 세존이시여! 무엇 때문이겠습니까? 실은 아라한이라 할 것이 없기 때문입니다. 세존이시여! 만약 '내가 아라한도를 얻었다'라고 하면, 이는 아상·인상·중생상·수자상에 집착하는 것입니다. 세존이시여! 부처님께서는 저를 무쟁삼매(無諍三昧)를 얻은 사람 중에 제일이라 하셨으니, 이는 욕심을 제일 잘 떠난 아라한이라는 뜻입니다. 그러나 저는 '나는 욕심을 떠난 아라한이다'라고 생각하지 않습니다. 세존이시여! 제가 만약 '나는 아라한도를 얻었다'라고 생각한다면, 세존께서 '수보리는 아란나행을 즐기는 자이다'라고 하지 않았을 것입니다. 제가 실은 행한 바가 없으므로 '수보리는 아란나행을 즐기는 자이다'라고 하셨습니다."】

- **미륵송**

無生卽無滅, 無我復無人. 永除煩惱障, 長辭後有身.

境亡心亦滅, 無復起貪瞋. 無悲空有智, 業然獨任眞.

무생(無生)은 바로 무멸(無滅)이니, 아(我)도 없고 인(人)도 없도다.

번뇌장(煩惱障)을 영원히 없애니, 오랫동안 후유(後有)의 몸을 받지 않는다.

경계가 사라지니 마음도 멸하여, 다시는 탐진(貪瞋)을 일으키지 않노라.

자비도 없고 지혜도 비워서, 그대로 홀로 진리에 맡기노라.

10. 장엄정토분(莊嚴淨土分)

【佛告須菩提: "於意云何? 如來昔在然燈佛所, 於法有所得不?""世尊! 如來在然燈佛所, 於法實無所得."

부처님께서 수보리에게 말씀하셨다. "어떻게 생각하는가? 여래가 과거 연등불 처소에서 얻은 법이 있는가?" "아닙니다, 세존이시여! 여래께서 연등불 처소에서 얻은 법이 실로 없습니다."】

• 미륵송

昔時稱善慧, 今日號能人. 看緣緣是妄, 識體體非眞.
法性非因果, 如理不從因. 謂得然燈記, 寧知是舊身?
과거에는 선혜(善慧)라 칭했고, 오늘날엔 능인(能忍)이라 칭한다.
연(緣)을 보니 연이 허망한 것이요, 체(體)를 깨달으니 체가 참된 것이 아니다.
법성(法性)은 인과(因果)가 아니고, 여리(如理)는 인(因)에 따르지 않는다.
연등불의 수기를 얻었다면, 어찌 옛 몸을 알겠는가?

【"須菩提! 於意云何? 菩薩莊嚴佛土不?" "不也, 世尊! 何以故? 莊嚴佛土者, 則非莊嚴, 是名莊嚴." "是故須菩提, 諸菩薩摩訶薩應如是生淸淨心, 不應住色生心, 不應住聲·香·味·觸·法生心, 應無所住, 而生其心."
"수보리여! 어떻게 생각하는가? 보살이 불국토를 장엄하는가?" "아닙니다, 세존이시여! 무엇 때문이겠습니까? 불국토를 장엄한다는 것은 장엄이 아니기 때문입니다. 그러므로 장엄이라 합니다." "그러므로 수보리여! 모든 보살마하살은 이와 같이 청정한 마음을 내야 한다. 색에 머문 채 마음을 내지 말아야 하며, 소리·냄새·맛·촉감·의식의 대상에 머문 채 마음을 내지 말아야 한다. 어디에도 머물지 않고 그 마음을 내야 한다."】

• 미륵송

掃除心意地, 名爲淨土因. 無論福與智, 先且離貪瞋.
莊嚴絶能所, 無我亦無人. 斷常俱不染, 穎脫出囂塵.
마음과 뜻의 자리를 소제하면, 정토의 원인이라 칭한다.
복과 지혜를 논하지 말고, 먼저 탐진(貪瞋)으로부터 떠나라.
장엄에는 능소(能所)가 모두 끊기니, 인아(人我)가 없음이라.
단(斷)·상(常)에 모두 물들지 않으면, 세간의 번뇌에서 멀리 벗어나리라.

【"須菩提! 譬如有人, 身如須彌山王, 於意云何? 是身爲大不?" 須菩提言: "甚大, 世尊! 何以故? 佛說非身, 是名大身."
"수보리여! 어떤 사람의 몸이 수미산왕(須彌山王)과 같이 크다면, 어떻게 생각하는가? 그 몸이 크다고 하겠는가?" 수보리가 말씀드렸다. "매우 큽니다, 세존이시여! 무엇 때문이겠습니까? 부처님께서는 몸 아님을 말씀하셨으므로, 큰 몸이라 말씀하셨기 때문입니다."】

- **미륵송**

須彌高且大, 將喻法王身. 七寶齊圍遶, 六度次相隣.
四色成山相, 慈悲作佛因. 有形終不大, 無相乃爲眞.

수미산왕은 높고 커서, 법왕의 몸을 비유한다.
칠보로 주위를 에워싸으며, 육도(六度)와 서로 가까웠다.
네 가지 색으로 산의 모습을 이루고, 자비로 불인(佛因)을 지었다.
형상이 있음은 결국 큰 것이 아니요, 무상(無相)이어야 참으로 큰 것이다.

11. 무위복승분(無爲福勝分)

【"須菩提! 如恒河中所有沙數, 如是沙等恒河, 於意云何? 是諸恒河沙寧爲多不?" 須菩提言: "甚多, 世尊! 但諸恒河尚多無數, 何況其沙?" "須菩提! 我今實言告汝. 若有善男子·善女人, 以七寶滿爾所恒河沙數三千大千世界, 以用布施, 得福多不?" 須菩提言: "甚多, 世尊!" 佛告須菩提: "若善男子·善女人, 於此經中, 乃至受持四句偈等, 爲他人說, 而此福德勝前福德."】

"수보리여! 항하에 있는 모래알만큼 많은 항하가 있다면, 어떻게 생각하는가? 이 모든 항하의 모래알이 많다고 하겠는가?" 수보리가 대답하였다. "매우 많습니다, 세존이시여! 그 항하들만 하여도 이미 수를 헤아릴 수 없을 만큼 많거늘, 하물며 항하의 모래 수량이겠습니까?" "수보리여! 내가 이제 사실대로 너에게 말하겠다. 항하의 모래알만큼 많은 삼천대천세계에 칠보를 가득 채워 보시하는 사람들이 있다면, 그들이 받을 복이 많겠는가?" 수보리가 말씀드렸다. "매우 많습니다, 세존이시여!" 부처님께서 수보리에게 말씀하셨다. "어떤 사람들이 이 경에서 사구게만이라도 받아 지녀 다른 사람을 위해 설해 준다면, 이 복덕이 앞의 복덕보다 훨씬 뛰어날 것이다."】

12. 존중정교분(尊重正敎分)

【"復次, 須菩提! 隨說是經, 乃至四句偈等, 當知此處, 一切世間天·人·阿修羅, 皆應供養, 如佛塔廟, 何況有人盡能受持讀誦? 須菩提! 當知是人成就最上第一希有之法, 若是經典所在之處, 則爲有佛, 若尊重弟子."】

"또한 수보리여! 이 경을 설하고, 혹은 사구게만이라도 설한다면, 그것을 설하는 어느 곳이든 모든 세간의 천·인·아수라가 모두 부처님의 탑묘에 하듯이 이곳에 공양하리라는 것을 알아야 한다. 하물며 이 경을 수지하고 독송해 내는 사람은 어떻겠느냐? 수보리여! 이 사람은 최상의, 제일의 희유한 법을 성취하리라는 것을 알아야 한다. 이 경전이 있는 곳이라면 그곳이 부처님 계신 곳이며, 존중할 만한 제자가 있는 곳과 같다."】

- 미륵송

恒沙爲比量, 分爲六種多. 持經取四句, 七寶詎能過?
法門遊歷處, 供養感修羅. 經中稱最勝, 尊高似佛陀.

항하의 모래알로 비교를 하고, 여섯 가지 많은 갈래로 나누었다.
경을 수지하여 사구게를 취하면, 칠보의 보시가 어찌 낫겠는가?
법문(法門)이 흘러가는 곳은, 수라(修羅)도 감응하여 공양하리라.
경 가운데 가장 수승하다고 칭하니, 불타께 하듯이 높이 받들어라.

13. 여법수지분(如法受持分)

【爾時, 須菩提白佛言: "世尊! 當何名此經? 我等云何奉持?" 佛告須菩提: "是經名爲金剛
般若波羅蜜. 以是名字, 汝當奉持. 所以者何? 須菩提! 佛說般若波羅蜜, 則非般若波羅蜜.
須菩提! 於意云何? 如來有所說法不?" 須菩提白佛言: "世尊! 如來無所說."】

그때 수보리가 부처님께 말씀드렸다. "세존이시여! 이 경을 무엇이라 칭하며, 저희들이 어떻
게 받들어 지니옵니까?" 부처님께서 수보리에게 말씀하셨다. "이 경을 금강반야바라밀이라
하니, 너희들은 이 이름으로 받들어 지녀야 한다. 무슨 까닭인가? 수보리여! 부처가 설한 반
야바라밀은 반야바라밀이 아니기 때문이다. 수보리여! 어떻게 생각하는가? 여래가 설한 법
이 있는가?" 수보리가 부처님께 말씀드렸다. "세존이시여! 여래께서 설한 것이 없습니다."】

- 미륵송

名中無有義, 義上復無名. 金剛喻眞智, 能破惡堅貞.
若到波羅岸, 入理出迷情. 智人心自覺, 愚者外求聲.

이름 속에는 뜻이 없고, 뜻에도 역시 이름이 없다.
금강을 참된 지혜에 비유하니, 굳고 강한 악을 능히 깨뜨리기 때문이다.
만약 바라밀의 저 언덕에 이르면, 이치에 들어가 어리석음을 벗어날 것이다.
지혜로운 사람은 마음을 스스로 깨닫고, 어리석은 사람은 밖에서 소리를 구한다.

【"須菩提! 於意云何? 三千大千世界所有微塵是爲多不?" 須菩提言: "甚多, 世尊!" "須菩
提! 諸微塵, 如來說非微塵, 是名微塵. 如來說世界, 非世界, 是名世界."】

"수보리여! 어떻게 생각하는가? 삼천대천세계에 있는 미진이 많다고 하겠는가?" 수보리가
말씀드렸다. "매우 많습니다, 세존이시여!" "수보리여! 모든 미진은 미진이 아니라고 여래가
설했으므로, 그것을 미진이라고 칭한다. 여래가 설한 세계도 세계가 아니므로 그것을 세계라
고 칭한다."】

● 미륵송

積塵成世界, 析界作微塵. 界喩人天果, 塵爲有漏因.
塵因因不實, 界果果非眞. 果因知是幻, 逍遙自在人.

미진이 쌓여서 세계를 이루고, 세계를 쪼개면 미진이 된다.
세계는 인천(人天)의 과보를, 미진은 유루(有漏)의 원인을 비유한다.
미진의 원인은 실답지 못한 원인이요, 세계라는 결과는 참답지 못한 결과이다.
결과와 원인이 모두 허환임을 안다면, 자재인(自在人)이 되어 소요하리라.

【"須菩提! 於意云何? 可以三十二相見如來不?" "不也, 世尊! 不可以三十二相得見如來.
何以故? 如來說三十二相, 卽是非相, 是名三十二相." "須菩提! 若有善男子·善女人, 以恒
河沙等身命布施."

"수보리여! 어떻게 생각하는가? 서른두 가지 상으로 여래를 볼 수 있겠는가?" "아닙니다, 세
존이시여! 서른두 가지 상으로 여래를 볼 수 없습니다. 왜냐하면 여래께서 설하신 서른두 가
지 상은 상이 아니기 때문입니다. 그러므로 그것을 서른두 가지 상이라고 하는 것입니다."
"수보리여! 어떤 선남자와 선여인이 항하의 모래알만큼 많은 신명을 바쳐 보시를 했다."】

● 미륵송

施命如沙數, 人天業轉深. 旣掩菩提相, 能障涅槃心.
猿猴探水月, 莨莠拾花針. 愛河浮更沒, 苦海出還沈.

모래알만큼의 목숨을 바쳐 보시해도, 인천(人天)의 업만 깊어질 뿐이다.
이미 보리의 상을 가리고, 열반의 마음을 막는 것이다.
원숭이가 물에 비친 달을 건지고, 사리풀이 떨어진 화침(花針)을 줍는다.
애욕의 강에서 부침하며, 고통의 바다에서 출몰한다.

【"若復有人, 於此經中, 乃至受持四句偈等, 爲他人說, 其福甚多."
"만약 다시 어떤 사람이 있어 이 경에서 사구게만이라도 받들어 지니고 남을 위해 설해 주는
이가 있다면 그 복이 훨씬 많을 것이다."】

● 미륵송

經中持四句, 應當不離身. 愚人看似夢, 智者見唯眞.
法性無前後, 無中非故新. 蘊空無實法, 憑何見有人?

경에서 사구게를 수지하여, 몸에서 떠나지 않게 해야 한다.
어리석은 사람은 꿈같이 보고, 지혜로운 사람은 오직 진실만을 본다.
법성(法性)은 앞뒤가 없으며, 그 가운데 옛것도 새것도 없도다.
오온(五蘊)이 공하여 참다운 법이 없으니, 무엇으로 사람이 있음을 볼 것인가?

14. 이상적멸분(離相寂滅分)

【爾時, 須菩提聞說是經, 深解義趣, 涕淚悲泣, 而白佛言: "希有, 世尊! 佛說如是甚深經典, 我從昔來所得慧眼, 未曾得聞如是之經."

그때 수보리가 이 경을 듣고 그 뜻을 깊이 이해하고는 눈물을 흘리면서 부처님께 말씀드렸다. "희유한 일입니다, 세존이시여! 부처님께서 이렇게 깊고 깊은 경전을 말씀하심을 들었는데, 제가 예전에 지혜의 눈이 생긴 뒤로 이와 같은 경은 들어본 적이 없습니다."】

● 미륵송

聞經深解義, 心中喜且悲. 昔除煩惱障, 今能離所知.

遍計於先了, 圓成證此時. 宿乘無礙慧, 方便勸人持.

경을 듣고 뜻을 깊이 이해하여, 마음속엔 기쁨과 슬픔이 일어났다.

예전에 번뇌장(煩惱障)을 없앴고, 지금은 능히 소지장(所知障)을 떠났다.

변계소집(遍計所執)을 먼저 깨닫고, 원성실성(圓成實性)을 이때 증득했도다.

예로부터 걸림이 없는 지혜를 타고서, 방편으로 사람들이 경을 수지하도록 권한다.

【"世尊! 若復有人得聞是經, 信心淸淨, 則生實相, 當知是人, 成就第一希有功德. 世尊! 是實相者, 則是非相, 是故如來說名實相."

"세존이시여! 또 어떤 사람이 이 경을 듣고 신심이 청정해지면 실상(實相)을 낼 것이니, 이런 사람은 가장 드문 공덕을 성취할 사람임을 알겠습니다. 그러나 세존이시여! 이 실상은 상이 아닙니다. 그러므로 여래가 그것을 실상이라 하셨습니다."】

● 미륵송

未有無心境, 曾無無境心. 境忘心自滅, 心滅無境心.

經中稱實相, 語妙理能深. 證知唯有佛, 小聖詎堪任?

무심(無心)의 경계는 아직 없었으며, 경계 없는 마음도 있지 않았다.

경계를 잊으면 마음이 스스로 멸하고, 마음이 멸하면 경계의 마음도 멸한다.

경전에서 실상이라 칭함은, 묘리(妙理)가 능히 깊음을 말한 것이다.

앎을 증득한 이는 오직 부처뿐이니, 소성(小聖)이 어찌 감당할까?

【"世尊! 我今得聞如是經典, 信解受持不足爲難, 若當來世, 後五百歲, 其有衆生, 得聞是經, 信解受持, 是人則爲第一希有. 何以故? 此人無我相·人相·衆生相·壽者相. 所以者何? 我相卽是非相, 人相·衆生相·壽者相卽是非相. 何以故? 離一切諸相, 則名諸佛."

"세존이시여! 제가 지금 이런 경전을 듣고서, 믿고 이해하고 수지하기는 그리 어려운 일이 아니겠으나, 다가올 세상 후 5백 세에 이 경을 듣고서 믿고 이해하고 수지하는 중생이 있다면, 이는 가장 드문 사람이 될 것입니다. 무엇 때문이겠습니까? 이 사람에게는 아상이 없고, 인상·중생상·수자상이 없기 때문입니다. 왜냐하면 아상은 상이 아니고, 인상·중생상·수자상도 상이 아니기 때문입니다. 무엇 때문이겠습니까? 모든 상을 떠난 이를 부처라고 칭하기 때문입니다."】

● 미륵송

空生聞妙理, 如蓬植在麻. 凡流信此法, 同火出蓮華.
恐人生斷見, 大聖預開遮. 如能離諸相, 定入法王家.

묘리(妙理)를 들은 공생은, 삼밭에 심은 쑥과 같도다.
이 법을 믿는 범부는, 불 속에 피어난 연꽃과 같음이라.
사람들이 단견(斷見)을 낼까 저어하여, 대성(大聖)께서 미리 열고 닫음[開遮]을 시설했도다.
모든 상을 능히 떠날 수만 있다면, 반드시 법왕의 집에 들어가리라.

【佛告須菩提: "如是, 如是! 若復有人, 得聞是經, 不驚·不怖·不畏, 當知是人甚爲希有."
부처님께서 수보리에게 말씀하셨다. "그렇다, 그렇다. 뿐만 아니라 이 경을 듣고 놀라거나 겁내거나 두려워하지 않는 자가 있다면, 역시 매우 드문 사람임을 알아야 한다."】

● 미륵송

如能發心者, 應當了二邊. 涅槃無有相, 菩提離所緣.
無乘及乘者, 人法兩俱捐. 欲達眞如理, 應當識本源.

능히 발심한 사람이라면, 마땅히 이변(二邊)을 깨달아야 할 것이다.
열반에는 상이 없고, 보리는 소연(所緣)을 떠났다.
수레와 탈 사람이 없으니, 인·법을 모두 버렸다.
진여(眞如)의 이치를 통달하려면, 마땅히 본원(本源)을 깨달아야 한다.

【"何以故? 須菩提! 如來說第一波羅蜜, 非第一波羅蜜, 是名第一波羅蜜."
"무엇 때문인가? 수보리여! 여래가 설한 제일바라밀은 제일바라밀이 아니기 때문이다. 그러므로 제일바라밀이라 칭한다."】

● 미륵송

波羅稱彼岸, 於中十種名. 高卑緣妄識, 次第爲迷情.
焰裏尋求水, 空中覓響聲. 眞如何得失, 今始號圓成.

바라밀을 저 언덕이라 칭하며, 그 가운데 열 가지 이름이 있다.
높고 낮음은 망식(妄識)에 연(緣)하고, 차제(次第)는 미혹한 생각 때문이다.
불꽃 속에서 물을 구함이요, 공중에서 메아리를 찾음이다.
진여에 어떠한 득실이 있는가? 지금 비로소 원성(圓成)을 칭할 뿐이다.

【"須菩提! 忍辱波羅蜜, 如來說非忍辱波羅蜜. 何以故? 須菩提! 如我昔爲歌利王割截身體, 我於爾時, 無我相·無人相·無衆生相·無壽者相. 何以故? 我於往昔節節支解時, 若有我相·人相·衆生相·壽者相, 應生瞋恨. 須菩提! 又念過去於五百世作忍辱仙人, 於爾所世, 無我相·無人相·無衆生相·無壽者相."

"수보리여! 인욕바라밀을 여래가 인욕바라밀이 아니라고 하였다. 무엇 때문인가? 수보리여! 내가 옛날 가리왕에게 몸이 갈기갈기 찢겼는데, 그때 나에게는 아상·인상·중생상·수자상이 없었기 때문이다. 무엇 때문인가? 내가 옛날 사지가 마디마디 해체될 적에, 아상·인상·중생상·수자상이 있었다면 화가 나고 한스러웠을 것이기 때문이다. 수보리여! 또 5백 세 동안 인욕선인으로 있었던 과거를 생각해 보니, 그때 세상에서도 아상이 없었고, 인상이 없었고, 중생상이 없었고, 수자상이 없었다."】

● 미륵송

暴虐唯無道, 時稱歌利王. 逢君出遊獵, 仙人橫被傷.

頻經五百世, 前後極時長, 承仙忍辱力, 今乃證眞常.

사납고 잔인하며 지나치게 무도(無道)하니, 그때 사람들이 가리왕이라 칭했다.

사냥을 나왔던 그 왕을 만나, 선인(仙人)이 얽혀서 상해를 당했도다.

수많은 5백 세를 지나도록, 전후로 지극히 긴 시간 동안,

선인이 인욕을 닦은 힘에 의해서, 지금에야 진상(眞常)을 증득하였다.

【"是故須菩提! 菩薩應離一切相, 發阿耨多羅三藐三菩提心, 不應住色生心, 不應住聲香味觸法生心, 應生無所住心. 若心有住, 則爲非住, 是故佛說: '菩薩心, 不應住色布施.' "須菩提! 菩薩爲利益一切衆生, 應如是布施."

"그러므로 수보리여! 보살은 모든 상을 떠나서 아뇩다라삼먁삼보리를 구하려는 마음을 내야 한다. 색에 머물러 마음을 내서도 안 되고, 소리·냄새·맛·촉감·법에 머물러 마음을 내서도 안 되며, 어디에도 머물지 않는 마음을 내야 한다. 마음에 머무름이 있어도 그것은 머무름이 아닌 것이 된다. 그러므로 부처는 '보살은 마음을 색에 머물러 두지 말고 보시하라'라고 하였다. 수보리여! 보살은 모든 중생을 이롭게 하기 위해 이렇게 보시해야 한다."】

● 미륵송

菩薩懷深智, 何時不帶悲. 投身憂虎餓, 割肉恐鷹飢.

精勤三大劫, 曾無一念疲. 如能同此行, 皆得作天師.

보살이 깊은 지혜를 품었으니, 어느 때인들 자비를 지니지 않았겠는가.

몸을 던져 호랑이의 굶주림을 근심하고, 살을 베어 매의 굶주림을 배려하였다.

삼대겁(三大劫)을 부지런히 정진하면서, 한 생각도 지친 적이 없었다.

이와 같이 행할 수 있다면, 모두가 인천(人天)의 스승이 되리라.

【“如來說: ‘一切諸相, 卽是非相.’ 又說: ‘一切衆生, 則非衆生.’ 須菩提! 如來是眞語者·實語者·如語者·不誑語者·不異語者.”

“여래는 ‘모든 상은 바로 상이 아니다’라고 설했으며, 또한 ‘모든 중생은 바로 중생이 아니다’라고 하였다. 수보리여! 여래는 참답게 말하는 자이며, 실답게 말하는 자이며, 있는 그대로 말하는 자이며, 거짓말하지 않는 자이며, 다른 말을 하지 않는 자이다.”】

● **미륵송**

衆生與蘊界, 名別體非殊. 了知心似幻, 迷情見有餘.
眞言言不妄, 實語語非空. 始終無變異, 性相本來如.
중생과 온계(蘊界)는, 이름은 다르나 체(體)는 다르지 않도다.
마음이 허깨비와 같음을 깨닫지만, 미혹한 정견(情見)에는 나머지를 볼 뿐이다.
진언(眞言)은 허망하지 않은 말이요, 실어(實語)는 헛되지 않은 말이다.
처음부터 끝까지 달라짐이 없으니, 성상(性相)이 본래 그대로이다.

【“須菩提! 如來所得法, 此法無實無虛. 須菩提! 若菩薩心住於法而行布施, 如人入闇, 則無所見; 若菩薩心不住法而行布施, 如人有目, 日光明照, 見種種色. 須菩提! 當來之世, 若有善男子·善女人, 能於此經受持讀誦, 則爲如來以佛智慧, 悉知是人, 悉見是人, 皆得成就無量無邊功德.”

“수보리여! 여래가 얻은 법, 이 법에는 실제 있는 것도 허망함도 없다. 수보리여! 보살이 마음을 법에 머물러 둔 채 보시하면, 어두운 곳에 들어간 사람이 아무것도 보지 못하는 것과 같고, 보살이 마음을 법에 머물러 두지 않고 보시하면, 눈이 멀쩡한 사람이 밝은 햇빛에서 갖가지 색을 보는 것과 같다. 수보리여! 미래 세상에서 이 경을 수지하여 읽고 외우는 사람들이 있다면, 여래가 부처의 지혜로 이들을 모두 알고 모두 볼 것이니, 이들은 한량없고 끝없는 공덕을 성취할 것이다.”】

● **미륵송**

證空便爲實, 執我乃成虛. 非空亦非有, 誰有復誰無.
對病應施藥, 無病藥還祛. 須依二空理, 穎脫入無餘.
공을 증득하면 실(實)에 빠지고, 아(我)에 집착하면 허(虛)를 이룬다.
비공(非空)이고 비유(非有)이니, 누가 다시 유(有)와 무(無)를 말하겠는가?
병에 따라 약을 베푸니, 병이 없으면 약도 버려야 한다.
이공(二空)의 이치를 의지하여, 멀리 벗어나 무여열반에 들라.

15. 지경공덕분(持經功德分)

【"須菩提! 若有善男子·善女人, 初日分以恒河沙等身布施, 中日分復以恒河沙等身布施, 後日分亦以恒河沙等身布施, 如是無量百千萬億劫以身布施; 若復有人, 聞此經典, 信心不逆, 其福勝彼, 何況書寫·受持·讀誦·爲人解說?"】

"수보리여! 만약 세상에 어떤 선남자나 선여인이 아침에 항하의 모래 수같이 많은 몸으로 보시하고, 점심에도 항하의 모래 수 같은 몸으로 보시하고, 오후에도 이렇게 보시하면, 이렇게 한량없는 백천만억 겁 동안 이렇게 보시하느니라. 만약 어떤 사람이 이 반야경전을 듣고 물러섬 없는 믿는 마음이 일어난다면 그의 공덕은 이미 앞에 서술한 몸으로 보시한 공덕보다 훨씬 많이 뛰어날 것이니, 하물며 더 나아가 경전을 쓰고, 받아 지니고, 읽고 외우고, 남에게 설명하는 이 공덕은 어떻겠는가?"】

• 미륵송

衆生及壽者, 蘊上假虛名. 如龜毛不實, 似兔角無形.
捨身由妄識, 施命爲迷情. 詳論福比智, 不及受持經.

중생 및 수자(壽者)는, 오온 위에 임시로 설정된 가명(假名)일 뿐이다.
거북의 털처럼 참되지 못하고, 토끼 뿔같이 형상이 없다.
몸을 버리는 것은 망식(妄識)에 비롯하고, 목숨을 베푸는 건 미혹한 생각 때문이다.
복을 지혜와 비교하여 자세히 논한다면, 경을 수지하는 일에 미칠 수 없다.

【"須菩提! 以要言之, 是經有不可思議·不可稱量·無邊功德. 如來爲發大乘者說, 爲發最上乘者說. 若有人能受持讀誦, 廣爲人說, 如來悉知是人, 悉見是人, 皆得成就不可量·不可稱·無有邊·不可思議功德. 如是人等, 則爲荷擔如來阿耨多羅三藐三菩提. 何以故? 須菩提! 若樂小法者, 著我見·人見·衆生見·壽者見, 則於此經, 不能聽受讀誦·爲人解說. 須菩提! 在在處處, 若有此經, 一切世間天·人·阿修羅, 所應供養; 當知此處, 則爲是塔, 皆應恭敬, 作禮圍繞, 以諸華香, 而散其處."】

"수보리여! 중요한 뜻만을 들어서 말하건대, 이 경전에는 생각할 수 없고 측량할 수도 없는 끝없는 공덕이 있으니, 여래는 대승의 마음을 낸 자를 위해 설하며, 최상승의 마음을 낸 자를 위해 설한다. 이 경을 이해하고 마음에 새겨 읽고 외워서 남을 위해 널리 설해 주는 사람이 있다면, 여래가 이 사람을 다 알고 다 보니, 이런 사람은 모두 셀 수 없고 헤아릴 수 없고 끝없고 생각할 수 없는 공덕을 성취할 것이며, 이런 사람은 여래의 아뇩다라삼먁삼보리를 감당할 것이다. 무엇 때문인가? 수보리여! 작은 법을 좋아하는 자는 아상·인상·중생상·수자상에 집착하여 이 경을 듣고 수지하고 읽고 외워 남에게 해설해 주지 못하기 때문이다. 수보리여! 어느 곳이든 이 경이 있으면 모든 세간의 천신과 인간과 아수라에게 공양을 받을 것이다. 이곳이 탑이 되어 모두 공경하는 마음으로 절을 하고 둘러싸면서 갖가지 꽃과 향을 그곳에 뿌릴 것임을 알아야 한다."】

• 미륵송

所作依他性, 修成功德林. 終無趣寂意, 唯有濟群心.

行悲悲廣大, 用智智能深. 利他兼自利, 小聖詎能任?

작위(作爲)는 의타성(依他性)이니, 닦아서 공덕림(功德林)을 이룬다.

끝내 적멸의 뜻은 없으며, 오직 중생을 건지려는 마음뿐이다.

자비를 행함에 자비가 광대하고, 지혜를 씀에 지혜가 매우 깊도다.

남을 이롭게 하여 스스로 이로우니, 소성(小聖)이 어찌 맡을 수 있겠는가?

16. 능정업장분(能淨業障分)

【"復次, 須菩提! 善男子·善女人, 受持讀誦此經, 若爲人輕賤, 是人先世罪業, 應墮惡道, 以今世人輕賤故, 先世罪業則爲消滅, 當得阿耨多羅三藐三菩提. 須菩提! 我念過去無量阿僧祇劫, 於然燈佛前, 得值八百四千萬億那由他諸佛, 悉皆供養承事, 無空過者; 若復有人, 於後末世, 能受持讀誦此經, 所得功德, 於我所供養諸佛功德, 百分不及一, 千萬億分·乃至算數譬喩所不能及. 須菩提! 若善男子·善女人, 於後末世, 有受持讀誦此經, 所得功德, 我若具說者, 或有人聞, 心則狂亂, 狐疑不信. 須菩提! 當知是經義不可思議, 果報亦不可思議."

"또한 수보리여! 선남자와 선여인이 이 경전을 받아 지니고 읽고 외우면서도 만약 남에게 경시와 천대를 받으면, 이것은 이 사람이 지난 세상에 지은 죄업으로 금생에 본래 악도에 떨어질 것이거늘, 금생에 남에게 천대를 받기 때문에 전생의 죄업이 즉시 소멸되어 아뇩다라삼먁삼보리를 얻을 것이다. 수보리여! 내가 한량없는 아승기겁의 과거를 기억해 보니, 연등불을 뵙기 전에도 팔백사천만억 나유타만큼의 많은 부처님을 만났는데, 그냥 지나친 적 없이 모두에게 공양하고 받들어 섬겼다. 그런데 훗날 말세에 이 경을 수지·독송해 낼 사람이 있다면, 내가 여러 부처님께 공양한 공덕은 그가 얻을 공덕에 비해 백 분의 일도 미치지 못하며, 천만억 분의 일에도 미치지 못하며, 어떤 계산이나 비유로도 미칠 수 없다. 수보리여! 훗날 말세에 이 경을 수지·독송하는 사람들이 얻을 공덕을 내가 구체적으로 말해 준다면, 그것을 듣고 마음이 미친 듯 혼란해져서 여우 같은 의심을 내서 믿지 않는 이도 있을 것이다. 수보리여! 이 경은 뜻도 불가사의하며, 과보도 불가사의함을 알아야 한다."】

• 미륵송

先身有報障, 今日受持經. 暫被人輕賤, 轉重復還輕.

若了依他起, 能除遍計情. 常依般若觀, 何慮不圓成?

전생의 몸에 과보의 장애가 있어도, 지금 경전을 받아 지니라.

잠시 천하게 업신여김을 당하는 것으로, 무거운 업보를 가볍게 한다.

만약 의타기(依他起)를 깨닫는다면, 능히 변계(遍計)의 정(情)을 제거할 것이다.

515

항상 반야에 의지하여 관(觀)한다면, 어찌 원만성취를 근심하겠는가?

17. 구경무아분(究竟無我分)

【爾時, 須菩提白佛言:"世尊! 善男子·善女人, 發阿耨多羅三藐三菩提心,云何應住? 云何降伏其心?"佛告須菩提:"善男子·善女人, 發阿耨多羅三藐三菩提者, 當生如是心:'我應滅度一切衆生. 滅度一切衆生已,而無有一衆生實滅度者.'何以故? 須菩提! 若菩薩有我相·人相·衆生相·壽者相, 則非菩薩. 所以者何? 須菩提! 實無有法, 發阿耨多羅三藐三菩提者."

그때 수보리가 부처님께 말씀드렸다. "세존이시여! 아뇩다라삼먁삼보리를 구하려는 마음을 낸 사람들은 어떻게 마음을 머물러야 하며, 어떻게 그 마음을 다스려야 합니까?" 부처님께서 수보리에게 말씀하였다. "아뇩다라삼먁삼보리를 구하려는 마음을 낸 사람들이라면 이런 마음을 내야 한다. '나는 모든 중생들을 멸도에 이르게 하겠다. 그러나 모든 중생을 멸도된 후에는 실로 멸도에 이른 중생이 하나도 없다.' 무슨 까닭인가? 수보리여! 보살에게 아상·인상·중생상·수자상이 있으면 보살이 아니기 때문이다. 무슨 까닭인가? 수보리여! 아뇩다라삼먁삼보리를 구하려는 마음을 냈다고 할 법이 실로 없기 때문이다."】

● 미륵송

空生重請問, 無心爲自別. 欲發菩提者, 當了現前因.
行悲疑似妄, 用智最言眞. 度生權立我, 證理卽無人.

공생이 거듭 물어 청하니, 무심(無心)으로 스스로 기별(記別)하라고 하네.
보리심을 내고자 한다면, 현전(現前)하는 인(因)을 깨달아야 한다.
자비를 행하면서 허망함을 의심하고, 지혜를 쓰면서 가장 참답다고 말한다.
중생 제도를 위해 방편[權]으로 아(我)를 세우지만, 이치를 증득하면 인(人)도 없도다.

【"須菩提! 於意云何? 如來於然燈佛所, 有法得阿耨多羅三藐三菩提不?""不也, 世尊! 如我解佛所說義, 佛於然燈佛所, 無有法得阿耨多羅三藐三菩提."佛言:"如是, 如是! 須菩提! 實無有法, 如來得阿耨多羅三藐三菩提. 須菩提! 若有法, 如來得阿耨多羅三藐三菩提者, 然燈佛則不與我受記:'汝於來世, 當得作佛, 號釋迦牟尼.'以實無有法, 得阿耨多羅三藐三菩提, 是故然燈佛與我受記, 作是言:'汝於來世, 當得作佛, 號釋迦牟尼.'何以故? 如來者, 卽諸法如義, 若有人言:'如來得阿耨多羅三藐三菩提.'須菩提! 實無有法, 佛得阿耨多羅三藐三菩提. 須菩提! 如來所得阿耨多羅三藐三菩提, 於是中無實無虛. 是故如來說:'一切法皆是佛法.'須菩提! 所言一切法者, 卽非一切法, 是故名一切法. 須菩提! 譬如人身長大."須菩提言:"世尊! 如來說人身長大, 則爲非大身, 是名大身.""須菩提! 菩薩亦如是. 若作是言:'我當滅度無量衆生.'則不名菩薩. 何以故? 須菩提! 實無有法, 名爲菩薩. 是故佛說:'一切法無我·無人·無衆生·無壽者.'須菩提! 若菩薩作是言:'我當莊嚴佛土.'是不

名菩薩. 何以故? 如來說莊嚴佛土者, 卽非莊嚴, 是名莊嚴. 須菩提! 若菩薩通達無我法者,
如來說名眞是菩薩."

"수보리여! 어떻게 생각하는가? 여래가 연등불 처소에서 아뇩다라삼막보리라는 법을 얻었
는가?" "아닙니다, 세존이시여! 제가 부처님께서 말씀하신 뜻을 이해하기로는, 부처님께서
연등불 처소에서 아뇩다라삼먁삼보리라는 법을 얻은 일이 없습니다." 부처님께서 말씀하셨
다. "그렇다, 그렇다. 수보리여! 여래가 얻었다는 아뇩다라삼먁삼보리라는 법이 실로 없다.
수보리여! 여래가 만약 아뇩다라삼막보리라는 법을 얻었다면 연등불께서 내게 '그대는 내
세에 부처가 되어 석가모니라 칭할 것이다'라고 수기를 하지 않았을 것이나, 실로 아뇩다라
삼먁삼보리라는 법을 얻은 일이 없기 때문에 연등불께서 내게 수기를 하시면서 '그대는 내세
에 부처가 되어 석가모니라 칭할 것이다'라고 하셨다. 무슨 까닭인가? 여래란 모든 법 그대로
를 뜻하기 때문이다. 여래가 아뇩다라삼먁삼보리를 얻었다고 말하는 사람이 있다면, 수보리
여! 아뇩다라삼먁삼보리라는 법이 실로 있어서 부처님이 그것을 얻었다는 것이 아니다. 수
보리여! 여래가 얻은 아뇩다라삼먁삼보리, 여기에는 실제도 없고 허망함도 없다. 그러므로
여래가 일체법이 모두 불법이라 하셨다. 수보리여! 말하는 일체법이란 일체법이 아니다. 그
러므로 그것을 일체법이라고 한다. 수보리여! 비유하면 몸이 큰 사람이 있다." 수보리가 말씀
드렸다. "세존이시여! 여래께서 말씀하신 몸이 큰 사람이란 큰 몸이 아닙니다. 그러므로 큰
몸이라 합니다." "수보리여! 보살도 마찬가지로, '내가 무량한 중생을 멸도에 이르게 하겠다'
고 한다면 보살이라 할 수 없다. 무슨 까닭인가? 수보리여! 보살이라 할 법이 실로 없기 때문
이다. 그러므로 부처가 말하기를, '일체법에는 무아(無我)·무인(無人)·무중생(無衆生)·무수자
(無壽者)이다'라고 하였다. 수보리여! 보살이 '내가 불국토를 장엄한다'라고 하면 그를 보살이
라 할 수 없다. 무슨 까닭인가? 여래가 말한 불국토를 장엄한다는 것은 장엄이 아니기 때문이
다. 그러므로 그것을 장엄이라 한다. 수보리여! 무아의 법을 통달한 보살이라면 여래는 그를
참다운 보살이라 한다."】

- **미륵송**

人與法相待, 二相本來如. 法空人是妄, 人空法亦祛.
人法兩俱實, 受記可非虛. 一切皆如幻, 誰言得有無?

인(人)과 법(法)은 상대(相待)이며, 두 상이 본래 같다.
법공(法空)이면 '인'은 허망한 것이고, 인공(人空)이면 '법' 또한 사라진다.
인법(人法)이 모두 실상이라면, 수기를 받음이 헛된 것이 아니다.
일체가 모두 허깨비와 같으니, 누가 유무(有無)를 얻었다고 하겠는가?

18. 일체동관분(一體同觀分)

【"須菩提! 於意云何? 如來有肉眼不?" "如是, 世尊! 如來有肉眼." "須菩提! 於意云何? 如

【來有天眼不?"如是, 世尊! 如來有天眼." "須菩提! 於意云何? 如來有慧眼不?" "如是, 世尊! 如來有慧眼." "須菩提! 於意云何? 如來有法眼不?" "如是, 世尊! 如來有法眼." "須菩提! 於意云何? 如來有佛眼不?" "如是, 世尊! 如來有佛眼."

"수보리여! 어떻게 생각하는가? 여래에게 육안이 있는가?" "그렇습니다, 세존이시여! 여래에게 육안이 있습니다." "수보리여! 어떻게 생각하는가? 여래에게 천안이 있는가?" "그렇습니다, 세존이시여! 여래에게 천안이 있습니다." "수보리여! 어떻게 생각하는가? 여래에게 혜안이 있는가?" "그렇습니다, 세존이시여! 여래에게 혜안이 있습니다." "수보리여! 어떻게 생각하는가? 여래에게 법안이 있는가?" "그렇습니다, 세존이시여! 여래에게 법안이 있습니다." "수보리여! 어떻게 생각하는가? 여래에게 불안이 있는가?" "그렇습니다, 세존이시여! 여래에게 불안이 있습니다."】

● 미륵송

天眼通非礙, 肉眼礙非通. 法眼唯觀俗, 慧眼直緣空.
佛眼如千日, 照異體還同. 圓明法界內, 無處不含容.

천안은 통하여 장애가 없고, 육안은 막혀서 통하지 못한다.
법안은 오직 속(俗)만을 관(觀)하며, 혜안은 직접 연기(緣起)의 공을 본다.
불안은 마치 천 개의 해와 같아, 비춤은 다르지만 체(體)는 같다.
완전히 밝은 법계(法界) 안에서, 비추지 않는 곳이 없도다.

【"須菩提! 於意云何? 恒河中所有沙, 佛說是沙不?" "如是, 世尊! 如來說是沙." "須菩提! 於意云何? 如一恒河中所有沙, 有如是等恒河, 是諸恒河所有沙數佛世界, 如是寧爲多不?" "甚多, 世尊!" 佛告須菩提: "爾所國土中, 所有衆生, 若干種心, 如來悉知. 何以故? 如來說諸心, 皆爲非心, 是名爲心. 所以者何? 須菩提! 過去心不可得, 現在心不可得, 未來心不可得."

"수보리여! 어떻게 생각하는가? 저 항하에 있는 모래를 부처님이 말씀하신 적이 있는가?" "그렇습니다, 세존이시여! 여래께서 그 모래를 말씀하셨습니다." "수보리여! 어떻게 생각하는가? 저 하나의 항하에 있는 모래알만큼, 그렇게 많은 항하가 있고, 이 모든 항하의 모래알만큼 부처의 세계가 있다면, 그것을 많다고 하겠는가?" "매우 많습니다, 세존이시여!" 부처님께서 수보리에게 말씀하셨다. "그 국토에 있는 모든 중생들의 수많은 갖가지 마음을 여래가 다 안다. 왜냐하면 여래가 설한 갖가지 마음은 모두 마음이 아니기 때문이다. 그러므로 그것을 마음이라 한다. 무슨 까닭인가? 수보리여! 과거의 마음도 얻을 수 없고, 현재의 마음도 얻을 수 없고, 미래의 마음도 얻을 수 없기 때문이다."】

● 미륵송

依他一念起, 俱爲妄所行. 便分六十二, 九百亂縱橫.
過去滅無滅, 當來生不生. 常能作此觀, 眞妄坦然平.

의타(依他)하여 한 생각이 일어남은, 허망으로부터 갖추어 일어난 것이다.

62가지로 나뉘었다가, 9백 가지로 종횡으로 어지럽게 나뉜다.

과거는 멸하지만 멸함이 없고, 미래는 생하지만 생함이 없도다.

항상 이처럼 관(觀)할 수 있다면, 진망(眞妄)이 거리낌 없이 평등하다.

19. 법계통화분(法界通化分)

【"須菩提! 於意云何? 若有人滿三千大千世界七寶以用布施, 是人以是因緣, 得福多不?" "如是, 世尊! 此人以是因緣, 得福甚多." "須菩提! 若福德有實, 如來不說得福德多; 以福德無故, 如來說得福德多."

"수보리여! 어떻게 생각하는가? 삼천대천세계에 가득한 칠보로 보시를 하는 사람이 있다면, 이 사람은 이 인연으로 받을 복이 많겠는가?" "그렇습니다, 세존이시여! 이 사람은 이 인연으로 아주 많은 복을 받겠습니다." "수보리여! 복덕이 실제로 있다면, 많은 복덕을 얻을 것이라고 여래가 말하지 않았을 것이다. 그러나 복덕이 없기 때문에 많은 복덕을 얻을 것이라고 여래가 말하였다."】

20. 이색이상분(離色離相分)

【"須菩提, 於意云何? 佛可以具足色身見不?" "不也, 世尊! 如來不應以具足色身見. 何以故? 如來說具足色身, 卽非具足色身, 是名具足色身." "須菩提! 於意云何? 如來可以具足諸相見不?" "不也, 世尊! 如來不應以具足諸相見. 何以故? 如來說諸相具足, 卽非具足, 是名諸相具足."

"수보리여! 어떻게 생각하는가? 갖추어진 색신으로 부처를 볼 수 있겠는가?" "아닙니다, 세존이시여! 갖추어진 색신으로 여래를 볼 수 없습니다. 왜냐하면 여래께서 말씀하신 갖추어진 색신이란 갖추어진 색신이 아니기 때문입니다. 그러므로 그것을 갖추어진 색신이라 합니다." "수보리여! 어떻게 생각하는가? 갖추어진 여러 가지 상으로 여래를 볼 수 있겠는가?" "아닙니다, 세존이시여! 갖추어진 여러 가지 상으로 여래를 볼 수 없습니다. 왜냐하면 여래가 말씀하신 여러 가지 상을 갖추었다 함은 갖춘 것이 아니기 때문입니다. 이것을 여러 가지 상을 갖추었다고 합니다."】

● **미륵송**

八十隨形好, 相分三十二. 應物萬般形, 理中非一異.

人法兩俱遣, 色心齊一棄. 所以證菩提, 寔由諸相離.

80가지 종호(種好)와 32가지 상호(相好)를 갖추셨다.

응물(應物)함에 만 가지 형상이지만, 이치[理]에는 하나와 다름이 아니다.

인(人)과 법(法)을 모두 버리고, 색(色)과 심(心)도 함께 버린다.
보리를 증득하는 까닭은, 참으로 제상(諸相)을 떠났기 때문이다.

21. 비설소설분(非說所說分)

【"須菩提! 汝勿謂如來作是念: '我當有所說法.' 莫作是念, 何以故? 若人言: '如來有所說法.' 卽爲謗佛, 不能解我所說故. 須菩提! 說法者, 無法可說, 是名說法." 爾時, 慧命須菩提白佛言: "世尊! 頗有衆生, 於未來世, 聞說是法, 生信心不?" 佛言: "須菩提! 彼非衆生, 非不衆生. 何以故? 須菩提! 衆生·衆生者, 如來說非衆生, 是名衆生."

"수보리여! 그대는 여래가 '내가 설한 법이 있다'는 생각을 한다고 하지 말라. 그런 생각을 말라. 무슨 까닭인가? 여래가 설한 법이 있다고 말한다면 그는 부처를 비방하는 것이니, 내 말을 이해하지 못했기 때문이다. 수보리여! 법을 설한다 함은 설할 법이 없다는 것이다. 그것을 설법이라 한다." 그때 혜명 수보리가 부처님께 말씀드렸다. "세존이시여! 미래 세상에 이 법을 듣고 신심을 낼 중생이 있겠습니까?" 부처님께서 말씀하셨다. "수보리여! 저들은 중생이 아니며, 중생이 아닌 것도 아니다. 무슨 까닭인가? 수보리여. 중생, 중생이라 하는데, 여래는 그들을 중생이 아니라고 하였기 때문이다. 그러므로 중생이라 한다."】

22. 무법가득분(無法可得分)

【須菩提白佛言: "世尊! 佛得阿耨多羅三藐三菩提, 爲無所得耶?" "如是, 如是! 須菩提! 我於阿耨多羅三藐三菩提乃至無有少法可得, 是名阿耨多羅三藐三菩提."

수보리가 부처님께 말씀드렸다. "세존이시여! 부처님께서 아뇩다라삼먁삼보리를 얻으셨다는 것이, 얻은 것이 없다는 말씀입니까?" "그와 같다, 그와 같다. 수보리여! 내가 아뇩다라삼먁삼보리에서 조금도 얻은 법이 없기 때문에 이를 아뇩다라삼먁삼보리라 칭한다."】

23. 정심행선분(淨心行善分)

【"復次, 須菩提! 是法平等, 無有高下, 是名阿耨多羅三藐三菩提; 以無我·無人·無衆生·無壽者, 修一切善法, 則得阿耨多羅三藐三菩提. 須菩提! 所言善法者, 如來說非善法, 是名善法."

"또한 수보리여! 이 법은 평등하여 높고 낮음이 없으므로 아뇩다라삼먁삼보리라고 하니, 아상·인상·중생상·수자상 없이 모든 선법을 닦으면 아뇩다라삼먁삼보리를 얻는다. 수보리여! 선법이란 것은, 여래가 선법이 아니라고 하였으니, 그러므로 선법이라 칭한다."】

• 미륵송

水陸同眞際, 飛行體一如. 法中無彼此, 理上豈親疎?

自他分別遣, 高下執情除. 了斯平等性, 咸共入無餘.

물의 것과 뭍의 것이 같은 진제(眞際)이며, 나는 것과 걷는 것이 체(體)가 하나와 같다.

법에는 이것과 저것이 없고, 이치[理]에 어찌 멀고 가까움이 있겠는가?

자타(自他)의 분별을 보내 버리고, 높고 낮음에 집착하는 생각을 제거한다.

이 평등성(平等性)을 깨닫는다면, 다 함께 무여열반에 들어가리라.

24. 복지무비분(福智無比分)

【"須菩提! 若三千大千世界中所有諸須彌山王, 如是等七寶聚, 有人持用布施; 若人以此般若波羅蜜經, 乃至四句偈等, 受持讀誦·爲他人說, 於前福德百分不及一, 百千萬億分, 乃至算數譬喩所不能及."

"수보리여! 만약 삼천대천세계에 있는 수미산왕과 같은 칠보 무더기를 어떤 사람이 가져다 보시하더라도, 이 반야바라밀경에서 사구게만이라도 수지·독송하여 남을 위해 설해 주는 사람이 있다면, 앞의 복덕은 이 복덕의 백 분의 일에도 미치지 못하며, 백천만억 분의 일에도 미치지 못하며, 어떠한 계산법과 비유로도 미치지 못할 것이다."】

• 미륵송

施寶如沙數, 唯成有漏因. 不如無我觀, 了妄乃名眞.

欲證無生忍, 要假離貪瞋. 人法知無我, 逍遙出六塵.

모래알같이 많은 보배를 보시하여도, 오직 유루(有漏)의 인(因)을 이룬다.

무아를 관(觀)하여 허망함을 깨달아 진여라 칭하는 것만 못하다.

무생법인(無生法忍)을 증득하려면, 반드시 탐진(貪瞋)의 떠남을 의지해야 한다.

인법(人法)이 무아임을 알면, 육진(六塵)에서 벗어나 소요(逍遙)하리라.

25. 화무소화분(化無所化分)

【"須菩提! 於意云何? 汝等勿謂如來作是念: '我當度衆生.' 須菩提! 莫作是念. 何以故? 實無有衆生如來度者, 若有衆生如來度者, 如來則有我·人·衆生·壽者. 須菩提! 如來說: '有我者, 則非有我, 而凡夫之人以爲有我.' 須菩提! 凡夫者, 如來說則非凡夫. 是名凡夫."

"수보리여! 어떻게 생각하는가? 너희들은 '내가 중생을 제도한다'라는 생각을 한다고 하지 말라. 수보리여! 이런 생각을 하지 말라. 무슨 까닭인가? 여래가 제도할 중생이 사실은 없으니, 여래가 제도할 중생이 있다고 한다면, 여래에게 아상·인상·중생상·수자상이 있게 되기 때문이다. 수보리여! '나[我]'가 있다는 여래의 말씀은 내가 있다는 뜻이 아닌데, 범부들이 그것을 내가 있다고 여긴다. 수보리여! 범부라는 것도 범부가 아니라고 여래가 말하였다. 그러므로 그것을 범부라 칭한다.”】

26. 법신비상분(法身非相分)

【"須菩提! 於意云何? 可以三十二相觀如來不?" 須菩提言: "如是, 如是! 以三十二相觀如來." 佛言: "須菩提! 若以三十二相, 觀如來者, 轉輪聖王則是如來." 須菩提白佛言: "世尊! 如我解佛所說義, 不應以三十二相, 觀如來." 爾時, 世尊而說偈言: "若以色見我, 以音聲求我, 是人行邪道, 不能見如來."

"수보리여! 어떻게 생각하는가? 32상으로 여래를 볼 수 있겠는가?" 수보리가 말씀드렸다. "그와 같습니다, 그와 같습니다. 32상으로 여래를 볼 수 있습니다." 부처님께서 말씀하셨다. "수보리여! 32상으로 여래를 볼 수 있다면, 전륜성왕도 여래일 것이다." 수보리가 부처님께 말씀드렸다. "세존이시여! 부처님께서 말씀하신 뜻을 제가 이해하기로는, 32상으로 여래를 볼 수 없어야 하겠습니다." 그때 세존께서 게송으로 말씀하셨다. "색신으로 나를 보거나, 음성으로 나를 구하면, 삿된 길 가는 자이니, 여래를 볼 수 없으리라."】

● 미륵송

涅槃含四德, 唯我契眞常. 齊名八自在, 獨我最靈長.
非色非聲相, 心識豈能量? 看時不可見, 悟理卽形彰.

열반에 포함된 네 가지 덕은, 오직 '아(我)'가 진상(眞常)에 계합(契合)한다.
이를 팔자재(八自在)라고 칭하지만, 홀로 '아'가 가장 신령하고 뛰어나다.
색이나 소리의 상이 아니므로, 심식(心識)으로 어찌 능히 헤아리겠는가?
보려 하면 볼 수 없으나, 이치를 깨달으면 모습이 드러난다.

27. 무단무멸분(無斷無滅分)

【"須菩提! 汝若作是念: '如來不以具足相故, 得阿耨多羅三藐三菩提.' 須菩提! 莫作是念. 如來不以具足相故, 得阿耨多羅三藐三菩提. 須菩提! 汝若作是念: '發阿耨多羅三藐三菩提者, 說諸法斷滅相.' 莫作是念. 何以故? 發阿耨多羅三藐三菩提心者, 於法不說斷滅相."

"수보리여! 그대가 '여래는 32상을 갖추지 않았기 때문에 아뇩다라삼먁삼보리를 얻었다'고 생각한다면, 수보리여! '여래는 32상을 갖추지 않았기 때문에 아뇩다라삼먁삼보리를 얻었다'는 생각을 하지 말라. 수보리여! 그대가 '아뇩다라삼먁삼보리를 구하려는 마음을 낸 자는 모든 법이 단멸한다는 것을 설한다'라고 생각한다면, 그런 생각을 하지 말라. 왜냐하면 아뇩다라삼먁삼보리를 구하려는 마음을 낸 자는 법을 단멸상으로 설하지 않기 때문이다."】

28. 불수불탐분(不受不貪分)

【"須菩提! 若菩薩以滿恒河沙等世界七寶布施; 若復有人知一切法無我, 得成於忍, 此菩薩勝前菩薩所得功德. 須菩提! 以諸菩薩不受福德故." 須菩提白佛言: "世尊! 云何菩薩不受福德?" "須菩提! 菩薩所作福德, 不應貪著, 是故說不受福德."

"수보리여! 어떤 보살이 항하의 모래알처럼 많은 세계에 가득 찬 칠보를 가지고 보시하더라도, 만약 다른 어떤 이가 일체법이 무아임을 깨닫고, 또 법인(法忍)이 일어나지 않음을 얻었다면, 이 보살의 공덕은 저 보살보다 훨씬 더 뛰어날 것이다. 수보리여! 이런 보살들은 복덕을 받지 않기 때문이다." 수보리가 부처님께 말씀드렸다. "세존이시여! 어째서 보살이 복덕을 받지 않는다고 합니까?" "수보리여! 보살은 지은 복덕에 탐착하지 않기 때문에 복덕을 받지 않는다고 한 것이다."】

29. 위의적정분(威儀寂靜分)

【"須菩提! 若有人言: '如來若來若去·若坐若臥.' 是人不解我所說義. 何以故? 如來者, 無所從來, 亦無所去, 故名如來."

"수보리여! 어떤 사람이 '여래는 오기도 하고 가기도 하고 앉기도 하고 눕기도 한다'라고 한다면, 이 사람은 내 말 뜻을 이해하지 못한 것이다. 무슨 까닭인가? 여래란 온 곳도 없고 갈 곳도 없기 때문이다. 그러므로 여래라 한다."】

30. 일합리상분(一合理相分)

【"須菩提! 若善男子·善女人, 以三千大千世界碎爲微塵, 於意云何? 是微塵衆, 寧爲多不?" "甚多, 世尊! 何以故? 若是微塵衆實有者, 佛則不說是微塵衆. 所以者何? 佛說微塵衆, 則非微塵衆, 是名微塵衆. 世尊! 如來所說三千大千世界, 則非世界, 是名世界. 何以故? 若世界實有者, 則是一合相. 如來說一合相, 則非一合相, 是名一合相." "須菩提! 一合相者, 則是不可說, 但凡夫之人貪著其事."

"수보리여! 만약 선남자와 선여인이 삼천대천세계를 작은 미진이 될 때까지 부순다면 어떻게 생각하는가? 이 미진이 많다고 하겠는가?" "매우 많습니다, 세존이시여! 무엇 때문이겠습니까? 이 미진들이 실제로 있는 것이라면, 부처님께서 미진들이라고 하지 않으셨을 것이기 때문입니다. 무엇 때문이겠습니까? 부처님께서 말씀하신 미진들이란 미진들이 아니기 때문입니다. 그러므로 그것을 미진들이라 칭합니다. 세존이시여! 여래께서 말씀하신 삼천대천세계는 세계가 아니기 때문에 세계라고 합니다. 무엇 때문일까요? 세계가 실제로 있는 것이라면 하나로 합쳐진 모습일 텐데, 여래가 말씀하신 하나로 합쳐진 모습이란 하나로 합쳐진 모습이 아니기 때문입니다. 그러므로 그것을 하나로 합쳐진 모습이라고 합니다." "수보리여! 하나로 합쳐진 모습이란 말로 할 수 없는 것인데, 다만 범부들이 그것에 탐착할 뿐이다."】

● 미륵송

界塵何一異, 報應亦同然. 非因亦非果, 誰後復誰先.

事中通一合, 理則兩俱捐. 欲達無生路, 應當識本源.

계(界)와 진(塵)이 어찌 다르며, 보신(報身)과 응신(應身)도 마찬가지이다.

원인도 아니고 결과도 아니니, 무엇이 뒤고 무엇이 앞이겠는가?

일[事]에서는 일합(一合)으로 통합되지만, 이치로는 양쪽 다 버림이다.

무생(無生)의 길에 통달하려면, 마땅히 본원(本源)을 깨달아야 할 것이다.

31. 지견불생분(知見不生分)

【須菩提! 若人言: '佛說我見·人見·衆生見·壽者見.' 須菩提! 於意云何? 是人解我所說義
不?" "世尊! 是人不解如來所說義. 何以故? 世尊說我見·人見·衆生見·壽者見, 卽非我見·
人見·衆生見·壽者見, 是名我見·人見·衆生見·壽者見." 須菩提! 發阿耨多羅三藐三菩提
心者, 於一切法, 應如是知, 如是見, 如是信解, 不生法相. 須菩提! 所言法相者, 如來說卽
非法相, 是名法相."】

"수보리여! 어떤 사람이 '부처님이 아견·인견·중생견·수자견을 설하였다'고 한다면, 수보리
여! 어떻게 생각하는가? 이 사람이 내 말뜻을 이해하였는가?" "아닙니다, 세존이시여! 그 사
람은 여래의 말뜻을 이해하지 못했습니다. 왜냐하면 세존께서 말씀하신 아견·인견·중생견·
수자견은 아견·인견·중생견·수자견이 아니기 때문입니다. 그러므로 그것을 아견·인견·중생
견·수자견이라 합니다." "수보리여! 아뇩다라삼먁삼보리를 구하려는 마음을 낸 사람은 모든
법을 이렇게 알고, 이렇게 보고, 이렇게 믿고 이해하여, 법이라는 생각을 내지 말아야 한다.
수보리여! 법이라는 생각을 여래는 법이라는 생각이 아니라고 하였다. 그러므로 법이라는
생각이라고 칭한다."】

32. 응화비진분(應化非眞分)

【須菩提! 若有人以滿無量阿僧祇世界七寶持用布施, 若有善男子·善女人, 發菩薩心者,
持於此經, 乃至四句偈等, 受持讀誦, 爲人演說, 其福勝彼. 云何爲人演說? 不取於相, 如如
不動. 何以故? 一切有爲法, 如夢·幻·泡·影, 如露亦如電, 應作如是觀."】

"수보리여! 어떤 사람이 무량한 아승기 세계에 가득 찬 칠보를 가지고 보시할지라도, 보살의
마음을 낸 사람들이 이 경전에서 사구게만이라도 이해하고 마음에 새겨 읽고 외우고 남을 위
해 설해 준다면, 그 복이 저 복보다 낫다. 어떻게 남을 위해 설해 주는가? 상을 갖지 말고, 여
여(如如)하여 움직이지 않아야 한다. 왜냐하면 모든 유위법은 꿈과 같고, 허깨비와 같고, 물거
품과 같고, 그림자와 같고, 이슬과 같고, 번개와 같기 때문이니, 이렇게 관찰해야 한다."】

• 미륵송

如星翳燈幻, 皆爲喩無常. 漏識修因果, 誰言得久長.

危脆同泡露, 如雲影電光. 饒經八萬劫, 終是落空亡.

별, 그림자, 등불, 환상 등은, 모두가 무상함을 비유한 것이다.

번뇌의 식(識)으로 인과를 닦는 일, 누가 오래되었다고 하겠는가.

위태롭기가 물거품과 이슬 같고, 구름과 그림자, 번갯불과 같도다.

팔만 겁을 거친다고 하더라도, 끝내 공무(空無)에 떨어진다.

【佛說是經已, 長老須菩提及諸比丘·比丘尼·優婆塞·優婆夷, 一切世間天·人·阿修羅, 聞佛所說, 皆大歡喜, 信受奉行.

부처님께서 이 경을 설하시기를 마치자 장로 수보리와 모든 비구·비구니·우바새·우바이, 모든 세간의 천(天)·인(人)·아수라(阿修羅)들이 부처님의 말씀을 듣고 모두가 매우 기뻐하면서 믿고 받아들이고 받들어 행하였다.】

• 송편계(頌遍計; 遍計所執性의 노래)

妄計因成執, 迷繩爲是蛇. 心疑生闇鬼, 眼病見空花.

一境雖無異, 三人乃見差. 了茲名不實, 長馭白牛車.

망계(妄計)가 원인이 되어 집착을 이루니, 노끈을 잘못 알아 뱀으로 본다.

마음에 의심이 일어나면 어두운 귀신이 생기고, 눈에 병이 들면 허공 꽃을 본다.

하나의 경계가 비록 다르지 않으나, 세 사람이 봄에 차별이 있다.

이러한 이름들이 실답지 않음을 깨달으면, 오래도록 백우거(白牛車)를 타고 가리라.

• 송의타(頌依他; 依他起性의 노래)

依他非自立, 必假衆緣成. 日謝樹無影, 燈來室乃明.

名因共業變, 萬像積微生. 若悟眞空色, 翛然去有情.

의타(依他)하여 스스로 서지 못하니, 반드시 중연(衆緣)을 빌려 이룬다.

해가 지면 나무 그림자가 없어지고, 등불을 켜면 방 안이 바로 밝아진다.

이름은 업(業)과 함께 변하며, 만상(萬象)은 미진이 쌓여 일어난다.

만약 진공(眞空)의 색을 깨닫는다면, 자유롭게 유정(有情)을 버리리라.

• 송원성(頌圓成; 圓成實性의 노래)

相寂名亦遣, 心融境亦亡. 去來終莫見, 語默永無方.

智入圓成理, 身同法性常. 證眞還了俗, 不廢亦津梁.

상이 적멸하면 이름 또한 떠나고, 마음이 녹아내리면 경계 또한 사라진다.

가고 오는 일 끝내 볼 수 없고, 말과 침묵 영원히 방소(方所)가 없다.

지혜로 원성(圓成)의 이치에 들어가면, 몸이 법성(法性)의 항상함과 같아진다.
진(眞)을 증득하고 속(俗)을 깨닫지만, 또한 진량(津梁; 방편)을 폐하지는 않는다.

대신진언(大身眞言)

那謨薄伽跋帝鉢喇壤鉢羅弭多曳唵伊利底伊室利輪盧馱毘舍耶毘舍耶娑婆訶
나무바가발제발나양발나미다예옴이리저이실리륜로발비사야비사야사바하

수심진언(隨心眞言)

那謨婆伽筏帝鉢嚩惹波羅蜜多曳怛姪他唵咩筏折羅襪麗娑婆訶
나무바가불제 발뢰야바라밀다예단냐타옴우불절나말려사바하

심중심진언(心中心眞言)

唵烏倫泥 沙娑婆訶
옴오륜니사사바하

부록 8

역대 『금강경』 논(論), 주(注) 등 중요한 문헌

경론(經論)

- 『금강반야론(金剛般若論)』, 무착(無著) 조(造), 급다(笈多) 역, 송(宋)·원(元) 판(板), 『중화대장경(中華大藏經)』, 중화서국(中華書局), 1985.
- 『금강반야바라밀경론(金剛般若波羅蜜經論)』, 천친(天親) 조(造), 유지(流支) 역, 『중화대장경(中華大藏經)』, 중화서국(中華書局), 1985.
- 『금강선론(金剛仙論)』, 금강선(金剛仙) 조(造), 의정(義淨) 역, 『중화대장경(中華大藏經)』, 중화서국(中華書局), 1985.
- 『능단금강반야바라밀경논석(能斷金剛般若波羅蜜經論釋)』, 무착(無著) 조(造), 의정(義淨) 역, 『중화대장경(中華大藏經)』, 중화서국(中華書局), 1985.
- 『금강반야바라밀경파취착불괴가명론(金剛般若波羅蜜經破取著不壞假名論)』, 공덕시(功德施) 조(造), 지바(地婆) 역, 『중화대장경(中華大藏經)』, 중화서국(中華書局), 1985.

경주(經注)

- 『금강반야바라밀경주(金剛般若波羅蜜經注)』, 진(晉) 승조(僧肇), 『속장경(續藏經)』 제38책, 일본경도장서서원(日本京都藏書書院), 1905.
- 『금강반야소(金剛般若疏)』, 수(隋) 지의(智顗), 『중화대장경(中華大藏經)』, 중화서국(中華書局), 1985.
- 『금강반야소(金剛般若疏)』, 수(隋) 길장(吉藏), 『중화대장경(中華大藏經)』, 중화서국(中華書局), 1985.
- 『불설금강반야바라밀략소(佛說金剛般若波羅蜜略疏)』, 당(唐) 지엄(智儼), 『중화대장경(中華大藏經)』, 중화서국(中華書局), 1985.
- 『금강반야경찬술(金剛般若經贊述)』, 당(唐) 규기(窺基), 『중화대장경(中華大藏經)』, 중화서국(中華書局), 1985.
- 『금강반야론회석(金剛般若論會釋)』, 당(唐) 규기(窺基), 『중화대장경(中華大藏經)』, 중화

서국(中華書局), 1985.

- 『금강반야바라밀경구결(金剛般若波羅蜜經口訣)』, 당(唐) 혜능(慧能), 『속장경(續藏經)』 제92책, 일본경도장서서원(日本京都藏書書院), 1905.
- 『어주금강반야바라밀경선연(御注金剛般若波羅蜜經宣演)』, 당(唐) 도인(道氤), 『중화대장경(中華大藏經)』, 중화서국(中華書局), 1985.
- 『금강반야경지찬(金剛般若經旨贊)』, 당(唐) 현광(懸曠), 『중화대장경(中華大藏經)』, 중화서국(中華書局), 1985.
- 『금강반야경소론찬요(金剛般若經疏論纂要)』, 당(唐) 종밀(宗密), 『중화대장경(中華大藏經)』, 중화서국(中華書局), 1985.
- 『금강반야경천친보살논찬략석진본의기(金剛般若經天親菩薩論贊略釋秦本義記)』, 당(唐) 지은(知恩), 『중화대장경(中華大藏經)』, 중화서국(中華書局), 1985.
- 『금강반야바라밀경병주(金剛般若波羅蜜經并注)』, 당(唐) 혜정(慧淨), 『속장경(續藏經)』 제38책, 일본경도장서서원(日本京都藏書書院), 1905.
- 『금강반야바라밀경주해(金剛般若波羅蜜經注解)』, 명(明) 종륵(宗泐), 『중화대장경(中華大藏經)』, 중화서국(中華書局), 1985.
- 『금강경백가집주대성(金剛經百家集注大成)』, 명(明) 영락황제(永樂皇帝), 보문(普門)문고(文庫), 불상(不詳).
- 『금강반야경연고(金剛般若經演古)』, 명(明) 적염(寂焰), 『속장경(續藏經)』 제40책, 일본경도장서서원(日本京都藏書書院), 1905.
- 『석금강경(釋金剛經)』, 명(明) 진가(眞可), 『속장경(續藏經)』 제39책, 일본경도장서서원(日本京都藏書書院), 1905.
- 『금강반야바라밀경파공론(金剛般若波羅蜜經破空論)』(부(附)『금강반야바라밀경관심석(金剛般若波羅蜜經觀心釋)』), 명(明) 지욱(智旭), 『속장경(續藏經)』 제39책, 일본경도장서서원(日本京都藏書書院), 1905.
- 『금강결의(金剛決疑)』, 명(明) 감산(憨山), 『속장경(續藏經)』 제39책, 일본경도장서서원(日本京都藏書書院), 1905.
- 『금강반야바라밀경필기(金剛般若波羅蜜經筆記)』, 명(明) 여관(如觀), 『속장경(續藏經)』 제39책, 일본경도장서서원(日本京都藏書書院), 1905.
- 『금강경종통(金剛經宗通)』, 명(明) 증봉의(曾鳳儀), 『속장경(續藏經)』 제39책, 일본경도장서서원(日本京都藏書書院), 1905.
- 『금강반야바라밀경비(金剛般若波羅蜜經鎞)』, 명(明) 광신(廣伸), 『속장경(續藏經)』 제38책, 일본경도장서서원(日本京都藏書書院), 1905.
- 『금강정안(金剛正眼)』, 명(明) 천송(千松), 『속장경(續藏經)』 제39책, 일본경도장서서원(日本京都藏書書院), 1905.
- 『금강반야경략담(金剛般若經略談)』, 명(明) 형관(衡觀), 『속장경(續藏經)』 제39책, 일본경

도장서서원(日本京都藏書書院), 1905.

- 『금강략소(金剛略疏)』, 명(明) 원현(元賢), 『속장경(續藏經)』 제39책, 일본경도장서서원
  (日本京都藏書書院), 1905.

- 『금강반야바라밀경보주(金剛般若波羅蜜經補注)』, 명(明) 한암(韓巖), 『속장경(續藏經)』 제
  92책, 일본경도장서서원(日本京都藏書書院), 1905.

- 『금강경여시해(金剛經如是解)』, 명(明) 장탄옹(張坦雍), 『속장경(續藏經)』 제39책, 일본경
  도장서서원(日本京都藏書書院), 1905.

- 『신전대승금강반야바라밀경음석직해(新鐫大乘金剛般若波羅蜜經音釋直解)』, 명(明) 원과
  (圓果), 『속장경(續藏經)』 제39책, 일본경도장서서원(日本京都藏書書院), 1905.

- 『금강반야바라밀경심인소(金剛般若波羅蜜經心印疏)』, 청(清) 부원(溥畹), 『속장경(續藏
  經)』 제40책, 일본경도장서서원(日本京都藏書書院), 1905.

- 『금강직설(金剛直說)』, 청(清) 성취(成鷲), 『속장경(續藏經)』 제40책, 일본경도장서서원
  (日本京都藏書書院), 1905.

- 『금강경석주(金剛經石注)』, 청(清) 석성금(石成金), 『속장경(續藏經)』 제40책, 일본경도
  장서서원(日本京都藏書書院), 1905.

- 『금강반야바라밀경현판소초(金剛般若波羅蜜經顯判疏鈔)』, 청(清) 성기(性起), 『속장경(續
  藏經)』 제92책, 일본경도장서서원(日本京都藏書書院), 1905.

- 『금강반야경게회본(金剛般若經偈會本)』, 청(清) 통리(通理), 『속장경(續藏經)』 제39책, 일
  본경도장서서원(日本京都藏書書院), 1905.

- 『금강경정해(金剛經正解)』, 청(清) 습개(襲槩), 『속장경(續藏經)』 제92책, 일본경도장서
  서원(日本京都藏書書院), 1905.

- 『금강반야바라밀경영설(金剛般若波羅蜜經郢說)』, 청(清) 서발(徐發), 『속장경(續藏經)』 제
  39책, 일본경도장서서원(日本京都藏書書院), 1905.

- 『금강반야바라밀경천해(金剛般若波羅蜜經淺解)』, 청(清) 왕석관(王錫管), 『속장경(續藏
  經)』 제39책, 일본경도장서서원(日本京都藏書書院), 1905.

- 『금강반야바라밀경의맥(金剛般若波羅蜜經義脈)』, 태허(太虛), 『태허전집(太虛全集)』, 종
  교문화출판사(宗教文化出版社), 2005.

- 『금강반야바라밀경강록(金剛般若波羅蜜經講錄)』, 태허(太虛), 『태허전집(太虛全集)』, 종
  교문화출판사(宗教文化出版社), 2005.

- 『능단금강반야바라밀경석(能斷金剛般若波羅蜜經釋)』, 태허(太虛), 『태허전집(太虛全集)』,
  종교문화출판사(宗教文化出版社), 2005.

- 『금강반야바라밀경강의(金剛般若波羅蜜經講義)』, 강미농(江味農), 화동사범출판사(華東
  師範出版社), 2014.

- 『금강반야바라밀경강의(金剛般若波羅蜜經講義)』, 담허(倓虛), 향항불경유통처(香港佛經
  流通處), 1950.

- 『금강반야바라밀경강기(金剛般若波羅蜜經講記)』, 인순(印順), 구주출판사(九州出版社), 2010.
- 『금강반야바라밀경강의(金剛般若波羅蜜經講義)』, 오윤강(吳潤江), 향항불경유통처(香港佛經流通處), 1950.
- 『금강경중도요의소(金剛經中道了義疏)』, 자주(慈舟), 상해자유서점(上海自由書店), 1947.
- 『금강경강록(金剛經講錄)』, 도원(道源), 상해불학서국(上海佛學書局), 1949.
- 『금강반야바라밀경강의(金剛般若波羅蜜經講義)』, 원영(圓瑛), 상해불학서국(上海佛學書局), 1985.
- 『금강반야바라밀경강의(金剛般若波羅蜜經講義)』, 달리(達理), 동산학원(東山學苑), 불상(不詳)
- 『금강경 무엇을 설하나?(金剛經說什么?)』, 남회근(南懷瑾), 복단대학출판사(復旦大學出版社), 2001.
- 『금강반야바라밀경(金剛般若波羅蜜經)』, 묘경(妙境), 미국법운불학원(美國法雲佛學院), 불상(不詳).
- 『금강경(金剛經)의 연구(研究)』, 심가정(沈家楨), 복건포전광화사(福建蒲田廣化寺), 2004.

역자 후기

『금강경』을 처음 접했을 때가 언제일까? 태생적으로 승가와 밀접한 관계를 지닌 필자로서는 그 처음을 기억하기엔 너무 친숙한 경전이다. 이른바 "범소 유상(凡所有相), 개시허망(皆是虛妄)", "응무소주(應無所住), 이생기심(而生其心)" 등의 구절은 불교와 선(禪)에 조금이라도 관심을 가져본 사람이라면 모두 반복해서 들었고, 또한 자연스럽게 암기하고 있을 것이다. 특히 『금강경』은 대한불교조계종의 소의경전으로서 거의 모든 사찰의 법당에 비치되어 있어 많은 이들이 쉽게 접할 수 있다.

그렇지만 『금강경』의 내용은 그렇게 간단하지 않다. 사실 『금강경』의 내용을 온전하게 파악하고자 한다면, 전체적인 교학에 대한 체계가 바탕이 되어야 비로소 가능하다. 그것은 『금강반야바라밀경』이라는 경명에 나타나듯이 이 경전에서 설해지는 교설은 바로 '반야바라밀'과 관련된 내용이고, 이는 또한 '십이연기(十二緣起)'에 이르는 교설을 바탕으로 하여 설해진 것이기 때문이다. 이러한 까닭에 중국에서 역대로 『금강경』에 대한 수많은 주석서들이 출현한 것이다. 특히 『금강경』은 중국선과 깊은 관련을 지니고 있는데, 그것은 도신(道信) 선사가 개창한 동산법문(東山法門)을 계승한 홍인(弘忍) 선사가 『금강경』을 중심으로 한 선법을 제창하였고, 그 문하에서 혜능(慧能) 선사가 남종선(南宗禪)을 제창하여 그로부터 본격적인 조사선이 일어나 천하를 석권하였기 때문이다. 이러한 인연에 따라 조사선에서는 『금강경』에 대한 주해가 많이 출현하였고, 그 가운데 조선시대 함허 기화(涵虛己和)에 의하여 편찬된 『금강경오가해설의(金剛經五家解說誼)』가 우리나라에 가장 커다란 영향을 미쳤다고 할 수 있다.

출판사로부터 본서의 번역 제의를 받았을 때, 마침 대승불법연구회에서 2년에 걸친 『금강경오가해설의』의 윤독을 마쳤던 터라 흔쾌히 번역을 수락하였다. 대승불법연구회는 주로 충남과 전북의 불교학자들의 모임으로 월 2회 모여 다양한 경론을 윤독하며 다양한 논의를 진행하고 있는데, 여기서 윤독했던 『금강경오가해설의』가 본 번역에 있어 많은 도움이 되었기에 이 지면을 빌어 연구회의 회원들에게 깊은 감사를 표한다.

본서는 난해한 『금강경』에 대하여 다양한 그림과 도표 등을 통해 초학자라도 쉽게 읽을 수 있도록 상세하게 설명하고 있다. 그럼에도 또한 전문가조차도 많은 도움을 얻을 수 있는 깊이를 지니고 있어 대중성과 전문성도 아울러 지니고 있다고 하겠다. 특히 본서는 부록에 보리유지(菩提流支), 진제(眞諦), 급다(笈多), 현장(玄奘), 의정(義淨) 등의 역대 『금강경』의 역본과 『금강반야바라밀다경미륵보살게송(金剛般若波羅蜜經彌勒菩薩偈頌)』, 『양조부대사송금강경(梁朝傅大士頌金剛經)』 등을 싣고 있어 『금강경』의 이해에 커다란 도움을 줄 것으로 생각된다.

번역에 있어서 전체적인 초역을 류화송 선생이 맡았고, 부록은 본 후기를 쓰는 필자가 담당하였다. 강의와 여러 일로 바쁜 와중에 초역을 완성해 준 류화송 선생에게 깊은 감사를 보내고, 번역을 맡겨 준 불광출판사의 전 직원과 특히 꼼꼼하게 교정교열을 담당해 준 김재호 선생에게 이 지면을 빌어 깊은 감사를 드린다.

2018년 초겨울
월평동 자택에서

도해 금강경

그림과 도표로 읽는 견고하고
단단한 반야 지혜의 총체

2018년 12월 27일 초판 1쇄 발행
2024년 9월 9일 초판 3쇄 발행

원역 구마라집 • 편저 시칭시 • 역 김진무, 류화송
발행인 박상근(至弘) • 편집인 류지호 • 편집이사 양동민
책임편집 김재호 • 편집 양민호, 김소영, 최호승, 하다해, 정유리 • 디자인 쿠담디자인
제작 김명환 • 마케팅 김대현, 이선호 • 관리 윤정안
콘텐츠국 유권준, 김희준
펴낸 곳 불광출판사 (03169) 서울시 종로구 사직로 10길 17 인왕빌딩 301호
        대표전화 02) 420-3200 편집부 02) 420-3300 팩시밀리 02) 420-3400
        출판등록 제300-2009-130호(1979. 10. 10.)

ISBN 978-89-7479-487-3 (03220)

값 32,000원

이 도서의 국립중앙도서관 출판예정도서목록(CIP)은
서지정보유통지원시스템 홈페이지(http://seoji.nl.go.kr)와
국가자료공동목록시스템(http://www.nl.go.kr/kolisnet)에서 이용하실 수 있습니다.
(CIP제어번호: CIP2018037929)